# アメリカ
# 法人税法講義

Honjo Tasuku
本庄 資 著

税務経理協会

# はしがき

　レーガン政権（共和党）が行った1986年税制改革は、米国が1913年所得税導入後に行った最も重要な税制改革であるとされているが、ブッシュ政権（共和党）はこれを凌駕する税制改革に取り組んでいる。1986年税制改革については、『アメリカ法人所得税』（財経詳報社）を出版したが、相次ぐブッシュ政権の税制改革を織り込んで、これを全面的に書き直すことにした。米国の租税政策論議の目標は、いまも20年前と同様に、伝統的な政策目標である簡素、公正および経済効率の向上を追求することである。もとより「公正とは何か」「効率とは何か」などそれぞれの目標の意義については多くの議論がある。これらの伝統的な目標は、相互にトレードオフの関係にあり、レーガン税制改革においても複雑な企業課税によって簡素化の目標は犠牲にされた。公正と効率との関係についても、経済効率または経済成長という目標は、（ⅰ）特定の企業行動を奨励するための租税優遇措置を政策的に活用する立場（公正を犠牲にする立場）と（ⅱ）特定の者に租税の免除、所得控除、税額控除を与える租税優遇措置を撤廃すべきであるとする立場（公正を優位に置く立場）の相違によって、これを達成するため正反対の方法の主張を許しているが、共和党は「市場主義」に基づき後者の立場に立ち、特定の者に与えられた優遇措置を廃止し、「配分の中立性」原則により広範な納税者に税率引下げの恩恵を及ぼす政策を推進する。この政策は「歳入の中立性」を原則として追求される。歳入中立の達成は、（ⅰ）特定の政策目的のために明文化されている租税優遇措置を廃止するほか、（ⅱ）税法のループホールを利用した租税回避による税負担減少の防止措置を講じることによって行われるが、政治過程の中で、1986年税制改革においても租税優遇措置の廃止は、不完全であったが、ブッシュ政権は再びレーガン税制改革の精神を受け継ぎ、勤勉な米国人（Hard-working Americans）に対する減税

政策を進め，簡素，公正および経済成長を租税原則として，歳入中立となるように配慮しつつ，景気刺激および雇用創出を図る一方，租税回避防止措置に努めてきた。米国のエコノミストの多くは，貯蓄・投資の促進と国際競争条件の改善のため，(ⅰ)企業収益の二重課税の排除（所得税と法人税の統合），(ⅱ)個人投資所得の課税の排除，(ⅲ)企業投資の即時償却，(ⅳ)所得税制から消費税制への転換，(ⅴ)資産性所得課税の排除を実現することが望ましいという議論を展開している。資本および知的財産権の国際的流動性の高まりを背景に，グローバル市場における競争に勝つための米国企業戦略として，(ⅰ)国内投資の縮減と(ⅱ)対外投資の拡大，(ⅲ)タックス・ヘイブンや有害な税の競争を行っている国への資本流出，(ⅳ)製造拠点や試験研究拠点の海外移転と雇用機会の海外への流出，さらには(ⅴ)米国企業の法的居住性のオフショア移転（法人インバージョン）が急速に進んでいる。このような状況は，米国経済に大きな脅威を与えることになるのではないかという懸念が広がっている。このため，租税の中立性をめぐり，古典的な資本輸出の中立性（CEN），資本輸入の中立性（CIN）または国籍の中立性（NN）のいずれを重視するかという議論が，エコノミストだけでなく，CENを主張する民主党とCINを主張する共和党の間で盛んに行われている。現行の全世界所得課税原則の下で，特定の事業体や取引について米国税を免除する輸出振興税制や対外投資促進税制は，この30年間を通じてGATT/WTOの世界貿易ルールにより「禁じられた国家補助金」として国際的に非難されてきた。このような状況で，米国企業が米国市場および世界市場で国際競争力を維持することは，米国の製造業および雇用を守るため，米国政府の至上命題であったが，米国はその国際競争力を維持するために国際租税制度を全世界所得課税（外国税額控除）から領土主義課税（国外所得免除）に転換する必要があると考えるに至った。ブッシュ大統領は，2005年1月7日，大統領令を発して簡素，公正および成長志向による税制改革勧告を求めて大統領諮問パネル（President's Advisory Panel on Tax Reform）を設置した。この大統領諮問パネルは同年11月1日に画期的な米国税制改革を勧告した。この勧告は，簡易所得税（Simplified Income Tax:SIT）プランと成長・投資税

はじめに

(Growth and Investment Tax：GIT) プランから成る。本書の執筆時点で，米国財務省の同勧告の審議が進行している。

　日本の場合，法人税法の教科書は，主として税務会計の領域で法人所得計算を中心に書かれることが多く，税法学の領域でも現行税法の解釈と借用概念や不確定概念をめぐる判例の整理と評釈に終始するものが多い。しかし，米国では内国歳入法典 (Internal Revenue Code：IRC) は，9,800超の法律条文と約93,000ページ超の財務省規則 (Regulations) から成る世界一の税法体系である。米国は，コモンローの国であるが，税法の不完全性を自覚して，(ⅰ) 自主申告納税制度と租税法律主義の下で納税者の当面する解釈の疑義を残さないようにする努力と (ⅱ) ループホールを最大限に利用する節税や各国税法および租税条約の差異を利用する租税回避に対抗する努力によって，米国税法は複雑化してきた。米国は，租税原則として簡素 (simplicity)，公平 (equity) または公正 (fairness)，経済効率 (efficiency) または経済成長 (economic growth) を掲げてきたが，簡素の原則を犠牲にしてきたことは否めない。米国の各政策の遂行に利用される多様な租税優遇措置の提供と，米国税の負担を極限まで最小化するタックス・プランニングが次々と生み出す租税回避スキームに対する防止規定の整備は，常に「公平」と「効率」の相克を示すものであるが，米国が「所得計算の操作」の余地を残す所得税制を維持することを前提にしてきたため，常に「簡素」を犠牲にせざるを得なかったともいえよう。米国税法は，多様な事業体の課税上の取扱いや各種取引の課税上の取扱いについても，正統方式 (classical method) の法人税制の下で避けられない法人の二段階課税を多様な非法人の選択による一段階課税を可能にすることによって米国の事業体の競争条件の均衡を図る一方で，実質的に事業目的でなく，租税回避のためにこのような一段階課税制度を利用することは許さないという方針による多くの税務行政および税務訴訟の体験から，米国が租税回避防止規定の立法化に努めてきた成果である。第二次大戦後，日本は米国税制から多くのことを学んできた。日本税法は，所得課税制度の骨格はもとより，例えば総合主義による非居住者課税，外国税額控除制度，タックス・ヘイブン対策税制，移転価格税制，過少資本税

制，組織再編税制，連結納税制度など，数十年遅れで米国税制の影響を色濃く反映する立法化を続けてきた。米国で開発された租税回避スキームが相当遅れて個別的否認規定のない日本税法のループホールの利用のために輸入される可能性がある。米国税法は，日本が多様な事業体の課税制度や多種多様な租税回避防止規定の整備を行う際に，参考にすべき知恵の宝庫と呼ぶべき存在である。

米国の法人税法（正確には法人所得税法と呼ぶべきである）を理解するには，米国法令の条文の知識だけでなく，その条文を必要とした租税理論と租税政策の変遷を知ることが重要である。ブッシュ政権は，その租税政策に基づいて「2001年経済成長および減税調整法」(the Economic Growth and Tax Relief Reconciliation Act of 2001：EGTRRA)，「2003年雇用および成長減税調整法」(the Jobs and Growth Tax Relief Reconciliation Act of 2003：JGTRRA)，「2004年勤労者家族減税法」(Working Families Tax Relief Act of 2004)，「2004年米国雇用創出法」(the American Jobs Creation Act of 2004：AJCA) と矢継早に税制改正を行っている。本書は，ブッシュ税制改革を網羅している最新版の米国法人税の教科書である。類書と異なり，本書は，現行制度の解説に止まらず，その背景の租税理論と租税政策について解説することとし，さらに現行制度の問題点の指摘と立法論としてその改正の方向を示すことに努めている。その点で，本書は，大学院やアカウンティング・スクールおよび税務大学校で米国税法の研究を始める人の指針となるだけでなく，日本の法人税法の研究者にとっても比較法として米国税法を選択する場合最良の参考書になるであろう。また，米国公認会計士（CPA）や米国税理士（EA）の受験生にとっては，その米国税法の理論的側面の強化に役立つと確信している。日本では借用概念論などに私法上の概念と公法としての税法上の概念との混同によって法的安定性を重視すべき課税ルールが徒に混乱しているが，米国は税務会計を含め課税ルールは税法で明記することを基本としている。米国法人税の課税ルールは，私法の多くが州法であることも考慮に入れ，連邦レベルでは，事業体の私法上の分類でなく，連邦税法上の分類を明らかにした上で，（ⅰ）団体課税されるか，（ⅱ）構成員課税されるか，（ⅲ）課税上無視される事業体として取り扱われるかを選択できることとしている。こ

はじめに

の点に着目して，本書は，各種の事業体（法人に限らず，非法人を含む）について解説し，会計についても単なる企業会計でなく，税務会計の原則，租税回避スキームに利用される取引については，法人内部取引，特殊関連企業間取引および組織再編について解説するほか，租税回避防止規定が実体法のみでなく，税務行政支援税制というべき申告制度，情報申告制度および各種制裁制度に及んでいるので，これらの規定についても詳細に解説している。すでに弁護士，公認会計士，税理士として米国税制に関する仕事に従事している租税専門家や国際課税に従事している税務職員にとっても，米国法人税を体系的に理解し，個別事案の処理に当たって米国側の思考方法を理解するため，本書は有益な指針を与えるであろう。米国との税務訴訟や課税トラブルを避け，事前確認制度を利用するには，一定水準の米国法人税の知識を備える必要があるが，米国ビジネスを円滑に進める上で，拙著『アメリカの租税条約』（大蔵省印刷局）および拙著『新日米租税条約解釈研究－基礎研究』（税務経理協会）とあわせて，できるだけ多くの方に本書をご活用いただくことを期待している。

最後に，本書の刊行に当たりご尽力いただいた税務経理協会の宮下克彦編集局長，鈴木利美編集長，校正についてお世話になった中川博樹さんをはじめ関係諸氏に対し心からお礼を申し上げたい。

平成18年1月

本庄　資

# 目　次

はしがき
凡　例

## 序　論

### 第1章　事業形態の選択 …………………………………… 2
1　事　業　体 ……………………………………………… 2
2　法　　　人 ……………………………………………… 3
3　選択適格事業体 ………………………………………… 4
4　外国事業体の特例 ……………………………………… 5
5　事業形態の選択 ………………………………………… 6
　(1)選択が必要な場合／(2)選択が不必要な場合／(3)選択

### 第2章　連邦法人所得税 …………………………………… 8
1　連　邦　税 ……………………………………………… 8
2　連邦所得税 ……………………………………………… 8
3　連邦法人所得税 ………………………………………… 9
　(1)課税権の配分と所得の帰属／(2)法人の独立納税主体説と二段階課税／(3)所得税・法人税の統合への動き／(4)ブッシュ政権の租税政策による受取配当の税率引下げ／(5)一段階課税の可能性の追求

### 第3章　連邦所得税の納税主体 ……………………………15
1　米国の主要な法的主体 …………………………………15

(1)個人／(2)個人事業主／(3)法人／(4)Ｓ法人／(5)LLC／(6)パートナーシップ／(7)非課税団体／(8)特別な納税主体／(9)遺産財団／(10)信託
　2　連邦所得税の納税主体 …………………………………………17
　　(1)法人課税／(2)Ｓ法人／(3)パートナーシップ／(4)リミテッド・ライアビリティ・カンパニー／(5)選択適格事業体／(6)法人格を有するペイスルー型事業体／(7)遺産財団および信託／(8)事業体／(9)事業体分類の変更
　3　米国の国際経済政策と租税政策の変遷 ………………………27
　　(1)米国の国際経済政策の歴史／(2)米国における国際経済政策の変化と国際課税ルールの変化

# 第1編　法人所得税法総論

## 第1章　法人の種類 …………………………………………………50
　1　法人の定義 ………………………………………………………50
　2　免税団体 …………………………………………………………51
　3　Ｃ法人または通常の法人 ………………………………………51
　4　Ｓ法人 ……………………………………………………………52
　　(1)Ｓ法人の定義／(2)Ｓ法人の地位の選択
　5　同族持株会社 ……………………………………………………54
　　(1)同族持株会社の定義／(2)同族持株会社から除外される法人
　6　外国同族持株会社 ………………………………………………55
　7　人的役務法人 ……………………………………………………56
　　(1)人的役務法人の定義／(2)主たる活動の定義／(3)判定期間／(4)人的役務の提供

　　　　　　　　　　　　　　　　　　　　　　　　　目　　次

　8　規制投資会社 …………………………………………………57
　　⑴RICの定義／⑵RICになれない法人
　9　不動産投資信託 ………………………………………………59
　　⑴REITの定義／⑵投資および所得要件／⑶適格REIT子会社
　10　不動産モーゲージ投資導管 …………………………………61
　　⑴REMICの定義／⑵適格モーゲージ／⑶認められる投資／⑷投資家の持分
　11　金融資産証券化投資信託 ……………………………………64
　　⑴FASITの定義／⑵認められる資産／⑶FASITの通常持分
　12　協　同　組　合 ………………………………………………66
　　⑴協同組合の定義／⑵協同組合に該当しないもの／⑶協同組合の事業
　13　外国販売法人 …………………………………………………67
　　⑴FSCの定義／⑵外国マネジメントおよび外国経済プロセス／⑶小規模外国販売法人
　14　被支配外国法人 ………………………………………………69
　　⑴サブパートF所得／⑵外国基地会社所得
　15　外国投資会社 …………………………………………………71
　　⑴PFITの定義／⑵FICの定義

## 第2章　税務会計の原則 …………………………………………73
　1　法人課税所得計算 ……………………………………………73
　2　税務会計期間 …………………………………………………73
　　⑴税務会計期間の定義／⑵会計期間の選択／⑶会計期間の変更／⑷短期課税年度
　3　会　計　方　法 ………………………………………………78
　　⑴現金主義会計方法／⑵現金主義会計の禁止／⑶発生主義会

計方法／(4)混合会計方法
　4　会計方法の変更 …………………………………84
　　(1)会計方法の変更／(2)変更承認の必要性／(3)変更申請／(4)IRSの権限による変更
　5　所得の帰属年度 …………………………………88
　　(1)現金主義における所得の実現／(2)請求権原則／(3)前受金／(4)発生主義納税者の所得
　6　割賦債権の会計 …………………………………94
　　(1)割賦法による不動産の売却／(2)割賦法による動産の売却／(3)関連者の再販ルール／(4)不確定払販売／(5)同種の交換／(6)営業譲渡／(7)動産の再占有に係る損益
　7　割引債の会計 ……………………………………103
　　(1)割引債／(2)政府債権
　8　長期契約の会計 …………………………………104
　　(1)長期契約の定義
　9　損金控除年度 ……………………………………108
　　(1)すべての事象基準／(2)現金主義の納税者の支払／(3)現金主義の場合の前払費用／(4)発生主義の納税者のすべての事象基準／(5)発生主義の納税者の経済的パフォーマンス基準／(6)重要項目別会計方法
　10　棚卸資産の会計 …………………………………119
　　(1)棚卸資産／(2)販売される物品の原価／(3)認められる棚卸資産識別法／(4)LIFO棚卸資産識別法／(5)認められる棚卸資産評価方法

目　　次

## 第2編　法人の総所得

### 第1章　総所得の定義……………………………………………………136
　1　総所得に算入されるべき所得 ……………………………137
　2　所得の受領形態……………………………………………137
　　(1)約束手形／(2)現物資産／(3)ストック・オプション
　3　総所得からの除外…………………………………………139

### 第2章　事業所得…………………………………………………………140
　1　総利得の定義 ………………………………………………140
　2　事業および自由業からの所得 ……………………………140
　3　物品またはサービスの売却からの総利得…………………141

### 第3章　受取配当…………………………………………………………142
　1　受取配当の金額 ……………………………………………142
　2　株式の売主または買主の所得に算入される配当 ………143
　3　規制投資会社の分配 ………………………………………143
　4　不動産投資信託の分配 ……………………………………144
　5　保険配当 ……………………………………………………144
　6　貯蓄貸付配当 ………………………………………………144
　7　外国法人からの配当 ………………………………………145
　8　株式配当 ……………………………………………………145

### 第4章　受取利子…………………………………………………………146
　1　低利貸付および無利子貸付 ………………………………148
　2　既往利子 ……………………………………………………150

### 第5章　賃貸料……………………………………………………………151
　1　購入価格の延払い …………………………………………151
　2　担保預金 ……………………………………………………151

3　借主が支払う貸主の費用 ………………………152
  4　借主が引き受ける貸主の負債 …………………152
  5　借主による改良……………………………………152
  6　リース取消による所得 …………………………153
第6章　使　用　料 ……………………………………154
第7章　売却または交換による収益 …………………155
  1　実現した金額………………………………………156
  2　資産の市場価値の決定 …………………………160
  3　売却損益の認識……………………………………164
  4　ベーシス……………………………………………167
  5　損益計算の調整ベーシス ………………………168
  6　原価ベーシスの配分または割当 ………………171
  7　ベーシスの調整……………………………………172
  8　非課税交換…………………………………………173

## 第3編　控除できる損金

第1章　損金に関する通則 ……………………………184
  1　営業または事業……………………………………186
  2　通常かつ必要な経費 ……………………………187
  3　控　除　年　度……………………………………188
  4　私的経費との区別…………………………………188
  5　他人のために支払う経費 ………………………188
    (1)認容された控除／(2)否認された控除
  6　控除できる事業経費 ……………………………189

目　次

## 第2章　一般的事業経費 …………………………………190
### 1　報酬，給料，賃金およびコミッション……………190
(1)合理的な金額／(2)人的役務の提供／(3)経済的パフォーマンス／(4)営業譲渡／(5)閉鎖的保有法人／(6)関連者に対する支払報酬／(7)賞与／(8)コミッション／(9)現物給与／(10)社会保障税，失業保険税および年金計画拠出金／(11)役員報酬

### 2　賃　借　料 ………………………………………………198
### 3　使　用　料 ………………………………………………203
### 4　修繕費および維持費 ……………………………………203
(1)リハビリテーション原則／(2)災害などによる損害／(3)環境浄化費

### 5　慈善寄附金 ………………………………………………206
(1)寄附金控除／(2)事業経費としての寄附金

### 6　広告宣伝費 ………………………………………………209
(1)広告宣伝費の長期的効果／(2)賞品およびコンテスト

### 7　保　険　料 ………………………………………………210
(1)火災および損害保険／(2)事業保険／(3)生命保険料／(4)重要社員保険／(5)スプリット・ドル保険プラン／(6)自家保険者

### 8　法律費用およびプロフェッショナル・フィー …………214
(1)法律費用／(2)法律費用として控除できる費用／(3)違法行為に関する法律費用(4)租税関連費用／(5)会計，技術その他の報酬／(6)企業買収費用／(7)借入金による企業買収

### 9　雇用主費用 ………………………………………………218
(1)経済的利益／(2)災害保健計画／(3)特別な従業員のための支払／(4)パートナーシップおよびＳ法人が支払う災害保健保険料／(5)教育援助計画／(6)従業員の個人的経費の支払／(7)従業

員の旅費および交際費／⑻クラブ費用

## 第3章　特別控除 …………………………………………223

### 1　自動車の経費 ……………………………………225
⑴自動車の減価償却／⑵自動車の譲渡損益

### 2　旅費，食事および交際費 ………………………227
⑴旅費／⑵食事および交際費

### 3　大会費用 …………………………………………229

### 4　事業上の贈与 ……………………………………230

### 5　業績報償 …………………………………………231

## 第4章　控除否認項目 ……………………………………232

### 1　一般的控除否認項目 ……………………………232
⑴生命保険料／⑵罰金および賄賂／⑶租税公課／⑷政党への献金／⑸ロビー経費／⑹免税所得を稼得するための経費

### 2　特別な控除否認項目 ……………………………239
⑴ゴールデン・パラシュートの支払／⑵租税回避のための買収／⑶利子の控除制限／⑷ステープルド株式またはペア株式／⑸租税優遇措置の減額

## 第5章　減価償却 …………………………………………246

### 1　減価償却の基礎概念 ……………………………247
⑴減価償却資産／⑵減価償却費の控除権者／⑶ベーシスの決定／⑷減価償却期間／⑸事業経費の選択／⑹減価償却費の控除

### 2　減価償却（MACRS）……………………………255
⑴MACRS減価償却期間／⑵減価償却方法／⑶減価償却コンベンション／⑷IRC179条経費の選択／⑸MACRS割増減価償却／⑹代替的減価償却制度

3　減価償却（ACRS）………………………………268
　　　(1)減価償却期間／(2)減価償却方法
　　4　減価償却（一般的減価償却原則）………………270
　　　(1)不動産／(2)定額法／(3)200％残高逓減償却法／(4)級数法／(5)耐用年数で表示されない方法
　　5　減価償却（ADR）…………………………………273
　　　(1)減価償却期間／(2)減価償却方法
　　6　償　　却……………………………………………274
　　　(1)営業権その他の無形資産／(2)創業費／(3)設立費／(4)リース取得費／(5)森林再生費／(6)公害防止費／(7)研究実験費／(8)債券プレミアム／(9)黒肺給付信託
　　7　減耗控除……………………………………………284
　　　(1)減耗控除の方法／(2)経済的持分／(3)賞与および前払使用料／(4)パーセント減耗控除／(5)開発費／(6)鉱業探査費

## 第6章　統一資本化……………………………………288
　　1　直接費と間接費……………………………………289
　　　(1)直接費／(2)間接費
　　2　費用の配分…………………………………………290
　　　(1)直接労働費／(2)直接原材料費／(3)間接費／(4)サービス・コスト
　　3　簡易配分法…………………………………………291
　　　(1)混合サービス・コスト／(2)簡易生産法
　　4　利子の資本化………………………………………292
　　5　再販売者……………………………………………293

第7章　事業損失 …………………………………294
　1　損失控除の基礎理論 …………………………295
　　(1)利益動機に関するIRSの判断要素／(2)利益動機の推定／(3)損失控除の制限
　2　包括的否認規定 ………………………………297
　　(1)適用対象者／(2)適用対象活動／(3)不動産金融／(4)危険負担金額／(5)過年度の損失の否認
　3　パッシブ活動損失 ……………………………303
　　(1)適用対象者／(2)適用対象活動／(3)パッシブ活動の判定／(4)賃貸活動／(5)パッシブ活動総所得の決定
第8章　純営業損失 ………………………………313
　1　適格対象者 ……………………………………314
　2　NOLの計算 ……………………………………315
　　(1)繰戻と繰越／(2)法人のNOL
第9章　受取配当控除 ……………………………317
　　(1)法人間配当／(2)株式の性質／(3)控除権者／(4)外国法人配当／(5)デット・ファイナンス・ポートフォリオ株式配当

# 第4編　キャピタル・ゲインまたはキャピタル・ロス

第1章　キャピタル・ゲイン ……………………324
　1　概　　要 ………………………………………324
　2　一定の小規模事業株式からの収益の50％除外 …325
　　(1)発行者別限度額／(2)適格株式／(3)適格小規模事業株式

目　　次

## 第2章　キャピタル・ロス …………………………………328
(1)非法人／(2)法人
### 1　キャピタル・ロスの控除限度 …………………………329
### 2　キャピタル・ロスの繰戻と繰越 ………………………330
(1)外国収用キャピタル・ロスの特別繰越期間／(2)繰戻制限

## 第3章　キャピタル・ゲインおよびキャピタル・ロス
　　　　の一般原則 ………………………………………332
### 1　資本資産の定義 …………………………………………332
(1)株式および証券／(2)事業目的と非事業目的の双方のために用いられる資産／(3)手形，買主引受手形および売掛債権
### 2　キャピタル・ゲインまたはキャピタル・ロスの定義 …335
### 3　売却または交換 …………………………………………336
(1)売却と賃貸料または使用料／(2)特許権／(3)地役権／(4)制限契約
### 4　資産の保有期間 …………………………………………338
(1)株式の保有期間／(2)債券の転換／(3)新株引受権／(4)移転されるベーシス／(5)パートナーシップ資産の保有期間

## 第4章　キャピタル・ゲインおよびキャピタル・ロス
　　　　の特別な原則 ……………………………………341
### 1　営業または事業で用いられる資産 ……………………341
(1)IRC1231条の対象資産および対象取引／(2)営業または事業の資産／(3)法人資産／(4)土地および改良／(5)賃貸資産／(6)付随資産
### 2　空売りからの損益 ………………………………………344
(1)みなし売却／(2)ロング・ポジションとショート・ポジション／(3)保有期間／(4)商品／(5)裁定取引

3　バイ・セル・オプション ……………………………347
　　4　証券ディーラー…………………………………………348
　　5　コスト回収資産または減価償却資産の
　　　　処分からの収益…………………………………………349
　　6　一定の減価償却不動産の処分からの収益……………350
　　7　オリジナル発行割引ルール …………………………350
　　　⑴利子の発生／⑵債務証書の処分／⑶資産の売却および交換
　　　において発行される債務証書

# 第5編　法人内部取引

## 第1章　法人の設立と株主の出資……………………………356
　　1　人的役務出資……………………………………………356
　　2　現物出資…………………………………………………357
　　　⑴支配基準／⑵資産の定義／⑶株式以外の資産の受領／⑷投
　　　資会社に対する現物出資
　　3　見返り株式の投資ベーシス ……………………………358
　　4　見返り株式の保有期間 …………………………………358
　　5　出資された資産の法人におけるベーシス……………359
　　6　負債引受………………………………………………359
　　　⑴租税回避目的／⑵負債が出資された資産のベーシスを超え
　　　る場合

## 第2章　法人から株主への分配………………………………361
　　1　法人の収益および利潤 …………………………………361
　　　⑴E＆Pの計算／⑵株主への分配／⑶E＆Pに影響する他の項
　　　目／⑷法人構成の変更

2　法人資産の分配 ………………………………………365
　　　(1)分配の金額／(2)分配された資産のベーシス／(3)法人の損益／(4)配当の定義／(5)みなし配当
　　3　株式の償還 ……………………………………………369
　　　(1)実質的に不均衡な償還／(2)完全な終了における償還／(3)償還が実質的に配当に相当しないこと／(4)部分的清算における非法人株主の株式の償還／(5)被支配法人によるみなし償還
　　4　株式および新株引受権の分配 ………………………375
　　　(1)金銭に代わる分配／(2)不均衡な分配／(3)転換優先株式の分配／(4)株主の比例的持分の増加／(5)優先株式に係る配当／(6)非課税株式配当／(7)非課税新株引受権
　　5　清　　　算 ……………………………………………378
　　　(1)清算法人の損益の認識／(2)子会社の清算／(3)株主の損益／(4)解散予定法人

## 第6編　特殊関連企業間取引

### 第1章　移転価格税制 ……………………………………384
　　1　IRSの再配分基準 ……………………………………386
　　2　最適方法ルール ………………………………………387
　　3　比較可能性 ……………………………………………387
　　　(1)差異の調整／(2)特別な事情
　　4　独立企業レンジ ………………………………………388
　　5　有形資産の譲渡に係る独立企業間価格算定方法 ……389
　　　(1)独立価格比準法／(2)再販売価格法／(3)原価加算法／(4)利益比準法／(5)利益分割法／(6)他の方法

6　無形資産の譲渡に係る独立企業間価格算定方法 ………391
　　(1)無形資産の特性／(2)無形資産の開発に係るコスト・シェアリング・アレンジメント／(3)各年度の調整／(4)独立取引比準法／(5)利益比準法／(6)他の方法
　7　ローン，人的役務および賃貸の独立
　　企業間価格算定方法 ………………………………………395
　　(1)ローンまたは前払金／(2)人的役務の提供／(3)有形資産の使用

## 第2章　被支配法人 …………………………………………397
　　(1)単一の留保収益税額控除／(2)代替的ミニマム・タックス税額控除／(3)損失／被支配グループ

## 第3章　過少資本税制 ………………………………………401
　1　過少資本税制 ……………………………………………401
　2　過少資本法人の選択肢 …………………………………402
　3　デット・エクイティ割合 ………………………………402
　4　デット・エクイティ・ガイドライン …………………402
　5　アーニング・ストリッピング・ルール ………………403
　　(1)制限される場合／(2)超過支払利子／(3)限度額超過分の繰越額／(4)限度額超過分／(5)エクイティに対するデットの割合／(6)不適格利子／(7)純支払利子／(8)不適格保証／(9)グロスベーシスの課税

## 第4章　タックス・ヘイブンの被支配外国法人 …………406
　1　タックス・ヘイブンの合法的な利用 …………………406
　2　タックス・ヘイブンの違法な利用 ……………………408
　3　米国のタックス・ヘイブン・リスト …………………408

目 次

# 第7編 組織再編成

## 第1章 組織再編成の定義 …………………………412
### 1 法人の損益の不認識 …………………………415
### 2 組織再編成の類型 ……………………………415
(1)A種組織再編成／(2)B種組織再編成／(3)C種組織再編成／(4)D種組織再編成／(5)E種組織再編成／(6)F種組織再編成／(7)G種組織再編成／(8)株式発行の必要性／(9)80％支配要件／(10)持分の継続性要件
### 3 株式および証券の交換 ………………………422
(1)組織再編成の交換／(2)その他の交換

## 第2章 被支配法人の株式および証券の分配 ………424
### 1 スピンオフ，スプリットオフおよびスプリットアップ …………………………………………424
### 2 1990年10月9日後のスピンオフまたはスプリットオフ ……………………………………………427
### 3 モリス・トラスト・スピンオフ ………………428
### 4 営業または事業の積極的な遂行 ………………429
### 5 負 債 …………………………………………430

## 第3章 交換差金 ……………………………………431
### 1 組織再編成の交換 ……………………………431
### 2 他の資産 ………………………………………432
(1)証券に係る発生利子／(2)配当としての追加的対価

## 第4章 受け取った資産のベーシス …………………435
### 1 譲渡法人の受け取る資産のベーシス …………435
### 2 組織再編成において株式または証券と引換えに

15

受け取った資産……………………………………………437
　　3　買収法人が受け取る資産のベーシス……………………438
　　4　外国法人への譲渡…………………………………………438
　　　(1)国際的なF組織再編成／(2)無形資産の譲渡

# 第8編　税額の計算

## 第1章　法人税額……………………………………………444
　1　法人の課税所得……………………………………………444
　2　法人税額の計算……………………………………………445
　3　特別な法人…………………………………………………445
　4　法人税率……………………………………………………445
　5　税率構造の基本的な考え方………………………………446
　　(1)基本税率／(2)追加税
　6　税率の変更…………………………………………………447

## 第2章　代替的ミニマム・タックス……………………448
　　(1)小法人の特例／(2)その他の法人
　1　仮のミニマム・タックス…………………………………449
　　(1)仮のミニマム・タックスの計算／(2)AMTIの計算／(3)AMT免除額
　2　通常の税……………………………………………………450
　3　法人所得の調整……………………………………………451
　　(1)調整当期収益に基づく調整／(2)優遇措置の加算
　4　外国税額控除………………………………………………454

## 第3章　留保収益税（accumulated earnings tax：AET）………455
　1　制度の趣旨…………………………………………………455

(1)立証責任／(2)留保課税所得／(3)持株会社および投資会社の特例／(4)米国所有外国法人の所得源泉ルール

 2 留保収益控除 …………………………………………………457
 3 支払配当控除 …………………………………………………459
 4 関連グループ …………………………………………………459
(1)親子会社／(2)兄弟姉妹会社
 5 租税回避の意図 ………………………………………………460
 6 事業上の合理的な必要性 ……………………………………460

## 第4章　同族持株会社税 ………………………………………462

 1 制度の趣旨 ……………………………………………………462
 2 同族持株会社の定義 …………………………………………463
 3 株式所有権 ……………………………………………………463
 4 同族持株会社所得 ……………………………………………464
(1)PHCIの計算／(2)未分配同属持株会社所得
 5 外国同族持株会社 ……………………………………………466

## 第5章　税　額　控　除 ………………………………………467

(1)還付不能な税額控除／(2)還付可能な税額控除
 1 税額に基づく制限 ……………………………………………469
 2 アットリスク・ルール ………………………………………470
(1)ノンリコース・ファイナンス／(2)ノンリコース・ファイナンスの金額の変更
 3 未使用の事業税額控除に関する控除に関する控除 ………472
 4 税額控除の種類
(1)増加研究活動／(2)新規市場税額控除／(3)一般事業税額控除／(4)投資税額控除
 5 外国税額控除 …………………………………………………482

(1)二重課税の救済／(2)外国税の範囲／(3)外国税額控除の控除権者／(4)控除の時期／(5)間接外国税額控除／(6)外国税額控除限度額／(7)包括的外国損失

## 第9編　申告・納付

### 第1章　申　　　告 …………………………………498
　1　基本的申告要件…………………………………498
　2　申　　　告………………………………………499
　　(1)申告様式／(2)合併，組織再編成／(3)申告手続／(4)申告期限／(5)申告場所
　3　連結申告…………………………………………501
　　(1)連結申告の同意／(2)関連グループ／(3)加入法人／(4)連結課税所得／(5)投資調整ルール／(6)法人間取引／(7)税額の計算

### 第2章　情報申告 …………………………………509
　1　主要な情報申告…………………………………509
　2　所得源泉の情報…………………………………513
　　(1)営業または事業の支払／(2)従業員に対する支払および年金／(3)営業または事業の過程における他の支払／(4)外国項目／(5)銀行秘密法

### 第3章　納　　　付 …………………………………515
### 第4章　賦課および納付 …………………………516
　1　賦　　　課………………………………………517
　2　帳簿および証人の調査，召喚状の執行………517
　　(1)召喚状の発行／(2)司法省への連絡／(3)召喚状の執行／(4)税務調査件数の制限／(5)召喚状の執行を防御する理由／(6)第三

18

者との接触の事前通知／(7)第三者召喚状／(8)ジョン・ドウ召喚状／(9)償還される文書の特定／(10)ソフトウエア取引の秘密／(11)納税者との面接に関する手続／(12)納税者のIRS情報の発見／(13)特権

 3 報償金および捜査費の払戻 ……………………………525
  (1)報償金／(2)麻薬捜査における捜査費の払戻
 4 賦課の制限 ………………………………………………526
 5 徴  収 ……………………………………………………526
  (1)法人所得税等の預託／(2)外国受領者に対する租税預託制度／(3)通知および督促／(4)民間債権徴収機関／(5)納付方法
 6 賦課・徴収の期間制限 …………………………………528
  (1)納税者の同意による期間制限の延長／(2)繰戻または繰越に係る不足税額の期間制限／(3)過少申告等の期間制限／(4)無申告，虚偽申告または詐欺的申告の期間制限／(5)信託，パートナーシップ，非課税法人の申告／(6)修正申告／(7)指定取引／(8)賦課後の徴収

## 第5章 租税リーエン………………………………………………532
 1 リーエンの通知……………………………………………532
 2 リーエンの解除……………………………………………533
 3 財産の免除…………………………………………………533
 4 租税回収のための財産の差押と売却 …………………534
  (1)通知／(2)差押除外財産／(3)売却証書／(4)売却収入の充当

## 第6章 充当および還付 …………………………………………536
 1 還付または充当の請求権 ………………………………536
  (1)過誤納付税額の還付または充当の請求の要件／(2)還付金の支払／(3)過誤納付の充当／(4)申告書全体の考慮

  2 還付または充当の期間制限 …………………………537
   (1)賦課期間の延長の合意／(2)繰戻の期間制限／(3)貸倒または無価値な証券の期間制限
  3 還付加算金 ……………………………………………538

## 第10編　附　帯　税

### 第1章　法人予定税の納付懈怠の制裁 …………………543
 1 法人予定税の納付 ………………………………………543
 2 予定税の計算 ……………………………………………543
  (1)四半期ごとの納付金額／(2)前年セーフハーバー／(3)推計の修正／(4)年額計算法／(5)法人予定税の納付期限と納付方法
 3 予定税の過少納付の制裁 ………………………………545

### 第2章　正確性関連の制裁と詐欺の制裁 ………………547
 1 正確性関連の制裁 ………………………………………547
  (1)合理的な理由／(2)十分な開示／(3)懈怠／(4)所得税の実質的な過少申告／(5)指定取引および報告すべき取引に関する正確性関連の制裁
 2 詐欺の制裁 ………………………………………………549

### 第3章　その他の加算税 ……………………………………550
 1 無申告加算税 ……………………………………………550
  (1)詐欺的な懈怠／(2)合理的な理由
 2 不納付加算税 ……………………………………………551
  (1)期限延長／(2)合理的な理由
 3 情報申告の懈怠の制裁 …………………………………551

　　　　　　　　　　　　　　　　　　　　目　　次

## 第4章　民　事　罰 …………………………………………552
### 1　源泉徴収税の制裁 …………………………………552
(1)詐欺的文書または従業員に対する文書提出の懈怠／(2)虚偽の源泉徴収関係文書

### 2　情報申告の制裁……………………………………553
(1)正確な情報申告の懈怠／(2)正確な受領者に係る情報申告の懈怠／(3)他の情報申告の懈怠

### 3　外国企業または国際企業の制裁 …………………555
(1)一定の外国信託に係る情報申告の懈怠／(2)外国法人または外国パートナーシップに係る情報申告の懈怠／(3)DISC申告またはFSC申告の懈怠／(4)外国税の再決定通知の懈怠

### 4　濫用的タックス・シェルターの制裁……………………556
(1)濫用的タックス・シェルターのプロモーター／(2)税額の過少申告の幇助および教唆／(3)軽率な申告／(4)IRC6700〜6702の制裁に適用される手続／(5)タックス・シェルターに関する情報申告の懈怠／(6)2004年米国雇用創出法による制裁の強化／(7)タックス・シェルター開示の懈怠／(8)潜在的な濫用的タックス・シェルターの投資家リストの保存義務の懈怠

### 5　その他の民事罰……………………………………559
(1)RICの欠損金配当手続の利用／(2)パートナーシップ申告の懈怠／(3)オリジナル発行割引情報の懈怠／(4)モーゲージ・クレジット証書に係る重要な虚偽の申立／(5)租税条約の適用開示の懈怠／(6)申告書作成業者の不当な開示，過少申告

## 第5章　刑　事　罰 …………………………………………562

# 第11編　特別な事業形態に対する課税

## 第1章　S　法　人 …………………………………………564
  1　S法人要件 ………………………………………………565
    (1)適格サブチャプターS子会社／(2)不適格法人／(3)単一の種類の株式／(4)S法人の株主／(5)信託／(6)パートナーシップ
  2　S法人となる方法 ………………………………………568
    (1)選択方法／(2)選択の時期／(3)株主の同意
  3　S法人の課税年度 ………………………………………569
    (1)事業目的課税年度／(2)所有課税年度
  4　租税項目の株主へのパススルー ………………………570
    (1)株主の株式におけるベーシス／(2)ベーシスの調整
  5　S法人の申告と課税 ……………………………………572
    (1)S法人の申告／(2)LIFO棚卸資産の取戻し
  6　株主の課税 ………………………………………………573
    (1)所得の性質／(2)パッシブ活動ルール／(3)S法人の一定のビルトイン・ゲイン
  7　分　　　配 ………………………………………………574
    (1)収益および利潤／(2)留保調整勘定／(3)過去に課税された所得／(4)配当の取扱いの選択／(5)資産の分配／(6)プロラタ・シェア
  8　超過パッシブ投資所得に対する税 ……………………578
    (1)パッシブ投資所得／(2)純パッシブ所得／(3)超過純パッシブ所得
  9　S法人の特則 ……………………………………………579
    (1)ビルトイン・ゲインに対する税／(2)サブチャプターCルー

ルとの調整／(3)繰越および繰戻／(4)投資税額控除の取戻し／(5)外国所得

10　S法人の終了 …………………………………………………582
(1)小規模事業法人に該当しないこと／(2)超過パッシブ投資所得を有すること／(3)終了の課税年度

## 第2章　パートナーシップ …………………………………584

1　事業体の選択 …………………………………………………584
2　パートナーシップの組成 ……………………………………585
(1)金銭または資産の拠出／(2)人的役務の拠出／(3)パートナーシップの選択／(4)パートナーシップの会計年度／(5)異なる課税年度の効果

3　パートナーのパートナーシップ持分のベーシス ………591
(1)パートナー持分の当初ベーシス／(2)ベーシスの調整／(3)負債のパートナー・ベーシスに与える効果／(4)負債の割当／(5)パートナーシップ負債の譲渡／パートナーシップ持分の譲渡

4　パートナーシップの資産の所有 ……………………………595
(1)パートナーシップの資産における当初ベーシス／(2)持分譲渡に係るベーシスの調整／(3)資産の分配に係るベーシスの調整／(4)ベーシス調整の配分

5　活動するパートナーシップ …………………………………598
(1)パートナーシップ所得の申告／(2)パートナーの分配シェア／(3)当期の分配／(4)保証された支払／(5)パートナーの損失に係る制限／(6)実質的経済効果／(7)パートナーと被支配パートナーシップ／(8)未実現の受取債権および棚卸資産／(9)持分の変更／(10)拠出するパートナーに対する分配／(11)拠出された資産の分配／(12)パートナーの分配された資産のベーシス／(13)拠

出された資産の売却／(14)外部者としてパートナーシップと取引するパートナー／(15)持分と資産の保有期間

 6 パートナーシップ持分の処分 …………………………619
 (1)パートナーシップ持分の売却／(2)持分全部の処分／(3)持分の一部の処分／(4)持分のパートナーシップへの売戻／(5)他のパートナーまたは外部者への売却／(6)パートナーシップ持分の割賦販売／(7)パートナーシップの継続と終了

 7 大規模パートナーシップの選択 ……………………624
 (1)パートナーシップのパススルー／(2)みなし過少納付

## 第3章 有限責任会社 …………………………………627

 1 LLCの特性 …………………………………………627
 (1)LLCの利点／(2)LLCの欠点／(3)複数構成員を有するLLC

 2 チェック・ザ・ボックス規則 ………………………629
 (1)選択をしない場合の分類／(2)分類の変更／(3)事業体

 3 資本の拠出 …………………………………………632
 4 構成員の持分のベーシス …………………………632
 5 利得および損失の配分 ……………………………633
 6 LLCの分配 …………………………………………634
 7 構成員の収益または損失 …………………………635
 8 LLCの清算 …………………………………………635

## 第4章 特別な法人 ………………………………………637

 1 銀   行 ………………………………………637
 (1)支払利子／(2)証券の売却または交換からの収益および損失／(3)無価値な証券と債権／(4)割引料および貸付コミッション／(5)預金者の保証基金／(6)抵当流れ資産および見返り担保の売却／(7)コモン・トラスト・ファンド／(8)貸倒引当金

目　　次

　2　銀行以外の貯蓄機関 ……………………………………640
　　(1)建築貸付団体等支払配当または支払利子／(2)貯蓄貸付団体
　　等の貸倒引当金
　3　保　険　会　社 …………………………………………641
　　(1)生命保険会社／(2)生命保険会社以外の保険会社／(3)再保険
　　契約の配分
　4　規制投資会社 ……………………………………………643
　　(1)RICの課税／(2)株主の課税
　5　不動産投資信託 …………………………………………647
　　(1)REITの課税／(2)株主の課税
　6　不動産モーゲージ投資導管 ……………………………650
　　(1)通常持分の課税／(2)残余持分の課税／(3)REMICへの資産
　　譲渡／(4)課税対処のモーゲージ・プール／(5)禁じられた取引
　7　金融資産証券化投資信託 ………………………………653
　　(1)FASITの課税／(2)持分保有者の課税
　8　協　同　組　合 …………………………………………655
　　(1)パトロン配当／(2)パトロン配分以外の分配／(3)パトロンの
　　所得としてのパトロン配当
　9　外国販売法人 ……………………………………………656
　　(1)域外所得の除外／(2)適格外国貿易所得

第5章　非課税団体 ……………………………………………658
　1　IRC501(c)に基づく非課税団体 ………………………658
　2　非関連事業課税所得 ……………………………………661
　　(1)税率／(2)1,000ドルの基礎控除／(3)外国税額控除／(4)非関連
　　事業課税所得の定義／(5)免税の非関連所得
　3　非関連デット・ファイナンス …………………………663

25

(1)デット・ファイナンス資産／(2)権限保有法人／(3)モーゲージまたはリーエンの対象となる資産の取得／(4)ローンの対象となる証券／(5)税額の計算

## 第6章　外国法人 ……………………………………665
　1　外国法人の定義………………………………………666
　2　米国の営業または事業に従事しない外国法人 ……666
　3　法人インバージョン取引 …………………………666
　4　米国源泉所得…………………………………………667
　　(1)所得の種類別の源泉ルール／(2)米国源泉と外国源泉との配分ルール／(3)損金控除および経費の配分ルール
　5　実質的関連所得………………………………………672
　　(1)実質的関連原則を適用される外国源泉所得／(2)米国内の事務所または事業を行う一定の場所／(3)米国不動産持分の処分
　6　法人のキャピタル・ゲインおよびキャピタル・ロス …675
　7　インバージョン収益 ………………………………676
　　(1)株式インバージョン／(2)資産インバージョン／(3)インバージョン取引のベネフィットの制限／(4)米国離脱事業体／(5)代用外国法

## 凡　例

| | |
|---|---|
| ＵＳＣ | 米国法典（United States Code） |
| ＩＲＣ | 内国歳入法典（Internal Revenue Code） |
| 規則 | 財務省規則（Regulation） |
| 暫定規則 | 財務省暫定規則（Temporary Regulation） |
| ＩＲＳ | 内国歳入庁（Internal Revenue Service） |
| IRS規則 | 内国歳入庁規則（IRS Regulation） |
| Rev. Rul. | レベニュー・ルーリング（Revenue Ruling） |
| | 内国歳入庁（法令解釈）通達 |
| Rev. Proc. | レベニュー・プロセデュア（Revenue Procedure） |
| | 内国歳入庁（手続）通達 |
| IRS Letter Ruling | 内国歳入庁レター・ルーリングまたは |
| | 内国歳入庁プライベート・レター・ルーリング |
| IRM | 内国歳入庁マニュアル（Internal Revenue Mannual） |
| IRS Technical Advice Memorandum | 内国歳入庁テクニカル・アドバイス・メモ |
| アドバンス・ルーリング | 内国歳入庁事前ルーリング |
| Notice | ノーティス（内国歳入庁告示） |
| ＴＤ | 財務省決定（Treasury Decision） |
| ＣＢ | 内国歳入庁キュムラティブ・ブルティン（Cumulative Bulletin） |
| ＩＲＢ | 内国歳入庁ブルティン（Internal Revenue Bulletin） |
| USTC | 租税裁判所（U. S. Tax Court） |

# 序 論

序　論

# 第1章 事業形態の選択

　米国では，事業を行う場合に最適の事業体（business entity）を選択することができる。
　内国歳入法典（the Internal Revenue Code：IRC）は連邦税の課税上の多様な組織（Organizations）の分類について規定している。連邦税の課税上，ある組織がその所有者（Owners）と分離した主体（an entity）であるか否かは，当該組織が州法上主体として認識されるか否かを問わず，連邦税法（federal tax law）によって決定される（規則301.7701－1(a)(1)）。分離した主体として認識される組織の分類は，IRCに別段の定めがある場合を除き，規則301.7701－2，301.7701－3および301.7701－4により決定される（規則301.7701－1(b)）。また，事業体は，内国事業体（a domestic entity）と外国事業体（a foreign entity）に分類される（規則301.7701－1(d)）。事業体が米国においてまたは米国もしくは州（コロンビア特別区を含む）の法令に基づき組成されまたは設立される場合，内国事業体とされ，内国事業体でない事業体は外国事業体とされる。以下の事業形態の選択に関するルールは，1997年1月1日から適用される（規則301.7701－3(h)）。

## 1　事業体（business entity）

　事業体とは，連邦税の課税上認識されるすべての主体（以下の(a)または(b)に該当するものを除く）である（規則301.7701－3に基づきその所有者から分離した主体として認識されない単独所有者組織を含む）（規則301.7701－2(a)）。
　(a)　規則301.7701－4に基づき信託（a trust）として分類されるもの

(b) IRCに基づき特別な取扱いを受けるもの

　単独所有者組織（single owner organizations）は，規則301.7701-2および301.7701-3に基づきその所有者から分離した主体として認識されるかまたは認識されないかを選択することができる（規則301.7701-1(a)(4)）。

　2人以上の構成員をもつ事業体は，連邦税の課税上法人（a corporation）またはパートナーシップのいずれかに分類される。所有者が1人だけの事業体は，法人として分類されるかまたは無視される。ある主体が無視される場合，その活動は事業主（a sole proprietorship），所有者の支店または一部門と同様に取り扱われる（規則301.7701-2(a)）。

## 2　法人（corporation）

　連邦税の課税上，法人とは次のものをいう（規則301.7701-2(b)）。
(a)　連邦，州または連邦公認のインディアン部族の制定法に基づいて組成された事業体で，当該制定法が当該事業体を会社（incorporated），法人（corporation），法人格のある団体（body corporate）または政治団体（body politic）として規定しているもの（規則301.7701-2(b)(1)）
(b)　社団（an association）（規則301.7701-2(b)(2)）
(c)　州の制定法に基づき組成された事業体で，当該制定法が当該事業体を株式会社（a joint-stock company or joint-stock association）として規定しているもの（規則301.7701-2(b)(3)）
(d)　保険会社（an insurance company）（規則301.7701　2(b)(4)）
(e)　州が認可した銀行業を営む事業体で，その預金のすべてが連邦預金保険法（the Federal Deposit Insurance Act, as amended, 12U.S.C）または類似の連邦制定法に基づき保険に付されているもの（規則301.7701-2(5)）
(f)　州もしくはその地方政府が全部所有する事業体または外国政府が全部所有する事業体（規則301.7701-2(b)(6)）
(g)　IRCの規定（IRC7701(a)(3)を除く）に基づき法人（a corporation）として課

序　論

税される事業体（規則301.7701－2(b)(7)）

(h)　一定の外国事業体（規則301.7701－2(b)(8)）

　　規則301.7701－2(b)(8)（ⅱ）および(d)に規定するものを除き，各国の事業体を列挙している[1]。日本については株式会社のみを列挙している[2]。

　上記(b)の社団（an association）以外の事業体は，自動的に法人（a corporation）とされる（規則301.7701－3(a)）。これを当然法人（per se corporation）という。

## 3　選択適格事業体（an eligible entity）

　規則301.7701－2(b)(1)，(3)，(4)，(5)，(6)，(7)または(8)に基づき法人として分類されない事業体は，選択適格事業体とされ，連邦税の課税上，その分類を選択することができる（規則301.7701－3(a)）。そのことは，次の2つの意味をもつ。

(a)　2人以上の構成員をもつ選択適格事業体は，社団（an association）として分類されるか，パートナーシップとして分類されるか，を選択することができる。

(b)　単独所有者の選択適格事業体は，社団として分類されるか，所有者と分離した主体として無視されることを選択することができる。

　内国選択適格事業体（a domestic eligible entity）が積極的に選択をしない場合，その事業体は次のように分類される（規則301.7701－3(b)(1)）。

(a)　2人以上の構成員をもつ場合，パートナーシップとして分類される。

(b)　単独所有者しかいない場合，その所有者と分離した主体としての存在を無視される。

　外国選択適格事業体（a foreign eligible entity）が積極的に選択をしない場合，その事業体は次のように分類される（規則301.7701－3(b)(2)）。

(a)　2人以上の構成員をもち1人以上の構成員が有限責任（limited liability）を有しない場合，パートナーシップとして分類される。

(b)　すべての構成員が有限責任を有する場合，社団として分類される。

(c)　有限責任を有しない単独所有者しかいない場合，その所有者と分離した

主体としての存在を無視される。

外国選択適格事業体の構成員がその構成員であることを理由にその事業体の債務またはその事業体に対する請求に対して個人的責任を負わない場合，有限責任を有するとされる（規則301.7701－3(b)(2)(ii)）。構成員が有限責任を有するか否かの判定は，その事業体の設立に係る準拠法のみに基づいて行われるが，当該準拠法が事業体の設立に関する文書において構成員が有限責任を有するか否かについて記載することを認めている場合には，当該文書の記載に基づいて行うこともできる。事業体の債権者がその事業体の構成員に対し，事業体の債務またはその事業体に対する請求の全部または一部の支払を求めることができる場合，その構成員は個人的責任を負っているとみられる。他者（構成員か否かを問わない）が構成員の責任を引き受ける合意をしている場合でさえ，当該構成員が個人的責任を負っているものとみられる。

## 4　外国事業体の特例

規則301.7701－2(b)(8)（ⅰ）に規定する外国事業体は，原則として当然法人とされるが，次のすべての要件を満たす場合には，当然法人として取り扱われない（規則301.7701－2(d)(1)）。

(a)　事業体が1996年5月8日に存在していたこと
(b)　事業体の分類が1996年5月8日に適切であったこと
(c)　事業体の分類が1996年5月8日に適切であった場合，1996年5月8日を含む課税年度における連邦所得税の申告書，情報申告および源泉徴収票において当該事業体を法人として取り扱っていないこと
(d)　1996年5月8日前60ヶ月内に事業体が行った分類の変更が当該事業体の設立に関する文書における変更の結果として生じ，かつ，当該事業体とすべての構成員が1996年5月8日前60ヶ月内の事業体の分類の変更による連邦税の効果を認識していたこと
(e)　1996年5月8日に事業体を法人以外のものとして取り扱う合理的な根拠

序　論

(IRC6662) が存在していたこと
(f)　1996年5月8日以前に事業体もその構成員も当該事業体の分類が税務調査の対象になったことを文書で通知されていなかったこと

## 5　事業形態の選択

### (1)　選択が必要な場合

次の場合には，事業形態の選択が必要である（規則301.7701－3(a)）。
(a)　選択適格事業体が設立時に選択しない場合の分類(a default classification)に該当しない分類を選択する場合
(b)　選択適格事業体がその分類を変更することを選択する場合

### (2)　選択が不必要な場合

事業体が別段の選択をする場合を除き，1996年12月31日以前に存在する選択適格事業体は，それまでの分類を継続する（規則301.7701－3(b)(3)）。外国選択適格事業体は，同日前60ヶ月内いつもその分類が適切であった場合のみ，同日前に存在するものとして取り扱われる。

### (3)　選　　択

選択適格事業体は，様式8832（事業体分類の選択）を所定のサービス・センターに提出することにより，規則301.7701－3(b)「選択しない選択適格事業体の分類」に規定されるもの以外のものとして分類されること，またはその分類を変更することを選択することができる（規則301.7701－3(c)(1)(ⅰ)）。選択適格事業体がその分類を変更することを選択する場合，その選択の発効日後60日内に再度その分類を変更することはできない。ただし，選択の日または事業体の前の選択の発効日に持分を有していなかった者がその後の選択の発効日現在の事業体の持分の50％超を所有する場合には内国歳入庁長官は当該事業体が60ヶ月内に選択によりその分類を変更することを認めることができる（規則

301.7701－3(b)(3)（iv））。

序論

# 第2章
# 連邦法人所得税

## 1 連邦税

　米国では、課税権の主体を基準として、連邦政府が課する租税を連邦税（federal taxes）といい、州（コロンビア特別区を含む）政府が課する租税を州税（state taxes）、地方公共団体が課する租税を地方税（local taxes）という。連邦税は、内国税と関税から成る。

　内国税は、内国歳入法典（Internal Revenue Code：IRC）[3]に統合されているが、主たる租税は、所得税（Income Tax）、贈与税（Gift Transfer Tax）、遺産税（Estate Transfer Tax）、各種の消費税（Excise Taxes）、雇用税（Employment Taxes）または社会保障税（Social Security Taxes）であり、これらのすべてがIRCにおいて規定されている。

## 2 連邦所得税

　連邦所得税（Federal Income Tax）は、1913年米国憲法修正第16条により、合憲とされた。所得税は、納税主体（taxable entity）を基準として、個人所得税（Individual Income Tax）、法人所得税（Corporate Income Tax）[4]などに分かれる。また、所得税は、課税主体（taxing entity）を基準として、連邦所得税（Federal Income Tax）、州所得税（State Income Tax）、地方所得税（Local Income Tax）または外国所得税（Foreign Income Tax）などに分かれる。本書は、主として連邦法人所得税を対象としている。

## 3 連邦法人所得税

### (1) 課税権の配分と所得の帰属

　米国では，収得税の類型に属する所得税が納税主体の課税物件である所得に対し連邦政府，州政府および地方政府ならびに外国政府という多様な課税権の主体によって課されることになる。したがって，納税主体の所得に対する課税権の配分について，米国と外国，連邦政府と州政府，または各州政府の間で，ときどき熾烈な紛争が起こる[5]。また，所得の帰属をめぐってどの納税主体に対して課税すべきかという問題を生じる。納税主体はその所得について米国と外国のいずれの課税権に服すべきものとするか，また米国の課税権に服するとしてもいずれの州の課税権に服すべきものとするか，を常に考慮に入れてさまざまな活動を行う。そのため，例えば連邦所得税について，連邦政府は国際取引と国内取引の双方について移転価格課税を行うことによって課税権の適正な配分に努める。しかし，連邦国家である米国では，外国との課税権の配分について連邦政府はその外交権を行使して連邦税について租税条約の締結などを行うことができるが，固有の課税権に基づく州政府の課税を制約する条約を締結することはできず，また，米国内の課税問題について各州政府の課税には，州際取引に関する各州の課税権が衝突する場合を除き，干渉することはできない。

　このような連邦国家の特性を考慮に入れて，多国籍企業（Multinational Enterprise：MNE）は，各国に設立した法人（corporations）間の所得分割や所得移転または費用・損失の移転を通じて世界的規模の税負担の最小化スキームを設計するだけでなく，国内および国外に組成した多様な事業体（business entities）への所得帰属または費用・損失の帰属を通じて世界的規模の税負担の最小化スキームを設計する。


### (2) 法人の独立納税主体説と二段階課税

　米国は，いわゆる法人税の課税根拠について，日本などと異なり，独立納税主体説を採っている。そのため，法人税を所得税の前どりであるとする見解に

序　論

基づき二重課税を排除するためにいわゆる所得税・法人税の統合（integration）を図っている諸国と異なり，法人と個人（株主）に対しそれぞれ独立に課税する**正統方式**（classical method）を採用している。連邦政府は，その租税政策において，米国企業が法人形態をとる場合にはその法人の利益に対し法人段階で法人所得税を課し，その利益の配当を受け取る株主の段階で個人所得税を課するという二段階課税を行うこととしている[6]。米国は，この古典的な法人課税方式によって次のような意思決定が歪曲されるという問題を引き起こすことを承知している。

(a) 事業体として法人を設立すべきか非法人（法人格のない事業体）を組成すべきか

(b) 投資先として法人または非法人（法人格のない事業体）のいずれを選択するか

(c) 資金調達方法として自己資本によるか借入資本によるか

(d) 利益を分配すべきか内部留保すべきか

従来の古典的な法人課税方式による二段階課税が引き起こす問題を単純化すると，次のように説明することができる。

まず，自ら事業を行う企業は，事業活動を行う場合にそのための事業体（business entity）として法人形態を選択すれば二段階課税を受けるので，これを回避するために非法人形態を選択するように誘導される。しかし，投資家は，法人に投資すれば，法人の利益について利益の配当があれば課税されるが，内部留保される利益について直接課税されることはない。これに対し，投資家が非法人に投資すれば，非法人の利益について現実の**分配**（distribution）の有無にかかわらず，契約による**配分**（allocation）について直接課税される。タックス・プランニングでは，投資家は直接課税される税負担を減少させる観点から法人への投資により内部留保や配当の延期によって課税の繰延を図り，非法人への投資により費用計上の加速化や損失の控除を利用する。過少資本税制やアーニング・ストリッピングの場合に認識されるように，法人の資金調達において自己資本（出資金）ではその果実である配当を損金計上することは原則とし

てできないが，他人資本（借入金）ではその果実である利子を損金計上することができる。このため，資金供給・資金調達において他人資本（借入金）が選好される。法人の利益に対しては法人段階で法人所得税が課されるうえ，個人（株主）はこの利益の分配に対して個人所得税を課されるので，同族会社のように個人が当該法人を支配している場合には個人段階の課税を繰り延べるために，利益の分配より内部留保することを選好する。

### (3) 所得税・法人税の統合への動き

米国財務省は，1992年12月11日に所得税・法人税の統合に関する勧告（A Recommendation for Integration of the Individual and Corporate Tax Systems）を公表した。

これにより提示された統合方式は，次の4通りである。

(a) 受取配当免除方式（Dividend Exclusion Prototype）
(b) 株主配分方式（Shareholder Allocation Prototype）
(c) 包括事業所得税方式（Comprehensive Business Income Tax：CBIT）
(d) 法人税株主帰属方式（Imputation Method）

金子宏『租税法』では，代表的な方式として，パートナーシップ方式，カーター方式，法人税株主帰属方式，支払配当損金算入方式，二重税率方式，配当所得控除方式，配当所得税額控除方式をあげているが，米国財務省の勧告ではこれら以外の方式として，受取配当免除方式と包括事業所得税方式を提示している点に注目すべきである。

**受取配当免除方式**は，配当を支払う法人段階の課税にとどめ，配当を受け取る個人（株主）段階で配当に対する課税を免除し，配当に係る法人利益に対する経済的二重課税を排除する方式である。この方式では，受取配当は免税とされるが，受取利子は課税とされるので，出資（equity）と負債（debt）との課税上の差異が生じる。**包括事業所得税方式**（CBIT）では，利子は配当と同様にこれを支払う法人段階で損金算入することはできないこととし，これを受け取る個人（株主または貸主）段階では課税されないこととする。米国財務省は，現行

序　論

　法人課税方式が出資と負債の選好の歪曲に及ぼす影響を是正するために考案したCBITによれば，支払配当と支払利子は法人段階で損金算入を許されないので，出資と負債は同様に扱われ，受取配当と受取利子は受領者段階で免税される結果，法人段階における利益の配当と留保との差異や課税上の負債の有利性は消滅する。米国財務省は，①経済的二重課税の排除のための複雑な措置を簡素化し，法人の利益に対し二段階課税でなく一段階課税を確実に行うこと，および②法人の利益が個人（株主）の限界税率で課税されること，を目標とするが，所得税・法人税の統合については，次の基準を満たす必要があると考えた。

(a) 法人の利益に対して法人段階または個人（株主）段階で1回限りの課税を行うこと

(b) 法人の利益が個人（株主）に分配されるときまたは株式の売却によって譲渡益を生じるとき，法人課税上の優遇措置のベネフィットを個人（株主）に及ぼすべきではない。

(c) 内国法人が納付した外国税は，国内法に従い米国に納付する米国税に相当するものとして扱われるべきでない1回限りの課税は外国税についても適用される。

(d) 所得税・法人税の統合によるメリットは，原則として外国投資家に与えるべきでなく，租税条約によって相互主義に基づいて与えるべきである。

　米国は，配当部分に係る法人の利益に対する二重課税が米国法人の配当政策に大きい影響を及ぼすことを認識している。特に，配当課税を回避するため，配当政策の抑制と内部留保を行い，内部留保により株価上昇の機会をみて株式譲渡を行い，通常の所得（ordinary income）をキャピタル・ゲインに転換すると同時に，内部留保による資金利用を行う租税回避行為が常態化するおそれは，公開法人では多様な株主間の利益対立と市場の評価によって抑制されるとしても，特定の株主の個人的利益が法人の意思決定を左右する閉鎖法人においては，顕著になっている。低配当または無配政策の原因となる内部留保の課税上のメリットを除去するため，米国では法人の利益を分配せず留保することによって株主の所得税を回避する目的で組成された法人またはこの目的で利用される法

人に対して留保利益税（Accumulated Earnings Tax）を課すこととし（IRC532），一定の投資または人的役務からの所得を内部留保する閉鎖法人に対して同族持株会社税（Personal Holding Company Tax）を課することとしている（IRC542～547）。

### (4) ブッシュ政権の租税政策[7]による受取配当の税率引下げ

ジョージ・ブッシュ・ジュニアは，減税を公約に掲げ，2000年11月の大統領選挙で政権の座に就いたが，2003年1月7日に「雇用と成長のパッケージ」を発表し，そのうちの重要な項目として「受取配当の個人課税所得からの除外」を掲げた。共和党の配当非課税の提案は，民主党から富裕層優遇減税の批判に晒されることになった。受取配当免除方式による所得税・法人税の統合は，1992年米国財務省の勧告においてCBITより望ましいとされていたが，共和党は配当課税の撤廃という原案を配当課税の軽減という修正案で妥協し，2003年5月22日に2003年雇用および成長の減税調整法（the Jobs and Growth Tax Relief Reconciliation Act of 2003：JGTRRA）を成立させた。JGTRRAにより，法人が個人に支払う配当および個人のキャピタル・ゲインに対する最高税率は，通常の所得の税率ブラケットが10％および15％の納税者については，2003年～2007年の間5％，2008年0％とされた。

### (5) 一段階課税の可能性の追求

ブッシュ政権は，配当部分に係る法人の利益に対する経済的二重課税を受取配当免除方式によって排除し，法人の利益に対する一段階課税を実現しようとしたが，配当課税の軽減にとどまった。現行税制において，米国企業に国際競争力を付与するためこのような二段階課税を回避することが可能な次の二種類の事業体の利用を認めている。

(a) パススルー型事業体（代表例：パートナーシップおよびS法人）
(b) ペイスルー型事業体（代表例：信託および遺産財団，RIC, REIT, REMIC）

しかし，米国は，米国企業の事業活動や投資活動を促進させるために税法上

序　　論

多様な事業形態の選択肢を整備するが，米国税の減少のみを目的とする租税回避スキームに対しては，税収確保のため，税制の基本原則の修正や個別的否認規定の整備によって防止する構え[8]を示している。極端な例として，**支店利益税**(Branch Profit Tax)とこれを補完する**支店利子税** (Branch-level Interest Tax)をあげることができる。多くの先進国では，外国法人の支店が国内で稼得した利益に対して法人税を課するが，税引後利益をその本国に送金するときに送金税 (Remittance Tax) を課税することは稀である。米国では，外国企業が米国において事業活動を行う場合，子会社形態で進出するときは，米資系内国法人と同様に外資系内国法人として米国で二段階課税を受けるが，支店形態で進出するときは，外国法人として一段階課税で済むことになる。そうであれば，外国企業は，そのタックス・プランニングにおいて「米国における事業活動からの利益を本国に償還する必要がある場合」には，同額の利益に対し，内国法人として二段階課税を受ける子会社形態でなく，外国法人として一段階課税で済む支店形態の米国進出を選好するであろう。米国経済には外資導入が不可欠であり，課税面で外国法人課税を内国法人課税より有利に取り扱うことは，外資導入を必要とする米国にとって矛盾を生ずるので，資本輸入の中立性，米国進出の事業形態の中立性を重視する観点から，外国法人（米国支店）に対しても内国法人（米国子会社）と等しく二段階課税を行う必要がある。そのような理論に基づいて，外国法人の米国支店に対して，その利益に法人所得税を課し，その本店に対する「配当相当額」に対し，支店利益税を課すこととした。すると，外国企業は，そのタックス・プランニングにおいて，支店利益税を回避するために，アーニング・ストリッピングの手法として支払利子の形で支店の利益を抜き取り，その結果として「配当相当額」を減少させる行動に出る。そこで，支店の支払利子に対し，別途，支店利子税を課することとした。このような例から，米国企業の事業活動および投資活動の促進とこれを基盤とする税収の確保が米国租税政策 (tax policy) の根底にある太い基線であることを理解しなければならない。

# 第3章

# 連邦所得税の納税主体

## 1 米国の主要な法的主体

連邦所得税法では，主要な**法的主体**（legal entity）[9]は，次のように分類される。

(1) **個人**（individual）
　① 米国市民（U. S. citizen）
　　（ⅰ） 居住市民（resident citizen）
　　（ⅱ） 非居住市民（nonresident citizen）
　② 外国人（alien）
　　（ⅰ） 居住外国人（resident alien）
　　（ⅱ） 非居住外国人（nonresident alien）
(2) **個人事業主**（sole proprietorship）
(3) **法人**（corporation）
　① 内国法人（domestic corporation）
　② 外国法人（foreign corporation）
　　（ⅰ） 居住外国法人（resident foreign corporation）
　　（ⅱ） 非居住外国法人（nonresident foreign corporation）
　③ 属領法人（possessions corporation）
(4) **Ｓ法人**（S corporation）
(5) **ＬＬＣ**（limited liability company）
(6) **パートナーシップ**（partnership）

序　論
　　① 内国パートナーシップ（domestic partnership）
　　② 外国パートナーシップ（foreign partnership）
(7) 非課税団体（tax-exempt organization）
(8) 特別な納税主体（special taxable entity）
　　① 銀行（bank）
　　② 貯蓄機関（savings institution）
　　③ 保険会社（insurance company）
　　④ 規制投資会社（regulated investment company：RIC）
　　⑤ 不動産投資信託（real estate investment trust：REIT）
　　⑥ 不動産モーゲージ投資導管（real estate mortgage investment conduit：REMIC）
　　⑦ 金融資産証券化信託（financial asset securitization trusts：FASIT）
　　⑧ 協同組合（cooperative）
　　⑨ 破産財団（bankruptcy estate）
　　⑩ 外国販売法人（foreign sales corporation：FSC）
　　⑪ 米国国際販売法人（domestic international sales corporation：DISC）
　　⑫ 輸出貿易法人（export trade corporation）
　　⑬ 被支配外国法人（controlled foreign corporation）
　　⑭ 外国投資会社（foreign investment company）
　　⑮ 同族持株会社（personal holding company）
　　⑯ 外国同族持株会社（foreign personal holding company）
　　⑰ 投資会社（investment company）
　　⑱ 外国投資会社（foreign investment company）
　　⑲ 人的役務法人（personal service corporation：PSC）
(9) 遺産財団（estate）
　　① 内国遺産財団（domestic estate）
　　② 外国遺産財団（foreign estate）
(10) 信託（trust）

① 内国信託 (domestic trust)
② 外国信託 (foreign trust)

## 2　連邦所得税の納税主体[10]

### (1)　法人課税（団体課税）[11]

　一般に，法人は，その株主と分離した独立の法的主体（legal entity）として連邦所得税を課税される。この意味で法人は連邦所得税の**納税主体**(taxable entity)である。

　したがって，米国の法人は，米国と源泉地国との間の租税条約の特典を享受することができる米国居住者とされる。また，米国は，国内法では「恒久的施設」(permanent establishment：PE) 概念を有しないが，租税条約においてはPE概念を採用し，米国の法人が条約相手国にPEを有しない場合に「PEなければ課税せず」の原則によって課税されないことを保障している。米国は，米国法人に対しては居住地国課税（**全世界所得課税**）を行う原則を採用しているので，支店形態で海外進出する場合，その国外所得に対しても課税権を及ぼす。米国法人が，その国外所得に対する米国課税権を遮断するため，外国子会社形態で海外進出する場合，その国外所得が配当として米国の法人に償還されるまで米国税の課税が繰延されるが，タックス・ヘイブンなど低税国・地域を利用したこの種の課税繰延を防止するため，サブパートFによるCFC（被支配外国法人）ルールにより外国の留保利益を米国の法人の所得と合算して課税する制度を定めている。原則として，法人に対しては単体単位の課税を行うが，米国の法人がその多数の子会社を設立してその所得分割を行い，高い累進税率の適用を回避することに対応して課税権を確保するため一定の条件の下で関連会社の連結納税（Consolidated Tax Return）制度を導入し，その発展形態として関連会社間の所得移転に対応して課税権を確保するため移転価格税制を導入した。

序　論

## (2) Ｓ法人

　連邦課税上，上記１の主要な法的主体 (legal entity) のすべてが納税主体 (taxable entity) とされるとは限らない。米国では，その租税政策により，米国企業（個人，法人その他の事業体を含む）の国際競争力を強化し，米国企業が世界的規模で稼得する利益をできるだけ多く，より迅速に米国に償還させる方針を採っている。この方針を実現するために，税制面でも米国企業が利用する多様な事業体 (business entity) の取扱いについて工夫を凝らしている。金子宏『租税法』では「アメリカではこれらの法人の税負担をいかにして個人企業のそれに近づけるかが一つの政策的課題となっている」と指摘しているが，米国企業が個人事業主 (sole proprietor) として事業活動を行うか法人 (corporation) として同様の事業活動を行うかを選択する場合，課税上の事業形態の中立性を維持するため，**小規模法人**（small business corporation）について株主全員の合意により組織体の段階では納税義務を負わないＳ法人（S corporation）となることを選択できることとしている。Ｓ法人制度は，法人であるにもかかわらず，法人課税（団体課税）を行わず，株主課税（構成員課税）を行う方式を採用するものであり，所得税・法人税の統合をパートナーシップ方式で行うものである。

## (3) パートナーシップ (partnership)[12]

　米国企業がＣ法人（C corporation）という通常の法人（Ｓ法人以外の法人）として事業を行う場合，二段階課税の対象となるので，これを避けて一段階課税を受けることを望む場合には，連邦税法はパートナーシップ (partnership) の組成を認め，パートナーシップは，連邦税法上，納税義務を負わないものとし，パートナーシップの利益については，そのパートナー（個人）が直接納税義務を負うものとする（構成員課税）。複層構造のパートナーシップについては，若干複雑な課税関係となる。そのパートナーが法人である場合とパートナーシップである場合などパートナーの事業体の分類に応じて多様な課税関係が生じる。パートナーシップは，次の種類に分けられる。

① ゼネラル・パートナーシップ (General Partnership)

ゼネラル・パートナーシップは，州法（ゼネラル・パートナーシップ法）に基づいて組成される。すべてのパートナーがパートナーシップの所得および負債を分かち合い，パートナーシップのマネジメントに参加する権利を有する。ゼネラル・パートナーは，パートナーシップのマネジメントを1人または複数の業務執行パートナーに委任することに合意できる。

② リミテッド・パートナーシップ (Limited Partnership)

リミテッド・パートナーシップは，州法（リミテッド・パートナーシップ法）に基づいて組成される。リミテッド・パートナーシップは，1人または複数のゼネラル・パートナーと1人または複数のリミテッド・パートナーを有する。リミテッド・パートナーは，パートナーシップの負債につき合意した投資金額を超える責任を負わない。

リミテッド・パートナーは，パートナーシップのマネジメントに参加することができない。法人として課税されたくない事業体は，経営の集中と有限責任の組合せに留意しなければならない。組織が経営の集中と持分譲渡の自由を備えているが，存続性と有限責任を欠如する場合，キントナー原則では連邦税の適用上，パートナーシップとして分類された。

③ リミテッド・ライアビリティ・パートナーシップ (Limited Liability Partnership：LLP)

LLPは，各パートナーが自己の不正行為とパートナーが監督義務を負う者の不正な作為または不作為から生じる負債につき責任を負う場合には特にゼネラル・パートナーシップとされる。州登録要件を満たすとき，パートナーはそのパートナーシップに有する持分の価値を超えるパートナーの不正，非行および懈怠と遮断される。現在，すべての州およびコロンビア特別区においてLLP法が制定されている。IRCは，LLPに関する特別な規定を定めていない。各パートナーシップは複数の構成員を有するので，事業体はパートナーシップ課税ルールか法人課税ルールのいずれかを適用される。

序　論

④　リミテッド・ライアビリティ・リミテッド・パートナーシップ（Limited Liability Limited Partnership：LLLP)

　LLLPは，ゼネラル・パートナーに関し，有限責任の保護を受けることを選択したリミテッド・パートナーである。LLLPの地位の選択によって事業の支配に参加するとゼネラル・パートナーとしての責任を生ずるリミテッド・パートナーの責任が保護される。リミテッド・パートナーシップがLLLPの地位を選択する理由は，ゼネラル・パートナーの個人責任の保護を与えることである。LLLPの地位は，ゼネラル・パートナーをパートナーシップの負債（ゼネラル・パートナーの不正な作為または不作為から生ずる負債を除く）から遮断する。ただし，ゼネラル・パートナーは，リミテッド・パートナーシップがLLLPになることを選択する前に発生したすべての負債については個人的責任を負う。

⑤　公開取引パートナーシップ（Publicly traded Partnership）

　公開取引パートナーシップは，その総所得の90％以上が適格パッシブ所得である場合を除き，法人として課税される。「適格所得」（qualifying income）には，利子，配当，不動産賃貸料，不動産譲渡収益，一定の天然資源活動からの所得・収益，所得を稼得するために保有している資本資産（capital asset）または一定の資産の譲渡収益,および商品の処分からの収益,想定元本契約（a notional principle contract）からの所得（想定元本契約に基づきパートナーシップが保有しまたは直接受け取る場合に受け取ることができる金額を算定する資産，所得またはキャッシュフローが適格所得を生ずるとき）からの所得が含まれる。適格所得には，動産の賃貸料または金融業または保険業の通常の過程で取得する利子は含まれない。持分が公認証券市場で取引されまたはセコンダリー市場で取引される場合，パートナーシップは公開取引パートナーシップである。


(4)　リミテッド・ライアビリティ・カンパニー（Limited Liability Company：LLC)[13]

　LLCは，州のLLC法に基づいて設立される事業体である。米国企業が事業活動を行うために利用できる事業体として，すべての参加者がマネジメントに参

20

加すること，有限責任と多様な持分の所有形態が認められる点で，LLCはリミテッド・パートナーシップなどの他種の事業体よりも優れているといわれるが，連邦税の適用上，LLCを法人の特性である構成員の有限責任性を有するが，パートナーシップと同様に取り扱われる事業体（構成員課税）として優位性を高めた。このような課税上の取扱いは，IRSによるLLCの定義によるところが大きい。IRSは，「LLCとは，組織（Organization）の負債に対するすべての構成員の有限責任を認める州法に基づいて設立された組織（Organization）であって，連邦税の適用上パートナーシップとして分類されるものをいう」と定義した。タックス・プランニングの観点から，次のようなLLCの利点と欠点が指摘される。

① LLCの利点

LLCはリミテッド・パートナーシップに関するルールによって制約されない。

(a) LLCの投資家はマネジメントに能動的に参加することができる。
(b) すべての種類の信託，法人およびパートナーシップがLLCの所有者になることができる。
(c) すべての構成員がLLCの負債について有限責任とされる。
(d) 複数の構成員をもつLLCは連邦税の適用上パートナーシップとして分類されることを選択できる。その結果，LLCは構成員と分離した事業体として課税されない。

パートナーシップには複数のパートナーの存在が必要であるが，州によっては1人の者がLLCを組成して所有することを認めている。1人所有のLLCは，連邦税の適用上，その存在を無視されるので，その所有者が個人であれば個人事業主として課税され，法人であれば当該法人の一部門として取り扱われる。

LLC，S法人およびパートナーシップのすべてに共通の要素として，これらの事業体の所得および損失の構成員へのパススルー性をあげることができるが，例えばS法人と比較した場合，LLCの条件はS法人の条件（株主は個人に限定され法人やパートナーシップなど他種の投資家が株主になれず，株主数は75人以下に限定

序　論

される) より緩和されている。法人における所得または損失の配分 (allo- cation) は株主の持分比率に基づいて行われるが，LLCにおける配分はパートナーシップと同様に構成員の持分比率による方法以外の方法でもフレキシブルに行われる。

② LLCの欠点

過去のLLC関連裁判における法的安定性が欠如している。統一LLC法 (A Uniform Limited Liability Company Act) は完成しているが，これを採用する州が少なく，各州のLLC法が異なっている。法律家が訴訟の結果を予測するために参照すべき判例体系が存在していない。実業界は，LLCの運用の複雑さ，設立関係文書の準備段階における膨大な質疑，運用に関する多数の合意事項，リミテッド・パートナーシップの税務 (tax practice) を参考に運用に関する合意として記載する租税条項の高度の専門用語が引き起こす混乱について，心配している。州レベルでも，1人所有のLLCは，必ずしもすべての州で認められるとは限らないため，設立地の州がこれを認めても，実際に事業活動を行う州がこれを認めない場合，他の州の裁判ではLLCの構成員は個人的に無限責任を課されることになる。

(5) 選択適格事業体 (eligible entity)

米国では，州法における事業体の分類 (classification of entities) にかかわらず，連邦税法上における事業体の分類について規定している。1997年前には事業体の分類について**キントナー原則** (Kintner Rules) が採用されていたが，同年に**チェック・ザ・ボックス規則** (Check-the-Box Regulations) が採用され，キントナー原則にとって代わることになった。このチェック・ザ・ボックス規則の下で，各種の法的主体は①当然法人 (mandatory corporation) と②選択適格事業体 (eligible entity) に分けられ，選択適格事業体は法人として課税される社団 (association) として取り扱われることを選択しない限り，パートナーシップとして取り扱われる。米国企業は，事業活動を行うために，州法上・私法上どのような法的主体でも自由に選択することができる上，その選択した法的主体が

当然法人に該当するものを除き，連邦税法上どのように取り扱われるか（法人として課税されるかパートナーシップとして課税されるか）を選択することができるのである。「**当然法人**」（mandatory corporation）には，連邦・州・準州の法人法（corporation laws）に基づいて設立されたすべての事業体，株式会社（joint-stock company），保険会社（insurance company），一定の銀行業を営む事業体，州政府が全部所有する組織，IRC（IRC7701(a)(3)を除く）の規定に従い法人として課税される事業体ならびに外国（米国属領，準州またはコモンウエルスを含む）法令に基づき設立された一定の組織が含まれる。これらは，連邦税法上，自動的に法人として分類され，法人以外の事業体として取り扱われることを選択することができない。「**選択適格事業体**」（eligible entity）は，自動的に法人として分類しなければならない一定の事業体（当然法人）を除くすべての組織（organization）である。1997年前の事業体の分類に用いられた**キントナー原則**では，IRSは次の6つの性質を「法人の特性」（corporate characteristics）とみなし，その過半数を有する組織は「**法人として課税される社団**」（an association taxed as a corporation）として課税されるものとする。パートナーシップも法人も利益を追求して営業・事業を行うために組織され，かつ，構成員（パートナーと株主）を有するので，残りの4つの特性のうち3つの特性を有する事業体が法人として課税されることとされた。

(a)　組織の負債について有限責任

(b)　存　続　性

(c)　経営の集中

(d)　持分譲渡の自由

新設の法人格のない事業体でその構成員が複数のものは，連邦税の適用上，一般にパートナーシップとみなされる。IRCの定義によれば，「**パートナーシップ**」は，多様な種類の企業（enterprise）（例えばシンジケート，プール，ジョイントベンチャー，その他の法人格を有しない組織）を含むが，法人，遺産財団（estate）または信託（trust）を除く概念である。これに対し，単一の構成員しかいない事業体は，法人として分類されるかまたはその存在を無視される。このように

序　論

「無視される事業体」（disregarded entity）は，個人事業主（sole proprietorship），または個人事業主の支店もしくは一部門として取り扱われる。事業体は，連邦税の適用上，その分類を選択することができる。2人の構成員がいる事業体は，社団（association）またはパートナーシップのいずれに分類されるかを選択することができるが，社団として分類されることを選択した事業体は，法人（corporation）として課税されることとされる。

設　例1

　内国法人A社は，内国LLCを所有する。このLLCはA社と分離した事業体としては無視される。このLLCとA社は，リミテッド・パートナーシップ法（州法）の下では構成員2人のみのリミテッド・パートナーシップとなる。A社はこのリミテッド・パートナーシップの唯一の受益者である。このLLCとリミテッド・パートナーシップは，連邦税の適用上，社団として取り扱われることを選択しない。この場合，LLCは，「無視される事業体」とされるので，このLLCの活動はA社の支店または一部門と同様に取り扱われる。A社は，このリミテッド・パートナーシップの持分の全部を所有するものとして取り扱われる。その結果，このリミテッド・パートナーシップは，その所有者はA社のみとなるので，パートナーシップとして分類することができなくなる。また，このリミテッド・パートナーシップは，社団として取り扱われることを選択しないので，連邦税の適用上，その所有者であるA社と分離した事業体としては無視される。

設　例2

　A社は法人として事業を行うが，外国事業体Bを全部所有している。この外国事業体Bは，米国の連邦税の課税上，選択適格事業体（eligible entity）であり，A社と分離した事業体としては無視されることを選択する。A社とこの外国事業体Bは，他に受益者を有しない別の外国選択適格事業体Cの唯一の構成員となる。この場合，外国選択適格事業体Bは

> その所有者A社と分離した事業体としては無視されるので，Bの活動は，A社の支店または一部門と同様に取り扱われる。その結果として，Cはパートナーシップとされず，所有者と分離した事業体として無視されるかまたは法人として課税される社団とされることになる。

### (6) 法人格を有するペイスルー型事業体

　米国は，米国企業の各種の投資活動を活発化させ，集合的投資媒体（Collective Investment Vehicle）に法人格を与えた上で，法形式としては納税義務を負う主体とするが，その法人課税上その利益の分配を損金算入することを認めることによって，実質的にみれば法人段階で課税されない事業体を認める。この種の代表例としては，規制投資会社，不動産投資信託，不動産モーゲージ投資導管がある。米国企業がこの種の事業体を利用して海外で利益を稼得する場合に米国と源泉地国との間の租税条約の特典[14]を享受するためには，この種の事業体が米国の居住者であることを要し，米国の居住者であるには米国において「租税を課されるべきものとされる者」（any person who is liable to tax）でなければならない。もし，連邦法上この種の事業体を納税義務を負わない者と規定すれば，これらの事業体はその組織体自体としては租税条約の適用外とされるので，このようにペイスルー型事業体として取り扱うことは，その構成員が米国居住者である限り，米国にとって利益となる。

### (7) 遺産財団（estate）および信託（trust）[15]

　遺産財団は納税者の死亡により組成され，信託は財産が他の者（受益者）の利益のために受託者に移転される時に組成される。遺産財団および信託（委託者信託（grantor trust）を除く）は，所得税額の計算上，分離した納税主体とされるが，その「分配可能純所得」（distributable net income：DNI）の範囲で受益者に対する分配を所得控除することができるので，所得分配の導管（conduit）として機能する。

序　論

　米国企業が事業活動を行うため信託 (trust) を利用して利益を得る場合，一般に，信託は連邦税法上納税義務を負うが，その利益の分配を損金算入とすることを認めることによって，実質的にみれば信託それ自体で課税されない事業体となる。


(8)　**事業体** (business entity)

　ある組織 (Organization) の分類のためにチェック・ザ・ボックス規則を適用する場合，この組織が事業体 (business) か信託 (trust) かという判断をしなければならない。規則301.7701-2の定義によれば，事業体は連邦税の適用上の信託以外の主体 (an entity other than a trust) として認識されるすべての組織である。ジョイントベンチャーまたは契約上のアレンジメントを通じて参加者が営業，事業，金融またはベンチャーを行い，利益を分配する場合には，連邦税の適用上の主体が認識される (規則301.7701-18(a)(2))。単一所有者のLLCまたは1人株主の法人のように，主体の存在には複数の参加者の存在は必要でない。連邦税の適用上の主体の存在には，州法に基づき組成される正式の主体 (a formal entity) であることは必要でない。規則の定義は，主体 (entity) とは参加者間で利益を分ける共同企業 (a joint undertaking) であると規定する。そして，事業体は，連邦税の適用上認識される主体 (信託を除く) である (規則301.7701-4)。信託は，利益目的で事業を行うための共同企業 (a joint enterprise) でなく，受益者の利益のために財産の管理を目的に受託者に所有権を移転するアレンジメントである (規則301.7701-4)。その結果，信託として組成された組織は，当該信託が法人またはパートナーシップとして分類される組織が通常行う営利事業を行うために利用される場合には，事業体として取り扱われる。この場合の組織の分類は，州法に基づく組織の形式でなく，組織の実質によって判断される。


(9)　**事業体分類の変更**

　チェック・ザ・ボックス規則により，次の4通りの事業体分類の変更の選択

が認められる（規則301.7701-(g)）。

(a) パートナーシップは社団となることを選択することができる。
(b) 社団はパートナーシップとなることを選択することができる。
(c) 社団は無視される事業体となることを選択することができる。
(d) 無視される事業体は社団となることを選択することができる。

パートナーシップが無視される事業体に転換され，または無視される事業体がパートナーシップに転換されることがあるが，この転換は選択の結果でなく，構成員数の変化の結果として生じる。すなわち，パートナーシップとして分類される事業体が事後にその構成員が唯一人となったが，州法上の事業体として取り扱われる場合，この事業体は構成員と分離した事業体としては無視される。単独の構成員しかいなかった事業体が事後に1人以上の構成員の増加があった場合その日においてパートナーシップとして取り扱われることになる。

## 3　米国の国際経済政策と租税政策の変遷

　米国が法人課税制度と非法人課税制度の選択および導管課税における多様な事業体の選択を認めるに至る租税政策の変遷を理解するには，米国がその国際経済政策を反映してパクス・アメリカーナおよびその再編下の米国に適合するようインバウンドおよびアウトバウンドにおける国際課税ルールの形成を主導してきた流れを知る必要がある。

### (1)　米国の国際経済政策の歴史
#### (1)　パクス・アメリカーナ

　第二次世界大戦後，米国がその戦後構想に基づいて圧倒的な軍事力と経済力をもって開放的な国際経済体制を実現していくパクス・アメリカーナ（米国を基軸とする世界秩序）の時代においては，米国（民主党ルーズベルト大統領）は，1941年8月大西洋憲章で英国の特恵関税制度や植民地ブロック政策を排除して1944年7月連合国通貨金融会議でブレトン・ウッズ協定を締結し，戦後の米国

序　論

（民主党トルーマン大統領）は1946年にドルを国際通貨とする固定相場制に基づく多角的決済制度の再建といわれるIMF体制，1948年に自由貿易を支えるGATT体制を構築し，世界貿易の拡大・世界経済の拡大を進めていった。

② 黄金時代

米国の政権は1953～1961年に共和党（アイゼンハワー大統領）に移った後，再度1961～1969年民主党（ケネディ大統領およびジョンソン大統領）に移るが，米国は，1950～1960年代にケインズ主義経済政策の導入によって政府の有効需要創出による経済成長＝完全雇用を政策目標とする完全雇用政策として経済成長政策を追求し，福祉国家的政策の加味と賃金・労働に関する交渉力を組織労働者に付与する労働協約などの政府・企業・労働組合の利害調整（社会的合意）と物価・賃金の上昇圧力を抑制する所得政策によって1950～1973年のいわゆる黄金時代（高度経済成長の実現）を迎える。米国（民主党ケネディ大統領）は，ニューエコノミクスという経済成長策をとり，1960年代半ばに完全雇用状態になり，インフレ対策の必要が生じたが，産業界との対立を回避して賃金抑制のみに傾いたため労働組合の反発を受け，物価・賃金に関する社会的合意が崩壊し，所得政策は機能不全に陥った。しかし，経済成長政策に関する社会的合意は存続したので，政府はインフレ対策のため財政政策（増税と歳出削減）と金融政策（金融引締め）に依存せざるを得なくなる（ニューエコノミクスのファイン・チューニング）。このファイン・チューニングが十分に機能しないまま経済成長策を持続した結果，米国は，「大きな政府」（政府の肥大化），インフレの昂進，国際収支の不均衡を招くことになった。米国は，1960年代，ベルリン危機，キューバ危機，ベトナム戦争，アポロ計画，偉大なる社会計画など，莫大な開発費，戦費，移転支出が増大し，政府は景気後退と失業率上昇を嫌い，企業は利潤減少を嫌い，労働は賃金下落と社会保障費削減を嫌ったので，インフレが昂進し，敗戦国の復興と国際競争力の向上と米国の輸入増加とインフレ昂進が米国の国際収支を悪化させ，米国からの金流出とドル危機を招くことになった。

③ ブレトン・ウッズ体制の崩壊と変動相場制への移行

米国の政権は，1969～1977年に共和党（ニクソン大統領およびフォード大統領）

第3章 連邦所得税の納税主体

に移った。米国は，経済運営の規律喪失が引き起こしたインフレと国際収支の悪化に国内の緊縮財政金融政策による調整によって対処せず，減税による景気刺激策と所得政策の組合せである新経済政策（1971年8月15日）を採用し，ニクソン・ショック（金とドルの交換停止による他国通貨の切上げ）による国際的調整を選択した。これは，ブレトン・ウッズ体制の崩壊を意味する。1971年12月に先進国蔵相会議（G10）で固定相場制の再建を図ったが，このスミソニアン体制（主要通貨の多角的調整と主要通貨の変動幅の拡大）は短命に終わり，金ドル交換と固定相場制を柱とするブレトン・ウッズ体制が崩壊し，金と交換できないドルと変動相場制という新しい国際通貨制度（ドル本位）に移行することになった。1972～1973年に先進諸国は，相次いで変動相場制に移行した。米国は，国際収支調整を市場に委ねることになった。1974年6月にIMF20ヶ国委員会（C20）は「国際通貨制度改革概要」報告書を発表し，調整可能な平価に基づく固定相場制を原則とし特殊な場合に変動相場制を容認することとし，SDR（Special Drawing Rights）本位制を方向づけ，1974年10月に創設されたIMF暫定委員会がこの報告書によりIMF協定改正案をまとめ，その案は1976年4月IMF総会で承認された（キングストン体制）。キングストン体制では，変動相場制は例外的な制度でなく通常の制度として認められることとなり，米国は変動相場制を国際収支不均衡の調節弁として利用することとし，これが行き詰まれば，黒字国の負担を求め，ドル本位制に基づき経常収支赤字のファイナンスを自国通貨で行うこととした。

④ 石油時代の世界資金循環の変化

1970年代に2度のオイルショックが発生し，エネルギー革命（石炭から石油への転換）の進行の最中にパクス・アメリカーナの支柱であった中東原油をめぐり，同盟諸国に米国の親イスラエル政策との距離を置かせるとともに，石油供給ショックに加えて，石油価格の急騰によるオイルダラーを発生させ，石油輸出国機構（Organization of the Petroleum Exporting Countries：OPEC）への集中と非産油国へのオイルダラー還流によって，世界の資金循環を変化させることになった。

序　論

⑤　世界経済危機とサミット体制

また，1974～1975年の第一次オイルショックにより世界同時不況となり，主要国のいわゆるスタグフレーション（stagflation）が表面化し，経済成長率が低下するなかで物価上昇が起こる事態に直面して，失業・インフレ・国際収支不均衡というトリレンマを解決するため，主要国の政策転換圧力が増大した。通貨とエネルギーに関する戦後体制の崩壊は，覇権国としての米国の地位の低下と新しい政策協調の必要性を示唆するものであり，世界経済危機にサミット体制をもって臨むことになる。1975年に第1回目のランブイエ・サミット，1976年に第2回目のプエルトリコ・サミット，1977年に第3回目のロンドン・サミット，1978年に第4回目のボン・サミットを相次いで開催することになった。

⑥　国際政策協調と機関車論

米国の政権が民主党（カーター大統領）に移った1977年に米国は，経済成長と完全雇用を求めつつ，国際収支の悪化やドル危機を引き起こさないため，米独日三国機関車論を主張し，サミットにおいて，国際政策協調が現実的な政策課題となった。米国は国際収支不均衡に対する黒字国責任論の立場で黒字国に成長政策を要求し，西独は赤字国責任論を主張した。

⑦　新保守主義と新自由主義の経済政策

米国の政権は，1981～1993年共和党（レーガン大統領およびブッシュ大統領）に移った。1980年代には新保守主義による対外強硬姿勢と新自由主義（政府の市場介入を否定し自由競争による秩序形成を重視）に基づく経済政策が主流となった。1981年レーガン政権は，国内では高金利政策によるインフレ抑制と「小さい政府」・福祉国家の解体・大規模な減税による景気刺激策を行い，対外的に「強いアメリカ」を標榜して軍備拡大路線とドル高政策を打ち出した。その結果，いわゆる双子の赤字（経常収支の赤字と財政赤字）を生ずることになる。

⑧　レーガノミクスとその修正

レーガンの経済政策は，レーガノミクスといわれるが，1981年2月「経済再建プログラム」では（ⅰ）軍事費を増強するが一般歳出を包括的に抑制，（ⅱ）大幅の減税，（ⅲ）規制の撤廃，（ⅳ）通貨供給抑制・生産力増強によるインフ

レ抑制をパクス・アメリカーナ再編の政策目標とし，その制度化のために同年7月に包括予算調整法（福祉予算の削減）と同年8月に経済再建税法（大規模減税）を制定した。これは，市場競争による経済活性化と対ソ優位化の政策であったが，これに伴い，1982～1983年に財政赤字は急速に増加した。理論的にはサプライサイド減税が景気上昇をもたらせ，税収増によって財政赤字は相殺される予定であったが，高金利政策によって景気は下ぶれし，インフレ沈静化の代償として税収の落込みを招くことになった。1984年10月「マッキンタイア報告」は，レーガノミクスによる税制を利用する租税回避など各種のタックス・シェルターが蔓延している事実を指摘して租税優遇措置を見直すことを要求した。これを受けて，1986年税制改革法で減価償却の加速度の緩和，投資税額控除の廃止などに加え，タックス・シェルター対抗措置を整備するなど，当初のレーガノミクスを修正した。

⑨　双子の赤字とその世界経済体制への影響

また，財政赤字と旺盛な民間需要は，資金不足を生じ，そのファイナンスのための外国からの資本流入がドル高を生じ，製造部門の国際競争力が大幅に低下するとともに，輸入の増加によって経常収支赤字が発生し，対外債務の急速な累積により米国は純債務国に転落した。オイルダラーの資金循環構造は，双子の赤字により，資金不足国の米国に資本流入が進むことによって，米国中心の国際資金循環の構造に転化し，米国と先進国との金融・資本自由化による相互依存関係が強くなった。米国経済のファンダメンタルズの健全性の評価と対外債務の持続可能性（sustainability）が，喫緊の課題となった。米国議会は，国際競争力の低下した製造業の利益を守るため，保護主義的通商法案の提出やドル高是正の要求を強め，自由貿易体制の持続が危うくなった。

⑩　プラザ合意

米国は，その経常収支赤字の主たる原因は財政赤字であるにもかかわらず，日欧の構造調整や公正貿易を要求し，1985年プラザ合意，1987年ルーブル合意の為替調整，1995年世界貿易機関（WTO）の自由化交渉によって対外不均衡の回復を図ろうとした。1985年9月の先進国蔵相・中央銀行総裁会議（G5）

序　論

で対外不均衡是正のためのドル高是正と財政政策などの国別取組みが合意された。このプラザ合意の特徴は，(ⅰ)ドル高是正のための国際協調による外国為替市場への政策介入(為替相場の誘導)と不安定な金融市場圧力の抑制，(ⅱ)対外不均衡調整のため米国の財政政策(財政赤字削減)・金融政策(金融緩和)に各国が国際政策協調を行うことであるが，米国は財政・金融政策において自律性確保を維持しようとする日独にドル下落容認につき市場圧力をかけ，経済摩擦の激化によって政策協調を迫ることにした。このようなプラザ合意にもかかわらず，米国の対外不均衡は解消せず，経常収支赤字は悪化した。対外不均衡調整の遅れによりドル下落は，対米資本流入減少と輸入価格上昇によってインフレ圧力を受け，日独の通貨価値の上昇による景気抑制圧力という負の影響は各国経済の許容限度を超えるものとなった。

⑪　ルーブル合意

1987年2月の先進国蔵相・中央銀行総裁会議(G7)で重要な合意がされた。このルーブル合意では，当時の為替相場が経済ファンダメンタルズを反映するものであることを認めた上で，為替相場変動が世界経済に悪影響を及ぼすと考え，参考相場圏(上下2.5%の為替変動幅)を決定してドル安定化を志向することとし，各国はドル買い協調介入で市場に対抗することにした。しかし，協調の足並みが乱れ，米国は新しい財政赤字削減策を提示せず，米国の金利水準を維持する一方で日独に利下げを要求し，さらに対米資本流入の促進とインフレ抑制のために金融引締めを実施した。その結果，1987年10月19日ニューヨーク株式市場で大暴落が始まった(ブラック・マンデー)。ドル下落を避けるため協調利下げ・金融緩和により供給された資金が企業組織再編を通じて株式市場に流入していたのである。各国の大規模なドル買い介入でドル暴落の鎮静化に至ったが，例えば日本は金融緩和による資産インフレが問題になる時期であるにもかかわらず，米国は日本に対し，金融緩和の継続を要求した。対外不均衡調整において金融市場の影響力は大きく，金融市場の肥大化と不安定性をもたらす国際通貨・金融システムの改革が課題となった。

## 第3章　連邦所得税の納税主体

⑫　パクス・アメリカーナと米国貿易の質的変化

　第二次世界大戦後の米国経済は，圧倒的な地位（世界経済の総生産額の半分）を占めていた。米国がGATTによる自由貿易の拡大を図ることは，米国の利益に適うことであったが，GATT体制の下で世界貿易が拡大するに伴い，米国の対外依存度も拡大した。貿易依存度（貿易総額／GDP）は，1960年代には約10％であったが，1970年代に急上昇し，1980年代初には約20％に伸びている。米国と世界経済との相互依存関係が，（ⅰ）異なる財の貿易で相互補完的な国際分業を形成し，生産の効率化と消費の拡大を図ることが可能になる場合（産業間貿易）か，（ⅱ）同じ産業に属する財の貿易（産業内貿易）の拡大かによって国際貿易の質的変化を生じてきた。後者の場合，どの国がどのような財を生産しどの国に輸出するかの決定要因は，生産要素のみでなく技術革新能力に変化してきた。米国が圧倒的な国際競争力を有していた製造業部門やハイテク部門においても，そのシェアは低下した。多角的自由貿易の原則に基づいて戦後の国際貿易秩序を確立するため，米国は決定的に重要な役割を演じてきたが，特に1967年に妥結したケネディ・ラウンド（関税率を約3分の1削減等）は，米国の建設的な指導力を示すものであった。

⑬　米国通商政策の変化

　このような事態に，米国の産業界や議会は，競争相手国が米国と異質の経済構造で不公正な競争を行っていると主張し，経済摩擦を通じて米国の通商政策は自由貿易主義から公正貿易論（貿易相手国が享受している米国市場アクセスと同程度の相手国市場アクセスを要求する）に変質し，保護主義傾向を示すようになった。1980年代には，価格・品質などの競争力の優劣によって国際貿易取引の利益は左右されるという競争力論が台頭した。戦略的貿易政策論では，独占・寡占企業の競争関係に政策介入して米国企業を支援し，その独占的利潤を米国経済に移転させると主張した。競争力論では，管理貿易により国際貿易に政策的関与を強力に進めることを主張した。この影響を受けて，米国通商政策は次のように変貌していく。

(a)　1974年通商法は，自由貿易の安全弁としての輸入保護措置として保護貿

序　論

　　易条項（セーフガード，エスケープクローズ，相殺関税，反ダンピング法の適用条件の緩和）を強化し，公正貿易政策のため301条（米国基準で特定した不公正貿易国に対し市場開放を要求して関税引上げや輸入制限などの制裁措置をとること）を導入した。
(b)　通商政策決定についてパクス・アメリカーナの下では議会は行政に権限委譲していたが，パクス・アメリカーナの動揺，公正貿易論や競争力論の影響により，議会の影響力が強くなり，1988年に包括通商競争力法（通商法301条の強化，米国通商代表部の政策発動，スーパー301条の新設）が成立した。
(c)　レーガンは，強いアメリカ政策で大統領産業競争力委員会を組織し，1985年「ヤング報告」を発表し，財政赤字削減，技術開発促進，積極的通商戦略による競争力強化の必要を提言した。

　通商政策の変化は，知的所有権保護と市場開放要求という強権的通商政策手段を用いて競争力強化によりパクス・アメリカーナ再編を支援するものであり，1980年代に貿易収支赤字の増加によってこのような動きは顕著になった。他国の負担において米国経済の活性化を図ろうとする覇権国の通商政策の利己的な変化によって各国の利害の対立（経済摩擦）は激化することになった。

⑭　日米経済摩擦と構造協議

　この例として日米摩擦を取り上げよう。

　パクス・アメリカーナを持続するための米国とその利益を受けて経済発展しつつある日本経済との確執は，個別製品の対米輸出に対する貿易摩擦（1955年の衣料品，1960年代の鉄鋼，1969～1971年の繊維，1980年代の自動車，その後の工作機械，半導体など）という形で，米国の輸入規制と対米輸出自主規制などの日米間政治交渉が繰り返された。

　また，反ダンピング法に基づく対日提訴が多数行われ，これが日本の対米輸出自主規制という政治的決着や米国の移転価格課税に結びついたことも少なくない。1980年代以降には市場開放を目的とする日本経済構造改革に関する経済摩擦が，通商政策における議会圧力と対外不均衡調整に関連して，米国の対日輸出を妨害する要因の除去という観点から激化することになった。日米は，

1985年に市場分野別協議 (Market Oriented Sector Selective talks : MOSS) を開始し，1993年に日米包括経済協議(Japan-U.S. Structural Impediments Initiative talks : SII) を実施した。この摩擦の対象は，「日本の経済構造」であり，日本の諸制度自体が日本への見えない参入障壁とされた。MOSSでは，米国は4分野（電気通信，エレクトロニクス，医薬品・医療機器，林産物）の市場開放を迫った。SIIでは，米国は対外不均衡調整に関する構造的障壁の撤廃を目的として，日本に同一財・サービスの内外価格差の存在に注目し，系列取引が原因となる日本市場構造の不透明性と排他性を指摘し，日本市場開放のために必要な構造改革を要求した。

　米国の交渉は，1986年MOSS後日米半導体協定を締結したが，成果が出ないため，1987年に301条の制裁措置を発動し，1991年新日米半導体協定で数値目標を要求するなど，制裁措置発動を前提とする結果主義で行われた。このことは，SIIでも同様であった。

　日米経済摩擦には，強いアメリカを標榜して米国が競争力強化策によるパクス・アメリカーナ再編と公正貿易論・競争力論と日本異質論の結合という線上に日本政府の産業政策および日本独自の取引慣行を米国経済と異質の不公正なものと位置づけ，これが米国の競争力強化の阻害要因であるから除去し，その間に，数値目標を導入して米国の競争力強化を図ろうとする狙いがあった。

⑮　ウルグアイ・ラウンドと米国利益の追求

　米国通商政策の転換は，GATTを単なる貿易自由化交渉の場面でなく，米国経済の利益を実現していく場面に変えていく。ウルグアイ・ラウンドでは，米国の利益に関連する分野を自由化交渉の対象にした。

　(a)　農業分野（補助金によるEC農業政策から米国農業の利益を守る）

　(b)　サービス・直接投資・知的所有権の各分野（米国の金融・情報サービス・技術革新の分野の競争力は十分強いと認識）

　米国は，他国の不公正な慣行や政策を排除するために強力な紛争処理機構の設立を主張した。ウルグアイ・ラウンドについて，他国が，米国の利益の反映と自国との利害衝突について反対の意向を抱いたとしても，米国のGATT離れ

序　論

によって覇権国との個別の利害調整という事態を招くより安定的なルールで利害調整を行う方がよいと考えて，1994年に妥結し，1995年に世界貿易機関（World Trade Organization：WTO），農産物貿易に関する数量制限の関税化，サービス貿易に関する一般協定，貿易関連投資に関する協定，知的所有権の貿易に関する協定などが合意された。

⑯　**資本自由化**

IMFとともにWTOなどの国際機関は，米国とともに自由化政策を推進し，世界経済の一体化が急速に進展していくが，そのグローバル経済化の動力は資本自由化である。変動相場制は，資本移動の自由化に適した制度であるとする理論的根拠として，次の理由があげられる。

(a)　経常収支の調整能力
(b)　金融政策の自律性の維持
(c)　米国と他国との間の非対称性の解消
(d)　通貨投機による通貨危機の発生の抑制
(e)　外貨準備の縮小化

しかし，現実は，理論どおりでないことが指摘される。経常収支の不均衡は，現実には拡大した。調整能力の機能しない理由としてJカーブ効果や輸出価格戦略があげられたが，資本移動の拡大により，為替相場の変動が経常収支動向でなく資本取引を反映するようになってきた。資本移動の拡大は各国の連動性を高め，各国の金融政策は内外に及ぼす影響を考慮しなければならなくなった。ドルは依然として国際通貨であり，各国との通貨・金融政策における非対称性はなくならず，通貨投機の問題はより深刻化している。為替相場が国際的な資本移動と通貨投機によって左右される現実がある。

1990年代に変動相場制の問題点を克服するため，目標相場圏構想（中心相場と変動幅を設定して国際通貨協力で為替相場の安定化を図る構想）が注目を浴びたが，1994年のメキシコ通貨危機の発生により，通貨危機が国際通貨制度全体の危機に転化する恐怖から喫緊の課題は通貨危機への対処に切り替えられた。

1990年代の国際金融システムは，国際金融自由化と国内金融制度改革が同時

進行するなかで，次の特徴をもつと説明される。
- (a) 各国の金融自由化が進み，各国の金融市場が国際金融市場と統合された。
- (b) 統合された金融市場で投機資金が運用され，米国金融市場を媒介に世界各国間を移動する。
- (c) 国際通貨の基軸国である米国の経常収支赤字の拡大により米国が世界最大の累積債務国，最大の資本輸入国になった。
- (d) EUのユーロ導入によりドルの独占的地位が後退している。

金融の自由化は国際金融システムに内在する不安定性を高める。この不安定性ゆえに市場の変動は大きく，投機資金の投機先となり，活発な資金移動，新商品の開発，リスク回避の金融商品，ヘッジ取引が増加する。これらの国際金融取引はドル建てで行われるので，米国金融市場は同時に国際金融市場の中心であり，世界の資金移動の金融仲介の場となっている。この構造によって，米国の国際収支赤字が巨大化しても，米国への資本流入は継続する。米国は，1990年代の金融グローバル化の恩恵を享受している。この現行の国際金融システム構造には非対称性が存在するが，これを克服するEUのユーロ導入やアジアの通貨協力などの地域主義の動きは，基本的に米国の利益に反するものとみられる。

## (2) 米国における国際経済政策の変化と国際課税ルールの変化

米国は，戦後その国際経済政策が同時に世界経済秩序を形成するパクス・アメリカーナの下で，国際通貨体制と国際貿易体制と整合性のある国際課税ルールの形成に努力してきた。

### ① 第一次世界大戦前の米国の基本姿勢

米国は，世界的規模で米国企業の国際取引が展開されるように国際的二重課税を排除する必要があると考え，1918年に外国税額控除制度を創設したが，1921年に国外所得に対する国内税額相当額を限度額とする外国税額控除に改正した。国際的二重課税の排除について，国際連盟で1923年経済学者グループ報告書の4方式の提案，1927～1928年専門家委員会の所得および資産に関する二

序　論

重課税排除条約草案（3案）の公表，1933年財政委員会の所得配分条約草案の公表など，国際的二重課税の排除を中心とする国際課税ルールの検討が進んでいたが，これを具体化する租税条約は出現しなかった。その原因は，米国が国内法においてすでに外国税額控除制度を整備しており，租税条約の締結によって米国の市民課税の原則を修正されることを懸念したことによる。

② 戦後における米国の基本姿勢

戦後，米国は国際課税ルールの形成に積極的に貢献した。パクス・アメリカーナの下で国際的二重課税の排除による国際取引の促進は，自由貿易政策に基づいて米国企業の世界経済への浸透を進める米国の戦後構想に適合するものであった。連合国および敗戦国の経済復興の促進という名目で，米国は連合国の復興のため巨額の武器貸与債権を放棄し，敗戦国の復興需要を確保し連合国の復興資金需要の米国依存度を高めるため連合国の敗戦国への賠償請求権を放棄させ，英仏などの植民地経済ブロックの再構築を放棄させたが，この戦略は過剰生産能力を有する米国企業の輸出先を確保する必要を満たす目的に沿うものであり，国際的二重課税の排除は世界における米国企業のプレゼンスの拡大に寄与すると考えられた。米国は，唯一の資本輸出国として資本輸出の中立性を根拠とする国際的二重課税の排除を進めていく。米国は，多角的自由貿易を支える国際的決済手段として戦後の国際通貨制度を既存のポンドからドルに切り替えるため，1943年米国財務省「連合国国際安定基金予備草案」（ホワイト案）を発表し，1944年7月ホワイト案に基づいてブレトン・ウッズ協定を締結した。ドルを国際通貨とする固定相場体制による多角的決済制度の構築のため，1946年米国はIMFを発足させた。IMF体制は，各国に為替市場への加入とドル準備保有を義務づけたが，各国はIMFからの借入れの返済に困る資本不足状態にあったので，各国の生産力の復興によって資本不足を克服し，ドル準備形成を可能にする必要があった。米国は，欧州復興計画（マーシャル・プラン）などの対外援助を行い，ドル散布による世界規模の有効需要創出を行った。

このような米国主導の世界経済拡大政策のなかで，米国は主要国との租税条約を締結していく。米国の租税条約は，連合国と1942年カナダ，1945年フラン

第 3 章　連邦所得税の納税主体

ス，1946年英国など相次いで締結され，敗戦国とも1954年日本およびドイツ，1956年イタリアに締結された。米国は，自由・無差別・多角的貿易の原則に基づき貿易，国際決済，復興資金を担当する国際機関を設立して，米国の他国への直接介入を避け，国際機関による各国への介入という図式で，貿易と投資について1943年国際貿易機関（International Trade Organization：ITO）設立交渉を開始し，1947年国際貿易憲章（ハバナ憲章）を調印したが，この条約案には国際投資に関する内国民待遇，最恵国待遇および投資保護などの規定が含まれていた。しかし，米国議会は行政府が議会権限を侵害することをおそれITOを批准しなかったので，1948年貿易に限定した「関税と貿易に関する一般協定」（GATT）を発足させた。その結果，直接投資の問題は，GATT，IMFおよび世界銀行のいずれにおいても取り上げられず，投資協定は二国間投資協定（Bilateral Investment Treaty：BIT）として増えていくが，1973年チリのアジェンデ政権が多国籍企業の陰謀で打倒される事件が起こり，1970年代には米国の多国籍企業に対する欧州の警戒心が生じ，多国籍企業を規制する多国間協定（Multilateral Investment Treaty：MIT）の必要が説かれるようになった。それまでの間，米国企業の国境を越える事業活動・投資活動は，多国籍企業の発展を促すことになった。その反面，多国籍企業が国際取引を利用して米国税の負担を最小化する国際的租税回避を防止する必要が認識されるようになり，米国は所要の措置を講ずることになった。

(a)　移転価格税制（IRC482）の強化
(b)　タックス・ヘイブン対策税制（IRC1248リパートFの制定）

③　ブレトン・ウッズ体制の崩壊

1960年代後半からのインフレ昂進と経常収支悪化による競争力の低下に対し，ソロモン『国際通貨制度研究1945－1987』（千倉書房）が指摘するように，粘り強い財政金融抑制計画が必要であったが，米国は経済運営の規律喪失の是正を図らず，国際調整策を選択した。米国は，1960年代央に対外投資自主規制と利子平衡税の導入，1968年にSDRという金・ドルの補完準備資産の創設，1971年にドルの金兌換停止，輸入課徴金の賦課など，ブレトン・ウッズ体制の崩壊が

序　　論

進む途を歩んだ。国際貿易秩序については，1967年ケネディ・ラウンド交渉は妥結したが，その一方で米国の保護主義傾向が強まっていく。日米欧の三極のうち，日欧の経済発展と米国の伝統産業の競争力喪失に抗して，米国は他国に鉄鋼製品等の対米輸出の自主規制を要求し，制限的貿易に傾き，1974年通商法に不公正貿易慣行に対抗する301条を導入した。1973〜1979年の東京ラウンド交渉を支持する一方で，米国議会の保護主義は高まり，1979年に米国通商代表部（USTR）が設置された。このような状況の下で，米国の国際課税は変化していく。

(a)　1975年サブパートFの強化
(b)　1976年外国税額控除制度の改正（国外損失の取戻しルール）
(c)　1978年サウジアラビアの石油掘削額基準の税を外国税額控除の対象外国税から除外

米国は，サウジアラビア政策のみならず対アラブ外交の政策手段として外国税額控除制度を利用してきた。米国の中東政策において，伝統的な英国の影響力を排除し中東進出拠点としてサウジアラビアを位置づけ，1943年武器貸与法（Lend Lease Act）による援助を与え，安全保障政策においても対ソ冷戦構造のなかでソビエトに隣接する中東の地政学的重要性と膨大な石油埋蔵量の魅力に基づき1947年に米系メジャーズ4社のアラムコ（Arabian American Oil Company：ARAMCO）のサウジアラビア石油利権の独占支配権を確立したが，他方，1948年イスラエル建国により米国内イスラエル支持勢力に配慮する必要も強く，対イスラエル・対アラブ外交を矛盾する二元外交として展開せざるを得ないこととなり，対アラブ外交を実質的にメジャーズに委ねることとしたのである。

サウジアラビア政府の収入増額要求に理解を示すとともに，アラムコが米国に納付すべき税額からサウジアラビアに支払う税につき外国税額控除を認めることにしてきたが，1978年の改正は重要な意味をもつ。

④　レーガノミクスとその修正

民主党政権の下で社会福祉政策を進めてきたが，経済の停滞によって黒人やヒスパニックの低所得層が福祉政策の受益者でその税負担者は白人の中級所得

階層であるという社会構造が定着しているとき，石油ショックとインフレ昂進により名目的な所得増が過大な税負担となり，これが経済停滞の原因となる。このような状況で1978年カリフォルニア州のプロポジション13号が引金となって「納税者の反乱」が各州で起きた。また，ウォーターゲート事件，ベトナム戦争の結果を受けて，1970年後半には国防費縮小傾向を示してきたが，1979年に民主党政権（カーター大統領）がイラン革命やソ連のアフガニスタン侵攻を許したことを契機に，強いアメリカの要請や軍拡の機運が高まってきた。

　米国（共和党レーガン大統領）は，小さい政府，福祉国家の解体など歳出削減（国防費を除く），インフレ抑制のための財政緊縮化，大規模減税，軍備拡充という困難な施策を実施することになった。米国は，市場競争原理による経済活性化と軍事支出拡大を通じた対ソ優位政策を内容とする「強いアメリカ」政策の展開によってパクス・アメリカーナ再編を期した。これによってスタグフレーションの抑制に成功したが，大規模減税による税収減から財政赤字は拡大し，財政赤字と民需拡大は米国の資金不足問題を引き起こし，これをファイナンスする大量の外国資本流入がドル高を発生させ，外国製品の輸入ドライブとなって，経常収支赤字が発生した。米国は，1980年代央に双子の赤字を抱える純債務国に転落したのである。国内的には増税どころか大減税を行い，かつ，軍備拡大などの財源を確保するため，世界最大の資本輸入国として源泉地国課税を拡大するため，国際課税の強化を図ることになった。

(a) 1984年税制改革法において，非居住外国人および外国法人の定義ならびに源泉規定を変更し，外国控除制度を制限した。

(b) 1986年税制改革法において，源泉規定を変更し，国外源泉所得を減らし，国内源泉所得を増やすこととし，租税条約の適用は国内法の基礎である政策を妨害することのないように行うという議会の意図を明らかにした。

(c) 外国税額控除制度を制限し，パッシブ所得等の所得区分ごとに控除限度額を規定するバスケット方式を採用した。

(d) タックス・ヘイブン対策税制の拡大強化を図った。

(e) 移転価格税制にスーパーロイヤルティ条項を導入し，独立企業原則を変

序　論

更した。

(f)　外国法人の米国支店について支店利益税および支店利子税を導入した。

(g)　1989年アーニング・ストリッピングを防止するため，外資系米国法人の外国親会社に支払う利子の損金算入を制限する措置（実質的には過少資本税制）を講じた。

(h)　外資系米国法人に対する移転価格課税に必要な情報資料提供義務を強化した。

(i)　1993年税制改正において移転価格課税のペナルティおよび過少資本税制を強化するとともに，IRC482に関する財務省規則において利益比準法を導入した。

これらの措置は，いわゆる租税条約オーバーライドの問題[16]を生じ，源泉地国として米国税収の確保を優先させ，資本無差別や資本輸出の中立性・資本輸入の中立性[17]をめぐる問題を引き起こすものであった。戦後構想に基づいて米国が国際通貨体制や国際貿易秩序の構築に合わせて主導的な役割を演じて構築してきた国際課税ルールを，米国が変化させ始めたのである[18]。

【注】

1)　当然法人とされる外国事業体

| | |
|---|---|
| アメリカン・サモア | corporation |
| アルゼンチン | sociedad anonima |
| オーストラリア | public limited company |
| オーストリア | aktiengesellschaft |
| バルバドス | limited company |
| ベルギー | societe anonyme |
| ベリーズ | public limited company |
| ボリビア | sociedad anonima |
| ブラジル | sociedade anonima |
| カナダ | corporation and company |
| チリ | sociedad anonima |
| 中国 | gufen youxian gongsi |
| 台湾 | ku-fen yuhsien kung-szu |

第3章　連邦所得税の納税主体

| | |
|---|---|
| コロンビア | sociedad anonima |
| コスタ・リカ | sociedad anonima |
| キプロス | public limited company |
| チェコ | akciva spolecnost |
| デンマーク | aktieselskab |
| エクアドル | sociedad anonima or compania anonima |
| エジプト | sharikat al-mossahamah |
| エルサルバドル | sociedad anonima |
| フィンランド | julkinen osakeyhtio/publikt aktiebolag |
| フランス | societe anonyme |
| ドイツ | aktiengesellschaft |
| ギリシャ | anonymos etairia |
| グアム | corporation |
| グアテマラ | sociedad anonima |
| ギアナ | public limited company |
| ホンジュラス | sociedad anonima |
| 香港 | public limited company |
| ハンガリー | reszvenytarsasag |
| アイスランド | hlutafelag |
| インド | public limited company |
| インドネシア | perseroan terbuka |
| アイルランド | public limited company |
| イスラエル | public limited company |
| イタリア | societa per azioni |
| ジャマイカ | public limited company |
| 日本 | 株式会社 |
| カザフスタン | ashyk aktsionerlik kogham |
| 韓国 | chusik hoesa |
| ルクセンブルグ | societe anonyme |
| マレイシア | berhad |
| マルタ | public limited company |
| メキシコ | sociedad anonima |
| モロッコ | societe anonyme |
| オランダ | naamloze vennootschap |
| ニュージーランド | limited company |
| ニカラグア | compania anonima |
| ナイジェリア | public limited company |
| 北マリアナ諸島 | corporation |
| ノールウエー | allment aksjeselskap |

43

序　論

| | |
|---|---|
| パキスタン | public limited company |
| パナマ | sociedad anonima |
| パラグアイ | sociedad anonima |
| ペルー | sociedad anonima |
| フィリピン | stock corporation |
| ポーランド | spolka akcyjna |
| ポルトガル | sociedade anonima |
| プエルト・リコ | corporation |
| ルーマニア | societe pe actiuni |
| ロシア | otkrytoye aktsionernoy obshchestvo |
| サウジアラビア | sharikat al-mossahamah |
| シンガポール | public limited company |
| スロヴァキア | akciova spolocnost |
| 南アフリカ | public limited company |
| スペイン | sociedad anonima |
| スリナム | naamloze vennootschap |
| スエーデン | publika aktiebolag |
| スイス | aktiengesellschaft |
| タイ | borisat chamkad（mahachon） |
| トリニダド・トバゴ | limited company |
| チュニジア | societe anonyme |
| トルコ | anonim sirket |
| ウクライナ | aktsionerne tovaristvo vidkritogo tipu |
| イギリス | public limited company |
| 米国領ヴァージン諸島 | corporation |
| ウルグアイ | sociedad anonima |
| ベネズエラ | sociedad anonima or compania anonima |

2) 米国税法上，従来の日本の有限会社（Yugen Kaisha：YK）という事業体は，当然法人（per se corporation）でなく，選択適格事業体（an eligible entity）として扱われてきた。日本の新会社法で，これらは株式会社の一種として一体化されるが（米国側ではこれをTokurei Yugen Kaisha(TYK)という），米国財務省およびIRSは，2005年12月19日，YKがたとえTYKとなったとしても米国では選択適格事業体として取り扱うレベニュー・ルーリング（26CFR301.7701－2：Business entities；definitions）を発した。

3) 本書は，他の類書と同様に，日本の「法人税法」にならって便宜上「アメリカ法人税法」というタイトルを付けているが，実際には米国においては「法人税法」という名の個別法は存在しない。すべての連邦税は，「内国歳入法典」（IRC）という名の法典（Code）に規定されている。米国では，年ベースで「歳入法」（Revenue Act）を定めているので，同法典を「内国歳入法」と翻訳することは，混乱を招き易い。

44

4) 米国では「法人税」という場合，連邦「法人所得税」だけでなく，州法上の法人に対する「法人所得税」「フランチャイズ・タックス」などを含む概念であるので，「法人税」という用語の用法には注意を要する。また，米国で「所得税」という概念は，連邦税および州税としての「個人所得税」のみでなく，「法人所得税」を含む概念であるので，この用語の用法には注意を要する。
5) 本庄資『アメリカの州税』財経詳報社，1986，pp.32-90。
6) Arnold Harberger *The Incidence of the Corporate Tax,* 70 J.POL.ECON. 215, 1962。

　Alvin Warren, *The Relation and Integration of Individual and Corporate Income Taxes,* 94 HARV. LL. REV. 719, 1981。

　U. S. Department of the Treasury *Report of the Department of the Treasury on Integration of the Individual and Corporate Tax Systems : Taxing Business Income Once.* 1992。

　Michael J. Graetz and Alvin C. Warren. Jr. *Integration of Corporate and Individual Income Taxes : An Introduction,* Taxanalysts, 1999。

　Terrence R. Chorvat *Taxing International Corporate Income Efficiently,* 53 TAX L. REV. 225. 2000。

　Terence R. Chorvat *Apologia for Double Tax of Corporation Income* George Mason University School of Law, 2002。
7) 本庄資「ブッシュ政権の租税政策－減税政策について－」税経通信 Vol.60/No.4/847. pp.174-187.

　同「ブッシュ政権の租税政策－米国の利益の追求について－」税経通信 Vol.60/No.6/849. pp.169-187。

　同「ブッシュ政権の租税政策－米国企業のための税制改正－」税経通信 Vol.60/No.7/850. pp.141-155。
8) 本庄資「ブッシュ政権の租税政策－タックス・シェルター対抗措置による税収確保(1)－」税経通信 Vol.60/No.11/854. pp.121-139。

　同「ブッシュ政権の租税政策－タックス・シェルター対抗措置による税収確保(2)－」税経通信 Vol.60/No.12/855. pp.149-164。

　同「ブッシュ政権の租税政策－タックス・シェルター対抗措置による税収確保(3)－」税経通信 Vol.60/No.13/856. pp.161-171。
9) 私法および公法を問わず，法令上存在を認められる主体（entity）を法人格（legal personallty）の有無にかかわらず，本書では「法的主体」（legal entity）と呼ぶ。したがって，法的主体は「法人」より広い概念である。
10) 法的主体のうち課税対象となる主体，いいかえれば納税義務を負う主体を本書では「納税主体」（taxable entity）と呼ぶ。Taxable entityを「課税主体」と翻訳する学者がいるが，「課税主体」とはtaxing entityの訳語で，課税権を有する団体を意味する用語であり，混同しては徒に混乱を招くので，注意を要する。
11) 日本では「法人課税」「団体課税」「構成員課税」という用語が定義もなく使用され

序論

ているので，米国税法の学習に当たっては，事業体課税に関する日本税法の曖昧さを残してはならない。米国では法的主体を税法上の納税主体（taxable entity）と税法上無視される法的主体（disregarded entity）に区分する。いいかえれば，法的主体のうち事業体（business entity）は，その事業体組織の段階で課税すべきものと，事業体としての存在を認めるがその組織の段階では課税せず，その構成員，参加者または投資家の段階で課税するもの，および事業体としての存在を認めないこととし，その所有者に課税するものに区分し，その課税方法をそれぞれ「団体課税」および「構成員課税」という。団体課税のうち法人として課税することを「法人課税」という。米国では，税法上，事業体がこのいずれの課税方法を適用されるかは，当然法人（per se corporation）を除き，選択適格事業体の選択によって，法人でない事業体が「法人課税」を受けることもあれば，法人であってもＳ法人の地位を選択すれば「構成員課税」を受けることができる。

12）新日米租税条約の議定書２では英語正文のpartnershipを日本語正文で「組合」と規定しているが，私法上はともかく，現時点で日本の税法においては組合に関する課税ルールについてなんらの規定がないので，日本の「組合」が米国の税法においてIRCサブチャプターＫ（IRC701～777），財務省規則（Reg.1.701－1～1.761－2）に詳細な課税ルールを定められている「パートナーシップ」と同一または類似の事業体として扱うことができるかどうか，疑問である。

13）国税庁は，質疑応答事例【法人税】において「米国LLCに係る税務上の取扱い」について，次のように回答した。

「LLC法に準拠して設立された米国LLCについては，以下の理由等から，原則的には我が国の私法上，外国法人に該当するものと考えられる。

① LLCは，商行為をなす目的で米国の各州のLLC法に準拠して設立された事業体であり，外国の商事会社であると認められること
② 事業体の設立に伴いその商号等の登録（登記）等が行われること
③ 事業体自らが訴訟の当事者等になれるといった法的主体となることが認められていること
④ 統一LLC法においては，「LLCは構成員と別個の法的主体である」「LLCは事業活動を行うための必要かつ十分な個人と同等の権利能力を有する」と規定されていること

したがって，LLCが米国の税務上法人課税またはパススルー課税のいずれの選択を行ったかにかかわらず，原則的には我が国の税務上外国法人として取り扱うのが相当である。ただし，米国のLLC法は個別の州において独自に制定され，その規定振りは個々に異なることから，個々のLLCが外国法人に該当するか否かの判断は，個々のLLC法の規定等に照らして，個別に判断する必要がある」

この回答は，事業体に関する米国税法の規定でなく，私法上の規定を日本税法上の取扱ルールの根拠とする点で，妥当性があるか否か，疑問である。

14）米国の租税条約締結方針として，租税条約の濫用，トリーティ・ショッピングを防止するため，特典制限（limitation on benefits：LOB）条項を規定するが，租税条約

第3章　連邦所得税の納税主体

の適用対象者は相手国の居住者に限られ，相手国の居住者とは相手国の法令の下で一定の基準により課税を受けるべきものとされる者（any person who is liable to tax）であることを要する。したがって，法人であっても米国のS法人は納税主体とされないパススルー・エンティティまたはフロースルー・エンティティであるので，租税条約の適用対象から除外されるが，RICやREITはその利益を分配すればこれを損金算入できるので，実際には課税を受けることがないペイスルー・エンティティであるとしても，原則として納税主体とされるので，租税条約の適用対象に含まれる。

15）　日本の税法上「本文信託」は納税主体とされないパススルー・エンティティとされるので，租税条約の適用対象とならないが，米国の信託は納税主体とされるが分離した納税主体とされるので，分配可能純所得の範囲で受益者に対する分配を損金算入できるペイスルー・エンティティとして実際には課税を受けることがないとしても，租税条約の適用対象となる。その意味で，信託について日米租税条約の適用は，非対称的である。

16）　1989年OECD報告書の定義によれば，租税条約オーバーライドとは，国際的な条約の義務に明らかに反する効果を生じることを意図する国内立法をいう。オーバーライドは，一般に意図的なオーバーライドと意図しないオーバーライドに区分される。前者については，条約法と国内法の抵触は明確で国内法の変化の効力が問題になるが，後者については，条約法と国内法との調和を図ることが可能である。米国では租税条約は上院の承認と批准書の交換により自動的に国内法としての効力をもつものとされるが，国内法の制定に係る下院は条約締結に関わらないので，条約と国内法との「同位原則」をとる米国では上院と下院のすれ違いによりオーバーライドが生じる。1980年以後租税条約オーバーライドを生じた主要な国内法には，1980年不動産外国投資税法，1986年税制改革法，1988年技術的多種歳入法，1989年歳入調整法，などがある。

17）　資本輸出の中立性（capital export neutrality：CEN）は，自国企業の税負担が国内投資と外国投資で差を生じないようにすべきであるという考えにより外国税額控除による自国企業の国際競争力の維持を図る原則であり，資本輸入の中立性（capital import neutrality：CIN）は，国内に投資するどの国の企業の税負担も同等であるべきだという考えにより同一市場における国際競争の中立性を保つ原則である。米国では全世界所得課税（worldwide taxation）の原則の下で米国市場およびグローバル市場において領土主義課税（territorial taxation）の原則をとる諸外国との競争に勝つため，事業体ベースの優遇措置（輸出法人（export trade corporation：ETC），米国国際販売法人（domestic international sales corporation：DISC），外国販売法人（foreign sales corporation：FSC））や取引ベースの優遇措置（域外所得除外制度（extraterritorial income exclusion：ETI））を制定したが，これを世界貿易ルール違反，「禁じられた輸出補助金（国家補助金）」であるとするEC/EUの反対，GATT/WTOのルーリングによりそのことごとくを廃止せざるを得なくなった。30年に及ぶこの米欧（大西洋）貿易摩擦によって米国は全世界所得課税（CENと外国税額控除制度）の維持について懐疑的となり，貿易相手国と同じ国際租税制度（CINと国外所得免除制度）である領土

序　　論

主義課税への転換に傾き始めた。2004年大統領選挙において二大政党のうち共和党はCIN，民主党はCENを主張している。

18)　本庄資「米国国際租税制度の大転換が起こる時日本はどうするか」税経通信Vol.61／No.2／860.pp.17～29。

　　同「ブッシュ政権の租税政策－輸出振興税制－」税経通信Vol.61／No.3／860.pp.181～198。

　　同「ブッシュ政権の租税政策－外国投資政策(1)」税経通信Vol.61／No.3／861.pp.203～221。

　　同「ブッシュ政権の租税政策－外国投資政策(2)」税経通信Vol.61／No.4／862.pp.148～164。

　　U.S. President's Advisory Panel *Simple, Fair, and Pro-Growth: Proposals to Fix America's Tax System* 2005。

# 第1編
# 法人所得税法総論

第1編　法人所得税法総論

# 第1章

# 法人の種類

## 1　法人の定義

　連邦税の適用上，法人 (corporation) には，社団 (association)，株式会社 (stock-joint company) および保険会社 (insurance company) が含まれる (IRC7701 (a)(3))。個人は，課税上，法人の設立，パートナーシップの組成または個人事業主の地位など，その事業に適した形態の納税主体 (taxable entity) となるフレキシブルな機会を与えられている。法人は，その所有者である株主と分離して課税される法的主体 (legal entity) である。連邦税の適用上，事業体の分類 (classification of entities) が重要であるが，連邦，州または準州の法人法 (corporation statute) に基づいて設立されたすべての主体は，自動的に法人として分類され，当該事業体 (business entities) は当然法人 (mandatory corporation) といい，法人以外の事業体として取り扱われることを選択することはできない。当然法人には，州または準州の法人法に基づいて設立された主体，株式会社，保険会社，銀行業を行う主体，州政府が全部所有する組織，IRCの規定 (IRC7701 (a)(3)を除く) に基づき法人として課税される主体および外国 (米国属領，準州またはコモンウェルスを含む) 法令に基づいて設立された一定の組織が含まれる。当然法人以外の主体は，選択適格事業体 (eligible entity) といい，法人として課税されることを選択することができる (規則301.7701－2および301.7701－3)。
　チェック・ザ・ボックス規則は，一定の組織を自動的に法人として分類し，その他の事業体が連邦税の適用上の分類を選択することを認めるのである。事業形態の選択については，序論を参照されたい。法人は，納税主体となる課税

法人と納税主体とならない非課税法人に区分される。また，法人は，内国法人（domestic corporation）と外国法人（foreign corporation）に区分される。**内国法人**とは，米国において設立されまたは米国法もしくは州法に基づいて設立される法人をいう（IRC7701(a)(4)）。**外国法人**とは，内国法人以外の法人をいう（IRC7701(a)(5)）。これは，米国が設立地主義または準拠法主義を採用していることを示している。ここで，米国（United States）は，地理的意味で用いる場合には，州およびコロンビア特別区のみを含む。

## 2　免税団体（Tax-exempt Organization）

多様な団体が所得税を免除される。IRC501(c)に規定される慈善および相互利益を目的として設立される非営利団体（nonprofit organizations）は，IRC501に基づき免税とされる。免税の理由は，宗教，慈善，学術，文学および教育の目的のために設立された広範な団体（IRC503(c)(3)）に該当することである。免税団体は，その免税目的を達成するために稼得しかつ支出する金銭について免税されるが，その免税目的と関連しない事業所得（business income）およびデット・ファイナンス資産から生ずる所得に対しては，課税される。一部の免税団体，特に民間財団（private foundations）は，一定の禁止行為に従事することに対し，消費税（excise taxes）を課される。免税団体については，第11編第5章を参照されたい。

## 3　C法人または通常の法人

C法人（C corporation）または通常の法人（regular corporation）とは，S法人以外の法人である（IRC1361(a)(2)）。法人は，州法または準州法に基づいて設立される。

## 4 S法人（S corporation）

### (1) S法人の定義

C法人または通常の法人は，内国歳入法典および財務省規則に規定される厳格なルールおよび要件に従い，S法人になることを選択することができる。S法人は，その所得に対して課税されない。S法人の租税項目（所得，所得控除，税額控除，利益および損失）は，その株主にパススルーされ，その株主の申告書において申告される。この点で，S法人は，法人格を有するが，パートナーシップと同じく，**パススルー型事業体**である（→第11編第11章を参照されたい）。

ゼネラル・パートナーシップと異なり，S法人の株主は有限責任とされる。すなわち，投資家はS法人の負債について個人責任を負わない。S法人の地位を選択することができる法人は，**小規模事業法人**（small business corporation）[19]のみであり，次の要件を満たすことを要する（IRC1371, IRC1361(b), 規則1.1361-1）。

(a) 内国法人であること（法人として課税される類似の社団を含む）
(b) 一種類を超える株式を有しないこと
(c) 100人を超える株主を有しないこと
(d) 個人以外の株主または一定の遺産財団および信託以外の株主を有しないこと
(e) 非居住外国人である株主を有しないこと

小規模事業法人は，稼得する所得金額，投資される資本金額または雇用する従業員数に関して制限されない。S法人は，課税上の分類を決定するためにチェック・ザ・ボックスの選択を行うことはできない。この選択をすることができるのは，個人と法人格のない主体のみである（規則61-1, 301.6109-1, 301.7701-1, 301.7701-2, 301.7701-3, 301.7701-4および301.7701-6）。IRSのプライベート・レター・ルーリングで，州法に基づく法人から州のリミテッド・パートナーシップへの転換と同時に法人として課税される社団として取り扱われることを選択することによって既存のS法人の地位を失わないと決

定し，チェック・ザ・ボックス規則のフレキシビリティを示した。IRSは，ゼネラル・パートナーシップとリミテッド・パートナーシップの持分は，一種類を超える株式を構成しないことを決定した (IRS Letter Ruling199904009, 7 − 16 − 99)。

S法人は，適格全部所有子会社を有することができる (IRC1361 (b)(3))。S法人は，C法人株式の80％以上を所有することができる。当該C法人は，その関連C法人との連結納税を選択することができるが，S法人はこの選択に加入することができない。S法人が80％以上の株式を所有するC法人である子会社から受け取る配当は，株式所有 (stock ownership) からのパッシブ投資所得 (passive investment income) として取り扱われず，その所得区分はC法人である子会社がその所得を能動的な営業・事業活動を通じて取得したか否かによって決定される (IRC1362(d)(3)(E))。

S法人は，その所有者間に租税項目 (収益，損失，税額控除，所得控除または所得) を配分することはできず，租税項目は日数基準・持分基準で各株主に配分される。S法人ルールが適用されない限り，S法人はC法人ルールを適用されるので，S法人の稼得した所得の課税やS法人の損失の配分は，パートナーシップの所得および損失に関するパートナーシップの課税にきわめて近いが，法人の分配，償還，清算，組織変更等に関する税効果に関して，S法人はC法人として取り扱われる。

## (2) S法人の地位の選択

小規模事業法人は，自動的にS法人の地位を得られるわけではない。法人は，サブチャプターSルールの適用を選択し，かつ，株主全員がその選択に同意しなければならない。S法人の地位の選択は，様式2553「小規模事業法人による選択」(Election by a Small Business Corporation) を法人の様式1120S「S法人の申告書」(U.S. Income Tax Return for an S Corporation) の提出先であるIRSサービス・センターに提出することによって行われる (IRC1362(a), 規則1.1362 − 1 および1.1362 − 2)。様式2553には，次の事項を記載しなければならない。

第1編　法人所得税法総論

(a)　法人の名称と住所
(b)　設立地と設立の日
(c)　選択が発効する第一課税年度の開始日
(d)　発行済株式数と未払株式数
(e)　IRSが情報を要求できる役員または法的代理人の氏名および肩書き
(f)　法人が前に存在したものの結果または継続であるか否かに関する説明
　　（もしそうであれば，前に存在したものの名称，組織の種類および存在した期間）
(g)　法人の主たる事業活動
(h)　法人の選択した課税年度
(i)　各株主の氏名，住所および社会保険番号ならびに持株数と株式の取得日

## 5　同族持株会社 (Personal Holding Company：PHC)

### (1)　同族持株会社の定義

同族持株会社として分類される法人は，通常の法人所得税のほかに，その留保同族持株会社所得（undistributed personal holding company income）に対する税を課される（IRC541，規則1.541-1）（→第8編第4章を参照されたい）。法人は，次の要件を満たす場合，同族持株会社として分類される。

(a)　課税年度の調整済通常の所得の60％以上が同族持株所得（personal holding income）であること
(b)　課税年度の後半中いつでも5人以下の個人が発行済株式の50％超を直接または間接に所有していること（IRC542(a)）

### (2)　同族持株会社から除外される法人

次の法人は同族持株会社から除外される。

(a)　免税法人
(b)　銀行，信託会社または内国建設貸付団体（domestic building and loan association）

第1章　法人の種類

(c) 　生命保険会社
(d) 　保証会社（surety company）
(e) 　外国同族持株会社（2005年1月1日前の課税年度）
(f) 　貸付・金融会社（lending or finance company）で，通常の総所得の60％以上が貸付・金融業の能動的通常業務から直接生じ，かつ，同族持株会社所得（一定の関連法人からの所得ならびに賃貸料，使用料，フィルム賃貸料および株主による法人財産の使用の対価からの所得を無視して計算される）が通常の所得の20％以下であるもの（法人の貸付業務からの適格事業控除は通常の総所得の最初の50万ドルの15％と50万ドル超の5％との合計額を超えることを要する）
(g) 　課税年度の後半中の発行済株式全部が外国遺産財団，外国信託，外国パートナーシップまたは外国法人を通じて非居住外国人によって直接または間接に所有される外国法人（人的役務から所得を得る外国法人は，この除外を適用されず，同族持株会社として分類される。さらに，米国所有割合が10％以下の外国法人は，その留保同族持株会社所得のうち米国株主の持分に帰属する部分のみに同族持株会社税を課される）
(h) 　1958年小規模事業投資法に基づき小規模企業に対する資金供給事業を能動的に行う小規模事業投資会社（資金提供を受ける事業の所有持分または発行済株式の5％以上を課税年度中直接または間接に所有する株主がいる場合にはこの除外は適用されない。また，この除外は，小規模投資会社の全部所有子会社に適用されない）
(i) 　破産手続または支払不能手続に陥っている法人（この手続が同族持株会社税の回避を主目的とする場合はこの限りでない）
(j) 　パッシブ外国投資会社

# 6　外国同族持株会社（Foreign Personal Holding Company：FPHC）

外国同族持株会社とは，外国において設立された同族持株会社である。外国

同族持株会社は，その留保所得に対して課税されない（IRC551〜554）が，留保同族持株会社所得（foreign personal holding company income）については，米国市民，米国居住者，内国法人，内国パートナーシップ，内国遺産財団または内国信託である株主が，配当を支払われたものとして，課税される。

外国法人は，次の場合，外国同族持株会社とみなされる。
(a) 法人株式の価値の50％超が5人以下の米国市民または米国居住者によって所有される場合
(b) 課税年度中いつでも議決権のあるすべての種類の株式の議決権合計または株式価値の合計の50％超が米国市民または米国居住者である5人以下の個人によって直接または間接に所有される場合

この場合，株式所有帰属ルール（stock ownership attribution rule）を考慮に入れて，判断される。

## 7　人的役務法人（Personal Service Corporation：PSC）

IRSは，人的役務法人が従業員株主の税負担の減少のために利用される場合，従業員株主と当該人的役務法人との間に租税項目（所得，所得控除，その他）を配分し直すことができる。

### (1) 人的役務法人の定義

法人は，次の要件を満たす場合に人的役務法人とされる（IRC441(i)，規則1.441-3(c)）。
(a) 課税年度にC法人であること
(b) 判定期間（testing period）の主たる活動が人的役務の提供であること
(c) 当該人的役務が判定期間中実質的に従業員株主（employee-owners）によって提供されること
(d) 従業員株主が判定期間の末日に法人の発行済株式の公正な市場価値の10％超を所有していること

## (2) 主たる活動の定義

次の場合に判定期間における法人の主たる活動は，人的役務の提供であるとみなされる（規則1.441-3(e)）。

(a) 判定期間における法人の報酬コストのうち人的役務活動に帰属すべき金額が判定期間における法人の報酬コストの合計額の50％を超えること
(b) 報酬コストは，給料および賃金，ならびに雇用の過程で提供される役務に帰属すべき金額とされる。

## (3) 判 定 期 間

判定期間とは，当該課税年度の直前の課税年度をいう。

## (4) 人的役務の提供

人的役務（personal service）とは，保健，法律，エンジニアリング，建築，会計，保険計理，芸能またはコンサルティングをいう（IRC448(d)(2)(A)，規則1.441-3）。

# 8 規制投資会社（Regulated Investment Company：RIC）

規制投資会社は，株主の投資代理人（investment agents）として行為する法人（corporation）であるが，俗にミューチャル・ファンドと呼ばれている。

RICは，政府証券や法人証券に投資してこの投資から得た配当および利子を株主に対して配当として分配するが，通常の法人と異なり，支払配当を通常の所得から控除できる損金に算入すること（いわゆるペイスルー）を認められるので，RICがその収益および利得（earnings and profits：E&P）の全部を株主に配当として分配する場合には完全に法人課税を免れることができる。米国では，専門的なマネーマネジメントと他の投資家との資金プールの結合による節税（tax savings）のビークルとして，RICは人気のある投資選択肢となっている（→第11編第4章4を参照されたい）。

第1編　法人所得税法総論

## (1) RICの定義

RICとは，次の要件を満たす法人である（IRC851，規則1.851-1～1.851-7）。

(a) 内国法人であること

(b) 1940年投資会社法に基づき管理会社（a management company）もしくはユニット投資信託（a unit investment trust）として登録されるかまたは同法に基づき事業開発会社（a business development company）として取り扱われることを選択

(c) コモン・トラスト・ファンドまたは類似のファンドであって，同法に基づく投資会社（investment company）でなく，銀行が保有するコモン・トラスト・ファンドでないもの

(d) 当該課税年度の総所得の90％以上が，配当，利子，証券ローンの対価，株式・証券・外貨の売却その他の処分からの収益，またはRICの株式・証券・通貨に対する投資事業から生ずる所得（オプション，先物取引または先渡取引からの収益を含む）であること

(e) 1997年8月5日以前に開始する課税年度に関しては，保有期間が3ヶ月未満の株式，証券，オプション，先物契約，先渡契約または外貨の売却その他の処分からの所得が当該課税年度の総所得の30％未満であること

(f) 当該課税年度の各四半期末において現金，政府証券，他のRICおよび他の発行者の証券で表される資産価値の50％以上を有すること

(g) 一発行者の証券または類似の事業を行う法人が支配する全発行者の証券に対する投資が全資産価値の25％以下であること

(h) 通常の所得と免税利子の合計額の90％以上を株主に分配すること

(i) 選択年度に様式1120-RICによる申告を行うことによりRICとして取り扱われることを選択すること

## (2) RICになれない法人

法人は，次の場合を除き，RICとして取り扱われることができない。

(a) 1983年11月8日後に終了するすべての課税年度にRICの規定が適用され

たこと

(b) 課税年度末に，RICの規定を適用されない課税年度の収益および利得（E＆P）を留保していないこと

したがって，RICでない年度（non-RIC year）に帰属すべき留保収益および利得を留保している法人は，組織変更でRICでない年度の収益および利得を引き継いだとしても，これらを分配せずに，RICの地位を選択することはできない（IRC852(a)(2)，規則1.852－12）。

## 9 不動産投資信託 (Real Estate Investment Trust： REIT)

小口投資家が個人的に投資することができない不動産投資を小口資金のプールによって可能にするため，株主の投資代理人として行為する組織としてREITは考案された。課税上，REITはRICと類似した取扱いをされる。REITは，他の法人と異なり，支払配当をその通常の所得から控除できる損金に算入すること（ペイスルー）を認められるので，その収益および利得（E＆P）の全部を分配する場合には，事業体段階の課税（団体課税）を完全に免れることができる。このことが他の投資家との資金プールと結合して，REITは人気のある投資選択肢となっている（→第11編第4章5を参照されたい）。

### (1) REITの定義

組織（法人，社団または信託を含む）は，課税年度全部を通じて次の所有要件および目的要件を満たす場合には，REITとして認められる。

(a) 組織の受益権（beneficial ownership）が，12ヶ月の課税年度または課税年度の一部分を通じ335日以上の間，100人以上の者（免税年金および利益分与信託を含む）によって保有されること（この日数の連続は不必要であり，REITとして取り扱われる第一年度にこの要件を満たす必要はない）（IRC856(a)(5)および(b),Rev.Rul.65－3，1965－1CB267）

(b) 受益権は譲渡性のある株式または受益権証書によって証明されること（IRC856(a)(2)）
(c) 組織の経営が，一般に組織の財産の法的所有権を保有し経営について排他的権限を有する受託者と，1人以上の受託者または役員によって行われること（IRC856(a)(1)）
(d) 組織が，REITの規定を除き，内国法人として課税される原因となるすべての必要な属性を備えていること（IRC856(a)(3), Rev. Rul. 89-130, 1989-2 CB117）
(e) 5人以下の個人が組織の課税年度の直近6ヶ月中組織の株式の価値の50％超を直接または間接に所有することができないこと（この要件を満たしていないことをREITが知らない場合，実際の所有者を確定する規則を守る限り，この要件を満たすものとして取り扱われる）（IRC856(a)(6), (h)および(k), 規則1.857-8）
(f) 組織が金融機関や保険会社でないこと（IRC856(a)(4)）
(g) 組織が所得および投資に関する一定の要件を満たすこと
(h) 課税年度の課税所得の90％以上をその株主に分配すること
(i) 選択の第一課税年度に様式1120-REITにより申告を行い，REITとして取り扱われることを選択すること（IRC856(c)(1)および(g)）

## (2) 投資および所得要件

REITは，次の所得要件を満たすものでなければならない（IRC856(c), 規則1.856-2, 1.856-3および1.856-4）。

(a) 信託の総所得の95％以上が配当，利子，不動産賃貸料，株式・証券・不動産・不動産モーゲージの持分の売却その他の処分からの純収益，不動産税の還付金，であること
(b) 信託の総所得の75％以上が不動産から生ずること（不動産賃貸料，不動産モーゲージで担保された債務の利子，不動産および不動産モーゲージの持分の売却からの純収益，REITの適格性がある他の不動産信託からの配当および他の分配，

REITの適格性がある他の不動産信託における譲渡性のある持分の売却その他の処分の純収益,不動産税の還付金を含む)
(c) 1997年8月5日前に開始する課税年度に,証券売却による短期収益,保有期間が4年未満である不動産の売却の収益が,信託の総所得の30%未満であること

REITは,その所得源泉に関する次の基準を満たすものでなければならない。
(a) 課税年度の各四半期末に,信託の全資産の価値の75%が現金,不動産または政府証券であること
(b) 課税年度の各四半期末に,75%基準に規定するもの以外の証券が信託資産の価値の25%以下であることおよび一発行者の証券の全額が信託の全資産の価値の5%または発行者の議決権のある証券の10%を超えないこと

### (3) **適格REIT子会社**（Qualified REIT subsidiary）

REITは,適格REIT子会社を所有し,連邦税の課税上,子会社の資産および負債,租税項目（所得,所得控除,税額控除）のすべてを自己のものとして取り扱うことができる（IRC856（i））。適格REIT子会社とは,REITが100%所有する法人である。

親REITが全株式の所有をやめ,またはREITの地位を取り消すとき,適格REIT子会社であった法人はその要件を満たさなくなるので,その直後に,当該子会社はその株式と交換にREITからその全資産を取得し,その全負債を引き受けた新しい法人として取り扱われる。

## 10 不動産モーゲージ投資導管（Real Estate Mortgage Investment Conduit：REMIC）

REMICは,一定のモーゲージ・プールを保有し,多種類の持分証券を投資家に発行する主体（entity）である。REMICは,その所得に課税されず,その持分証券の保有者がREMICの所得について直接課税される。REMICの課税

第1編　法人所得税法総論

上の取扱いは，パートナーシップと類似している（→第11編第4章6を参照されたい）。

## (1) REMICの定義

REMICは，次の要件を満たす主体である。
(a) 主体がREMICとして取り扱われる第一課税年度に取消不能な選択を行うこと（規則1.860D－1(d)）
(b) 主体の持分は通常持分（regular interest）と残余持分（residual interest）のいずれかであること
(c) 主体は一種類の残余持分のみを有することができ，残余持分の保有者に対するすべての分配がプロラタであること
(d) 主体の組成日後開始する第3ヶ月目の末日およびその後の各四半期末にその主体の実質的に全資産が適格モーゲージと認められる投資から成ること
(e) 主体は暦年を課税年度として採用すること
(f) 一定の不適格組織（政府，免税団体および協同組合）が残余持分を保有しないように合理的なアレンジメントを行うこと（IRC860D(a)）
(g) REMICの地位を選択する主体は，その第一課税年度に様式1066によりREMICとしてその課税所得を計算し，申告すること（規則1.860D－1および1.860F－4(b)(2)）

## (2) 適格モーゲージ

適格モーゲージは，主として不動産の持分によって担保される債権であって，次のものをいう（IRC860G(a)(3)）。
(a) REMICの通常持分証券または残余持分証券と交換に組成日にREMICに移転されるもの
(b) 購入が組成日に有効な一定の価格契約に基づいて行われることを条件として，組成日に開始する3ヶ月の期間内にREMICによって購入されるも

の
(c) 上記2つの債権の1つの当初の条件による元本の金額の増加を表し，債権の当初の条件に従って債務者に対する前払金に帰属すべきであり，組成日に有効な一定の価格契約に従ってREMICによって購入されるもの

債権は，当初またはREMICに拠出される時に債務を担保する不動産持分の公正な市場価値が債権の調整済発行価格の80％以上である場合，主として不動産の持分によって担保されるものとされる。債権の収益の実質的に全部が当初債務の唯一の担保であった不動産の持分の取得，改良または保護を行うために用いられた場合，債権は主として担保されることになる。

### (3) 認められる投資 (permitted investment)

認められる投資には，次の3種類がある (IRC860G(a)(5))。
(a) キャッシュフロー投資 (REMIC持分の保有者に対する分配前の期間に適格モーゲージにより受け取る金額の投資)
(b) 適格リザーブ資産 (REMICの費用，通常持分につき支払うべき金額，キャッシュフロー投資の予想を下回るリターンを補償するために必要な金額の支払のために充てられる適格リザーブ・ファンドの一部として投資のために保有される無形資産)
(c) 抵当流れ資産 (REMICが保有する適格モーゲージの不履行または不履行の可能性に関連してREMICが取得する資産)

### (4) 投資家の持分

REMICの投資家は，次の2種類の持分を保有することができる。
① 通常持分 (regular interests)

REMICの通常持分は，主体の組成日に定められる条件をもつすべての持分であり，保有者は特定の元本を無条件で受け取ることができるものである (IRC860G(a)(1))。この条件は，持分の満期以前に支払われる利子が固定金利であることを定める。変動金利は，規則に定める場合にのみ用いられる (規則1.860G－1(a)(3))。通常持分は，利子の未払期間中に適格モーゲージの支払利子

の一部が変わらない場合，保有者が当該部分を受け取ることができるすべての持分である（IRC860G(a)(1)(B)(ii)）。元本の支払の時期が適格モーゲージに係る前払金および認められる投資からの所得金額の範囲で不確定な場合，REMIC持分は通常持分となる。通常持分証券の形態は，負債，株式，パートナーシップ持分，信託持分その他州法上認められる形態である。REMIC持分の元本の支払が他のREMIC通常持分に係る支払に従属し，適格モーゲージに係る不履行の不在による場合，REMIC持分は通常持分として取り扱われる（規則1.860 G-1(b)(4)）。

② 残余持分 (residual interests)

REMICの残余持分は，REMIC組成日に発行される通常持分以外のすべての持分であって，REMICによって残余持分として指定されるものである。残余持分は一種類のみであり，この持分についてはプロラタですべての分配が行われる（IRC860G(a)(2)）。

## 11　金融資産証券化投資信託 (Financial Asset Securitization Investment Trust：FASIT)

FASITは，クレジットカードの受取債権，住宅エクィティ・ローンや自動車ローンなどの債権の証券化に用いられる法的主体である。FASITは，パススルー型事業体である。FASITは，単一のC法人によって所有され，連邦税の適用上，負債（debt）として取り扱われる資産担保付証券（Asset-Backed Security：ABS）を発行する。

FASITの残余所得（residual income）は，そのローン・ポートフォリオからの所得と投資家への支払利子との差額であるが，この所得については，FASITは課税されず，その所有者が直接課税される（IRS860H）。FASITの活動は，適格ローンのポートフォリオの保有に制限されている。FASITは，独自に貸付業を行うことはできないので，銀行ではない。FASITは，C法人によって全部所有されるので，FASITが稼得するスプレッド所得については，C法人

の段階で課税される（→第11編第4章7を参照されたい）。

### (1) FASITの定義
FASITは，次の要件を満たす主体である。
(a) 選択以後の年度にFASITとして取り扱われることを選択すること
(b) 所有資産の全部が認められる資産であること
(c) 通常持分の要件を満たす所有持分でない証券のみを発行すること
(d) 内国銀行またはC法人が単一の所有持分を有すること
(e) 規制投資会社とならないこと

### (2) 認められる資産
認められる資産（permitted asset）は，(i)金銭と金銭等価物，(ii)一定の債務証書，(iii)一定の抵当流れ資産，(iv)FASITの発行する債務証書の保証，または保有する債権のヘッジ，(v)債務証書またはヘッジを取得する契約上の権利，(vi)他のFASITの通常持分である。FASITの資産基準は，組成後90日目以後つねに満たす必要がある。

### (3) FASITの通常持分 (regular interests)
FASITの通常持分は，固定的条件を満たす資産担保付証券であり，次の5要件を満たすものである（IRC860L(b)(1)）。
(a) 保有者が特定の元本を無条件で受け取ることができる証券であること
(b) 証券につき支払う利子は(i)固定金利，(ii)新規借入資金コストの変化を反映するレートに基づく予測スケジュールにインデックスされる利子または(iii)REMICの通常持分について認められるものに類似する変動金利であること
(c) 満期は30年以下であること
(d) 明示の元本の25%以下のプレミアム付で大衆に発行されること
(e) 満期イールドが証券発行の月の適用連邦レート（applicable federal rate：

AFR）を5％以下上回るものとすること

適格通常持分は，連邦税の適用上，債務（debt）として取り扱われるので，保有者に支払われる利子は，FASIT所有者にパススルーされる純所得の計算上，損金算入することを認められる。

## 12 協同組合 (Cooperatives)

協同組合は，通常の法人税率で課税される（IRC1381および1382，規則1.382-2）が，パトロンに対する分配について特別な控除を認められる。この点で，協同組合は通常の法人と異なる（→第11編第4章8を参照されたい）。

### (1) 協同組合の定義
法人は，次の要件を満たす場合に協同形態で活動することとされる。
(a) 構成員－株主の生産物を購入しもしくは販売かつまたは構成員に再販するために供給品を入手すること
(b) 構成員の投資持分に基づかず，構成員が協同組合と取引する事業の金額（パトロネジ）に比例して，構成員－株主に利益の分配を行うこと

### (2) 協同組合に該当しないもの
次のものは，協同組合として取り扱われない。
(a) 課税を免除されるすべての組織（免税農業協同組合を除く）
(b) 貯蓄相互銀行
(c) 相互保険会社
(d) 地方で電力の供給または電話サービスの提供を行う課税団体

### (3) 協同組合の事業
組織が協同形態で活動しているか否かを判定するに当たっては，すべての事実および状況に基づいて協同組合には組織のリスクおよび利益と持分との相互

結合が存在しなければならないという原則を適用する (Puget Sound Plywood, Inc., 44TC305, CCH Dec.27, 419, IRS Technical Advice Memorandum9303004, 107-92, CCH IRS Letter Ruling Reports)。この原則を採用する前には，IRSは，協同組合としての取扱いを受けるには，組織がその事業の50％以上を構成員との間で行うことが必要であるとしてきたが，最近のIRSは，パトロネジ基準で構成員との事業が全部の50％未満という理由だけで「協同形態で活動する」という概念から除外されるとは考えていない。

## 13　外国販売法人 (Foreign Sales Corporation：FSC)

　ＦＳＣの外国貿易所得 (foreign trade income) は，外国におけるプレゼンスと経済活動から生じたことを条件として，法人課税を免除される (IRC922(a), 規則1.921-2(a))（→第11編第4章9を参照されたい）。

### (1) FSCの定義
　FSCは，様式8279によりFSCの地位を選択する法人であって，十分な外国におけるプレゼンスを示す次の要件を満たすものである (IRC921～927, P.L.106-519によって廃止)。
(a)　適格外国 (a qualified foreign country) の法令に基づいて設立された外国法人であること (IRC7701(a)(3)に基づき法人（保険会社を除く）として分類される外国事業体は，法人とみなされること (規則1.922-1(c)))。
(b)　法人が設立時に税務情報交換規定を定めた米国との二国間租税条約または多国間協定を有する外国（これを適格外国という）またはアメリカン・サモア，北マリアナ諸島，グアムもしくはバージン諸島（適格米国属領という）の法令に基づいて設立された外国法人であること (規則1.922-1(d))。
(c)　課税年度中株主数は25人以下であること (規則1.922-1(f))。
(d)　法人が発行済優先株式を有しないこと (IRC922(a)(1)(C), 規則1.921-2(a))。優先株式とは配当または清算分配に関して制限され優遇される株式である

が，この要件は，租税回避に該当しない限り，複数の種類の普通株式の発行を妨げるものではない（規則1.922－1(g)）。

(e) 法人が（ⅰ）適格外国または適格米国属領において税務記録を備え付けた事務所を有すること（IRC922(a)(1)(D)，規則1.921－2(a)）（事務所の所在地国と設立地国が一致する必要はないが，双方とも適格外国であることを要する（規則1.922－1(h)））および（ⅱ）法人が米国内に申告書に記載すべき項目を立証するため十分な帳簿・記録を備え付けること，ならびに（ⅲ）適格外国または適格米国属領に主たる銀行口座を有し，配当，法律費用・会計費用および人件費の支出は当該口座により行うこと（規則2.924(c)～1(c)，Rev.Rul.90－108，1990－2CB185）。

(f) 取締役会には1人以上の米国の非居住者（米国市民でも差し支えない）が含まれること（規則1.922－1(j)）。

(G) DISCを構成員とする関連法人グループの構成員でないこと（IRC922(a)(1)(F)）。

## (2) 外国マネジメントおよび外国経済プロセス

FSCルールが米国の締結した経済協定(GATT)に従ったものになるようFSCルールに事業実体（business substance）を付与する必要がある。そのため，FSCが外国マネジメントを有し（IRC924(c)），かつ，販売のための物品の提供という経済プロセスが米国外（適格外国または適格米国属領）で行われなければならない（IRC924(d)）。

### ① 外国マネジメント

FSCのマネジメントは，米国外で行われなければならない（IRC924(b)(1)(A)）。これを立証するため，取締役会および株主総会を米国外で行い，主たる銀行口座を米国外に所有することが要求される（規則1.924(c)－1(b)，1.924(c)－1(c)，1.924(c)－1(c)(4)，Rev.Rul.90－108，1990－2CB185）。

### ② 外国経済プロセス

FSCは，取引の経済プロセスが米国外で行われる場合にのみ，当該取引から

の所得を外国貿易総所得とすることができる（IRC924(b)(1)(B)，規則1.924(d)－1(a)）。

この外国経済プロセス要件を満たすには，次の2基準を満たす必要がある。
(a) 取引の販売部分に米国外の参加があること（規則1.924(d)－1(c)）
(b) 外国直接費用基準（50％基準または80％）を満たすこと（規則1.924(d)－1(d)）

### (3) 小規模外国販売法人

小規模事業組織が外国マネジメントおよび外国経済プロセス要件を満たすことは困難であるので，FSCの地位を得るために様式8279により選択を行い，次の特別ルールに従うことが認められる（IRC922(b)，規則1.921－2(b), 1.922－1(b), Rev. Rul. 90－108, 1990－2 CB185）。
(a) 通常のFSCの要件を満たすこと
(b) 小規模FSCの地位を選択すること
(c) 関連法人グループの構成員でないこと

小規模FSCの選択をする場合，FSCは一課税年度につき外国貿易総収入からの免税外国貿易所得（exempt foreign trade income）は，500万ドルに限定され，この限度額を超える部分は，受取配当控除の要件を満たす場合を除き，法人段階および株主段階で，通常の法人税率で課税される。

## 14 被支配外国法人（Controlled Foreign Corporation：CFC）

米国の者（United States Person）が米国税の課税繰延または課税排除のためにタックス・ヘイブンを利用することを防止する目的で，被支配外国法人（CFC）の所得が分配されるか否かを問わず，被支配外国法人からの所得に課税するタックス・ヘイブン対策税制[20]がある（→第6編第4章を参照されたい）。CFCの米国株主は，プロラタで次のものの株主シェアの範囲で課税される（IRC951，規則1.951－1～1.951－3）。

第1編　法人所得税法総論

(a) サブパートF所得
(b) 過去に除外されたサブパートF所得であって課税年度中に発展途上国に対する投資から引き出されたもの
(c) 過去に除外されたサブパートF所得であって外国基地会社（foreign base company）の海運業に対する投資から引き出されたもの
(d) CFCの収益で課税年度に米国資産に投資されたもの

米国株主は，外国法人の株式の議決権を10％以上所有しまたは所有するとみなされる米国の者である。外国法人は，課税年度中いつでも10％以上の株式持分を有する米国株主がその外国法人の株式の議決権または価値の50％超を所有する場合，CFCとされる（IRC957(a)および(b)，規則1.957－1）。

「米国の者」とは，（ⅰ）米国市民または米国居住者，（ⅱ）内国法人，（ⅲ）内国パートナーシップ，（ⅳ）遺産財団，（ⅴ）信託（米国裁判所が信託の管理につき第一次監督権を行使することができ，かつ，1人以上の米国の者が信託の実質的にすべての意思決定を支配する権限を有するもの）をいう（IRC7701(a)(30)）。

## (1) サブパートF所得

サブパートF所得は，米国内源泉所得であり，かつ，CFCの米国における事業に実質的に関連する場合を除き，米国株主の総所得に算入すべきものとされる（IRC952，規則1.952－1および1.952－2）。サブパートF所得には，次のものが含まれる。

(a) 保　険　所　得
(b) 外国基地会社所得
(c) 国際的ボイコットから生じる所得
(d) 法人が政府の幹部職員，一般職員または代理人に支払う違法な賄賂，キックバックその他の支払の合計額
(e) 米国が外交関係を有しない外国における活動につきIRC901(j)により一定のタックス・ベネフィットが否定される期間にCFCが当該外国から生じた所得

## (2) 外国基地会社所得 (foreign base company income)

外国基地会社所得には,次の種類の所得の合計が含まれる。

(a) 外国同族持株会社所得 (IRC954(c),規則1.954-2)

(b) 外国基地会社販売所得 (IRC954(d),規則1.954-3)

(c) 外国基地会社人的役務所得 (IRC954(e),規則1.954-4)

(d) 外国基地会社海運所得 (2005年1月1日前に開始する外国法人の課税年度)(IRC954(f), 2004年米国雇用創出法により廃止)

(e) 外国基地会社石油関連所得 (IRC954(g),規則1.954-8)

# 15 外国投資会社 (Foreign Investment Company : FIC)

米国投資家が投資所得に対する米国税の課税繰延のためにパッシブ外国投資会社 (Passive Foreign Investment Company : PFIC) を利用することを防止する目的で,米国は,次のことを要求するルールを定めている。

(a) 課税繰延に対する加算税

(b) PFICをパススルー型事業体として取り扱い,PFICの所得に対し,米国投資家のシェアに直接課税を行うこと

証券取引委員会に登録されまたは米国市民・米国居住者が50％以上を所有するFICに関して,長期資本資産であるFIC株式の売却により株主が実現するすべての収益は,1962年後に開始する課税年度に留保される法人の収益および利得 (E&P) の比例的シェアの範囲で通常所得として取り扱われる。

## (1) PFITの定義

PFITは,次の条件に該当する外国法人である (IRC1296および1297)。

(a) 課税年度の総所得の75％以上がパッシブ所得であること

(b) 資産 (一定のリース資産を含み,CFCについては研究および特許のある無形資産のための一定の前払金を含む) の50％以上がパッシブ所得を生じるかまたはパッシブ所得を生じるために保有される資産であること

## (2) FICの定義

FICは，次の条件に該当する外国法人である。

(a) 1940年投資会社法に基づき，管理会社またはユニット投資信託として証券取引委員会に登録されていること（15U.S.C.80a－1～80b－2）

(b) 主として証券，商品またはその持分（オプション，先物契約または先渡契約を含む）に対する投資，再投資またはこれらの取引の事業を行うこと（IRC 1246(b)(2)）

(c) 米国の者が議決権のあるすべての種類の株式の議決権の合計またはすべての種類の株式の合計の50％以上を直接または間接に保有すること

# 第2章

# 税務会計の原則

## 1 法人課税所得計算

　法人の**課税所得**（taxable income）は，次の算式のように，総所得（gross income）から損金（deduction）を控除し，さらに特別控除（special deduction）を控除して算定される（IRC441(a)）。

・総所得－損金－特別控除＝課税所得

　**個人の課税所得**は，次の算式のように，総所得から所得控除（deductions）を控除して調整総所得（adjusted gross income）を計算し，これから個別控除（itemized deductions）または概算控除（standard deduction）を控除し，さらに人的控除（exemptions）を控除して算定される。

・総所得－所得控除＝調整総所得
・調整総所得－個別控除または概算控除－人的控除＝課税所得

## 2 税務会計期間 (tax accounting period)

　税務会計において会計期間と会計方法の選択は，税額計算においてこれらの結合によって租税項目の帰属年度が決定されるので，重要である。

### (1) 税務会計期間の定義

　課税所得は，通常，12ヶ月の期間から成る年間基準（an annual basis）で計算される。52-53週会計課税年度または短期課税年度が認められる（IRC441）。

第1編　法人所得税法総論

課税年度（tax year）は，次のいずれかである（IRC441(b)）。
(a)　暦年課税年度（calendar tax year）
(b)　会計課税年度（fiscal tax year）
(c)　短期課税年度（short tax year）

暦年課税年度とは，12月末日に終了する12ヶ月の課税年度である（IRC441(d)）。会計課税年度とは，12月以外の月の末日に終了する12カ月の期間である。52－53週会計課税年度は，52または53週を課税年度とする（IRC441(e)）。短期課税年度とは，暦年または会計年度より短い期間である（IRC443,規則1.441－1,1.441－2,1.443－1）。

納税者の課税年度は，帳簿・記録をつける年間会計期間（annual accounting period）に対応する（IRC441(c)）。

## (2)　会計期間の選択

納税者が選択する課税年度は，その会計期間に対応するものでなければならないが，一定の法的主体（パートナーシップ，S法人，人的役務法人，FSC，DISCおよび信託）は，事業体の会計期間に対応するか否かを問わず，その事業体の構成員の課税年度によることを要求される（IRCC441）。一定の外国法人（CFC，外国同族持株会社）は，その課税年度でなく，多数派株主の課税年度の採用を要求される（IRC898）。

## (3)　会計期間の変更

納税者は，課税年度の変更に関する事業目的を示してIRSの承認を得なければならない（IRC442,規則1.442－1）。納税者は，課税年度の変更についてIRSの承認を得るため，第一適用年度末日の翌日以後同年度の申告期限以前に様式1128を提出しなければならない（Rev.Rul.2002－39,2002－1CB1046）。

### ①　事業目的

会計期間の変更は，事業目的に役立つことを要する（規則1.442－1(b)(1)）。変更後の課税年度が事業年度と一致する場合には，この要件は充足される（Rev.

Rul.2002-39, 2002-1CB1046)。営業または事業にピーク期間とそうでない期間がある場合，ピーク期間の終了直後に事業年度が終了するとみなされる。所得繰延などの他の要素が事業目的の立証に当たって考慮される。税法上有利な地位を得ることが変更の唯一の理由である場合には承認されない。

② **通常の法人**

一定のIRSの手続を遵守する法人は，課税年度の変更のための事業目的を立証したものとみなされ，自動的承認を得ることができる(Rev.Rul.2002-37, 2002-1CB1030)。法人が連結納税申告に加入する子会社である場合や次の条件のすべてを満たす場合にはIRSの承認は不要とされる（規則1.442-1(c)(2)および1.442-1)。

(a) 法人が要求される課税年度の末月に終了する48ヶ月の期間内に会計期間を変更したことがないこと

(b) 変更に必要な短期期間が法人の純営業損失が生じるものでないこと（ただし，損失が5万ドル以下であるかまたは短期期間の初日に開始する12ヶ月間に発生した純営業損失またはキャピタル・ロスより少ない場合はこの限りでない)(Rev. Proc.2003-34, 2003-1CB.856)

(c) 短期課税年度の年間ベースの課税所得が直前の課税年度の課税所得の80%以上であること

(d) 短期期間または直前の課税年度において，法人が同族持株会社，免税団体，または米国の営業もしくは事業に従事していない外国法人であった場合，両年度に同じ地位を有していたこと

(e) 変更に必要な短期期間の直後の課税年度に法人がS法人の地位を選択しないこと

以上の条件全部を満たす場合，事前承認なしに変更できるが，短期期間申告期限以前に変更および5条件の充足を示す文書を所轄IRS事務所に提出しなければならない。会計期間変更の自動承認ルールは，S法人，DISC，CFC，外国同族持株会社には適用されない。

③ パートナーシップ，S法人および人的役務法人

パートナーシップ，S法人または人的役務法人は，所定の課税年度を用いなければならないが，実質的な事業目的があれば，異なる課税年度を用いることができる。これらの事業体が事業年度基準または25％基準を満たす場合，異なる課税年度への変更は自動承認を与えられる（Rev.Proc.2002－38，2002－1CB1037）。S法人は，所有権課税年度基準によって支えられる課税年度を用いることを選択することができる。

④ 信　　託

信託（免税信託および慈善信託を除く）は，暦年課税年度を用いなければならない（IRC644）。

### (4) 短期課税年度

暦年または会計年度より短い期間の申告が必要な場合，この期間は短期期間または短期課税年度と呼ばれる（IRC443，規則1.443－1）。

① 法人の存在

州法の下で一定の限定された目的のため存続する法人として取り扱われるか否かにかかわらず，法人が事業をやめ，解散した後，連邦税の適用上，法人は存在しないものとされる。法人がその名において訴訟を行う価値ある請求権（例えば所得税還付請求権）を有する場合，所得税の適用上，当該法人は資産を留保しており，存続していることになる。

② 子　会　社

連結納税グループに加入している子会社の会計期間は，その加入の日における共通の親会社の会計期間と一致しなければならない。連結納税に加入することに同意することによって，子会社はIRSが会計期間の変更を承認することを要求する。しかし，変更のために短期期間の申告に記載すべき子会社の課税所得は，連邦税の適用上，年間ベースに引き直す必要はない（Rev.Rul.67－189，1967－1CB255）。

③ パートナーシップ，S法人および人的役務法人

パートナーシップ，S法人または人的役務法人は，所定の課税年度（暦年）を用いなければならない。所定の課税年度以外の年度に変更する選択をする場合，短期課税年度が生じる。人的役務法人は，短期課税年度の課税所得を年間ベースに引き直す必要があるが，パートナーシップのパートナーやS法人の株主は，短期課税年度の租税項目の分配シェアを当該短期課税年度が終了する自己の課税年度に含めなければならない。

会計期間の変更によって短期年度が生じる場合，短期期間の税額は，所得を年間ベースに引き直し，この所得に基づいて計算された税額の一部とする一般ルールにより計算される（IRC443(b)(1)）。しかし，納税者は12ヶ月代替法を用いて短期期間の税額を計算することもできる。

① 年間ベースに引き直された所得（annualized income）

会計期間の変更による短期期間の所得税は，短期期間の所得に対し純営業損失を控除し，短期期間中に認識されたキャピタル・ゲインとキャピタル・ロスを通常の方法で所得に算入することにより課税所得を算定することによって計算される。

② 年間ベースに引き直された所得に対する税の計算（規則1.443-1）

(a) 年間ベースに引き直された所得に対する仮の税（tentative tax）の計算
(b) 仮の税に短期期間の月数を乗じ12で除する。

> 設 例
>
> 法人が，会計期間の変更で生じた2005年6月30日に終了する6ヶ月の短期課税年度の申告をする場合，短期課税年度の課税所得が4万ドルであったとすると，その年間ベースに引き直された所得は，4万ドル×$\frac{12}{6}$＝8万ドルとなり，税額は次のように計算される。
>
> 最初の5万ドル×15%　　　　　7,500ドル
> 次の25,000ドル×25%　　　　　6,250ドル
> 次の5,000ドル×34%　　　　　1,700ドル

> 年間ベースの税額　　　　　　　　15,450ドル
> 短期課税年度の税額：$15{,}450 \times \dfrac{6}{12}$　　7,725ドル

③　12ヶ月代替法

納税者は，次の方法で短期期間の税を計算することができる（IRC443(b)(2)）。

(a) 短期期間の期首で開始する12ヶ月の課税所得に対する税を計算し，短期期間の修正課税所得を乗じ，12ヶ月の修正課税所得で除算することによって，この税のうち短期期間に適用される税額を計算する。

(b) 短期期間の修正課税所得に対する税額

## 3　会計方法（accounting methods）[21]

　税務申告において計上する損益項目の帰属年度を決定するため，会計期間に関係する会計方法の選択が重要である。会計方法は，**包括的会計方法**（overall method of accounting），**個別項目の会計方法**に分けられる。課税所得の計算は，納税者が通常採用している会計方法に従って行われる。その会計方法は，明瞭に所得を反映するものでなければならない（IRC446，規則1.446－1）。包括的会計方法は，①現金主義会計方法（cash receipts and disbursements method）と②発生主義会計方法（accrual method）に分けられる。

　このほか，税法上認められる他の方法とその混合方法も，継続的に明瞭に所得を反映する場合に採用することが認められている。

### (1)　**現金主義会計方法**（cash method of accounting）

　現金主義では，所得は，現金またはその他の資産により，現実に受け取るかまたは受け取るとみなされる課税年度に計上され（規則1.446－1），所得控除または税額控除は，費用が現実に支払われる課税年度に行われる。例えば，現金主義の農家が収穫契約で受け取る前受金は，受領年度に所得に算入すべきこと

になる (Rev. Rul. 69-358, 1969-1 CB139, Rev. Rul. 69-359, 1969-1 CB140)。現金主義の借主と貸主が元本返済をした後で利子を支払うという契約をすれば、元本の返済が完了するまで、貸主は受取利子を計上できず、借主は支払利子を控除できない (Rev. Rul. 63-57, 1963-1 CB103)。

## (2) 現金主義会計の禁止[22]

次の4種類の納税者は、税法上、現金主義会計を用いることができない (IRC448、規則1.448-1)。これらの納税者は、発生主義会計を用いなければならない。これらの納税者は、現金主義と発生主義との混合会計方法 (hybrid method) の使用も禁止される。

(a) Ｃ　法　人 (IRCサブチャプターCに基づいて課税される法人)
(b) １社以上のＣ法人がパートナーであるパートナーシップ
(c) タックス・シェルター
(d) 非関連営業・事業所得に課税される信託

現金主義会計の禁止は、個人、適格パートナーシップまたはＳ法人については適用されない。適格パートナーシップとは、すべてのパートナーが個人、適格人的役務法人、Ｓ法人または他の適格パートナーシップであるパートナーシップをいう。パートナーシップがＣ法人をパートナーとしているか否かを判定するとき、適格人的役務法人であるＣ法人は個人とみなされる (IRC448(b)(2)、規則1.448-1(e)(2))。

次の事業体は、現金主義会計の禁止の対象とされず、現金主義会計を用いることができる。

(a) 農　林　業 (IRC448(b)(1))
(b) 適格人的役務法人 (IRC448(b)(2))
(c) 平均年間総所得が500万ドル以下である法人およびパートナーシップ
　　（タックス・シェルターを除く）(IRC448(b)(3)および448(c)(1))

現金主義の禁止規定の適用上、タックス・シェルターは、次に該当するものである。

第1編　法人所得税法総論

(a) 企業 (enterprise) の持分が連邦・州の証券当局に登録すべきオファーとして販売のためにオファーされた企業（C法人を除く）

(b) 事業体の損失の35％超がリミテッド・パートナーまたは有限責任の事業主に配分されるパートナーシップまたは他の事業体（IRC448(d)(3)および1256(e)(3), 規則1.448－1(b)(3)）

(c) その主目的が連邦税の租税回避またはほ脱であるパートナーシップ，事業体，投資計画，その他のアレンジメント（IRC6661(b)(2), 規則1.448－1）

### (3) 発生主義会計方法（accrual method of accounting）

　発生主義では，所得は，現実に受け取るか否か，受け取るとみなされるか否かにかかわらず，稼得された時に計上される（規則1.446－1, 1.451－1）。所得控除もしくは損金または税額控除は，発生した課税年度に計上される。総所得に算入すべき時を決定するものは，所得を受け取る権利であって，現実の受取でない。また，費用の損金計上に関しては，課税年度中に所得を稼得する過程で発生し適正に帰すべき費用は，たとえ支払が後年度に行われるとしても，当該課税年度に損金計上される。発生主義を租税回避のために利用することを防止[23]するため，現金主義を採用する関連者に対する一定の利子その他の費用の損金計上は禁止される。債務を決定するすべての事象が課税年度に発生する時，その費用の金額が確定しないとしても，その費用は発生したものとされるが，その事象につき一定の金額が発生したか否かを決定するため，この金額の債務を確定するすべての事象は経済的パフォーマンスが発生する時まで発生しないものとみなされる（Gunderson Bros Engineering Corp., 42TC419, CCH Dec. 26, 807, Luhring Motor Co., Inc., 42TC732, CCH Dec. 26, 887）。

　　設　例
　　　A社は発生主義会計と暦年課税年度を採用している。A社はBに原価加算法で設備の修理を委せた。Bは2004年12月13日に請け負った仕事を完了した。その日にBは請求金額を1,000ドル程度と見積もっていたが，

> 最終計算は2005年3月20日まで行われなかった。Bの請求金額は，1,200ドルとされ，Aは同額を支払った。この場合，A社は発生主義であるが，2004年に計上できる損金は1,000ドルであり，残額の200ドルの計上は2005年とされる。

### (4) 混合会計方法 (hybrid methods) および重要事項会計方法 (material item methods)

包括的会計方法のほか，混合会計方法や重要事項会計方法の使用が認められる。

混合会計方法の例としては，棚卸資産の仕入と売上については発生主義を用い，その包括的会計方法として現金主義を用いる会計方法がある。重要事項会計方法の例としては，資産の割賦販売に関する割賦販売会計方法 (installment sale method of accounting) がある。租税回避防止の観点から，主に次のものが重要である。

#### ① 利子に関する会計方法

発生期間に発生する利子の金額および支払のうち発生利子 (accrued interest) から成る部分を決定する一般原則は，規則に規定される（規則1.446-2）。決定された発生利子は，納税者の通常の会計方法の下で考慮に入れられる。

金銭または資産で無条件に支払うべき**明示の利子**（stated interest）または少なくとも年ベースで単一金利で受け取るとみなされる明示の利子は，一般に帰属する発生期間にわたり比例的に発生し，同期間に明示の金利で発生する。他の種類の利子の場合に発生期間に発生する利子は，**発行割引規則**（original issue discount regulation）のルールの修正を用いて決定される（IRC1272および1275）。

ローンの支払は，支払期限において発生し未払の範囲内で利子として取り扱われるが，借主が控除できるポイントは，全部が借主の支払利子として取り扱われる。

発生したが未払の利子は，発生したが未払の発行差金・償還差益をプロラタ

前払金に配分するルール（規則1.1275－2(f)）に類似の修正ルールに基づきプロラタ前払金に配分される（規則1.446－2(e)）これらの発生利子に関する一般原則に優先するルールが次の条項に規定されている。

(a) OIDに関する所得と控除（IRC1272(a),1275および163(e)）

(b) 資産または人的役務の使用に係る延払い（IRC467(a)(2)）

(c) マーケット・ディスカウント（IRC1276～1278）

(d) 一定の短期債務に係るディスカウント（IRC1281～1283）

(e) 市場金利を下回るローン（IRC7872(a)）

(f) 保有者が債権証書のすべての利子をOIDとして取り扱う選択（規則1.1272－3）

(g) 規則1.1273－1(d)に基づいて決定されるデミニミスOID（規則1.446－2(a)(2)）

② **想定元本契約（Notional Principal Contracts：NPC）に関する会計方法**

1993年12月13日以後のNPCに基づいて所得を受け取りまたは支払をする納税者の会計方法が規定されている（規則1.446－3）。IRSは，NPCの会計方法が支払を契約期間にわたり合理的な償却方法（a reasonable amortization method）により考慮に入れる場合には明瞭に所得を反映するものとして取り扱う（TD 8491,1993－2CB215）。

NPCは，特定の間隔で一方の当事者が他方の当事者に想定元本につき特定のインデックスを参照して計算される金額を特定の対価または類似の額を支払う約束と交換に支払うことを定める金融商品である。この金融商品は，金融機関や法人が金利，通貨の為替レートおよび商品価格の変動による不利なリスクを減らすために使用される。NPCの例としては，金利スワップ，通貨スワップ，ベイシス・スワップ，商品スワップ，株式指数スワップ，金利キャップ，金利フロアなどがある。課税年度におけるNPCの純所得または純損金は，当該課税年度の総所得の計算上，計上される。課税年度におけるNPCの純所得または純損金は，課税年度におけるNPCにより納税者が認識した定期的支払および不定期支払の比例的な日割部分に相当する。

NPCに基づく支払または受取は，契約期間にわたり1年以下の間隔で支払われ，特定のインデックス，単一の想定元本または他方の当事者の支払を測る想定元本と同じ程度に契約期間にわたり変動する想定元本に基づいている場合，定期的支払とされる。想定元本とは，契約当事者が特定する金銭または資産の額で，契約上の当事者の権利義務を表すものである。納税者は，NPCの終了から生ずる損益を終了したヘッジに関する残存期間にわたり考慮に入れなければならない。

③ ヘッジ取引に関する会計方法

1994年10月1日以後のヘッジ取引（hedging transaction）には特別な記帳ルールと会計ルールが適用される（規則1.446-4）。ヘッジ取引の会計要件はフレキシブルである。納税者は，ヘッジ取引の所得，所得控除，収益または損失のタイミングと，ヘッジされるものの所得，所得控除，収益または損失のタイミングとの合理的な一致により明瞭に所得を反映する方法を用いることができる（規則1.446-4(b)）。（ⅰ）異なる種類のヘッジ取引および（ⅱ）異なる種類の項目をヘッジする取引については，異なる会計方法が用いられる。

集合的なリスクのヘッジのために通常用いられるマークアンドスプレッド会計方法（mark-and-spread method for accounting）は，明瞭に所得を反映するといえる。

納税者は，NPCの終了から生じる損益を終了したヘッジに関する残存期間にわたりマークするためにヘッジ取引を定期的にマークする。納税者のNPCは，10年ものの債務証書の最初の5年をヘッジするので，納税者が行いまたは受け取る終了の支払は，残存ヘッジ期間に失われたNPCの権利義務の現在価値を表していたが，この支払からの損益が考慮に入れられるべきである（Rev. Rul. 2002.71, IRB2002.44, 763）。納税者は，所得の明瞭な反映原則を満たすことを立証する方法で各種のヘッジ取引のために用いられる会計方法を記載した帳簿記録を保存しなければならない。

## 4 会計方法の変更

　納税者は，通常，会計方法を変更するため，IRSの承諾を受ける必要がある。IRSの承諾を受けるため，様式3115を提出しなければならない。また，IRSは，納税者に対し，明瞭に所得を反映する方法に変更するよう要求する権限を有する。納税者が帳簿・記録を有しないかまたは十分な帳簿・記録を有しない場合，IRSは納税者の所得を計算し直すことができる。会計方法の変更により所得または費用の二重計上や脱漏を防止するため，変更の行われた年度には調整しなければならない。

### (1) 会計方法の変更

　会計方法の変更は，**包括的会計方法の変更**と**重要事項の会計方法の変更**に分けられる（規則1.446－1(e), Rev. Proc. 97－27, 1977－1CB680）。一般に，会計方法は一項目のために定められるものではない。しかし，課税や損金控除に影響を及ぼす重要な項目については，特別な会計方法が定められている。

　会計方法の変更には，次のものが含まれる。
(a) 現金主義から発生主義への変更または逆の変更
(b) 棚卸資産の評価方法の変更
(c) 現金主義または発生主義から長期契約法（進行基準－資本化法および進行基準）への変更，その逆の変更
(d) 一長期契約法から他の長期契約法
(e) 特別な方法の採用，使用または停止に関する変更
(f) IRCおよび規則がIRSの承諾を必要と定める場合の変更

　数理，仕訳，税務計算などの誤謬または時期に関係のない項目についての是正，貸倒引当金の調整や棚卸誤謬の訂正，資本的支出の当期控除の是正は，会計方法の変更に該当しない。しかし，減価償却に関する変更は，会計方法の変更になる項目とならない項目に分かれる（暫定規則1.446－1T(d)）。

① 会計方法の変更に該当するもの

(a) 減価償却方法，償却方法，回収期間またはコンベンションの変更
(b) 追加的初年度減価償却に関する変更
(c) 残存価額のゼロへの変更
(d) 単一資産勘定から複数資産勘定への変更，または逆の変更
(e) 複数資産勘定または多数資産のプーリングのうち処分された資産の特定法の変更
(f) IRSの指定する他の変更

② 会計方法に該当しないもの
(a) 耐用年数
(b) 用途の変更
(c) 選　　択
(d) 使　用　日
(e) IRSが指定する他の変更

### (2) 変更承認の必要性

IRSの承認がある場合，会計方法を変更することができる（規則1.446-1, Rev. Proc, 97-27, 1997-1 CB680）。納税者は，様式3115（会計方法の変更申請）により会計方法の変更の承認を申請しなければならない。IRSが多年度に異なる会計方法による申告書を受け入れている場合，会計方法の変更に暗黙の承諾があったものとみなされる（Rassin & Sons, Inc., CA-2, 40-2 USTC9594, 113F 2 d652, Fowler Bros. & Co., Inc., CA-6, 43-2 USTC9650, 138F 2 d774）。しかし，暗黙の承諾は，明瞭に所得を反映しない会計方法については，認められない。

① 自動承認

IRSは，会計方法の変更に関する自動承認ガイダンスを定め，自動承認の簡便・統一的な手続および条件を定めた（Rev. Proc. 2002-54, 2002-2 CB43）。IRSが自動承認を与える会計方法の変更の例としては，次の場合がある。

(a) 弁護士が依頼人のために行ったアドバンスをローンとして扱う方法の変更

第1編　法人所得税法総論

(b) 認容される減価償却または償却に満たない控除からの方法の変更
(c) 不当な減価償却からの方法の変更
(d) 一定の販売・リース取引に関する方法の変更
(e) 研究開発費に関する方法の変更
(f) 包装デザイン費またはラインパックに関する方法の変更
(g) 一定のUNICAP法の変更
(h) 次の一般的会計方法の変更
　　・現金主義から発生主義への変更
　　・多年のサービス保証費に関する会計方法の変更
　　・多年のサービス保証契約の多年保険証券に関する会計方法の変更
　　・支払利子の'78会計方法のルールの変更
(i) 一定の割引債に関する方法の変更
(j) 使用人報酬，不動産税，賃金税などに関する債務発生時期に関する方法の変更
(k) 棚卸資産に関する一定の会計方法の変更
(l) 割引に関する会計方法の変更
(m) 証券ディーラーのマーク・トウ・マーケット法に関する一定方法の変更
(n) OIDに関する一定方法の変更
(o) 短期債券の利子に関する一定方法の変更
(p) 銀行の貸倒引当金に関する一定方法の変更

② **変更禁止の場合**

一定の場合には会計方法の変更は認められない(Rev. Proc. 2002−54, 2002−2 C B432)。

(a) 調査中の納税者
(b) IRSに申請する日に所得税問題について不服申立を行い，会計方法の変更がその問題である場合
(c) IRSに申請する日に所得税問題について連邦裁判所で訴訟を行い，会計方法の変更がその問題である場合

(d) 連結納税グループが調査中，不服申立中または連邦裁判所で訴訟中である場合，当該連結納税グループの構成員である法人が調査中，不服申立中または連邦裁判所で訴訟中である場合

(e) パートナーシップまたはS法人がIRSに申請する日にそのパートナー，構成員または株主の調査，不服申立または連邦裁判所の訴訟で事業体の会計方法が問題とされる場合

(f) 会計方法の変更年度を含む直近5課税年度以内に会計方法の変更を行ったかまたは変更の申請を行った場合

(g) IRC381(a)が適用される取引に従事する場合

### (3) 変更申請

　個人，パートナーシップ，法人および受託者は，会計方法の変更を申請するとき，変更年度中に様式3115を提出しなければならない（規則1.166-1(b), 1.446-1, Rev. Proc. 2002-54, 2002-2 CB432）。複数の営業または事業を別々に行う納税者で記帳も別々に行っている場合，それぞれの事業ごとに別々の様式を提出しなければならない。納税者が会計方法を変更する場合，所得または費用の二重計上または脱漏を防止するため，IRC481調整により計算しなければならない。税務調査後の変更申請は，制限される。

### (4) IRSの権限による変更

　IRSは，包括的会計方法または個別的会計方法について，明瞭に所得を反映するために必要な変更を納税者に要求する権限を有するが，恣意的な要件を正当化することはできない（IRC446, 規則1.446-1）。現金主義または発生主義が明瞭に所得を反映し，その記帳方法が純粋に内部理由によって変更される場合，IRSは同一の方法で申告することを強制することはできない。納税者の記帳の基礎である会計方法が明瞭に所得を反映するものである場合，IRSは他の方法を用いて所得を計算することはできない。

### ① 記帳方法との一致

納税者が規則によって認められない混合方法を用いる場合，その方法が現金主義または発生主義のいずれかに一致するよう，IRSは適正に調整を行うことができる。

どの方法が記帳を支配するか否かの決定に誤謬があったことを示す責任は納税者側にある。

### ② 支配的な方法からの逸脱

支配的な会計方法からの逸脱は，混合会計方法を認められない限り，是正が必要な不当な会計方法に相当する（規則1.446－1）。

## 5 所得の帰属年度

納税者の会計方法は，税務申告においてどの年度の所得として申告すべきかを決める。税務会計では，包括的会計方法は，現金主義と発生主義に分かれるが，この会計方法の差異によって所得の実現の時期が異なるので，所得帰属年度の差異を生じる。

### (1) 現金主義における所得の実現

例えば，現金主義では，納税者は現金を受け取る時だけでなく，その人的役務または資産と交換に価値ある資産または経済的利益（an economic benefit）を受け取る時に所得を実現するとされる（規則1.451－2）。納税者が譲渡性証券（negotiable instruments）を受け取ると，その公正な市場価値（fair market value）の範囲で所得が生じるので，法人がフランチャイズの売却に対し約束手形を受け取り，これに裏書して株主に引き渡す場合，現金主義の株主にとっては，約束手形の支払は受取年度に行われないとしても，受取年度に配当とされる（Cherokee Motor Coach Co., CA－6, 43－1 USTC9462, 135F 2 d840, Hovey-King, 9 TCM297, CCH Dec. 17, 589(M)）。しかし，支払のためでなく，債務証書として受け取る約束手形は，現金主義の納税者にとっては所得とはならない。小切手

(checks) は，市場価値原則 (market value rule) により，受取の時に所得として取り扱われる (W. A. Hedrick, CA−2, 46−1 USTC9214, 154F 2 90, cert. denied, 329US719, C. F. Kahler, 18TC31, CCHDec. 18, 884)。

経済的利益ルールでは，現金主義の納税者は，将来金銭を支払うという第三者の約束の受益者となる時，与えられた経済的利益に対しこれを与えられた時に課税される。

このルールは，**繰延報酬契約**（deferred compensation contracts）について常に適用される。

### (2) 請求権原則（claim of right doctrine）

現金主義の下では，将来の資産譲渡や人的役務提供の対価として受け取る前受金（prepayments）は，受取の時に所得に算入しなければならない。しかし，顧客に資産または人的役務を提供する時の代金に充当するために顧客から預かった預り金（deposit of money）は，この金銭に対する完全な支配権（full dominion and control）を取得するまでは，所得に算入されない。現金主義の所得認識の時期を決定する要素は，「支配」である。米国では，請求権の法理または請求権原則が認められている。これによれば，納税者は，所得を受け取る場合，その金銭を保有する権限がなく，後でこれを返還する義務があると主張されるとしても，受取年度に課税される（規則1.451−7）。この所得が事実誤認で受け取ったことまたは違法に受け取ったことが後で決定されるとしても，同様であり，また，受領者が受取年度内に一部返済し，残額を約束手形で返済することに合意する場合，未済額は受取年度において課税される（H. R. Quinn, CA−7, 75−2 USTC9764, 524 F 2 d 617）。処分制限付で受け取る所得は，受取年度に課税されない。納税者がその資本資産の取得のオプションの対価として受け取る金銭は，必ずしも受取年度以前に所得として認識されない（Old Harbor Native Corporation, TC, 104TC191, CCH Dec. 50, 452）。このようなオプションの対価は，権利行使または権利消滅の年度に認識される。権利消滅の場合，受け取った対価は，オプションの対象資産が株式，商品，またはIRC1234(b)に定めるような

先物商品などである場合を除き，権利消滅の年度において通常の所得とされる。権利行使の場合，受け取った対価は，オプションの対象資産の売価に加算される。オプションの対価は，対象資産の売却からの収益の一部としてキャピタル・ゲインの取扱いを受けることができる。オプションの対価の課税繰延については，次の理由がある。

(a) オプション付与者は，その対価を課税所得とするか資本の償還（非課税）とするかを決めるには，権利行使または権利消滅まで待つ必要があること
(b) オプションの対価が付与者の所得になると仮定した場合も，付与者は所得の性質について通常の所得かキャピタル・ゲインかを決めなければならないこと

### (3) 前受金 (prepayment：payment received in advance)

前受金は，現金主義または発生主義を問わず，その使用制限がない場合には，受取年度において所得とされる（IRC446および451，規則1.446－1，1.451－1および1.451－5）。

IRSは，発生主義の納税者に前受金の繰延を受取年度の翌年度まで認めるルールを定めた（Rev. Proc. 71－21, 1971－2 CB549, Rev. Proc. 2004－34, IRB2004－22）。IRSのルールでは，ノン・サービスの前受金について適用されないので，サービス前受金とノン・サービス前受金との区別について議論が多かった。そこで，IRSは，(ⅰ) 一定のノン・サービスおよび (ⅱ) サービスとノン・サービスとの組合せに関する前受金，翌課税年度末を超える期間の合意について受け取る前受金を繰延対象とするように取扱いを変更した。

#### ① 物品およびサービスに関する前受金

受取年度に前受金の全額を総所得に算入する納税者は，財務諸表上前受金の全額を当該課税年度の収入として認識しているか否かにかかわらず，適当な会計方法を用いるが，繰延方法を選択することができる。この繰延方法を用いる場合，財務諸表の収入として認識する範囲で前受金を受取年度の総所得に算入し，残額を翌課税年度の総所得に算入しなければならない。次の支払は，繰延

できる前受金とされる。
  (a) その支払を受取年度の総所得に算入することが連邦税の適用上認められる会計方法であること
  (b) その支払を翌年度の財務諸表で収入として認識すること
  (c) その支払がサービス，物品の販売，知的財産（著作権，特許，商標，サービス・マーク，商号および類似の無形資産を含む）の使用，サービス提供に付随する財産の占有もしくは使用，コンピュータ・ソフトウエアの売却，リースもしくはライセンス，保証，予約，会費もしくはこれらの組合せ

前受金には，賃貸料，保険料，金融商品の支払，一定のサービス保証契約の支払，第三者を主債務者とする保証契約の支払，非居住外国人および外国法人が受け取る投資所得および類似の所得に適用される30％の源泉徴収制度の対象となる支払，サービス提供に関して移転される資産に関するルールが適用される資産による支払，は含まれない。

② 他の前受金の繰延

規則は，発生主義の納税者がその会計方法により適正に発生する課税年度に一定の前受金を所得に算入することを認めている（規則1.451－5）が，財務諸表に用いられる会計方法によって発生がより早くなる場合，前受金は財務諸表で用いられる方法に従って課税される。長期契約会計方法が用いられる場合，財務諸表にかかわらず，前受金はこの方法に従って所得に算入される。

③ 前受賃貸料・使用料

一般に，総所得には会計方法を問わず受取年度の所得に含まれるべき前受賃貸料（advance rentals）が含まれる（規則1.61－8(h)）。貸主がリースの解約につき借主から受け取る金銭は，賃貸料の代替であるので，受取年度の総所得に算入される。

リースの解約により借主が受け取る金銭または配給契約の解約により物品の配給者が受け取る金銭は，リースまたは配給契約と交換に受け取る金銭と解される（IRC1241）。

### (4) 発生主義納税者の所得

#### ① ディーラーの準備金

顧客の分割払手形を金融機関や銀行で割り引くが，銀行などは分割払手形の支払に係るディーラー保証の担保として価格の一部を天引きして「ディーラー準備金口座」（Dealers' Reserve Account）に貸方記入（credit）する場合，ディーラーはこの分割払手形の売却年度にこの貸方記入された額の所得が発生したものとしなければならない（規則1.446-1）。

#### ② 紛争のある所得と保護預された所得

所得を受け取る権利に紛争があって受け取っていない所得，一定の条件が満たされるまでエスクローで保有される所得または受領者の保護預の所得について，紛争が解決するまで所得が発生したものとすることはできない（規則1.451-1）。ただし，請求権原則によりこのような所得を受け取る場合，受領後に生じる紛争は，所得の発生を妨げない。売却または交換による損益は，この取引により受け取った金銭または資産を取り戻すために後で訴訟が提起されたとしても，所得の発生は妨げられない。

#### ③ プレミアムおよびトレーディング・スタンプに係る所得の減額

発生主義の下で納税者が商品，現金その他の資産につきプレミアム・クーポンやトレーディング・スタンプを履行する場合，売上の減額が認められる（規則1.451-4）。このルールは，自己のスタンプやクーポンの履行を行う小売商および小売商にスタンプやクーポンを販売し小売商の顧客からこれらを買い戻すトレーディング・スタンプ会社の双方に適用されるが，顧客が購入価格を減額できるクーポンをメールまたは雑誌・新聞等の広告を通じて分配する製造業には適用されない（Rev.Rul.73-415, 1973-2CB154, Rev.Rul.78-212, 1978-1CB139）。

小売商またはトレーディング・スタンプ会社は，その売上を課税年度における買戻に用いた商品その他の資産または現金のコストだけ減額し，将来の買戻見込コストの増加分を加算し，減少分を減算することができる。

④ 雑誌，ペーパーバック，レコード・テープなどの返本などに係る所得の減額

発生主義の下で，出版業または配給業は，販売課税年度末後特定商品の返還期間内に返還された適格商品に帰すべき金額を総所得に不算入とすることを選択することができる（規則1.458－1および1.458－2）。

⑤ 人的役務所得の不発生

発生主義の下で，人的役務提供の対価で，経験に基づき取り立てられない金額は，所得として発生しない（IRC448(d)(5)）。発生主義の納税者は取り立てることが期待できる金額のみを所得として申告すべきである。人的役務提供に帰すべき金額の不発生は，不発生－経験法（nonaccrual-experience method）という会計方法である。早期支払割引は，次の場合，この会計方法の使用を妨げるものではない。

(a) サービスが提供される時に全額が所得として発生すること

(b) 早期支払割引は割引期間内に支払を受け取る場合，支払年度に総所得の調整として取り扱われること

2002年3月9日後に開始する課税年度に関して，不発生・経験法を利用できる者は，一定のサービス（保健，法律，エンジニアリング，建築，会計，保険数理，芸能またはコンサルティング）の提供を行うサービス・プロバイダー（500万ドル総収入基準を満たすもの）である。取立不能額（uncollectible amount）の計算法は，各営業・事業ごとの6年移動平均法である。受取債権のうち取立不能額は，課税年度末の未払の受取債権のうち次の(a)が(b)に占める割合と同じ割合を占める金額である。

(a) 課税年度とこれに先立つ5課税年度から成る期間中における受取債権に係る不良債権

(b) この6年の期間末における受取債権

不発生・経験法は，受取債権ごとに分離して適用される（暫定規則1.448－2 T(e)(3)）。その代替法として，受取債権の会計として定期システムを利用することができる。定期システムは，準備金法（reserve method）に類似した方法を通じ

て不発生・経験法を適用する。この方法では，6年移動平均法に基づき各営業・事業ごとの受取債権全部について取立不能と見込まれる金額の合計額を算定しなければならない。

⑥ 推定発生所得の是正

合理的な推定により所得が発生したものとされたが，後年度に正確な金額が決定される場合，発生所得の推定額と実額との差額は当該後年度に考慮に入れられる（規則1.451-1）。しかし，当初の発生所得金額に間違いがある場合，期間制限（statute of limitation）によりクローズされた年度でない限り，当該後年度より前の年度の申告書の修正だけでこの間違いを是正することができる。

⑦ 前払予約所得（prepaid subscription income）

発生主義の出版社は，前払予約所得を，その支払を受け取る時でなく，新聞，雑誌，その他の定期刊行物を提供する義務を負う課税年度にわたり，総所得に算入することを選択することができる（規則1.455-1～1.455-6）。

⑧ 会　　費

発生主義の会員制団体は，前払会費（prepaid membership dues）を会員に対するサービス提供を行う義務を負う36ヶ月以下の期間にわたり比例的に按分して所得算入することができる（規則1.456-1～1.456-7）。

## 6 割賦債権の会計

割賦法（installment method）は，資産の割賦販売による総利得（gross profit）を申告する方法である（IRC453）。**割賦販売**（installment sale）は，資産の販売で，販売が行われた年度後に1回以上の支払を受け取るものをいう（IRC453(b)(1)）。一括払の販売であっても，販売が行われた年度の後年度に一括払を受け取る場合，割賦販売として取り扱われる（暫定規則15A.453-1(b)）。不動産または動産を販売または処分する者（ディーラーを除く）は，割賦法を用いることができる。割賦法では，割賦販売による総利得の一部を資産の代金として受け取る各年度の所得に算入する（IRC453(c)）。この方法の利点は，資産の販売代金の申告を販

売年度後の課税年度に繰り延べることを認めることである。

① 総利得割合

　割賦販売による総利得のうち各課税年度に所得計上する部分は，当該課税年度に受け取る割賦払（installment payment）の割合に等しい。この割合を総利得割合（gross profit ratio）といい，予想総利得（anticipated gross profit）を契約価格合計額（total contract price）で除算したものに等しい（IRC453(c)，暫定規則15A.453-1(b)(2)(ii)）とするので，割賦法で個別年度の所得計上額は，次の算式で計算される。

・課税年度中に受け取った割賦払 $\times \dfrac{予想総利得}{契約価格合計額}$

　割賦法により収益の額を算定するとき，支払のうち利子部分は分離して申告することとし，通常の所得として取り扱う。利子部分を定めない場合または非現実的な低利を定める場合には，みなし利子を通常の所得として取り扱う（IRC483(a)～(c)，規則1.483-1(a)～(c)）。総利得（gross profit）とは，資産の売価から売主の当該資産の調整ベーシスを控除した額をいう（暫定規則15A.453-1(b)(2)(v)）。契約価格合計額とは，資産の売価から買主が引き受けるモーゲージその他の適格負債を控除した額をいう（暫定規則1.5A.453-1(b)(2)(iii)）。割賦払は，金銭その他の資産で受け取ることができ，売主が現実に受け取りまたは受け取ったものとみなされる金額を含む。将来の割賦債権が前払された場合，その金額は受取年度の支払に含まれる。販売が行われた時に購入価格に充当される預金またはオプションの支払は，割賦払として取り扱われる。第三者の約束手形その他の債務証書は，受取年度の支払として取り扱われる（暫定規則15A.453-1(b)(3)(i)）。買主の約束手形その他の債務証書は，要求払であるかまたは法人もしくは政府機関の発行したものでありかつ登録されるか譲渡性のあるものもしくはクーポン債券である場合に限り，受取年度において支払として取り扱われる（IRC453(f)）。支払には，買主が引き受けるモーゲージのうちモーゲージが売主の資産のベーシスを超える部分が含まれる（暫定規則15A.453-1(b)(2)(iv)および(3)(i)）。割賦販売がラップ・アラウンド・モーゲージに関する場合，特別な

ルールが適用される。ラップ・アラウンド・モーゲージとは，買主が売主に購入資産の未払のモーゲージを反映する金額の割賦債権を与える合意をいうが，買主は販売年度に当該資産の所有権を受け取らず，売主が買主の割賦払を通常使用して引き続きモーゲージの支払をする。買主は当初のモーゲージを引き受けず，その資産を当初のモーゲージの対象としないので，ラップ負債は販売年度に受け取ったものとみなされず，収益は支払を受け取るプロラタで認識される。買主による動産に係る負債の引受もモーゲージの引受と同様の効果をもつ。例えば，株式の売主の負債を買主が引き受ける場合，売主の株式のベーシスを超えないという理由で，この負債の引受は支払とみなされない (Rev. Rul. 71-543, 1971-2 CB 223)。このルールは，事業の買主による売主の事業の通常の過程で生じた債務の引受または支払にも適用される (Rev. Rul. 73-555, 1973-2 CB 159, J. H. Marshall, CA-9, 66=1 USTC 9313, 357 F 2 294, I. Irwin, Jr., CA-5, 68-1 USTC 9231, 390 F 2 d91)。これは，パートナーシップ持分の購入者によるパートナーシップ負債の引受にも適用される (Rev. Rul. 76-483, 1976-2 CB 131)。

② 収益 (gain) の地位

収益のキャピタル・ゲインまたは通常の所得としての区分は，割賦法によって影響されない。例えば，不動産は資本資産 (capital asset) であり，その売却益はキャピタル・ゲインである。割賦払の所得区分は，販売年度の法令によって決められるのでなく，受取年度の法令によって決められる (C. P. Snell, CA-5, 38-2 USTC 9417, 97 F 2 d891, HB Golden, 47 BTA 94, CCH Dec. 12, 553)。

③ 売却損失

割賦法は損失計上に用いることができない。しかし，パートナーの1人が売却損失を実現するとしても，パートナーシップは割賦法を用いてパートナーシップ資産の売却により収益を計上することができる (Rev. Rul. 79-92, 1979-1 CB 180)。

④ ディーラーの処分

不動産または動産のディーラーは，その資産の処分に関して割賦法を用いることができない。ディーラーの処分とは，(a)割賦法で動産を通常販売しまたは

同種の動産のために保有される不動産の処分をいう（IRC453(l)(1)）。

⑤ リボルビング・クレジット・プラン

割賦法は，リボルビング・クレジット・プランに基づく動産の販売には用いることができないので，この動産の支払が販売年度に受け取ったものとみなされる（IRC453(k)(1)）。リボルビング・クレジット・プランには，サイクルバジェット口座，フレキシブルバジェット口座，継続バジェット口座，顧客がその口座の残額の一部を定期的に支払うことに合意するプランが含まれる（規則1.453A－2(c)）。

⑥ 公開取引される資産

割賦法は，公認された証券市場で取引される株式もしくは証券または規則に定める他の資産の割賦販売による収益の申告に用いることができないので，このような販売から受け取るすべての支払は販売年度に受け取ったものとして取り扱われる（IRC453(k)(2)）。IRSは，転換優先株式が公認された証券市場で取引される普通株式に転換することができるものであるので，公認された証券市場で取引されなかった転換優先株式の売却による収益の申告に割賦法を用いることはできないという判断を示している（IRS technical advice memorandum 9306001, 8－25－92）。IRSは，公開取引される資産の販売に対する制限を回避するために関連者や介在者が割賦法を利用する場合，この割賦法の使用を否認することができる。

## (1) 割賦法による不動産の売却

不動産の売却からの収益は，売却年度末後に1回以上の支払を受ける場合，割賦法により申告することができる（IRC453）。この不動産が営業もしくは事業において使用されまたは賃貸料を稼得するために保有され，かつ，売価が15万ドルを超える場合，特別利子チャージが課される。通常の営業または事業の通常の過程で顧客に販売するため不動産を保有するディーラーは，農業用資産，居住用ロットなどに該当する場合を除き，割賦法を使用することはできない。発生主義の納税者は，割賦法を使用することができない。割賦法の使用の可否

に売価は影響しないが，売却の完了 (a completed sale) が必要である。例えば，オプション，購入オプション付リース，買戻条件付販売などにより受け取る支払については，割賦法は適用されない。

割賦法は，延払による不動産の売却による収益の申告に用いることができる。売主は，税負担を減少させる売却方法を選択できるが，割賦法による申告が売価のみなし受領とされる場合には否認される。この例としては，買主が売価に相当する債務をカバーする金額をエスクロー勘定（escrow accounts）に預金し，売主がこの勘定から支払を受ける場合がある。エスクロー勘定の使用について，IRSの見解を要約すると，次のとおりである。

取消不能エスクロー勘定への預金は，売主が資金を受け取る能力に相当の制限がある場合を除き，全額支払とみなされる (Rev. Rul. 77-294, 1977-2 CB 173, 79-91, 1979-1 CB179)。資産売却時にエスクロー勘定が設けられると，IRSは全売価が売却年度に支払われたものとして取り扱い，割賦販売が行われたものと考えない (Rev. Rul. 73-451, 1973-2 CB158, H. O. Williams, CA-5, 55-1 USTC9220, 219F 2 d523)。支払繰延と租税回避のためにエスクロー勘定を利用する場合，エスクロー勘定に預金する時，売主は売買代金を受け取ったものとみなされる (C. Hendrix, DC Ore., 73-2 USTC9723)。売却年度後の課税年度にエスクロー勘定が設けられた場合，IRSは売主がその時に買主の割賦債務の全額を受け取ったものとして取り扱う (Rev. Rul. 79-91, 1979-1 CB179)。しかし，租税裁判所は，当事者の真実の意図がエスクロー勘定を割賦債権における買主の支払の担保としてのみ役立てることである限り，エスクロー勘定への預金を支払とみなしている (C. J. Porterfield, 73TC91, CCH Dec. 36, 389)。連邦控訴裁判所（第1サーキット）は，売買代金のエスクロー勘定への預金が必ずしも自動的に全額支払として取り扱われるべきでないと判示している (J. E. Reed, CA-1, 83-2 USTC9728, 723F 2 d138)。

### (2) 割賦法による動産の売却

現金主義の納税者（ディーラーを除く）は，動産の売却からの所得の申告のた

め，売却年度後に1回以上の支払を受け取る場合，割賦法を用いることができる（IRC453(a)および453(b)）。割賦法は，多種類の権利および持分の処分に適用される。配給業は，外国製造業との配給契約における権利の売却による収益の申告に割賦法を用いることができる（Rev.Rul.55-374,1955-1CB370）。売価が15万ドルを超える資産の処分に係る割賦債権については，割賦法により繰り延べられた税額に対し利子チャージが課される（IRC453A(b)）。

### (3) 関連者の再販ルール

同族グループの構成員が関連者に資産を割賦販売し（第1処分），その割賦払が全額完済しない間にこの関連者が当該資産を売却する（第2処分）場合については，特別な課税ルールが適用される（IRC453(e),(f)）。第1処分を行った者は，関連購入者が当該資産を売却する年度に割賦販売の収益を申告しなければならない。関連者（related person）には，配偶者，兄弟姉妹，尊属および直系の子孫，CFC，パートナーシップ，信託および遺産財団が含まれる（IRC267(b),(c)(4)）。納税者が法人の株式価値の50％以上を所有する関連法人を単一の主体として分類する法人株式所有帰属ルール（general corporate stock ownership attribution rules）が適用される。この再販ルールは，資産（市場性のある証券を除く）の第1処分後2年間適用される。市場性のある証券には，次の証券が含まれる。

(a) ニューヨーク証券取引所およびアメリカ証券取引所または都市もしくは地域取引所に上場されている証券，ならびに公認された外国証券取引所に上場されている外国証券
(b) 国または地域の店頭取引所で通常取引される証券
(c) 地方的に取引される証券
(d) コモン・トラスト・ファンド・ユニット
(e) ミューチャル・ファンドのシェア

関連購入者が資産の第2処分を行う時，当該関連購入者が再販売によって実現した収益の金額は，当初の売主が受け取ったものとして取り扱われる。特定年度に当初の売主が受け取ったものとされる金額は，当初の売買契約で関連購

入者が支払うべき金額を超えないものとする（IRC453(e)(3)）。関連購入者が売却・交換以外の取引で資産を処分する場合，当該取引で実現するとみなされる金額は，当該資産の公正な市場価値である。

当初の売主の申告すべき収益は，再販売の結果として受け取ったものとみなされる金額に当初の売却における総利得割合を乗じた額である。当初の売主が関連者から受け取るその後の支払は，第2の処分時に実現した金額に達するまで無税で回収される。

次の種類の再販売および処分にはこの再販ルールは適用されない。

(a) 発行法人に対する株式の割賦販売（金庫株取引）
(b) 当初の割賦販売が差し迫った転換のおそれがある前に行われた場合資産の強制転換による第2の処分
(c) 割賦販売の売主または関連購入者の死亡後に行われた第2の処分

### (4) 不確定払販売（contingent payment sales）

不確定販売（contingent sale）は，資産の売却その他の処分であって，売買契約の重要な要素が固定されず，将来の事象によって決定されるものである（IRC453(a)および(b)，453(f)(8)，暫定規則15A.453-1(b)）。不確定販売については，売主が割賦法を使用できない場合を除き，割賦法により申告しなければならない（暫定規則15A.453-1(c)(1)）。売却された資産の売主のベースは，次の3種類の不確定販売に適用される特別なルールに従って，受け取った代金と受け取るべき代金に配分される。

(a) 最高売価のある販売
(b) 一定の支払期間のある販売
(c) 明示の最高売価や一定の支払期間の定めがない販売

不確定払ルールは，次の3種類の販売に適用される。

(a) 最高売価のある販売について，この売価を参照して決定される利得割合によりベーシスが回収される。
(b) 一定の支払期間のある販売について，この期間にわたり比例的にベーシ

スが回収される。

(c) 最高売価や一定の支払期間の定めのない販売について，15年の期間にわたり比例的にベーシスが回収される。

この不確定払ルールの適用によって売主のベーシスの回収が歪められる場合，代替的なベーシス回収法を用いることができるが，通常の不確定払ルールの適用によりベーシス回収が著しく不当に繰り延べられることを示す必要がある。そのために，(a)代替法が合理的であること，および(b)代替法により通常のルールによる回収よりも2倍速くベーシスの回収を行う可能性があること，を示せばよいとされている（暫定規則15A.453－1(c)(7)）。

### (5) 同種の交換

納税者が同種の交換のほかに割賦手形（installment note）を受け取るとき，通常の割賦法の計算が同種の交換に適用される（IRC453(f)(6)）。この場合，納税者が受け取る同種の資産の公正な市場価値だけ契約価格合計額を減額するので，契約価格は納税者が受け取る金銭と同種のもの以外の資産の価値であり，割賦手形の額面価額を含む（IRC453(f)(6)(A)）。交換により実現する総利得は，同種の交換ルールにより認識されない収益の額だけ減額される（IRC453(f)(6)(B)）。同種の交換ルールでは，不認識となる収益は，交換時に納税者が受け取った金銭および他の同種でない資産の価値だけ減算した実現収益に等しい（Rev. Rul. 65－155, 1965－1 CB356）。割賦法の計算上，割賦販売の一部として受け取る同種の資産は，納税者が受け取る支払として取り扱われない（IRC453(f)(6)(C)）。取引が事実割賦販売であるか否かを判定するとき，同種の資産の受取を考慮に入れなければならない。同種の交換には，生産用または投資用として保有する資産の交換，保険証券の交換，同一法人の株式の交換，米国債券の交換が含まれる。

### (6) 営業譲渡

単一の契約で一括払による混合資産の売却は，事業を構成する個別資産の売却である（規則1.453－5）。営業譲渡は，通常の所得を生ずる資産，キャピタ

ル・ゲインまたはキャピタル・ロスを生ずる資産，および資本資産以外の資産の個別の売却に分けられる。契約により売買代金を売却資産に配分していない場合，売買代金は各価値に応じてそれぞれの資産に割り当てなければならない（Rev. Rul. 55-79, 1955-1 CB370）。売主の不競争契約に配分される金額が実際に事業ののれんの対価であるかどうかという問題が生ずる。不競争契約に適正に配分される金額は，売主の通常の所得を生じる。不競争契約から生じる通常の所得が人的役務報酬であると考えられる範囲で，この所得を割賦法で申告することはできない。

### (7) 動産の再占有に係る損益

動産の売却に係る収益が割賦法で適正に申告され，売主がその後当該動産を再占有する場合，実際に，購入者の割賦債権がある（IRC453(a)，規則1.453-1(d)）。再占有に係る損益は，割賦債権の売却または交換時と同様の方法で計算される。この損益は，再占有された資産の公正な市場価値と購入者の割賦債権との差額に等しい。再占有に係る損益がキャピタル・ゲインもしくはキャピタル・ロスまたは通常の所得もしくは損失となるか否かは，売却された資産の地位を参照して決められる。購入者が契約により債務を免れる場合，再占有の年度に損失を控除することができるが，購入者が未払債務を免れる場合，売主は損失を不良債権損失としてのみ控除することができる。

> **設 例**
>
> Aが15,000ドルで仕入れた動産を20,000ドルで売却する。Aは6,000ドルの頭金を受け取り，契約により7年にわたり年当り2,000ドルの支払を受ける。Aは収益を割賦法で申告し，各支払の25%が課税利得となる。8,000ドルが支払われた後，購入者は履行しなくなった。Aはこの資産を再占有し，未払残12,000ドルを取り消した。再占有の時，当該資産の公正な市場価値は10,000ドルである。再占有の費用は100ドルである。売主の収益は，次のとおり計算される。

| | |
|---|---|
| 売上残高 | 12,000ドル |
| 未申告利得（12,000×25％） | 3,000ドル |
| 未払債権のベーシス | 9,000ドル |
| 再占有資産の市場価値 | 10,000ドル |
| 再占有の費用 | 100ドル |
| 実現した金額 | 9,900ドル |
| 未払債権のベーシス | 9,000ドル |
| 再占有による収益 | 900ドル |

# 7 割引債 (discount obligations) の会計

## (1) 割引債

　無利子の債券が割引発行され，明示期間に増加する一定の金額を償還される場合，発生主義の納税者は償還価値の増加分を各年度の所得に算入しなければならない（IRC454(a)，規則1.454－1）。現金主義の納税者は，特に選択しない限り，償還価値の増加分を各年度の所得に算入する必要はない。選択を行う場合，選択の初年度の期首に所有するすべての債券とそれ以後に取得する債券について同じ取扱いをしなければならない。選択が適用される課税年度に発生する金額は，当該課税年度における償還価格の現実の増加分とされる。

## (2) 政府債券

　連邦，州または地方政府が割引発行され，発行日から1年以内の満期日に無利子で支払われる短期債券である場合，債券が満期償還され，売却その他の処分がされるまで，現金主義の納税者は当初割引金額を所得に算入しない（IRC454(b)，規則1.454－1(b)，1.1221－1(e)）。しかし，連邦政府短期債券を保有する発生主義の納税者は，割引額を日割計算で発生した所得としなければならない。割引発行の長期政府債券の売却については，割引要素と損益要素を分離する必

要がある。長期割引債券は，資本資産となり，現金主義の場合はその選択で価値の増加が各年度に発生することとすることができ，発生主義の場合は各年度に発生することにしなければならない。

## 8　長期契約の会計

### (1)　長期契約 (long-term contract) の定義

長期契約については特別な会計方法が用いられる (IRC460)。長期契約は，製造，建築，据付または建設に関する契約で，締結した課税年度内に完了しないものである (IRC460(f)(1))。契約が締結した課税年度内に完了するか否かを決めるに当たっては，納税者とその関連者の活動のすべてを考慮しなければならない (IRC460(f)(1))。関連者には，次の者が含まれる。

(a)　家族の構成員

(b)　被支配グループ (controlled group) の一部である法人

(c)　個人と当該個人が発行済株式の価値の50％超を直接または間接に所有する法人

(d)　信託の委託者と受託者

(e)　一方の信託の委託者が他方の信託の委託者である場合，一方の信託の受託者と他方の信託の受託者

(f)　信託の受託者と受益者

(g)　同一の者が双方の信託の委託者である場合，一方の信託の受託者と他方の信託の受益者

(h)　信託の受託者と当該信託または当該信託の委託者が発行済株式の価値の50％超を直接または間接に所有する法人

(i)　ある者と当該者が直接または間接に支配する免税団体

(j)　同一の者が法人の発行済株式の50％超とパートナーシップの資本持分または利益持分の50％超を有する法人とパートナーシップ

(k)　同一の者が各法人の発行済株式の価値の50％超を有する二つのＳ法人

(l) 同一の者が各法人の発行済株式の価値の50%超を有するS法人とC法人
(m) パートナーシップと当該パートナーシップ持分の50%超の所有者
(n) 同一の者が持分の50%超を有する二つのパートナーシップ

長期契約ルールでは明瞭に所得を反映するため契約を分離または集合しなければならない（IRC460(f)(3), Rev. Proc. 2002-54, 2002-2 CB432）。契約の分離または集合のために，次の要素について分析しなければならない（規則1.451-3(e), Rev. Proc. 2002-542002-2 CB432）。

① 特別な会計方法

長期契約について，契約締結日によって会計方法が決定される。1989年7月11日以後に締結された長期契約については，**進行基準**（percentage-of-completion method），1986年2月28日後1989年7月11日前に締結された契約については，進行基準と**完成割合コスト資本化法**（percentage-of-completion capitalized-cost method）が適用される。

(ⅰ) 進 行 基 準

総契約価格のうち契約全体のなかで課税年度に完了した割合に応ずる部分を課税年度の所得に算入する。納税者は，修正進行基準により，契約の初期段階の所得部分についての認識を後年度に繰り延べることを選択することができる。完了割合の決定に当たり，控除できない費用は考慮に入れないが，納税者が発生した費用で顧客が払い戻すものは，契約の費用として取り扱われる（Rev. Rul. 2002-54, 2002-2 CB432）。特定の営業または事業のすべての長期契約においてすべての項目に関して進行基準を用いる納税者または適正に現金主義会計を用いる納税者は，進行割合の決定に簡便法を用いることができる。簡便法は，コスト・トウ・コスト法といい，進行割合の決定に次の費用のみを考慮に入れるものである。

(a) 直接材料コスト
(b) 直接労働コスト
(c) 契約の履行のために直接使用される施設および設備の減価償却費，償却費，コスト回収

第1編　法人所得税法総論

　長期契約に基づき受け取るべき収入のうち特定の課税年度の総所得に算入すべき部分を決定するため，まず，契約価格予定額に完了割合を乗じて契約による所得の累計額を計算しなければならない。納税者が顧客から長期契約のコストの払戻として受け取る金額は，契約価格に含まれる。特定の課税年度の総所得に算入される金額は，契約による所得累計額から過去の年度の所得に含まれる収入を差し引いた額に等しい。契約の完了時に，予定所得および予定費用が実額でみて不正確であるか否かを判断するため，ルックバック・ルールが適用される。契約完了年度の翌年度以前に契約からの所得の全額を総所得に算入しなければならない（IRC460(b)(1)）。

　（ⅱ）修正進行基準

　進行基準による長期契約の会計について，課税年度末に契約の予定コスト合計の10％以上が発生する最初の課税年度まで所得の認識とコストの会計を延ばす修正進行基準法（modified percentage-of-completion method）の使用を選択することができる（IRC460(b)(5)）。この選択は，選択年度以後の課税年度中に締結したすべての長期契約に適用される。

　（ⅲ）ルックバック・ルール

　1986年2月28日後に締結した長期契約が完了し，進行基準または混合基準で会計処理された各課税年度ごとに様式8697（完了した長期契約に関するルックバックに基づく利子の計算）を提出しなければならない。一課税年度の再計算された税額が申告済税額を超える範囲で利子税を支払い，逆の場合には還付金につき利子を受け取ることになる（IRC6621, 460(b)(1)）。

　②　コストの配分と資本化

　長期契約により生じるコストは，一般に当該契約に配分され，資本化される（IRC460, 規則1.451-3(d)(6)）。コストには，過去および当期の年金計画拠出金のサービス・コストが含まれる。しかし，研究開発費，不成功な入札・提案費，販売促進費および広告宣伝費などの一定のコストは，資本化の必要がない。

　（ⅰ）独立の研究開発費（R＆D）

　R＆Dコストは，独立の研究開発のために発生した経費であり，次の経費を

除く。

(a) 経費発生時に存在する長期契約に直接帰すべき経費

(b) 契約により研究開発のために発生する経費R＆Dの契約は，長期契約と分離して取り扱うことはできず，R＆Dの支払の繰延を妨げることはできず，また，長期契約のコストとして不適格とすることはできない。

（ⅱ）　原価加算長期契約および連邦長期契約

原価加算長期契約および連邦長期契約にコスト配分する特別なルールがある。このような場合，納税者は当該契約に帰すべきものまたは配分すべきものとして識別するすべてのコストを資本化しなければならない。連邦契約については，認証によってコストは契約に配分される。

（ⅲ）　生産期間利子の契約への配分

長期契約に関して発生した利子は，他の資産の生産に適用されるルールと同様に配分されるが，生産期間中に発生した利子は長期契約に配分される。生産期間は，契約開始日に開始し，契約完了日に終了する。発生主義の場合，契約による予定コスト合計額の5％以上が発生した日に生産期間が開始するとされる。デミニミス・ルールにより，完了期間が1年未満であり，かつ，そのコストが100万ドル以下である資産については，発生主義の納税者については，利子を資本化する必要はない。

現金主義の納税者については，完了期間が1年未満であり，かつ，コストが100万ドル未満であるプロジェクトについて，契約ごとにデミニミス・ルールが適用される。

③　長期建設契約

一定の小規模建設契約と住宅建設契約には，長期契約の特別な会計方法とIRC460のコスト配分ルールを適用されない（IRC460）。

（ⅰ）　小規模建設契約

小規模建設契約とは，契約開始日に開始する2年以内に完了すると見込まれ，契約の締結課税年度に先立つ3課税年度における平均年間総収入が1,000万ドル以下である建設契約をいう（IRC460(e)(1)）。

（ⅱ）　住宅建設契約

住宅建設契約とは，契約締結課税年度末において予定契約コスト合計額の80％超が次のものの建築，建設，建替または修繕に帰すべきものと合理的に見込まれる建設契約をいう（IRC460(e)(1)(A), 460(e)(6)）。

(a)　4以下の住宅ユニットを含む建物に含まれる住宅ユニット
(b)　当該住宅ユニットに直接関連しそこに所在する不動産の改築

# 9　損金控除年度

費用および損失の損金控除年度は，会計方法によって異なる。現金主義では損金は支払の時に控除できるが，発生主義では損金は発生しかつ経済的パフォーマンスが発生した時に控除できる。負債の事実を決定するすべての事象が発生し，かつ，その金額が合理的な正確さで決定される時に費用は発生したものとされる（規則1.461-1）。これをすべての事象基準（all-events test）という。費用について，経済的パフォーマンスが発生するまで一般にすべての事象基準は満たされない。これを**経済的パフォーマンス・ルール**（economic performance rule）という。

課税年度に控除できる借入金利子は，課税年度に明示の利率で借り入れた金額について経済的に発生した利子に制限される（Rev. Rul. 83-84, 1983-1 CB97）。借入金の元利の支払がRule of 78'sで計算される短期消費者ローンについては，利子は適宜に発生する。

資産の売却または交換に関する契約に基づく明示なき利子または市場金利を下回る低利の延払（deferred payment）の発生利子は，みなし金利（an imputed interest rate）で計算される。他人に対するリベートや払戻の債務については，支払の時に経済的パフォーマンスが発生する。賞金，保険料，保証契約およびサービス契約に基づく支払も，経済的パフォーマンスは支払の時に発生するとされる。

第2章　税務会計の原則

### (1) すべての事象基準

　経済的パフォーマンス基準を満たすが，すべての事象基準を満たさない項目がある。

　このような項目は，債務が固定され，かつ，債務につき経済的パフォーマンスが発生する前に金額が決定される。グループ債務の金額が絶対に固定される時，支払時期や受領者の特定などの変数によって当初の確実性は必ずしも妨げられない。IRSは，すべての事象基準が特定の参加者に対する負債が明瞭に確定され，かつ，各個人に対する負債金額が合理的な正確さで決定されることを要求するとしている（Rev. Rul. 76-345, 1976-2 CB134）。使用人報酬計画（an employee compensation plan）による法人の負債は，翌課税年度央まで賞与の一部が終了した使用人によって喪失されるので，年度末に固定されないため，発生主義の法人は控除できない（Bennett Paper Corp., CA-8, 83-1 USTC9208, 699F 2d450, aff'g78TC458, Dec. 38-886）。発生主義のモービルホームの売主がその消費者割賦販売契約を金融会社に販売した場合，売却年度に予定利子に課税される。利子の支払の時でなく，当該契約が販売され，かつ，納税者が利子を受け取る権利を取得する時にすべての事象基準は満たされる（Resale Mobile Homes, Inc., CA-10, 92-1 USTC50, 282, cert. denied, 10-5 92）。外貨建ての負債を米ドルの負債に転換することは，為替損失の金額を固定し，取引を完了し，転換年度に損失の発生を認めることによって，その基礎となる負債は残っているとしても，特定し得る事象である（General Dynamics Corp., SCt, 87-1 USTC9280, 107 SCt1732, rev'g CA-FC, 85-2 USTC0688, aff'g Cls Ct, 84-2 USTC9783）。

### (2) 現金主義の納税者の支払

　現金主義によれば，納税者が購入した資産のコストその他のベーシスの計算を除き，約束手形は現実の支払またはみなし支払とならない（規則1.461-1）。したがって，控除できる費用を賄うため約束手形を振り出すとき，その約束手形が譲渡性を有し，その受領者がその市場価値を所得に算入する必要がある場合であっても，この約束手形について支払が行われるまで，損金計上は認めら

れない（Helvering v. Price, SCt, 40－1 USTC9336, 309U. S. 409, Rev. Rul. 76－135, 1976－1 CB114）。借入金で支払う金額は，支払の時に損金に計上することができる。借入金の返済年度まで控除を延期しない。小切手による支払は，小切手を受領者に引き渡した時に支払とみなされる。裁判所は，小切手の郵送日が支払日であると判示した（E. B. WittEst. v. Fahs, D. C. Fla. , 56－1 USTC9534, 160FSupp521）。費用の支払に銀行クレジット・カードを用いるとき，カード保有者が銀行に払い戻す年度にかかわらず，クレジット・カード・チャージが行われた年度に支払がなされたものとみなされる（Rev. Rul. 78－38, 1978－1 CB67, Rev. Rul. 78－39, 1978－1 CB73, IRS Letter Ruling8326067, 3－29－83）。

### (3) 現金主義の場合の前払費用

　通常，現金主義では費用は支払年度に損金として控除され，発生主義では債務の発生年度に損金として控除される（規則1.461－1）。支払または債務の発生により費用が支払われまたは発生した課税年度末を越える耐用年数をもつ資産をつくる場合，当該課税年度において当該費用の損金の全部または一部を控除することはできない。支払が資本資産のためになされるかまたは資本的支出である場合，減価償却，償却その他の控除が行われる。預金である前払金（advance payments）は，預金の対象である物品またはサービスを現実に受け取る課税年度に費用として控除することができる。ローンを得るために支払う手数料は，資本化され，ローン期間にわたり償却されるが，未償却ローンの手数料残額は，ローン債務およびローンの担保資産が譲渡されるかまたはローンを返済する年度に控除される。賃借料を前払する場合，課税年度中に賃借資産の使用に当てられる金額のみを控除することができる。

　タックス・シェルターは，現金主義会計の使用を禁止される（IRC44(a)(3)）ので，控除の時期は発生主義会計によって決定される。タックス・シェルターは，経済的パフォーマンス・ルールの例外の使用を禁止される。この一般原則の例外は，次の場合，タックス・シェルターの前払無形ドリル・コストが所定の課税年度に控除できることを定める。

(a) 課税年度末前に支払われること
(b) 井戸のドリルが課税年度末後90日目前に開始すること

経済的パフォーマンス・ルールの適用上,タックス・シェルターとは,次のものをいう（IRC461(i)(3)）。

(a) 連邦または州の当局に登録すべきオファーで持分の販売のオファーがされたすべての企業（C法人を除く）
(b) その損失の35%超がリミテッド・パートナーまたはリミテッド事業主に配分される場合におけるすべてのパートナーシップまたは事業体
(c) 連邦税の回避またはほ脱を主たる目的とするすべてのパートナーシップ,事業体,プランまたはアレンジメント

利子を前払する現金主義の納税者は,前払年度に支払った利子の全額を控除することは認められない。前払利子は,資本化され,発生主義と同様に,控除される（IRC461(g)）。

前払利子は,借入金の使用コストに相当する課税年度に配分される。この現金主義の前払ルールは,個人,事業または投資の目的のために支払われる利子に適用される。

前払ルールは,課税上利子として控除できるすべての種類の利子に適用される。貸主のサービスの対価でなく,借入金の使用の対価として支払われるポイントは,高い年間利率の代替であり,前払利子ルールの対象とされ,ローン期間にわたり控除される。ローン処理手数料やプレミアム・チャージなどポイント類似のチャージは,同様に扱われる。1年超の前払保険料は,各年度に支払義務のある部分のみ控除することができる。

### (4) 発生主義の納税者のすべての事象基準

負債の事実を決定するすべての事象が発生しかつその金額が合理的な正確さで決定される時,所得税の適用上,費用が発生するとされる。これが,すべての事象基準である。

第1編　法人所得税法総論

### ① 見込費用または見込損失

課税年度末または申告期限前に所得または損金の正確な金額を知るかまたは確定することは必ずしも必要ではない（規則1.461-1）。発生の条件が満たされ，負債が固定され，その金額が合理的な正確さで決定され，当該負債につき経済的パフォーマンスが発生した場合，損金を計上できる。しかし，将来発生するかもしれない不確定債務の見込は認められない。合理的な見込に基づき適正に損金が発生し，後年度に正確な金額が決定される場合，両方の差額は当該後年度に考慮に入れられる（規則1.461-1）。発生主義の納税者が費用を控除するために，当該費用の金額を固定し，税額を決定するすべての事実が発生していることが必要である（IRC461(h)，規則1.461-1）。すべての事象基準は，項目ごとに経済的パフォーマンスが発生する前に満たすことができない。

（ⅰ）不確定引当金（contingency reserves）

企業は不確定債務の引当金を設けるが，負債の事実が固定されず，経済的パフォーマンスが発生していないので，これに繰り入れる金額を控除することはできない。次のものについてアドバンス控除は否認される。

(a) 予定販売リターンの控除（an allowance for anticipated sales returns）
(b) 顧客の未済受取債権の見込割引引当金への繰入（Rev. Rul. 70-78, 1970-1 CB120）
(c) 製造業による将来保証サービス引当金への繰入
(d) 運輸サービスによる損害賠償請求の見込債務引当金への繰入
(e) 顧客保証契約に基づく見込債務引当金への繰入

（ⅱ）報酬引当金（reserve for compensation）

報酬引当金への繰入は，課税年度中に使用人の人的役務につき経済的パフォーマンスが発生した範囲で控除することができる。

（ⅲ）将来のサービスの予定コスト（estimated cost of future services）

納税者が提供すべきサービスの予定コストは，経済的パフォーマンスが発生するまで控除することはできない。経済的パフォーマンスは，納税者のサービスが提供されるまで発生しない。

（iv） 売却された物品の予定コストおよび関連費用

売却された物品の予定コストは，作業が現実に行われ，経済的パフォーマンスが発生し，支払債務が生じるまで控除することができない。商品の売却時に前払金を受け取る売主が，支払年度に課税されたとしても，売却された物品の予定コストを当該年度に控除することはできず，納税者がこの物品を提供する課税年度に経済的パフォーマンスが発生し，この課税年度において控除することができる。

② **紛争のある債務**（contested liabilities）

発生主義の納税者は，法廷などで争っている債務は確定した債務ではないので，この紛争のある債務を費用として控除することはできない（規則1.461－2）。棚卸資産の仕入コストの増額につき争いがある場合これを発生した債務とすることはできないが，紛争のある債務を抗議しながらも支払う時，その支払が納税者の支配を離れ，次の場合に該当するならば，支払年度にこれを控除することができる（IRC461(f)，規則1.461－2）。

(a) 納税者が主張された債務を争うこと
(b) 納税者が主張された債務の履行に十分な金銭その他の資産を移転すること
(c) 当該移転後も紛争が継続していること
(d) 債務に紛争がなければ当該移転の課税年度に控除またはクレジットが認められたであろうといえること

納税者が紛争のある債務のルールにより信託への支払が控除できるものとみせかける信託を設定する取引は，**指定取引**（listed transaction）として取り扱われるので，申告書においてIRSに開示する必要がある。

指定取引とは，次の取引をいう。

(a) 納税者が1953年12月31日後に開始し1954年8月16日後に終了する課税年度に金銭その他の資産を移転し，当該移転された金銭その他の資産に対する一定の権限を留保する取引
(b) 納税者が1953年12月31日後に開始し1954年8月16日後に終了する課税年

度に納税者の負債または将来サービスもしくは資産を提供するとの約束を移転する取引
(c) 発生主義の納税者が労働者報酬債務または損害賠償債務の履行のために1984年7月18日後に金銭その他の資産を移転する取引
(d) 発生主義の納税者が支払が経済的パフォーマンスとなる債務（労働者報酬債務および損害賠償債務を除く）の履行のために1991年12月31日後に開始する課税年度に金銭その他の資産を移転する取引
(e) 納税者が2003年11月19日以後に納税者の発行する株式または納税者の関連者が発行する債券もしくは株式を移転する取引

　一般に，納税者が支払が経済的パフォーマンスである主張された債務を履行するために信託，エスクロー勘定または裁判所に金銭その他の資産を移転する課税年度においては，経済的パフォーマンスは発生しないのであり，経済的パフォーマンスが発生する課税年度は，（ⅰ）納税者が争っている債務を主張する者に納税者の支配を超えて金銭その他の資産を移転する課税年度または（ⅱ）信託，エスクロー勘定または裁判所から債務の主張者に支払がなされた課税年度である（規則1.461－2）。

③　指定セツルメント・ファンド

　納税者は，裁判所の命令によるセツルメント・ファンドに対する取消不能の支払を経済的パフォーマンスとして取り扱うことを選択できる（IRC468B）。この選択は，IRSの承認がなければ取り消すことができない。

　指定セツルメント・ファンドは，次のすべてのファンドである。
(a) 裁判所命令により設定されるファンド
(b) 適格支払のみが移転されるファンド
(c) 納税者から独立した者の多数派によって管理されるファンド
(d) 傷害，死亡または財産の損害から生じる現在および将来の請求権の解決を主目的に設定されるファンド
(e) 納税者またはその関連者がファンドまたはその所得の受益者とならないファンド

## (5) 発生主義の納税者の経済的パフォーマンス基準

発生主義の納税者は，すべての事実基準を満たすまで，損金を計上することはできない（規則1.461－1）。費用に関して経済的パフォーマンスが発生する時まですべての事象基準は満たされない。この経済的パフォーマンス・ルールは，アドバンス控除の過大計上を防止する。次の種類の債務について経済的パフォーマンスが発生する時を決定するために，個別の法定原則が適用される（IRC461(h)）。

(ⅰ) 納税者に提供される資産およびサービス

資産またはサービスに関し納税者の債務が支払を要求する場合，資産またはサービスが納税者に提供される時に経済的パフォーマンスが発生するとみなされる。納税者が支払日後3.5月以内に資産またはサービスが提供されることを合理的に期待できる場合には，当該支払につき経済的パフォーマンスは発生する。資産の提供は，納税者に引き渡されるか納税者が受け取る時または所有権が移転される時に行われる。資産またはサービスの付随費用は，納税者が他の資産またはサービスのコストの一部として帳簿上取り扱い，合計付随費用が契約価格合計額の10％以下である場合にはこれを分離して取り扱う必要がない。進行基準を用いる長期契約により受け取る資産またはサービスについては，資産もしくはサービスが提供され，または資産もしくはサービスを受け取る前に支払が行われる時に，経済的パフォーマンス基準が満たされる（規則1.461－4(d)(2)および1.461－4(d)(6)）。資産の使用から債務が生ずる場合，当該資産の使用権を有する期間にわたり，経済的パフォーマンスは比例的に発生する（規則1.461－4(d)(3)）。

(ⅱ) 納税者が提供する資産およびサービス

納税者が資産またはサービスを提供する債務を負う場合，その義務に関して費用が発生する時に経済的パフォーマンスが発生する。資産およびまたはサービスを受け取りかつ提供する「バーター取引」については，納税者のコストまたは納税者に提供された資産もしくはサービスのいずれか少ない方の範囲内で，経済的パフォーマンスは納税者の資産またはサービスの提供に関して発生する。

(iii) 報酬債務および損害賠償債務

労働者報酬法や不法行為から生ずる債務については，その支払を行う時に経済的パフォーマンスが発生する。契約違反や法律違反から生ずる債務については，請求者に対する支払が行われるまで，経済的パフォーマンスは発生しない（規則1.461－4(g)(2)）。

(iv) 一定の循環項目の例外

一定の循環項目は，すべての事象基準が満たされることを条件として，経済的パフォーマンスの前に発生したものとして取り扱われる。次の場合，課税年度中に発生したものとして取り扱われる。

(a) 課税年度末に，負債の事実を確定し，負債金額を合理的な正確さで決定することができるすべての事象が発生したこと
(b) 8.5ヶ月または申告期限までに経済的パフォーマンス基準が満たされること
(c) 当該項目の性質が循環的であること
(d) 当該項目が重要でないか，すべての事象基準が満たされる年度における項目の発生の結果，経済的パフォーマンスの課税年度における項目の発生よりも，その項目が関連する所得により合致すること

たとえある項目が各課税年度に発生しないとしても，一般にある課税年度から翌課税年度に発生すると見込まれる項目は，循環的であり，循環項目として取り扱われる。

(v) 準 備 金

税法で特に認められる予定費用の準備金への繰入に関する控除には，経済的パフォーマンス・ルールは適用されない（IRC461(h)(5)）。

(vi) リベートおよび払戻

他人へのリベートまたは払戻の債務については，支払が行われる時に経済的パフォーマンスが発生する。発生主義の納税者は，支払の前にこれを控除することはできない。

## 第2章　税務会計の原則

　(vii)　保険，保証およびサービス契約

　保険料や保証またはサービス契約に基づく支払の控除は，経済的パフォーマンス支払の時に発生するので，支払がなされるまで，延ばされる。

## (6)　重要項目別会計方法

　現金主義と発生主義の双方の納税者にとって，共通の重要項目別会計方法がある。

　　(i)　賃貸契約の延払い

　資産の使用に関するIRC467賃貸契約の貸主と借主は，発生主義会計方法を用いているとしても，法定発生主義と現在価値の原則を適用し，この契約から生ずる所得および費用を考慮に入れなければならない（IRC467，規則1.467-0～1.467-9）。この取扱いは，OIDルールの原則の拡大適用であり，IRSは，サービス契約に類似のルールを適用する権限を有する。IRC467賃貸契約は，有形資産に関し，次のいずれかについて規定する。

(a)　一暦年の資産の使用に配分される一以上の金額が翌暦年末後に支払われること（延払い）

(b)　契約に基づき賃借料として支払われるべき金額が増加すること

(c)　IRC467は，賃貸資産の使用に関して支払われるべき金額が25万ドルを超える場合にのみ適用されること

　IRC467賃貸契約の貸主または借主は，発生した賃借料および未払賃借料に係る課税年度の利子の合計額を考慮に入れなければならない。この利子は，半年ごとに適用連邦レート（applicable federal rate:AFR）の110％の率で計算される。

　発生した賃借料は，契約に従って賃借料を配分し，期間末後に支払われるべき賃借料の現在価値を含めることによって計算される。

　租税回避取引および賃借料を配分しない契約において，課税年度中に発生する賃借料は，一定の賃借料の金額（constant rental amount）の配分すべき部分に等しい。一定の賃借料の金額は，各リース期間末に支払われる場合，当該

第1編　法人所得税法総論

リースによる支払合計額の現在価値に相当する現在価値を生ずる金額に等しい。

ここで，租税回避取引とは，次のものに関する租税回避を主目的とするIRC 467賃貸契約である。

(a)　リースバック前2年以内に資産の持分を有する者に対するリースバック
(b)　資産の法定回収期間の75%を超える期間の契約

外国免税団体（a foreign tax-exempt entity），内国免税団体（a domestic tax-exempt entity）または課税に無関係な団体（a tax-indifferent entity）とのLILO（lease-in/lease-out）取引に関して支払いまたは発生した賃借料または利子を控除することはできない（Rev. Rul. 2002-69）。

(ii)　不動産税

経済的パフォーマンス・ルールは，1991年後に開始する課税年度に発生する税の発生に関する一般原則を変更した（規則1.461-1(c), 1.461-4(g)(6)）。納税義務が資産に対するリーエンとなる時に発生する不動産税に代えて，現在，発生主義の納税者は，支払の時のみこの税を損金として控除できる。しかし，不動産税の課税年度にわたり比例的に不動産税が発生するとする取扱いを選択することができる（IRC461(c), Rev. Rul. 92-98, 1992-1 CB745, Rev. Proc. 94-32, 1994-1 CB627）。

(iii)　鉱山・廃棄物処理および閉鎖コスト

経済的パフォーマンスの前に鉱山・廃棄物処理資産に関係する適格修復費・閉鎖費を控除する統一的な方法を選択することができる（IRC468）。

(iv)　原子力施設解体コスト

適格原子力施設解体準備基金への拠出を控除することを選択することができる。選択年度末後2.5ヶ月以内に行ったこのファンドに対する支払は，前課税年度において控除することができる（IRC468A, 規則1.468A-1~1.468A-8）。納税者は，選択する各原子力施設または発電施設単位でファンドをつくらなければならない。この選択がなければ，経済的パフォーマンスが発生し，解体が行われた時のみ解体コストは控除できることになる。

## 10 棚卸資産の会計

正確に課税所得を計算するため，商品の生産，購入または販売のすべての場合に棚卸資産（inventories）は必須の要素である。棚卸資産の販売所得の計算に当たり，棚卸資産に含まれる項目と原価を算定するため，個別法（an inventory identification method）と評価法（an inventory valuation method）の選択が必要である。棚卸資産の項目の価値は，原価法（cost method），低価法（lower of cost or market method）または時価法（market method）のいずれかを選択して決定される。棚卸資産の価値が原価を参照して決定される場合，棚卸資産の生産または取得の直接原価のすべてが棚卸資産の原価に含まれるように統一資本化ルール（uniform capitalization rules）が適用される。棚卸資産の項目を特定するため，個別法，先入先出法，後入先出法のいずれかが選択される。

### (1) 棚卸資産

棚卸資産には，販売用として保有するかまたは販売用完成品に転換する意図で保有するすべての物品が含まれる。これには，（ⅰ）販売用または販売用物品の一部となるべき原材料および供給品，（ⅱ）顧客に所有権を引き渡すための容器，（ⅲ）委託販売品，（ⅳ）将来引き渡すために売却される項目，（ⅴ）顧客へ輸送中の項目，（ⅵ）顧客の承諾を条件とする項目が含まれる。ただし，次の項目は，棚卸資産に含まれない。

(a) 残品引受条件付で販売される項目
(b) 土地，建物，設備その他の資本資産
(c) 受取債券，投資，現金または類似の資産
(d) リース設備
(e) 不動産

### (2) 販売される物品の原価

事業からの総所得（gross income from a business）は，総収入から販売された

物品の原価(cost of goods sold)を控除した額に等しい（規則1.61－3(a), 1.471－1）。

販売された物品の原価は，期中に仕入れた物品の金額および製造費用もしくは生産費用を期首の棚卸資産の金額に加算し，期末の棚卸資産の金額を減算した額である。

販売された物品の原価の計算に棚卸資産を用いることは，特定の課税年度の所得を明瞭に反映することになる。盗難，火事その他の災害による適格損失は，当期に控除することができる。

### (3) 認められる棚卸資産識別法 (approved inventory identification methods)

棚卸資産の方法は，棚卸資産のドル価値を決定する次の2要素から成る（規則1.471－2および1.471－7）。

(a) 棚卸資産に含まれる物品の特定

(b) 特定された物品に対する原価その他の価値の割当（assignment）

例えば，棚卸方法として，期末の棚卸資産の項目を特定するために先入先出法（FIFO）を用い，棚卸資産に全部の価値を割り当てるために低価法を用いることができる。

どのような方法も明瞭に所得を反映する方法でなければならない。期末の棚卸資産の価値が決定されると，その金額は翌期の期首の棚卸資産の価値として繰り越される。

① 棚卸資産の縮小

企業は，一般に期末の棚卸資産を決定するため合理的な縮小控除（a reasonable deduction for shrinkage）を認められている。これを棚卸資産の縮小（inventory shrinkage）という。棚卸資産の縮小が発生したか否かを決定するため，企業は期末棚卸を現実に行う必要はないが，企業が推定縮小控除を主張できる場合は，次の場合に限られる（Rev. Proc. 98－29, 1998－1 CB587）。

(a) 企業が通常かつ継続的に各事業立地ごとの棚卸資産を実地確認すること，および

(b) 企業がその推定と現実の縮小が大差ない範囲で棚卸資産の方法とその推定方法に適正な調整を行うこと

IRSは,年に一度以上実地棚卸を各立地場所で行う場合,小売業が期末棚卸の計算に用いる小売セーフハーバー法を公表した。これは,最後の実地棚卸の日と課税年度末との間における棚卸資産の縮小を推定するため,売上に歴史的縮小割合を適用する。歴史的縮小割合は,直近3課税年度中のすべての実地棚卸によって定められる現実の縮小と同期間の売上に基づいて算定される。直近3課税には,縮小の推定が行われるべき課税年度とその直前2課税年度が含まれる。

LIFOを用いる企業は,IRS小売セーフハーバー法に基づき合理的継続的な方法でLIFO棚卸資産プールの間で縮小を配分しなければならない。

② **棚卸資産項目の特定**

期末棚卸資産に含まれる単位を特定し製品に原価を配分する方法としては,次のようなものがある。

(a) 現実の原価法または個別法（specific identification method）
(b) 平均原価法（average cost method）
(c) 基準株式法（base-stock method）
(d) 副産物・配分原価法（by-product and allocated costs method）
(e) 証券ディーラー法（dealers in securities method）
(f) 農業・家畜飼育業法（farmers and livestock raisers method）
(g) 先入先出法（first-in, first-out FIFO）
(h) 後入先出法（last-in, first-out LIFO）
(i) 処理原価法（process cost methods）
(j) 継続的棚卸法（perpetual inventories method）

③ **統一資本化ルール**（uniform capitalization rules：UNICAP）

棚卸資産に含まれる資産が納税者が製造した資産と再販売のために取得した資産から成る場合,統一資本化ルール（UNICAP）ルールが適用される。UNICAPは,個別の直接費用と間接費用を棚卸資産に配分する方法であり,棚卸資

産を評価する時の影響を考えなければならない。直前3課税年度の平均年間総収入が1,000万ドル以下である納税者は，再販売のために取得した動産にUNICAPを適用する必要がない。

### (4) LIFO棚卸資産識別法

LIFOは，選択により使用することができる棚卸資産の方法である。取得しまたは購入した最後の物品が最初に売却される物品とみなされる（規則1.472-1～1.472-7）。

期末棚卸資産の項目は，第一に（ⅰ）期首棚卸資産の項目であるとされ，第二に（ⅱ）期中に取得した項目であるとされる。期末棚卸資産の項目が特定された後にこれを原価で評価する。LIFOを用いる最初の年度では，期首棚卸資産の項目は，平均原価で評価される。平均原価の計算のため，棚卸資産の項目は同時にかつ単位原価（全単位の現実の原価を単位数で除算）で取得したものとみなされる。全単位の現実の原価は，LIFO初年度に先立つ年度に用いられる方法で決定される（規則1.472-2(c)）。ただし，前の棚卸資産について行われた現実の原価から時価への切替えがあれば，これを回復するため，調整しなければならない。LIFO初年度の期首棚卸資産の原価による評価によって生ずる調整は，LIFO初年度に開始する3年度にわたり比例的に行われる（IRC472(d)）。

IRSは，製造と販売を別の機能とみて棚卸資産の項目として別々に取り扱うように要求している。

#### ① 選択手続

LIFOの選択に事前承認を受けることは不要であるが，この選択を示す文書（様式970その他の方法）を選択年度の申告書とともに提出しなければならない（規則1.472-3(a)）。LIFOから他の方法への変更については，IRSの事前承認を要し，IRSの要求によって調整しなければならない。

#### ② 財務諸表におけるLIFOの使用

LIFOを用いる初年度以後の年度に，信用目的および株主，パートナーまたは所有者への報告目的のための損益計算でLIFOを使用しなければならないが，

第2章　税務会計の原則

財務諸表における損益計算の補完資料としてLIFO以外の棚卸資産の方法を用いることができる（規則1.472-2(e)(1)(ⅰ)）。財務上の関連法人グループは，株主への報告や信用目的でLIFOを用いなければならないという要件に関して，単一の納税主体として取り扱われる（IRC472(g)）。加入法人または親会社が議決権株式および議決権のない株式の50％以上を所有する場合，法人は財務上関連法人とみなされる。

③　ドル価値LIFO

棚卸資産の多数の項目が含まれるためメカニカル・ステップ数が多いのでLIFOが不満足である場合，この問題を解決するため，ドル価値LIFO (Dollar-Value LIFO Method)を用いることができる（規則1.472-8）。期首棚卸資産と期末棚卸資産のドル価値を比較して増減を測定するが，両方の棚卸資産は物価指数を用いて基準年度のドルに転換される。プールをつくる項目の当期原価は，現実の原価に基づいて決定される。

増加分は，物価指数により当期の価格に再転換される。ドル価値法は，棚卸資産の項目が均質であるという仮定に基づいているので，納税者は棚卸資産を均質のプールにグループ分けする。大量購入で取得した期首棚卸資産は，その後時価で個別に購入した物品と区別しなければならない。規則は，ドル価値LIFOの選択，他のLIFOへの変更またはプール法の変更について規定している（規則1.472-8(f)～(g)）。また，規則は，ドル価値棚卸資産法により棚卸資産プールを評価するための棚卸資産物価指数の計算法 (inventory price index computation method : IPIC) を規定している。この指数は，労働統計局（Bureau of Labor Statistics)が作成し消費者物価指数報告書(Consumers Price Index Detailed Report : CPI) や生産者価格および物価指数 (Producers Prices And Price Indexes : PPI) において公表される消費者物価指数または生産者物価指数に基づき，棚卸資産の評価のためにガイドラインが公表されている（規則1.472-8(e)(3), T D.8976, IRB2002-5,421)。

④　簡便ドル価値LIFO

適格小規模事業は，棚卸資産会計のため，政府の物価指数に基づいて簡便ド

123

第1編　法人所得税法総論

ル価値LIFO（a simplified dollar-value LIFO method）を選択することができる。適格小規模事業とは，課税年度の直前3課税年度の平均年間総収入が500万ドル以下である小規模事業をいう（ＩＲＣ474(c)）。事業体がこの3年間に存在していない場合，存在する期間に基づいて適格性の判断が行われる。この場合，課税年度のうち12ヶ月未満の期間があるとき，その期間の総収入は年間ベースに引き直される。適格性の判定に当たって，被支配グループの全構成員が単一の納税主体とみなされる。

⑤　LIFO清算の調整

期末棚卸資産が期首棚卸資産より少ない場合，棚卸資産の一部が清算されたものとされ棚卸資産の清算による損益は取替コストとLIFOベーシスとの差額に帰属すべきものとされる。棚卸資産の供給が中断される場合，総所得の調整を選択することができる。清算年度の総所得は，清算された棚卸資産の取替コストと期首棚卸資産に反映されたコストとの関係によって増減する（IRC473(b)）。棚卸資産の清算に係る総所得の調整は，適格清算の場合にのみ行うことができる。適格清算は，清算年度の期末棚卸資産が期首棚卸資産に対して減少する場合である。その場合，この減少が直接的または主として適格中断によることをIRSに立証しなければならない。棚卸資産の適格中断は，エネルギー供給に関するエネルギー省の規制，通商禁止，国際的ボイコット，その他の連邦貿易中断で清算年度中の物品の取替が困難または不可能になることをいう。

(5)　**認められる棚卸資産評価方法**（approved inventory valuation methods）

上記(3)で述べたとおり，棚卸資産のドル価値の決定要素は，（ⅰ）棚卸資産に含まれる物品の特定と（ⅱ）特定された物品に対する原価その他の価値の割当である。期末棚卸資産の単位を評価する方法としては，次の方法がある。

(a)　原価法（cost method）

(b)　低価法（cost or market, whichever is lower）

(c)　平均原価法（average cost method）

(d) 売価還元法 (retail method)

(e) 時価法 (market method)

(f) 全額吸収法 (full absorption method)

(g) 統一資本化法 (uniform capitalization rules：UNICAP)

① **原価法** (cost method)

　課税年度その他の会計期間の期首における物品の原価は，直前期間の期末棚卸資産に含まれる物品の金額である（規則1.471－2,1.471－3,1.471－11）。UNICAPを適用する必要のない納税者について，年度中に購入した物品の原価は，通常，インボイス価格から営業その他の割引を差し引き，運賃を加算した金額である（規則1.471－3(b)）が，顧客に売却される物品の据付費用は棚卸資産の原価には含まれない。1987年前には，生産者は全額吸収法を用いる必要があったが，製造または生産した物品の原価は，現在，UNICAPに基づいて決定される。

　（ⅰ）　割引料，リベートおよび払戻

　仕入れた物品に関し，営業その他の割引料は，物品の原価を算定するとき，インボイス価格から差し引かれる。納税者は，棚卸資産の原価を決定するとき，公正な金利に近い割引（cash discount）をインボイス価格から減算するか否かを選択することができる（規則1.471－3(b)）。この割引がインボイス価格から差し引かれない場合，総所得に算入される。受け取るリベートは，原価の減少として取り扱われる。納税者が販売用物品の買主にリベートを与える場合，このリベートを物品の棚卸資産の原価への加算項目として取り扱う。リベートは，合法的なものか違法なものかを問わず，棚卸資産の原価に反映される（Rev.Rul. 82－149,1982－2CB56）。

　（ⅱ）　全額吸収法

　全額吸収法に基づき棚卸資産の原価に含まれた原価の多くは，UNICAPによっても含まれる。製造業の1987年前における全額吸収法の原価の取扱いは，UNICAPの簡便生産法（simplified production method）を適用する納税者の原価の取扱いに影響を与えるので，重要である。その両方の方法において，直接・

間接の生産費用は，棚卸資産の原価に算入される（規則1.471-11(a)）。生産費用は，生産物に実用性を与える工程により生ずる費用（組立・印刷の費用を含む）である。直接生産費用は，最終生産物を生産するために必要な直接労働費および原材料費から成る。間接生産費用は，生産に付随しかつ生産に必要な費用（直接生産費用を除く）である。

全額吸収法では，間接生産費用は，次の3種の範疇に分けられる（規則1.471-11(c)(2)）。

(a) 棚卸資産の原価に含まれる費用
(b) 棚卸資産の原価から除外される費用
(c) 財務諸表と同様に棚卸資産の決定上も取り扱われるべき費用

両方の方法において，(a)設備修繕費，(b)設備維持費，(c)ユーティリティ，(d)間接労働費，(e)間接原材料費，(f)設備・器具の費用，(g)品質管理費・検査費などは，棚卸資産の原価に含まれる。両方の相違は，全額吸収法では除外されるが，UNICAPでは棚卸資産に配分すべき間接費用がある。この間接費用としては，次のものがある。

(a) 損金算入できる租税（所得税を除く）
(b) 減価償却費，償却費およびコスト回収控除
(c) 減耗控除
(d) 管理費
(e) 管理，サービスまたは支援機能のための直接・間接費
(f) 役職員報酬
(g) 保険料
(h) 年金等計画への拠出
(i) 改装費，廃物処理費および腐敗物処理費

間接費用は，生産物に公正に配分されなければならない。製造業負担率法（manufacturing burden rate method）や標準費用法（standard cost method）は，全額吸収法において受け入れられていたが，UNICAPでも受け入れられる（規則1.471-11(d)）。

## ② 売価還元法 (retail method)

売価還元法は，低価法に近い（規則1.471-8）。再販用物品の棚卸資産にはUNICAPを適用しなければならないが，売価還元法は再販用として取得した物品に関し1,000万ドル総所得の例外に該当する納税者のみが使用できる方法である。売価還元法が用いられるとき，棚卸資産の原価または原価もしくは時価の低い方の価値は期末棚卸資産の小売価値からマークオン・パーセントを差し引くことにより近似する。

このマークオン・パーセントは，見込利益（小売価値－原価）が小売価値に占める割合に等しい。近似原価の決定のため，純マークアップと純マークダウンはマークオン・パーセントの計算において考慮される（規則1.471-8(a)）。原価または時価の低い方が近似する場合，純マークアップのみがマークオン・パーセントの計算に含まれる（規則1.471-8(d)）。

---

**設 例**

ストアのA部門の記録は，次のとおりである。

|  | 小売価格 | 原　価 |
|---|---|---|
| 期首棚卸資産 | 12,000 | 7,300 |
| 仕　入　れ | 87,000 | 52,700 |
| マークアップ | 1,600 |  |
| マークアップの取消 | 600 |  |
| マークダウン | 5,200 |  |
| マークダウンの取消 | 1,200 |  |
| 売　　　上 | 83,000 |  |

売価還元法に基づく期末棚卸資産の計算は，次のとおりである。

|  | 小売価格 | 原　価 |
|---|---|---|
| 期首棚卸資産 | 12,000 | 7,300 |
| 仕　入　れ | 87,000 | 52,700 |
| 純マークアップ |  |  |
| 　マークアップ | 1,600 |  |

|  |  |  |
|---|---:|---:|
| マークアップの取消 | 600 | 1,000 |
| 　合　　計 | 100,000 | 60,000 |
| マークオン・パーセント |  |  |
| 　見込利益（小売価値－原価）÷小売価値＝40,000÷100,000＝40% |  |  |
| 純マークダウン | 5,200 |  |
| マークダウンの取消 | 1,200 | 4,000 |
| 　合　　計 | 96,000 | 60,000 |
| マークオン・パーセント |  |  |
| 　36,000÷96,000＝37.5% |  |  |
| 売　　　　上 | 83,000 |  |
| 小売による期末棚卸資産 | 13,000 |  |
| 40%マークオン・パーセント | 5,200 |  |
| 低価法による期末棚卸資産 | 7,800 |  |
| 37.5%マークオン・パーセント | 4,875 |  |
| 原価法による期末棚卸資産 | 8,125 |  |

　小売価格の現実の減少によらないマークダウンは，期末の売価の決定において認められない（規則1.471－8(e)）。また，売価還元法とLIFOを用いる場合，原価の計算において販売促進のためのマークダウンを考慮に入れない(Rev.Rul. 79－115, 1979－1 CB185)。この場合，時価にかかわらず，恒久的なマークアップとマークダウンが期末の近似原価を反映するために，売価を調整しなければならない。

### ③ 時価法 (market method)

　証券ディーラーは，期末に保有する大部分の証券（棚卸資産を除く）の公正な市場価値に基づいて損益を認識しなければならない（IRC475，規則1.475(b)－1, 1.475((b)－2, 1.475(c)－1, 1.475(c)－2, 1.475(d)－1, 1.475(e)－1）。証券または商品のディーラーおよびトレーダーは，マーク・トゥ・マーケット会計方法の

選択を認められている（IRC475(e), 475(f)および475(g)）。

(i) 証券ディーラー

証券ディーラーは，棚卸資産であるすべての証券を棚卸資産の決定の日における公正な市場価値で評価する必要がある。租税裁判所によれば，スワップその他のデリバティブの公正な市場価値を算定するため，信用リスクや管理費に関しダイナミックなベーシスに適正な調整を行い，ミッドマーケット価値で各商品を評価する方法が受け入れられる。IRSは，一定の証券および商品をマーク・トゥ・マーケット・ルールで評価する法定要件を満たすセーフハーバーの枠組みを公表した。このセーフハーバーによれば，財務諸表で用いられる価値を税務申告で用いることを認める。セーフハーバーの適格性は，次の3原則に従う場合に認められる（規則1.471-4(b)）。

(a) 財務諸表で用いられるマーク・トゥ・マーケット法がIRC475において用いられるマーク・トゥ・マーケット法に十分適合すること

(b) 財務諸表が納税者の公正な価値の申告を促すものであること

(c) 要求される場合，財務諸表の価値と税務上の価値との関係を立証するために必要な資料情報を適宜提出すること

ディーラーは，期末における公正な市場価値で証券を売却したものとして損益を決定し，すでに考慮に入れた損益を反映するためにその後現実に実現した損益を調整する。ディーラーは，マーク・トゥ・マーケット・ルールで考慮に入れる損益を通常の損益として取り扱う。期末に証券を保有していたならば，証券をマーク・トゥ・マーケット・ルールの対象として取り扱うことになる場合，期末前に処分する証券について認識する損益を通常の損益として取り扱う。このルールは，証券が次のものである期間においては，適用されない。

(a) マーク・トゥ・マーケット・ルールの対象とならない証券，ポジション，受取債権または債務証書に係るヘッジ

(b) 証券ディーラーとしての活動に関係のない者が保有する証券

(c) ディーラーがマーク・トゥ・マーケット・ルールの対象とならない証券と不当に扱っている証券

また，このルールは，ディーラーの記録に投資のために保有される証券で損失がキャピタル・ロスとされるものとして明瞭に特定される証券には適用されない。

ここで，証券ディーラーとは，営業もしくは事業の通常の過程で，通常，顧客から証券を購入し，顧客に証券を販売し，または証券のポジションをオファーし，引き受け，相殺し，割り当て，終了する納税者をいう。銀行や保険会社も，その活動がディーラーの定義に該当する場合には証券ディーラーとなる。

証券とは，次のものである。

(a) 法人株式
(b) 広範に保有され公開取引されるパートナーシップまたは信託のパートナーシップ持分または受益権持分
(c) 約束手形，債券，社債その他の債務証書
(d) 金利，通貨またはエクイティの想定元本契約
(e) 証券または通貨の持分証書，デリバティブ金融商品（オプション，先物契約，ショート・ポジションその他類似の金融商品）
(f) ディーラーの記録にヘッジとして明瞭に特定される証券に係るヘッジ

証券ディーラーが譲渡者の保持する証券のベーシスまたはディーラーが保有する他の資産を参照して決定されるベーシスの証券を受け取る場合，マーク・トゥ・マーケット・ルールは当該証券に係る取得後の損益のみに適用される（規則1.475(a)-3）。次の証券については，ディーラーはマーク・トゥ・マーケット・ルールを適用する必要がない。

(a) 投資のために保有する証券
(b) ディーラーが営業または事業の通常の過程で取得しまたは創設する手形，債券，社債その他の債務証書で，販売のために保有するものでないもの
(c) ディーラーが営業または事業の通常の過程で取得しまたは創設する手形，債券，社債その他の債務証書を取得する債権で，販売のために保有するものでないもの

第2章　税務会計の原則

(d) マーク・トウ・マーケット・ルールの対象とならない証券またはディーラーの保持する証券でないポジション，受取債権もしくは債務証書である証券に係るヘッジ

（ⅱ）　商品ディーラーおよびトレーダー

商品ディーラーが事業において保有する商品を評価するためマーク・トウ・マーケット法を選択するとき，以前は証券ディーラーのみに適用されたルールと同様のルールを適用される。基本的にこのルールは，棚卸資産として保有する商品は公正な市場価値で評価されるべきであるとする。ここで，商品とは，次のものをいう。

(a) 積極的に取引されるすべての商品
(b) 積極的に取引される商品に係る想定元本契約
(c) 上記の商品における持分の証書またはデリバティブ商品
(d) 上記の商品でないポジション，商品に係るヘッジであるポジション，取得した日前のディーラーの記録に明瞭に特定されるポジション

トレーダーは，市場で証券または商品を積極的に売買または交換する事業に従事する納税者である。証券または商品を取引する事業に従事する納税者がマーク・トウ・マーケット評価法を選択するとき，次のルールが適用される。

(a) トレーダーが期末に事業に関して保有する証券または商品に係る損益を認識しなければならない。
(b) 期末に証券または商品が公正な市場価値で売却されたものとして損益が決定される。
(c) トレーダーは課税年度に損益を考慮に入れる。

マーク・トウ・マーケット法を選択すると，トレーダーは所有する証券または商品に係る損益を認識しなければならないが，その後この資産を売却するとき，その売却により現実に実現した金額を決定するために，この損益を考慮に入れることができる。

④　**低価法** (lower of cost or market method)

低価法によれば，棚卸の日に各項目の市場価値を原価と比較しなければなら

ない（規則1.471-4）。原価または市場価値の低い方の価値が、その項目の価値として用いられる（規則1.471-4(c)）。

(i) 購入した物品

購入した物品の市場価値は、納税者が通常購入する量の特定商品の棚卸の日における付値である（規則1.471-4(a)）。市場価値が取替費用を参照して決定される限り、UNICAPルールの対象者である小売業についてはその価値の決定にUNICAPルールが適用される。現在の付根が知り得ない場合、棚卸資産の公正な市場価値の入手し得る証拠を用いる（規則1.471-4(b)）。

(ii) 製造・加工された物品

製造業または加工業の場合、半製品および完成品の市場価値は、再生産費用である。これは、当該物品の完成状態にするために要する原材料費、労働費および工場費・管理費の合計額である。市場価値が再生産費用を参照して決定される限り、この価値の決定にUNICAPルールが適用される（規則1.263a-1(a)(3)(iv), 1.471-4(a), 1.471-5(a)）。半製品または完成品の市場価値を決定するルールは、注文生産に限らず、代替物にも適用される。純実現可能価値（完成品の売価－完成費用）に基づく市場価値の使用は、受け入れられる会計慣行であるとしても、クリアランス項目を除き、税務上禁じられる。

引渡しのため保持している物品または加工中の物品で、棚卸の日前に締結した固定価格のファームセール契約の対象であり、現実の損失から保護されるものは、市場価値でなく原価で評価されるべきである。生産費用より少ない契約価格で物品を引き渡す必要があるファーム契約は、市場価格を生じない。

現実の市場価値が現実の原価より高い場合、現実の原価が棚卸資産の価格決定に用いられ、引渡しが行われるまで損失が延期される。

期末棚卸資産に期首の商品が含まれる場合、低価法のベーシスを適用するとき市場価値と比較すべき原価は、当該物品が期首棚卸資産に含まれた価格である（Rev. Rul. 70-19, 1970-1 CB123）。

IRSは、確立されたコアサプライア市場の価格を参照してコアの棚卸資産を評価するために自動車コアの製造業、配給業、卸売業および小売業のためのセー

フハーバー棚卸資産評価法を定める通達（2002年12月31日以後に終了する課税年度に適用）を発した（Rev. Proc. 2003-20, 2003-1 CB445）。

【注】
19) 現行の小規模事業法人の要件は，株主数基準（100人以下）を掲げているが，2005年11月1日大統領諮問パネルの税制改革勧告では，すべての事業（business）を過去3年間の総収入（gross receipt）を基準として，(ⅰ)小規模事業（100万ドル未満），(ⅱ)中規模事業（100万ドル以上1,000万ドル未満）および(ⅲ)大規模事業（1,000万ドル以上）に区分し，小規模事業は，個人税率（最高33％）で現金主義により課税し，大規模事業は，31.5％の単一税率で法人課税し，中規模事業は，現金主義で申告するが，減価償却を要することとする。
20) これまで30年に及ぶ米欧（大西洋）貿易摩擦において米国製造業が全世界所得課税と法人所得に対する二段階課税（外国支店利益）により領土主義課税の欧州諸国等の多国籍企業との競争上不利にならないよう考慮して，米国は米国製品の外国への販売（輸出）を外国子会社を通じて行い，米国税を繰延できる方法を促進してきたが，米国ベース多国籍企業は国際競争力の維持を大義名分として，米国親会社への配当を繰り延べるため，一定の要件を満たすCFCのサブパートF所得には配当の有無にかかわらず，米国親会社の所得と合算して米国税を課すことにした。これをCFCルールという。この制度は，米国製造業が貿易摩擦を克服するためにグローバル市場に直接販売するのでなく，外国子会社を設立した国がグローバル市場に販売する法形式を整えるためのベース・カンパニーである限り，所期の効果をもつものと考えられたが，現実に製造拠点やこれに必要な知的財産権まで海外移転することになると，実際の外国事業所得にまでCFCルールを適用するかどうかが問題となり，米国ベース多国籍企業の不満が高まり，このような合算課税を避けるため，その米国親会社がタックス・ヘイブンに会社を設立し，その会社の子会社となる法人インバージョン（corporate inversion）を惹き起こすことになった。
21) 会計方法は，明瞭に所得を反映するものでなりればならない。これを「明瞭な所得反映原則」という。
22) 2005年11月1日の大統領諮問パネルの税制改革勧告では，簡易所得税案（Simplified Income Tax Plan）として小規模事業（過去3年間の総収入平均が100万ドル未満の事業）は現金主義会計により個人税率（最高税率33％）で申告することとしており，成長・投資税案（Growth and Investment Tax Plan）として小規模事業は事業キャッシュ・フロー税を個人税率（最高税率30％）で課されることとしている。現行税制は，C法人やタックス・シェルターなどの現金主義の使用を禁止している。
23) 発生主義を利用する租税回避を防止するため，現金主義の納税者に対する利子等の支払うべき費用を発生主義で損金に計上することは禁止され，債務を確定するすべての事象は「経済的パフォーマンス」が発生する時まで発生しないこととされる。

# 第2編
# 法人の総所得
(gross income)

第2編　法人の総所得

# 第1章
## 総所得の定義

　第1編第2章1（法人課税所得計算）で述べるように，法人の課税所得は，総所得から損金を控除し，さらに特別控除を減算して算定される（IRC441(a)）。「**総所得**」概念は，総利得（gross profit），受取配当，受取利子，受取使用料，受取賃貸料，純キャピタル・ゲイン，その他の所得を含む。**総利得**とは，（総売上＋サービスからの総収入－売上原価）をいう。

　なお，本編では，主として通常の法人（C corporation）について説明するが，次の法人は課税上特別な取扱いを受けるので，別の編で説明することとする。

(a) 　銀行および貯蓄貸付団体（Banks and Savings and Loan Associations）

(b) 　大部分の所得を米国属領から取得する内国法人（Domestic Corporations with large part of income from U.S. Possessions）

(c) 　米国国際販売法人（Domestic International Sales Corporations：DISC）

(d) 　免税法人（Exempt corporations）

(e) 　外国法人（Foreign Corporations）

(f) 　外国販売法人（Foreign Sales Corporations：FSC）

(g) 　保険会社（Insurance Companies）

(h) 　同族持株会社（Personal Holding Corporations：PHC）

(i) 　規制投資会社（Regulated Investment Companies：RIC）

(j) 　不動産投資信託（Real Estate Investment Trusts：REIT）

(k) 　S法人（S Corporations）

　所得課税の出発点は，総所得の計算である。総所得は，法人および非法人に共通の概念である。総所得は，IRCにより個別に除外される種類の所得を除き，

第1章 総所得の定義

すべての源泉から生ずるすべての所得（income）を含む（IRC61(a)）。米国は，所得概念について，包括的所得概念を採用しているのである。不法所得も総所得に含まれる（規則1.61－14(a)）。

## 1　総所得に算入されるべき所得

IRC61(a)は，総所得に算入すべき15種類の所得を次のとおり列挙している。

(a) サービスの報酬（手数料，コミッションおよび経済的利益を含む）
(b) 事業から生ずる総所得
(c) 資産取引から生ずる収益（gains）
(d) 受取利子
(e) 賃貸料
(f) 受取使用料
(g) 受取配当
(h) アリモニーおよび扶養料
(i) 保険年金
(j) 生命保険および養老保険からの所得
(k) 年金
(l) 債務免除益
(m) パートナーシップ総所得の分配シェア（distributive share）
(n) 死者に係る所得
(o) 遺産財団または信託における権利（interest）からの所得

## 2　所得の受領形態

総所得には，金銭，資産またはサービスのいかなる形態で実現した所得も含まれる（規則1.61－1(a)）。

第 2 編　法人の総所得

## (1) 約束手形 (notes)

現金主義では，人的役務報酬として受け取る約束手形の公正な市場価値は，受取の時に所得とされる（規則1.61−2(d)(4)）。約束手形の公正な市場価値が額面未満である場合，当該手形の決済の時にその差額が所得とされる。公正な市場価値がないなどの理由で受領時に現金に転換されない約束手形は，現金主義では，所得とならない。また，そのような約束手形はその明確な価値の欠如により全額の取立が疑わしいため，発生主義でも，所得とならない。現金主義では，将来の報酬の支払の担保として受け取る約束手形は，その決済時まで所得とならないが，発生主義では，サービスが提供され，その報酬を受け取る権利が確定する年度に所得とされる。

## (2) 現物資産

サービスの対価が現物資産で支払われる場合，資産の公正な市場価値が報酬として所得に算入される。また，サービスの対価が他のサービスである場合，当該他のサービスの公正な市場価値が報酬として所得に算入される。

## (3) ストック・オプション

法定ストック・オプション (statutory stock option) にはインセンティブ・ストック・オプションと従業員ストック・オプションが含まれる。法定ストック・オプション（適格ストック・オプション）については，オプションの付与または権利行使の時に所得は実現しないものとして，権利行使により取得した株式を売却または交換するまで，課税を繰り延べることができる。しかし，法定ストック・オプション以外の非適格オプション (non-statutory stock options) については，適格ストック・オプションのような優遇措置は適用されず，その公正な市場価値を決定することができる時に，報酬として所得が実現する。株式その他の資産を売買する非適格オプションについては，当該オプションを受け取る時またはオプション行使の時のいずれかの時点で所得とされる。

## 3 総所得からの除外 (Exclusions from income)

内国歳入法典（IRC）は，主として次のものを総所得から除外する。

(a) 一定の死亡給付金
(b) 贈与および相続
(c) 州債および地方債の利子
(d) 傷害および疾病の補償
(e) 災害・保健プランの給付金
(f) 債務免除益（income from discharge of debt）
(g) 賃借人による改良（improvement by lessee）
(h) タックス・ベネフィットの回収（recovery of tax benefit items）
(i) コンバット・ゾーン補償
(j) 州政府および地方政府の所得
(k) 法人の資本拠出（contributions to capital of a corporation）
(l) 適格グループ法律サービスプランに基づく受取金
(m) 一定の保険契約に基づく受取金
(n) コスト分担金（cost-sharing payments）
(o) 一定の経済的利益（certain fringe benefits）
(p) エネルギー節約補助金

第2編　法人の総所得

# 第2章
## 事業所得(income from business：business income)

## 1　総利得 (gross profit) の定義

　事業所得は，営業または事業から受け取るすべての所得である。これは，生産物またはサービスの売却から受け取る収入 (proceeds) であり，これには資産取引からの収益 (gains)，賃貸料，受取利子，受取配当，受取使用料，債務免除益および法人の受け取るすべての所得が含まれる。事業所得の金額は，通常の会計方法に基づき課税年度ごとに計算される。事業からの総所得は，総利得 (gross profit) といわれ，売上収入合計 (total receipts from sales：gross sales) にその他の所得を加算し，売上原価 (cost of goods sold) を減算した金額である (規則1.61－3)。総所得には，資本への拠出は含まれない。法人，パートナーシップ，ならびに遺産財団および信託は，それぞれ様式1120，1065および1041により事業所得を申告をしなければならない。

## 2　事業および自由業 (professions) からの所得

　営業または事業からの総所得は，営業または事業の能動的な遂行によって生じた所得である (規則1.61－3)。ここで，物品およびサービスの売却からの総利得 (gross profit) は，事業所得である。貸付会社にとっては受取利子，自由業にとっては手数料，不動産業にとっては賃貸料，証券ディーラーにとっては受取配当，法人にとってはすべての所得 (所得の種類を問わない) が，それぞれの事業所得となる。

第2章 事業所得

## 3　物品またはサービスの売却からの総利得

「総利得」(gross profit) 概念は，「総収入」(gross receipts) 概念と異なる。総事業利得は，売却により実現した純額から売却した物品の原価を差し引き，付随的その他の種類の事業所得を加算した金額である。付随的その他の種類の事業所得には，例えば，廃棄物の売却，不良債権の回収，物々交換取引，受取債権の利子などが含まれる。

> **設　例**
> 　総利得の計算は，次のとおりである。
>
> | | | |
> |---|---:|---:|
> | 総収入または売上 | | 150,000 |
> | －返　　　品 | | 3,000 |
> | 純　売　上 | | 147,000 |
> | 売 上 原 価 | | |
> | 　期首棚卸資産 | 240,000 | |
> | ＋仕　入　れ | 80,000 | |
> | 　合　　　計 | 320,000 | |
> | 　期末棚卸資産 | 243,000 | 77,000 |
> | 総　利　得 | | 70,000 |

早期支払を促す現金割引は，事業経費として控除できる財務経費であるが，総利得の計算に影響を与えない。業界の慣行で支払の時期にかかわらず現金割引が認められる場合，割引は売上原価の計算上減算される。

総利得の計算には，売上原価の計算が必要である。売上原価は，次の算式で計算される。

・期首棚卸資産＋期中仕入－期末棚卸資産＝売上原価

企業誘致のために政府または民間団体が支払う事業補助金 (business subsidiary) は，課税所得でなく，資本拠出金として取り扱われる (Cuba R. R. Co., SCt, 1 USTC139, 268 U. S. 628, Rev. Rul. 68－558, 1968－2 CB415)。

第2編　法人の総所得

# 第3章

# 受取配当

　受取配当は，総所得に含まれる（IRC61(a)(7)，規則1.61－9）。配当（dividends）は，金銭によるかその他の資産によるかを問わず，法人がその株主に支払う次のものからのすべての**分配**（distribution）である（規則1.316－1）。
(a)　1913年2月28日後に留保した収益または利潤（accumulated earnings or profits：accumulated E＆P）
(b)　課税年度の収益または利潤（current E＆P）

　ここで，資産とは，金銭，証券，その他の資産をいうが，これには分配法人の株式や当該株式を取得する権利は含まれない。

## 1　受取配当（dividend income）の金額

　現金による分配の場合，受取配当の金額は当該現金の金額である。分配が現金と現金以外の資産の双方で行われる場合，受取配当の金額は，現金と分配された資産の公正な市場価値との合計金額である（規則1.61－9(b)，1.301－1(b)）。しかし，資産が法人株主（a corporate shareholder）に分配されるときは，例外とされる（規則1.301－1(d)）。
　分配の時に分配法人の段階における資産（分配法人により認識されるすべての収益を含む）の調整ベーシスは，当該ベーシスが当該資産の公正な市場価値未満である場合，当該資産の公正な市場価値の代わりに用いられる。もっとも，法人株主が外国法人である場合には，特定の分配が当該外国法人の米国内の営業または事業と実質的関連を有しないとき，公正な市場価値のルールが適用され

142

る。受取配当の金額を決定するとき，分配の金額は負債金額だけ減算される。この負債金額は，株主段階における資産のベーシスを減少しない。

　分配のうち配当でない部分の金額（当期E＆Pまたは留保E＆Pから支払われたものでない金額）は，株式の調整ベーシスを減少する資本償還（a return of capital）として取り扱われる。分配が株式の調整ベーシスを超える場合，その超過額は当該株式の売却または交換からの収益として取り扱われる（ただし，1913年3月1日前に発生した価値の増加分を除く）。

## 2　株式の売主または買主の所得に算入される配当

　配当は，株式の所有者が当該配当を受け取ることができる日に当該株式の所有者である者の総所得に算入される（規則1.61－9(c)）。株式の売却の日後に配当宣言され支払われる配当については，買主が課税されるが，株式の売却の日前に配当宣言され支払われる配当については，売主が課税される。配当宣言の日と支払の日との間に株式が売却されかつ買主が配当を受け取ることができる時に売却される場合，当該配当は買主の所得とされる。特定の日に記録保有者に支払うべき配当の宣言がなされる場合，当該配当については記録日の株式所有者が課税される。このルールは，購入されたがその代金の支払までエスクローに保有される株式の配当についても適用される。

## 3　規制投資会社（RIC：ミューチャル・ファンド）の分配

　RICが支払いまたは配分する分配は，次の4種類に分けられる。
(a)　通常の配当
(b)　免税利益の配当
(c)　キャピタル・ゲイン配当
(d)　資本償還

　RICが分配の性質について通知しない場合，株主はこの分配を通常の配当と

すべきである。一般に，株主段階の分配の性質は，RIC段階の所得の性質に基づいて決まる。RICのキャピタル・ゲインからの配当は，株主がその株式を所有する期間にかかわらず，株主の純長期キャピタル・ゲインとして取り扱われる。RICが株主の口座に配分した未分配キャピタル・ゲイン配当 (undistributed capital gain dividends allocated to a shareholder's account) は，株主の所得とされる。RICの免税利益からの配当は，株主の所得から除外される。RICに再投資される配当およびキャピタル・ゲイン配当は，所得に算入される。株主が再投資によりRIC株式を追加取得する場合，この分配は，非課税の株式配当とされない。

## 4 不動産投資信託（REIT）の分配

REITの受益者に対する通常の所得の分配については，受益者は通常の所得として課税される。受益者に分配されるREITのキャピタル・ゲインについて，受益者は，長期キャピタル・ゲインとして課税される。

## 5 保険配当

当期の保険料に貸方記入される相互保険会社の配当は，所得ではなく，支払保険料の減少を意味する。

## 6 貯蓄貸付配当

貯蓄貸付団体の分配が当期に引き出される場合，その意図の通知を条件として，銀行預金利子と同様に所得が実現し，所得が認識される。建築貸付団体の持分を引き出すとき，受取金額で会費として支払う金額を超える部分が当該団体の収益から支払われるものは，課税配当とされる。これは，清算配当でない。これにあてる収益または利潤がない場合，持分の満期前に株主に支払われる金額は，一部清算の分配であり，キャピタル・ロスを生じる。

## 7 外国法人からの配当[24]

外国法人が米国法人株主に対し現物資産を分配する場合，分配法人段階の調整ベーシスが分配された資産の公正な市場価値より低いとき，分配の金額はこの調整ベーシスでなく，分配された資産の公正な市場価値である。この分配につき受取配当控除を受けることができる範囲で，調整ベーシスが公正な市場価値より低いとき，分配の金額は分配法人の調整ベーシスである。

## 8 株式配当 (stock dividends)

株主は，株式配当として受け取る株式の価値を総所得から除外することができる（IRC305，規則1.305-1～1.305-8）。この除外は，次の場合に認められるので，主として，法人の普通株のプロラタの分配に制限される。

(a) 株主が法人における比例的持分を変更しないこと
(b) 株主は株式の代わりに現金を受けるオプションを有しないこと

法人が株主が配当を受け取り，支配権を行使し，現金を用いて株式を買い増すことのないように現金配当を制限する場合，現金配当は非課税の株式配当とみなされる（Rev.Rul.80-154,1980-1 CB68）。次の場合には，株主が株式配当として受け取る株式は，分配として課税される。

(a) 株主が株式の代わりに他の資産を受け取るオプションを有すること
(b) 一部の株主が株式以外の資産を受け取り，他の株主がその法人における比例的持分を増加すること
(c) 普通株の所有者が転換優先株を受け取ること
(d) 一部の株主が普通株を受け取り，他の株主が優先株を受け取ること
(e) 法人における株主の比例的持分が変化すること
(f) 優先株の所有者が普通株を受け取ること

第2編　法人の総所得

# 第4章

## 受取利子

　受取利子は，総所得に算入され，全額課税される（IRC61(a)(4)，規則1.61－7）。利子には，（ⅰ）貯蓄その他の銀行預金の利子，（ⅱ）クーポン債の利子，（ⅲ）オープン口座，約束手形，モーゲージまたは社債の利子が含まれる。要求払の銀行口座に貸方記入される利子も総所得に含まれる。金融機関は，口座開設のために現金以外のデミニミス誘因（non-cash de minimis inducements）を与えるが，これはIRSガイドラインによれば所得に含まれず，また，口座のベーシスを減少しない。これは，5,000ドル未満の預金につき10ドル以下，5,000ドル以上の預金につき20ドル以下である場合，デミニミス誘因とされる。このような少額プレミアムの例外がなければ，口座開設時に金融機関が預金者に支払う金額は，口座発行価格と預金者の口座におけるベーシスを減少する。

　この減少は，口座のOIDを生ずる。米国最高裁によれば，利子は金銭の使用の対価であり，債権者が返済要求を猶予する代償である（Old Colony Ry. Co., SCt, 3 USTC880, John Hancock Mutual Life Ins. Co., 10BTA736, CCH Dec. 3552）。支払の源泉によって受け取る金額の性質は変わらない。貸主Aが借主Bに支配される法人であり，この貸付のために資金を借り入れる必要がある場合，Aが借主－貸主として支払う利子は，配当として株主Bに帰属する（J. Creel, 72TC1173, CCH Dec. 36,349, W. G. Martin, CA－5, 81－2 USTC9534）。

　①　マネーマーケット証券（money market certificates）

　1年以下の一定の間隔でマネーマーケット証券，貯蓄証券その他の繰延利子勘定につき支払われる利子は，現実に受け取りまたは実質的なペナルティを支払わずに受け取ることができる時に，所得とされる。満期が1年以下で満期

1回だけ利子を支払う勘定についても同様である。

### ② 無利子貸付（interest-free loans）

低利貸付および無利子貸付のみなし利子（imputed interest）は，その経済的実質に従って所得とみなされる。低利貸付（below-market loan）は，要求払ローンについては，利子がAFR未満の利率で支払われるローンとして定義される。定期ローンについては，貸付金額がローンによるすべての支払債務の現在価値（AERで割り引くことにより決定される）を超える場合，低利貸付とされる。ローンとして取り扱われる金額は，借主が受け取る金額である。低利貸付および無利子貸付に関するルールは，次のような貸付に適用される。

(a) 贈与ローン
(b) 法人と株主との間のローン
(c) 雇用主と使用人との間の報酬関連ローン
(d) 独立請負業者とそのサービス提供先の者との間の報酬関連ローン
(e) 主目的の1つが租税回避であるローン

### ③ 元本および利子への支払の割当

債権者は，債務者への指示により，支払を元本または利子に割りあてることができる。しかし，合意がなければ，支払はまず利子にあてるが，一括払のときは，まず元本にあてることとされる。

### ④ 政府債

米国およびその機関債の利子は，民間債と同様に連邦税を課されるが，州債，地方債の利子は，免税とされる。この例外は，産業開発債および一定のアービトラージ債である。米国貯蓄債（US. Savings Bonds）の保有者は，償還時でなく，発生時に受取利子を申告することができる。

### ⑤ 債券取引

債券が付利日間に売却される時，売価の一部は売却日に発生した利子であり，売主は受取利子としてこれを申告しなければならない。買主は，購入時に支払われ，翌付利日に回収される発生利子を所得としない。買主は，利子の調整において支払われた金額を超えて受け取る金額を受取利子として申告する。

第2編　法人の総所得

⑥　購入した債券のフラット

元本もしくは利子について不履行のある債券または収益その他の将来の条件について利払が不確定な債券は，通常フラットをつけられる。債券の価格は未払元本のみでなく，発生しているが未払の利子を受け取る権利をカバーしている。買主がその後購入前に発生した利子を取り立てる時，所得は実現しない。購入前の利子に等しい金額を受け取るまで，すべての支払は資本償還として取り扱われる。利払準備を含む債券は，フラット購入ルールを適用され(IRC1271)，証券を購入した納税者が受ける利子は，証券の回収時に受け取る金額であって，受取利子でない。

# 1　低利貸付（low−interest loan）および無利子貸付（interest−free loan）

上記②で述べたように，低利貸付または無利子貸付については，課税上みなし利子ルール（imputed interest rules）により受取利子を認定される（IRC7872(c)および(f)）。したがって，低利貸付の範囲を明らかにしなければならない。要求払ローン（demand loan）は，貸主の要求があれば全額返済すべきローンである。満期が不確定なローンも要求払ローンとして取り扱われる。贈与ローン以外の要求払ローンは，その利率がAFR未満である場合，低利貸付とみなされる。要求払ローン以外のすべてのローンは，定期ローン（term loans）とみなされる。定期ローンは，その貸付金額が返済全額の現在価値（AFRでローンを割り引いて決定される）を超える場合，低利貸付である。

①　報酬ローン

雇用主が使用人に要求払ローンで金銭を貸し付ける場合，使用人はみなし利子に相当する所得を実現するとともに，みなし利子の金額に関し利子控除を請求できる。

雇用主はみなし利子を所得として実現し，みなし報酬の控除を請求できる。

## ② 法人と株主との間におけるローン

法人が株主に低利貸付を行う場合，株主は現実に支払った利子にみなし利子を加算した金額の利子を法人に支払うものとされ，法人は株主に対し法人分配（配当，清算分配など）を行ったものとして取り扱われる。逆に，株主が法人に低利貸付を行う場合，みなし利子は資本拠出として取り扱われる。

## ③ みなし利子ルールの適用除外

継続的ケア施設に対する低利貸付は，一定の範囲で，みなし利子ルールの適用を免除される（IRC7872(g)）。また，次の種類の貸付は，租税回避スキームでないことを条件として，みなし利子ルールの適用を免除される（暫定規則1.7872－5T）。

(a) 貸主が一般大衆に同じ条件で行うローン
(b) 銀行，信用組合などの口座
(c) 公開取引価格による公開取引債券の取得
(d) 生命保険会社が行う現金貸付（cash-value loan）
(e) 連邦政府，州政府または地方政府が公的プログラムに基づいて補助するローン
(f) 適格使用人転居ローン
(g) 米国債，免税州債または免税地方債
(h) 慈善団体への25万ドルまでのローン
(i) 外国人に関する適格低利貸付
(j) 主として免税目的のために民間財団（a private foundation）が行うローン
(k) 関連企業グループの構成員間ローンに関し法人間受取債権の無利子期間中における一定の規制免除の範囲内で事業の通常の過程で行われたローン
(l) フューチャーズ・コミッション・マーチャントや決済機関が受け取る金銭および資産
(m) 貸主または借主の税負担に影響しないことが立証されるローン（Rev.Rul. 97-57, 1997-2 CB275）

第2編　法人の総所得

## 2　既往利子（foregone interest）

　既往利子は，利子がAFRで発生し移転が行われたとみなされる時に支払われるべきであったならば，課税期間にローンにつき支払われるべきであった利子の金額のうち，適正に当該期間に配分されるローンにつき支払われるべき利子を超える部分に相当する金額である（IRC7872(e)）。借主が贈与ローン以外の低利貸付で受け取る既往利子は，貸主から借主に移転され，その後貸主に利子として再移転されたものとして取り扱われる。そこで，貸主が各取引の実質に従って既往利子を（ⅰ）配当，（ⅱ）報酬，（ⅲ）その他の支払という形で借主に移転したものとみなされるように，低利貸付のリキャラクタライゼーションが行われる。既往利子は，借主の所得とされる。また，貸主に移転されたものとみなされる利子は，貸主の所得とされる。

# 第5章

## 賃 貸 料 (rental income)

　不動産の占有または動産の使用に関し受け取る賃貸料（rents）は，総所得に含まれる。地主が受け取る賃貸料は，現金，資産，人的役務または債務免除など支払形態にかかわらず，所得とされる。しかし，所有者が占有する資産の賃貸価値は，所有者が居住用に使用するか事業用に使用するかを問わず，所得とされない。すなわち，帰属所得は認められない。

## 1　購入価格の延払い

　資産の売却後に生じた賃貸料で売主が留保するものは，購入価格の一部の延払いとみなされ，当該資産の買主の所得となると判断された（D.A.Strong, 91 TC627, CCH Dec.45,057 およびR.P.Dudden, CA－8, 90－1 USTC50,027）。この判断要素は，（ⅰ）賃貸料が購入代金全額の支払には不十分となるリスクの程度，（ⅱ）留保された賃貸料を取り立てる期間に売主は当該資産の支配占有をしていないという事実，であった。

## 2　担保預金 (security deposits)

　リース（a lease）の場合，賃借料（rent）に類似しているが，実際は契約に基づき借主の契約の履行を確実にするための預金（a deposit）である金額を借主が貸主に支払うことがある。この金額は，受取時の賃貸料とならない。借主の行った担保預金の全部または一部を留保する権利を有するリースを終了する場

合，貸主が留保している預金の割引価値のみが，貸主の所得とされると判断した判例がある（Warren Service Corp., CA−2, 40−1 USTC9333, Bradford Hotel Operating Co., CA−1, 57−2 USTC9698）。

しかし，IRSは，担保預金の全額が所得に算入され，貸主が借主の金銭を無利子で使用する権利を失うことに関して減少すべきでないと主張している（Rev. Rul. 68−19, 1968−1 CB42）。契約の履行を担保するために用いられる預金は，預金者が権利を喪失する時に所得に算入される（Rev. Rul. 67−47, 1967−1 CB 9）。

## 3 借主が支払う貸主の費用

借主が貸主の代わりに支払わなければならない租税その他の費用は，追加的賃貸料である。借主が所定の賃借料とこれに対する連邦税を支払うことに合意する場合，貸主は，所定の賃貸料と借主が貸主のために支払うすべての連邦税を受取賃貸料として受け取るものとみなされる。

## 4 借主が引き受ける貸主の負債

リースによる前払が，貸主の負債の引受という形で行われることがある。この場合，負債の引受の時における負債の額に相当する貸主の所得が，支払の時にかかわらず，実現される。

## 5 借主による改良

借主が不動産を改良し，この改良が賃借料の全部または一部の代わりである場合，借主が行った改良は，貸主の賃貸料となる。この改良が貸主の賃貸料になるか否かは，リース契約や状況によって示される当事者の意思によって決められる。

## 6　リース取消による所得

　リース取消の対価は，通常，貸主の所得となり，受取年度に所得に算入される。

　この支払の性質は，賃貸料の代替である。第三者が借主からリースの引受に関して受け取る金額は，このような取扱いをされない。

# 第6章 使 用 料（royalties）

　受取使用料は，所得に算入される（規則1.61-8）。使用料は，著作権，商標，方式，特許権などから生じる。また，天然資源（石炭，ガス，石油，鉱物および林産物など）の使用から生じる。

# 第7章

# 売却または交換による収益

　資産の売却または交換からの利得（profit from sale or exchange）は，その資産が事業の通常の過程で取り扱われる在庫品（stock in trade）であるかその他の資産であるかを問わず，課税所得とされる（規則1.61－6）。利得は，事業の通常の過程で行われる売却または交換については容易に決定されるが，**資本資産**（capital assets）の売却または交換による収益または損失の計算方法には，特別なルールが適用される。このような収益または損失は，キャピタル・ゲインまたはキャピタル・ロスといい，通常の所得（ordinary income）または通常の損失（ordinary loss）と区別される。

　資産の売却その他の処分から実現する収益（gain）は，実現した金額のうち当該資産の調整ベーシス（adjusted basis）を超える部分に等しい。所有者の実現する金額は，受け取った金額と受け取った資産（金銭を除く）の公正な市場価値との合計（売主が買主に対する不動産税の弁償として受け取る一定の金額を除く）である。ここで，**資産**とは，有形資産および無形資産の双方をいい，**処分**（disposition）は，売却および交換に限定されず，資産譲渡による債券の償還（redemption of a bond）または負債の清算（liquidation of a debt）などの取引を含む。資産の売却その他の処分で現金以外の資産を受け取る場合，当該資産の公正な市場価値を決定しなければならない。

　本章では，売却または交換による収益の通則について説明することとし，キャピタル・ゲインおよびキャピタル・ロスの特則については，第4編で説明する。

第2編　法人の総所得

## 1　実現した金額

資産の売却その他の処分により**実現**した金額は，次の算式で計算される（規則1.1001－1）。

　　受け取った金額＋受け取った資産の公正な市場価値＝実現した金額

実現した金額が移転した資産の調整ベーシスを超える場合に売主の収益が生じ，逆に調整ベーシスが実現した金額を超える場合に売主の損失が生じる。売却その他の処分による損益の全額が，認識されることになる。「**認識**」（recognition）とは，売主が税務申告書において申告することをいう。認識された損益は，資産の性質により通常の所得もしくは損失とキャピタル・ゲインもしくはキャピタル・ロスに区分される。

ディーラー以外の者による資産の売却において，実現した金額は（売価－売却費用）とされる。移転資産の代金の全部または一部として金銭以外の資産を受け取る取引では，当該資産の公正な市場価値が実現した金額となる。公正な市場価値は，事実認定によって決まるが，稀に公正な市場価値がないとされる資産がある。資産の公正な市場価値が確定できない場合，（ⅰ）資産のベーシスが取立または売却もしくは交換により回収されるまで，あるいは（ⅱ）収益を生じるに十分な確定可能な公正な市場価値を有する資産または金銭を受け取る場合を除き，いかなる損益も申告をする必要がない。

① クローズド取引およびオープン取引

受け取った資産の公正な市場価値がゼロである場合，取引はクローズであり，ただちに損益が計算される。当該資産（ゼロベーシス資産）のその後の収益は所得となるが，これが通常の所得であるかキャピタル・ゲインかであるかは，当該資産が資本資産であるか否かによって決まる。移転資産の価値が確定できない交換のようなオープン取引における収益の決定は，取引が不確定払販売（a contingent payment sale）（課税年度末に売価合計が確定できない資産の売却その他の処分）であるか否かによって行われる。取引が不確定払販売である場合，この収益は割賦法（installment method）で申告しなければならない。不確払定販売

第7章 売却または交換による収益

でなければ，実際に受け取った金額が移転資産のベーシスを超えるまでいかなる収益も計算できない。

② 長 期 債

現金主義では，長期債の額面金額を無条件で受け取る権利を有する者は，移転の日における公正な市場価値を受け取った金額として取り扱うが，発生主義では，額面価値を受け取った金額として取り扱う必要がある（Rev. Rul. 79-292, 1979-2 CB287, Rev. Rul. 89-122, 1989-2 CB200）。優先株の受取から実現する金額は，一般に，発行者が十分な資本を有する場合にのみ，優先株を償還することができるので，公正な市場価値である（Nestle Holdings, Inc., 94TC803, CCH dec. 46, 631）。

③ 債券条件の重要な変更

債券条件の重要な変更によって，当初債券と修正債券とのみなし交換が生じ，損益を認識しなければならない。銀行が保有する債券の利率の引下げや債券の元本の減少が，債券条件の重要な修正となる場合，みなし交換の結果，銀行は損失を実現しかつ認識する（Rev. Rul. 89-122, 1989-2 CB200）。

④ 留保された占有権

資産の使用権および占有権を留保する者が不動産の売却から実現する金額は，占有権の対象資産の全持分の売却となる取引では，占有権の価値を含む。ただし，取引が売主の留保するすべての不動産（life interest or term for yearsを除く）の売却（残余持分の売却）に該当する場合，占有権の価値は実現した金額には含まれない（C. Kruesel, DCMInn, 63-2 USTC9714, Rev. Rul. 77-413, 1977 2 CB298, W. E. ller, 77TC934, CCH Dec. 38, 391）。この売却収益を計算するため，資産の調整ベーシスは実現した金額から減算される（Rev. Rul. 77-413, 1977-2 CB298）。売却が残余持分のみの売却である場合，全資産のベーシスは売却された残余持分と留保された年度の"life estate or term"にそれぞれの公正な市場価値が全資産の公正な市場価値に占める割合で配分される。

⑤ 購入金銭証券

金銭の代わりに対価として受け取る譲渡性証券（a negotiable note）は，多様

な経済要素によって無価値であることが示されない限り，額面で評価される（規則1.1000-1）。この経済的要素としては，市場利率を下回る利率，異常に長い満期，不十分な担保などがある。譲渡性のない証券は，公正な市場価値がないので，一般に実現した金額には含まれない。

⑥ **売却費用**（selling expenses）

ディーラー以外の者の不動産の売却による損益の計算において，売却費用は売主の資産の調整ベーシスに含めることによって，売価から減算される（IRC 1001(a)）。

代表的な売却費用としては，（ⅰ）広告費，（ⅱ）コミッションまたは仲介手数料，（ⅲ）エスクロー料，（ⅳ）購入オプションのための借入金の利子，（ⅴ）法律費用，（ⅵ）ローンチャージ，借換費用，（ⅶ）調査費，（ⅷ）保険料などがある。

⑦ **買主が引き受ける負債**

実現した金額には，買主が引き受ける売主の負債金額（利子または租税など）が含まれる（規則1.100-2）。買主の引き受けた売主の負債を売主が支払ったならば損金として控除することができる場合，たとえ買主が支払ったとしても，売主はこれを控除することができる。担保に付された資産が売却される時，売主が合理的にモーゲージに責任を負うか，買主がモーゲージを引き受けるのか，または担保に付された資産を買っただけなのか，という問題にかかわらず，モーゲージの金額は売却により実現した金額に含まれる。ノンリコース・モーゲージの金額は，担保資産の売却時にモーゲージの金額が当該資産の公正な市場価値を超えるとしても，実現した金額に含められる。信託に対する支配権を放棄する委託者信託（a grantor trust）の所有者は，信託財産に係る負債が所有者の当該資産の調整ベーシスを超える場合，処分とみなされる放棄の結果として収益を認識しなければならない（規則1.1001-2(c)）。したがって，委託者信託が第1パートナーシップの持分を所有し，第1パートナーシップが第2パートナーシップの持分を所有する場合，委託者信託の所有者は，当該信託から帰属するものとされる第2パートナーシップのノンリコース負債の当該所有者の

第 7 章　売却または交換による収益

比例的シェアが当該信託から帰属するものとされるパートナーシップの当該所有者の調整ベーシスを超えるので，当該信託に対する支配権の放棄の時に収益を認識しなければならない。

⑧　モーゲージの額面金額未満による返済

支払能力のある借主で個人的にモーゲージに責任を負うものは，モーゲージ資産の価値が負債の返済に十分である場合，当該モーゲージが公正な市場価値未満で返済されたとき，課税所得を実現する（規則1.1001－2）。当該資産の公正な市場価値が債務者が負債の未払残額を返済するために支払った金額未満である場合，たとえ債務者が支払能力のある者であるとしても，課税所得は生じない。

⑨　手形その他の受取債権の取立

売却時に実現する損益の計算において買主の手形を額面未満で考慮に入れる場合，手形の取立の一部を売主の所得に含めることができる（IRC1001(a)）。実現した金額の計算に手形の額面価値が用いられる場合，買主の元本の返済は売主の所得にすでに反映された元本の返還であって，受け取る時に所得に反映する必要がない。各支払の所得部分の決定は，割引価値が手形の返済の時に受け取った金額に占める割合による。この部分は，売買の収益がキャピタル・ゲインであったとしても，通常の所得として課税される。手形が額面価額またはより低い公正な市場価値で損益計算に含まれ，手形の取立が対価の金額未満である場合，損失は貸倒かまたはキャピタル・ロスのいずれかになる。この損失が不履行または取立不能により生ずる場合，貸倒とされる。

売主が他の受取債権（契約，請求権など）を受け取る場合も同様に扱われる。契約の市場価値が確定できない場合，その売却または交換は，税務上クローズド取引でなく，契約の取立によって損益が決まる。取立額が売主が当初移転した資産のベーシスを超える場合，取立額は当初の売却の一部であるとされるので，収益はキャピタル・ゲインである。

⑩　州債および地方債の売却または交換

州債または地方債の売却または交換により実現する損益は，これらの債券利

子は免税とされるが，認識しなければならない（IRC1001(a)）。

　（ⅰ）割引債

1993年4月30日後に購入した州債または地方債の売却または交換からの収益で市場割引（a market discount）に帰すべきものは，発生市場割引（accrued market discount）の範囲内で通常の所得として課税される（IRC1276(a)(4)）。

市場割引とは，発行者以外の者から債券を購入する時，購入価格と債券の額面との差額をいう。発生市場割引とは，債券を保有する日数が債券取得日と満期日との間の日数に占める割合を全市場割引に乗じた金額をいう。しかし，OIDに帰すべき類似の収益は，免税利子とみなされるので，非課税とされる。OIDとは，債券を発行者から購入する時，債券の購入価格と額面価値との差額をいう。

　（ⅱ）プレミアム付債券

プレミアム付で取得した州債または地方債について実現した損益の計算をする前に，保有者のベーシスを調整しなければならない。

## 2　資産の市場価値の決定

「公正な市場価値」（fair market value：FMV）は，一般に，資産を売却する意思をもつ者が自発的に売却を申出て，購入する意思をもつ者が自発的に購入する時に当該資産に付される価格である（H.H.Marshman,CA－6,60－2 USTC 9484,279F 2 d27,cert.den,364U.S.918,81SCT282,A.E.Walbridge,CA－2,4 USTC 1284,70F 2 d683,cert.den.,293U.S.594,55SCt109,規則1.1001－1）。資産の公正な市場価値が確定的であるために，市場が公開である必要はなく，売却は通常の事業取引である必要はない。市場価値は，合理的な程度の正確さで確定的でなければならない。

売却または交換の日における資産の公正な市場価値は，専門的な評価によって確定されることがある。基準日の帳簿価値は，別の証拠が異なる価値を示す場合，公正な市場価値として受け入れられない（W.E.Schmick,3BTA1141,CCH

第 7 章　売却または交換による収益

Dec.1352）が，別の証拠がなければ，帳簿が保守的であり，かつ，帳簿上の数字が真正な価値の近似値であることを示す場合，帳簿価値が公正な市場価値として受け入れられる（Keck Investment Co., CA－9, 35－1 USTC9370, 77F 2 d244, cert. denied, 296U.S.633）。

① 割当（apportionment）

集合的にまたは一単位として売買された資産の個別の単位または異なる部分に公正な市場価値の合計を割りあてる必要がある。相対的な市場価値が割当のベースとなる（規則1.61－6）。真正な市場価値未満で売買される資産については，割当は現実の市場価値に基づいて行われる。

② 交換される資産

**独立企業間取引**（an arm's-length transaction）で交換される資産の公正な市場価値が必ずしも確定的でない場合，交換される2つの資産の価値は等しいものとみなされる。**独立企業間交換**（an arm's-length exchange）で一方の資産が確定的な公正な市場価値を有するが，他方の資産がこれを有しないとき，2つの資産の価値は等しいものとみなされ，両当事者は交換される資産の調整ベースと受け取る資産のみなし公正な市場価値との差の範囲で損益を認識する。稀に交換される資産がいずれも確定的な公正な市場価値を有しないことがある。このような場合，各当事者は引き渡す資産の調整ベースを受け取る資産に引き継ぐ。

③ 営業権その他の無形資産[25]

営業権は，事業資産（business assets）の通常の収益率（a normal rate of return）を超える法人の収益力（earning power）によって評価される事業の資産である（規則1.1001－1(a)）。営業権，特許権，フランチャイズその他の無形資産の公正な市場価値は，多年にわたる収益の資本化により定められる。IRSは，5年の事業活動に基づいて収益を資本化する算式を認めた。この算式では，平均純収益を計算し，純有形資産の合理的な収益率による収益から相殺し，その純収益の残額は営業権に帰すべきものとされ，合理的な率で資本化される。事業の価値は，この資本化された営業権の価値と純資産（株式＋剰余金）の合計とさ

161

れる。

④　株式および証券

証券が公開市場または公認された取引所で取引される場合，相場が通常証券の公正な市場価値を表す（規則1.1001－1(a)）。基準評価日における証券取引所の相場変動がある場合，同日の高値と低値の平均が同日の株価として受け入れられる。

売却制限の合意がある場合，これも株式評価の要素として考慮される。株式が独立企業間取引に従って資産と交換される場合，**物々交換評価法**（barter-equation method of valuation）によれば，株価は受け取った資産の価値に等しいものとみなされる。物々交換評価法は，市場がない資産の評価についてはほぼ排他的に用いられる。物々交換評価法は，資産購入が独立企業間取引でない場合には否定される。

⑤　**閉鎖的保有株式**（closely held stock）

閉鎖的保有法人（closely held corporations）株式，非上場株式または相場が滅多に成立しない株式の評価については，すべての財務データおよび公正な市場価値に影響するすべての関係要素を考慮に入れなければならない（規則1.001－1(a), Rev. Rul. 77－287, 1977－2 CB319, Rev. Rul. 59－60, 1959－1 CB237, Rev. Rul. 83－120, 1983－2 CB170）。関係要素としては，次のようなものが含まれる。

(a)　事業の性質と創業以来の歴史

(b)　一般的な経済状況と特定産業の経済状況

(c)　株式の帳簿価値と事業の財務状況

(d)　法人の収益力

(e)　配当支払能力

(f)　株式の売却と評価対象株式の規模

(g)　企業の営業権その他の無形資産

優先株式の価値を決定する要素としては，（ⅰ）イールド，（ⅱ）配当の範囲，（ⅲ）清算優先権の保護が重視される（Rev. Rul. 83－120, 1983－2 CB170）。

閉鎖的保有株式の評価において売却制限の合意を考慮に入れなければならな

い。

株式が買戻オプションの対象である場合，その評価は買戻価格を超えないものとされる。株式の性質が投機性の高いものであり，相当の期間再販禁止の対象とされる場合，受け取る時には評価しない。

⑥ 不 動 産

不動産の公正な市場価値は，同じ地域の同種の資産の売買事例（規則1.1001-1(a)），市況，不動産の鑑定評価，賃貸料，モーゲージおよび購入の申出などの受け入れられる証拠によって決まる。

⑦ 混 合 資 産

複数の資産または複数の種類の資産が一括払で売却される場合，キャピタル・ゲインまたはキャピタル・ロスを生じる売却と通常の収益または通常の損失を生じる売却が行われたものとされることがある（規則1.1001-1(a)）。売価は，市場価値に比例して処分された資産に配分され，各項目または各グループごとに計算される。事業譲渡（a sale of an entire business）は，単一資産の売却でなく，その現金，受取債権，事業用資産および資本資産などの個々の資産の売却とされる（A.F.Williams,CA-2,46-1 USTC9120,152F2570,Rev.Rul.55-79,1955-1 CB370）。

その損益は，各項目または各種類ごとに計算され，当該資産の種類に応じて，キャピタル・ゲインまたはキャピタル・ロスと通常の損益に分類される。買主の支払金額は，そのベーシスを決定するために，同様に各資産に配分される。営業権は，継続企業（a going concern or a going business）と別に売却することはできない（C.H.Betts,CtCIs,1 USTC161,cert.denied,273U.S.762,Dodge Bros.CA-4,41-1 USTC9309,118F295）が，事業譲渡の場合営業権の対価を分離することができ，この対価は長期キャピタル・ゲインを生ずるものとされる。

棚卸資産や事業上の受取債権に帰すべき収益は，通常の所得とされる。

「不競争契約」（agreement not to compete）により受け取る金額は，通常の所得とされる（Rev.Rul.69-643,1969-2CB10,T.L.Cox,CA-CD,4 USTC1296,71F2d987）が，その契約が主として購入した営業権の保護であって，取引から切り離

すことができない場合にはキャピタル・ゲインとされる（Toledo Newspaper Co., 2 TC794, CCH Dec. 13, 512, Toledo Blade Co., 11TC1079, CCH Dec. 16, 736, aff'd without op. by CA－6, 50－1 USTC9234, 180F 2 d357, cert. denied, 340U. S. 811）。しかし，この契約が切り離すことができ，営業権の購入の部分と不競争契約の部分に分けることができるならば，不競争契約に配分される部分のみが通常の所得になる（R. S. Wyler, 14TC1251, CCH Dec. 17, 707）。

## 3　売却損益の認識

　資産の売却または交換は，常に，連邦税の適用上，認識すべき損益を生ずる（IRC1001(c)，規則1.1001－2）。損益の認識に要する原則には次のような例外がある。
　(a)　営業・事業用資産または投資のために保有する資産と同種の資産との交換
　(b)　収用に関する売却
　(c)　法人による自己株式と金銭または資産との交換
　(d)　資産の強制転換に関する交換
　(e)　生命保険証券の交換
　(f)　法人の組織再編成，清算および再資本化から生ずる交換
　(g)　株式を法人から受け取り，またはパートナーシップ持分をパートナーシップから受け取る場合の交換
　(h)　米国債と他の米国債との交換
　売主が中間的損益を認識する必要がない場合，売主は交換に引き渡した資産のベーシスを受け取った資産のベーシスとする必要がある。ブーツ（金銭その他の資産）を受け取る時，収益が部分的に認識される。売却または交換による収益があり，かつ，この収益が連邦税の適用上認識される場合，この収益を総所得に算入しなければならない。しかし，売却または交換による損失は，必ずしも認識されず，控除されるとは限らない。株式の合同保有から共同保有への

変更により損益は生じない (Rev. Rul. 56-437, 1956-2 CCCB507)。資産を交換する場合に相互に重要な相違があるときは損益を認識しなければならない（規則1.1001-1(a)）。資産保有者が種類や範囲の異なる法的権利を享受する場合，その資産は重要な相違のあるものとされる (Cottage Saving Assoc. SCt, 91-1 USTC50, 187, Centennial Savings Bank FSB, SCt, 91-1 USTC50, 188, on remand, CA-5, 91-2 USTC50, 344)。不動産をジョイント・ベンチャーに移転した後，納税者に戻す取引は，売却および買戻とみなされ，金融取引として取り扱われないので，納税者は収益を認識しなければならない。資産の売却その他の処分から実現した金額は，原則として，この処分の結果譲渡者が受ける債務免除の金額を含む。ただし，資産ベーシスの決定においてデット・ファイナンスを考慮に入れなかった時，当該資産の売却その他の処分による損益の決定に当該債務の免除を含めない。パートナーとパートナーシップとの間における資産の拠出と分配は，売却または交換とされず，個別のパートナーシップ税制のルールを適用される。

① 売却の時期

課税上，売却の時期は重要な意味をもつが，発生主義といえども，単に将来売却するという契約だけでは，損益は生じない。損益は，終結した取引 (a closed transaction) によって生じる (rev. Rul. 69-93, 1969-1 CB139)。売買取引の終結の時期を決定する基準としては，（ⅰ）法的権利の移転 (passage of title or title pass)，（ⅱ）占有の移転 (transfer of possession)，（ⅲ）重要な条件の成就 (a substantial performance of conditions) があげられるが，第一の法的権利の移転は決定的に重要視される。税務上，売却年度が通常損益計上年度とされるが，現金主義によれば，確定的な市場価値のない債券その他の資産を受け取る売主が後年度まで損益計上しないことがある。売却の時期は，売主の損益計上の時期のみならず，買主の資産保有期間の開始日を決定する上で，重要である。譲渡抵当 (mortgage)，条件付売買契約，割賦販売，その他の繰延払方法は，終結した取引につき損益の実現の時期および金額に関する一般原則に影響するものでないと解されている。

コモンローによれば，抵当権の設定は債務者の債務不履行を条件とする財産権の譲渡に当たるとされている。

② オープン・エンド・セール

売主が確定的な市場価値のないものを受け取るとき，オープン・エンド・セールという（規則1.1001-1(a)）。この例としては，不確定な状況で一定期間に不確定な売上代金を受け取る契約がある。これでは，売却により実現した金額を計算できないので，終結した取引とはいえない。変更自由な取引（open-end transaction）については，ベーシスが完全に回収されるまで収益は実現しない。これに対し，IRSは収益の繰延を防止するためすべての契約および請求権の評価を要求し，裁判所もこの対場を支持する。

③ エスクロー取引（escrow transactions）

不動産の売却その他の契約において，買主が法的権利の調査を完了しこれを満たす場合または他の条件が満たされる場合，買主が代金をエスクローに入れ，売主がこれから引き出すことがある。この取引は，終結した取引ではないので，エスクローの条件が完全に満たされるまで，売主は所得を実現しない。売主がエスクロー資金に対し完全な支配を有する時，収益計上を繰り延べることができない。

④ 契約による売却

資産譲渡契約は，買主が資産の占有を即時に取得し買主が所定の金額を支払う時に譲渡証書(deed)を付与されることを売主と合意する延払契約(a deferred payment contract)である場合，売却による収益の全部に対し，売却年度に課税される（IRC451および1001(d), 規則1.451-1）。売却の対価が現金および手形である場合，実現した金額は，現金および手形の公正な市場価値である。受け取った時に確定的な公正な市場価値のない手形は，金銭等価物ではない（O.K.Hexter, 8 BTA888, CCH Dec. 2962）。債権証書は，自由かつ容易に譲渡できる場合にのみ金銭等価物とされる（H.W.Johnston, 14TC560, CCH Dec. 17,578）。延払で代金を支払うために買主の契約上の支払債務証書は，譲渡性の要素を有する手形その他の債務証書にその約束が具体化されない時は，現金主義によれば，金銭等

価物とされない (N. J. Ennis, 17TC465, CCH Dec. 18, 543)。

契約に基づき受け取る対価がベーシスを超えるまで申告すべき収益のない一定の資産の売却において，契約で利子を規定せずまたは非現実的な低利を規定する場合，売価の一部は利子として取り扱われる。

⑤ 手付金 (earnest money) およびオプション

手付金またはオプションは，オプションが行使されるかもしくは消滅され，または手付金を伴う申出が承諾されるまで，所得に算入されない。オプションが不行使により消滅する場合には，オプションの支払は通常の所得として取り扱われない。買主がオプションを行使する場合には，オプションの支払は売買代金の一部として取り扱われる。

⑥ 未履行契約 (executory contract)

売却の未履行契約については，買主がオプションを行使するまで，損益は認識されない (Rev. Rul. 54-607, 1954-2 CB177)。オプション行使後も，取引が終結するまで，売主の一定の行為が必要である。例えば，買主が売主に対し，文書の作成と同時に土地購入オプションを行使すると通知する場合，売主が法的権利の移転および占有権の移転に関する文書を買主に引き渡すまで代金を所得に算入する必要がない (North Texas Lumber Co., SCt. 2 USTC484, 281 U. S. 11)。

⑦ リース・エンド・セール (lease and sale arrangement)

将来買主となり得る者 (a prospective buyer) に後日資産を買うオプション付のリースを与えることにより資産の売却を延期することができる。

⑧ 売却の調整

後年度の調整により引き渡される資産の金額または売価を変更する時でさえ，取引が終結する課税年度に損益は計上しなければならない。

# 4 ベーシス (basis)

資産の売却その他の処分からの損益を計算するための資産のベーシスは，未調整ベーシス (unadjusted basis) である。一般に，棚卸資産のほか，原価 (cost)，

公正な市場価値 (fair market value), 譲渡価額および取替費用という4種類の未調整ベーシスがあるが, 税務上, 資産のベーシスは, 原価 (cost) であり, 資産の代金として支払われた金額である。この例外として, 贈与・相続で取得する資産のように原価ベーシスがない場合には, 譲渡価額ベーシス (譲渡者のベーシス) を用いる。未調整ベーシスは, 資産取得日から処分日までの期間中に生じる費用, 資本取引等に関し調整される。加算項目としては, (ⅰ) 改良費, (ⅱ) コミッション, (ⅲ) 法律費用, (ⅳ) 登記料, (ⅴ) 鑑定料, (ⅵ) 租税公課などが含まれる。減算項目としては, (ⅰ) 一定の減価償却費, (ⅱ) 免税配当, (ⅲ) 強制的交換による損失, (ⅳ) 災害損失などが含まれる。不動産のベーシスの決定には特別なルールが適用される。資産に係るモーゲージその他のローンを取得するための金融費用 (financing expenses) は, 当該資産の原価の一部とされない。

このような金融費用は, 事業費用または所得稼得費用と分類されることを条件として, ローン期間にわたり控除される範囲で資本的支出 (capital expenditures) とされる。

## 5　損益計算の調整ベーシス (adjusted basis)

資産の売却もしくは処分による損益を計算し, または減価償却費もしくはコスト回収を計算するため, 資産の所有者は当初のベーシスと調整 (加算・減算) 項目を知る必要がある (規則1.1011－1)。

① **資産の原価ベーシス** (cost basis)

資産の未調整ベーシスは, 別のベーシスが法定される場合を除き, 当該資産の原価 (cost) である。資産の原価は, 現金または他の資産で支払われる金額であり, 運賃, 据付費, 検査費および売上税などを含む (規則1.1012－1)。不動産の原価ベーシスには, 引き受けたモーゲージの金額 (リコースかノンリコースかを問わない) が含まれる。

買主が資産の取得時に支払う資本的支出および購入後の支出は, 当該資産の

原価ベースに加算される。現物資産または受取債権を配当または報酬として受け取った場合ベースは所得に算入される資産の公正な市場価値である。発生主義では、受取債権は、全額所得に算入され、その同額が後日の取立または処分の時の損益のベースとなる。現金主義では、受取債権を生じる取引は現金の受取時まで所得に算入されないので、その受取債権のベースはゼロとなる。資産の売却その他の処分に関して受け取った資産の確定的な市場価値がない場合、そのベースは、当該資産のベースまたはこれに対して与えた現金から受け取った現金その他確定的価値のある資産の合計額を減算した金額とされる。資産を独立企業間の取引において他の資産との交換（免税交換および部分的免税交換を除く）で取得する場合、取得した資産の原価は移転した資産のベースと交換による収益金額との合計額であり、この金額は受け取った資産の公正な市場価値と同額であり、移転した資産の公正な市場価値と同額である。

② 購入費用（buying expenses）

不動産その他の資産の原価は、当初の購入価格に付随費用を加算した金額である。この付随費用としては、（ⅰ）運賃、（ⅱ）改良費、（ⅲ）据付費、（ⅳ）検査費、（ⅴ）鑑定費、（ⅵ）購入コミッション、（ⅶ）収用費用、（ⅷ）信用調査費、（ⅸ）法的権利の決定、防御、保険、（ⅹ）モーゲージの法的権利の保険、（xi）消費税、売上税および譲渡税などがある。証券の購入につき発生する費用は、証券の原価の一部として取り扱われ、損金として控除することはできない。

③ 株主または使用人が低廉譲渡された資産

法人が株主にまた雇用主が使用人に公正な市場価値より著しく低い価格で譲渡する場合、取得した資産のベースは、購入価格と所得に算入すべき追加的金額との合計額である。

④ 株式発行により購入した資産

法人が資産と交換に株式を発行して当該資産を購入する場合、損益は認識されない。この交換により法人が取得した資産のベースは、発行時の株式の公正な市場価値である。逆に、株式の確立された価値がない場合、当該株式の価

値を定めるため，移転された資産の公正な市場価値を用いることができる。法人が取得した資産のベーシスは，次の場合には，当該資産の原価と異なる。

(a) 適格組織再編成の交換により取得した資産
(b) 法人が株主のために剰余金の支払または資本拠出として取得した資産
(c) 移転直後に法人を支配する者から取得した資産

⑤ 証券の特定

株主の原価ベーシスは，株式を取得するために支払った価格によって決まる。購入の時期や価格が異なるロットの株式を売却する場合，ロットの特定ができないとき，売主の通常の会計方法にかかわらず，売却されまたは移転された株式は，先入先出法（first-in, first-out：FIFO）によって決められる。FIFOは，ディーラーおよびトレーダーに適用される。

⑥ ミューチャル・ファンド持分 (mutual fund shares)

ミューチャル・ファンド持分が売却される場合，ベーシス決定ルールは法人株式に適用されるルールと同様である。すなわち，所有者が売却株式を個別に特定することができる場合，売却時に実現した損益を決定するために用いるベーシスは，個別株式の調整ベーシスであるが，株式取得の日または価格が異なり，かつ，売却株式の属するロットを十分に特定できない場合，売却株式のベーシスをFIFOで決定する。IRSは，ミューチャル・ファンド持分保有者が売却された持分の平均ベーシスを計算するため，次の場合，2つの方法（ダブルカテゴリー法またはシングルカテゴリー法）のいずれかを選択することを認める。

(a) ミューチャル・ファンド持分がその取得または償還のために維持する勘定において保管者または代理人によって保管されていたこと（規則1.1012－1(e)(1)( i )(a)），および
(b) 当該勘定に保有されるミューチャル・ファンドが異なる価格で取得されたこと（規則1.1012－1(e)(1)( i )(b)）

( i ) ダブルカテゴリー法

売却時に一勘定に保有されるすべての持分は次の2つのカテゴリーに分けられる（規則1.1012－1(e)(3)( i )）。

・12ヶ月を超えて保有される持分（長期持分）

・保有期間が12ヶ月以下の持分（短期持分）

　各カテゴリーの持分の平均ベーシスは，同カテゴリーの全持分の調整ベーシスを同カテゴリーの全持分数で除算した額に等しい。

　（ⅱ）　シングルカテゴリー法

　売却時に勘定にある全持分をシングルカテゴリーの一部とし，勘定にある各持分の平均ベーシスは，同勘定の全持分の調整ベーシスを同勘定の全持分数で除算した額に等しい。

# 6　原価ベーシスの配分（allocation）または割当（apportionment）

　一括払で資産を取得した後にその一部を処分する場合，原価その他のベーシスを複数の単位に配分し，各部分の処分時に損益を計算して申告しなければならない（規則1.61－6(a)）。原価その他のベーシスは，資産の各部分間で公平に割りあてられ，売価と原価その他のベーシスとの差額である損益が各部分に配分される。この割当は，資産の各部分の公正な市場価値に基づいて行われるが，すべての要素を考慮に入れ，各部分の原価または売価に基づくベーシスの配分が，適切な場合に用いられる。

　①　異なる種類の証券

　一括払で優先株式と普通株式を買う場合のように，異なる種類の株式を一単位として購入する場合，取得時の公正な市場価値によって購入した異なる種類の間で原価を割当しなければならない。これができない場合，全単位の売買代金が全体の原価を超えるまで，この売却からの損益は実現しないものとされる。

　②　石油・ガス資産

　売主が表土の権利を留保し，石油・ガスのロイヤルティ持分を売却する場合，取得時の価値に基づいて，原価その他のベーシスを表土と鉱業権とに配分しなければならない。

③ 区画売買される不動産

土地の面積を細分化してその区画を売却する場合，全面積のベーシスを各区画に公平に割りあてなければならない（Rev. Rul. 72－255, 1972－1 CB221）。公平な割当（equitable apportionment）は，比例的な割当を意味するものではない。

## 7　ベーシスの調整（adjustment to basis）

資産の売却その他の処分による損益を計算するため，適正に資本勘定に含まれるすべての支出その他の項目を含めるよう未調整ベーシスを上方修正しなければならない（規則1.1016－2, 1.1016－5）。これは，**ベーシスの加算項目**といわれる。この概要については，上記6で述べたが，特に，**資本的支出**（capital expenditures）について付言する。資産の価値を増加させまたはコスト回収期間もしくは耐用年数を伸ばす恒久的改良費は，当期の損金として控除できず，資産のベーシスに加算される（規則1.1016－2）。また，資産の未調整ベーシスから資産の保有期間における**資本償還**（a return of capital）を表すすべての項目を減算しなければならない（規則1.1016－3, 1.1016－4）。これは，**ベーシスの減算項目**といわれる。この概要については，上記6で述べたが，特に，減価償却費について付言する。

① 減価償却不足額

減価償却，コスト回収，償却，陳腐化および減耗控除に関するベーシス調整は，損金計上した金額または損金計上することができた金額のより大きい方の金額に等しい。

② 減価償却超過額

正確な計算で損金計上が認められる金額より大きい金額の減価償却，コスト回収，償却，陳腐化および減耗控除を行った場合，資産のベーシスから控除金額を減算しなければならない。この調整は，二重控除（double deductions）を回避するために行わなければならない（規則1.1016－6(a)）。この調整は，子会社の損失を親会社が再度控除することができないように適用される。子会社株式

第7章 売却または交換による収益

のベーシスは，連結納税年度に調整しなければならない。超過減価償却ルールは，売却された株式のベーシスを増加させ，その子会社の株式の売却に係る二重控除を親会社に認めるために，投資ベーシス調整ルールとともに用いることはできない（規則1.1502-32）。

③ 償却可能な債券プレミアム

課税債券を額面価値より高値で購入する場合，買主はプレミアムを償却することを選択できる。1987年後に取得する債券について，償却可能な債券プレミアムは，債券の受取利子と相殺するものとして取り扱われる。この選択により，債券のベーシスまたは調整ベーシスは，相殺または控除として認められる償却可能な債券プレミアムの金額だけ減算されなければならない。

④ モーゲージ・フィーその他の金融費用

資産に係るモーゲージその他のローンを得るために支払う手数料，コミッションその他の費用は，当該資産の原価の一部でない（Rev. Rul. 67-369, 1967-2 CB235）。これらは，事業費用または所得稼得費用として分類できれば，ローン期間にわたって償却され控除される範囲で資本的支出の性質をもつが，現実には資本資産とならない。この取扱いは，資産取得後のローンについて当てはまるが，改良しない資産のファイナンスのためのローンについても当てはまる。売買代金に吸収されない売買代金モーゲージ（purchase-money mortgage）および金融費用にも同様の取扱いが適用される。したがって，このような費用は，取得資産の調整ベーシスの決定に当たって，資産ベーシスに加算されない。

## 8 非課税交換（nontaxable exchanges）

営業もしくは事業における生産用または投資（株式および証券を除く）用として保有する資産が営業もしくは事業における生産用または投資用として保有する同種の資産とのみ交換される場合，損益は認識されない。同種の交換（like-kind exchanges）で移転される資産は，様式8824（同種の交換）で申告される。資産および金銭と同種の資産を交換する場合，損益は認識されない（規則1.1031

(a)－1(c)）が，交換で金銭または異種の資産を受け取る場合には，収益（損失を除く）を認識しなければならない。同種の交換であるためには，資産は同種の性質を有するものでなければならないが，同程度または同品質であることは必ずしも必要でない（規則1.1031(a)－1(c)）。関連者間の同種の交換は，保有期間要件を満たすことを要する。関連者間の同種の交換で受け取った資産が交換における直近の移転日後2年目の日前に処分される場合，当初の交換で認識されなかった損益は，当該資産の処分日に認識しなければならない（IRC1031(f)および(g)）。

① 生産用または投資用として保有される資産の交換

**同種の交換ルール**（規則1.1031(a)－1，1.1031(k)－1）は，**不認識ルール**（non-recognition rule）という。このルールは，一方の資産が外国に所在するとしても，動産の交換に適用される（Rev. Rul. 68－363, 1968－2 CB336）が，一方の資産が米国外に所在する不動産である場合には適用されない（IRC1031(h)）。交換とは，相互的な資産譲渡であり，金銭を対価とする資産の譲渡と区別される。その意味で，金銭を対価とする資産の売却および他の同種の資産の買戻については，不認識ルールは適用されない。ただし，納税者が古い設備を売却し，購入と売却が相互依存取引であることを示す条件の下で，同一のディーラーから新しい設備を購入する取引は，**免税交換**とされる（Rev. Rul. 61－119, 1961－1 CB395）。このルールは，主として販売のために保有する在庫品，株式，債券，手形，訴訟上の動産，信託証書，受益権，他のパートナーシップ持分，他の証券または債務証書には適用されない（IRC1031(a)）。

　　(ⅰ)　同種の資産（like-kind property）

投資資産と投資資産との交換，または事業資産と事業資産との交換であることは必ずしも要求されないが，同種の資産の交換であることが要求される。これは，交換される資産は類似の性質（a like nature or character）をもつものでなければならないことを意味する。農場と賃貸ビルとの交換や都市部の不動産と工場施設との交換が，非課税交換として認められた例がある。これに対し，住居と投資のためのアパートとの交換は同種の交換に該当しないとされた例があ

る。

　交換される資産が同種の資産（property of a like kind）であるか否かを決めるに当たって，資産が同種類の資産（property of a like class）でないという事実からいかなる判断もできない。減価償却有形動産は，同じ「一般資産クラス」（General Asset Class）または同じ「生産品クラス」（Product Class）内の資産である場合，同種類の資産とされる。税法上，減価償却費の計算において資産減価償却レンジクラス（Asset Depreciation Range classes）を規定する一般資産クラスは13種類あり（Rev. Proc. 87-56, 1987-2 CB674, Rev. Proc. 88-22, 1988-1 CB 785），生産品クラスは減価償却動産を分類する4桁コード・システムに基づいて表記されている。無形資産の交換または非減価償却資産の交換は，同種の資産（property of a like kind）である場合に限り，不認識（non-recognition）とされるが，同種類の資産（property of a like class）については規定がない。交換される資産が同種類の資産であり，同種の交換の収益繰延ルールが同種類の資産に適用され，かつ，交換が同種の交換ルールの他の要件を満たすとしても，主として米国内で用いられる動産と主として米国外で用いられる動産は，1997年6月8日後，同種の資産とされない。

　（ⅱ）　関連者間の交換

　関連者再販ルールの適用を避けるために適格介在者（a qualified intermediary：QI）を使用することはできない（Rev. Rul. 2002-83, IRB2002-49, 927）。交換される資産の保有者の損失リスクがプット，空売りその他の資産取得権の使用によって実質的に減少した場合には2年の期間の進行は停止される。ここで，「関連者」（related persons）には，(a)パートナーシップと当該パートナーシップの資本持分（capital interest）もしくは利益持分（profits interest）の50％超を直接もしくは間接に所有する者，または(b)同一の者が資本持分もしくは利益持分の50％超を直接もしくは間接に所有する者が含まれる（IRC1031(f)(3)）。

　（ⅲ）　パートナーシップ持分（partnership interests）

　パートナーシップ持分の交換は，同種の資産の非課税取扱いを受けられない（IRC1031(a)(2)(D)）。

175

(ⅳ)　多数事業用資産 (multiple business assets)

　一事業資産と類似の事業資産との交換は，単一の資産と他の単一の資産との交換として取り扱われない（Rev. Rul. 89-121, 1989-2 CB203)。交換が多数の資産に関する場合，資産の集合が一事業または一統合的な経済投資を構成するという事実によって，その交換が単一の資産の処分として取り扱うことはできない。

　(ⅴ)　多数当事者の交換 (multiple-party exchange)

　同種の交換が一連の取引に係る多数当事者の交換を通じて行われる。このような交換は，例えば，含み益のある資産 (appreciated property) の売却による収益の認識を伸ばすために行われる。ここで，多数当事者の交換とは，次の要件を満たすものである。

　(a)　当事者が契約書によりその意図を立証すること
　(b)　同種の資産の法的権利が，納税者への移転の前に，買主に与えられること
　(c)　同種の資産が納税者に現実に移転されること
　(d)　取引が法定期限内に行われること

　買主が同種の資産を取得する場合，納税者と買主は売却でなく，同種の交換を行うことができる。買主が同種の資産を確保することを嫌いまたは確保することができない場合，納税者は同種の交換を行うことができる。すなわち，納税者はまず第三者と同種の交換を行い，その後，買主は当該資産を第三者から取得することができる。納税者は，第三者から同種の資産を取得するために用いるまで資産の譲渡収入をエスクローに保有するというエスクロー契約を用いて同種の交換を行うことができる。

　②　**繰延交換** (deferred exchange)

　取引が同種の交換とされるためには次の時間要件を満たす必要がある（IRC 1031(a)(3), 規則1.1031(k)-1)。

　(a)　交換で受け取るべき資産は，「特定期間」(identification period) 末までに特定すること（特定期間は譲渡資産移転日に開始し45日目の末日に終了する）

(b) 特定された資産は,「交換期間」(exchange period) の末日までに受け取ること (交換期間は譲渡資産移転日に開始し180日目または申告期限のいずれか早い方の末日に終了する)

納税者が同じ繰延交換の一部として移転した譲渡資産の数にかかわらず,次の限度までの代替的取替資産を特定することができる。

(a) 公正な市場価値のある3つの資産

(b) 多数の資産 (特定期間の末日の公正な市場価値の合計がすべての譲渡資産の公正な市場価値の合計の200%以下であること)

繰延交換の損益は,現実に同種の取替資産を受け取る前に現実に金銭その他の資産を受け取るかまたは受け取るとみなされる場合,認識される。同種の取替資産を受け取る前に譲渡資産の対価として金銭その他の資産を現実に受け取るかまたは受け取るとみなされる場合,究極的に同種の取替資産を受け取るとしても,この取引は繰延交換でなく,売却とされる (規則1.1031(k)－1(f))。このルールの適用を避けるため,IRSは次のセーフハーバーを定めた (規則1.1031(k)－1(g))。

(a) 納税者に取替資産を移転する譲受人の義務は,(a)モーゲージ,信託証書,その他の資産持分,(b)スタンドバイ信用状 (同種の資産を移転する譲受人の義務が不履行となる場合を除き,納税者が信用状で振り出すことを認めないもの),(c)第三者の保証によって保証されることを認められる。

(b) 取替資産を移転する譲受人の義務は,交換期間終了まで金銭または金銭等価物に対する納税者の権利を明示的に制限する適格エスクロー勘定または適格信託において保有される金銭または金銭等価物によって保証されることを認められる。

(c) 適格介在者 (QI) の使用によって促進される繰延交換が認められる。納税者とQIとの合意により,交換期間終了まで介在者が保有する金銭その他の資産を取得する納税者の権利を明示的に制限する必要がある。

(d) 納税者は繰延交換に係る成長要素の持分を受けることができる。ただし,納税者に当該持分を与える合意は交換期間終了まで成長要素の持分を受け

る納税者の権利を明示的に制限しなければならない。

### ③ 金銭その他の資産を伴う交換

投資または営業もしくは事業における生産用として保有される資産の同種の交換となるものに納税者が金銭を追加する場合，連邦税の適用上，収益を認識する必要がない（規則1.1031(b)-1）。これと逆に，納税者が同種の資産を受け取るほか，金銭または譲渡資産と異なる資産（これをブーツ（boot）という）を受け取る場合，この交換は非課税交換（non-taxable exchange）から部分的免税交換（a partially tax-free exchange）に転換され，受け取った金銭その他の資産の範囲で収益が認識されるが，損失は認識されない。同種の交換に関して支払われる金銭は，認識される収益の計算上，受け取る金銭と相殺される。認識されない損失の金額は，交換で取得した資産のベーシスが譲渡資産のベーシスとされるので，取得した資産の増加に反映される。

### ④ 抵当不動産 (mortgaged real estate) の交換

モーゲージ，担保契約または他の資産のリーエンの担保とされた資産を交換する場合，相殺される負債金額は，金銭その他の資産の受取に相当するものとして取り扱われる（規則1.1031(d)(2)）。

### ⑤ 株式と資産との交換

取引の性質を問わず，法人が自己株式（金庫株（treasury stock）を含む）と交換に金銭その他の資産を受け取る時，損益は認識されない。その株式がプレミアム付で売買されるか，割引売買されるかは，重要ではない（規則1.1032-1）。このルールは，法人が自己株式と自己株式を交換する場合にも適用される。

法人は，自己株式の売買のオプションの取得または権利消滅の時に損益を認識しない（IRC1032(a)）。この規定により，発行法人のオプションの償還は株式の買戻しと同様の方法で取り扱われる。IRC355(c)（スピンオフ）に関し使用人に分配された使用人保有株式に関する制限が消滅する時，分配法人は損益を認識しない（Rev.Rul.2002-1, IRB2002-2, 268）。法人が他の資産の代わりに自己株式を受け取る場合，不認識ルールは適用されない。

自己株式を買い，売却の機会や追加資本の必要を生じるまで金庫株として保

第7章 売却または交換による収益

有する法人がこれを売却する時,この再売却による損益は認識されない(規則1.1032－1)。法人が事業方針により退社する使用人の株式を取得し,他の使用人に再売却する時,この売却が報酬に該当しないことを条件として,このルールが適用される。子会社が親会社から株式を買う場合にはこのルールは適用されない。

子会社が保有する株式は,金庫株ではない(Rev.Rul.70－305, 1970－1 CB169, Rev.Rul.74－503, 1974－2 CB117)。

⑥ ベーシス・ルール

(ⅰ) 交換で取得した資産

損益が認識されない同種の交換で資産を取得する場合,取得された資産(property acquired)の未調整ベーシスは,取得された資産がリーエンの対象でない限り,譲渡資産(property transferred)の調整ベーシス(代替ベーシス(substituted basis))と同じである(規則1.358－1～1.358－4, 1.1031(d)－1)。1つの資産と交換に2つの資産を取得する場合,交換された資産のベーシスは,交換日における公正な市場価値に応じて2つの資産に配分される(Rev.Rul.68－36, 1968－1 CB357)。

交換が収益を認識しなければならない同種の資産と他の資産または金銭の双方との交換を含む部分的免税交換である場合,受け取った同種の資産のベーシスの合計は,次の算式で計算される。

「譲渡資産(金銭を含む)の調整ベーシス」－「受け取った金銭および他の資産の公正な市場価値」＋「交換により認識された収益」－「交換により認識された損失」＝受け取った同種の資産のベーシス

他の資産または異種の資産のベーシスは,公正な市場価値である。

代替ベーシスが必要な他の交換には,次の交換が含まれる。

(a) 株式と同一法人の株式のみとの交換(IRC1036)

(b) 資産と被支配法人の株式または証券のみとの交換(IRC351)

(c) 株式または証券と組織再編成における株式または証券のみとの交換(IRC368)

179

(d) 米国債と他の米国債との交換（IRC1037）

（ⅱ） 部分的に交換費用（trade-in allowance）を支払われた資産

営業または事業で用いられる資産を同種の資産と交換する場合，旧資産につき交換費用（下取代金）を受け取る時でさえ，収益は認識されない。新資産のベーシスは，当該新資産のために追加的に支払われた金銭を加算された旧資産のベーシスである（規則1.1031(d)−1）。

（ⅲ） 負債の効果

交換の他方の当事者が引き受けた納税者の負債の金額は，交換で納税者が受け取る金銭として取り扱われる。他方の当事者が負債付で資産を受け取るが個人責任を引き受けない場合，同じルールが適用される。このような負債金額は，金銭と同様に交換で納税者が取得した資産のベーシスを減少する（規則1.1031(d)−2）。

逆に，納税者が他方の当事者の負債を引き受けるかまたは負債付で資産を受け取る場合，このような負債は支払った金銭として取り扱われ，納税者が取得した資産のベーシスを増加する。

（ⅳ） 多数の資産の交換

同種の交換ルールにより，収益の認識および交換で受け取る資産のベーシスを計算するため，資産ごとの比較が必要であるが，多数の資産は(a)複数のグループに分離することができる場合または(b)単一グループ内に複数の資産がある場合，同種の資産の交換グループに分類される（規則1.1031(j)−1(a)(2)）。

（ⅴ） 減価償却費

公正な市場価値が調整ベーシスを超える減価償却資産の非課税交換を行う場合，将来の減価償却費に及ぼす効果が重要である。資産を交換でなく，売却し，その収入を他方の資産に投資する場合，新規取得資産のベーシスは，交換による場合よりも大きくなる。同種の資産の交換では減価償却の取戻しはないが，資産が減価償却の取戻しのため認識される取引において処分される場合，動産につき過去に控除された減価償却の全額と1987年前にその用に供された不動産につき過去に控除された減価償却の全額のうち定額法を超える部分が取り戻さ

れる。

(vi) 不動産の再取得

不動産の売却が当該不動産によって担保される売主の負債を生じ売主が当該負債の全部または一部を履行する時に当該不動産を再取得する時，収益は制限され，損失は認識されない（規則1.1038-1(a)(1)）。再取得は抵当流れ販売その他の方法によって行われる（規則1.1038-1(a)(3)(ⅱ)）。売主の法的権利の保有にかかわらず，買主が占有権を有し売買代金の支払を完了した時に法的権利を取得する場合，通常，売却が行われたことになる。売主が買主の不履行時のみ不動産の償還請求権を有するとしても，この売却は負債を生ずる。売主が不履行の場合に法的権利もしくは占有権またはその双方を有する場合，当該負債は不動産によって担保される。

【注】

24) 全世界所得課税の下で米国企業は外国事業活動から生じる外国所得に対しても米国税を課されるが，外国子会社を通じて行う外国事業活動から生じる外国所得に対する米国税は，当該外国子会社から米国親会社への配当が行われるまで課税繰延される。外国法人からの配当は，益金算入とされる。源泉地国において米国親会社の受取配当に対する外国税およびその配当の基因である外国子会社の外国所得に対する外国税については，米国で外国税額控除により救済される。前者の外国税については直接外国税額控除，後者の外国税については間接外国税額控除が認められる。しかし，米国では外国子会社からの受取配当に対する米国税を「本国償還税」（repatriation tax）といい，これを回避するため米国ベース多国籍企業が米国親会社への配当を抑制する傾向があり，問題視されている。米国ベース多国籍企業が外国からの配当について免税とする領土主義課税（territorial taxation）や参加免税（participation exemption）を採用している諸外国の多国籍企業とのグローバル市場における競争において不利な立場に置かれていることを重視して，2005年11月1日の大統領諮問パネルの税制改革勧告では簡易所得税（SIT）案において外国からの受取配当に対する米国税を免除することとしている。

25) 無形資産の評価については，一般に財務データによる方法として（ⅰ）コストアプローチ，（ⅱ）マーケットアプローチおよび（ⅲ）インカムアプローチがあり，非財務データによる方法として管理目的評価方法がある。コストアプローチは，実際に発生したコストの測定により客観的に評価できるが，戦略性やリスクを反映しない。マーケットアプローチは，将来の事業性やリスクを反映するが，市場がないかまたは

## 第2編　法人の総所得

未発達な状態では適用が困難になる。インカムアプローチは，将来生じるキャッシュ・フローを割引現在価値で測定するので，事業性やリスクを反映するが，不確実性による収益予測の困難性と主観的判断の余地がある点に問題がある。

日本公認会計士協会「知的財産評価を巡る課題と展望について」2004。

# 第3編
# 控除できる損金
(allowable deductions)

第3編　控除できる損金

# 第1章

## 損金に関する通則

　法人の課税所得の計算において，**経費**（expenses）は損金算入を認められる経費（deductible expenses）等と損金算入を認められない経費（non-deductible expenses）等（non-deductibles）に分けられ，損金算入を認められる経費等は**通常の経費**（ordinary expenses）等と**特別控除**（special deductions）に分類される。

　**損失**（losses）については，個人，遺産財団および信託ならびにS法人が控除できる損失は，営業もしくは事業または営利活動で生じたものに限られるが，法人（S法人を除く）の損失にはこのような制限はない（IRC165，規則1.165-1）。しかし，法人の事業その他の営利活動（profit-making activity）に関連のない損失は，否認される。

　① **適格生産活動**（qualified production activities）

　2004年12月31日後に開始する課税年度に，所得税および代替ミニマム・タックスの適用上，**適格生産活動所得**（qualified production activities income）または課税所得のいずれか少ない方の9％の控除が認められる。この控除率は，2005年および2006年に開始する課税年度には3％，2007年から2009年に開始する課税年度には6％，2009年後に開始する課税年度には9％とされる。

　② **適格生産活動所得**

　適格生産活動所得は，米国生産総収入（domestic production gross receipt：DPGR）から次の控除項目を減算した額である（IRC199(c)，2004年米国雇用創出法により追加）。

　(a)　米国生産総収入に配分される売上原価

　(b)　他の控除項目，経費および損失で，米国生産総収入に直接配分されるも

第 1 章　損金に関する通則

の
(c) 他の控除項目，経費および損失で，米国生産総収入または他の種類の所得に直接配分されないもの

③　米国生産総収入

DPGRは，次のものから生ずる総収入（gross receipts）である。

(a) 次の資産のリース，賃貸料，ライセンス，売却，交換その他の処分
　（ⅰ）納税者が米国で全部または重要な部分が製造され，生産され，抽出される有形動産，コンピュータ・ソフトウエアおよびレコード
　（ⅱ）米国で提供された個別サービスにつきフィルム生産の全報酬の50％以上を提供する納税者が生産したフィルム
　（ⅲ）納税者が米国で生産する電力，天然ガスまたは水
(b) 米国不動産（居住用建物および商業用建物を含む）の建設または実質的な修理およびインフラストラクチャー
(c) 米国で提供され，米国内の建設プロジェクトに関連するエンジニアリングおよび建築サービス

④　パススルー・エンティティ

パートナーシップ，S法人，遺産財団もしくは信託，その他のパススルー・エンティティについては，適格生産活動控除はパートナー，株主または類似の段階で適用される。各パートナー，株主，受益者等は，活動の分配シェアを考慮に入れて控除額を計算する。

法人の課税所得の計算において，**総所得からの控除項目**（deductions from gross income）としては，（ⅰ）役員報酬，（ⅱ）給料および賃金，（ⅲ）修繕費，（ⅳ）貸倒損失，（ⅴ）賃借料，（ⅵ）支払利子，（ⅶ）租税公課，（ⅷ）売却または交換による通常の損失，（ⅸ）広告宣伝費，（ⅹ）寄付金，（ⅺ）償却費，減価償却費および減耗控除，（ⅻ）年金，利益分与計画および従業員給付金計画への拠出金，（xⅲ）研究開発費，（xⅳ）雑損などがあげられる。さらに，**特別控除**（special deductions）としては，（ⅰ）純営業損失控除（net operating loss deduction），（ⅱ）受取配当控除（dividends-received deduction），（ⅲ）設立費

（organizational expense amortization）などがあげられる。

　法人，個人事業主，パートナーシップ，遺産財団および信託を含むすべての納税者の課税所得の計算において，**事業経費**（business expenses）は損金として控除できる。事業経費は，次の控除要件を満たさなければならない（IRC162，規則1.162－1）。

　(a)　納税者の行う営業または事業と関連すること
　(b)　納税者の営業または事業の通常かつ必要な経費であること
　(c)　損金計上を行う課税年度に支払いまたは発生したこと

　租税回避を防止するため，アット・リスク・ルールとパッシブ・ロス・リミテーション・ルールが適用される。

# 1　営業または事業

　「営業または事業」（a trade or business）は，税法において定義されていないが，生計または営利のために営まれる活動（an activity carried on for a livelihood or for profit）をいうと解される。そのため，ある活動が営業または事業であるための要件としては，（ⅰ）利益動機（a profit motive）の存在と（ⅱ）経済活動の遂行があげられる。

① 利益動機

　利益を得るために真正に行われる活動は，事業と考えられる。納税者の目的は，節税（tax savings）だけでなく，実際の経済的利益（real economic profit）でなければならない。営業または事業の判定要素として，活動および取引とともに所得の稼得（production of income）が規則的に行われることが認められている。

② 事業と趣味（hobbies）との区別

　個人の場合，趣味が所得を生じることがあるので，事業と趣味の区別は容易ではないが，重要な判定要素は活動時間と営利目的であると解される。

③ タックス・シェルター（tax shelters）

　利益動機要件によってタックス・シェルター活動に従事する納税者は損失や

支払利子などの事業経費控除を否認される。

#### ④ 投 資 活 動

一般に，投資活動は営業または事業でないとされる（E. Higgins, SCt, 41-1 USTC9233, 312 U.S.212, F.R.Meyer, FedCl, 94-2 USTC50, 509)。税務上，取引が認識されるか否かを決めるため，次の分析が用いられる。

（ⅰ） 投資が利益の可能性を示すこと（経済的実質）
（ⅱ） 投資家の利益動機

## 2　通常かつ必要な経費 (ordinary and necessary expense)

営業または事業の遂行において生じる経費は，通常かつ必要な経費でなければ，損金として控除することができない（規則1.162-1）。

#### ① 通常の経費

「通常の」概念は，時，場所および状況により影響される可変性のある概念である。「通常の」という用語は，同一の者が何度も行うという意味で支払が常習的または正常であることを意味するものではない。

#### ② 必要な経費

「必要な」概念は，事業経費と私的経費を区別する概念である。必要な経費であるためには，事業の継続性にとって不可欠な経費である必要はなく，事業に妥当でありまたは役立つ経費であることが必要である（United Title Insurance Co., 55 TCM34, CCH Dec.44, 552(M))。必要な経費か否かの判定は，発生時点で行われる。

法人の配当は，通常かつ必要であると考えられるが，事業経費として控除することはできない。

## 3 控除年度

経費を損金として控除できる課税年度は，納税者の会計方法が現金主義か発生主義かによって定まる（IRC446，規則1.446-1）。基本的には，現金主義では経費は支払年度に損金として計上するが，発生主義では発生年度に損金として計上する。発生主義では，一般に受け入れられる会計原則（generally accepted accounting principles）に基づき，事業経費が収入に対応すること（**費用収益対応の原則**），負債の事実が固定されその金額が合理的な正確さで決まること（**債務確定主義**）が必要である。

## 4 私的経費（personal expenses）との区別

事業経費は，私的経費と区別しなければならない。その区別は，営業または事業の遂行に関連するか否かによる。例えば，事業用と個人用に併用される資産に係る経費は，それぞれの用途に応じ，合理的かつ継続的な基準で配分されなければならない。

## 5 他人のために支払う経費

他人のために支払う金額は，原則として，事業経費として控除することができない。これは，（ⅰ）株主が法人の経費を支払う場合，（ⅱ）パートナーがパートナーシップの経費を支払う場合，（ⅲ）使用人が法人の経費を支払う場合，（ⅳ）法人が株主や使用人の経費を支払う場合などに問題となる。これらの場合，事業経費としての控除は否認される。次のような支払について，課税上の取扱いに注意しなければならない。

(1) 認容された控除
次の場合，暖簾や評判を守るために支払った経費の控除が認容された。

① 運送会社が同社の火災で損傷を受けた物品につき保険をかけていなかった顧客に支払った金額（Rev. Rul. 76-203, 1976-1 CB45）
② 法人が暖簾を守るため社員と顧客に対する死亡した社長の個人債務を弁済するために行った支払
③ 法人が支払不能の外国子会社の預金者および債権者に行った支払（Rev. Rul. 73-226 1973-1 CB62）
④ 法人が旧法人の破産で免除された債務について行った支払

### (2) 否認された控除
① 技師が事業上の評判を守るため過去に所有していた破産法人の債務を任意に弁済した場合の支払
② 非関連事業の投資家であった会計士が個人保証の履行として行った支払

## 6 控除できる事業経費

事業経費の控除については，個人事業主は様式1040スケジュールＣ，法人は様式1120，パートナーシップは様式1065により，申告しなければならない。事業経費には，(ⅰ) 報酬，(ⅱ) 支払利子，(ⅲ) 賃借料，(ⅳ) コミッション，(ⅴ) 修繕費，(ⅵ) 減価償却費，償却費および減耗控除，(ⅶ) 保険料，(ⅷ) 広告宣伝費，(ⅸ) 寄付金，(ⅹ) 交際費，(ⅺ) 租税公課，(ⅻ) 法律費用等，(ⅹⅲ) 年金および利益分与，(ⅹⅳ) 従業員給付金計画，などが含まれる。

第3編　控除できる損金

# 第2章
## 一般的事業経費 (general operating expenses)

　事業経費は，通常かつ当期の事業運営費用である。事業の総利得（gross profit）から通常かつ必要な事業経費（ordinary and necessary business expenses）を控除して事業の純所得または損失を計算する。本章では，一般的事業経費の主要項目について，説明する。

## 1　報酬，給料，賃金およびコミッション

　雇用主は，その使用人が現実に提供する人的役務に対する合理的な給料その他の報酬を損金として控除することができる。これらの報酬の形態は，（ⅰ）固定給，（ⅱ）総所得または純所得の一定割合，（ⅲ）歩合給，（ⅳ）賞与，（ⅴ）年金計画または利益分与計画への拠出，など，多様であるが，その形態によって損金性は左右されない。これらの報酬は，次の控除要件を満たす場合に，損金として控除することができる。

(a)　通常かつ必要な経費
(b)　合理的な金額
(c)　現実の人的役務が提供されること
(d)　現実に支払われるかまたは発生すること

### (1)　合理的な金額

　合理的な報酬（reasonable compensation）の判定は，その支払時における事実に基づいて行われる（規則1.162－7および1.162－8）。報酬の合理性に関する立

## 第2章　一般的事業経費

証責任は，納税者が負担する（Long Island Drug Co., Inc., CA－2, 40－1 USTC 9446, 111F 2 d 593）。

報酬の合理的な部分のみが損金として控除できる。報酬の合理性を判定するための要素としては，（ⅰ）使用人の資格，（ⅱ）職務の性質と範囲，（ⅲ）勤務時間，（ⅳ）使用人の特別な能力，（ⅴ）事業の規模と複雑性，（ⅵ）報酬と事業の総所得および純所得との比較，（ⅶ）経済条件，（ⅷ）報酬と株主への分配との比較，（ⅸ）比較対象事業における比較対象職位の報酬の割合，（ⅹ）雇用主の報酬政策，（ⅺ）特定の使用人に対する報酬の前年実績および（ⅻ）使用人の不競争契約などが考慮に入れられる。

### (2) 人的役務の提供

控除できる報酬は，現実に提供され，かつ，合理的に事業の利益になると期待される種類の人的役務に対して支払われまたは発生したものである。人的役務の提供は，当期に提供される必要はないが，報酬は当期に現実に支払われるかまたは発生することが必要である（H. B. Senior est. 12 TCM90, CCH Dec. 19, 450 (M)）。また，役務提供を償う意図で支払うことが報酬の控除要件である（Paula Construction Co., 58 TC10 55, CCH Dec. 31, 555, aff'd by CA－5, 73－1 USTC 9283, 474F 2 d 1345）。この要件の下では，退職した社長の生命保険をかけた同族会社は，退職後，社長が同社に役務提供したという事実にかかわらず，この保険料の支払は提供された役務を償う意図で行われたものではないので，支払保険料を報酬として控除することはできない（A. K. Whit-comb, CA－1, 84－1 USTC9472, 733F 2 d 191, aff'g TC, 81 TC505, CCH Dec. 40, 475）。

### (3) 経済的パフォーマンス

発生主義の雇用主が提供された人的役務に対する報酬を損金として控除できるか否かを判断するとき，その金額の債務確定の基因であるすべての事象は，経済的パフォーマンスが発生するまでは生じないものとされる（IRC461(h)）。人的役務に対する支払を要する債務について，経済的パフォーマンスは当該人

的役務が提供されるときに発生するとみなされる。

### (4) 営業譲渡

営業譲渡をした者が契約に従い譲渡後の事業の使用人となる場合がある。その譲渡代金が営業権に配分されない場合，売主である使用人に対する支払が当該売主である使用人の提供する人的役務に対する報酬でなく，事業の営業権の対価であると認定されることがある。新しい事業主は，次のことが立証できる場合には，このような支払を資本化すべき支出でなく，事業経費として控除することができる（A. E. Long, 77 TC10 45, CCH Dec. 38, 402）。

(a) 営業譲渡契約が独立企業間契約であること
(b) 売主を使用人とする事業上の理由が存在すること
(c) 売主である使用人に支払う金額が契約時点で合理的であること
(d) 売主が営業譲渡後事業のために現実に人的役務を提供すること

### (5) 閉鎖的保有法人 (Closely Held Corporations : CHC)

株式の過半数を所有する者が管理運営する法人は，損金計上できない配当でなく，損金計上できる報酬に偽装して収益・利潤 (earnings and profits : E & P) を分配するかまたは管理者である所有者の私的経費を法人の経費として控除する方法で税負担を減少させることがある。IRSは，閉鎖的保有法人の支払報酬については，法人申告と個人申告の総合的な税務調査を実施し，通常の法人の支払報酬とも比較して，閉鎖的保有法人の支払報酬の合理性を精査すべきである。

### (6) 関連者 (related parties) に対する支払報酬

関連者に支払う報酬は，控除要件を満たす限り，控除することができる。個人事業の場合，父親が子女に支給する賃金を控除することができるが，父親が未成年者の子女に提供する食事代や宿泊代は賃金として控除することはできない。個人事業主が個人的に報酬として引き出す金額は，控除することができな

い。パートナーシップについては，パートナーは使用人とならず，パートナーに支払う所得をパートナーシップの事業経費として控除することはできない。

## (7) 賞与 (bonuses)

**従業員賞与** (employee bonuses) は，提供された人的役務に対し，他の給料などに加えて支払われ，かつ，その金額が合理的な報酬を超えない場合，損金として控除することができる（規則1.162-9）。賞与は，贈与でなく，人的役務に対する追加的給付であり，現実に提供された人的役務に対して支払われるものである。賞与の支給形態は，金銭，資産またはそれらの組合せである。税法の基礎理論として，納税者は他人の経費を損金として計上することはできないので，親会社は，全部所有子会社の従業員に支払う賞与を控除することはできない。租税回避のため，支払法人が控除できる報酬の形態，特に賞与の形態で利得の全部を吸収する「利益の抜き取り」や配当の形態では支払法人の損金として控除できないので，株主である使用人に対する報酬形態，特に賞与の形態で利益の分配を行う「隠れた利益の分配」が行われることがある。このような目的で利用される報酬は，控除を否認される。「株主でない使用人」のみでなく，「株主である使用人」に対し税引前利得の一定割合に基づく賞与を支払うことは，必ずしも，このような賞与を報酬として取り扱うことにならない。法人が社長や50％株主である使用人に賞与を支払う場合，その金額が合理的であり，かつ，その全額が提供される人的役務の対価であるときは，賞与全額を損金として控除することができる。この賞与の支払について相当な理由があれば，この賞与は偽装配当 (disguised dividends) とみなされない (Railroad Dynamics, Inc., 47 TCM957, CCH Dec. 40, 953 (M))。年度末従業員賞与は，課税年度末後2.5ヶ月以内に支払われる場合には，雇用主が現金主義であれば現実に支払った課税年度に，雇用主が発生主義であれば賞与宣言をした課税年度に，損金として控除できる。しかし，この期間内に支払われない場合，この賞与は延払報酬計画 (a deferred compensation plan or arrangement) に基づいて支払われたものと推定される (IRC404(a)，暫定規則1.404(b)-1T)。この推定が反証により覆されない

限り，現実に支払われるかまたは支払われたものとみなされるまで，損金として控除することはできない。発生主義の雇用主は，賞与の受領者が当該雇用主の関連者（IRC267）である場合，現実に支払われる課税年度まで賞与を控除することはできない（IRC267(a)(2)）。年度末従業員賞与が延払報酬でないとしても，発生する前に雇用主は合理的な正確さで支払金額を固定し，債務を確定するすべての事象が発生したことを立証しなければならない。賞与が不確定である場合や課税年度末後に分配可能額や受益者が決定される場合には，賞与を宣言した課税年度に発生するものとすることは認められない。租税回避を防止するため，賞与宣言の課税年度が重要視される。その理由を例示すると，賞与の金額が受領者の保有株式に比例し，配当を報酬に転換することができる立場の取締役となる年度の期首に賞与の支払の決裁を怠る場合，当該課税年度末まで認められなかった賞与は，損金として控除できず，あらかじめ取締役会が十分な報酬を決定している株主である役員に支払われる年度末賞与は，偽装給料となる配当として損金として控除できない（General Roofing and Insulation Co., Inc., 42 TCM1697, CCH Dec. 38,434 (M), Sarfert Hosiery Mills, Inc., 6 TCM1208, CCH Dec. 16,132 (M), Bluefries-New York, Inc., 5 TCM58, CCH Dec. 14,977 (M)）。

## (8) コミッション（commission）

コミッションは，セールスマンその他に支払う報酬であり，提供される人的役務に対する報酬として控除することができる。雇用主の控除方法は，その会計方法によって異なる。後の収益から回収される前渡コミッション（advanced commission）は，支払われまたは発生した時に控除することができる。従業員が後に稼ぐことができなかった金額に関して返済義務を負う場合，前渡コミッションは負債となるので，後に支払われない場合には貸倒損失として控除できる。歩合（percentage compensation）は，売上や収益などの一定割合に基づく報酬であり，その控除は，他の方法によって定められる報酬と同様の控除要件を満たさなければならない（規則1.162-7）。人的役務の提供前に雇用主と個人が締結したフリーバーゲンに従う歩合については，雇用主の側で公正かつ有利な

条件で当該個人の人的役務を確保する以外の報酬によって影響されない場合，控除することができる。フリーバーゲン・ルールは，閉鎖的保有法人の役員である株主に支払われた歩合に関し，訴訟の対象とされ，判例を通じて次のルールが確立した。

(a) 従業員が支配株主でなく，給料が株式保有と関係なく，合理的な金額である場合，合意に基づいて行われる支払につき控除が認容される。

(b) 従業員が唯一の株主または支配株主である場合，歩合の合意は控除可能性の問題について拘束力を有しない。

(c) 従業員の株式取得を誘導する歩合契約は，従業員の持分が少数である期間においては支持されるが，従業員が法人の支配権を有する時に独立当事者の地位を失う。

(d) 株主でない従業員に支払われる合理的な賞与は，大株主に支払われる場合には賞与によるインセンティブで株主に最善の努力を呼び起こす必要があるとみなされないので，不合理になることがある。

(e) 報酬が歩合契約に基づいて支払われるという事実は，その合理性の問題に関して拘束力を有しない。

支払金額の決定を可能にするすべての事象が生じかつ課税年度内に雇用主の債務が確定する場合，歩合計算が課税年度終了まで行われないという事実によって，課税年度のために決定される金額の発生と控除は妨げられない。課税年度における歩合の発生と控除には，課税年度終了前に，歩合金額を確定する個別の方式が存在し，かつ，雇用主が従業員に歩合を通知することが必要である（Rev. Rul. 61-127, 1961-2 CB36）。

## (9) 現物給与

金銭以外の形態による報酬の支払については，移転された資産の公正な市場価値に等しい金額の控除が合理的な範囲で認められる（規則1.162-7および1.1032-1）。

このような報酬を現物給与という。現物給与にも，賃金の控除要件が適用さ

れる。これも合理的な金額でなければならない。報酬形態の偽装配当は，認められない。

　従業員に報酬として分配される日における金庫株の公正な市場価値は，法人が有する当該株式の原価ベーシスが市場価格より低い場合であっても，事業経費として控除することができる (Rev. Rul. 62-217, 1962-2 CB59)。法人が従業員に対し分配した授権株式で未発行のものについても，その公正な市場価値を控除することができる (Rev. Rul. 69-75, 1969-1 CB52)。法人が従業員に対し人的役務の対価として移転した証券についても，その公正な市場価値を控除することができる (Rev. Rul. 69-181, 1969-1 CB196)。

### (10)　社会保障税，失業保険税および年金計画拠出金

　雇用主が所得税法または社会保障法に従って賃金から源泉徴収する金額を従業員に支払う賃金として控除することができる。このほか，雇用主が法的義務を履行するために行った社会保障 (FICA)，失業保険 (FUTA) および労働者報酬拠出金は，事業経費として控除することができる。しかし，雇用主が労働者報酬法に基づく義務を履行するために設定した信託に拠出した金額は，この信託が委託者課税信託 (a grantor trust) である場合，従業員が現実に受け取るまで控除することができない (rev. Rul. 82-95, 198 2-1 CB101)。雇用主が従業員のために適格年金計画に拠出した金額は，控除することができる。

### (11)　役員報酬 (executive compensation)

　公開法人 (publicly held corporation) は，対象役員 (a covered employee) に対する報酬が課税年度に100万ドルを超える部分を損金として控除することができない (IRC162(m)(1)，規則1.162-27)。

#### ①　公開法人

　公開法人は，1934年証券取引法 (Securities Exchange Act of 1934) 第12条に基づき登録すべきすべての種類の証券を発行するすべての法人である (IRC162(m)(2)，規則1.162-27(c)(1))。これには，米国証券取引所 (a national securities exchange) に上場している法人や500万ドル以上の資産および500人以上の株主を有する法人が含まれる。

② 対象役員

対象役員は，次の者である（IRC162㎜(3)，規則1.162－27(c)(2)）。

(a) 課税年度の末日における法人の最高経営責任者（chief executive officer）またはその資格で行為する者

(b) 課税年度の報酬合計額が1934年証券取引法に基づき株主に報告すべき者
（最高経営責任者を除く高額報酬者順位4番目までの者であること）

③ 対象報酬

対象報酬には，人的役務に対して支払われるすべての金銭その他の給付が含まれるが，次のものは除かれる（IRC162㎜(4)）。

(a) 特定の従業員信託，保険年金計画または年金からの所得

(b) 合理的に内国歳入法典に基づいて免税となると見込まれるすべての給付

(c) 特定のコミッション

(d) 実績目標に基づく報酬

(e) 1993年2月17日に効力を有する契約書に基づき支払われる所得

100万ドルの限度額は，IRC280Gのゴールデン・パラシュート条項により控除できない**超過ゴールデン・パラシュート**（excess golden parachute payments）だけ引き下げられる。

対象外のコミッションは，個人的な業績によって生じる所得のみに基づくコミッションである。個人が行った売上の一定割合や個人に直接帰せられる事業の一定割合に等しい報酬は，対象外となる。また，次の業績目標達成に基づく報酬は，対象外とされる（IRC162㎜(4)(C)）。

(a) 業績目標が2人以上の社外取締役から成る取締役会報酬委員会によって決められること

(b) 業績目標を含む報酬の重要な条件が，当該報酬の支払前に株主に開示され，株主の過半数以上の議決権で承認されること

(c) 報酬の支払前に，報酬委員会が業績目標その他の重要な条件が満たされ

第3編　控除できる損金

ていることを証明すること

両院協議会報告書（the Conference Committee Report）によれば，業績目標の定義は広範であり，例えば従業員，事業単位または法人全体に適用されるすべての業績標準（performance standard）を含む。業績標準には，株価，市場占有率，売上高または1株当たり収益の上昇が含まれる。

④　ストック・オプションその他の権利

役員報酬の100万ドル超過額の控除が否認される場合，両院協議会報告書によれば，通常控除を行う時にこの限度額は適用される。非適格ストック・オプションについては，オプションが前年度に提供された人的役務に対して付与された場合であっても，権利行使の課税年度において損金として控除されるのが通常である。したがって，役員がオプション付与の時に対象役員であるが権利行使の時には対象役員でない場合には，当該オプションは，この限度額の対象とならない。また，業績連動型報酬基準（performance-based compensation test）の適用に当たり，社外取締役および株主の承認要件を満たすことを条件として，ストック・オプションおよび類似の権利は，その適用を免除される。すなわち，報酬金額が株価上昇のみに左右されるので，業績証明標準（performance certification standards）を満たす必要がない。しかし，ストック・オプションその他の権利が付与時の時価を下回る行使価格（an exercise price）で付与され，または価格の付直し特約で保護される場合，この報酬は株価上昇に基づくものではないとして，この業績連動型報酬基準の適用除外を受けることができないものとする。

## 2　**賃借料** (rental expenses)

次の場合，賃借料は事業経費として控除できる（IRC162(a)(3)，規則1.162-11）。

(a)　営業または事業で使用される資産の継続使用または占有の条件として生じること

(b)　納税者が当該資産の所有権（title）を有しないことまたは持分（equity）

を有しないこと

賃借料には，リース取得費用およびリース取消のために支払った金額が含まれる。リース取得費用は，長期リースの場合，リース期間にわたりプロラタで控除される。

① 賃借料の金額

賃借料の金額は，一定の金額として固定されることもあるが，利得の一定割合，総売上高の一定割合またはその組合せとして定められる。賃借料の金額が独立企業間取引（an arm's-length transaction）で決定され，かつ，租税回避動機（tax-avoidance motive）がない場合，賃借料の控除は否認されない（S. Imerman, 7 TC1030, CCH Dec.15, 429）。

賃貸者と賃借人とが関連者関係にある場合，課税上，賃借料の金額の合理性が問題視され，次のように判断された。

> 事 例 1
> 法人が関連パートナーシップに支払う賃借料の金額が当該パートナーシップの当該資産に係るモーゲージ債務の返済に必要な金額に基づいて決定される場合，当該資産の公正な賃借料を超える部分は損金として控除することができない（Harmon City, Inc., CA－10, 841 USTC9464, 564 FSupp1554）。
>
> 事 例 2
> 法人が大株主に賃借料を支払う場合，その賃貸借契約が税負担を最小化する方法にすぎないと決定されるときは，その賃借料の金額は事業経費でなく，控除できない配当である（Armston Co., Inc., CA－5, 51－1 USTC9265, 188F 2 d 531）。

② 控除年度

賃借料は，一般に，現金主義では支払年度に，発生主義では発生年度に，損金として控除することができるが，この一般原則は次の場合には適用されない。

第3編　控除できる損金

(a)　現金主義の場合における前払賃借料（advance rental payments）
(b)　リースに関する一括払（lump-sum payments）
(c)　賃借人が行う改良の費用
(d)　統一資本化ルールを適用する場合

　現金主義の納税者が前払賃借料を支払う場合，支払年度に控除することはできず，資産の使用期間にわたり配分して控除しなければならない。

　リースの設定，継続または取消に関する一括払は，**資本的支出**（capital expenditures）に該当しない場合には，一般原則に従う。しかし，リースの設定または継続の対価の一括払は，一般に，当期の事業経費として控除できず，資本的支出として，リース期間にわたり償却しなければならない（規則1.162-11）。リース契約の改訂に当たり将来の債務免除のための追加払は，事業経費でなく，資本的支出とされる（Rev.Rul.73-176, 1973-1 CB146）。しかし，リース解約の損害賠償としての一括払は，賃借人の会計方法によって現実に支払った年度または発生した年度に控除することができる（Rev.Rul.69-511, 1969-2 CB23）。

　賃借人が賃借資産を改良した費用は，当該資産の価値を増加する場合には資本的支出となり，改良費が賃借料に代わるものである場合には賃借料として控除できる。

③　リースバック（leasebacks）

　納税者は，事業，財務，金融などの観点から，事業用資産について完全な所有権を有するよりもこれを賃借して賃借料を支払うことを選択することができる。**リースバック取引**には，事業経費としての控除金額の増加や関連者間における所得分割など租税回避をもたらす誘因が含まれているので，IRSは特に関連者間のリースバック取引を精査し，租税回避のみを目的とする取引である場合には，この取引の存在を認識せず，納税者が資産の所有者に支払う賃借料を損金として控除できるタックス・ベネフィットを納税者に認めない（Gregory v. Helvering, SCt, 293 U.S.465, 35-1 USTC9043, C.J.Mathews, CA-5, 75-2 USTC 9734, 520F2d 323, cert. denied, 96 SCt1463）。

　資産を取得した後に当該資産を原所有者にリースバックする者は，当該資産

第2章 一般的事業経費

に対する権利 (interest) を有しないかまたはその取引が経済的実質 (economic substance) のないものと判断される場合，当該資産に係る事業経費（例えば利子または減価償却費）を控除することができない。注目すべきリースバックとしては，次のものがある。

(a) セール・リースバック (sale-leaseback)
(b) 贈与・リースバック (gift-leaseback)

**セール・リースバックの事例**

　法人は，銀行からビルの所有権を取得し，当該銀行にこのビルを買戻オプション付でリースする取引に関連する経費を控除することができる。銀行が支払う賃借料は，法人が金融会社に支払うべき金額に一致するとしても，このリースバックは単なるファイナンス取引でなく，真正な取引である。この取引は，租税に関する考慮のほか事業上の必要性から選ばれた経済的実体にある多数当事者間取引であって，租税回避のみを目的として形成されたものではないとされる事例がある (Frank Lyon Co., SCt, 78－1 USTC9370, 98 SCt 1291)。

**贈与・リースバックの事例**

　納税者が事業用資産を信託に移転し，これをリースバックする場合，贈与・リースバック契約が有効とされ，賃借料の控除が認容された事例がある (C.W.Hilton, CA－9, 82－1 USTC9263, 671F 2 d 316, cert. denied, 103 SCt211, G.B. Rosenfeld, CA－2, 83－1 USTC9341, aff'g TC, 43 TCM1353, CCH Dec. 39, 018(M))。

④　売却とリース

　リースに購入オプションが含まれている場合，このリース契約がリースでなく，割賦販売契約として取り扱われるべきか否かという問題が生じる。この取引が売買契約とみなされる場合には資産の使用者は賃借料を控除することができないが，使用者が法的所有権を有しないとしても，占有時から減価償却を行うことができる。

　次の条件のいずれかに該当する契約は，税務上，リースでなく，売却とされる (rev.Rul.55－25, 1955－1 CB283, Rev.Rul.55－540, 1955－2 CB39, Rev.Rul.55

−541, 1955−2 CB19, Rev. Rul. 55−542, 1955−2 CB59, Rev. Rul. 60−122, 1960−1 CB56, Transamerica Corp., CIsCt, 85−1 USTC9210, 7 CIsCt441)。

(a) 定期的支払の一部が納税者が取得する当該資産の持分に個別にあてられること

(b) 納税者が契約に基づいて行われるべき明示された賃借料の支払時に当該資産の法的権利を取得すること

(c) 相対的に短期間の使用の対価として支払われた金額の合計が当該資産の法的権利の移転を確保するために支払われるべき金額の著しく大きい部分であること

(d) 合意した賃借料が当該資産の公正な賃借料を著しく超えること

(e) 納税者が当初の契約時に決めたようにオプションを行使できる時に資産の価値に関して名目的な価格で，または，支払うべき合計額に比較すれば相対的に少額で，購入オプションに基づいて当該資産を取得すること

(f) 定期的支払の一部が個別に利子として指定されているかまたは利子相当物として容易に認識することができること

(g) 納税者が契約時に設備を購入することができた価格および利子と繰越日歩に近似する合計の支払時に当該資産の法的権利を取得すること

⑤ レバレッジド・リース (leveraged leases)

貸主が資産を購入することができるように貸主に貸し付けられその後当該資産が借主にリースされる取引をレバレッジド・リースといい，税務上，この取引をリースと考えるかまたは条件付売買 (a conditional sale) と考えるかは，重要な問題である。この問題について，IRSはアドバンス・ルーリング (an advance ruling) を発する (Rev. Proc. 75−21, 1975−1 CB715, Rev. Proc. 79−48, 1979−2 CB529)。これによれば，リース契約に基づいて，借主は資産購入の資金を貸し付けることができず，また，将来の購入権を所有することができない。レバレッジド・リース取引によって資産の見込み耐用年数より相当短い期間に分割されない資産の持分を移転することは，リースにならない (Rev. Rul. 82−61, 1982−1 CB13)。

第2章　一般的事業経費

## 3　使用料（royalties）

　使用料は，事業または所得稼得のために支払う賃借料と同様に，事業経費として控除することができる。例えば，使用料が特許権（a patent）の購入代金の一部である場合には，その使用料は控除できない。また，関連者間の使用料は，合理的な範囲で控除を認めることとされる（Rev.Rul.69-513, 1969-2 CB29, Ingle Coal Corp., CA-7, 49-1 USTC9267, 174F 2 d 569）。関連者間のセール・リースバック取引や贈与・リースバック取引で支払う使用料の控除は，否認される。使用料という名で支払われる金額が，事実，使用料であるか，例えば特許権の譲渡の対価であるか，その判別は税務上，重要な問題である。特に米国では，これを受け取るライセンサーの所得が通常の所得であるか，キャピタル・ゲインであるか，を問題とするように，支払う金額の税務上の取扱いが問題とされる。

## 4　修繕費（repair cost）および維持費（maintenance cost）

　資産の価値を著しく増加せず，その耐用年数を伸ばすことのない修繕費および通常の能率的な使用状態を維持するための維持費は，一般に損金として控除することができる（規則1.162-4, Rev.Rul.94-12, 1994-1 CB36）。例えば，都市計画規制などに従い，ビルの修繕を行ったとき支出した金額は，この修繕によってビルの耐用年数は伸びないが，ビルの価値が増加した場合には，修繕費（repair expenses）として控除することはできず，**資本的支出**（capital expenditures）として処理されるべきである。このように，どのような経費についても，税務上，これを当期に控除できる経費とするか，資本的支出とするかの問題があるが，修繕費についても同様の問題がある。原則として，1年超の耐用年数をもつ項目に係る修繕費は，当期の経費でなく，資本的支出とされる。購入日から1年以内に消耗され，処分される器具に対する支出は，当期に控除することが

203

第3編　控除できる損金

できる。

### (1) リハビリテーション原則 (rehabilitation doctrine)

修繕が資産を修理し改良する全体計画の一部である場合，単独であれば当期の経費として控除できる経費であるとしても，資本化しなければならない (Home News Publishing Co., 18 BTA1008, CCH Dec. 5791, W. J. Wehrli, CA−10, 68−2 USTC9575, 400F 2 d 686)。これをリハビリテーション原則という。この原則は，納税者のリハビリテーション・プランがビルの構造的改良に関係せず，その性質や規模がこの原則を適用すべきものでないと判断される場合には，修繕費に適用されない (J. S. Moss, CA−9, 87−2 USTC9590, 831F 2 d 833)。

### (2) 災害などによる損害

事業外要素によって生じた損害の修繕に必要な費用は，保険によって補償されない部分について事業経費として控除することができる。損害が災害によって生じた場合であっても，納税者は修繕費を災害損失 (a casualty loss) として取り扱う必要はなく，また，納税者が事業の継続性に重要な保険の補塡範囲の縮小を恐れて保険金の請求を怠る場合，修繕費を事業経費として控除することができる (Waxler Towing Company DC Tenn., 81−2 USTC9541, 510 FSupp297)。

### (3) 環境浄化費 (environmental cleanup costs)

米国では環境浄化費の課税上の取扱い（当期の経費として控除するかまたは資本的支出とするか）が論議の的になっている。現在，IRSはこの問題について研究中であるが，議会は1997年8月5日後の一定の環境浄化費を当期に控除することを選択することを認める立法措置をとった（IRC198）が，この選択は2003年12月31日後に支払われまたは発生する支出については終了する（IRC198(h)）ことになっていた。しかし，2004年勤労家族租税救済法 (the Working Families Tax Relief Act of 2004) によって2005年12月31日まで適用期限が延長された。納税者がこの選択をしない場合には，環境浄化費は資本費用 (capital costs) として分

類される。

この選択により支出された一定の危険物質浄化費用（cost of the cleanup of certain hazardous substances）は，汚染された資産が売却その他の処分される時に通常の所得として取り戻される。適格浄化費用（qualified cleanup costs）とは，次の要件を満たす経費である（IRC198(b)）。

(a) 別段の定めがなければ，資本勘定で処理される経費であること
(b) 適格汚染地（a qualified contaminated site）の危険物質の減少または管理に関して支払われまたは発生した経費であること

このほか，次の費用に注意しなければならない。

① アスベスト除去費用

製造業は，機械設備のアスベスト絶縁材の除去および取替に要する費用を資本化しなければならない。その理由としては，（ⅰ）この費用が機械設備の価値が増加する改良費であること，（ⅱ）生産に従事する者の費用は統一資本化ルールの適用対象とされることがあげられる。また，賃貸倉庫のスペースの売却および関連サービスに従事する法人は，アスベスト除去費用を資本化し，償却しなければならない。

② 危険廃棄物浄化費用

製造工程の一部として危険廃棄物を処理する法人は，土壌復元・地下水処理費用を当期の経費として控除することができる。その理由としては，（ⅰ）この費用が恒久的改良を行い，重要な将来の利益を生じるものでないこと，（ⅱ）土壌を製造工程によって汚染される前の状態に近い状態に復元するだけであること，があげられる。

③ PCB汚染

所有地で発生するPCB汚染の環境浄化を行うことを環境保護庁（the Environmental Protection Agency：EPA）と合意している納税者は，浄化費用を当期の経費として控除することができない。

## 5 慈善寄附金 (charitable contributions)

慈善団体 (a charitable organization) に対する支払で事業経費であると決定されるものは，慈善寄附金の限度額にかかわらず，控除することができる (IRC 162(b)，規則1.162−15)。

### (1) 寄附金控除

一般に，法人は，個別の団体に対する寄附金をその課税所得（特別控除を行う前の金額）の10％を限度として控除することができる (IRC170(b)(2))。

信託，共同募金 (community chest)，基金または財団に対する寄附金は，もっぱら慈善等の目的のために米国または米国属領内で使用されるべきものである場合に限り，控除することができる。米国慈善法人 (a domestic charitable corporation) に対する寄附金は，外国で使用される場合にも控除することができる (Rev. Rul. 69−80, 1969−1 CB65)。次の種類の団体に対する寄附金は，控除することを認められる (IRC170(b)(1)(A)，規則1.170A−9)。

(a) 州，米国属領，それらの政治的区画，連邦，コロンビア特別区
(b) 法人，信託，共同募金，基金または財団であって，次の要件を満たすもの
　(ⅰ) 米国内もしくは米国属領内で設立されまたは米国，州，コロンビア特別区もしくは米国属領の法令に基づいて設立されること
　(ⅱ) もっぱら宗教上，慈善上，学術上，文学上もしくは教育上の目的，国内もしくは国際的スポーツの振興，または児童虐待もしくは動物虐待の防止のために組織されかつ運営されていること
　(ⅲ) 純収益のいかなる部分も私的株主または個人の利益にならないこと
　(ⅳ) 活動の重要な部分がプロパガンダを行いもしくは立法に影響を及ぼそうと試みる活動でなく，公職候補者の利益のためになるかもしくはこれに反対する政治的キャンペーンに参加しもしくはこれを妨害するものでないこと
(c) 退役軍人分会 (post) もしくは組織，または当該分会もしくは組織の補

助単位，補助団体，信託もしくは財団であって，次の要件を満たすもの
 (ⅰ) 米国内または米国属領内で組織されたもの
 (ⅱ) 純収益のいかなる部分も私的株主または個人の利益にならないこと
(d) 会員制度 (lodge system) の内国友愛団体 (society, order or association) であること
(e) もっぱら会員の利益のために所有され運営される墓地会社 (a cemetery company) または墓地会社として埋葬目的のみで認可され，この目的に付随しない事業を認められない法人であって，営利目的で運営されず，かつ，純収益のいかなる部分も私的株主または個人の利益にならないもの
(f) 非営利ボランティア消防隊 (fire company) (Rev. Rul. 74-361, 1974-2 CB 159)
(g) 連邦法，州法または地方法に基づいて設立された民間防衛団体 (a civil defense organization)

　これらの寄附金のなかには事業経費として控除することができるものがある (IRS Letter Ruling 8321043, 2-18-83, CCH)。しかし，寄附金控除 (a contribution deduction) を認められる寄附金については，事業経費控除 (business expense deduction) は認められない。法人は，従業員が指定する適格宗教・慈善・教育団体に支払った金額について慈善寄附金控除 (charitable contributions deductions) を請求することができる。

　米国では，テロリスト・ファイナンスやマネーロンダリングおよび租税回避のために慈善寄附金を利用する事例が数多く摘発された。例えば，閉鎖的保有法人の慈善寄附金スキームは，寄付の結果として株主やその家族が財産や経済的利益を受け取るように仕組まれている。このような事実が発見される場合，閉鎖的保有法人の慈善寄附金は，株主に対する配当とみなされ，その控除を否認される (Rev. Rul. 79-9, 1979-1 CB125, H. J. Knott, 67 TC681, CCH Dec. 34, 219)。

## (2) 事業経費としての寄附金

　法人の寄附金が事実上慈善の意図から支払う慈善寄附金である場合，これを

事業経費として控除することはできない。寄附金が慈善寄附金であるか，事業経費であるかの区別は，その支払に係る事実により認定される。

　慈善団体に対する支払は，事業に直接関係があり，寄附金額につりあった財務上の見返りを合理的に期待して行った場合，事業経費として控除することができる（Rev. Rul. 73-113, 1973-1 CB65）。事業経費として控除を認められた事例としては，次のようなケースが先例となっている。

(a)　教会新聞の広告掲載料としての寄附金（A. B. Smith, 41 TCM425, CCH Dec. 37,417 (M)）

(b)　雇用主が事業修習生の教育訓練のために用いられる信託基金に対して行う寄附金（Rev. Rul. 58-238, 1958-1 CB90）

　　主たる理由は，（ⅰ）労使団体交渉で要求されたこと，（ⅱ）従業員の能率と技能の向上は雇用主にとって利益になること，である。

(c)　証券会社が事業に関連する慈善団体に対して行う寄附金（Rev. Rul. 72-314, 1972-1 CB44）

　　その理由は，（ⅰ）慈善団体との事業関連があること，（ⅱ）寄附金と釣合いのとれた事業の促進を期待できること，である。

(d)　救急医療法人が慈善病院に対する寄附金（IRS Letter Ruling 8523011, 2-28-85）

　　その理由は，医師が慈善病院で仕事に就くことができることである。

(e)　土地開発会社が地域経済開発のための慈善事業に対する寄附金（IRS Letter Ruling 8515014, 1-7-85）

(f)　商人が高齢者および障害者に無料輸送援助を行う非営利団体に対する寄附金（IRS Letter Ruling 8321043, 2-18-83）

　　その理由は，商人の将来の事業の発展に寄与すると合理的に計算されたことである。

(g)　雇用主がもっぱら困窮社員のために設定された免税信託に対して行う寄附金

第2章　一般的事業経費

## 6　広告宣伝費 (advertising expenses)

　広告宣伝費は，金額が合理的であり，かつ，事業活動に関連を有する場合，控除することができる（規則1.162-14）。法人は，控除できる広告宣伝費を用いて，当期の売上促進を狙うほか，のれん（goodwill）の開発を企図する。公衆の面前に社名を示すため，赤十字などへの寄附金の形態による広告宣伝費は，控除することができる。間接的な広告についても，次の場合には，控除することが認められる。

(a)　建築会社が関係する一定の市民行事の費用を分担し事業の促進を図る費用
(b)　商品取扱業者のアマチュア・スポーツ後援費用
(c)　ピザ・レストランが負担するレーシング・カー費用

　納税者は，その意図に最も役立つ広告媒体を自由に選択することができる。しかし，米国政策に反する場合はこの限りではない。例えば，カナダ・テレビ放送局やラジオ放送局の放送により主として米国市場向けに行う広告宣伝費は，控除することができない。この禁止は，カナダが米国放送について生じた広告宣伝費の控除を否定していることに対する報復措置である（IRC162(j)）。広告宣伝費の控除可能性については，納税者に立証責任がある。

### (1)　広告宣伝費の長期的効果

　法人が1年超の期間に及ぶ広告宣伝計画を立て，また，広告宣伝の効果が1年超の期間に及ぶことがある。しかし，そのような事実によって，広告宣伝費が支払われまたは発生した年度において控除できるというルールは影響されない（Rev. Rul. 92-80, 1992-2 CB57）。裁判所は，たばこの箱のデザイン費が将来の贔屓やのれんを生み出すことができるとしても控除できる広告宣伝費に該当すると判示した（RJR Nabisco Inc., 76 TCM71, CCH Dec. 52, 786(M)）が，IRSはこの判決に合意しない。伝統的な通常の製品や将来ののれん広告に比較して著しく将来の利益の確保のための広告宣伝費については，資本化しなければなら

ない場合がある（Cleveland Electric Illuminating Co., CIsCt, 85－1 USTC9128, 7 CIsCt220）。1年超の期間における広告サービスの提供契約でその支払債務はサービス提供の実績によって決まることとした場合、たとえ納税者が発生主義を採用し、アドバンス・ビルを受け取っているとしても、この契約による費用はサービス提供期間にわたり償却しなければならない（H. Levin, CA－3, 55－1 USTC 9228, 219F 2 d 588）。また、広告宣伝費によって1年超の耐用年数を有する資産を取得した場合、この広告宣伝費は当該資産の耐用年数に応じて償却しなければならない。販売契約の取得のための新聞広告、カタログ配布、賞品の提供などによる広告宣伝費は、資産取得に相当するものと考え、この契約の期間にわたり、償却することができる（United Profit Sharing Corp., CtCIs, 1 USTC319, 66 CtCIs171）。

### (2) 賞品およびコンテスト

賞品、コンテストなどにつき支払う金額は、広告宣伝費として控除することができる。賞品およびコンテストには、（ⅰ）ドアプライズ（参加者にくじ引きで当たる賞）、（ⅱ）予約販売の賞品、（ⅲ）ダイレクトメールの見本の配布、（ⅳ）商品引換券、（ⅴ）当選番号チケットの保有者に与える自動車、（ⅵ）銀行その他の金融機関が後援するコンテスト、などが含まれる。しかし、賞品などが従業員に支払われる場合、これは、一般に、賃金として分類される（IRC74, 3201(a), 3306(b)および3401(a)）。販売促進費には、一般に交際費として分類される種類の費用が含まれる。

## 7 保険料（insurance expenses）

生命保険以外の保険のために支払われた通常かつ必要な保険料は、営業もしくは事業または所得稼得活動の過程で発生する危険に対する保険である場合、事業経費として控除することができる。

第2章　一般的事業経費

(1)　**火災および損害保険**（fire and casualty insurance）
営業または事業で用いられる資産に関する火災および損害保険の保険料は，事業経費として控除することができる（規則1.162－1）。

(2)　**事業保険**（business insurance）
次のような保険を事業保険というが，これらにつき支払う保険料は，控除することができる。
　(a)　商品および棚卸資産保険（merchandise and inventory insurance）
　(b)　信用保険（未払債権からの損失を補塡する保険）(credit insurance)
　(c)　一般賠償責任保険（public liability insurance）
　(d)　使用者責任保険（employers' liability insurance）
　(e)　従業員団体入院医療計画（employees' group hospitalization and medical plans）
　(f)　労働者災害補償保険（workers' compensation plans）
　(g)　州失業保険基金（unemployment insurance fund）への拠出
　(h)　従業員パフォーマンス・ボンド（employee performance bonds）
　(i)　法令または契約上必要なボンド
　統一資本化ルールでは，別段の定めがなければ控除できる一定の保険料であっても，資本化すべきものとされる。
　経営幹部または取締役が職務遂行の過程で訴えられた場合に対処するため事業賠償責任保険（business liability insurance）の保険料は，事業経費として控除することができる。また，専門職賠償責任保険（malpractice insurance）の保険料は，控除することができる。

(3)　**生命保険料**（life insurance premiums）
雇用主は，保険証券の直接または間接の受益者である場合，従業員の生命保険の保険料を控除することはできない（IRC264，規則1.162－1）。雇用主が保険証券の受益者でなく，保険料が通常かつ必要な事業経費の基本要件を満たす場

合には，生命保険料の控除が認められる。従業員のために購入した団体生命保険の保険料は，控除することができる。

### (4) 重要社員保険 (key employee insurance)

雇用主は，次の場合，**重要社員**を対象とする保険につき支払う保険料を控除することができる。

(a) 支払金が通常かつ必要な事業経費であり，かつ，報酬の性質を有すること
(b) 従業員に支払われるすべての報酬（保険料を含む）が合理的であること
(c) 雇用主は保険証券の直接または間接の受益者でないこと

「重要社員」には，法人の役員，事業の5％所有者または事業に財務上の権利を有する者が含まれる。

### (5) スプリット・ドル保険プラン (split-dollar life insurance plan)

雇用主は，スプリット・ドル保険プランに基づいて従業員の生命保険につき支払う保険料の一部を控除することはできない。スプリット・ドル保険プランでは，雇用主が各保険料のうち保険証券の解約返戻金 (surrender value) の増加分に等しい部分を支払い，従業員が残額を支払うが，雇用主は，保険金から，解約返戻金に等しい金額を受け取ることになる。

### (6) 自家保険者 (self-insurers)

発生主義により，自家保険者が自家保険準備金勘定に繰り入れる金額を当期の損金として控除するスキームについて，多数の訴訟が発生した。自家保険者が，保険会社に支払われる見込保険料に基づいて支払うとしても，自家保険者が準備金勘定に対する支払は控除できない。

租税回避スキームとして**キャプティブ保険会社**が利用された。キャプティブ保険会社は，親会社の100％子会社である保険会社である。

否認事例1

親会社がキャプティブ保険会社に支払う保険料は，損失リスクのシフトが

ない場合には，損金として控除することはできない（Rev. Rul. 77-316, 1977-2 CB53, Carnation Co., CA-9, 81-1 USTC 9263, 640F 2 d 1010, aff'g TC, 71 TC 400, CCH Dec. 35, 595, Stearns-Roger Corp., CA-10, 85-2 USTC9712, 774F 2 d 414, aff'g DC Colo., 83-2 USTC9731, 577 FSupp. 833, Beach Aircraft Corp., CA-10, 86-2 USTC9601, aff'g DC, DC kan, 842 USTC9803, Mobil Oil Corp., CIsCt, 85-2 USTC9585, 8 CIsCt 555)。

否認事例2

　保険子会社が非関連者から保険リスクを受け入れる場合であっても，控除は否認される（Rev. Rul. 89-61, 1989-1 CB75)。

否認事例3

　非関連者である保険会社が法人の100％所有子会社であるキャプティブ保険会社に再保険する範囲で，当該法人が非関連者である保険会社に支払う保険料を事業経費として控除することはできない（Clougherty Packing Co., CA-9, 87-1 USTC9204, aff'g TC, 84 TC948, CCH Dec. 42, 099)。

否認事例4

　法人の子会社が同一の親会社の100％子会社であるキャプティブ保険会社に支払う金額につきリスクのシフトがない場合，控除は否認された（Humana Inc. and Subsidiaries, 88 TC188, CCH Dec. 43, 666)。

認容された事例1

　製造業が公開市場で保険証券を購入できない場合にキャプティブ保険会社に支払う金額は，別々の取引を単一の納税者の取引として取り扱う必要があるような経済的関連がないので，控除することができる。

認容された事例2

　キャプティブ保険会社に支払う保険料であっても，非関連者のリスクを対象とするものは，控除することができる。キャプティブ保険会社の関連グループが支払う保険料が被保険者全部（関連者と非関連者の双方を含む）の予想損失の全額を補塡するには不十分である場合，当該保険料は控除することができる。このような場合には，リスクの移転・配分が行われており，関連者

グループとキャプティブ保険会社との契約は，自家保険とみなされない（Gulf Oil Co., 89 TC1010, CCH Dec.44, 341）。

**認容された事例3**

親会社は，各従業員に支払う報酬の合計額が合理的であることを条件として，100％子会社である保険会社に支払う団体生命保険料を控除することができる（Rev.Rul.92-93, 1992-2 CB45）。

**認容された事例4**

次のことを立証することができる場合には，控除することができる（AMERCO and Subsidiaries, 96 TC18, CCH Dec.47, 130, The Harper Group, CA-9, 92-2 USTC50, 572, aff'g 96 TC45, CCH Dec.47, 131, Sears, Roebuck and Co., 96 TC61, CCH Dec.47, 132）。

(a) 損失リスクが現実に存在すること
(b) リスクのシフトとリスクの分配が行われたこと
(c) 契約が通常受け入れられる保険契約であること

## 8 法律費用（legal fee）およびプロフェショナル・フィー（professional fee）

法律，会計その他の通常かつ必要なプロフェショナル・フィーで，営業もしくは事業の通常の過程でまたは所得稼得のために支払いまたは発生したものは，事業経費として控除することができる。これらが資本資産を取得または処分する過程で生じる場合，当該資本資産の原価の一部となり，資本化される。

### (1) 法律費用

事業取引に関してまたは事業上の評判もしくはのれんを守るために支払いまたは発生した法律費用は，通常，事業経費として控除することができる（規則1.162-6）。場合により，法律費用がのれんや購入した無形資産の原価とされるとき，15年にわたり償却されることがある。また，部分的に事業と事業外の双

方の活動に関する法律費用は，各活動に配分する必要がある。訴訟費用の控除可能性は，訴訟の原因と性質によって決定される。すなわち，訴訟が営業または事業に基因する請求に関係する場合法律費用は事業経費として控除することができる。

① 判決と和解

訴訟の原因と性質から訴因が事業活動に関することが明らかである場合，判決に係る支払は事業に関して生じたものとされる(Rev. Rul. 80-211, 1980-2 CB 57)。事業と事業外活動に関する判決については，これらの活動に配分しなければならない。法人は，和解費用についても控除することができる。

② 委任状合戦（proxy expenses）

法人が支払う委任状合戦の費用は，事業経費として控除できる。

③ 資本費用（capital expenses）

資本資産の取得または改良を目的とする法律費用は，資本費用とされる。法律費用は，当期に控除できる法律費用と資本費用に配分される。この配分は，和解金額のプロラタによらず，請求原因と消費時間に基づいて行われる。

## (2) 法律費用として控除できる費用

（ⅰ）弁護士費用（attorney fees）のほか，（ⅱ）納税者の立場の防御または支持を準備し提出することに関与する会計士，鑑定人，その他の者のサービスに対して支払われた報酬または当該サービスの確保のために生じた経費，（ⅲ）裁判所費用，（ⅳ）法人資産の一部の剥奪を要求する判決によって必要となる法律費用，（ⅴ）速記費用および印刷費用，（ⅵ）被告または被告人の旅費などが，法律費用として控除できる費用とされる。

## (3) 違法行為に関する法律費用

違法行為（illegal acts）または違法慣行の訴及に対し弁護するために生じた法律費用および関連費用は，弁護の成否にかかわらず，一般に控除することができる（S. B. Heininger, SCt, 44-1 USTC9109, 320 U. S. 467）。判例によれば，証

券業が証券法に基づき詐欺罪で訴追されその弁護に失敗した場合の法律費用は，違法行為を犯した証券業の事業において生じたものと考えられる（W.F. Tellier, SCt, 66-1 USTC9319, 383 U.S. 687, aff'g CA-2, 65-1 USTC9252, 342F 2d 690)。また，違法な事業活動（詐欺を含む）に関する民事事件の和解のために支払う法律費用は，控除することができる（C. A. Ostrom, 77 TC608, CCH Dec. 38, 253)。

### (4) 租税関連費用（tax-related expenses）

すべての租税の申告，賦課決定，徴収または還付に関して支払いまたは発生した報酬および費用（租税関連費用という）は，事業経費として控除することができる。

租税関連費用には，納税申告書の作成，税額の計算，還付金の請求，資産の評価，税額の争訟など広範な税務に要する費用が含まれる。

米国は，**濫用的タックス・シェルター**（abusive tax-shelter）や**濫用的租税回避**（abusive tax avoidance）に対して税務上これを否認するため，ループホールを埋める**個別的否認規定**を絶えず追加する。しかし，**節税**（tax savings）または**合法的な租税回避**（tax avoidance）は，納税者の権利である。したがって，コーポレート・ファイナンスの基礎理論に従い，企業は利益の最大化，利益を得るためのコストの最小化を追求する。

企業は税負担を企業のコストと考え，その最小化を追求する。この思考経路から，**タックス・プランニング**（tax planning）が経営戦略として重視されるようになる。次第に高度化するタックス・プランニングでは，現行税制の許容範囲の中で，コーポレート・サイドから多様な事業体（entities）の特性を比較検討し，どのような事業体をどのように利用するか，コーポレート・ファイナンス・サイドから多様な取引の特性を比較検討し，どのような取引をどのように利用するか，を考案した上で，各国の私法，税制および取引慣行の差異を利用するクロスボーダー・スキームを策定するに至る。

企業の経営戦略にとって，租税専門家のアドバイス（税法については主として税理士，租税条約の専門家，コーポレート・サイドについては主として弁護士，コーポ

第2章 一般的事業経費

レート・ファイナンス・サイドについては主として公認会計士、弁理士、投資銀行等の金融専門家などのアドバイス）が重要視される。タックス・アドバイスの費用は、日常の税務問題に係る費用と長期的な戦略的なタックス・プランニングの費用に区分される。

タックス・プランニングのアドバイスが税負担の減少を図ることだけを目的とするスキームであるかまたは違法なスキームである場合、このようなアドバイスの費用は控除することはできない (J.A. Dooley, CA-7, 64-2 USTC 9531, 332F 2 d 463)。このような費用には経済実体がないという理由で、税務上控除することを否認される (S. Merians, 60 TC187, CCH Dec. 31, 966)。タックス・アドバイスの費用については、控除できるものと控除できないものを明確に区別しなければならない。

### (5) 会計, 技術その他の報酬

事業運営や事業用資産について1年以下の間隔で行われる会計監査、記帳サービス、業務監査、原価調査、その他類似のサービスに関する費用は、支払いまたは発生した年度における事業経費として控除することができる。これらの費用は当期の事業経費と**資本費用**に分類される。例えば、資本費用である会計費用は当期控除できない。特に、事業譲渡やその他の資産譲渡、法人の設立や組織再編成、増資その他の金融取引、などは**資本取引**（a capital transaction）について生じた費用であり、控除できない。

### (6) 企業買収費用 (corporate takeover costs)

他法人による**敵対的買収** (a hostile takeover) を回避する法人は、**友好的買収** (a friendly takeover) を行う別の法人（俗にホワイトナイトという）を見つけて惹きつけるため相当の金額を支払うことがある。友好的買収の過程で標的法人 (a target corporation) が負担する法律費用、投資銀行手数料、委任状費用、その他の費用は、長期的事業利益を生ずる。これらの費用は、控除できない資本費用とされる。逆に、敵対的買収に対抗するために標的法人が支払う費用は、

当期に控除できる事業経費である。

IRSは、株式公開買付（tender offer）の防御のために生じた標的法人の法律費用を（ⅰ）短期的利益をもたらす費用と（ⅱ）長期的利益をもたらす費用に区分し、短期的利益に関連する費用は当期に控除できるが、長期的利益に関連する費用は資本化しなければならないという取扱いを公表している（IRS Technical Advice Memorandum 9144042, 7－1－91）。

### (7) 借入金による企業買収（leveraged buyout）

レバレッジド・バイアウトに帰すべき法人の金融費用は、控除することができる（Fort Howard Corp. and Subsidiaries, Dec.51, 619）。負債に適正に配分される金融費用は、否認されず、負債の期間にわたり償却される（IRC162(k)(1)）。レバレッジド・バイアウトのファイナンス契約に関する法律費用について、裁判所は、この金融取引を（ⅰ）借入取引（a borrowing transaction）と（ⅱ）償還取引（a redemption transaction）に区分し、請求権の原因を基準として、この法律費用は借入取引の一部として生じた費用であり、事業経費として控除することができると判示した（Kroy(Europe)Limited, CA－9, 94－2 USTC50, 316）。

## 9 雇用主費用（employer costs）

従業員に関する通常かつ必要な経費は、雇用主の控除できる事業経費である。賃金以外の従業員関連費用には、（ⅰ）経済的利益（fringe benefits）、（ⅱ）災害保健計画、（ⅲ）生命保険、（ⅳ）年金計画、（ⅴ）旅費、（ⅵ）交際費、（ⅶ）転勤費、（ⅷ）食事・宿泊費、（ⅸ）従業員用資産の減価償却費、などが含まれる。

### (1) 経済的利益

雇用主が従業員の福祉とモラルを改善し、忠誠心の向上、ストライキの回避、労働生産性の上昇などを目的とするために支払う金額は、通常かつ必要な事業

経費として控除することができる(規則1.162-10)。これらの経費は,雇用主自らが直接サービスを提供するかまたはこのような目的のために設立した団体を通じてサービスを提供するかを問わず,控除することができる(Rev. Rul. 60-330, 1960-2 CB46)。レクリエーション,福利厚生または類似のフリンジ・ベネフィット計画のために,支払いまたは発生した金額は,当期の事業経費として控除できる。このように控除できる事業経費として認められる経済的利益または福利厚生費には,次のようなものに対する拠出金が含まれている。

(a) 補完的な失業給付計画(Rev. Rul. 67-289, 1967-2 CB163)
(b) 年間賃金保証
(c) 労働組合教育文化信託基金(Rev. Rul. 74-51, 1974-1 CB45)
(d) 労働者保健・レクリエーション・センター信託基金

### (2) 災害保健計画 (accident and health plans)

従業員のために保健・障害給付を提供する災害保健計画への拠出金,または医療,傷害もしくは損失補償のための支払は,事業経費として控除できる(IRC 162(1),規則1.162-10)。ただし,控除は保険などによって補塡されない金額に制限される。このように控除できる拠出金には,次のものに対する拠出金が含まれる。

(a) 州法に基づく疾病障害基金
(b) 自発的従業員給付団体(a voluntary employee benefit association:VEBA)に資金供給するための取消不能信託
(c) 労働者災害補償基金

### (3) 特別な従業員のための支払

法人が従業員の医療費(medical expenses)を支払う場合,株主である従業員の特別なプランに基づくとき,また,雇用契約に基づくとき,法人はこれを当該従業員に対する報酬として控除することができる。

リゾートホテルやアスレティック・クラブにおける役員のリハビリテーショ

ンの費用は，役員報酬として合理的な金額に限り，控除することができる（Rev. Rul.57-130, 1957-1 CB108）。

閉鎖的保有法人が同社役員との口論中に傷害を受けた元の従業員である株主に支払う金額は，傷害賠償責任の性質を有する事業経費として控除することができる。

### (4) パートナーシップおよびS法人が支払う災害保健保険料

パートナーシップがパートナーのために支払う保険料は，（ⅰ）当該保険料がパートナーの資格で提供されるサービスに対して支払われ，かつ，（ⅱ）パートナーシップの所得にかかわらず保険料が決定される範囲で，パートナーに対する「保証された支払」として取り扱われ，この保険料をパートナーシップは控除することができると同時に，パートナーはその総所得に算入すべきことになる（Rev.Rul.91-26, 1991-1 CB184）。パートナーシップと同様にパススルー事業体とされるS法人が2％株主である従業員のために支払う保険料は，「保証された支払」として取り扱われ，この保険料をS法人は控除することができると同時に，株主である従業員はその総所得に算入すべきことになる。2％株主とは，S法人の発行済株式の2％超を所有する者をいう。

### (5) 教育援助計画（educational assistance plans）

雇用主は，その従業員の子女の教育費の資金を供給するため，**教育給付信託**（educational benefit trusts）を設定することがある。教育給付信託への拠出金は，当期の事業経費として控除することができる（Greensboro Pathology Assoc., P.A. CA-FC, 83-1 USTC9112, 698F 2d 1196）。しかし，この信託が重要社員のみに限定される場合，雇用主はこの信託への拠出金を拠出時に控除することはできない（Rev.Rul.75-448, 1975-2 CB55）。判例によれば，教育給付信託は，従業員福祉計画の1つであり，次の基準に該当する場合に，事業経費として控除することができる（Greensboro Pathology Assoc., P.A., CA-FC, 83-1 USTC 9112, 698F 2d 1196）。

- (a) この計画が報酬に代わるものでないこと
- (b) この計画の対象は全従業員であること
- (c) 法人がその拠出した資金に対する支配権を留保しないこと
- (d) この計画の管理は独立に行われること
- (e) この計画の目的は従業員とその家族の福利厚生に貢献するものであること
- (f) この計画が税務上の仮装取引でないこと

### (6) 従業員の個人的経費 (personal expenses) の支払

法人が役員である株主の個人的経費を支払うことがある。このような個人的経費は，控除することができず，役員である株主に対する配当として課税される。

### (7) 従業員の旅費および交際費

従業員の支払った旅費が雇用主によって実費弁償される場合，雇用主は実費弁償額を控除することができる。極端な事例としては，豪華客船による船旅など，課税上問題となる場合がある。控除できる旅費として，（ⅰ）雇用主のために支出された旅費であること，（ⅱ）雇用主が事業上の利益を得るための旅費であること，が条件となる。

従業員の旅費が，従業員である株主の旅費である場合，その一部または全部が控除できない配当とされることがある (F. von. Hessert, 20 TCM1119, CCH Dec. 24, 975(M))。これと同様のルールが交際費についても適用される。

### (8) クラブ費用

クラブの設立目的は，事業，娯楽，その他の社交目的などさまざまであるが，どのようなクラブについて支払いまたは発生した費用も，事業経費として控除することはできない (IRC274(a)(3))。従業員がクラブ会費などを支払い，雇用主が従業員に実費弁償する場合，その金額は当該従業員に対する追加報酬とし

て取り扱われる。

　この控除否認ルールは，例えば，実業クラブ，ランチクラブ，航空会社クラブ，ホテルクラブ，カントリークラブなどに適用される。しかし，次のものについては，適用除外とされる。

(a)　キワニス・クラブ，ライオンズ・クラブ，ロータリー・クラブ，シビタン・クラブその他類似の市民団体

(b)　法曹協会および医師会などの自由職業者団体

(c)　事業連盟，貿易会，商業会議所，通商委員会および不動産委員会などの団体

適用除外は，形式的にこれらの団体に該当する場合であっても，その主目的がメンバーおよびその招待客のために接待活動を行うことや接待場所を提供することであるときは，認められない（規則1.274－2(a)(2)(ⅲ), 1.274－2(b)）。

# 第3章

## 特別控除（special deductions）

　一般的事業経費のほか，多数の特別控除が認められる。特別控除には控除限度が設けられることがある。通常かつ必要な経費は，一課税年度に全額損金として控除される。その意味で，このような経費は，**即時控除項目**（immediate deductions）といわれる。その他の経費は，**資本費用**（capital expenses）といい，複数年度にわたり損金として控除されるので，**繰延控除項目**（protracted deductions）といわれる。

　費用収益対応の原則に沿って，各課税年度の課税所得を正確に計算するため，事業経費を即時控除項目と繰延控除項目に区別する必要がある。資本費用は，支払いまたは発生した年度に即時控除はできないが，資産ベースの一部として一定の期間にわたり償却することとされる。資本費用の回収は，減価償却費の控除（depreciation deductions）による場合が多いが，米国は政策的にIRC179経費として一定の減価償却資産の原価を控除することを認めている。また，不動産および有形動産の生産ならびに棚卸資産である不動産または動産に関連して支払いまたは発生する金額について，統一資本化ルールが適用される。米国租税論では，資本費用概念が重要な意味をもつ。

　① 資 本 費 用

　事業経費が資本費用と分類されるには，耐用年数が当期を超える資産の購入に関連する費用であることを要する。また，通常の控除できる経費を資本化しなければならない場合がある。これは，**リハビリテーション原則**（rehabilitation doctrine）という判例原則である。この原則は，資産の修復，近代化および改良のゼネラルプランがあって，その一部の支払が単独であれば，修繕費として当

第3編　控除できる損金

期に即時控除ができる経費であるにもかかわらず，資本化することを要求する。

② 　将来のタックス・ベネフィット（future tax benefits）

経費が有形資産でなく，1年超のタックス・ベネフィットを生じる場合にこの経費の課税上の取扱いが問題となる。税務上，将来のタックス・ベネフィットを生じる経費は，次のように分類されている。

（ⅰ）　**繰延資産として資本化される経費**

　　(a)　子会社として営業する新しいフランチャイズの開設費（IRS Letter Ruling 8423005, 2－8－84）

　　(b)　メーカーの第1小売店舗の開設費（IRS Technical Advice Memorandum 9331001, 4－23－93）

　　(c)　貯蓄貸付団体の支店の開設費・経済調査費（Central Texas Savings & Loan Ass'n CA－5, 84－1 USTC9471, 731F 2 d 1181）

　　(d)　専門職賠償責任保険の条件として購入する劣後ローン証書の取得費用

（ⅱ）　**当期の経費として即時控除を認められる経費**

　　(a)　広告宣伝費（Rev. Rul. 92－80, 19992－2 CB57）

　　(b)　銀行のクレジットカード・システムの開設費（Colorado Springs National Bank, CA－10, 74－2 USTC9809, 505F 2 d 1185, First National Bank of South Carolina, CA－4 , 77－2 USTC9526, 558F 2 d 721）

　　(c)　新製造施設のための工程の開発，新設備の試験，労働者の採用・訓練の費用（IRS Letter Ruling 8204061, 10－28－81）

　　(d)　既存の法人内で営業する新しいフランチャイズの開設費（新規採用者の面接，採用，訓練，広告などの費用を含む）

第 3 章　特 別 控 除

# 1　自動車の経費

　特別控除の科目としては，自動車の経費（car expense）の取扱いが重視される。営業または事業に乗用車，トラックその他の乗物を運用するすべての費用を控除することができる。控除方法としては，（ⅰ）**実費法**（actual cost method）と（ⅱ）**標準法**（standard mileage rate method）がある。実費法では，ガス・石油などの燃料，洗車，修理，タイヤその他の部品の交換，免許，保険および減価償却などのすべての費用が控除できる経費とされる。標準法では，毎年定められた標準レート（2005年度レートは1マイルにつき40.5セント）により控除できる経費を計算する。

　営業または事業の通常かつ必要な経費として認められる場合，自動車のリース料を控除することができる。将来購入代金となる支払をリース料としている場合には，控除することができない（S.J.Pike, 78TC822, CCH Dec.39,037）。

## (1)　自動車の減価償却

　実費法による事業経費の計算においては，自動車の取得原価の減価償却を行うことができる（ＩＲＣ167および168，規則1.167(a)－1(c)）。減価償却の方法は，一般に，修正加速度コスト回収制度（MACRS）である。これに対し，標準法による計算では，減価償却費の控除は認められない。納税者が自動車をその用に供する初年度に標準法を選択する場合，当該自動車をMACRS減価償却の対象資産から除外することを選択したものとして取り扱われる（Rev.Proc.2002－61, Sec.6.03, IRB.2002－39, 616, Rev.Proc.2003－76, Sec.6.03, IRB.2003－43）。その結果として，当該納税者が，当課税年度に，実費法を選択する場合，減価償却費の計算において，当該自動車の残存耐用年数にわたり，定額法（straight-line-depreciation）を用いなければならない。減価償却は，自動車のベーシスと譲渡損益に影響を与える。すなわち，実費法では自動車のベーシスは減価償却費だけ減少するが，標準法ではマイル当たりの標準レートによって調整される。

225

第3編　控除できる損金

### ① 1986年後のMACRS

MACRSによれば，自動車は5年資産として分類され，200％定率法によりコスト回収が行われる。

### ② 割増償却（bonus depreciation）

IRC179経費控除後MACRSの適用前には追加的な割増償却を行うことができる。例えば，2003年5月5日後に購入し，2005年1月1日前にその用に供された自動車には50％の割増償却が認められる。

### ③ 減価償却の制限

事業に50％超使用される場合を除き，IRC179経費控除またはMACRS加速度減価償却は認められない。これを**事業用途基準**（business use test）という。この基準に合わない自動車については，5年にわたり定額法で減価償却が行われる。

### ④ 高級車（luxury cars）の制限

一定の乗用車については，年間減価償却費の金額が制限される（IRC280F）。乗用車（passenger automobiles）の減価償却限度額（maximum depreciation deductions）が法定される。高級車の制限が適用される乗用車は，自重6,000ポンド超の乗用車に限られる（IRC280F(d)(5)(A)）。ただし，トラックまたはヴァンは，総重量（gross vehicle weight）6,000ポンド超のものに限られる。

### ⑤ 高級車のリース

高級車を所有する場合，減価償却費は法定限度額に制限されるので，租税回避の方法として高級車リースのリース料という法形態を用いて限度額を超える控除を試みる納税者が少なくない。これに対処して，賃借者は事業経費として控除できる賃借料から一定金額を減算しなければならない（IRC280F(c)）。この一定金額は，「含有金額」（inclusion amount）といい，リース自動車の公正な市場価値に当期における自動車の事業用および投資用の割合を乗じた金額をいう。その計算には，IRSの作成した表（Rev. Proc. 2005-13, I.R.B. 2005-12）を使用する。

第3章　特別控除

### (2) 自動車の譲渡損益

自動車の処分によりキャピタル・ゲインを実現する場合，減価償却費またはIRC179条経費を反映するため，その譲渡益の全部または一部を通常の所得 (ordinary income) として申告しなければならない（規則1.1245－1）。通常の所得として申告すべき金額は，次のいずれか小さい方の金額である。

(a) 所有期間に認められた減価償却費とIRC179条経費の合計額

(b) 実現した収益の合計額

## 2　旅費 (traveling expenses)，食事および交際費 (meals and entertainment expenses)

### (1) 旅　　費

営業または事業の遂行のための通常かつ必要な旅費は，事業経費として控除することができる。控除できる旅費には，運賃，食事・宿泊費，付随費用（電話・電信，速記，コンピュータ・レンタル料などを含む）が含まれる（規則1.162－2）。

### (2) 食事および交際費

食事および交際費は，その50％を事業経費として控除することができる(IRC274(k)および(n))。租税公課およびチップ，部屋代および駐車料などの関連費用は，この50％ルールの適用前の経費に含まれる。ただし，次の経費には，50％ルールは適用されない（IRC274(n)(2)）。

(a) 報酬として取り扱われる経費

(b) 実費弁償される経費で従業員報酬に含まれないもの

(c) 従業員のレクリエーション費用

(d) 一般大衆に提供された物品・サービスの経費

(e) 顧客に売却する食物および娯楽の原価

(f) 社外の者に対する報酬に含まれる経費

(g) デミニミス飲食代

(h) 免税団体主催のスポーツ・イベントのチケット代

① **接待行為** (entertainment activities)

接待，娯楽またはレクリエーションとみなされる活動の経費は，営業または事業に直接関連することが立証される部分を除き，事業経費として控除することはできない（規則1.274－2(c)(1)）。

（ⅰ）直接関連する接待

次の要件のすべてを満たす経費は，営業または事業に直接関連する経費とみなされる（規則1.274－2(c)）。

(a) 将来所得その他の事業上の利益を得ることを期待していたこと
(b) 接待の間に被接待者との積極的な事業の遂行に従事していたこと
(c) 事業接待活動の主たる側面が能動的な事業の遂行であったこと
(d) 接待中に事業を遂行した者と納税者に経費が配分されたこと

事業促進のために明瞭なビジネス・セッティングを行った接待は，積極的な事業の遂行に直接関連する接待とみなされる。次の場合，積極的な事業の遂行の可能性がほとんどない場所で行われる接待費とみなされるので，営業または事業に直接関連しないものとみなされる。

(a) 納税者が出席していない場合
(b) 気を逸らす娯楽が相当存在する場合（例えば，ナイトクラブ，ディクラブ，劇場，スポーツ・イベント等）
(c) グループ（事業仲間以外の者を含む）を接待する場合

（ⅱ）随伴する接待

積極的な営業または事業の遂行に随伴して，真正かつ実質的な商談の前後に行われる接待の費用を控除することができる（規則1.274－2(d)）。実質的な商談は，明瞭な事業目的を有するものでなければならない。

② **接待の定義**

一般に接待とされる行為には，（ⅰ）ナイトクラブ，カントリークラブ，劇場，スポーツ・イベント，懸賞試合などでゲストを接待すること，（ⅱ）魚釣り，狩猟，休暇，旅行などの費用を支払うこと，（ⅲ）飲食品，ホテル，コテージ，

車両を提供すること，などが含まれる。

③ **真正な接待**（goodwill entertainment）

真正な接待の費用は，次の条件の下で，控除することができる（規則1.274-2(d)(2), Rev. Rul. 63-144, 1963-2 CB129)。

(a) 商談に役立つ状況で生じた場合，飲食料代が控除できるとするビジネス・ミールのルールに基づくこと

(b) 接待が積極的な事業の遂行に随伴するかまたは真正かつ実質的な商談の直前または直後に行われること

(c) 明瞭なビジネス・セッティングで行われる接待など，積極的な事業の遂行に直接関連する接待を含む状態で行われること

④ **接待施設**（entertainment facilities）

法人の接待施設，レクリエーション施設および娯楽施設について支払いまたは発生した経費を控除することはできない（IRC274(a)(1)(b)）。接待施設は，接待のために所有しまたは賃借している資産である。例えば，航空機，自動車，ヨット，ホテル，アパート，リゾート・ホーム，狩猟ロッジ，釣りのキャンプ，プール，テニスコート，などが，これに該当する。これらの施設を接待目的でなく，事業目的で使用するために生じた費用だけを控除することができる。税務上，不動産または動産の使用を含む接待行為と接待行為に関して使用する接待施設を区別しなければならない。

# 3 大会費用（convention expenses）

大会費用の控除が認められるか否かは，営業または事業と大会その他の会合との間に十分な関係があるか否かによる。控除できるためには，出席することが営業または事業の利益になる場合でなければならない。セミナー，討論，作業部会などに参加せず，事業に関する課題に係るビデオ・テープ等を提出するだけの場合，大会その他の会合に関して生じる経費は，控除することができない（IRC274(h)）。所得稼得のために保有する資産や投資に関する大会やセミ

ナーに出席する経費は，控除することができない（規則1.162−2(d)）。

① 政治的会合

政治的会合の出席費用は，事業に関連する場合には控除することができる。

② 外国の会議等

北米地域以外で開催される大会，セミナーその他の会合に係る経費は，その会合が積極的な営業または事業の遂行に直接関連し，次の要素を考慮に入れて，北米地域以外で開催される会合が北米地域内で開催される会合と同様に合理的であることが立証される場合を除き，控除することができない。

(a) 会合の目的と会合で行われる活動

(b) 後援団体の目的と活動

(c) 後援団体の活動的な構成員の居住地と同団体の他の会合の開催地

## 4 事業上の贈与 (business gifts)

課税年度に直接または間接に同一の者に与える事業上の贈与は，25ドルまで控除することができる（規則1.274−3）。このルールの適用上，パートナーシップとパートナーは，単一の納税者として取り扱われる。特定の個人の使用または利益を意図して法人その他の事業体に対して行う贈与は，間接的に当該個人に対して行ったものとみなされる。しかし，グループの不特定多数の構成員の使用のための贈与は，この限りでない。また，次の種類の贈与には，25ドルの制限は適用されない（規則1.274−3(b)(2)）。

(a) 広く分配され，費用が4ドル以下であり，納税者の名称が明瞭かつ恒久的に印刷されていること

(b) 署名，ディスプレー・ラック，その他の事業促進材料が受贈者の施設において使用されること

贈与または接待のいずれかとみなされる項目は，一般に，接待とみなされる（規則1.274−2(b)(1)(ⅲ)）。しかし，後で使用するために顧客に与える飲食料品は，贈与と分類される。

## 5　業績報償 (achievement awards)

　従業員業績報償は，贈与でなく，事業経費として控除することができる (IRC 170(b)(2))。従業員業績報償は，有形動産であって，次の条件を満たすものをいう。
　(a)　雇用主が永年勤務や安全な業績に対して与えるものであること
　(b)　有意義な贈呈品の一部として授与するものであること
　(c)　偽装報酬と紛らわしいものにならない条件と状況で授与するものであること
　ここでいう有形動産には，金銭または譲渡性のある贈与証書で従業員に有形動産以外のものを受け取る権利を与えるものは含まれない (Rev.Rul.69-80,1969-1 CB65)。

第3編　控除できる損金

# 第4章
# 控除否認項目（non-deductible costs）

　一定の事業経費は，これの公序を許せば公序良俗（public policy）に反するとされる場合には，控除できない。例えば，罰金，賄賂，加算金および違法行為に係る経費は，事業経費として控除することができない。

## 1　一般的控除否認項目

### (1)　生命保険料
　個人的経費または家族経費である生命保険料は，控除できない。営業もしくは事業または所得稼得活動に関して支払われる生命保険料は，控除できる（規則1.262−1(b)(1)）。
　① 雇用主が購入した保険
　雇用主が従業員とその家族を対象とする保険証券を購入して維持するために支払った団体入院・医療保険および生命保険の保険料は，雇用主が控除できる。団体以外の生命保険および災害保険の保険料は，次の要件を満たす場合には，控除できる（Rev. Rul. 58−90, 1958−1 CB88, Rev. Rul. 210, 1953−2 CB114, Rev. Rul. 66−203, 1966−2 CB104）。
　(a)　雇用主が直接または間接に受益者でないこと
　(b)　保険料の性質は追加的な報酬であること
　(c)　保険料を含む報酬の合計額が合理的であること
　したがって，雇用主が生命保険証券の直接または間接的な受益者である場合には，雇用主が従業員の当該生命保険証券につき支払った保険料は，控除する

ことができない（IRC264(a)(1)，規則1.264－1）。実務的には，法人が株主である従業員の死亡時に同人の当該法人の株式の償還を規定するバイセル契約に資金提供のため保険証券の受益者となることが少なくない。このように，雇用主が保険証券の受益者である場合，法人はその重要社員の生命保険の保険料を控除することはできない。

② **シングル・プレミアム生命保険の購入のために生じた負債**

シングル・プレミアム生命保険，生死混合保険または保険年金契約の購入のために発生した負債の利子の控除は，認められない（IRC264(a)(2)，規則1.264－2および1.264－3）。シングル・プレミアム保険証券は，実質的に全部の保険料が購入日から4年以内に支払われるものである（IRC264(b)）。

③ **保険料の支払のためのローンの利子**

1963年8月6日後に購入した生命保険，生死混合保険または保険年金契約の保険料を支払うために発生する負債の利子は，控除を認められない。このルールの目的は，保険料の全部または一部を支払うために保険証券の金銭価値の増加分の全部または一部に等しい金額を保険会社または銀行から借り入れる意図をもつプランに基づく借入金の利子の控除を否認することである（IRC264(a)(3)，規則1.264－4）。ただし，節税以外の目的で保険証券に係る次の借入金については，このルールの適用除外とされる。

(a) 最初の保険料支払日に開始する7年間の年間保険料の4回分が当該プランに関する借入金で支払われていない場合，利子控除は否認されない。

(b) 別段のことがなければ否認される控除金額が100ドル以下である場合には利子を控除することができる。

(c) 予見されない実質的な所得の損失または予見されない債務の増加によってローンをする場合，利子控除を失わない。

(d) 負債が営業または事業に関して発生する場合，利子控除は失われない。

④ **信用目的の生命保険**

ローン条件として債権者のために自己の生命に保険をかける必要がある債務者は，保険につき支払った保険料を控除することはできない（規則1.264－1）。

しかし，債権者は，債務者の生命保険をかけて，債務が未済の間に支払った保険料を控除することができる (Dominion National Bank, 26BTA421, CCH Dec. 7635)。債権者が担保として債務者の生命保険証券につき支払った保険料の控除の可否は，次のことによって決まる（Rev. Rul. 75-46, 1975-1 CB55)。

(a) 払戻の権利を有するか否か
(b) 保険料の支払年度に払戻の権利が無価値になっているか否か

⑤ 関連者を対象とする保険証券ローンの利子

役職員または営業もしくは事業と財務上利害関係のある者の生命保険証券を有する者が当該保険証券に係る負債につき支払いまたは発生した利子は，当該負債の合計金額が5万ドルを超える部分については，控除することができない。この5万ドルの限度額は，各関係者ごとのベースの合計に適用されるが，5万ドルの限度額の解釈を利用して租税回避スキームが開発されるため，これに対処する必要がある。そこで，法人のA事業の従業員Xが当該法人の他の2つのB事業およびC事業の役員である場合，Aの従業員でありBおよびCの役員であるXに適用されるべき5万ドルの限度額は，当該法人が借入金の担保とされたXのすべての保険証券の合計によって決定されることとし，当該法人の関連グループのA，BおよびCは，このルールの適用上，単一納税者とみなすこととする。そして，この対抗措置を免れるために法人格のない事業体を利用する場合にもその共通の持分権を中心として，同様のルールを適用することとした（IRC264(a)(4))。このような限度額規制は，1986年6月20日後に購入した生命保険証券に係るローンの利子に適用された。しかし，この制度を利用するCOLI/TOLIという租税回避スキームが蔓延した。特に，エンロン事件における米国議会の調査報告書で問題点が指摘された。その結果，1986年6月20日後に購入された**法人所有生命保険**（corporate-owned life insurance：COLI）証券で，役員，従業員または財務上の利害関係者を対象とするものに関する負債（5万ドルを限度とする）につき利子の控除を認める制度を1995年10月13日後に支払いまたは発生する利子から廃止することにした。

## (2) 罰金（fines）および賄賂（bribes）

法令の違反について政府に支払う罰金およびペナルティは，これを事業経費として控除することはできない（IRC162(f)および(g)，規則1.162-21，1.162-22）。罰金またはペナルティには，次の金額が含まれる。

(a) 重罪または軽犯罪の訴追における有罪判決，有罪答弁または不抗争により支払った金額
(b) 連邦法，州法または地方法に基づき民事罰（a civil penalty）として支払った金額（加算税（additions to tax）を含む）
(c) 民事訴訟手続または刑事訴訟手続における罰金またはペナルティの支払義務に関する和解で支払った金額
(d) 罰金またはペナルティを科す訴訟手続に関して没収された金額

### ① 反トラスト法違反（antitrust violations）

歴史的経緯から米国では独占禁止法を反トラスト法（antitrust law）と呼んでいる。現在反トラスト法は1890年シャーマン法，1914年クレイトン法および1914年連邦取引委員会法を中核に構成され，司法省反トラスト局が執行機関として民事事件の原告となり，刑事事件では大陪審を召集して捜査および起訴を行わせている。

反トラスト法違反につき有罪判決を受け，有罪答弁を行いまたは不抗争とする場合，判決に従いまたは司法取引などの和解で支払った金額の3分の2は，控除できない（Rev.Rul.55-265，1955-1CB22）。反トラスト法に係る刑事事件と民事事件が関連している場合，民事訴訟の和解金の3分の1は，事業経費として控除することができる（IRC276(a)(3)および(4)）。刑事違反の経済目的と同様の経済目的を達成するために民事違反を犯した場合，民事違反と刑事違反が関連しているとされる（規則1.276-1(d)および(e)）。

### ② ペナルティの経済性

経済的に，法令遵守よりペナルティを支払う方が金銭的に有利になるという事実に基づいてペナルティを控除できる事業経費に転換するという理論は認められない。

第3編　控除できる損金

③　賄賂，キックバック等の違法な支払

公職者や公務員に支払った賄賂や違法なキックバック（1977年外国腐敗プラクティス法（the Foreign Corrupt Practices Act of 1977）に基づき違法となる外国政府職員に対する支払を含む）は，控除することができない（IRC162(e)(0)，規則1.162－1(a)，1.162－18，1.162－21）。この支払が賄賂またはキックバックであるという立証責任はIRSにある。海外事業活動の展開において外国政府職員の汚職腐敗にどのように対処するかについて，OECDのサプライサイドに焦点を絞った対策が検討されており，反賄賂協定（the Anti-Bribery Convention of OECD）に米国は1999年2月15日に加盟し，1998年11月10日に国内法を整備した。外国政府職員に対する賄賂の経費控除を認めないことは，国際的な協定上の義務となっている。米国の租税理論の歴史をみると，過去には，キックバックは，正常，通常または産業界の慣行である場合を除き，控除することはできない（T.B.Lilly, SCt,52－1 USTC9231, 343 US 90）というルールがあったが，その後，キックバックの控除の可否は，経費が確立された業界慣行であるか否かではなく，通常かつ必要な経費であるか否かによって決まるとすると考えるに至った。例えば，下請業者が元請業者にキックバックを行った場合にそのキックバックの経費控除を認める判決がある（Raymond Bertolini Trucking Co.,CA－6，84－2 USTC 9591, 736 F 2 d 1120, rev'g TC, 45TCM 44, CCH Dec.39, 474(M)）。この判決の論理は，キックバックを支払わなければ，下請業者の破綻を生じるというものであり，違法な支払でなく，通常かつ必要な経費であるというものであった。しかし，その後の判決では，類似の事実について，キックバックは下請業者の事業の成功・発展のためにならず，必要な経費という要件を満たすものではないので，下請契約をとるためのキックバックの経費控除を否定した（Car Ron Asphalt Paving Co.,Inc.,CA－6，85－1 USTC9298, 758 F 2 d 1132, aff'g TC, 46 T CM 1314, CCH Dec.40, 434 (M)）。

④　違法な支払

支払者に刑事罰を科しまたは事業許認可を取り消す法令により違法な支払の控除は認められない。違法事業の合法的な経費は，控除することができる（G.

A. Comeaux CA－10, 49－2 USTC9358, 176F 2 d 394)。包括的所得概念に基づき, 違法所得も課税されるが, その課税所得の計算においては通常かつ必要な経費であれば, 控除することができる。例えば, 呑み屋 (ブックメーカー) の仕事は州法上違法であるが, その賃借料, 賃金その他の経費は控除できるとする判決がある (N.Sullivan, SCt, 58－1 USTC9368, 356 U.S.27)。ただし, 麻薬の違法販売については, このような一般原則は否定される。管理物質法 (Controlled Substances Act) に明記された麻薬の違法販売において支払いまたは発生した経費控除および税額控除は, 否定される (IRC280 E)。

売買取引 (trafficking) がその行為地である州の法令または連邦法によって禁止される場合には違法行為となるが, この規定は, 売上原価を総所得から控除するという調整に影響せず, 過去に違法な麻薬取引の費用を税務上控除することを認めてきた判決 (D.Galluzzo, 43 TCM199, CCH Dec.38, 524 (M)) を覆す目的で立法化されたものである。

### (3) 租税公課

次の租税公課は, 租税または事業経費として控除することはできない (規則1.275－1)。

(a) 連邦所得税 (従業員が支払う社会保障税, 鉄道退職税およびIRC3402に基づく源泉徴収税を含む)
(b) 連邦戦時利潤税および超過利潤税
(c) 外国税額控除を選択した場合, 外国政府または米国属領によって課された所得税, 戦時利潤税および超過利潤税
(d) 売主と買主に配分される結果他人に課される税とみなされる不動産税
(e) 民間財団, 公的慈善団体, 年金計画, 不動産投資信託, ゴールデン・パラシュートおよびグリーンメールの支払に課される消費税

### (4) 政党への献金

政治的立候補者および政党への直接的または間接的な献金は, 事業経費とし

て控除することができる（Rev. Rul. 71−449, 1971−2 CB77, Rev. Rul. 74−22, 1974−1 CB16）。

営業または事業を行う地方に全国政治大会を誘致するために組織された委員会に対する寄附金は，これにつりあう財務上のリターンが合理的に期待できるために，事業経費として控除することができる（Rev. Rul. 55−265, 1955−1 CB 22）。政党の大会プログラムの広告のために支払う金額は，その収入の一部が直接または間接に政党または政治的立候補者のためになる場合，控除することはできない（規則1.276−1(b)）。

政党の大会プログラム以外の出版物の広告のための支出も，同様に取り扱われる（IRC276(a)(1), 規則1.276−1(f)(3)）。

### (5) ロビー経費 (lobbying expenses)

次のロビー経費は，通常かつ必要な事業経費として控除することはできない（IRC162(e)）。

(a) 立法に影響を与える経費
(b) 公職の立候補者のためまたは不利益になるような政治的キャンペーンに参加しまたは干渉する経費
(c) 選挙，立法またはレフェレンダムにつき一般大衆に影響を与える意図のある経費
(d) 公的措置または公職に影響を与える意図で大統領府の政府職員に対する直接通信に係る経費

### (6) 免税所得を稼得するための経費

免税所得の稼得に関係するすべての経費が控除できるとすれば，事実上，二重控除になる。このような二重控除を防止するために，連邦所得税が全額免除される所得に帰すべき経費は，控除できないこととする（IRC265(a)(1), 規則1.265−1）。所得が事業所得であるかまたは投資所得であるかを問わず，この規制が適用される。連邦所得税を全部免除される利子所得については，これに帰すべ

き事業経費は控除できるが，この免税利子所得を稼得するために生じた投資経費または事業外経費は控除できないものとする。

## 2 特別な控除否認項目

上記1のほか，特に次の控除否認項目が法定されている。

### (1) ゴールデン・パラシュート（golden parachute）の支払

　法人は，支配権の交替を容易にする目的で重要な職員と「ゴールデン・パラシュート」契約を締結することがある。**敵対買収**の可能性を予想する法人は，現実に買収が起きる前に重要な職員と契約し，買収された場合には通常の報酬を著しく超える特別な支払をすることを約束することがある。この支払について，雇用主と重要な職員の双方に対して特別な課税ルールが適用される（IRC 280Gおよび4999）。雇用主については，パラシュートの一部分（超過パラシュートの支払以外の部分をいう）のみを控除することができる。従業員については，この支払の一部に対し，通常の所得税のほかに，消費税を課される。「**超過パラシュートの支払**」(an excess parachute payment) とは，パラシュートの支払のうち当該パラシュートの支払に配分された基準金額を超える部分に相当する金額をいう。基準金額は，基準期間（買収日前に終了する5課税年度をいう）における個人の年間ベースの報酬である。

　① パラシュートの支払

　パラシュートの支払は，不適格者に対する報酬で，次の要件に該当するものをいう。

(a) 支払が法人の所有権もしくは支配権の変更または法人資産の実質的な部分の所有権の変更に付随すること

(b) この不確定払の現在価値の合計額が基準金額の3倍以上であること

「不適格者」とは，（ⅰ）従業員，独立の契約者その他規則に定める者であって法人のために人的役務を提供するもの，および（ⅱ）役員，株主または高額

報酬を受ける個人をいう。

人的役務提供法人（a personal service corporation）は，個人として取り扱われる。

また高額報酬を受ける個人とは，法人のために人的役務を提供する個人の高額順位1％グループに入るか，または高額順位250人までに入る者である。また，関連グループは，一法人として取り扱われる。

② 支配権または所有権の変更に付随すること

所有権または支配権の変更がなかったならば不適格者に支払がなされなかったであろうという場合には，当該支払は所有権または支配権の変更に付随するものとして取り扱われる。

③ 超過パラシュートの支払

超過パラシュートの支払は，次の算式により，計算される。

$$\text{基準金額のうち当期の支払に配分される部分} = \text{支払の現在価値} \times \frac{\text{基準金額}}{\text{すべての支払の現在価値}}$$

将来の支払の現在価値は，IRSの定める利率を用いて計算される。

---

**設 例**

Xは1999年1月1日以来A社の従業員と社長であった。Aの当初の給料は5万ドルであったが，2000年1月1日に5,000ドルに昇給し，以後同日付で毎年5,000ドルずつ昇給した。2003年5月15日にB社による買収を予想してXとAは契約を結び，買収の場合には25万ドルを3回払で受け取ることにした（買収時に10万ドル，1年後に10万ドル，2年後に5万ドル）。2003年6月にB社はA社を買収した。Aは不適格者であるので，この支払はパラシュートの支払となる。この支払の現在価値は，基準金額の3倍以上である。

| 支払年度 | 支払金額 | 仮定上の支払の現在価値<br>AFRの120%，3年以下7.48で割引 |
|---|---|---|
| 2003 | 100,000 | 100,000.00 |
| 2004 | 100,000 | 93,040.56 |

2005　　　　　　　50,000　　　　　　　　43,282.73
全支払の現在価値　　　　　　　　　　　236,323.29

　この金額は基準金額の3倍超であるので，Xへの支払はパラシュートの支払である。

　XのAの在職期間は5年未満であるので，Xの基準期間は，直近5年の一部(1999〜2002)である。基準期間のXの報酬は，1999年50,000ドル，2000年55,000ドル，2001年60,000ドル，2002年65,000ドルであるので，基準金額は，これらの平均値である57,500ドルである。

$$\{(50,000+55,000+60,000+65,000)\div 4\}\times 3 = 172,500 \text{ドル}$$

$$配分割合 = \frac{基準金額}{全支払の現在価値} = \frac{57,500}{236,323.29} = 24.33\%$$

基準金額のうち各支払に配分される部分は，支払の現在価値に24.33％を乗じた金額である。

2003年：

　　基準金額のうち第1支払に配分される部分 $= 100,000 \times 24.33\%$
　　　　　　　　　　　　　　　　　　　　　　$= 24,330$ドル

　　超過パラシュートの支払 $= 100,000 - 24,330 = 75,670$ドル

2004年：

　　基準金額のうち第1支払に配分される部分 $= 93,040.56 \times 24.33\%$
　　　　　　　　　　　　　　　　　　　　　　$= 22,636.77$ドル

　　超過パラシュートの支払 $= 100,000 - 22,636.77$
　　　　　　　　　　　　　　　　　　　　　　$= 77,636.23$ドル

2005年：

　　基準金額のうち第1支払に配分される部分 $= 43,282.73 \times 24.33\%$
　　　　　　　　　　　　　　　　　　　　　　$= 10,530.69$ドル

　　超過パラシュートの支払 $= 50,000 - 10,530.69$
　　　　　　　　　　　　　　　　　　　　　　$= 39,469.31$ドル

## (2) 租税回避のための買収

所得控除，税額控除その他の租税の減免を受けることを主たる目的として，ベーシスの引継（carryover basis）が適用されるように，法人の支配権を取得しまたは法人が他の非関連法人の資産を取得する場合，この所得控除，税額控除その他の租税の減免は，これを否認することができる（IRC280Gおよび4999）。

この場合，主観的要素である動機が重要視される。法人の100％子会社が組織再編成で他の法人のすべての資産と負債を取得する場合，当該子会社が被買収法人の繰越純営業損失を引き継いだとしても，この組織再編成の主たる目的が租税回避や脱税であると決め付けることはできない（Fairfield Communities Land Company, 47TCM 1194, CCH Dec.41, 028 (M)）。組織再編成の動機が法人のエクイティ資本の増加である場合，法人の支配または法人の資産の取得の主目的がタックス・ベネフィットの享受でない限り，これらの所得控除，税額控除その他の租税の減免を否認し，またはこれらを配分し直すことはできない。「支配」とは，法人の議決権のあるすべての種類の株式の50％以上またはすべての株式の価値の50％以上を占める株式の所有をいう（IRC269(a)）。

### ① ベーシスの引継要件

買収の主たる目的が租税回避であったとしても，客観的要件を満たす必要がある。譲受法人は，譲り受けた資産のベーシスが譲渡法人の段階のベーシスを引き継ぐものとされる。

### ② 買収の目的

所得控除，税額控除その他の租税の減免を享受することを主目的として，法人の支配権を取得し，または法人が他の法人の資産を取得する場合には，所得および所得控除などの配分に関する規定が適用される（規則1.269-2）。買収の目的を確認するため，取引のすべての事情を精査しなければならない。損失の繰越の認否は，買収の主目的によって決定される。租税回避が唯一の目的である必要はなく，他に真正な事業上の理由があるとしても，買収の主目的が租税回避である場合には，タックス・ベネフィットは，否認される。

### ③ 被買収法人の清算

IRSは，適格株式購入によって買収された法人の清算の時に所得控除，繰越，税額控除その他の租税項目を否認することができる（IRC269(b)）。この否認ルールは，特に次の場合に適用される。

(a) 法人が他の法人の適格株式を購入する場合
(b) 買収法人が株式取得を資産取得として取り扱う選択をしない場合
(c) 被買収法人が買収日後2年以内に採用されたプランに従って清算される場合
(d) 清算の主たる目的が買収法人の所得控除，税額控除その他の租税の減免のタックス・ベネフィットを享受して連邦所得税の回避またはほ脱である場合

### (3) 利子の控除制限

法人が他の法人の株式または全営業資産の3分の2を取得するための負債に係る利子の控除は制限される（規則1.279-1～1.279-7）。このような負債を「**法人取得負債**」（corporate acquisition indebtedness）という。法人取得負債の控除限度額は，500万ドルである。法人株式または営業資産を取得するために用いられるが，法人取得負債に該当しない負債に係る利子だけ，500万ドル限度額は引き下げられる。このほか，外国法人の買収，関連者グループ，非課税取引などに関する利子の控除制限が規定されている（IRC279）。法人取得負債であるには，債券，社債，手形その他の債務証書が他の法人の株式またはすべての営業資産の3分の2以上の購入代金を直接または間接に支払うために用いられることを要する。ここで，債務証書は，次の法定の**負債・資本基準**（debt-equity test）のすべてに該当するものでなければならない。

(a) 他の債権者への劣後的地位

債務証書は，発行法人の一般債権者の請求権または法人の無担保債務の相当の金額に劣後すること

(b) 転換基準（convertibility test）

第3編　控除できる損金

債務証書は，直接または間接に発行法人の株式に転換することができること
(c)　負債・資本比率(ratio of debt-equity)または収益基準(earnings test)
債務証書は，負債・資本比率または収益基準を満たすこと

### (4)　ステープルド株式(stapled stock)またはペア株式(paired stock)

内国法人と外国法人が**ステープルド事業体**（stapled entities）である場合，外国法人は内国法人として取り扱われ，その世界所得に対して米国税を課される(IRC269B)。

このみなし**転換**（deemed conversion）は，外国法人が新設の内国法人にその資産および負債を譲渡し，外国法人がその株主に交換で受け取る新設の内国法人の株式を分配するものとして取り扱われる。これは，米国税法上，タイプFの組織変更となる（Rev. Rul. 89-103, 1989-2 CB65）。ステープルド事業体ルールは，外国法人と外資系米国法人であることを立証すると，適用できない（IRC269B(e)）。これは，租税条約の濫用を防止する趣旨であり，1983年6月30日後に内国法人にステープルされた外国法人は，米国の締結した租税条約の特典を享受することはできない（IRC269B(d)）。第一法人の株式につきステープルド持分となる第二法人の株式は，第一法人の所有するものとして取り扱われる（IRC260B(a)(2)）。ここで，「事業体」(entity)とは，法人，パートナーシップ，信託，社団，遺産財団その他の事業形態をいい，「ステープルド事業体」とは，各事業体の受益権の価値の50％超がステープルド持分から成る複数の事業体のグループをいう。

「ステープルド持分」とは，所有形態，譲渡制限その他一方の持分権の譲渡に適用される条件により，一緒に譲渡され，または譲渡されなければならない複数の持分をいう（IRC269B(c)）。

### (5)　租税優遇措置の減額

法人の租税優遇措置から生じるタックス・ベネフィットは，次の(a)から(e)までについては20％の減額，(f)から(g)までについては30％の減額と定められてい

る（IRC291）。

(a) 鉄鉱石および石炭の減耗控除
(b) 金融機関控除
(c) 繰延外国販売法人
(d) 公害防止施設
(e) IRC1250資産
(f) 無形ドリル・コスト控除
(g) 鉱業探査開発コスト

第3編 控除できる損金

# 第5章

## 減価償却 (depreciation)

　営業もしくは事業においてまたは所得を稼得するために用いる**資本資産**（capital assets）のコストを一定の期間にわたり回収することを減価償却という（IRC167）。租税理論では，事業においてまたは投資のために用いられる期間に資産の価値は逓減するので，この価値の逓減に応じた減価償却費を事業経費として控除すべきであると信じられている。しかし，減価償却の方法は，過去に幾度となく変化してきた。米国では，資産のコストその他のベーシスを一定の期間に回収するため，次の減価償却制度（depreciation system）が認められている。

(a)　レーガン税制改革（1986年）後に用に供された資産については，修正加速度コスト回収制度（Modified Accelerated Cost Recovery System：MACRS）

(b)　1980年後1987年前に用に供された資産については，加速度コスト回収制度（Accelerated Cost Recovery System：ACRS）

(c)　1981年前に用に供された資産または1980年後ACRSもしくはMACRSの適格性のない資産については，一般的な減価償却法（general methods of depreciation）

(d)　1981年前の一般的な減価償却法の適格性を有するが，資産減価償却レンジ制度（Asset Depreciation Range System：ADR）を選択した資産については，クラス耐用年数資産減価償却レンジ制度（Class Life Asset Depreciation Range System）

(e)　1971年前に用に供された資産については，クラス耐用年数制度（Class Life System）

246

第5章　減価償却

# 1　減価償却の基礎概念

どのような減価償却の場合でも，米国では，（ⅰ）減価償却資産，（ⅱ）減価償却費の控除権者，（ⅲ）減価償却のベーシス，（ⅳ）減価償却期間，（ⅴ）減価償却方法が，基礎概念を構成する。以下，これらについて説明する。

## (1)　減価償却資産（depreciable property）

減価償却資産は，（ⅰ）有形資産（tangible property）と（ⅱ）無形資産（intangible property）に区分される。有形資産は，視覚または触覚で認識できる資産であり，無形資産は価値のある資産であるが視覚や触覚では認識できないものである。次の要件を満たす資産は，減価償却資産とされる。

(a)　営業もしくは事業において用いられまたは所得稼得のために保有される資産であること

(b)　確定的な耐用年数を有しかつ耐用年数が1年超である資産であること

(c)　自然な原因で減耗し，腐敗し，減少し，消耗し，陳腐化する有形資産であること

(d)　合理的な正確さで推定される耐用年数をもつ無形資産であること

① 有形資産の減価償却

有形資産の減価償却は，減耗し，腐敗し，減少し，消耗し，陳腐化する部分のみに適用される（規則1.167(a)−2）が，上記(a)〜(d)の要件を満たす資産のみに適用される。

特に次の有形資産については注意を要する。

(a)　土　　　地

土地の減価償却は認められないが，賃借地は減価償却できないとしても，購入する定期賃借権の費用を償却することはできる。

(b)　景　　　観

樹木，低木その他の造園は，関連ビルその他の構築物の取替時に破壊される場合にのみ減価償却することができる（Rev. Rul. 74−265, 1974−1 CB56）。

第3編　控除できる損金

(c)　道　　路

道路の建設費用は，減価償却することができる（Rev. Rul. 88-99, 1988-2 CB 33）。

(d)　賃借資産の改良

賃借人が賃借資産に施した改良費用は，リース期間にかかわらず，MACRSにより回収することができるが，賃貸人は減価償却することはできない（IRC 168(i)(8)(A)）。

② **無形資産の減価償却**

無形資産は，（ⅰ）創造無形資産（例えば商標権，商号およびライセンス）と（ⅱ）購入無形資産（例えば営業権，不競争契約，労働力および継続企業価値）に分けられる。

一定の**購入無形資産**は，1993年8月10日後に取得された場合，IRC197無形資産といわれ，15年償却を認められる。**創造無形資産**は，IRC197無形資産として15年償却とされるが，2003年12月31日以後に創造されたものについては，新しいセーフハーバーが定められた。特に次の無形資産については注意を要する。

(a)　**特許権**（patents）および**著作権**（copyrights）

特許権または著作権の持分をIRC197により償却できない場合，購入代金が使用ごとの一定金額または使用による収入の一定割合による年間ベースで支払われるとき，課税年度の減価償却費は当該課税年度に支払われる金額に等しい。それ以外の場合，特許権または著作権のベーシスは，耐用年数にわたり比例的に償却される。1977年後に創作された作品について著作権の期間は作家の寿命に70年を加算した期間とされる。

(b)　**契約**（contracts）

耐用年数が不定または恒久的である契約については，減価償却は認められない。契約が購入され，各契約が別々に評価される場合，ローン契約の額面価額を超える超過額は契約残存期間にわたり償却される（Seaboard Finance Co., CA-9, 66-2 USTC 9707, 367FFF 2 d 646, Super Food Services, Inc., CA-7, 69-2

USTC 9558,416 F 2 d 1236)。例えば野球放送権など契約価額の評価が困難で野球フランチャイズのようにビジネス全体の購入代金として取引が行われる場合，減価償却される契約に配分できる費用は確定できない (R.M.Boe,CA－9, 62－2 USTC 9699, 307 F 2 d 339, D.R.McCarthy,DC Ohio, 86－2 USTC 9510)。

(c) 信用情報ファイル

信用報告業が用いる信用情報ファイルは，営業権および継続企業価値とは別に減価償却の対象となる資本資産である。

(d) 不競争契約 (covenant not to compete)

不競争契約の代償は，合意した期間にわたり減価償却することができる (News Leader Co., 18BTA 1212,CCH Dec.5834, Babbitt, Inc., 32BTA 693,CCH Dec.8976)。

(e) 顧客名簿・予約者名簿

例えば新聞社の合併で取得した予約者名簿は，確定可能な価値があり，耐用年数がある場合，減価償却することができる (Newark Morning Ledger Co., SCt, 93－1 USTC50, 228)。

(f) フランチャイズ契約 (franchise agreements)

フランチャイズ契約は，確定的な耐用年数がある場合のみ，減価償却できる無形資産である。場合によれば，フランチャイズ料は事業経費として控除することができるが，フランチャイザーの商標権および営業権と分離した確定的な価値を有しないフランチャイズ契約は，減価償却することはできない (G.W. Dobson, CIsCt, 82－2 USTC9693, Business Service Industries, Inc., 51TCM539, CCH Dec.42, 905(M))。

(g) 継続企業の価値 (value of a going concern)

事業買収者は，この事業の継続企業の価値である購入代金の一部を減価償却することはできず，当該価値を譲渡資産の価値の増加とする。

(h) 営業権 (goodwill)

過去においては，営業権の取得費用は，これを償却することはできなかったが，IRC197により，1993年8月10日後に取得した営業権，顧客名簿，フラン

チャイズ契約，継続企業価値，商標権および商号などの無形資産は，15年にわたり償却することができる。

(i) コンピュータ・ソフトウエア

1993年8月10日後に取得した減価償却できるコンピュータ・ソフトウエアで，IRC197無形資産でないものは，その用に供した月の初日に開始する3年間にわたり，残存価額をゼロとして，定額法により減価償却できる。別々に取得し，その取得費用を別々に明示し，資本化する必要のあるコンピュータ・ソフトウエアには，3年償却が適用される（規則1.167(a)-14）。しかし，IRC167が適用され，2002年後2008年前に開始する課税年度にその用に供されたオフ・ザ・シェルフ・コンピュータ・ソフトウエアは，IRC179により経費となる適格資産に含まれる（IRC179(d)(1)(A)）。別々に明示されず，取得価額がハードウエアその他の有形資産に含まれるコンピュータ・ソフトウエアは，当該ハードウエアその他の有形資産の取得価額の一部として取り扱われる（規則1.167(a)-14(b)）。

コンピュータ・ソフトウエアは，営業または事業の構成資産の取得に関する取引で取得される場合だけ，IRC197無形資産とされるが，一般大衆が購入でき，実質的な修正を受けないコンピュータ・ソフトウエアは，IRC197無形資産とされない（IRC197(e)(3)）。ここで，コンピュータ・ソフトウエアは，コンピュータが望む機能を提供するようにデザインされたすべてのプログラムを含む広義の概念であるが，データベースまたは類似のものは，公有され適格コンピュータ・ソフトウエアのオペレーションに付随するものでない限り，コンピュータ・ソフトウエアとみなされない（IRC197(e)(3)(B)）。

自己開発ソフトウエア・プログラムは，IRC174に基づき研究開発費と同様に取り扱われ，（ⅰ）当期の経費として控除されるか，または（ⅱ）資本化した上でその用に供した月に開始する3年間にわたり定額法で償却される（規則1.167(a)-14(b)(2)）。

IRC197の対象とならないリースされたソフトウエア・プログラムの賃借料は，規則1.162-11に規定するリース期間にわたり，事業経費として控除することができる（規則1.167(a)-14(b)(2)）。

ソフトウエア費用がライセンス取引に適用されるIRC197に基づき資本勘定で処理されず、当期に控除される場合、当期の経費として控除することができる。

## (2) 減価償却費の控除権者

米国の税務において減価償却が認められるには、納税者が（ⅰ）減価償却資産の所有者（owner）であり、かつ、（ⅱ）当該減価償却資産を営業もしくは事業においてまたは所得の稼得のために用いることが必要条件とされる。減価償却費控除権（right to claim depreciation）は、法的権利の所有権（ownership of legal title）のみの属性でなく、資産に対する投資の属性であり、所有権の利益と負担が実質的に帰属する者に認められるものである。このルールを当てはめると、信託の受託者が機械設備を購入しこれを法人にリースし、法人が受託者に実際は購入代金であるが契約上賃借料として支払う場合、受託者はコモンローの受動的受託者（bare trustee or passive trustee）であって、単に表見的な法的権利（a bare legal title）を保有しているだけであり、当該法人が減価償却費の控除権を有するものとされる（Rev. Rul. 55-25, 1955-1 CB283）。

### ① 信　　託

信託が保有する資産の控除できる減価償却費は、受益者と受託者の間に、それぞれに配分される信託所得に基づいて配分される。ただし、契約により受託者が減価償却引当金（a reserve for depreciation）を必要とする場合はこの限りではない（規則1.167(h)-1）。

### ② 期間持分（term interests）

事業または投資のために保有する資産の期間持分を購入する者は、残余持分の保有者が関連者である場合を除き、見込耐用年数にわたり持分の取得費用を償却することができる。1989年7月27日後に取得または創造した持分については、残余持分を関連者が保有する期間、資産の期間持分の減価償却は認められない（IRC167(e)(1)）。

### ③ 売却 (sales) とリース (leases)

一方の当事者Aが所有する資産を他方の当事者Bにリースする場合，減価償却費の控除権はAまたはBのいずれに与えられるかという問題が生じる。米国では，租税理論として，取引が資産の売却かリースかによって減価償却費の控除権の帰属を決めるが，この判定は所有権の利益と負担が誰に帰属するかを基準とし，次のように説明されている。

(a) 購入オプション付で減価償却資産をリースする場合，減価償却費の控除権者は賃貸人であり，賃借人は賃借料を事業経費として控除することができる。

(b) リースが実質的には減価償却資産の売却である場合，減価償却費の控除権者は賃借人であり，賃借人は賃借料を事業経費として控除することができない。

この租税理論の要点は，リースという法形態の取引で移転された資産の「真実の所有者」(true owner)は賃貸者か賃借人かを決定する基準である。判例は，実質主義 (substance-over-form) 原則を採用してきた。ユーザー以外の者が，リースのタックス・ベネフィットを受ける「真実の所有者」とされるために，(ⅰ) このリース取引に対する参加の動機がこの取引の法形式を正当化する「事業目的」(a business purpose) であること，および (ⅱ) このリース取引に「経済実体」(economic substance) すなわち「利益の可能性」(possibility of a profit) が存在すること，を立証しなければならない (C.W.Hilton, 74 TC305, CCH Dec.36, 962, aff'g per curiam, CA－9, 82－1 USTC9263, 671 F 2 D 316, SCt cert.denied)。

### ④ セール・リースバック

セール・リースバックの買主は，割賦販売における購入代金の未払残高がリース資産の公正な市場価値よりも著しく大きい場合には，控除を否認される。売主である賃借人が，契約上のオプションを行使して，資産の処分に対する支配権を有する場合には，セール・リースバック取引が認められる。

第5章　減価償却

### (3) ベーシスの決定

　減価償却費として控除される金額は，減価償却資産の取得価額その他の適当なベーシス（IRC1011に基づいて決定される）である（IRC167(c)，規則1.167(g)-1）。減価償却のベーシスは，収益計算のベーシスと同様である。取替の性質をもつ修繕費などの資本的支出（品質の低下を防止し，耐用年数を伸ばす範囲），購入費，法的権利の補完費，運転費および租税公課などが，ベーシスに含まれる。ベーシスは，減価償却費だけ減少する。ACRまたはMACR以外の減価償却方法により，合理的な残存価額（salvage value）を下回る減価償却ができないが，ACRまたはMACRによる場合には，残存価額は考慮されない。

　減価償却資産とそれ以外の資産との間でベーシスを配分しなければならない（規則1.167(a)-5）。減価償却のベーシスは，一括払に減価償却資産の価値が全資産に占める割合を乗じた金額を超えることはできない。

### (4) 減価償却期間

　ACRおよびMACRSにより，減価償却は，法定回収期間（statutory recovery periods）にわたって行われる。1981年前に用に供された資産でADRが選択されないものまたは1980年後に用に供された資産でACRSまたはMACRSでないものについては，減価償却率は，見込耐用年数によって決まる。耐用年数（useful life）は，資産が事業においてまたは所得稼得のために使用されると見込まれる期間である。資産の耐用年数を決定するとき，次の要素について考慮される。

(a)　自然の原因による減耗，腐敗または価値の低下
(b)　経済変化，技術革新および産業界および営業または事業における発展
(c)　営業または事業に固有の風土その他の条件
(d)　修理，更新および取替に関する方針

### (5) 事業経費の選択

　一定の適格資産の取得価額を特定の年数にわたって減価償却する代わりに，

用に供した年度にその全部または一部を事業経費として控除することを選択することができる。

　この選択の要件は，以下のように，資産の性質と用途によって異なる。

　① IRC179条経費

　2003年から2007年までに開始する課税年度に用に供された適格資産の取得価額を10万ドルまで，2008年以後に開始する課税年度に用に供された適格資産については，25,000ドルまで，事業経費として控除することができる（IRC179(b), 2004年米国雇用創出法により改正された）。この限度額は，インフレ調整が行われる。

　② 障害者の障害除去費用

　一定の建築物および輸送車両の障害を除去する費用を資本化して当該資産の耐用年数にわたり減価償却しまたは回収する代わりに，支払いまたは発生した年度にこれを控除することを選択することができる（IRC190）。各課税年度の経費控除の限度額は，15,000ドルである（IRC190(c)）。この金額を超える経費は，資本費用（capital expenses）として取り扱われる。この限度額は，パートナーシップと各パートナーに適用される。また，この限度額は，連結納税申告を提出する関連法人グループに適用される。この経費控除は，償却として取り扱われ，動産の売却時に通常の所得として取り戻されるが，不動産については，この控除は減価償却として取り扱われない。

　③ クリーン燃料車と燃料補給資産

　2006年までに用に供されたクリーン燃料車の費用のうち2,000ドルまで経費控除が認められる。2006年に用に供された場合，経費控除は75％減額される。クリーン燃料トラック，ヴァンおよびバスについては，この限度額は増加する。

### (6) 減価償却費の控除

　すべての納税者は，減価償却費の控除（depreciation deduction）および償却費の控除（amortization deduction）を請求し，一定の有形資産の取得価額を経費控除し，事業用および投資用の車両その他の指定資産の情報を提出するために，様式4562を使用しなければならない。

第5章 減価償却

## 2 減価償却（MACRS）

レーガン税制改革により1986年後に用に供された有形減価償却資産は，**修正加速度コスト回収制度**（Modified Accelerated Cost Recovery System：MACRS）を適用される（IRC168）。MACRSは，次の2つの減価償却方法から成る。

(a) 一般的減価償却制度（General Depreciation System：GDS）

(b) 代替的減価償却制度（Alternative Depreciation System：ADS）

納税者がADSを選択しない場合，GDSが適用される。MACRSによれば，減価償却資産の取得価額は，法定回収期間およびコンベンションを用いて減価償却されるが，残存価額（salvage value）は無視される。MACRSの各項目は資産の特定の種類に割り当てられる。回収資産（recovery property）の種類によって回収期間の年数が決められる。

① MACRS控除額の計算

MACRS控除額の計算においては，資産のベーシスを決定し，適切な回収期間，減価償却方法および平均コンベンションを用いて控除額を決定する。一般に，この計算の代わりに「減価償却表」（depreciation tables）を用いることができる。

② MACRS割増償却

ブッシュ政権は，景気刺激策として回収期間が20年以下の新規MACRS資産についてIRC179経費控除後のベーシスの30％または50％の初年度減価償却控除を追加的に認める。

(a) 2003年5月5日後に取得し2005年1月1日前に用に供する資産：50％

(b) 2001年9月10日後に取得し2003年5月6日前に用に供する資産：30％

③ IRC179条経費控除の選択

納税者（信託，遺産財団および一定の非法人を除く）は，一定の適格資産の取得価額を減価償却でなく，次の限度額の範囲内で経費控除することを選択することができる。

(a) 2001年および2002年に開始する課税年度：24,000ドル

(b) 2003年から2007年に開始する課税年度：100,000ドル

(c) 2008年以後に開始する課税年度：25,000ドル

④ 定額法MACRSの選択

納税者は，通常のMACRSの代わりに定額法MACRSを選択することができる。

⑤ MACRSの適用除外資産

次の種類の資産は，MACRSの適用除外資産として法定されている（IRC168(f)）。

(a) 生産単位法（unit-of-production method）など年数表示のない減価償却法を選択した資産（IRC168(f)(1)）
(b) 公益事業資産（IRC168(f)(2)）
(c) 映画フィルム，ビデオテープおよび録音（IRC168(f)(3)および(4)）
(d) 無形資産（IRC168(a)）

## (1) MACRS減価償却期間

MACRSにおいて，減価償却資産は，資産の種類に応じて，（ⅰ）3年資産，（ⅱ）5年資産，（ⅲ）7年資産，（ⅳ）10年資産，（ⅴ）15年資産，（ⅵ）20年資産，（ⅶ）27.5年資産，（ⅷ）31.5年資産，（ⅸ）39年資産，または（ⅹ）50年資産に分類される（IRC168(c)および(e)）。

資産の分類は，1986年1月1日現在のクラス耐用年数に基づいている（IRC168(e)(1)，Rev.Proc.87-57，1987-2 CB687）。

① 3 年 資 産

回収期間が3年とされる資産であり，資産減価償却レンジ制度（Asset Depreciation Range (ADR) System）の耐用年数4年以下の資産が含まれる。この種類に含まれる資産としては，トラクター，豚，製造用器具，2歳超の競争馬，12歳超の用役馬，レント・トウ・オウン資産（rent-to-own property）がある。

レント・トウ・オウン資産は，1997年8月5日後に用に供される資産であって，適格レント・トウ・オウン・ディーラーがその事業の通常の過程で顧客とレント・トウ・オウン契約（rent-to-own contracts）を締結し，保有する消費者

の資産である。この契約の重要な部分は，ディーラーがこの資産の法的権利を顧客に移転する前に終了する。この契約は，リースであるが，リース料は通常の小売価額と利子の合計額を超えるものであり，一品につき1万ドル以下とされる。消費者の資産は，一般に家庭で使用されるテレビや家具などの有形動産である。

② 5年資産

回収期間が5年とされる資産であり，ADRの耐用年数が4年超10年未満の資産がこれに含まれる。これには，（ⅰ）自動車，（ⅱ）軽トラック，（ⅲ）適格科学技術設備，（ⅳ）コンピュータ・ベースの電話交換装置，（ⅴ）小規模発電施設であるバイオマス資産，（ⅵ）IRC1245条研究実験資産，（ⅶ）セミコンダクター製造設備，（ⅷ）太陽・風力エネルギー資産，（ⅸ）卸売，小売，人的役務および自由職業において用いる資産，（ⅹ）すべてのヘリコプターおよび商業用以外の航空機などが含まれる。

③ 7年資産

回収期間が7年とされる資産であり，ADRの耐用年数が10年以上16年未満の資産がこれに含まれる。これには，（ⅰ）机やファイルなどのオフィス用家具・備品，（ⅱ）鉄道トラック，（ⅲ）1986年後1989年前に用に供される農業・園芸用構築物，（ⅳ）スロットマシーン，ビデオ・ロタリ・ターミナル，ゲーム機器，（ⅴ）耐用年数がなく，別段分類されていない資産などが含まれる。3年資産とされる馬以外の馬は，7年資産とされる（Rev.Proc.87－56, 1987－2 CB674, Rev.Proc.88－22, 1988－1 CB785)。

④ 10年資産

回収期間が10年とされる資産であり，ADRの耐用年数が16年以上20年未満の資産がこれに含まれている。これには，（ⅰ）船，はしけ，引き船，その他の水上運搬設備，（ⅱ）1988年後に用に供された農業・園芸用構築物，果樹および葡萄の木，などが含まれる。

⑤ 15年資産

回収期間が15年とされる資産であり，ADRの耐用年数が20年以上25年未満

の資産がこれに含まれている。これには,減価償却土地改良(depreciable land improvements)が含まれる。土地改良としては,(ⅰ)歩道,(ⅱ)道路,(ⅲ)駐車場,(ⅳ)運河,(ⅴ)水路,(ⅵ)排水装置,(ⅶ)下水道,(ⅷ)埠頭,(ⅸ)橋,(ⅹ)垣根,(xi)緑化,(xii)低木の植込,(xiii)ラジオ・テレビ送信塔などがある。ブッシュ政権は,2004年雇用創出法により,次の2つの15年資産を新設した。

(a) 適格賃借地改良資産
(b) 適格レストラン改良

⑥ 20 年 資 産

回収期間が20年とされる資産であり,ADRの耐用年数が25年以上の資産(IRC1250不動産を除く)がこれに含まれる。1996年6月13日前に用に供された水に関する公益事業資産および下水道は,これに含まれる。

⑦ 25 年 資 産

1996年6月12日後に用に供された水に関する公益事業資産の取得価額は,定額法と半年コンベンションを用いて25年の期間に回収される(IRC168(b)(3), IRC168(c)(1))。

⑧ 27.5年資産

居住用賃貸資産は,27.5年の期間にわたり回収される。居住部分から総賃貸料の80%以上を生ずる建築物および構築物は,居住用賃貸資産に含められる。

⑨ 31.5年資産

1993年5月13日前に用に供された非居住用不動産は,31.5年の期間にわたり回収される。非居住用不動産は,IRC1250不動産であって,(ⅰ)居住用賃貸資産および(ⅱ)耐用年数が27.5年未満の資産ではないものをいう。

⑩ 39 年 資 産

1993年5月13日以後に用に供された非居住用資産は,39年の期間にわたり減価償却される(IRC168(c)(1))。

⑪ 増 改 築

不動産または動産の増改築は,個別の資産として減価償却される。構造的な

構成部分である増改築のMACRS資産分類と回収期間は，改良が非居住不動産の適格賃借地改良または適格レストラン改良に該当する場合を除き，資産が増改築と同時に用に供された場合，当該資産に適用されるものと同様である。

⑫　賃借地の改良

賃借地の改良の費用は，リース期間を問わず，MACRSにより回収される（IRC168(i)(8)(A)）。非居住不動産の改良を行う賃貸者は，その改良が2004年10月22日後2006年1月1日前に用に供される適格賃借地改良資産または適格レストラン資産に該当する場合を除き，当該改良が構造的な構成部分である場合，当該改良を39年にわたり減価償却することができる。

(a)　適格賃借地改良資産

2004年10月22日後2006年1月1日前に用に供された適格賃借地改良資産は，15年の回収期間をもつ15年MACRS資産とされる（IRC168(e)(3)(E)(iv)）。適用される減価償却方法は，MACRS定額法である（IRC168(b)(3)(G)）。MACRS代替的減価償却法を選択する場合，回収期間は39年であり，回収方法は定額法である（IRC168(g)(3)(B)）。

(b)　適格レストラン資産

2004年10月22日後2006年1月1日前に供された適格レストラン資産は，定額法を適用される（IRC168(e)(3)(E)(v)，IRC168(b)(3)(H)）。MACRS代替的減価償却を選択する場合，回収期間は39年であり，回収方法は定額法である（IRC168(g)(3)(B)）。

(2)　減価償却方法

MACRSにより，減価償却資産の取得価額は，(ⅰ)適用すべき減価償却方法，(ⅱ)適用すべき回収期間，(ⅲ)適用すべきコンベンションを用いて，回収される。MACRS資産の各種類の減価償却方法と回収期間は，次のとおり定められている（IRC168(b)）。

(a)　3年資産

3年資産の取得価額は，3年の回収期間に200％定率法（declining-balance

method)（控除額が最大化する初年度に定額法に切り替える）を用いて回収される。

　(b)　5 年 資 産

　5年資産の取得価額は，5年の回収期間に200％定率法（控除額を最大化する初年度に定額法に切り替える）を用いて回収される。

　(c)　7 年 資 産

　7年資産の取得価額は，7年の回収期間に200％定率法（控除額を最大化する初年度に定額法に切り替える）を用いて回収される。

　(d)　10 年 資 産

　10年資産の取得価額は，10年の回収期間に200％定率法（控除額を最大化する初年度に定額法に切り替える）を用いて回収される。

　(e)　15 年 資 産

　15年資産の取得価額は，15年の回収期間に150％定率法（控除額を最大化する初年度に定額法に切り替える）を用いて回収される。

　(f)　20 年 資 産

　20年資産の取得価額は，20年の回収期間に150％定率法（控除額を最大化する初年度に定額法に切り替える）を用いて回収される。

　(g)　居住用賃貸資産

　居住用賃貸資産の取得価額は，27.5年の回収期間に定額法を用いて回収される。

　(h)　非居住用賃貸資産

　非居住用賃貸資産の取得価額は，31.5年の回収期間に定額法を用いて回収される。

### (3)　減価償却コンベンション（depreciation conventions）

　MACRSの減価償却の計算には，次の減価償却コンベンションが適用される（IRC168(d)）。

　(a)　すべての資産（非居住用不動産および居住用賃貸資産を除く）の減価償却の計算には半年コンベンション（half-year convention）が用いられる。特別な

第 5 章　減価償却

場合には，四半期央コンベンション（mid-quarter convention）が用いられる。
(b) 非居住用不動産および居住用賃貸資産については，月央コンベンション（mid-month convention）が用いられる。

① 半年コンベンション

資産は，年度の中央で用に供されまたは処分されたものとみなされる。資産が用に供された年度においては，当該資産が用に供された時にかかわらず，初年度の減価償却の半分が控除され，当該資産が処分されまたは用に供されなくなった年度においては，減価償却の半分が控除される。

② 四半期央コンベンション

MACRS資産の減価償却ベース総額の40％超が課税年度の直近3ヶ月中に用に供される場合，すべての資産（非居住不動産，居住賃貸資産および鉄道グレーディングおよびトンネルの穴を除く）に四半期央コンベンションが適用される（IRC168(d)(3)）。

③ 月央コンベンション

居住用賃貸資産，非居住不動産，低所得者住宅ならびに鉄道グレーディングおよびトンネルの穴には，月央コンベンションが適用される（IRC168(d)(2)）。当該資産が用に供された月および処分された月については，半月の減価償却が認められる。

### (4) IRC179条経費の選択

一般に，納税者（信託および遺産財団を除く）は，適格資産の取得価額の全部または一部を資本的支出でなく，当期の経費として控除することを選択できる（IRC179）。

このような経費控除は，IRC179条経費控除（IRC179 expense allowance）という。割増償却の計算では，資産の取得価額からIRC179条経費控除の額を減算される。

経費控除することができる資産の取得価額には，資産の取得者が保有する別の資産のベーシスを参照して決められる資産のベーシスは含まれない。

## 第3編　控除できる損金

### ① 金額限度額および投資限度額

IRC179経費控除には，金額限度額（an annual dollar limitation）が定められている。

用に供された課税年度により，金額限度額は，1997年18,000ドル，1998年18,500ドル，1999年19,000ドル，2000年20,000ドル，2001～2002年24,000ドル，2003～2007年100,000ドル，2008年以後25,000ドルと定められている（IRC179(b)(1)，2003年雇用成長租税救済調整法および2004年米国雇用創出法により改正）。この限度額は，インフレ調整を行われる。例えば，2004年のインフレ調整限度額は，102,000ドルであり，2008年以後の限度額はインフレ調整を行われない（Rev. Proc. 2003-85, IRB. 2003-49, 1184）。金額限度額は，課税年度中に用に供された適格資産の取得価額ベースが投資限度額（an investment limitation）を超える金額につき，減額される。投資限度額は，用に供された課税年度により，2001～2002年200,000ドル，2003～2007年400,000ドル，2008年以後200,000ドルと定められている。投資限度額もインフレ調整をされ，2004年410,000ドルとされる。

### ② 事業所得限度額

年間経費控除は，課税所得限度額（a taxable income limitation）を適用される。経費控除できる資産の取得価額は，次のいずれか少ない方の金額を超えることはできない。

(a) 100,000ドル

(b) 課税年度に従事している営業または事業の積極的な遂行から生じる課税所得の金額

当該課税所得は，IRC179控除にかかわらず，計算される（IRC179(b)(3)）。従業員が提供する人的役務に帰すべき課税所得は，営業または事業の積極的な遂行からの課税所得と考えられる（規則1.179-2(c)(6)(iv)）。事業所得限度額の結果として否認される金額は，翌課税年度に繰り越される。

パートナーシップまたはS法人が営業または事業の積極的な遂行から生じる課税所得は，課税年度中に事業体が積極的に行った営業または事業からの純所

得を合計することによって計算される。パートナーシップ純所得は，IRC702(a)に規定するパートナーシップ所得および経費（税額控除，免税所得，IRC179経費控除，IRC707(c)の保証された支払を除く）の合計金額であり（規則1.179－2(c)(2)），S法人の純所得は，IRC1366(a)に規定するS法人所得および経費（税額控除，免税所得，IRC179経費控除，S法人の株主である従業員に支払った報酬の控除を除く）の合計金額である（規則1.179－2(c)(3)）。C法人の課税所得は，IRC179経費控除，純営業損失の控除および特別控除，を行う前の課税所得の合計金額である（規則1.179－2(c)(4)）。

③　関連者グループ

経費控除の適用上，関連者グループの法人は，一納税者として取り扱われる。金額限度額は，グループ・メンバー間で配分され，メンバー法人が購入して用に供したIRC179条資産の取得価額の範囲内で当該メンバー法人に配分される（IRC179(d)(6)および(d)(7)，規則1.179－2(b)）。

④　パートナーシップとS法人

パートナーシップ，LLCおよびS法人については，パートナーシップと各パートナー，S法人と各株主の双方が年間金額限度額および事業所得限度額を適用される（規則1.179－2(c)(2)）。

⑤　法人格のない賃貸人

次のいずれかの場合を除き，法人格のない賃貸人が購入する適格資産には経費控除は適用されない。

(a)　資産が法人格のない賃貸人が製造しまたは生産した資産である場合

(b)　リース期間が当該資産の耐用年数の50％未満であり，かつ，リースの最初の12ヶ月の間に賃貸人が賃借人から受け取る賃貸料の15％を超えるリース資産に係るIRC162条事業経費を請求することができる場合

「適格資産」とは，次の要件に該当する有形資産をいう。

(a)　MACRSにより減価償却されること

(b)　IRC1245条資産に該当すること

(c)　能動的な営業または事業のために使用するため購入によって取得される

第3編　控除できる損金

こと

経費控除の条件として，資産が営業または事業において50％超使用されることが必要とされる（IRC280F(b)および(d)(1)）。

### (5)　MACRS割増減価償却

ブッシュ政権は，2002年雇用創出労働者援助法（Jobs Creation and Worker Assistance Act of 2002）により，適格資産の調整ベーシスにつき30％初年度割増減価償却を導入し，2003年雇用成長租税救済調整法（Jobs and Growth Tax Relief Reconciliation Act of 2003）により，2003年5月5日後に取得する資産について割増率を30％から50％に引き上げた。

① 　割増償却率

(a)　30％の割増償却

2001年9月10日後2003年5月6日前に取得し，2005年1月1日前に用に供した資産に適用される。

(b)　50％の割増償却

2003年後5月5日後に取得し，2005年1月1日前に用に供した資産に適用される。

② 　割増償却資産

割増償却は，IRC168（MACRS資産）により減価償却される資産のみに適用される（IRC168(k)(2)(A)(i)(1)）。したがって，無形資産（IRC197により15年にわたり償却される資産を含む）には，原則として適用されない（これにはソフトウエアの例外がある）。また，割増償却は，MACRS以外の方法で減価償却される資産にも適用されない。すなわち，納税者は，（ⅰ）回収期間が20年以下の新規MACRS資産，（ⅱ）MACRS水に関する公益事業資産，（ⅲ）IRC167(f)(1)により減価償却されるコンピュータ・ソフトウエア，（ⅳ）適格賃借地改良に係る追加的な初年度減価償却（IRC168(k)控除，割増減価償却，特別減価償却）を認められる。

③ 　割　増　償　却

この特別減価償却控除（special depreciation allowance）は，資産の調整ベーシ

スの30％または50％に相当する。資産の調整ベーシスは，次のように計算した上で法令により調整される。

・取得原価その他のベーシス×事業用・投資用比率－IRC179経費控除

通常のMACRS控除は，IRC179経費控除と追加的初年度控除を資産の調整ベーシスから減算して計算される。MACRS代替的減価償却制度により減価償却される資産には，適用されない。割増償却（bonus depreciation）とこれを請求する資産に係る通常のMACRS減価償却との金額は，代替的ミニマム・タックス（alternative minimum tax：AMT）の適用上，全額控除される。

④　オリジナル・ユース要件

次の要件を満たさない限り，割増償却は適用されない（IRC168(k)(2)(A)）。

(a)　資産のオリジナル・ユースが2001年9月10日後に開始すること

(b)　2001年9月10日後2005年1月1日前に資産を取得するかまたは同上の期間内に締結した契約に従って資産を取得すること

(c)　2005年1月1日前に資産をその用に供すること（より長い生産期間のある一定の資産は，2006年1月1日前に用に供すること）

また，次の要件を満たさない限り，50％割増償却は適用されない（IRC168(k)(4)）。

(a)　資産のオリジナル・ユースが2003年5月5日後に開始すること

(b)　2003年5月5日後2005年1月1日前に資産を取得すること

(c)　2005年1月1日前に資産をその用に供すること（より長い生産期間のある一定の資産は，2006年1月1日前に用に供すること）

オリジナル・ユース要件は，中古資産の適格性を妨げる。

⑤　セール・リースバック

納税者に売却した資産を当初その用に供した日後3ヶ月以内に納税者から借り入れる者が2001年9月10日後に当初その用に供した資産には，オリジナル・ユース要件の例外ルールが適用される。このようなセール・リースバックの場合，この資産は，納税者が当初その用に供したものとして取り扱われ，その用に供した日は，当該資産がリースバックにより使用される日後とみなされる

(IRC168(k)(2)(E)(ii), 暫定規則1.168(k)－1 T(b)(3)(iii))。

⑥ シンジケート組織によるリース取引

シンジケート組織によるリース取引の究極的な購入者は、割増償却を認められる。

2001年9月10日後賃貸人が当初その用に供した適格資産が、当初その用に供した日後3ヶ月以内に賃貸人が売却しまたはその後の買主が売却する場合、最後の売却における買主が当該資産の当初のユーザーとみなされ、当該資産は最後の売却における買主による最後の売却日以後に当初その用に供されたものとして取り扱われる（IRC168(k)(2)(E)(iii),2004年勤労家族租税救済法により改正された。暫定規則1.168(k)－1 T(b)(3)(iii)(B),1.168(k)－1 T(b)(5)(ii)(B))。シンジケーション取引が賃貸人がオリジナル・ユーザーとして取り扱われるセール・リースバック取引に従う場合、オリジナル・ユーザーとその用に供した日はシンジケーション取引のルールにより決定される。

## (6) 代替的減価償却制度（Alternative Depreciation System: ADS）

ADSは、次の一定の種類の資産についてはこれを用いなければならない。また、納税者は、ADSを選択することができる。ADSとGDSの差異は、ADSの減価償却期間が比較的長く、減価償却方法が定額法のみに限定されていることである。

(a) ADSを選択した資産
(b) 主として米国外で使用される資産
(c) 免税債によりファイナンスされた資産
(d) 免税用途資産
(e) 貿易制限国からの輸入品
(f) 主として農業に用いられる資産

① ADSの選択

納税者は、すべての種類の資産についてADSを選択することができる（IRC168(g)(7)）。選択する場合、課税年度に用に供したMACRSのすべての資産に

ADSを適用することができるが，居住用賃貸資産と非居住用不動産に関しては，個別の資産ごとに選択することができる。

② 主として米国外で使用される資産

課税年度の半分超米国外で用いる資産は，主として米国外で使用されると考えられる（規則1.48－1(g)）。このような資産は，一般に，ADSによって減価償却しなければならない。次のものは，この一般原則の例外とされる（IRC168(g)(4)）。

(a) 米国人（a United States person）に属し，米国との間で運転される自動車
(b) 米国法令に基づいて登録され，免許された船舶で，外国と国内との間で運航されるもの
(c) FAAに登録され，米国との間で運航される航空機

③ 免税債によりファイナンスされた資産

1986年3月1日後発行された免税債券の収入によってファイナンスされる資産は，ADSにより減価償却されなければならない（IRC168(g)(1)(C)および(g)(5)）。

④ 免税用途資産

免税事業体にリースされる免税用途資産は，ADSにより減価償却されなければならない（IRC168(h)）。免税用途資産とは，次の部分をいう。

(a) 免税事業体にリースされる有形資産（非居住用不動産を除く）
(b) 不適格リースで免税事業体にリースされる非居住用不動産

不適格リースとは，次の要件に該当する免税事業体への資産のリースをいう。

（ⅰ） 資産の全部または一部が免税債券の収入によって直接もしくは間接にファイナンスされ，かつ，免税事業体もしくはその関連事業体がファイナンスに参加していること

（ⅱ） リースに基づき，一定のもしくは確定可能な売買オプションもしくは相当物があり，購入オプションについては当該事業体もしくはその関連者が行使でき，もしくは売却オプションについては当該事業体もしくはその関連者が引き受けるべきであること

第3編　控除できる損金

　　(ⅲ) リースの期間が20年超であること
　　(ⅳ) リースが免税事業体もしくはその関連者により資産の売却その他の譲渡もしくは資産のリース後に行われ，かつ，この資産が当該売却その他の譲渡もしくはリース前3ヶ月超の間免税事業体もしくはその関連者によって使用されていたこと

## 3　減価償却（ACRS）

　1980年後1987年前に用に供された有形資産の減価償却の計算には，**加速度コスト回収制度**（Accelerated Cost Recovery System：ACRS）が用いられる。1986年後に用に供された一定の資産については，ACRSによって減価償却をしなければならない。ACRSでは，有形資産の減価償却の計算は，特定の回収期間にわたり資産の未調整ベーシス（unadjusted basis）に法定の償却率を乗じて行われる。回収期間は，資産の種類に応じて3年，5年，10年，15年，18年または19年に区分される。

　① 適 格 資 産

　ACRSの適格資産は，1980年後1987年前に用に供され，かつ，営業もしくは事業においてまたは所得稼得のために用いられる有形資産である。

　次の種類の資産は，ACRSから除外される非回収資産（non-recovery property）である。
　(a) 償却（amortization）を選択する資産
　(b) 年数で表示されない減価償却方法の使用を選択する資産
　(c) 無形資産
　(d) 標準化された会計方法を適用されない公益事業資産
　(e) 1986年7月31日後1987年前に用に供された資産でMACRSを選択したもの
　(f) 映画フィルム，ビデオテープおよび録音

② ACRS減価償却の計算

ACRS減価償却は，資産のACRS未調整ベーシスを決定し，当該資産が属する資産の分類ごとの回収期間に応じて定められた法定償却率を乗じて計算される。資産の未調整ベーシスは，減価償却，償却または減耗控除のための調整を行わない損益の計算上決定される資産のベーシスである。これには，次の部分は含まれない。

(a) 償却を選択したベーシスの部分
(b) ACRS減価償却の代わりにIRC179条経費控除を選択したベーシスの部分

## (1) 減価償却期間

回収資産（recovery property）は，特定の種類に区分され，減価償却期間を決定される（IRC168(b)）。すべての回収資産は，次のとおり分類される。

① 3年資産

これには，自動車，軽トラック，トラクター，豚，器具，12歳超の馬，2歳超の競走馬などが含まれる（IRC168(b)および(c)）。

② 5年資産

これには，コンピュータ，コピー機，オフィス用家具備品，農業用トラクター，農業・園芸用構築物，重トラック，石油および石油製品の貯蔵施設，ADR耐用年数が5年以上18年以下の公益事業資産などが含まれる。

③ 10年資産

これには，IRC1250条資産（ビルおよび構築物など）でADR耐用年数が12.5年以下のもの，移動住宅などが含まれる。

④ 15年資産

これには，15年低所得層住宅，15年公益事業資産，15年不動産などが含まれる。

⑤ 18年不動産

⑥ 19年不動産

## (2) 減価償却方法

ACRS減価償却は，資産の取得価額を減価償却するために用いられる加速度償却方法である（IRC168(b)(3), (f)(2)および(f)(4)）。ACRSでは，通常の減価償却期間またはそれより長い期間にわたり定額法ACRSを用いることが選択できる。

定額法ACRSは，一般ルールの定額法と同様に計算されるが，残存価額を無視する点が異なる。選択ルールは，資産が不動産，動産または主として米国外で用いられる資産のいずれかによって異なる（IRC168(f)(4)(B)）。

ACRS減価償却の計算には，適当なACRS減価償却表が用いられる。

## 4  減価償却（一般的減価償却原則）

1981年前に用に供された資産およびMACRSまたはACRSを適用されない資産は，IRC167一般的減価償却原則（general depreciation rules）に基づいて減価償却される。

減価償却により回収すべきベーシスは，年間均等分割法または他の公認の方法で，耐用年数にわたり償却される。その方法としては，次のものが用いられる。

(a) 定　額　法（straight-line method：SLM）
(b) 定　率　法（declining-balance method：DBM）
(c) 級　数　法（sum of the years-digits method：SYDM）
(d) その他の継続的な方法

### (1) 不　動　産

新規不動産および中古不動産の加速度償却は，一般に制限されているが，例外として居住用賃貸資産については認められる（規則1.167(j)-1～1.167(j)-7）。

#### ① 新規不動産

1969年7月24日後1981年前に建築された新規不動産に認められた加速度減価償却は，150％定率法と耐用年数の3分の2における償却額が150％定率法以下

であるその他の継続的な方法であった。このルールは，すべてのIRC1250条資産（新規居住用賃貸資産を除く）に適用される。

② 中古不動産

中古不動産には，定額法が適用された。

③ 居住用賃貸資産

1981年前に取得した新規居住用賃貸資産については，加速度減価償却方法として，200％定率法または sum of the years-digits method が認められた。取得時に耐用年数が20年以上ある中古居住用賃貸資産には125％定率法が認められた。

(2) 定　額　法

定額法は，最も普通に用いられる減価償却方法である。資産の耐用年数に相当する一定の償却率が用いられる（規則1.167(b)－1 および1.167(f)－1）。これは，資産のベーシスから残存価額を差し引き，その残高のみを減価償却する方法である。

(3) 200％残高逓減償却法 (double declining balance method：DDBM)

残高逓減償却法 (declining-balance methods：DBM) においては，減価償却費は初年度に最大となり，その後毎年度小さくなる（規則1.167(b)－2，1.167(c)－1）。この方法では，資産のベーシスから減価償却費の控除額を減算し，その残額に償却率を乗じて，耐用年数の残年ごとの減価償却を行う。残存価額は，考慮に入れない。

この場合，2倍の償却率による残高逓減償却を行うとき，これを200％残高逓減償却法という。また，150％の償却率による残高逓減償却を行うとき，これを150％残高逓減償却法という。

(4) 級　数　法

級数法は，資産の取得価額その他のベーシス（残存価額を除く）を耐用年数の

期間にわたり減価償却を行う（規則1.167(b)-4）。級数法では，取得価額を1,250ドル，残存価額を250ドル，耐用年数を4年とすると，4＋3＋2＋1＝10となり，第1年目は4／10の400ドル，第2年目は3／10の300ドル，第3年目は2／10の200ドル，第4年目は1／10の100ドルを償却する。

設　例

減価償却資産のベーシスが100,000ドル，耐用年数が10年，残存価額がゼロとして，定額法，200％残高逓減償却法および級数法による減価償却の計算を比較すると，次のようになる。

| 年 | 定額法 | | 200％残高逓減償却法 | | 級数法 | |
|---|---|---|---|---|---|---|
|  | 年間償却額 | 累計額 | 年間償却額 | 累計額 | 年間償却額 | 累計額 |
| 第1年度 | 10,000 | 10,000 | 20,000 | 30,000 | 18,182 | 18,182 |
| 2 | 10,000 | 20,000 | 16,000 | 36,000 | 16,364 | 34,546 |
| 3 | 10,000 | 30,000 | 12,800 | 48,800 | 14,545 | 49,091 |
| 4 | 10,000 | 40,000 | 10,240 | 59,040 | 12,727 | 61,818 |
| 5 | 10,000 | 50,000 | 8,192 | 67,232 | 10,909 | 72,727 |
| 6 | 10,000 | 60,000 | 6,554 | 73,786 | 9,091 | 81,818 |
| 7 | 10,000 | 70,000 | 5,243 | 79,029 | 7,273 | 89,091 |
| 8 | 10,000 | 80,000 | 4,194 | 83,223 | 5,455 | 94,546 |
| 9 | 10,000 | 90,000 | 3,355 | 86,578 | 3,636 | 98,182 |
| 10 | 10,000 | 100,000 | 2,684 | 89,262 | 1,818 | 100,000 |

残高逓減償却法では，未償却残高が10,738（＝100,000－89,262）発生する。10年目に除却する場合，この金額を損失に計上することができる。タックス・プランニングでは，その有利性を維持するために，途中の年度で定額法に変更することがある。

### (5) 耐用年数で表示されない方法

一般減価償却原則では，耐用年数に基づかない減価償却方法を定めている（規則1.167(b)-4）。合理的な方法としては，次のような方法が認められている。

(a) 稼働時間法（machine-hour method）

(b) 生産単位法（unit-of-production method）

(c) 所得予測法（income-forecast method）
(d) 所得スライド法（sliding-scale method）

## 5 減価償却（ADR）

1970年後1981年前に用に供した有形資産について**資産減価償却レンジ**（Asset Depreciation Range：ADR）制度を選択する場合，当該資産に係る1980年後の減価償却は引き続きADRによって計算しなければならない。すべての有形資産を特定の種類に区分し，各種類の資産のクラス耐用年数を定め，これを「資産ガイドライン期間」（asset guideline period）という。各種類の資産（ビルおよび改良を除く）にクラス耐用年数の上下約20％の幅（これを資産減価償却レンジという）を認める。減価償却期間を選択して，減価償却の計算を行う。

### (1) 減価償却期間

ADRの減価償却は，資産の種類とそのクラス耐用年数を参照して決定される（規則1.167(a)-11(b)(2),(5)）。この資産の種類とそのクラス耐用年数は，1977年3月21日前に終了する年度については，Rev. Proc. 72-10により，1977年3月20日後1980年12月31日前に終了する年度については，Rev. Proc. 83-35により，決定される。レンジ内の期間を減価償却期間として選択できるとされていた。

### (2) 減価償却方法

ADRを選択すると，各資産に定額法，級数法または残高逓減償却法を適用しなければならない。課税年度中に用に供したある種類に属するすべての資産の未調整ベーシスの75％以上を占める資産について，異なる方法を用い，ADRからその種類の全部の資産を除外することができる。

ADRにおいては，半年コンベンションと修正半年コンベンションのいずれかを選択することができる（規則1.167(a)-11(c)(2)）。

## 6 償却 (amortization)

通常経費として控除できない一定の資本費用 (capital expenses) の一部を償却することができる。資本費用は, ( i ) 資産の耐用年数が無制限もしくは不確定であるという理由で減価償却することができない資産に関連すること, または (ii) 事業を開始する前の開業費 (organizational expenses) もしくは調査費 (investigative expenses) に関すること, から別段の定めがなければ, 経費として控除することはできない。償却は, 資産の取得価額または費用の一定部分を一定の償却期間 (a specified amortization period) にわたり各年度に控除される。主要な償却について, 以下に説明する。

### (1) 営業権 (goodwill) その他の無形資産

特定の無形資産の償却対象となる資本コスト (amortized capital cost) は, 取得の月または営業もしくは事業もしくは所得稼得を開始する月に開始する15年の期間にわたり控除することができる (IRC197, 規則1.167(a)-14, 1.197-2(f)(1))。このような無形資産は, 償却可能なIRC197条無形資産と呼ばれる。15年償却期間は, 現実の耐用年数にかかわらず, 適用される。IRC197条無形資産は, 1993年8月10日後に取得され, かつ, 営業もしくは事業に関して保有され, または所得稼得のために従事している活動において保有される場合, 償却をすることができる (IRC197(c)(1))。自己が創造したIRC197条資産は, 営業もしくは事業またはこれらの実質的な部分を構成する資産の取得に関する取引または一連の関連取引に関して創造されたものでない場合には, 原則として, 償却することはできない (IRC197(c)(2))。

#### ① IRC197条無形資産

IRC197条無形資産とは, ( i ) 営業権, (ii) 継続企業の価値, (iii) 労働力, (iv) 情報ベース, ( v ) 特許権, 著作権, 公式, 工程, 意匠, 模型, ノーハウ, (vi) フランチャイズ, 商標権, 商号, (vii) 政府から与えられる許認可, その他の権利, (viii) 顧客ベース無形資産, (ix) 供給者ベース無形資産, ( x )

営業もしくは事業またはこれらの実質的な部分の取得に関する不競争契約，などをいう（IRC197(d)，規則1.197－2(b)）。

② 営業権および継続企業の価値

営業権は，商号や評判またはその他の要素により，顧客の贔屓が続くことを期待できる営業または事業の価値である（規則1.197－2(b)(1)）。広告料は，IRC 197条によって償却することはできない。継続企業の価値は，継続企業の統合的な一部である追加的価値と定義される（規則1.197－2(b)(2)）。

③ 労働力

労働力には，労働力の要素である経験，教育・訓練，雇用条件，その他の従業員の価値が含まれる（規則1.197－2(b)(3)）。

④ 情報ベース

これには，帳簿・記録，営業システム，顧客名簿，予約名簿，患者名簿，依頼人名簿，広告主名簿などが含まれる（規則1.197－2(b)(4)）。

⑤ ノウハウ（know-how）などの知的財産権

特許権，著作権，公式，工程，意匠，模型，ノウハウ，フォーマットまたは類似の知的財産権は，IRC197条資産であるが，これには，包装デザイン，コンピュータ・ソフトウエア，フィルム，ビデオテープ，録音，書物その他に含まれる権利が含まれる（規則1.197－2(b)(5)，Rev.Proc.98－39，1998－1CB1320）。

⑥ フランチャイズ，商標権および商号

フランチャイズは，特定地域内で物品またはサービスを配給し，販売または提供する権利を付与するアレンジメントである（IRC197(d)(1)(F)，(f)(4)(A)，1253(b)(1)）。フランチャイズ，商標権または商号の取得は，営業または事業の取得として取り扱われる（規則1.197－2(e)(2)）。

フランチャイズ，商標権または商号の更新は，これらの取得として取り扱われる（IRC197(f)(4)，規則1.197－2(b)(10)）。当該更新料は，更新月に開始する15年の期間にわたり償却される（規則1.197－2(f)(3)(iv)(B)(4)）。

⑦ 政府の許認可等

政府が付与する許認可，その他の権利の取得費用は，償却することができる

(IRC197(d)(1)(D))。これらの発行および更新は，取得として取り扱われる。

⑧ 顧客ベース無形資産

顧客ベース無形資産は，事業の通常の過程で顧客との関係から生ずる市場，市場シェア，その他物品またはサービスの将来の提供能力から生じる価値である（IRC197(d)(2)，規則1.197－2(b)(6)）。

⑨ 供給者ベース無形資産

供給者ベース無形資産は，事業の通常の過程で使用しまたは販売する物品またはサービスの供給者との関係に従って物品またはサービスの将来の取得から生ずる価値である（IRC197(d)(3)，規則1.197－2(b)(7)）。

⑩ 不競争契約

営業もしくは事業またはこれらの実質的な部分における持分の直接または間接的な取得に関する不競争契約または類似の契約は，償却することができるが，不競争契約により支払われる金額で法人の株式の取得に対する追加的な対価であるものは，IRC197条無形資産でなく，取得した株式のベーシスに加算すべきものとされる（IRC197(d)(1)(E)，規則1.197－2(b)(9)）。

⑪ IRC197無形資産使用契約

IRC197無形資産の使用に関するライセンス，契約その他のアレンジメントに基づく権利も，IRC197条無形資産の持分も，IRC197無形資産とされる（規則1.197－2(b)(11)）。

⑫ IRC197条無形資産の適用除外

次の無形資産は，IRC197条無形資産の定義から除外される（IRC197(e)，規則1.197－2(c)）。

(a) 一定の金融契約に基づく利子

先物契約，外貨契約，想定元本契約その他類似の金融契約に基づく利子は，IRC197条無形資産ではない（IRC197(e)(1)(B)，規則1.197－2(c)(2)）。金利スワップも除外される。

(b) コンピュータ・ソフトウエア

一般大衆が容易に購入できるもので，非排他的なライセンスの対象であり，

かつ，実質的な修正を受けていないコンピュータ・ソフトウエアは，IRC197条無形資産ではない。

(c) 負債の持分

持分の取得日に存在する負債の持分は，IRC197(d)(2)(B)に規定する預金その他の類似の項目を除き，IRC197条無形資産として取り扱われない。

(d) スポーツ・フランチャイズ

プロのフットボール，バスケットボール，野球その他の自由職業スポーツに従事するフランチャイズは，2004年10月22日後に取得する場合を除き，IRC197条無形資産ではない（IRC197(e)(6)，2004年米国雇用創出法により廃止）。

(e) モーゲージ・サービス権

居住用資産で担保される負債をサービスする権利は，営業もしくは事業またはこれらの実質的な部分の資産を取得する取引または一連の関連取引において取得する場合を除き，IRC197条無形資産ではない（IRC197(e)(7)，規則1.197－2(c)(11)）。

(f) 一定の法人取引

損益を認識しない法人設立や組織再編成において生ずる自由職業者報酬その他の取引費用は，IRC197条無形資産ではない。

⑬ 営業または事業の購入

資産が償却できるIRC197条無形資産であるか特定の除外資産であるかを判断するとき，資産が営業もしくは事業またはこれらの実質的な部分の購入の一部として取得されたか否かを決めることが必要である。営業権または継続企業の価値が資産に付随するため，その使用がIRC1060により営業または事業を構成する場合，資産グループは営業または事業を構成する（規則1.197－2(e)(1)）。フランチャイズ，商標権または商号の取得は，原則として，営業または事業の取得と考えられる。IRC338に基づき資産購入として取り扱われる適格株式購入は，法人資産の直接取得が営業もしくは事業またはこれらの実質的な部分を構成する資産の取得として取り扱われる場合のみ，営業または資産の購入として取り扱われる（規則1.197－2(e)(5)）。

第3編　控除できる損金

⑭　償却ベーシス（amortizable basis）

償却できるIRC197条無形資産のベーシスは，収益の決定上の調整ベーシスである（IRC197(a)）。これは，一般に，取得価額である。残存価額は，償却の計算上，無視される。IRC338(d)(3)に規定する適格株式購入の結果として取得したIRC197条無形資産のベーシスは，IRC338(b)(5)および暫定規則1.338(b)－2Tおよび1.338－3Tに従って決定される（規則1.197－2(f)4(ⅱ)）。15年償却期間の開始後終了前にベーシスに含まれた金額は，未償却ベーシスに加算され，残存期間にわたり回収される。償却期間の満了後にベーシスに含まれる金額は，そのベーシスに算入する時にただちに全額を償却される（規則1.197－2(f)(2)）。償却できるIRC197無形資産の売却または交換の対価として与えられる債務証書に基づいて支払われる不確定金額は，当初割引ルール（規則1.1275－4）およびみなし利子ルール（規則1.483－4(a)）を適用して元本（ベーシスの増加）と利子に区分される。他の不確定金額は，ベーシス決定に当たり，発生主義では，すべての事象と経済的パフォーマンス基準（規則1.461－1(a)(2)）が満たされる時に考慮に入れられる（規則1.197－2(f)(2)(ⅲ)）。

資本勘定で処理され，IRC197条資産の取得後に支払われる金額は，債務証書に基づいて取り扱われる。元本（償却できるベーシスに含まれる）の支払として取り扱われる部分は，みなし利子およびOIDのルールにより決定される。

⑮　IRC197無形資産の処分

ある取引で取得したIRC197無形資産を処分するが，同じ取引で取得する他のIRC197無形資産を留保する納税者は，この処分の結果として損失を控除できないが，不認識の損失をIRC197無形資産のベーシスに加算する（IRC197(f)(1)，規則1.197－2(g)(1)）。

⑯　自己が創造した無形資産のセーフハーバー15年償却

確定的な耐用年数のない一定の無形資産は，残存価額のない定額法を用いて15年の期間にわたり償却することができる（規則1.167(a)－3(b)）。この規定は，2003年12月31日以後に創造された無形資産に適用される。次のもの以外の無形資産について，15年償却期間を適用することができる。

(a) 他人から取得した無形資産
(b) 創造された財務上の持分
(c) 合理的な正確さで見込まれる耐用年数をもつ無形資産
(d) IRC, 財務省規則またはIRSガイダンスにより償却期間または耐用年数が規定される無形資産
(e) 営業または事業の取得, 事業体の資本構成の変更, 規則1.263(a)－5に規定する類似の取引を促進するために支払う金額

## (2) 創業費 (business start-up expenses)

ブッシュ政権は, 2004年米国雇用創出法により, 創業費の取扱いを改正した (2004年10月22日後に支払いまたは発生した創業費に適用される)。営業または事業が開始する課税年度に5,000ドルを限度として創業費を経費として控除することができる (IRC195(b)(1), 2004年米国雇用創出法により改正)。5,000ドルの金額は, 創業費のうち5,000ドルを超える金額だけ減額される。この選択をするとき, 営業または事業が開始する年度に控除できない創業費は, 180ヶ月 (15年) にわたり比例的に償却することができる。2004年10月22日以前に支払いまたは発生した支出については, 新事業の適格創業費を償却することを選択することができる (IRC195(b)(1)) が, 償却期間は60ヶ月未満とすることはできない (IRC195(b)(1))。2004年10月22日後の経費を控除しまたは2004年10月22日前の経費を償却することを選択しない場合, 創業費を資本化して事業を処分しまたは営業を停止する時にのみ回収することができる。適格創業費には, 次のことに関して支払いまたは発生した金額が含まれる (IRC195(c)(1))。

(a) 積極的な営業または事業の創設または取得を調査すること
(b) 積極的な営業または事業を創設すること
(c) 積極的な営業または事業が開始する日前に利益を追求しまたは所得を稼得するために従事する活動

### (3) 設立費 (organization expenses)

ブッシュ政権は，2004年米国雇用創出法により，法人（IRC248）およびパートナーシップ（IRC709）の設立費の取扱いを改正した（2004年10月22日後に支払いまたは発生した設立費に適用する）。営業または事業が開始する課税年度に5,000ドルを限度額として設立費を経費として控除することができる（IRC248(a), 708(b), 2004年米国雇用創出法により改正）。5,000ドルの金額は，設立費のうち，5,000ドルを超える金額だけ減額される。この選択をするとき，営業または事業が開始する年度に控除できない設立費は，180ヶ月（15年）にわたり比例的に償却することができる。2004年10月22日以前に支払いまたは発生した支出については，法人またはパートナーシップは，新事業の適格設立費を償却することを選択することができる（IRC248(a), 709(b), 規則1.709-1）が，償却期間は60ヶ月未満とすることはできない。2004年10月22日後の経費を控除しまたは2004年10月22日前の経費を償却することを選択しない場合，設立費を資本化して事業を処分しまたは営業を停止する時にのみ回収することができる。パートナーシップについては，パートナーシップが清算する場合，パートナーのパートナーシップにおける持分の調整ベーシスが清算における金銭または資産の分配を超える範囲で，設立費はキャピタル・ロスとされる（Rev. Rul. 87-111, 1987-2 CB160)。

法人またはパートナーシップの設立費は，次の支出である。

(a) 法人またはパートナーシップの設立に直接付随する支出
(b) 資本勘定で処理される性質の支出
(c) 法人またはパートナーシップの設立に付随する支出で耐用年数をもつ場合には，この耐用年数にわたり償却される支出

### (4) リース取得費 (lease acquisition expenses)

事業目的のために賃借権を取得する場合，リース取得費はリース期間にわたり償却することができる（IRC178, 規則1.162-11(a)）。事業において用いられる資産のリースを取得するために支払われたコミッション，賞与，手数料その他の金額は，資本費用(capital cost)であり，リース期間にわたり償却される。リー

スを取得するために賃借人から購入した商品や備品を損失を出して売却する場合，この損失はリース取得費であり，資本化して，リースの残存期間にわたり償却しなければならない（Rev. Rul. 68-260, 1968-1 CB86）。

(5) **森林再生費**（reforestation expenses）

ブッシュ政権は，2004年米国雇用創出法により，森林再生費の償却制度を改正した。

(a) 2004年10月22日以前に支払いまたは発生した適格森林再生費納税者（信託を除く）は，1万ドルを限度額として84ヶ月にわたり償却することができる（IRC194，2004年米国雇用創出法により改正）。

(b) 2004年10月22日後に支払いまたは発生した適格森林再生費

納税者（信託を除く）は，各適格立木ごとに1万ドルを限度額として84ヶ月にわたり償却することができる。

森林再生費（reforestation expenses）は，植栽または種まきによる植林または森林再生のために支払いまたは発生した直接費をいう（IRC194(c)(3)，規則1.194-3(c)）。

(6) **公害防止費**（pollution control expenses）

納税者（信託および遺産財団を含む）は，公害防止施設を完成しもしくは取得した月の翌月または翌課税年度に開始する60ヶ月の期間にわたり償却することを選択することができる（IRC169）。この償却費の控除は，別段の定めがなければ認められたであろう減価償却に代えて認められる（IRC169(a)）。この償却は，耐用年数の最初の15年に帰すべきベースンの部分についてのみ認められる。法人については，1982年後に用に供した公害防止施設で加速度償却（a rapid amortization）を選択されたものの償却できるベースは，20%減少する（IRC291(a)(5)）。

## (7) 研究実験費 (research and experimental costs)

研究実験費を支払う場合，課税上，次のような取扱いが認められる（IRC174(a)）。

(a) すべての研究実験費を当期の経費として控除すること
(b) 研究実験費のうち資本費用以外の部分を当期の経費として控除し，その残額を資本化して60ヶ月以上の期間にわたり償却すること
(c) 研究実験費のうち当期の経費を構成する部分を当期に控除し，その残額を資本化するが，償却しないこと

非法人，S法人および同族持株会社としては，代替的ミニマム・タックスの適用上，研究実験費の控除額は，償却を選択し，償却期間を10年とした場合に控除できる金額を超える部分を租税優遇措置とされる。

「研究実験費」とは，営業または事業に関して生じた経費で実験室における研究実験費用となる部分をいう（規則1.174－2）。例えば，実験的モデルやパイロット・モデル，プラント工程，製品，方式，発明または類似の資産およびこれらの資産の改良に付随するすべての費用が研究実験費の定義に含まれる。コンピュータ・ソフトウエアの開発費は，研究実験費として取り扱われる。

## (8) 債券プレミアム (bond premiums)

債券を額面金額より大きい金額で購入する場合，その超過額をプレミアムという（IRC171）。投資家は，ある債券の利子が類似の投資商品の利子を超える時には当該債券のプレミアムを喜んで支払う。この債券が課税債券（その利子に課税されるもの）である場合，所有者は（ⅰ）償却金額を控除し債券のベーシスから償却金額を減算する場合には債券プレミアムの償却を選択するか，または（ⅱ）債券プレミアムの償却を選択せず，債券のベーシスの一部として取り扱うか，というオプションをもっている。しかし，債券が免税債権（その利子を免税されるもの）である場合，買主は，債券プレミアムの償却金額をベーシスから減算しなければならない。

ここで，債券とは，社債，手形，証書その他の債務証書をいう（IRC171(d)）。

第5章　減価償却

① 課税債券 (taxable bonds)

課税債券の所有者は，債券を購入するために支払ったすべてのプレミアムを償却することを選択できる (IRC171(a)(1)および(c)，規則1.171－1(c)(2)，1.171－4)。課税債券のプレミアムは，債券のベーシスのうち，債券の満期日に支払われるべき金額（額面金額）を超える部分である (IRC171(b)(1)，規則1.171－1(d))。プレミアム償却の取扱いは，債券の取得の時期によって異なる。

(a) 1987年12月31日後に取得した債券

償却は，分離した利子控除でなく，債券からの受取利子の減額として取り扱われる (IRC171(e))。償却されるプレミアムの控除は，課税年度の投資利子に制限されるが，債券プレミアムは投資利子制限の適用上，利子として取り扱われない。

(b) 1986年10月22日後1988年1月1日前に取得した債券

償却される債券プレミアムは，分離した利子控除として取り扱われ，投資利子制限やアットリスク・ルールなど，利子控除に関する規定を適用される。この償却は，控除できる投資利子とされる。

(c) 1986年10月23日前に取得した債券

償却は，債券の残存期間にわたり控除される。

② 免税債券 (tax-exempt bonds)

免税債券については，償却はできない (IRC171(a)(2))。このような控除を行うために，免税所得を稼得するための経費だけ所得を減算する。償却できる債券プレミアムの金額だけ債券のベーシスを減額することが必要である (IRC1016(a)(b)，規則1.1016－5(b))。免税債券の債券プレミアムの金額は，債券のベーシスのうち債券の満期日に支払われる金額（額面金額）を超える部分に等しい (IRC171(b)(1)，規則1.171－1(d))。


(9) 黒肺給付信託 (black lung benefits trust)

黒肺給付信託を設定する石炭鉱山のオペレーターは，信託に対する寄附金を控除することができる (IRC192)。課税年度の控除限度額は，合理的な統計方法

および仮定を用いて決定される。課税年度の石炭鉱山のオペレーターの控除額は，次の金額の大きい方を超えることができない。

(a) 過去または現在の従業員が提出する黒肺請求権に対する債務に資金供給するために必要な金額

(b) 信託が課税年度におけるすべての請求に対して支払うために必要な金額

## 7 減耗控除（depletion）

天然資源の売却から生ずる純所得を計算するとき，減耗控除が認められる。所有者またはオペレーターは，減耗控除により，天然資源の生産期間にわたり投資を回収する。減耗控除は，減価償却に類似するが，(ⅰ)石炭，金属その他の鉱物に係る鉱業，(ⅱ)採石業，(ⅲ)石油，ガスなどの採掘業，および (ⅳ)立木などの伐採業の過程で天然資源を消耗することである。

### (1) 減耗控除の方法

鉱物資源の減耗控除の方法としては，(ⅰ)コスト減耗控除と(ⅱ)パーセント減耗控除がある。**コスト減耗控除**は，基本的な方法である。この方法では，埋蔵量を定める単位数を推計し，資産のベーシスの減耗控除できる埋蔵量に配分される部分を単位数で除算して，単位当たりのコスト減耗控除を計算する。この金額に課税年度中に売却された採取単位数を乗じて課税年度に控除できるコスト減耗控除を算定する。他の減耗控除の方法としては，**パーセント減耗控除**があり，立木以外のすべての減耗控除できる資産に適用される。この方法では，資産からの総所得の一定比率を減耗控除することができる。

### (2) 経済的持分（economic interest）

減耗控除権（right to a depletion allowance）は，減耗控除される天然資源に対する資本投資（a capital investment）の所有権に基づいて認められる（規則1.611－1(b)および(c), 1.691(b)－1(b)）。天然資源の減耗控除できる持分を取得するため

第5章 減価償却

に必要な資本投資は，経済的持分という。ここで，投資とは，必ずしも鉱物または立木に対する直接投資を意味するものでない。天然資源における経済的持分の存否を判断する場合，これを取得する法形態は重視されない。例えば，経済的持分の存在を示す属性としては，次のようなものが認められている（規則1.611－1(b)(1)）。

(a) 天然資源における持分
(b) 減耗控除を通じて回収できない投資
(c) ショート・ノーティスで理由なく終了できない契約
(d) 委託者が天然資源における経済的持分を引き渡す意図
(e) 採取時から売却時までの天然資源に対する支配
(f) 鉱物収入のシェアからの所得

### (3) 賞与および前払使用料

賞与および前払使用料の課税上の取扱いは，納税者が受領者であるか，支払者であるかによって異なる。

#### ① 賞　　与

鉱物持分の所有者は，鉱物の使用料持分の所有者に賞与を支払うことがある。この賞与は，一括払または割賦払で支払われるが，いずれの場合も，この賞与は鉱業契約の追加的対価として使用料所有者に支払われる。

(a) 受領者使用料以外の賞与を鉱物または立木における権利の付与時に受け取る場合，金額は減耗控除のベースのうち，当該賞与が受け取ることを見込まれる賞与と使用料との合計額に占める割合に相当する部分に等しい。その控除は，受領者の減耗控除のベースから差し引き，使用料をその後受領する時にベースの残額をコスト減耗控除を通じて回収することができる。リースが終了する場合，このリース権が完全に他人に移転されない限り，生産前に控除した減耗控除を所得に算入し，当該資産のベースを増加しなければならない（Rev. Rul. 60－336, 1960－2 CB195）。

(b) 支払者賞与の支払は，コスト減耗控除を通じて回収すべき鉱物埋蔵量に

第3編　控除できる損金

おける経済的持分を取得するための資本投資を構成する。

② 前払使用料

支払者は鉱物または立木が売却される時に控除し，受領者は鉱物の採取または立木の伐採にかかわらず，受領時にコスト減耗控除をすることができる。

(4) パーセント減耗控除

地熱，石炭，金属，非金属および天然鉱物については，資産からの総所得に基づいて計算される減耗控除（パーセント減耗控除）が用いられる（IRC613）。パーセント減耗控除は，コスト減耗控除以上とすることができるが，減耗控除を問わずに計算した課税所得の50％以下とする (IRC613(a))。パーセント減耗控除の率は，（ⅰ）22％，（ⅱ）15％，（ⅲ）14％，（ⅳ）10％，（ⅴ）7.5％，（ⅶ）5％と定められている（IRC613(b)，規則1.613－2）。石油およびガス生産については，（ⅰ）一定の契約時より販売される天然ガスと（ⅱ）独立の生産者および使用料所有者の場合に限り，パーセント減耗控除が認められる（IRC613(d)，613A(b)および(c)，規則1.613A－7(c)）。

(5) **開発費**（development expenses）

商業的に市場性のある数量の鉱石または鉱物の存在が確認された後に鉱山その他の天然資源の開発のために支払いまたは発生した経費は，納税者が繰延費用として取り扱い，鉱石または鉱物が売却された時に比例的に控除することを選択する場合を除き，当期の経費として控除しなければならない（IRC616,規則1.616－1）。

このような経費を開発費という。開発費には，減価償却資産の取得または改良のための費用は含まれないが，減価償却費の控除額は開発費の一部とみなされる。

(6) **鉱業探査費**（mining exploration expenses）

内国鉱業ベンチャーは，鉱山が生産段階に到達しまたは売却される時に控除

286

金額を取り戻すことを条件として，探査費の無制限控除を選択することができる (IRC617)。鉱物の探査のために，鉱山開発のために資産を取得しもしくは保有しまたは開発の価値のない資産として地域を放棄する根拠となる情報を入手し蓄積する目的で生じた地質学的および地球物理学的な探査費は，控除できない資本的支出である (Rev.Rul.83-105, 1983-2CB51)。開発段階または生産段階に生じる探査費は，取戻しの対象となる鉱業探査費でなく，開発費として取り扱われる。

第3編　控除できる損金

# 第6章

# 統一資本化 (uniform capitalization)

　統一資本化ルールの目的は，資産を生産し，取得し，保有する直接費用および間接費用の資本化または棚卸資産に含めることに関する単一の包括的なルールを定めることである。このルールは，納税者が（ⅰ）販売のためまたは事業もしくは所得稼得活動における使用のため生産した資産，および（ⅱ）再販売のために取得した資産に適用される。このルールは，（ⅰ）個人用資産，（ⅱ）立木，（ⅲ）長期契約で生産される資産には適用されない。このルールでは，納税者は，不動産，生産しまたは再販売のために取得した有形動産に帰すべき直接費用と間接費用の配分すべき部分を資本化しなければならない（IRC263A）。生産される資産には，顧客に販売される資産と営業または事業において使用される資産が含まれる（IRC263A(g)(1)）。生産期間に支払いまたは発生した利子費用で生産された資産に配分されるものは，資本化しなければならない（IRC263A(f)）。費用（costs）は，各種の活動に配分される。資本化された費用（capitalized costs）は，減価償却，償却，売却される物品の取得価額を通じ，またはベーシスの調整によって回収されることになる。納税者は，次の場合に統一資本化ルールの適用対象とされる（263A(b)，規則1.263A－1(a)(3)）。
(a)　営業もしくは事業または営利活動において使用するために不動産または有形動産を生産する場合
(b)　顧客に販売するために不動産または有形動産を生産する場合
(c)　再販売のために有形資産または無形資産を取得する場合
　統一資本化ルールは，次の場合には適用されない。
(a)　資産が事業または所得稼得活動において使用されない場合

(b) 資産が長期契約で生産された場合
(c) 動産の売主が小規模業者（直前3課税年度の平均年間総収入が1,000万ドル以下である者）である場合
(d) 簡易生産法を選択する生産者の間接費が200,000ドル以下である場合
(e) 営業または事業の通常の過程でサービスと資産の双方を提供する者が取得して顧客に提供する資産のデミニミス金額

# 1　直接費と間接費

## (1)　直　接　費

生産者については，直接費は（ⅰ）直接原材料費と（ⅱ）直接労働費から成る（規則1.263A－1(e)(2)）。再販者については，直接費は再販売のために取得した資産の取得価額である。

取得価額は，インボイス価格から値引きを差し引いた金額である。

## (2)　間　接　費

間接費とは，直接費以外のすべての費用である（規則1.263A－1(e)(3)）。統一資本化ルールにより資本化される間接費は，生産活動または再販売活動により直接利益を受けまたは発生する費用である。生産活動および再販売活動を除く他の活動に役立つ費用に合理的な配分をすることが必要である。

### ①　資本化すべき間接費

これには，修繕費・維持費，公益事業費，賃借料，保険料，減価償却費，償却費，コスト回収費，減耗控除，供給品・器具・備品の取得価額，間接労働費，租税公課，資本化すべきサービス・コスト，品質管理費，検査費，役員報酬，現物給付，除却損，入札費用，技術費用，デザイン費，貯蔵費・倉庫費，購入費，加工・組立・包装費，ライセンス・フランチャイズ費などが含まれる（規則1.263A－1(e)(3)(ⅱ)）。

② 資本化されない間接費

これには，市場開拓費，販売費，広告宣伝費，流通費，研究実験費，IRC179条経費，控除できる損失，所得税，ストライキ費，保証料，製造者賠償責任費用，現場貯蔵費，控除できるサービス・コストなどが含まれる（規則1.263A－1(e)(3)(iii)）。

③ 利　子

不動産または有形動産の生産に必要な資金調達のため発生した負債の利子は，統一資本化ルールの対象とされるが，再販売のために資産を取得し，保有するために必要な資金調達のために発生した負債の利子は，適用除外とされる（IRC263A(f)，規則1.263A－1(e)(3)(ii)(V)）。

## 2　費用の配分

統一資本化ルールにおける費用の配分については，複数の方法が認められる（IRC263A(a)(2)，規則1.263A－1(g)）。

### (1)　直接労働費

課税年度に発生した直接労働費を特定の活動に配分するため，合理的な方法であれば認められるが，一般に，個別法（specific identification or tracing method）が使用される（規則1.263A－1(g)(2)）。

### (2)　直接原材料費

直接原材料費は，原材料を含む棚卸資産の会計方法と同じ方法で配分しなければならない。通常用いている会計方法では考慮されない直接原材料費は，個別法その他合理的な方法で配分することになる（規則1.263A－1(g)(1)）。

### (3)　間　接　費

生産しまたは再販売のために取得した資産に配分する前に部門や活動などの

第6章　統一資本化

中間費用客体に配分する。この配分は，個別法，標準費用法（standard cost method）または直接費，時間その他類似の公式に基づく負担率を用いる方法など合理的な方法を用いて行う（規則1.263A－1(g)(3)）。

### (4) サービス・コスト

サービス・コストは，間接費に適用される配分方法を用いて配分される。サービス・コストは，合理的に特定のサービス部門または活動による利益に関連する要素または関係に基づいて当該部門または活動に配分されなければならない。混合サービス・コストは，直接再配分法（a direct reallocation method），ステップ配分法（a step-allocation method），簡易サービス・コスト法その他の合理的な方法を用いて行われる（規則1.263A－1(g)(4)(ⅰ)）。

## 3　簡易配分法（simplified allocation method）

IRSは，混合サービス・コストおよび生産費用について簡易配分法を認めている。

### (1) 混合サービス・コスト

混合サービス・コストの配分に簡易法が用いられる（規則1.263A－1(h)）。混合サービス・コストは，一部が生産活動または再販売活動に配分され，一部が非生産活動または非再販売活動に配分されるサービス・コストである（規則1.263A－1(e)(3)(ⅱ)(C)）。資本化される混合サービス・コストで生産活動または再販売活動に配分される金額は，混合サービス・コストの合計に配分率を乗じて算定される（規則1.263A－1(h)(3)(ⅰ)）。生産者は，労働ベース配分率または生産費用配分率のいずれかを用いることができる（規則1.263A－1(h)(3)(ⅱ)）。簡易再販法の要件を満たす再販売者は，簡易サービス・コストを選択できるが，その場合，労働ベース配分率を用いなければならない（規則1.263A－1(h)(3)(ⅱ)）。

## (2) 簡易生産法

棚卸資産を生産する納税者は，IRC263Aにより資本化される追加費用の配分のために簡易法を用いることができる（規則1.263A－2(b)）。追加的IRC263A費用は，利子以外の費用で，IRC263Aの適用日前の会計方法では資本化されず，棚卸資産にも含まれなかったが，IRC263Aに基づき資本化すべきことになるものである（規則1.263A－2(b)(3)(ⅱ)(1)）。簡易生産法が用いられるとき，棚卸資産その他の資産に配分される追加的IRC263A費用は，次の方法で計算される。通常の会計方法に基づき課税年度に発生したものとされる棚卸残高に残るIRC471（棚卸資産）費用に，次の吸収率（an absorption ratio）を乗じる。

・吸収率＝$\dfrac{\text{課税年度に発生した追加的IRC263A費用}}{\text{課税年度に発生したIRC471費用}}$

生産者は，毎年計算する吸収率の代わりに歴史的な吸収率を用いることを選択することができる。

・歴史的吸収率＝$\dfrac{\text{直近3課税年度に発生した追加的IRC263A費用の合計}}{\text{直近3課税年度に発生したIRC471費用の合計}}$

## 4 利子の資本化

生産した資産に係る利子の資本化には特別なルールが適用される（IRC263A(f)，規則1.263A－8）。利子資本化ルールの適用上，負債の定義は税法上の定義による（Notice 88－99，1988－2CB422）。財務会計にかかわらず，準備金や不確定債務は負債として取り扱われない。負債が（ⅰ）不動産，（ⅱ）耐用年数20年以上の動産，（ⅲ）推定生産期間が2年超の動産，（ⅳ）推定生産期間が1年超で費用が100万ドルを超える動産，の生産に必要な資金調達のために発生した場合，この負債の利子は資本化しなければならない（規則1.263a－8(b)）。利子は，資産に配分され，次のルールに従って資本化される。特定の資産の生産費または建設費の資金を調達する負債の利子は，各項目の費用の一部として配分され，資本化される（個別法）。ある資産の生産費または建設費が直接負債の金額を超える場合，他の借入金の利子はこの超過額の範囲で資本化の対象とな

る(回避された費用配分法)。この方法では,生産費の資金調達のために発生したものとされる負債の金額は,生産費が支出されなかったとすれば,また,生産費が他の負債の返済にあてられなかったとすれば,回避されたであろう利子の金額に基づいている。この超過額に適用される仮定利率は,未済負債(生産または建設に個別に帰すべき負債を除く)の平均利子である。納税者は,個別法のトレーシング要件を回避して回避された費用配分法だけを用いることができる。生産費または建設費には,資本化されるべき累積的生産費が含まれる。

## 5 再 販 売 者

　再販売のために不動産または動産を取得する納税者は,製造者および生産者と同様に資本化ルールの対象とされる(IRC263A(b)(2)(A),規則1.263A－3)が,簡易再販法を用いることを選択できる(規則1.263a－3(d))。簡易再販法を用いない再販売者は,生産活動に適用される配分ルールと同じルールを適用される(規則1.263A－1(f)(1))。

第3編　控除できる損金

# 第7章

## 事業損失 (business losses)

　米国の租税理論では，利益を追求しない活動による損失を控除することはできない。これは，レクリエーションのみを目的とする活動によって生ずる損失の控除を許さない「ホビーロス・ルール」(hobby loss rule) という原則である。このように，税務上の損失控除にはその損失を生じた活動に**利益動機** (a profit motive) が存在することを要するという考え方は，いまや租税回避に対抗する根拠となっている。投資が利益を生じないと判断される場合，投資タックス・シェルター (investment tax shelters) からの損失の控除を否認するために利益動機の不存在という形で，ホビーロス・ルールが適用される。このルールは，個人のみならず，S法人，信託および遺産財団にも適用される。パートナーシップについては，このルールは，パートナーシップ段階で適用され，このパートナーシップに利益目的がないと判断される場合，パートナーは損失控除を否認される。納税者は，特定の活動が利益を追求して行われたものであるとIRSに立証する責任を負担する (IRC183, 規則1.183－1(a))。ある活動に利益動機が存在するか否かの判断は，納税者によるこの活動への関与についての事実と状況を考慮に入れた客観的な標準によるべきである。納税者は，利益の合理的な期待があることを立証する必要はないが，利益を得るという現実の正直な目的をもってこの活動を行ったことを示さなければならない (IRC183(a), 規則1.183－2(b), M.C.Dreicer,CA－DC, 81－2 USTC9683, 665F 2 d 1292)。

第7章　事業損失

## 1　損失控除の基礎理論

### (1)　利益動機に関するIRSの判断要素

IRSは，利益動機の存否について，次の9要素を検討する（規則1.183－2(b)）。

① 　納税者が活動を行う方法

完全かつ正確な記帳は，利益のために活動を行っていることを示すものであり，利益性の改善のために活動方法を変更することも，利益目的を示すものである。

② 　納税者の専門的知識またはアドバイザー

活動の開始または実施における事業慣行の習得によって活動の準備を行い，かつ，専門家の助言を確保することは，利益目的を示すものである。

③ 　活動に費やした時間と労力

活動に実質的な時間と労力を費やす納税者は，利益を得る意図を示すものである。

④ 　資産価値が増える期待

利益が当期の活動から生じないとしても，資産の処分益が活動からの所得に加算される場合に包括的な利益が生じる場合，利益目的が存在するといえる。

⑤ 　他の類似の活動における成功

過去に類似の活動を行いこれらの活動を利益の出ない企業から利益の出る企業に転換したことは，利益目的を示すものである。

⑥ 　活動の損益の実績

創業時の損失は，必ずしも活動がホビーであることを示すものではないが，一定の期間を超えても引き続き損失が続くことは，ホビーの兆候となる。

⑦ 　偶然の利益の金額

大きい損失を生ずる活動または大きい投資を行っている活動の偶然の少額の利益は，それだけでは利益目的の立証には不十分である。

⑧ 　財 務 状 態

他の所得源泉がないことは，活動が利益のために行われることを示すもので

ある。
### ⑨ 私的な娯楽またはレクリエーションの要素
活動から個人的満足を得るという事実は利益目的の存在を否定するものでないが，この要素の存在はこの活動がホビーであることを示唆する。

## (2) 利益動機の推定
一般に，5連続課税年度のうち3課税年度に利益が出る場合には，活動の利益動機の存在が推定される（IRC183(d)，規則1.183－1(c)）。

## (3) 損失控除の制限
利益目的のない活動からの損失を控除することはできないが，この活動に伴う経費を控除することができる場合がある。しかし，控除できる経費の種類とその金額には厳格な制限がある（IRC183(b)）。ホビーに帰すべき経費の控除の可否は，経費の種類とホビーからの所得によって決まる（規則1.183－1(b)(1)）。

### ① 第1種の経費
活動が利益目的を欠如するか否かにかかわらず，控除できる経費として，公租公課，災害損失などは全額控除される。

### ② 第2種の経費
控除によってベーシス調整を生じない経費として，公益事業の費用や賃借料などは，活動に帰すべき総所得が控除できる経費の控除金額を超える範囲で，控除することができる。

### ③ 第3種の経費
ベーシス調整を生じない経費として，減価償却，資産の一部損失，償却できる債券プレミアムなどは，活動からの総所得が他の2種の経費として控除できる金額を超える範囲で，控除することができる。

第7章 事業損失

## 2　包括的否認規定（アットリスク・ルール）

アットリスク・ルール（at-risk rules）の目的は，活動からの損失の控除を納税者がその活動において現実に危険負担している金額に限定することである。活動に投資した金銭または資産の金額に関して危険負担していると考えられる。納税者が個人的に返済義務を負う借入金は，当該納税者のアットリスク投資（at-risk investment）の一部であるとされる。租税回避防止規定としてのアットリスク・ルールによって，ある活動から生ずる所得を相殺するため他の活動から生ずるペーパー損失を利用することは，阻止される。そのため，アットリスク・ルールは，**アットリスク・ロス・リミテーション・ルール**といわれる。ここで，損失とは，当期に認容される控除金額とアットリスク・リミテーションによって過年度に否認された損失の合計額が当期の所得金額を超える金額をいう。このルールは，閉鎖保有法人（closely held corporation）のリースを除くすべての活動に適用される。このルールの適用対象は，個人，パートナーシップのパートナーおよびS法人の株主などであって，法人は原則としてこのルールの対象とされない。

### (1)　適用対象者

アットリスク・ルールは，個人，遺産財団，信託，パートナーシップのパートナー，S法人の株主に適用される（IRC465）。

#### ①　閉鎖保有法人

C法人は，一般に，アットリスク・ルールを適用されないが，閉鎖保有法人はこのルールを適用される。**閉鎖保有法人**とは，5人以下の個人が発行済株式の価値の50％超を所有する法人をいう（IRC465(a)(1)(B)および542(a)）。50％所有要件の判定のため，次のルールが適用される（IRC544）。

(a)　法人，パートナーシップ，遺産財団または信託が直接または間接に所有される株式は，その株主，パートナーまたは受益者が比例的に所有すると考えられる。

297

第3編　控除できる損金

(b) 個人は，その家族によってまたは家族のために直接または間接に所有される株式を所有すると考えられる。

(c) ある者が株式を買うオプションを保有する場合，当該者は当該株式の所有者であると考えられる。

(d) 上記(a)および(b)の適用上，(a)または(c)によりある者が所有すると考えられた株式は，当該者が現実に所有されるものとして取り扱われる。

(e) (b)または(c)により個人が所有すると考えられる株式は，(c)により個人が所有するものと考えられる。

閉鎖保有法人が営業もしくは事業において使用されまたは投資のために保有される減価償却動産と定義される設備のリースに能動的に従事する場合，アットリスク・ルールはこの活動には適用されない。「設備リースに能動的に従事する」とは，このリースからの所得が当該法人の総収入の50％以上を占めることをいう。関連法人は，単一の法人として取り扱われる（IRC465(c)(4)(C)）。

適格C法人は，能動的事業にアットリスク・ルールを適用されない（IRC465(c)(7)）。

閉鎖保有法人は，次に該当しない場合には，適格C法人とされる。

(a) 同族持株会社（personal holding company）

(b) 外国同族持株会社（foreign personal holding company）

(c) 人的役務提供法人（personal service corporation）

**閉鎖保有法人の能動的事業**は，次の条件を満たす場合には，アットリスク・ルールを適用されない。

(a) 課税年度末に終了する12ヶ月の期間に法人が(a)実質的にすべてのサービスが能動的な事業の管理である1人以上の常勤の従業員および(b)実質的にすべてのサービスが直接事業に関連するサービスである3人以上の非所有者たる従業員を有すること（非所有者たる従業員とは，法人の発行済株式の価値の5％超を所有しない従業員をいう）

(b) 当期に認容される事業経費と従業員給付計画への拠出との控除金額が当該事業の総所得の15％を超えること

(c) 事業が除外事業でないこと

ここで,「除外事業」とは,(ⅰ)設備リース,(ⅱ)マスター録音,映画フィルム,ビデオテープ,または文学上,芸術上,音楽上その他類似の資産に関する有形資産もしくは無形資産の使用,利用,売却,リース,その他の処分をいう。

② パートナーシップ

納税者が適格法人パートナーであるパートナーシップについては,適格事業要件(能動的事業要件)について特別なルールが適用される。閉鎖保有法人がパートナーシップの適格法人パートナーであり,かつ,パートナーシップ課税年度の末日に終了する12ヶ月の期間にパートナーシップの1人以上の常勤従業員がいて,当該従業員の提供する実質的にすべてのサービスが事業の能動的管理である場合,この事業におけるパートナーシップの活動の当該法人の比例的シェアは,当該法人の活動のシェアとして取り扱われる。実質的にすべてのサービスがパートナーシップの事業に直接関連する場合,適格法人パートナーは,適格パートナーシップの従業員の比例的シェアを考慮に入れる。当該法人は,当該法人が適格事業に従事するか否かを判定する場合,パートナーシップの所得および控除項目のシェアを考慮に入れる。

「適格法人パートナー」とは,パートナーシップの損益に10%以上の持分を有しかつ500,000ドルまたは純資産の10%のいずれか少ない方をパートナーシップに拠出したゼネラル・パートナーをいう。

## (2) 適用対象活動

アットリスク・ルールは,営業もしくは事業としてまたは所得稼得のために行うすべての活動(閉鎖保有法人の設備リースを除く)に適用される(IRC465(c))。

① 活動の分離

一定の資産(フィルムもしくはビデオテープ,リースされもしくはリースのために保有される減価償却動産,農場,石油・ガス資産または地熱資産)に係る営業もしくは事業または所得稼得活動を行う納税者は,各分離した資産ごとに個別の活動と

して取り扱わなければならない（IRC465(c)(1)および(2)）。

② パートナーシップおよびS法人の活動の集合化

パートナーのパートナーシップ持分または株主のS法人株式は，これらの事業体が（ⅰ）農業，（ⅱ）石油・ガス資源の探査・開発，（ⅲ）映画フィルム，ビデオテープの保有，生産または流通，（ⅳ）地熱鉱床の探査・開発のいずれかを行う範囲で，単一の活動として取り扱われる。パートナーシップまたはS法人は，同じ範疇のすべての活動を1つの活動として取り扱う。したがって，パートナーまたはS法人株主に係るこの活動からの損失は，当該活動に関連するパートナーシップまたはS法人の損失のシェアである。パートナーシップまたはS法人の課税年度に用に供されたリースされる減価償却動産に係るすべての活動は，単一の活動として取り扱われる。

③ 営業または事業の活動の集合化

一定の条件の下で，営業または事業を構成するすべての活動は，集合化され，1つの活動として取り扱われる（IRC465(c)(3)(B)）。この集合化ルールの目的は，アットリスク・ルールが真正な事業目的をもつ活動に適用されることを防止することである。集合化ルールの適用条件は，次のとおりである。

(a) 納税者が営業または事業の経営に積極的に参加すること
(b) パートナーシップまたはS法人が営業または事業を行うこと
(c) 課税年度の損失の65％以上が事業の経営に積極的に参加する者に配分されること

④ タックス・シェルター活動の特性

タックス・シェルター活動であることを示す特性としては，（ⅰ）控除の前倒し，（ⅱ）所得計上と費用計上の時期の不一致，（ⅲ）実質的なノンリコース・ファイナンス，（ⅳ）通常の商慣行に一致しない作為的な金融技法，（ⅴ）不確実なプロジェクトに対する投資，（ⅵ）投資家に対するタックス・シェルター活動の販売などがあげられる。

### (3) 不動産金融 (real estate financing)

　不動産の保有にはアットリスク・ルールが適用されるが，「**適格ノンリコース・ファイナンス**」(qualified non-recourse financing) に関するループホールによって不動産がこのルールの適用を免れることがある (IRC465(b)(6))。適格ノンリコース・ファイナンスには，活動に用いられる不動産によって担保され，不動産保有活動のために借り入れられ，また，連邦政府，州政府もしくは地方政府によって貸付を受けもしくは保証され，または適格者から借り入れたノンリコース・ファイナンスが含まれる。適格者には，能動的かつ通常金銭貸付業 (business of lending money) に従事する者 (銀行，貯蓄貸付団体，信用組合，規制保険会社および年金信託などを含む) が含まれる。一般に，適格者には，(i) 関連者，(ii) 資産の取得先，(iii) 資産投資に係る報酬の受領者は含まれない。例えば，関連者のノンリコース・ファイナンスが適格ノンリコース・ファイナンスとされるのは，関連者からのファイナンスが商業的に合理的であり，かつ，非関連者のローンと実質的に同じ条件で行われる場合に限られる。

　商業的に合理的なファイナンスとは，次の条件を満たすファイナンスをいう。
　(a)　債務証書の満期を考慮に入れて，利率が合理的なものであること
　(b)　利率が利得または総収入に依存しないこと
　(c)　融資期間が資産の耐用年数を超えず，不履行の場合の債権者の抵当流れとして処分する権利が制限されないこと

① 不動産保有

　ノンリコース・ファイナンスは，不動産保有に関して，誰も個人的に責任を負わないファイナンスである。

② 活動に対する損失の配分

　1987年後に取得し，事業活動のうち不動産保有に付随しない活動の部分として用に供する不動産に関して，事業の包括的な損失のうち不動産保有に配分されるべき部分を決定する必要がある。

### (4) 危険負担金額 (amount at-risk)

アットリスク・ロス・リミテーション・ルールでは，すべての活動における危険負担金額は，活動に拠出された金銭の額と資産の調整ベーシスおよび納税者がローンの返済に個人的に責任を負い，活動において用いるもの以外の資産を担保として抵当に入れた場合に活動において使用するために借り入れた金額の合計である（IRC465(b)）。

次の場合，危険負担金額とは考えられない。

(a) ノンリコース・ファイナンスの保証，逆指値契約その他類似の契約を通じて損失から保護される場合（IRC465(b)(4), Rev. Rul. 83−133, 1983−2 CB15）

(b) ローンの保証人が主たる債務者から弁済を受ける権利がある場合

(c) 取消可能なオプションの売却時にプレミアムを受け取る場合（Rev. Rul. 80−72, 1980−1 CB109）

(d) 資産価額が手形の額面価額未満であってもその差額の支払義務がないという条件で債権者に資産を移転することにより履行したことになる約束手形を振り出す場合（Rev. Rul. 85−113, 1985−2 CB150）

(e) リミテッド・パートナーがパートナーシップの負債を保証する場合

(f) 活動における持分を有する者から金銭を借り入れる場合（規則1.465−8(a)）

(g) 農業パートナーシップがそのパートナーが支配する法人から金銭を借り入れる場合

(h) 納税者が100％所有する研究開発法人に支払うことを約束する手形が納税者の組成したリミテッド・パートナーシップに拠出された場合

活動における危険負担金額は，控除できる損失の金額を制限する。危険負担金額は，こうむった損失と追加的な危険負担によって変動する（IRC465(b)）。活動から損失をこうむった初年度に，課税年度末の危険負担金額を決定し，こうむった損失と比較しなければならない。

(a) 損失が危険負担金額未満である場合，損失は全額控除することができ，危険負担金額は控除した金額だけ減額される。

(b) 損失が危険負担金額より大きい場合，控除できる損失は課税年度末の危険負担金額に制限される。危険負担金額はゼロに減額される。

### (5) 過年度の損失の否認

危険負担金額がゼロを下回って減額される時，過去に認容された損失を取り戻す必要がある（IRC465(e)）。

## 3 パッシブ活動損失（passive activity losses）

パッシブ活動からの損失は，非パッシブ所得（non-passive income）から控除することはできない。パッシブ活動からの税額控除は，パッシブ活動に配分される所得税に制限される。パッシブ活動からの損失および税額控除は，パッシブ活動からの所得のみから控除することができるが，サービスに対する給料その他の所得またはポートフォリオ所得（利子，配当，使用料および投資のために保有する資産の売却益など）から控除することはできない。当期のパッシブ活動からの控除金額が当期のパッシブ活動からの所得金額を超える範囲で，その超過額（パッシブ活動損失）は，当期に控除することはできない。パッシブ活動損失で当期に控除できない場合，これを繰り越して将来の課税年度に生ずるパッシブ活動所得を減算する。これと同様に，パッシブ活動からの税額控除のうち当期の通常の税額を超える超過額は，繰り越される。

### (1) 適用対象者

パッシブ・ロス・ルールは，（ⅰ）個人，（ⅱ）信託（グランター・トラストを除く），（ⅲ）遺産財団，（ⅳ）人的役務提供法人，（ⅴ）閉鎖保有法人に適用される。

#### ① 人的役務提供法人

人的役務提供法人は，次の要件を満たす法人である（暫定規則1.441－4 T(d)および1.469－1 T(g)(2)(ⅰ)）。

(a) C法人であること
(b) 基準期間中の法人の主たる活動が人的役務の提供であること
(c) 人的役務が従業員である所有者によって実質的に提供されること
(d) 従業員である所有者が課税年度の基準期間の末日に法人の発行済株式の公正な市場価値の10%超を所有すること

ここで，特定の課税年度の基準期間とは，直前の課税年度である。新法人について基準期間は，課税年度の初日に開始し，次の早い方の日に終了する期間である。

(a) 課税年度の末日
(b) 課税年度が開始する暦年の末日

② パートナーシップおよびS法人

パッシブ・ロス・ルールは，パートナーシップおよびS法人に直接適用されないが，パートナーまたは株主の段階で適用される。

③ リミテッド・パートナー

リミテッド・パートナーは，一般に，いかなる活動にも実質的に参加しているとは考えられない（IRC469(h)(2)）。ただし，次の4つの場合は例外である（暫定規則1.469-5 T(e)(2)および(3)(ⅱ)）。

(a) リミテッド・パートナーが課税年度に500時間超活動に参加していること
(b) リミテッド・パートナーが当期の直前10課税年度のうち5課税年度活動に実質的に参加していたこと
(c) 活動が人的役務活動であり，リミテッド・パートナーが当期の直前3課税年度に活動に実質的に参加していたこと
(d) リミテッド・パートナーが，パートナーの課税年度内に終了するパートナーシップの課税年度中ゼネラル・パートナーでもある場合，リミテッド・パートナーとして取り扱われず，リミテッド・パートナーに関する一般原則が適用されない。

④ 公開取引パートナーシップ（publicly traded partnerships：PTP）

公開取引パートナーシップには特別な損失規定が適用される（IRC469(k)）。

パッシブ・ロス・ルールは，各PTPからの項目に個別に適用される。納税者のPTPにおける持分からのパッシブ活動からの純所得は，パッシブ・ロス・ルールに基づきパッシブ所得として取り扱われない。この所得は他のＰＴＰの持分からの純損失または他のパッシブ活動からの純損失を相殺することはできない。控除されないＰＴＰの損失は，繰り越される（IRC469(k)(3)）。

「公開取引パートナーシップ」とは，持分（interests）が確立された証券市場で取引されまたは第２市場で容易に取引されるパートナーシップと定義される（IRC469(k)(2)）。

### (2) 適用対象活動

一般に，納税者が実質的に参加していない営業または事業に関するとき，活動はパッシブであり，パッシブ・ロス・ルールの対象とされる（暫定規則1.469－1 T(e)(1)( i )）。

活動が賃貸活動（a rental activity）に該当する場合には，常にパッシブ活動と考えられる。

次に該当する場合，活動は特定課税年度の営業または事業である（規則1.469－4 (b)(1)）。

(a) IRC162に規定する営業または事業を含む場合
(b) 営業または事業を開始することを予定して行われる場合
(c) IRC174に基づき控除できる研究実験費を含む場合

また，次の活動は，パッシブ活動でないとされる。

(a) 納税者が実質的に参加する営業または事業
(b) 油井またはガス井における一定の持分
(c) IRC280A(c)(5)が適用される納税者の住居の賃貸
(d) 活動の持分を所有する者のために動産を取引する活動
(e) 1993年12月31日後に開始する課税年度において，不動産営業または事業における一定の不動産賃貸

一以上の活動または賃貸活動がパッシブ・ロス・ルールにより損益を計算す

るための適当な経済単位（an appropriate economic unit）である場合には，これらを単一の活動として取り扱うことができる。適当な経済単位の判定には，事実と状況の基準が用いられるが，考慮すべき要素として（ⅰ）営業または事業の種類の異同，（ⅱ）共通の支配の範囲，（ⅲ）共通の所有権の範囲，（ⅳ）地理的な場所，（ⅴ）活動の相互関係などが重視される。活動の識別とグルーピングについては，納税者の自由が認められているが，次の点では制限される（規則1.469-4(d)）。

① 賃貸活動と他の事業活動

賃貸活動と他の営業または事業活動を一団として分類することはできない。ただし，一団とされるすべての活動が適当な経済単位を形成し，(a)賃貸活動が営業または事業活動に関して実質的でない場合，(b)営業または事業活動が賃貸活動に関して実質的でない場合，(c)営業または事業の各所有者が賃貸活動においても同じ比例的持分を有する場合はこの限りではない（規則1.469(d)(1)）。

② 不動産賃貸と動産賃貸

不動産賃貸と動産賃貸を単一の活動として分類することはできない（規則1.469-4(d)(2)）。

③ リミテッド・パートナーの活動とリミテッド事業主の活動

リミテッド・パートナーとしてIRC465(c)に規定する活動において持分を有する者は他の活動と一団として分類することはできない。リミテッド事業主は，一企業の持分を有する者であって，リミテッド・パートナーでなく，当該企業の経営に能動的に参加するものでない。

④ 他の事業体が行う活動

パッシブ・ロス・ルールの適用対象とされる事業体（一定のＣ法人，Ｓ法人またはパートナーシップ）は，規則に定める活動ルールに基づいてその活動を分類しなければならない。この事業体は，IRC469事業体と呼ばれる。この事業体がその活動を分類すると，株主またはパートナーは，それらの活動，当該株主またはパートナーが直接行う活動や他のIRC469事業体が行う活動をグループ分けすることができるが，IRC469事業体が同一グループとした活動を個別の活

動として取り扱うことはできない。

### (3) パッシブ活動の判定

納税者が営業または事業に実質的に参加する場合，当該営業または事業はパッシブ活動と考えられず，パッシブ・ロス・ルールは適用されない (IRC469(c)(1))。

活動における実質的な参加は，当該活動によって生ずる当期の損失を他の種類の非パッシブ所得と相殺することができること，純所得を生ずる活動に実質的に参加することは当該所得をパッシブ活動からの損失で相殺されないことを意味する。実質的な参加は，パッシブ・ロス・ルールが適用されないための要件である。

リミテッド・パートナー，人的役務提供法人および閉鎖保有法人については特別なルールを適用されるが，個人は次の判定基準のいずれかを満たす場合には，活動に実質的に参加するものとされる (IRC469(h)，暫定規則1.469－5 T(a))。

(a) 個人が課税年度に500時間超活動に参加すること
(b) 課税年度の活動における個人の参加が課税年度におけるすべての個人の活動における参加の実質的にすべてを構成すること
(c) 個人が課税年度に100時間超活動に参加し，課税年度の参加が当該課税年度における他の個人の参加以上であること
(d) 活動が課税年度の重要な参加活動 (a significant participation activity) であり，課税年度の重要な参加活動における個人の参加合計時間が500時間を超えること
(e) 個人が当期の直前10課税年度中5課税年度に活動に実質的に参加したこと
(f) 活動が人的役務活動であり，個人が当期の直前3課税年度に活動に実質的に参加したこと
(g) 事実と状況基準に基づき，個人が当期に通常の継続的な実質的な基準で活動に参加すること

「重要な参加活動」は，納税者が意義のある参加をするが，上記(d)以外の基準のいずれかによれば，実質的に参加すること（material participation）に該当しない営業または事業である（暫定規則1.469－5 T(c)）。「参加」とは，個人が仕事を行う時に，C法人を通じることを除き，直接または間接に持分を有する活動に関して行うすべての仕事をいう（暫定規則1.469－5 T(f)）。

## (4) 賃貸活動 （rental activities）

賃貸活動は，納税者が活動に実質的に参加するか否かにかかわらず，常にパッシブ活動とされる（IRC469(c)(2)）。一般に，次の場合，その活動は賃貸活動とされる（暫定規則1.469－1 T(e)(3)( i )）。
(a) 課税年度に，活動に関して保有される有形資産が顧客によって使用されるかまたは顧客によって使用のために保有されること
(b) 課税年度に活動の遂行に帰すべき総所得が主として有形資産の使用の対価であること

ただし，有形資産の使用であっても，活動が次の基準のいずれかに該当する場合には，賃貸活動として取り扱われない（暫定規則1.469－1 T(e)(3)(ii)）。
(a) 顧客が資産を使用した平均期間が7日以下であること
(b) 顧客が資産を使用した平均期間が30日以下であり，当該資産を顧客の使用に供するために所有者が重要な人的役務を提供すること
(c) 顧客の使用期間にかかわらず，資産を顧客の使用に供するために資産の所有者が特別な人的役務を提供すること
(d) 資産の賃貸が非賃貸活動に付随するものとして取り扱われること
(e) 資産が顧客の非排他的使用のために定められた事業時間中に慣例上利用されること
(f) 納税者が持分を有するパートナーシップ，S法人またはジョイント・ベンチャーが行う活動（賃貸活動を除く）において使用する資産を提供すること

### (5) パッシブ活動総所得 (passive activity gross income) の決定

パッシブ活動が生ずる特定の種類の所得がパッシブ活動総所得の一部として取り扱われ、課税年度のパッシブ活動所得またはパッシブ活動損失の計算上考慮にいれられるか否かは、規則において規定されている（暫定規則1.469－2 T(c)）。パッシブ活動に関する一定の種類の所得は、非パッシブ所得として分離して取り扱われる。

次の所得は、パッシブ所得から除外される。

(a) ポートフォリオ所得
(b) パッシブ活動で用いられる資産の処分益
(c) パートナーシップまたはＳ法人の持分の処分益
(d) 人的役務所得（IRC469(e)(3)、暫定規則1.469－2 T(c)(4)）
(e) 会計方法の変更による調整（暫定規則1.469－2 T(c)(5)）
(f) 石油・ガス資産からの所得
(g) 個別に除外される所得（暫定規則1.469－2 T(c)(7)）
(h) 非パッシブ所得としてリキャラクタライズされる所得

① ポートフォリオ所得 (portfolio income) の除外

ポートフォリオ所得は、パッシブ活動からの所得として取り扱われない。パッシブ損失および税額控除とポートフォリオ所得とは相殺できない（IRC469(e)(1)）。

1986年税制改革では、このルールの理由は、ポートフォリオ投資は通常所得を生じ租税回避スキームにより他の所得を相殺するために利用される損失を生じないということであった。パッシブ・ロス・ルールの適用に当たって、ポートフォリオ所得は一般にパッシブ活動から生ずるものとして取り扱われないが、他の所得源泉と同様に取り扱われる。ポートフォリオ所得には、次のものに属するすべての総所得（営業または事業の通常の過程で生ずる所得を除く）が含まれる（暫定規則1.469－2 T(c)(3)）。

(a) 利子、保険年金、使用料、Ｃ法人およびＳ法人の配当、その他の投資所得

(b) 上記(a)に規定する種類の所得を生ずる資産の処分の損益
(c) 投資のために保有される資産の処分の損益

総所得が営業または事業の通常の過程で生ずる場合，その総所得はポートフォリオ所得と考えられず，パッシブ活動総所得に算入される。営業または事業の通常の過程で生ずる総所得の定義は狭く，次の種類の所得のみがこの概念に含まれる。

(a) 金銭貸付業で行われるローンおよび投資の利子
(b) サービスの提供または資産の売却の営業または事業から生ずる受取債権の利子（ただし，慣習的に事業上の顧客に与えられる信用に限る）
(c) 保険会社による保険契約もしくは保険年金契約の提供または引き受けた危険の再保険の事業で行われる投資からの所得
(d) 資産取引の営業または事業から生ずる所得または収益
(e) 無形資産のライセンスの営業または事業で生ずる使用料
(f) 協同組合からの一定の配当
(g) その他IRSが営業または事業から生ずると認定する所得

② ポートフォリオ所得に係る経費

ポートフォリオ所得に明瞭かつ直接に帰すべき経費（利子を除く）は，パッシブ活動控除項目から除外される（IRC469(e)(1)(A)(1)(ⅱ)，暫定規則1.469－2 T(d)(2)(ⅰ)）。

**利子トレーシング・ルール**に基づき，ポートフォリオ所得に配分される利子は，ポートフォリオ所得から控除することができるが，パッシブ活動控除項目ではない（暫定規則1.163－8 T(a)(4)(ⅰ)(E)））。

③ 自己金融に係る利子（self-charged interest）

租税回避スキームでは，循環金融，迂回金融や自己金融の技法が多用される。共通の特徴としては支払利子を利用して税負担を減少させるスキームが多いが，逆に受取利子を生じるスキームもある。例えば，個人がパッシブ活動を行うパートナーシップやS法人の持分を有し，パッシブ活動で使用するためパススルー事業体（pass-through entity）にローンを行う場合パッシブ所得またはパッシブ

損失とポートフォリオ所得との区別に関する一般原則の適用について問題が生ずる。このローンの利子は，パートナーシップのパッシブ活動の控除項目ではあるが，否認されるが，パートナーまたはS法人株主が稼得する利子は，ポートフォリオ所得であり，このローンから生ずる控除項目の自分のシェアと相殺することができない。パートナーまたはS法人株主は，支払を受ける利子に対して課税されることになる。

規則では，借り入れる事業体の**自己金融利子控除**（self-charged interest deductions）のシェアに応じて，パートナーまたはS法人株主のポートフォリオ所得をパッシブ活動総所得としてリキャラクタライズすることによって，この問題に対処している（規則1.469－7(a)(1)）。これと同じように，パートナーまたはS法人株主がその所有するパススルー事業体間の貸付取引やパッシブ活動で使用するためにパススルー事業体からローンを借り入れた場合にも，このルールが適用される。

④　パッシブ活動で使用される資産の処分

パッシブ活動で使用される資産の売却からの収益は，当該資産が処分の行われた課税年度にパッシブ活動で使用されたことを条件として，収益が認識される年度のパッシブ活動総所得として取り扱われる（IRC469(g)，暫定規則1.469－2 T(c)(2)）。

資産が処分の課税年度にパッシブ活動に使用されなかった場合，この収益は非パッシブ所得とされる。同様に，処分の課税年度にパッシブ活動に使用されていた資産の処分時に認識される損失は，パッシブ活動控除項目であるが，資産がパッシブ活動に使用されなかった場合，この損失はパッシブ所得またはパッシブ損失の計算から除外される。

⑤　パートナーシップまたはS法人の持分の処分

パートナーシップの持分またはS法人の株式は，活動に使用される資産と考えられない（暫定規則1.469－2 T(c)(2)）。しかし，パススルー事業体は，パッシブ活動と非パッシブ活動の双方を行うことがある。例えば，パートナーシップがリミテッド・パートナーのパッシブ活動である事業を行い，非パッシブ・

第3編　控除できる損金

ポートフォリオ所得を生ずる投資資産を有する場合，パートナーシップまたはS法人の持分を処分する納税者は，パッシブ損益と非パッシブ損益を決定するために，これらの事業体の活動の区別に応じて損益を配分しなければならない（暫定規則1.469－2 T(e)(3)）。この配分は，パッシブ活動と非パッシブ活動に用いられる資産の価値に応じて行われる。資産の評価は，評価日に行われる。

⑥　人的役務所得

パッシブ活動総所得にはサービスに対して受け取る報酬は含まれない（IRC 469(e)(3)，暫定規則1.469－2 T(c)(4)）。

⑦　個別にパッシブ所得から除外される所得

次のものは，パッシブ活動総所得から除外される（暫定規則1.469－2 T(c)(7)）。

(a) 納税者が個人的に無形資産の創造に著しく寄与した当該無形資産からの総所得

(b) 救済期間における適格低所得層住宅プロジェクトからの総所得

(c) 州税，地方税，外国所得税，戦時利潤税または超過利潤税の還付金

(d) 不競争契約による総所得

(e) 盗難・災害損失控除がパッシブ活動控除項目でない場合におけるそれらの弁償による総所得

# 第8章

## 純営業損失（net operating loss：NOL）

　純営業損失の控除により，ある年度の損失を他の年度の所得と相殺することが認められる。純営業損失の控除制度は，課税所得は当期の事象のみに基づいて算定されるという課税原則の例外である。純営業損失の控除は，次の手順で行われる。

第1ステップ：課税年度における純営業損失（認容される控除額が総所得金額を超える部分）を計算する。

第2ステップ：純営業損失を他の課税年度に繰り戻す。1997年8月5日後に開始する課税年度に関して，NOL繰戻期間（carry-back period）は，2年である。しかし，ブッシュ政権の税制改革（2002年雇用創出労働者援助法）により，2001年または2002年に終了する課税年度に生じたNOLに関して，繰戻期間は臨時的に5年とされた。2003年以後に終了する課税年度に生ずるNOLに関して，NOL繰戻期間は2年とされる。

第3ステップ：繰戻損失と別の繰戻損失または繰越損失を合算する。この合計金額が当期の純営業損失の控除額となる。

第4ステップ：この純営業損失の控除により直前の課税年度の税額を再計算する。税額の減額を生じる場合，この手続は終了する。税額の減額について，税額控除または還付を請求する。しかし，純営業損失が直前の課税年度の課税所得を超える場合には，次のステップに進む。

第5ステップ：純営業損失の繰戻の控除未済額を計算する。法人については，

313

第3編 控除できる損金

繰戻額が課税所得を超える金額は、第2年度に繰り戻す。
第6ステップ：このように控除未済額を直近年度に繰り戻す。

# 1 適格対象者

一般に、所得税を課される者（法人および個人を含む）は、NOLの控除を適用される。パススルー事業体は、NOLの控除を適用されない。大部分の法人は、適格対象者であるが、次の法人はNOLの控除を受けることができない。

(a) 規制投資会社（IRC852(b)(2)(B)）
(b) 生命保険会社（IRC805(b)(4)）
(c) 海上以外の相互保険会社（IRC834(c)(8)）
(d) S法人（IRC1366(d)）

法人は、次の特別な租税の課税ベースとなる所得の計算においては、NOLを控除することはできない。

(a) 留保収益税（IRC535(b)(4)）
(b) 同族持株会社税（IRC545(b)(4)）
(c) 外国同族持株会社（IRC556(b)(4)）

ただし、上記(a)および(b)については、修正NOLの繰越が認められる（IRC545(b)(4)および556(b)(4)）。S法人以外の法人のNOLは、1人法人であるとしても、株主に配分することはできない。

① パートナーとパートナーシップ

パートナーシップは、NOLを控除できない（規則1.703-1(a)(2)(v)）が、各パートナーはパートナーシップ事業活動の損失の分配シェア（a distributive share）を受けることになり、この分配は各パートナーの申告すべき分離した項目として取り扱われ、NOLの存否の決定は各パートナーの総所得と控除項目に基づいて個別に行われる（規則1.702-2）。

② S法人とその株主

S法人は、法人段階ではNOLの繰戻も繰越も受けられない（IRC1366、規則

1.172−1(f), 1.1373−1(c)(1)) が，各株主はパートナーシップと同様な方法で，S法人の所得，損失，控除項目および税額控除のプロラタ・シェアを考慮に入れる。

## 2 NOLの計算

特定の課税年度におけるNOL控除額は，特定の課税年度に繰り越されたNOLと繰り戻されたNOLの合計である（IRC172(a)）。各繰戻と繰越は別々に計算された後に合算される。法人の場合，NOLは特別控除である。

### (1) 繰戻 (carry-backs) と繰越 (carry-forwards)

2001年または2002年に終了する課税年度に生じたNOLは，5年の繰戻を認められ，その後20年の繰越を認められる（IRC172(b)）。1997年8月5日後2001年1月1日前に開始する課税年度に生じたNOLには2年の繰戻と20年の繰越が認められていた。1997年8月6日前に開始する課税年度については，3年の繰戻と15年の繰越が認められた。2003年以後に終了する課税年度については，2年の繰戻に戻っている。

### (2) 法人のNOL

法人のNOLは，認容される控除項目が総所得を超える金額であるが，次の調整が行われる（規則1.172−2）。

(a) 受取配当控除 (dividends-received deduction) は，控除を行えば損失を生ずる場合には課税所得の一定割合に控除を制限する規定にかかわらず，全額認められる（IRC172(d)(5)）。一般的に，受取配当控除は，内国法人からの受取配当の70％とされ，受取法人が分配法人の20％超を所有する場合には，受取配当控除は80％とされている。

(b) 公益事業の一定の優先株式に係る受取配当控除は，控除を行えば損失を生ずる場合には，課税所得に控除を制限する規定にかかわらず，全額認め

第3編　控除できる損金

　　　られる（IRC172(d)(5)）。
(c)　NOLを認めない（IRC172(d)(1)）。
(d)　公益事業の受取配当控除は，控除を行えば損失が生ずる場合，課税所得制限にかかわらず，認められる（IRC172(d)(5)）。

① 清　　算

完全な清算計画に従って法人資産の売却から生ずる不認識の収益については，NOLの計算において，いかなる調整も行わない（Rev. Rul. 56−448, 1956−2 CB130）。

② キャピタル・ゲインおよびキャピタル・ロス

法人は，キャピタル・ゲインおよびキャピタル・ロスについて調整を行う必要はない。課税所得の計算において，法人はキャピタル・ゲインの範囲でキャピタル・ロスを控除することができるが，従前に他の納税者に認められた純長期キャピタル・ゲインに関する60％控除を認められない。

③ 控除未済NOLの繰戻および繰越

法人のNOL控除の第1ステップは，損失年度に先立つ第2年度に繰り戻し，繰戻年度のNOLの一部として控除することである。さらに，損失年度に先立つ第1年度に繰り戻すために控除未済NOLを算定しなければならない。そのため，法人は，修正課税所得を計算しなければならない。繰戻NOLが第2年度の修正課税所得を超えない場合，繰戻NOLは全額控除され，第1年度に繰り戻される控除未済NOLは，存在しなくなる。しかし，繰戻NOLが修正課税所得を超える場合，その超過額は，控除未済NOLとして第1年度に繰り戻される。

# 第9章

## 受取配当控除(dividend-received deduction)

　法人の特別控除として受取配当控除がある。これは，分配年度以前の年度に免税慈善団体(tax-exempt charitable corporations)または農業協同組合(farmer's Cooperative associations) から受け取る配当には適用されない (IRC243, 規則1.243－2)。相互貯蓄銀行 (a mutual savings bank) が預金につき支払う配当について認められる控除金額は，受取配当控除制度の配当ではない（規則1.243－2(a)）。不動産投資信託（a real estate investment trust）からの受取配当は，配当として課税上の特別な取扱いを受けない。

① 課税所得の一定割合の控除制限

　内国法人，公益事業および外国法人からの受取配当に係る控除は，受取法人の次のものにかかわらず計算した課税所得の70％に制限される（IRC246(b)(1), 規則1.246　2(a)）。

(a)　純営業損失控除
(b)　受取配当控除
(c)　公益事業の支払配当控除
(d)　キャピタル・ロス繰戻
(e)　非課税の異常な受取配当に関する調整

　受取法人が支払法人の20％以上を所有する場合，課税所得の70％の控除制限は，80％に引き上げられる（IRC246(b)(3)）。

② 保有期間要件

　株式が配当落ちとなる45日前に開始する91日間に46日未満しか株式を保有していなかった法人株主は，売却または処分した株式につき支払を受けた配当に

第3編　控除できる損金

ついて，受取配当控除を受けることはできない（IRC246(c)(1)(A)，2004年勤労家族租税救済法による改正）。優先株式については，配当落ちとなる90日前に開始する181日間に91日間株式を保有することが要件となっている（IRC246(c)(2)(B)，2004年勤労家族租税救済法による改正）。株式に係る損失リスクが次の理由で減少する期間だけ保有期間は減少する（IRC246(c)(4)，規則1.246－3(d)(2)，1.246－5）。

(a)　納税者が売りオプションを有し，売却義務を負いまたは実質的に同一の株式もしくは証券の空売りを行ったこと

(b)　納税者が実質的に同一の株式もしくは証券の買いオプションを与えたこと

(c)　納税者が実質的に類似もしくは関連する資産につき一以上の他のポジションをもつことによってリスクを減らしたこと

### (1)　法人間配当

法人は，次の法人からの受取配当につき総所得から特別な控除を行うことができる（IRC243，規則1.243－2）。

(a)　所得税を課される他の内国法人

(b)　外国法人（外国法人になる前の内国法人が留保していた収益および利潤から支払われる配当）

上に説明したとおり，受取法人と支払法人との関係に応じて，受取配当控除は，次のように異なる。

(a)　受取法人が支払法人の株式の価値または議決権の20％未満を所有する場合，受取配当の70％が総所得不算入とされる（IRC243(a)(1)）。

(b)　受取法人が支払法人の株式の価値または議決権の20％以上を所有する場合，受取配当の80％が総所得不算入とされる（IRC243(c)）。

(c)　関連グループのメンバー会社からの受取配当

受取配当の100％が総所得不算入とされる（IRC243(a)(3)および(b)(1)，規則1.243－4および1.243－5）。「関連グループ」の定義は，連結納税申告要件における定義と同じである。

## (2) 株式の性質

　法人が発行する証券で株式として取り扱われるものは，発行者である法人にとって課税上控除できる利子を生じないが，この証券に係る支払は，これを保有する法人にとって受取配当控除を生じる。しかし，エンロンが利用した租税回避スキームに見出されるように，株式が負債の特性を有する場合があり，ある国では株式とされる証券が，他の国では負債とされることがある。米国では株式が負債としての特性をもつ場合には，受取配当控除を否認する。財務省は，法人の持分が負債であるか資本であるかを決定する規則制定権を与えられているが，当初規則は1981年1月1日に定められたものの，2度施行が延期され，1983年8月5日に取り消された。

　財務省は，法人持分を一部負債とし，一部資本として取り扱う規則制定権を与えられた（IRC385(a)）。1992年10月24日後に発行される証券については，発行者である法人がその証券の性質を株式または負債として決めた場合，この性質は発行者とすべての保有者を拘束するが，IRSを拘束しないとされる（IRC385(c)(1)）。

　法定ガイドラインは，負債と資本の区別を決定する時に考慮すべき次の5要素を定めている（IRC385(b)）。

(a) 金銭または金銭価値のある十分な対価を得る代わりに一定の金銭を要求払いまたは特定日に支払い，かつ，一定の金利を支払うという文書の無条件の約束があるかどうか。
(b) 法人のすべての負債に劣後するか，優先するか。
(c) 法人の負債・資本比率
(d) 法人の株式への転換性があるか否か。
(e) 法人の株式の保有と持分の保有との関係

## (3) 控除権者

　株式が売却される場合，受取配当控除を行うことができる者は，買主か売主か。

すなわち，配当の所有者は誰かという問題が生ずる。基本原則としては，所有者が配当を受け取る権原を有する日に株式を所有する者に当該配当は属する。

### (4) 外国法人配当
#### ① 適格10％所有外国法人からの受取配当

米国法人が適格10％所有外国法人（米国属領法人を含む）からの受取配当に対し，受取配当控除を適用される（IRC245(a)）。**適格10％所有外国法人**は，米国法人が価値および議決権の10％以上を所有するすべての外国法人（外国同族持株会社およびパッシブ外国投資会社を除く）である。ただし，**被支配外国法人** (a controlled foreign corporation：CFC) からの本国償還収益に関して臨時的配当控除を請求する法人は，受取配当控除を受けることができない。ここで，配当概念には，外国法人の株式の売却または交換からの収益に対する課税ルールに基づき配当とされる金額は含まれない（IRC245(a)(11)）。認容される受取配当控除の金額は，当該配当のうち米国源泉部分の70％である。受取法人が支払法人の20％以上を所有する場合，受取配当のうち米国源泉部分の80％である（IRC243(a), 243(c)および245(a)）。配当のうち米国源泉部分とは，1986年度後の未分配米国収益の1986年度後の未分配収益合計に占める割合を配当に乗じた金額である。1986年度後の未分配収益は，1986年度後の未分配収益のうち次のものに帰すべき部分である。

(a) 適格10％所有外国法人の米国内の営業または事業の遂行と実質的に関連する所得であって，連邦所得税を課されるもの

(b) 適格10％所有外国法人が株式の価値および議決権の80％以上を所有する内国法人からの受取配当

受取配当控除を受ける配当について支払いまたは発生した租税につき外国税額控除は認められない（IRC245(a)(8), 901）。

米国租税条約により，米国が受取配当の米国源泉部分を米国外源泉所得として取り扱う義務を負う場合，配当の受取法人は当該配当を外国源泉所得として取り扱うことを選択することができる。このような選択をすると，受取配当控除は認められないが，受取配当の米国源泉部分には外国税額控除が適用される

（IRC245(a)(10)）。

② 100％受取配当控除

配当を受け取る内国法人が直接または間接に発行済株式の全部を所有する外国法人の収益および利潤から支払われた配当について，当該内国法人は100％受取配当控除を適用される（IRC245(b)(2)(B)）。

③ 内国法人から外国法人になった法人

内国法人が外国法人になった場合，内国法人として連邦税を課されていた間に留保した収益および利潤から支払う配当は，内国法人からの受取配当として取り扱われる（規則1.243-3）。

④ 外国販売法人（foreign sales corporation：FSC）の配当

配当支払法人が外国販売法人である間に留保した外国貿易所得 (foreign trade income）に帰すべき配当は，一般に，100％控除できる（IRC245(c)(1)(A)）。

配当が実質的関連所得に帰すべき場合，70％の受取配当控除を受ける。受取法人が支払法人の20％以上を所有する場合，80％の受取配当控除を受ける（IRC245(c)(1)(B)）。実質的関連所得とは，米国の営業または事業と実質的に関連するすべての所得で米国所得税を課されるものをいう。ただし，配当が外国貿易所得（免税外国貿易所得を除く）に基づく範囲で，100％受取配当控除は適用されない。したがって，米国税を課される投資所得のみに帰すべき100％所有FSCの分配は，100％控除でなく，70％または80％控除を適用される。

### (5) デット・ファイナンス・ポートフォリオ株式配当

ポートフォリオ株式（portfolio stock）を取得するためにデット・ファイナンスを利用した場合，受取配当控除は減算される（IRC246A）。この減算は，**平均負債比率**（average indebtedness percentage）を用いて行われる。平均負債比率は，株式を購入するために生じた負債金額に関連する比率である。この減算は，次の受取配当に関する100％受取配当控除を適用される配当には，適用されない。

(a) 納税者を含む関連グループのメンバーからの適格受取配当
(b) 小規模事業投資会社からの受取配当

第3編　控除できる損金

　このルールの目的は，法人が株式を取得するために金銭を借り入れ，そのローンの利子を控除し，取得した株式につき配当が支払われる時に第2の控除を行うことを防止することである。

① 　デット・ファイナンス・ポートフォリオ株式

　デット・ファイナンス・ポートフォリオ株式（debt-financed portfolio stock）は，基準期間中株式投資に直接帰すべきポートフォリオ負債がある場合における法人株式をいう（IRC246A(c)(1)）。基準期間とは，次の短い方である（IRC246A(d)(4)）。

(a) 　株式に係る直近配当の配当落ちの日に開始し当該配当の配当落ち前の日に終了する期間

(b) 　当該配当の配当落ち前の日に終了する1年の期間

② 　ポートフォリオ株式

　ポートフォリオ株式（portfolio stock）とは，配当落ちの日に法人納税者が法人の発行済株式の議決権および価値の双方の50％以上を所有する場合を除く当該法人のすべての株式をいう（IRC246A(c)(2)(A)）。

③ 　ポートフォリオ負債

　ポートフォリオ負債（portfolio indebtedness）は，ポートフォリオ株式に対する投資に直接帰すべきすべての負債をいう（IRC246A(d)(3)(A)）。

④ 　平均負債比率

　平均負債比率は，基準期間中の株式に係るポートフォリオ負債の平均値を同期間の当該株式の平均調整ベーシスで除算することにより計算される（IRC246A(d)(1)）。

# 第4編
# キャピタル・ゲインまたはキャピタル・ロス

第4編　キャピタル・ゲインまたはキャピタル・ロス

# 第1章
# キャピタル・ゲイン

　米国税制の基本概念として，所得（income）[26]概念をキャピタル・ゲイン（capital gain）と通常の所得（ordinary income）とに区別することが重要である。この区別の根底には，資産および投資の売却から生ずる所得はキャピタル・ゲインとして取り扱い，通常の所得よりも低い税率で課税されるべきだという租税理論がある。ブッシュ政権は，2003年雇用成長租税救済調整法（Jobs and Growth Tax Relief Reconciliation Act of 2003）により，2003年5月5日以後における売却または交換に適用されるキャピタル・ゲイン税率を引き下げ，これまでの20％を15％に，10％を5％に，2008年には5％をゼロ税率に改正した。1997年5月6日後2003年5月6日前の長期資本資産（long-term capital assets）の売却には最高税率20％が適用された。5年超保有していた資産の2000年12月31日後の売却には特別低税率18％が適用された。

　キャピタル・ロスおよびその繰越の控除を制限するために，キャピタル・ゲインと通常の所得を区別する必要がある。個人は，キャピタル・ロスをキャピタル・ゲインと3,000ドル以下の通常の所得から控除することができるが，法人は，キャピタル・ロスを通常の所得でなく，キャピタル・ゲインのみから控除できる。

## 1　概　　要

(1)　2003年5月5日後，次の税率改正が行われ，長期資本資産の売却に対する最高税率は15％とされた。

(a) 旧法の20%を15%に引き下げる（IRC 1(h)(1)(C)）
   (b) 旧法の15%を 5 %に引き下げる（IRC 1(h)(1)(B)）
   (c) 2007年12月31日後に開始する課税年度には 5 %を 0 %に引き下げる（IRC 1(h)(1)(C)）
(2) 1997年 5 月 6 日後2003年 5 月 5 日以前の最高税率は，20%である。
(3) 1997年 5 月 7 日前の最高税率は，28%である。
(4) 法人キャピタル・ゲインに対する代替税（alternative tax）は，通常の法人税率が35%を超える課税年度において，純キャピタル・ゲインに対する税を35%に制限する（IRC1201(a)）。1997年12月31日後に終了する課税年度に，35%の代替税は，法人の純キャピタル・ゲインまたは課税所得のいずれか少ない方に適用される（IRC1201(a)(2)）。

## 2　一定の小規模事業株式からの収益の50%除外

非法人である投資家は，1993年 8 月10日後に発行された適格小事業株式で保有期間 5 年超のものの処分により実現した収益の50%まで除外することができる（IRC1202）。

### (1) 発行者別限度額

納税者が除外できる単一の発行者からの収益に係る制限が定められている。課税年度に一発行者からの適格収益は，次のいずれか大きい方を超えない範囲で，考慮される。この1,000万ドル限度額は，株主ごとに適用される。
   (a) 1,000万ドルから過去の年度に考慮に入れた適格収益で法人が発行した株式の処分に帰すべきものの合計金額を減算した金額
   (b) 発行者のすべての適格株式で課税年度に納税者が処分したものの調整ベーシスの10倍の金額

## (2) 適格株式

適格株式は，金銭，株式以外の資産の代わりに，またはサービスの報酬として，発行した株式である。法人が，発行日の1年前に開始する2年内に，その株式の価値の5％超を償還する場合，この株式はルールを適用される適格株式ではない。

## (3) 適格小規模事業株式

適格小規模事業（qualified small business：QSB）は，次のもの以外のC法人である。

- (a) 規制投資会社
- (b) 不動産投資信託
- (c) 不動産モーゲージ投資導管
- (d) 金融資産証券化投資信託
- (e) 協同組合
- (f) プエルト・リコおよび属領税額控除を選択する法人またはこのような選択をする直接子会社もしくは間接子会社を有する法人

### ① 能動的事業基準（active business test）

法人は，一以上の適格営業または事業の能動的な遂行において資産の80％以上を用いなければならない。適格営業または事業とは，次のもの以外の営業または事業である。

- (a) 法律，会計，保険数理，建築，運動，芸能，媒介，相談，技術，金融，保健などの分野でサービスを提供する営業または事業
- (b) 1以上の従業員の評判または技能を主たる資産とする営業または事業
- (c) 銀行，金融，保険，投資，リース，または類似の事業
- (d) パーセント控除が適用される天然資源を採取または生産する営業または事業

能動的事業基準の適用に当り，子会社を所有する発行者に関しては，ルックスルー・テストが使用される。発行法人が他の法人の価値または議決権の50％

超を有する場合，当該法人の資産および活動のプロラタ・シェアが発行法人に帰属するものとされる。法人は，その資産の価値の10％超が適格営業または事業の能動的な遂行に用いられていない不動産から成る期間には，適格能動的事業要件を満たさない。

② **総資産基準**（gross assets test）

発行日の前後に，適格小規模事業法人の総資産合計が5,000万ドル以下であることが要件とされる。法人またはその前身の総資産は，1993年8月10日以後に5,000万ドルを超えてはならない。総資産は，金銭および他のすべての法人資産の調整ベーシスである。総資産基準の適用に当たり，親子会社等関連グループのすべてのメンバーは，単一納税者として取り扱われる。

③ **パススルー事業体**

パートナーシップ，S法人，RICまたはコモントラスト・ファンドが保有する適格株式に係る収益は，（ⅰ）これらの事業体が5年超保有し，（ⅱ）事業体が当該株式を取得した時以後当該収益がパススルーされるパートナー，株主または参加者が当該事業体の持分を保有していた場合，除外される。

# 第2章 キャピタル・ロス

キャピタル・ロスがキャピタル・ゲインを超える場合，法人および非法人はそのキャピタル・ロスの超過部分の控除を制限される。この点について，法人と非法人の取扱いには次のような差異がある。

### (1) 非法人

純短期キャピタル・ロスと純長期キャピタル・ロスは合算され，3,000ドルまでの通常の所得と相殺される。控除未済純キャピタル・ロスは，控除されるまで，後年度に繰り越される。繰戻は認められない。後年度に繰り越されたキャピタル・ロスは，その長期または短期の性格を持続する。すなわち，長期キャピタル・ロスは繰越年度の長期キャピタル・ゲインと相殺し，短期キャピタル・ロスは繰越年度の短期キャピタル・ゲインと相殺する。繰越年度においてこの相殺をした後，なお，控除未済額がある場合，通常の所得と相殺し，なお控除未済額がある場合，さらに翌年度に繰り越す。

### (2) 法人

キャピタル・ロスはキャピタル・ゲインのみと相殺される。キャピタル・ロスを生じた年度にキャピタル・ゲインがない場合には，キャピタル・ロスの控除は認められない。法人は，キャピタル・ロスを後年度（5年度）に繰り越し，過年度（3年度）に繰り戻すことができる。この場合，繰り入れられたロスは，繰り入れられた年度の短期キャピタル・ロスとして取り扱われ，キャピタル・ゲインと相殺される。

第2章 キャピタル・ロス

## 1 キャピタル・ロスの控除限度

キャピタル・ロスがキャピタル・ゲインを超える場合，この損失控除は制限される（規則1.1211－1）。法人は，当期のキャピタル・ロスを当期のキャピタル・ゲインのみと相殺することができる。長期キャピタル・ロスと長期キャピタル・ゲインを相殺し，短期キャピタル・ロスと短期キャピタル・ゲインを相殺する。法人が当期にキャピタル・ロスのみを生じ，キャピタル・ゲインを生じない場合，当期においては，キャピタル・ロスの控除は認められない。法人は，控除未済キャピタル・ロスを繰り戻し，または繰り越すことができる。

> 設 例
> 2004年度に法人は次のキャピタル・ゲインおよびキャピタル・ロスを有している。
> 長期キャピタル・ゲイン　　1,000ドル
> 長期キャピタル・ロス　　　2,000ドル
> 短期キャピタル・ゲイン　　1,000ドル
> 短期キャピタル・ロス　　　　500ドル

法人の純長期キャピタル・ロスは，1,000ドル（2,000－1,000），純短期キャピタル・ゲインは，500ドル（1,000－500）である。純長期キャピタル・ロスのうち500ドルは，純短期キャピタル・ゲイン500ドルと相殺するが，残りの500ドルの長期キャピタル・ロスは2004年度には控除できないので，繰戻または繰越をする。

パートナーシップまたはS法人のキャピタル・ゲインおよびキャピタル・ロスの金額は，各種のキャピタル・ゲインおよびキャピタル・ロスの相殺をせずに，売却または交換の損益に関する一般原則により決定される。これらのキャピタル・ゲインおよびキャピタル・ロスは，パートナーシップまたはS法人の通常の所得から分離して，パートナーまたは株主にプロラタで分配され，パー

トナーまたは株主は当該損益を他の取引からのキャピタル・ゲインおよびキャピタル・ロスと相殺する（IRC706(d)および1368）。

## 2 キャピタル・ロスの繰戻と繰越

すでに述べたとおり，法人のキャピタル・ロスのうち当期のキャピタル・ゲインを超える部分は，損失年度に先立つ3課税年度に繰り戻し，次に損失年度後の5課税年度に繰り越すことができる（IRC1212(a)，規則1.1212－1および1.1222－1）。繰り入れられたキャピタル・ロスは，繰入年度の短期キャピタル・ロスとして取り扱われ，当該繰入年度のキャピタル・ゲイン純所得（キャピタル・ゲイン－キャピタル・ロス）と相殺する。

ただし，繰戻キャピタル・ロスは，繰戻年度の純営業損失を生じまたはこれを増加することを認められないので，繰戻金額は制限される。

---

**設 例**

2002年度に，法人は長期キャピタル・ゲインと長期キャピタル・ロス，短期キャピタル・ゲインと短期キャピタル・ロス，などの相殺後，キャピタル・ロスがキャピタル・ゲインを超える金額が6,000ドルとなったが，これを当期の通常の所得と相殺することはできないので，1999年度，2000年度および2001年度に繰り戻し，各年度の短期キャピタル・ロスとして，各年度のキャピタル・ゲイン純所得と相殺することができる。なお，これを吸収することができない場合には，2003年度に繰り越してそのキャピタル・ゲインと相殺することができる。仮に2003年度に十分なキャピタル・ゲインがない場合には，2003年度において控除することができないので，さらに2007年度まで，繰り越すことができる。2007年度に控除できなかった部分については，もはや繰越控除することはできない。

## (1) 外国収用 (foreign expropriation) キャピタル・ロスの特別繰越期間

米国は，米国企業の世界的事業展開のなかで起こり得る危険に対処するため，特別なキャピタル・ロスの取扱いを用意している。外国政府またはその地方政府や政府機関の一定の資産の収用，干渉，差押，没収などによりこうむったキャピタル・ロス（外国収用キャピタル・ロスという）については，10年の繰越期間が認められる。この外国収用キャピタル・ロスは，他の純キャピタル・ロスと分離して取り扱われ，通常のキャピタル・ロスの控除が十分に行われた後の最初の繰越年度にキャピタル・ゲイン純所得と相殺される。外国収用キャピタル・ロスの繰戻控除は認められない（IRC1212(a)(1)(C)(ⅱ)）。

## (2) 繰戻制限

外国収用キャピタル・ロスは，繰戻ができるキャピタル・ロスから除外されるが，元のS法人はS法人であった年度にキャピタル・ロスを繰り戻すことはできない。また，納税者が規制投資会社または不動産投資信託であった年度にキャピタル・ロスを繰り戻すことはできない（IRC1212(a)(3)）。

納税者が非課税取引で他の法人の資産を取得した後でこうむったキャピタル・ロスは，譲渡法人の取得前の課税年度に繰り戻すことはできない。

# 第3章 キャピタル・ゲインおよびキャピタル・ロスの一般原則

## 1 資本資産（capital asset）[27]の定義

内国歳入法典は，資本資産でない種類の資産を列挙することによって資本資産を定義している（IRC1221(a)）。すなわち，資本資産は，所得税の適用上，次のものを除く資産である。

(a) 棚卸資産
(b) 営業または事業の通常の過程で主として顧客への販売のために保有する資産
(c) 減価償却資産
(d) 営業または事業で用いられる不動産
(e) （ⅰ）創造した者または（ⅱ）創造者のベーシスを参照してベーシスを計算される譲受人が保有する著作権，文学上，音楽上または芸術上の作品，手紙または覚書，その他類似の資産
(f) 営業または事業の通常の過程で，提供したサービスの対価として上記(a)または(b)に規定する資産の販売から取得した受取勘定または手形
(g) 受け取った納税者が保有する米国政府の出版物（当該出版物が一般大衆に提供される価格で購入したものを除く）

米国議会は，資本資産の除外資産として，さらに次の3種類の資産を追加した（1999年12月17日以後に保有し，取得し，行った金融商品，行った取引および保有し，取得する必要品に適用される）。

(a) 商品デリバティブ・ディーラーが保有する商品デリバティブ金融資産（IRC1221(a)(6)）

(b) 事業の通常の過程で行う一定のヘッジ取引（IRC1221(a)(7)）

(c) 営業または事業の通常の過程で通常使用されまたは消費される種類の必要品（IRC1221(a)(8)）

このように，資本資産の定義は，消極的定義である。したがって，何が積極的に資本資産となるかという問題が生じる。一般に，非事業資産（non-business property）である株式，債券，私用自動車，住居，家庭用家具，航空機およびボートなど私的目的または投資目的で所有されかつ使用されるものは，資本資産とされる。土地および減価償却資産は，事業用であるものは資本資産でないとされるが，これらを売却または交換する場合，その収益が資本資産からの収益とされることがある。鉱物，鉱石，ガス，石油その他の鉱床など地中にある天然資源は資本資産であるが，これを採取して一定の単位で販売するとき，通常の所得を生ずることになる。

## (1) 株式および証券

株式および証券は，ディーラーが保有するものを除き，資本資産とされる。株式の売却または交換からの損益は，その株式が除外資産の明示列挙に該当しない限り，キャピタル・ゲインまたはキャピタル・ロスと考えられる（IRC1221，規則1.1221-1）。

### ① 事業動機と投資動機

別段の定めがない場合には資本資産に該当する資産を取得する動機が投資でなく，事業であると主張して，資本資産の取扱いを避けることは困難である。判例は，資本資産か否かの判断に動機基準（a motive test）の使用を拒否し，持株会社が銀行株式の売却による損失を通常の損失として取り扱うことができないと判示した（Arkansas Best Corp., SCt, 88-1 USTC9210, 485 U.S. 212）。

### ② ヘッジ取引（hedging transactions）

事業ヘッジ（business hedges）からの損益は，通常の損益として分類される

（規則1.1221-2）。ヘッジは，営業または事業の通常の過程で，主として（ⅰ）納税者が保有する通常の資産に係る価格変動または為替変動のリスクを減らすこと，（ⅱ）納税者の借入金または履行すべき通常の債務に係る金利変動，価格変動または為替変動のリスクを減らすことを目的とする取引である（規則1.1221-2(b)）。通常の要素は，保有する資産の処分，債務の履行がキャピタル・ゲインまたはキャピタル・ロスを生じないことを意味する（規則1.1221-2(b)(2)）。内国歳入法典は，事業ヘッジ取引が資本資産ではないと規定する（IRC 1221(a)(7)）。1996年3月8日以後に行った取引について，連結納税申告グループのメンバーが非関連第三者との取引を行うことによって他のメンバーのリスクをヘッジする場合，この取引は通常の損益とされるヘッジ取引とされる。単一事業体アプローチでは，他のメンバーのリスクをヘッジする連結納税グループのメンバーは，そのメンバーのすべてが単一法人の部門であるかのようにこのヘッジ取引を考慮に入れるが，分離した事業体の選択を認められる（規則1.1221-2(g)(5)(ⅰ)）。

### (2) 事業目的と非事業目的の双方のために用いられる資産

事業目的のために用いられる部分は，資本資産とならないが，事業目的のために用いられない部分は，資本資産である（規則1.1221-1(b)）。

### (3) 手形，買主引受手形（trade acceptance）および売掛債権（accounts receivable）

営業または事業の通常の過程で提供されるサービスまたは売却のために保有する資産の売却により取得した手形，買主引受手形および売掛債権は，資本資産ではない（Rev. Rul. 65-261, 1965-2 CB 281）。棚卸資産またはサービスの対価としてこれらを受け取る納税者は，これを所得として申告し，これを割り引いて売却するとき，その損失を通常の損失として控除することができる。しかし，ディーラー以外の納税者が購入しかつ保有する手形または受取債権は，資本資産である。購入した手形を割り引きで売却した納税者は，キャピタル・ロ

第3章　キャピタル・ゲインおよびキャピタル・ロスの一般原則

スを認識する。しかし，購入した手形の取立による金額は，通常の損益となるという判例がある (A.B.Culbertson, 14TC1421, CCH Dec. 17, 725, O.H.Himelick, 32BTA792, CCH Dec. 8995, Weser Bros., Inc., 12BTA1394, CCH Dec., 4252,, W.H.Cooper, CA－4, 54－1 USTC9242, 209F 2 d154)。

## 2　キャピタル・ゲインまたはキャピタル・ロスの定義

キャピタル・ゲインの優遇税制という観点とキャピタル・ロスの控除制限という観点から，損益を（ⅰ）通常の損益と（ⅱ）キャピタル・ゲインまたはキャピタル・ロスに適正に区別することが重要である。その意味で，次の用語の定義が重視される（IRC1201(a), および1222, 規則1.1222－1）。

(1)　短期キャピタル・ゲインおよび短期キャピタル・ロス
　　保有期間が12ヶ月以下の資本資産の売却または交換から生ずる損益（総所得または課税所得の計算に当たり考慮される範囲に限る）

(2)　長期キャピタル・ゲインおよび長期キャピタル・ロス
　　保有期間が12ヶ月超の資本資産の売却または交換から生ずる損益（総所得または課税所得の計算に当たり考慮される範囲に限る）

(3)　純短期キャピタル・ゲイン＝短期キャピタル・ゲイン－短期キャピタル・ロス

(4)　純短期キャピタル・ロス＝短期キャピタル・ロス－短期キャピタル・ゲイン

(5)　純長期キャピタル・ゲイン＝長期キャピタル・ゲイン－長期キャピタル・ロス

(6)　純長期キャピタル・ロス＝長期キャピタル・ロス－長期キャピタル・ゲイン

(7)　キャピタル・ゲイン長期所得＝資本資産の売却または交換からのゲイン－資本資産の売却または交換からのロス

(8)　純キャピタル・ロス＝資本資産の売却または交換からのうちキャピタル・ロス控除限度額を超える部分

(9)　純キャピタル・ゲイン＝当期の純長期キャピタル・ゲイン－当期の純短期

第4編　キャピタル・ゲインまたはキャピタル・ロス
キャピタル・ロス

## 3　売却（a sale）または交換（an exchange）

　資本資産の処分は，次の場合を除き，売却または交換がある場合だけ，キャピタル・ゲインまたはキャピタル・ロスを生ずる（IRC1201(a)および1222，規則1.1222－1）。

(a)　IRC1256契約および一定のストラドルに関する特別なルールが適用される場合

(b)　売却または交換の効果を有する処分があった場合

　売却または交換の効果を有する取引には，（ⅰ）債権回収，（ⅱ）一定の清算分配，（ⅲ）無価値な証券，（ⅳ）特権またはオプションの不行使，（ⅴ）強制転換，（ⅵ）従業員信託給付金，（ⅶ）立木および石炭の使用料，（ⅷ）立木の伐採，（ⅸ）IRC1256条契約などが含まれる。また，売却または交換の効果を有すると判断され，キャピタル・ゲインまたはキャピタル・ロスを生ずる取引としては，（ⅰ）株式の公売，（ⅱ）株式の回収訴訟の和解金，（ⅲ）資産の抵当流れまたは再占有，（ⅳ）地役権の付与，（ⅴ）制限契約の解除などがある。

　贈与やローンは，売却または交換を構成しない。租税回避スキームに対処するため，IRSまたは裁判所は，表面的に資産の売却である取引が現実にはみせかけの買主のために提供されたサービスに対する報酬を得るための策略以外の何物でもないと判断して，取引の法形式でなく，その実質をルックスルーすることがある。売却または交換の効果を有しないとし，それ故にキャピタル・ゲインまたはキャピタル・ロスを生じないと判断される取引には，（ⅰ）生死混合保険証券の満期，（ⅱ）雇用契約の取消，（ⅲ）特許権の付与の制限，（ⅳ）空売りに係る株式のローン，（ⅴ）リースの取消に関する賃借人による賃貸人への支払，（ⅵ）負債の返済に係る外貨の移転などが含まれる。

第3章 キャピタル・ゲインおよびキャピタル・ロスの一般原則

### (1) 売却と賃貸料または使用料

　鉱物その他の天然資源に対する権利の処分がキャピタル・ゲインまたはキャピタル・ロスを生ずる売却または交換に該当するか否かを判断するとき，当該資産の所有者が経済的持分（an economic interest）を留保しているか否かが問題とされる。この経済的持分の存否は，所有者が受け取る支払の源泉によって判断される。例えば，所有者の権利が鉱物の販売収入のシェアのみで満足される場合，所有者はこの鉱物における経済的持分を有するとみられるので，取引が法的にはリースという形式をとっていても，所有者の所得は減耗控除が適用される通常の所得として取り扱われる。鉱物の持分の所有者が鉱物の利用にかかわらず満足される権利を有する場合，経済的持分を有するとみられないので，取引が法的には売買という形式をとっていても，所有者はキャピタル・ゲインを実現するものとして，減耗控除を受けることはできない。

### (2) 特　許　権[28]

　特許権の売却からの損益は，売価と取得価額その他のベーシスとの差額である（IRC1235(a), 規則1.1235-2）。発明家その他の特許権保有者が譲渡する場合，その譲渡益はキャピタル・ゲインとして取り扱われる。しかし，所有者が実質的な権利（substantial rights）を留保する合意がある場合，特許権の譲渡の損益はライセンスから生じたものと考えられ，その収益は通常の所得とされる。また，特許をもつ物品を使用し，製造しかつ販売する排他的権利のライセンスは，所有者が譲渡性のある特許権に実質的な権利を留保しない場合には，事実上，売却と判断される。

### (3) 地　役　権（easement）

　恒久的な地役権の付与によって地役権によって影響を受ける土地における実質的にすべての受益権が奪われる場合，取引は土地の売買として取り扱われ，その損益を認識しなければならない。しかし，付与者が土地の実質的な受益に対する実質的な権利を留保する場合，取引は土地の売買とはみなされない。そ

337

れにもかかわらず，不動産における持分の売却があり，地役権の対価の金額はその対象となる土地のベーシスから減算され，ベーシスを超える超過部分は，収益として認識される（Rev. Rul. 59-121, 1259-1 CB212）。

### (4) 制限契約 (restrictive covenant)

賃貸人が類似の事業用に施設の一部を禁止するリースの制限契約は，資本資産であり，この制限の解除は売却であり，キャピタル・ゲインを生ずる。

## 4 資産の保有期間

キャピタル・ゲインまたはキャピタル・ロスは，資本資産の保有期間が12ヶ月を超える場合には長期キャピタル・ゲインまたは長期キャピタル・ロスとされ，保有期間が12ヶ月以下である場合には短期キャピタル・ゲインまたは短期キャピタル・ロスとされる。保有期間は，資産を取得した日とこれを処分した日の間の期間である。資産を月末以外の日に取得する場合，1年超の保有と考えられる初日は，取得日の翌日に数的に対応する取得の暦月後の第12番目の暦月における日である（Rev. Rul. 66-6, 1966-1 CB160）。資産を月末日に取得する場合，1年超の保有と考えられる初日は，取得の暦月後の第13番目の暦月の初日である（Rev. Rul. 66-7, 1966-1 CB188）。取得日は保有期間に含まれないが，売却日はこれに含まれる。

### (1) 株式の保有期間

購入または交換によって取得した株式の保有期間は，上記ルールによって決定される。交換によって購入した株式については，保有期間は購入日の翌日に開始し，売却日に終了する（Rev. Rul. 70-598, 1970-2 CB168）。株式配当 (stock dividend) としてまたはスピンオフにおいて受け取る株式の保有期間には，分配が行われる関連株式の保有期間が含まれる。ストックオプション・プランに基づき受け取る株式の保有期間は，権利行使後の日に開始する。

## (2) 債券の転換

債券の転換による損益は認識されない（Rev. Rul. 72-265, 1972-1 CB222）。債券の転換は，非課税交換でなく，発行とともに開始するオープン取引の一部としてみられる。

債券の保有期間は，株式に引き継がれる。法人の優先株式の25％を無額面普通株式へ転換することによる収益の不認識は，資本組入れ（recapitalization）として認められる（規則1.368-2(e)(2)）。この場合，優先株式の保有期間を普通株式の保有期間に加算することが認められるが，転換が非課税資本組入れに該当しない場合，この保有期間の加算は認められない。社債を取得する権利を購入し，社債を購入し，社債と追加的金銭の引渡しを通じて株式を取得する場合，社債の所有権に帰すべき各株式の保有期間は，当該社債を取得する権利を行使する日に開始する。取得した株式のうち追加的金銭投資に帰すべき部分の保有期間は，株式の取得日の翌日に開始する。社債の引渡しによって損益を認識する必要はない。

## (3) 新株引受権（stock rights）

不行使の非課税の新株引受権の保有期間には，権利が付与された旧株式の保有期間が含まれる。この権利が課税される場合，保有期間は権利取得時から起算される（IRC1223(6), 規則1.1223-1）。新株引受権の行使によって取得された保有期間は，課税収益がこの権利の分配に関して認識されるか否かにかかわらず，権利行使日に開始する（Rev. Rul. 56-572, 1956-2 CB182）。

## (4) 移転されるベーシス

非課税の場合と同様に，資産のベーシスが従前に保有していた他の資産のベーシスを参照して決定される場合，新しい資産の保有期間に他の資産の保有期間が含まれる（IRC1223(1)および(2), 規則1.1223-1(a)および(b)）。しかし，交換される資産は，交換時に，資本資産，キャピタル・ゲインとなる事業資産，転換時の損益が認識されない場合に強制転換される資産と取り替えて取得された

資産またはスピンオフで受け取る株式もしくは証券であることが必要である。

### (5) パートナーシップ資産の保有期間

パートナーシップが売却した資本資産が1年超の長期保有期間保有されていたか否かを決めるとき，拠出するパートナーが保有した期間が含まれる（IRC 1223(2), 規則1.1223－1(b)）。

# 第4章 キャピタル・ゲインおよびキャピタル・ロスの特別な原則

## 1 営業または事業で用いられる資産

　キャピタル・ゲインまたはキャピタル・ロスのルールは，資本資産に関する取引のみがキャピタル・ゲインまたはキャピタル・ロスを生ずるルールである（規則1.1231－1）。

　キャピタル・ゲインの税率が通常の収益の税率より低いので，キャピタル・ゲインの方が有利である場合，納税者にとっては資産を資本資産として取り扱うことを望むが，通常の損失は高い税率で課税される通常の所得と相殺できるので，通常の損失の方が有利である場合，納税者にとっては資産を通常の資産として取り扱うことを望む。資本資産の定義については，IRC1221の定義が広範であり，IRSや判例によってこの用語に新しい意義が付加されつつある現状で，資本資産の範囲は必ずしも明確でない。例えば，IRC1231によれば，当初IRC1221により通常の資産として取り扱われる資産からの損益が長期キャピタル・ゲインまたは長期キャピタル・ロスとして取り扱われる。これは，次の資産について起きる問題である。

　(a)　営業または事業で用いられる減価償却資産
　(b)　営業または事業で用いられる不動産

　すなわち，上記の資産は，IRC1221によれば資本資産として取り扱われないが，これらの資産に係る取引によって生ずる損益（IRC1231条損益という）は，当期の収益が損失を超え，かつ，当該資産の保有期間が1年超である場合には，

長期キャピタル・ゲインとして取り扱われる。IRC1231条収益がIRC1231条損失を超えない場合，この損益は通常の損益として取り扱われる。つまり，これは，納税者にとって理想的な結果を合法化している。純IRC1231条収益があるとき，低いキャピタル・ゲイン税率で課される純長期キャピタル・ゲインとされ，純損失があるとき，高い税率で課される通常の所得と相殺できる通常の損失とされる。そこで，二重のタックス・ベネフィットを利用する。

このような二重タックス・ベネフィットを防止するため，重要な制限規定が定められている。

当期に通常の収益でなく長期キャピタル・ゲインとして取り扱われる純IRC1231条収益の金額は，直前5課税年度の純IRC1231条損失の金額だけ減算される。

### (1) IRC1231条の対象資産および対象取引

IRC1231条損益は，次の取引から生ずる（IRC1231(a)および(b)）。

(a) 営業または事業で用いられる資産の売却または交換
(b) （ⅰ）営業もしくは事業で用いられる資産，または（ⅱ）営業もしくは事業もしくは営利取引に関して1年超の期間保有される資本資産，の他の資産または金銭への強制転換

IRC1231条取引には，次の売却または交換は含まれない。

(a) 棚卸資産
(b) 事業の通常の過程で主として顧客に販売するために保有する資産
(c) 創造者の著作権，文学上，音楽上，芸術上の作品，手紙もしくは覚書，または類似の資産
(d) 米国政府から受け取る米国政府の出版物

当初顧客にリースされた機械の売却は，この売却が受け入れられる事業の一部であると考えられる場合，IRC1231条取引ではない。

## (2) 営業または事業の資産

「営業または事業で用いられる資産」とは，次の資産を意味する（規則1.1231－1，1.1231－2）。

（ⅰ）営業または事業で用いられる資産で減価償却費の控除を認められ，その保有期間が1年超であるもの

（ⅱ）営業または事業で用いられる不動産でその保存期間が1年超であるもの

製造工程で用いられる特許に係るすべての権利を売却した法人は，この売却から生ずる収益を長期キャピタル・ゲインとして取り扱う。この特許権は，法人の事業で用いられる減価償却資産またはコスト回収資産であるので，特許権の売却は，営業または事業で用いられる資産の売却と考えられる（Rev. Rul. 78－328, 1978－2 CB215）。

## (3) 法人資産（corporate property）

法人が保有する減価償却および不動産は，一般に，IRC1231条の営業または事業で用いられる資産であるとみなされる（規則1.1231－1(a)）。法人のすべての活動は事業取引と考えられるので，法人が不動産を占有せず，賃貸目的または投資目的で保有する場合であっても，同様である。

## (4) 土地および改良

営業または事業で用いられ，かつ，保有期間が1年超である土地の売却または交換からの損益は，一般に，IRC1231条の取扱いを受ける。営業または事業の通常の過程で主として顧客への売却のために保有する土地の売却または交換からの損益は，IRC1231条の取扱いを受けない。この損益は，資本資産の売却または交換からのキャピタル・ゲインまたはキャピタル・ロスとして取り扱われない。

### (5) 賃貸資産

不動産は，売却前に資産を賃貸することによって，資本資産をIRC1231条資産に転換される。不動産の所有権および賃貸が営業または事業を構成するか否かを決めるとき，所有および管理の範囲を考慮することが重要である。賃貸資産を売却して損失を生ずる場合，この資産を資本資産でなく，営業または事業で用いられる資産として取り扱う方が有利になる。これが事業資産である場合，損失は通常の損失として扱われ，純営業損失に算入される。これが資本資産である場合，損失はキャピタル・ロスであり，キャピタル・ゲインのみと相殺できる。

### (6) 付随資産

事業資産または所得稼得資産の売却による損益の計算に当たり，適正に収益を反映するために，購入価格は不動産と減価償却資産に配分される（規則1.1221－1(b)）。売買契約が売却される資産の間に売却代金を個別に配分しない場合，資産の価値が売却されるすべての資産の価値の合計に占める割合で，売却価格の合計を配分しなければならない。

## 2　空売り (short sales) からの損益

空売りは，売主が所有していない株式または株券が売主の支配下にない株式を引渡しの時に入手できるように行う売却契約である。引き渡すために，売主はブローカーとのアレンジメントによって株式を借り入れる（規則1.1091－1(g)および1.1233－1）。借主である空売り主は，その後，借り入れた株式をブローカーに返還する。公開市場で株式を購入し，この取引を借り入れた株式と取り替え，全体の取引を終結する。一般に，納税者は，空売りの終結に用いられる資産を引き渡すまで，損益を実現しない。これに対し，IRSは，株式の空売りに係る損益の実現の時期を決定するためのガイダンスを発行した（Rev.Rul. 2002－44, IRB. 2002－28,84）。IRSは，課税収益が生ずる場合には空売りのとき，

第4章　キャピタル・ゲインおよびキャピタル・ロスの特別な原則

投資家が損失を実現する場合には株式の引渡しのとき，売買が完了するものとした。空売りは，年度末のタックス・プランニングやキャピタル・ゲインまたはキャピタル・ロスの保有期間の決定に関して，IRSによって精査されることになる。空売りからの損益は，空売りの終結に用いられる資産が納税者の資本資産である範囲で，キャピタル・ゲインまたはキャピタル・ロスとされる。

### (1) みなし売却 (constructive sale)

みなし売却ルールは，所得を即時に認識せずに含み益のある金融ポジション (appreciated financial positions) の収益をロックインする投資家の能力を制限する。

含み益のある金融ポジションのみなし売却がある場合，みなし売却の日にこのポジションを公正な市場価値で売却し，ただちに買い戻したものとして，収益を認識しなければならない。みなし売却で実現した収益を反映するため，その後このポジションについて実現した損益の金額に適当な調整が行われる。

#### ① 含み益のある金融ポジション

含み益のある金融ポジションとは，ポジションが公正な市場価値で売却され，譲渡されまたは終了されるならば収益が生じるであろう場合における株式，債務証書またはパートナーシップ持分に係るポジションをいう (IRC1259(b)(1))。ただし，例外が次のように2つある (IRC1259(b)(2))。

(a) マーク・トウ・マーケットのポジション
(b) 次の3条件が満たされる場合における債務証書に係るポジション
　(ⅰ) 負債が保有者に特定の元本を受け取る権利を無条件に与えること
　(ⅱ) 負債の利子が固定金利または変動金利で支払われること
　(ⅲ) 負債は直接または間接に発行者または関連者の株式に転換できないこと

#### ② みなし売却

納税者が一定の種類の取引を行いまたは関連者がこれらの取引を行うことによってIRC1259の適用を回避する場合，含み益のあるポジションのみなし売却

第4編　キャピタル・ゲインまたはキャピタル・ロス

をするものとされる（IRC1259(c)）。次のいずれかを行うとき，みなし売却が行われるものとみなされる。

(a)　同じまたは実質的に同一の資産の空売りを行うこと
(b)　同じまたは実質的に同一の資産に係る相殺する想定元本契約を行うこと
(c)　同じまたは実質的に同一の資産を引き渡すために先物契約または先渡契約を行うこと
(d)　空売り，相殺する想定元本契約または先物契約もしくは先渡契約を行い，同じ資産をポジションの基礎財産として取得すること
(e)　上記の4種の取引と実質的に同じ効果をもつ他の取引を行うこと

　含み益のある金融資産で譲渡性のないものの売却の契約は，みなし売却の定義から除外される（IRC1259(c)(2)）。

### (2)　ロング・ポジションとショート・ポジション

　実質的に同一の資産が投資家により空売りの日に1年以下の期間保有され，または空売り後手仕舞いの日以前に投資家によって取得される場合，空売りの手仕舞いの収益は短期キャピタル・ゲインとされる（IRC1233(b), 規則1.1233-1）。このルールは，納税者の手元で資本資産とされる株式もしくは証券，および商品先物に適用されるが，空売りされた資産のうち保有期間が1年以下の実質的に同一の資産の量を超える部分には適用されない。また，このルールは，固定価格で次の資産を売るオプションに適用されない。

(a)　このオプションの行使に用いる意図があるものとして特定された資産が取得される同じ日に取得されるもの，および
(b)　行使される場合，特定された資産の売却を通じて行使されるもの

　この種のオプションが行使されない場合，その取得価額は特定される株式のベーシスに加算される。

### (3)　保有期間

　空売りされた資産と実質的に同一の資産の保有期間が空売り時に1年以下で

ある場合，その保有期間は空売りの手仕舞いの日または当該資産の売却，贈与その他の処分の日のいずれか早い方に開始すると考えられる（IRC1233(b)(2), 規則1.1233－1）。

空売りの日に保有期間が1年超の実質的に同一の株式が空売りされた場合，空売りの手仕舞いのために用いられる資産の保有期間にかかわらず，空売りの手仕舞いの損失は長期キャピタル・ロスとされる。

### (4) 商　　品

IRC1256条に基づく現実の穀物の引渡の受領後の穀物先物の購入および売却により処分されるまでの穀物の貯蔵について，損益は穀物の売却日に計算される（規則1.1233－1）。

### (5) 裁定取引

ブローカーが裁定取引で他のもの（実質的に同一の証券を除く）の空売りをする場合，ブローカーが投資目的で保有する株式の保有期間を短縮することは，妨げられる（IRC1233(f), Rev.Rul.154, 1953－2 CB173）。債券保有者の選択で普通株式に転換できる債券は，債券と株式の相場の差異によって，利益を得る機会を提供する。

すなわち，債券が株価より低い場合，市場価額で債券を買い，同時に，この債券を転換できる株式を売るとき，購入した債券は，売却の手仕舞いに用いられる株式に転換されるので，このような裁定取引は空売りとして取り扱われる。

## 3　バイ・セル・オプション

プットまたはコールを購入するコストまたはプレミアムは，経費として控除できない資本的支出である。コールを行使する場合，そのコストは購入した株式のベーシスに加算される。プットを行使する場合，そのコストは株式の売却時に実現する金額から減算される（Rev.Rul.78－182, 1978－1 CB265）。オプショ

ンは，特定の将来の日以前に特定の価格で資産を売る権利または買う権利である。オプションは，株式または証券に関係することが多いが，不動産など他の資産についても関係する。プットは，一定の期間内に特定の価格で特定数の株式を売るオプションであり，コールは，一定の期間内に特定の価格で特定数の株式を買うオプションである。オプションの購入者は，保有者（holder）といわれ，付与者はライター（writer）といわれる。プットまたはコールの損益は，株式の保有期間に応じて短期損益と長期損益に区別される。購入者がプットまたはコールを行使しない場合，その不行使による権利消滅は，権利消滅日における売却または交換として取り扱われる。その結果として生ずる損失は，キャピタル・ロスであり，プットまたはコールの保有期間に応じて，短期キャピタル・ロスと長期キャピタル・ロスに区別される。

オプションの売却または交換からの損益は，オプションの基礎である資産と同じ性質を有する資産から生ずる損益と考えられる（IRC1234(c)(1)，規則1.1234－1および1.1234－3）。キャピタル・ゲインまたはキャピタル・ロスは，オプションが資本資産を対象とする場合または納税者の手元で資本資産であるオプションである場合にのみ生じる。積極的に取引される動産に係るオプションで納税者の手元で資本資産であったもの，または取得時には資本資産であったであろうものの取消，その他の権利消滅は，資本取引として取り扱われる（IRC1234A）。オプションを付与された者の手元で資本資産となる資産に係る不行使オプションの売却は，キャピタル・ゲインまたはキャピタル・ロスを生ずる。オプションがIRC1231条資産に関係し，保有期間が1年超である場合，当該オプションの売却は，IRC1231条損益を生ずる（規則1.1234－1(a)(2)）。

オプションを行使する場合，オプション保有期間は，これにより取得した資産に引き継がれない。取得した資産の保有期間は，資産取得後の日に起算する。

## 4　証券ディーラー (dealers in securities)

証券ディーラーは，証券の売却または交換から，キャピタル・ゲインまたは

第4章　キャピタル・ゲインおよびキャピタル・ロスの特別な原則

キャピタル・ロスでなく，通常の損益を実現するが，投資目的のために証券を保有するディーラーは，証券を資本資産として取り扱い，このような証券の売却または交換からのキャピタル・ゲインまたはキャピタル・ロスを実現することができる（IRC1236(a), 規則1.1236－1）。証券の売却に従事するトレーダーおよび投資家は，このような証券を資本資産の売却として取り扱い，売却からキャピタル・ゲインを実現することができる。

## 5 コスト回収資産または減価償却資産の処分からの収益

一定の減価償却資産またはコスト回収資産の処分の時にキャピタル・ゲインを実現する納税者は，当該資産につき認められた減価償却費，コスト回収費，その他の償却費を反映するように，収益の全部または一部を通常の所得として取り戻さなければならない（規則1.1245－1および1.1245－6）。通常の所得として取り戻されるべき金額は，次のいずれか少ない方の金額である。

(a)　当該資産につき認められた減価償却費，コスト回収費その他の償却費の合計額

(b)　実現した収益の合計額

実現した収益の合計額が取り戻されるべき金額を超える場合，その超過額はキャピタル・ゲインとされる。取り戻されるべき金額が実現した収益の合計額より大きい場合，実現した収益は，通常の所得とされる。

> 設　例
>
> 　2001年1月2日に，Xは5年MACRS資産を500,000ドルで購入し，半年コンベンションを用い，MACRS 200％定率法で減価償却を行ってきた。2003年6月29日にこの資産を510,000ドルで売却した。この売却時に，減価償却累計額は，180,000ドル，調整ベーシスは，320,000ドルであった。実現した収益190,000（510,000－320,000）ドルのうち，180,000ドルは通常の所得として取り戻される。超過額10,000（190,000

349

-180,000）ドルは，長期キャピタル・ゲインとされる。
　この資産が475,000ドルで売却された場合，実現した収益155,000（475,000－320,000）ドルは，通常の所得として取り戻される。その理由は，認められた減価償却費累計額（180,000ドル）が実現した収益（155,000ドル）を超えるからである。

## 6　一定の減価償却不動産の処分からの収益

　減価償却不動産（IRC1250条資産）の売却，交換その他の処分によるキャピタル・ゲインがある場合，当該資産につき認められた減価償却費に相当する当該収益の全部または一部は，通常の所得として取り戻される（IRC1250(a)，規則1.1250－1）。

## 7　オリジナル発行割引ルール（original issue discount rules：OID rules）

　債券，社債および手形などの債務証書（debt instruments）の課税に関する原則は，次の２つである（IRC1271～1275，規則1.1271－1）。
(a)　利子は，支払の時に支払者によって経費として控除され，受領者によって所得に算入される。
(b)　債務証書の売却による損益は，保有者のベーシスと売却代金または償還価格との差額である。
　債務証書の発行価格が満期日の償還価格より小さい場合，この原則は修正される。
(a)　発行価格と明示の償還価格との差額は，一般にはオリジナル発行割引（OID）といい，債務証書の期間にわたる利子およびスプレッドとして取り扱われる。OIDルールの下で，債務証書の保有者と発行者は，OIDの部分

を期間中の各年の利子として発生する必要がある。これは，現金主義か発生主義かにかかわらず，妥当するが，高利回りの債務証書に係るOIDの利子控除には特別なルールが適用される。

(b) 債務証書が売却されまたは償還される時，この収益が従前に利子として所得に算入された金額を反映しないように，保有者は，OIDが所得に算入される度に債務証書のベーシスを増加しなければならない。

## (1) 利子の発生

1982年7月1日後に発行されたOIDのある債務証書の保有者は，この債務証書を保有する課税年度中の各日のOIDのデーリーポーションの合計額に等しい金額を総所得に算入しなければならない（IRC1272(a)(1)）。ただし，このルールは，次のものには，適用されない。

(a) すべての免税債券
(b) すべての米国貯蓄債券
(c) 満期が発行日から1年以下である債務証書
(d) 1984年3月2日前に個人が発行した債務証書
(e) 個人間のローンで，次に該当するもの
　（ⅰ） ローン金額が10,000ドル以下であること
　（ⅱ） 連邦所得税の回避がローンの主たる目的の1つでないこと
　（ⅲ） ローンが貸主の営業または事業の過程で行われていないこと

## (2) 債務証書の処分

長期OID証書の売却，交換または回収からの収益は，証書の発行の時に発行者が満期前に証書をコールする意図を有する場合，従前に認識されないOIDの範囲で，通常の所得として取り扱われる（IRC1271,規則1.1271-1）。債務証書が売却され，交換されまたは回収される場合，この証書が保有者の手元で資本資産であるとすれば，保有者が取引から実現する損益は，キャピタル・ゲインまたはキャピタル・ロスとされる。

しかし，この取引から実現した収益のうち従前に不認識のOIDの金額に等しい部分は，一定の長期証券その他の短期証券の処分の場合，通常の所得として取り扱われる。

### (3) 資産の売却および交換において発行される債務証書

債務証書が公開取引されない資産に関して発行され，かつ，当該債務証書それ自体も公開取引されない取引には，OIDルールが適用される（IRC1274）。

(a) 売主ファイナンス取引における明示の利子（stated interest）の十分性を基準とし，明示の利子が不十分であるならば，取引のみなし利子（imputed interest）を認定すること

(b) 現金主義納税者と発生主義納税者との間における受取利子と支払利子の不一致を防止するために取引の当事者に発生主義会計方法を採用すること

1984年12月31日後に売却または交換された資産の代わりに受け取った債務証書については，明示の利子が十分な利子でない債務証書に対してはOIDルールが適用される。

この場合，取引のみなし利子またはOIDは，明示の満期償還価格のうち発行価格を超える金額に等しいものとみなされる。

私募債にOIDルールを適用する場合，債務証書の発行価格は（ⅰ）明示の利子が十分である場合には明示の元本の金額，または（ⅱ）他のすべての場合にはみなし元本の金額（imputed principal amount）に等しい。

#### ① 少額債務証書

少額債務証書には，次の特別なルールが適用される（IRC1274A）。

(a) 元本金額が4,381,300ドル以下の債務証書にOIDルールを適用する場合には軽減された割引率を使用できること

(b) 元本金額が3,129,500ドル以下の債務証書にOIDルールを選択する場合に現金主義を使用できること

#### ② 適用すべき連邦レート（applicable federal rates：AFR）

OIDの計算には，債務証書が，（ⅰ）短期（3年以下），（ⅱ）中期（3年超9年

第4章　キャピタル・ゲインおよびキャピタル・ロスの特別な原則

以下），（ⅲ）長期（9年超）のいずれに該当するかに応じて，適用すべき連邦レート（AFR）は3つのレートの1つである。

【注】
26)　日本の所得税法では10種類の所得分類を基本とするが，米国税法では通常の所得とキャピタル・ゲインの2種類の所得分類を基本とする。
27)　資本資産の概念は，米国税法では重要な概念であるが，日本税法には類似の概念は存在しない。旧日米租税条約において「資本資産」という用語を用いていたが，日本における同条約の適用に当たって困難を生じていた。
28)　特許権の評価について定着した方法は確定していない。コストアプローチとしては，取替原価法，歴史的原価法，マーケットアプローチとしては，取引実例比較法，インカムアプローチとしては，割引キャッシュ・フロー法，リアル・オプション法，リリーフ・フロム・ロイヤルティ法などがあり，評価主体，評価項目および評価目的などによって異なる評価方法が用いられる。

# 第5編

# 法人内部取引

第5編　法人内部取引

# 第1章
# 法人の設立と株主の出資

　法人の設立から清算に至る各段階において法人と株主との間で行われる各種の取引に対して課税上どのような取扱いをするかに焦点を当てて説明する。

　法人の設立のため投資家は法人に対し出資を行い，法人は見返りとして投資家に対し株式を発行する。**出資**は，資産出資と人的役務出資に分類され，**資産出資**は，金銭出資と現物出資に分類される。租税理論からみれば，投資家の投資ベーシスとその公正な市場価値との差額が出資という形態の交換取引によって生じる含み損益であるので，これを出資段階で認識すべきか否かという問題を提起する。**金銭出資**は，投資家が金銭を株式に投資する場合であり，株式の投資ベーシスは投資金額であるので，損益は発生しない。**現物出資**は，株式を取得するために金銭以外の資産を法人に譲渡する交換取引である。現物出資を投資家がその資産に対する投資を清算した処分と考えるとその処分である出資の時点で損益を認識すべきであるということになる。しかし，米国では，現物出資は同種の資産の交換取引と同様に，損益の認識を繰り延べる。

## 1　人的役務出資

　法人に人的役務を提供して見返りに法人の株式を取得する場合，その株主は当該株式の公正な市場価値を総所得に算入しなければならない。租税理論では，当該株式は，人的役務提供の対価である。

## 2　現物出資[29]

　一人または複数の者が法人に資産（property）を譲渡し，当該法人がその資産の譲渡者によって支配される場合には，この資産譲渡による損益は認識されない（IRC351(a)）。租税理論では，事業形態の選択に対し租税法は中立的でなければならないという租税の中立性を根拠に，現物出資に対する課税によって個人事業主の「法人成り」を妨げないこととしている。これを正当化する理論として，支配（control）の継続という基準が用いられる。

### (1)　支配基準
　「支配」とは，すべての種類の議決権のある株式の議決権の80％以上とその他の種類の株式数の80％以上を占める株式の所有をいう（IRC368(c)）。

### (2)　資産の定義
　資産の定義は，特に定められていないが，特に次のものは資産の範囲から除外される（IRC351(d)）。
　(a)　人的役務
　(b)　譲受法人の負債で担保のないもの
　(c)　譲受法人の負債の利子で当該負債の譲渡者の保有期間の開始以後に発生したもの

### (3)　株式以外の資産の受領
　法人への現物出資の見返りとして当該法人の株式以外の資産または金銭を受領した者は，（ⅰ）受領した金銭の額および（ⅱ）受領した株式以外の資産の公正な市場価値の範囲内で，収益を認識しなければならないが，いかなる損失も認識されない（IRC351(b)）。
　租税理論では，非課税の同種資産の交換取引と同様に取り扱い，株式以外の資産を交換差金（boot）として取り扱う。

第 5 編　法人内部取引

**(4) 投資会社（investment company）に対する現物出資**

　投資会社に対する現物出資は，支配基準にかかわらず，資産譲渡として扱われるので，収益を認識しなければならない（IRC351(e)）。

## 3　見返り株式の投資ベーシス

　現物出資の見返りとして取得した株式の投資ベーシスは，現物出資した資産の調整ベーシスを引き継ぎ，同額とされる（IRC358(a)(1)）。株式以外の資産（金銭を除く）のベーシスは，公正な市場価値とされる（IRC358(a)(2)）。調整ベーシスは，次のように算定される。

　（ⅰ）　減算項目

　　　(a)　納税者が受領した株式以外の資産（金銭を除く）の公正な市場価値

　　　(b)　納税者が受領した金銭の額

　　　(c)　交換取引で認識された納税者の損失の金額

　（ⅱ）　加算項目

　　　(a)　配当として取り扱われた金額

　　　(b)　交換取引で認識された納税者の収益の金額

　法人が納税者の負債を引き受ける場合，その引き受けた負債の金額は金銭の受領として取り扱われる（IRC358(d)(1)）。

## 4　見返り株式の保有期間

　見返り株式の保有期間は，現物出資した財産の種類に応じて異なる。例えば，現物出資した財産が，資本資産およびIRC1231条資産（営業または事業で用いられる資産）である場合，その見返り株式の保有期間は現物出資した財産の保有期間を引き継ぐ（IRC1223(1)）。現物出資した資産が，棚卸資産などこれら以外の資産である場合，見返り株式の保有期間は，出資日の翌日から起算される。

第1章　法人の設立と株主の出資

## 5　出資された資産の法人におけるベーシス

　法人は，自社株式との交換により金銭その他の資産を受け取る場合，いかなる損益も認識する必要がない（IRC1032）。租税理論では，**資本等取引**は課税されないが，株式発行はこれに属する。このルールは，自社株式が新株発行であるか発行済の自己株式であるかによって差異はない。法人が現物出資された資産の投資ベーシスは，出資者が当該法人を支配しているか否かによって異なる。

(a)　出資者が法人を支配する場合，現物出資された資産のベーシスは，出資者の手元におけるベーシスを引き継ぐが，出資により収益が認識された場合には当該収益の金額が加算される（IRC362(a)(1)）。

(b)　出資者が法人を支配しない場合，現物出資された資産のベーシスは，見返り株式の公正な市場価値である。

## 6　負債引受（assumption of liability）

　出資者が法人を支配する場合，法人が出資者の負債を引き受けるときでも，原則としては，この負債引受を金銭の受領として取り扱わないこととされている（IRC357(a)）。

　しかし，このルールを悪用する租税回避スキームに対処するため，次の例外規定が置かれている。

### (1)　租税回避目的

　負債の性質および負債引受の契約が行われた状況を考慮して，負債引受の主たる目的が，(ⅰ)交換に係る連邦所得税の回避であったかまたは(ⅱ)真正な事業目的でなかったことが明らかである場合，この引受はIRC351（譲渡者が支配する法人への譲渡）またはIRC361（法人の損益の不認識）の適用上，納税者が受領した金銭とみなされる（IRC357(b)(1)）。

359

(2) **負債が出資された資産のベースを超える場合**

　法人の引き受けた負債の金額が出資された資産の調整ベースの合計額を超える場合，資本資産または非資本資産の売却または交換からの収益とみなされる（IRC357(c)(1)）。

# 第2章

# 法人から株主への分配

　法人は，株主に対し，（ⅰ）利益の配当，（ⅱ）資本の払戻，（ⅲ）株式の償還，（ⅳ）法人の清算を通じて，**分配**（distribution）を行う。法人についてみると，法人はその金銭，債券または株式の分配についていかなる損益も認識しないが，資産（property）の分配については収益を認識する。法人は，分配を経費として控除することはできない。

　法人の存続中に株主に対して行う分配が，通常の配当であれば課税され，株式配当であれば非課税とされ，資本の払戻であれば非課税とされる。法人の分配の受領者は，分配が資本の払戻でなく，収益の分配（a distribution of earnings）である配当である部分に限り，課税される。

## 1　法人の収益および利潤（earnings and profits：E＆P）

　法人の収益および利潤は，法令上，定義はないが，課税所得に関係する。E＆Pの金額は，課税所得の計算に用いられる会計方法によって決められる（IRC312，規則1.312-6(a)）。これは，法人に対する直接的な租税上の効果を有しないが，法人が株主に資産を分配する場合，株主に対する分配の租税上の効果は，一部，法人のE＆Pの金額によって決められる。分配がE＆Pから行われる範囲で，株主は通常の所得として課税される配当を受け取ることになる。

### (1)　E＆Pの計算

　法人の分配のうちE＆Pから分配された金額を決定するため，（ⅰ）1913年3

月1日以後に留保されたE&Pと（ⅱ）当期のE&Pを計算しなければならない（規則1.312－6(b)）。上記（ⅰ）または（ⅱ）のいずれかの分配が，配当として課税されるのである。

## (2) 株主への分配

E&Pは，法人が株主に分配した（ⅰ）金銭の額，（ⅱ）法人債券の元本の金額，（ⅲ）他の含み益のない資産の調整ベースを減額される（規則1.312－1）。含み益のある資産が分配される場合，法人のE&Pは，当該資産の公正な市場価値がその調整ベースを超える額を加算され，次にその公正な市場価値を減算される。

### ① 株式分配 (stock distributions)

法人の株式または証券の分配は，（ⅰ）分配を受け取る株主が課税される範囲，または（ⅱ）法人が分配によって収益を認識すべき範囲，に限り，E&Pを減額する。法人がIRC306条株式を処分する時でさえ，この処分が償還 (redemption) である場合を除き，E&Pの調整は不必要である（規則1.312－1(d)）。

### ② 含み益のある資産の分配

法人のE&Pは，株式に係る資産（法人債券を除く）を分配する時，資産の公正な市場価値が法人の当該資産のベースを超える範囲で，加算される。法人のE&Pは，一般に，分配された資産（法人の債券を除く）の公正な市場価値がベースを超える額だけ加算され，含み益のある資産の公正な市場価値だけ減額される（IRC312(b)）が，E&Pは，公正な市場価値が法人の完全な清算において分配された資産の調整ベースを超える額を加算されない（Rev.Rul.87－1 CB 132）。

### ③ リーエンおよび負債

資産の分配から生ずるE&Pの減額は，分配された資産が対象となる負債とこの分配に関して株主が引き受けた他の法人の負債を減算される（規則1.312－3～1.312－4）。E&Pは，含み益のある資産の分配につき法人が認識した収益を加算される。

### 第2章　法人から株主への分配

④　OID

OIDを負担する法人債券の分配によって影響されるE＆Pについては、E＆Pは債券の元本でなく、発行価格の合計額を減算される。

⑤　低利ローン

法人が株主または従業員に低利ローンを行う場合、法人はその取引が所得を生じるものとして報告しなければならない。低利ローンは、貸主が（ⅰ）AFRの利子を支払うべき手形の代わりに借主にローンを行い、（ⅱ）借主に支払を行ったと考えられる独立企業間取引として取り扱われるべきである（IRC 7872）。法人の借主への支払は、取引の実質に応じて贈与、配当、賃金その他の支払として取り扱われる。

⑥　株式償還の分配

株式償還の金額を分配する法人は、その留保E＆Pを減算することができるが、償還株式に帰すべきE＆Pの比例的シェアに限られる。

⑦　免税分配

株主が課税されない分配は、E＆Pを減算しない（規則1.312-1(d)）。A法人がB法人から受け取る分配で、B法人の株主にとって課税配当とならないものは、A法人のE＆Pを増加しない。このルールは、分配が行われた株式のベーシスの減算に適用される範囲で、または分配が株式と分配される資産との間にベーシスの配分を生じる場合に、適用される（規則1.312-8）。

### (3)　E＆Pに影響する他の項目

法人の課税所得から除外された項目は、E＆Pに含まれる。次のような除外項目は、E＆Pに加算または減算される。

（ⅰ）　加算される項目

　(a)　州債および地方債の利子

　(b)　法人が発行した債券で担保されていないもの（発行者が外国法人（被支配外国法人、外国投資会社、外国同族持株会社を除く）であった場合を除く）、に帰すべき利子またはOID

(c) 1981年前に用に供された資産については、申告書の減価償却費のうち定額法により計算される減価償却費を超える部分
　　(d) 1980年後1987年前に用に供された資産については、ACRSにより計算された減価償却費のうち定額法ACRSにより計算される減価償却費を超える部分
　　(e) 1986年後に用に供された資産については、MACRS控除額のうち代替MACRSにより認められる控除額を超える部分
　　(f) 役員または株主の生命保険証券から受け取る生命保険金のうち支払保険料を超える部分
　　(g) パーセント減耗控除の金額のうちコスト減耗控除の金額を超える部分
　(ii) 減算される項目
　　(a) 所得税
　　(b) 詐欺の罰金
　　(c) 免税債券の償却可能なプレミアム
　　(d) IRC170により控除できる金額を超える慈善寄附金(法人の寄付資産の調整ベーシスに限定される)
　　(e) 破産などの場合に利子を失った株主の払込資本の金額
　　(f) 定額法ACRSにより計算された減価償却費のうちACRSにより計算された減価償却費を超える部分
　　(g) 1986年後に用に供された資産については、代替MACRS控除額のうちMACRS控除額を超える部分

## (4) 法人構成の変更

　非課税組織再編成または清算において他の法人の資産を受け取る法人は、当該他の法人のE&Pを取得することができる。特に、譲渡法人のE&Pが赤字となるとき、取得法人のE&Pの使用には重要な制限が課される（IRC312,規則1.312-10~1.312-11)。制限の例としては、親会社がE&Pを有するが、子会社

第 2 章　法人から株主への分配

が赤字である時に，非課税取引で子会社を清算して，親会社が自己のE&Pを減らすために，子会社の赤字を利用することはできない (IRC312 (h), M. Phipps, SCt. 49－1 USTC9204)。

## 2　法人資産の分配

　法人の資産の分配は，当該資産の種類とその分配が配当に該当するか否かによって，次のように法人または株主に異なる租税効果を与える（規則1.301－1）。
　① 　法人に関する租税効果
　法人は，株主に対する自己株式または資産の清算以外の分配による損益を認識しない。ここで，資産には，金銭，その他の資産，分配法人以外の株式および証券が含まれる (IRC317 (a))。法人は，含み益のある資産の清算以外の分配からの収益を認識する (IRC311 (b))。認識される収益の金額は，資産の公正な市場価値のうちの調整ベーシスを超える額である。清算については，法人は清算分配および売却から損益を認識する。
　② 　株主に関する租税効果
　株主に関する租税効果は，分配が配当であるか否かによって異なる。（ⅰ）当期のE&Pまたは（ⅱ）設立以後留保されたE&Pからの分配は，配当である。非法人の株主は，受取配当を通常の所得として総所得に算入しなければならない。法人株主は，法人間配当益金不算入制度により，受取配当の全部または一部を総所得から除外することができる。
　③ 　分配の性質
　分配に該当する資産の移転のために，法人はその株主に対し，従業員，債権者または代理人などでなく，株主としての資格で資産を移転しなければ，分配に該当しない。法人がその子会社の株主に移転した資産は，当該子会社が行った分配とみなされる (Rev. Rul. 80-239, 1980－2 CB103)。
　④ 　ポイズン・ピル・プラン
　ポイズン・ピル・プランは，**敵対的買収**（hostile takeovers）の防衛策であり，

敵対的買収の動きが始まった後でのみ行使できる，潜在的な標的法人の株式を取得する権利またはオプションを既存の株主に与える方策である。ポイズン・ピル・プランは，株主に対する資産もしくは株式の分配でなく，納税者が所得を実現する資産もしくは株式の交換ではない（Rev.Rul.90-11,1990-1 CB10）。このプランにより，法人の株主は引金となる事象（投資家または投資家グループによる株式公開買付または普通株式の一定割合の取得）が発生した時に優先株式を買う権利を受け取ることができる。

### (1) 分配の金額

分配の金額は，受け取った金銭の額と他の資産の公正な市場価値である（IRC 301(b)(1)）。これは，（ⅰ）完全な清算分配，（ⅱ）法人による売却または交換，（ⅲ）IRC338（資産取得として取り扱われる一定の株式の取得）に規定する取引，（ⅳ）清算以外の分配についても，妥当する。

### (2) 分配された資産のベーシス

株式に係る分配により受け取る資産のベーシスは，当該資産の公正な市場価値である（IRC301(d)）。これは，（ⅰ）完全な清算分配，（ⅱ）法人による売却または交換，（ⅲ）IRC338に規定する取引，（ⅳ）清算以外の分配についても，妥当する。

### (3) 法人の損益

法人は，株主に対する自己株式または新株引受権の分配（完全な清算を除く）について損益を認識しない（IRC311(a)および(b)，規則1.311-1）。法人は，処分の日に資産の公正な市場価値がその調整ベーシスを超える範囲で，含み益のある資産を分配する時，収益を認識しなければならない。棚卸資産として保有される資産が分配される時または分配とともに法人負債が譲渡される時，法人は収益を認識しなければならない。

### (4) 配当の定義

配当は，法人が（ⅰ）1913年2月28日後に留保されるそのE＆Pまたは（ⅱ）当期のE＆Pから株主に対して行う分配である（IRC316，規則1.316－1～1.316－2）。超過分配の金額は，株式のベーシスを減算し，株式のベーシスが全部使用された場合，分配の残額は資産の売却または交換からの収益として取り扱われる。

#### ① 配　分

当期の分配が当期のE＆Pを超える場合，E＆Pの一部は次の算式により各分配に比例的に配分される。

当期のE＆Pによってカバーされない各分配の残額は，留保E＆Pの範囲で，課税配当として取り扱われる。

$$\cdot \text{当期の分配} \times \frac{\text{当期のE\&P}}{\text{分配の合計}}$$

> **設　例**
>
> 第1年度に，法人は（ⅰ）留保E＆Pを6,000ドル，（ⅱ）当期のE＆P20,000ドルを有していた。
>
> 第1年度に，法人は各四半期に10,000ドル，年間合計40,000ドルの分配を行った。使用した割合は，当期のE＆P20,000ドル，分配の合計40,000ドルであり，各四半期の分配10,000ドルであったので，課税配当は5,000ドルとなる。

#### ② 赤字（deficits）

分配は，留保E＆Pおよび当期のE＆Pの範囲で配当となる。分配が配当となる範囲を決定する時，留保E＆Pの赤字は当期のE＆Pを減らさない。また，当期のE＆Pの赤字は，留保E＆Pを減らさない（Rev. Rul. 74-164, 1974-1 CB74）。当期のE＆Pの赤字がある場合，配当のための留保E＆Pの金額は，分配の日に分配に利用できるE＆Pの金額である。

分配の日前の課税年度の部分に帰すべき当期のE＆Pの赤字の金額が判明し

ている場合，この金額は，分配のために利用できるE＆Pの金額に達するまで留保E＆Pを減らす金額である。さもなければ，当期のE＆Pの赤字は，分配が行われる時のベーシスに按分され，按分された金額だけ留保E＆Pを減らすことになる。

---

設　例1

　法人は，2004年1月1日の営業赤字200,000ドル，2004年のE＆P100,000ドルを有していたが，その唯一の株主に2004年3月16日に開始する四半期分配25,000ドルを行った。年中に行った分配合計は当期のE＆Pを超えないので，各分配は配当として課税される。

設　例2

　法人は，2004年1月1日に留保E＆P120,000ドルを有していたが，2004年のE＆Pの赤字は100,000ドルであった。2004年10月1日に法人は唯一の株主に50,000ドルを分配した。法人が2004年10月1日前に生じた赤字であることを示すことができる場合，当期のE＆Pはなく，留保E＆Pは20,000ドル（120,000－100,000）であるので，分配のうち20,000ドルだけが配当とされる。さもなければ，当期のE＆Pはなく，留保E＆Pは45,000ドル（120,000－100,000×3/4）であるので，分配のうち45,000ドルが配当となる。

---

(5)　**みなし配当**（constructive dividends）

　配当の課税の可否は，配当宣言手続，記帳方法，配当の基因となる収益または所得の課税の可否によって左右されない（IRC316）。

① みせかけのローン（purported loans）

　株主が法人の資金を引き出すことが配当かローンかを決めることは，当事者の行為と意図で決まる事実認定の問題である。株主と法人の真実の目的が取引の時にローンをすることであったかどうかという問題である。取引の時にローンとする意図のない法人資金の引出しは，配当とみなされる。株主の意思でこ

れを後でローンに転換することはできない。分配の時にこれを払い戻す意図があった場合には，この取引はローンと考えられる。

② 生命保険

法人が株主の生命保険証券を購入し，その保険金を株主の株式に関する支払にあてる場合，法人の支払う保険料はみなし配当ではない（IRC61,101および316）。

法人が保険証券における受益者として保険金を受け取る場合，この保険金は非課税であるが，これを株主または従業員の未亡人その他の相続人に支払う時，この支払は人的役務に対する報酬またはみなし配当となる。株主が直接保険会社から受け取る生命保険金は，課税配当とならないが，IRSの見解では，保険料は法人の収益から支払われ，法人が所有権のすべての付随する権利を有するので，保険金は課税配当となる。

③ 他のみなし配当

次のような場合，みなし配当が認められる。

(a) 株主に対する法人資産の低廉譲渡（規則1.301−1(j)）
(b) 株主が他の株主の株式を買い取るための契約上の債務を法人が履行すること
(c) 法人の幹部が所有する航空機を100％所有法人にリースすること
(d) 関連法人間の資金の移転
(e) 子会社が親会社の株主に自己株式の引受権を付与すること
(f) 株主に経済的利益を与える法人の行為

# 3  株式の償還（a redemption of stock）

法人が金銭その他の資産と交換に株主から自己株式を取得する場合に株式の償還が生じる（IRC302,規則1.302−1〜1.302−4）。償還が交換取引として取り扱われるため，法人は取得した株式を消却し，または金庫株として保有する必要はない（IRC317(b)）。

第5編　法人内部取引

### ①　償還が交換となる基準

次の基準に該当する場合，法人による株式の償還は株式の交換として取り扱われる。

(a)　株主について償還は実質的に不均衡であること
(b)　償還が株主の法人における全持分を終了させること
(c)　償還が配当に実質的に相当しないこと
(d)　償還が非法人株主の保有する株式について行われ，償還法人の部分的な清算で行われること

### ②　償還が交換となる場合の租税効果

償還が交換取引として取り扱われ，かつ，株式が株主の手元で資本資産である場合，この交換の収益は，キャピタル・ゲインとして取り扱われる。

　（ⅰ）　非法人株主

非法人株主にとっては，償還が交換取引として扱われる場合，支払を受けた金額は株主の当該株式のベーシスを超える部分に限り，法人のE＆Pにかかわらず，課税されるが，償還が配当として取り扱われる場合には，支払を受けた金額は法人のE＆Pを超えないならば，課税される。

　（ⅱ）　法人株主

法人株主にとっては，受取配当控除によって，売却または交換として取り扱われるよりも，配当として取り扱われる方が有利である。

### ③　みなし償還 (constructive redemption)

株主が株式を売却し，法人がその株式を買主から償還する場合，当初の株主からのみなし償還とみられる。この株式の当初の所有者が株式を他人に売却することによって償還を偽装しようとした場合，裁判所はこの取引の実体 (substance of transaction) を把握するためこの偽装取引をルックスルーすることができる (J.A.Hall, 45TCM993, CCH Dec.39,965(M))。仮に償還収入がなかったならば，この買主は当初の株主から株式を買う現金をもつことがなかったであろうという事実があれば，この2段階の取引は，当初の株主の利益になるようにあらかじめアレンジされたプランに従ったものと判断される。また，従業員株式

第2章　法人から株主への分配

賞与プラン(an employee stock bonus plan)へ多数派株主の株式を売却することを法人による多数派株主の株式の償還とし，このプランに従って従業員に対する株式の分配としてリキャラクタライズするために，判例原則であるステップ取引原則が適用された（G.T.Blatt,102TC77,CCH Dec.49,641）。最近のIRSは，繰延報酬の従業員プランが売却する株主の株式の償還による分配でなく，単なる株式の売却であるという判断を示している（Rev.Proc.87-22,1987-1CB718）。

### (1)　実質的に不均衡な償還

株式の償還は，次の場合，実質的に不均衡な償還と考えられ，交換取引としての取扱いを受ける分配とされる（IRC302(b)(2),規則1.302-3）。

(a)　償還の直後，株主がすべての種類の議決権のある株式の議決権合計の50％未満を所有すること

(b)　償還の直後，株主の議決権株式の保有がすべての議決権に占める割合が，償還の直前に株主が所有していた議決権株式が法人の議決権合計に占める割合の80％未満であること

(c)　償還の前後に株主の普通株の持分が上記(b)の80％基準に該当すること

### (2)　完全な終了における償還

株主の株式の完全な終了における償還は，株式の償還を交換取引とする（IRC 302(b)(3),規則1.302-4）。このルールは，(ⅰ)合併の時に株式の代わりに現金を受ける不同意の株主（Rev.Rul.74-502,1974-2CB116），(ⅱ)手形の振出日から15年満期の元本と15年分割払いの手形の利子を約束する法人の手形と株式を交換する大株主（IRS Letter Ruling 8204159, 10-28-81）に適用される。完全な終了（complete termination）の意味を考えるとき，例えば，閉鎖保有法人が株主の所有する株式の一部を償還し，その3日後に，償還で受け取る価格と同価格で当該株主の残りの株式を第三者に売却した時，株主の持分の完全な終了が行われたことになる。償還と売却は，全体的プランの一部であり，単一の取引を構成する。他の関連取引に関して，株主の複数の関係法人における持分を終了さ

せる一連の統合された取引は，当該株主のすべての関連法人における持分の完全な終了における単なるワンステップであるとされる（J. E. Roth, 47TCM178, CCH Dec. 40,565(M)）。

### (3) 償還が実質的に配当に相当しないこと

償還が実質的に配当に相当しない分配に該当し，交換取引に該当するために，償還は株主の法人における比例的持分の意味のある減少（meaningful reduction）を生じることが必要である（IRC302(b)(1), 規則1.302－2）。意味のある減少とされる要素には，次のことが含まれる（Rev. Rul. 75－502, 1975－2 CB111）。

(a) 株主の法人を支配する能力
(b) 株主の法人収益シェアの受取
(c) 株主の法人清算に係る権利

また，償還が実質的に配当に相当するか否かの判定に当たり，**株式帰属ルール**（stock attribution rules）が適用される。閉鎖保有法人については，**株主帰属ルール**によって償還が実質的に配当に相当することが妨げられる（Rev. Rul. 55－515, 1955－2 CB222）。

### (4) 部分的清算における非法人株主の株式の償還

法人の部分的清算において法人が非法人株主に株式償還の分配をすることは，交換取引となる（IRC302(b)(4)および302(e)）。

① 部分的清算（partial liquidation）

分配が次の要件を満たす場合，その分配は法人の部分的清算における分配とされる。

(a) 分配が，株主段階でなく，法人段階で実質的に配当に相当しないと決定されること
(b) 分配がプランに従うものであること
(c) 分配がプランの採用年度またはその翌年度内に行われること

② 法人段階で実質的に配当に相当しない分配

分配は，次の要件を満たす場合，法人段階で配当に相当しないものと決定される。

(a) 分配が，分配法人による適格営業または事業の遂行の停止に帰すべきこと
(b) 分配直後に，分配法人が他の適格営業または事業に積極的に従事すること

ここで「適格営業または事業」とは，分配の日に終了する5年間を通じて積極的に遂行された営業または事業であって，この期間内に損益が認識される取引で分配法人によって取得されたものでないものをいう。

次のような分配は，部分的清算とならない。

(a) 事業拡大のために必要でない準備金を分配すること
(b) 法人が相当額の収益を留保しているが，製品需要の減少を受けて過大在庫とポートフォリオ債券を売却して実現した現金を株式の一部の償還に当てること

③ 非法人株主

分配を受ける者が非法人株主であるか否かを決めるとき，パートナーシップ，遺産財団または信託が所有する株式は，パートナーまたは受益者が比例的に保有するものとして取り扱われる。

### (5) 被支配法人によるみなし償還 (deemed redemption)

親会社の株式がE&Pを有する子会社により購入された場合，子会社が支払う対価は親会社株式の償還における分配とみなされる。この場合，この分配の部分が親会社の支払った配当として取り扱われるか否かを決めるに当たり，株式償還の分配（IRC302）および死亡税の支払のための株式償還の分配（IRC303）のルールが適用される。

株主に対する配当として取り扱われる金額は，取得法人のE&Pの範囲で当該取得法人が行った分配として決定される。これは，親子会社や兄弟姉妹会社

① 配当の金額

みなし分配は，交換取引に該当せず，通常の分配として取り扱われる場合，配当として取り扱われる分配の金額は，取得法人のE＆Pの範囲で当該取得法人が分配を行ったものとし，その後発行法人のE＆Pの範囲で当該発行法人が分配を行ったものとして決定される（IRC304(b)(2)）。子会社から親会社への分配などの法人間分配とみなされず，みなし配当は，直接株主に行われたものとして取り扱われる。

② 株主の株式のベーシス

**兄弟姉妹会社間取引**の場合，関連法人による株式償還に関する規定に基づき株主が株式と引換えに受け取る金銭その他の資産が，交換取引で受け取るものとして取り扱われるとき，取得法人における株主の株式のベーシスは，取引前と同様である。その理由は，このベーシスはみなし資本拠出として法人に移転された株式のベーシスを加算され，同額を取得法人の株式のみなし償還によって減算されるからである。

**親子会社間取引**の場合，株主が子会社から受け取る金銭その他の資産が親会社による通常の分配として取り扱われるとき，株主の親会社株式のベーシスは，子会社に売却された株式の株主のベーシスを加算されるが，分配が交換取引として取り扱われるとき，株主の親会社株式のベーシスは，変わらない。

③ 取得法人の受け取った株式のベーシス

子会社が株主から親会社株式を取得する場合，この株式のベーシスは，これに対して支払われた金銭の額または資産の価値である。法人が株主から兄弟姉妹会社の株式を取得する場合，当該株式は，譲渡株主の手元のベーシスに，譲渡時に株主に認識された収益を加算した資本拠出であると考えられる。この取引が株主に対する通常の分配を生じるものとして取り扱われる場合，この取引は売却または交換として取り扱われないので，収益は認識されない。譲受法人のベーシスは株主のベーシスと同じである。

関連グループの一メンバーが他のメンバーに株式を譲渡する場合，関連法人

第2章 法人から株主への分配

を通じる償還に関する規定の目的が出し抜かれないように，グループ内株式の調整ベーシスとグループの各メンバーのE＆Pに適正な調整が行われる（IRC 304(b)(4)）。

## 4 株式および新株引受権の分配

株主は，株式配当（a stock dividend）として受け取る株式の価値を総所得から除外することができる（IRC305,規則1.305－1～1.305－8）。この除外は，次の場合に認められる。
(a) 株式配当が株主の法人における比例的持分を変更しないこと
(b) 株主が株式の代わりに現金を受け取るオプションを有しないこと

この除外は，法人普通株式の比例的な分配に制限される。株主が配当を受けないかまたは配当に対する支配を行使せず，現金が追加的な株式を買うために使えるように，法人が支払につき制限を付す場合，現金配当（cash dividend）は非課税の株式配当として取り扱われる（Rev.Rul.80－154,1980－1CB68）。株主が株式配当として受け取る株式は，次の場合には，分配として課税される。ここで，「株式」には株式を取得する権利が含まれる。また，「株主」には新株引受権，権限証書または転換証券の保有者が含まれる。
(a) 株主が株式の代わりに他の資産を受け取るオプションを有する場合
(b) 一部の株主が株式以外の資産を受け取り，他の株主がその法人における比例的持分を増加する場合
(c) 普通株式の所有者が転換優先株式を受け取る場合
(d) 一部の株主が普通株式を受け取り，他の株主が優先株式を受け取る場合
(e) 株主の法人における比例的持分が変更する場合
(f) 優先株式の所有者が普通株式を受け取る場合

株式配当が課税分配である場合，受け取った株式のベーシスは，受取日の公正な市場価値であるが，株式配当が課税分配でない場合，配当前に所有していた株式の調整ベーシスが当該株式と株式配当として受け取った株式の間で配分

される。

### (1) 金銭に代わる分配

法人の分配が，株主の選択により，分配法人の株式の分配かまたは他の資産の分配かそのいずれでもよい場合，このような分配はこれを受け取るすべての株主にとって，IRC301のルールに基づき課税される分配として取り扱われる（IRC305(b)(1),規則1.305－2,Rev.Rul.83－63,1983－1CB272)。

### (2) 不均衡な分配

分配の結果，一部の株主は現金その他の資産を受け取り，他の株主にとっては法人の資産またはE＆Pにおける比例的持分が増加する場合，法人の普通株式につき株主に分配された株式または新株引受権は，課税される分配として取り扱われる（IRC305(b)(2),規則1.305－3)。

### (3) 転換優先株式（convertible preferred stock）の分配

普通株式につき転換優先株式の分配を受け取る株主は，法人がこの分配によって不均衡な分配を生じないことをIRSに示さない限り，受け取った株式の価値に対して課される（IRC305(b)(5),規則1.305－6)。次の場合，転換優先株式の分配は，不均衡な分配を生ずるとみられる。

(a) 分配の日から短期間内に転換権が行使されること
(b) 一部の株主が転換権を行使するが，他の株主が行使しないこと

### (4) 株主の比例的持分の増加

株主の法人の資産またはE＆Pにおける比例的持分を増加する多種多様な取引が分配として取り扱われる（ＩＲC305(c),規則1.305－7)。このような取引の代表例としては，(ⅰ)転換比率の変更，(ⅱ)償還価格の変更，(ⅲ)償還価格と発行価格との差額，(ⅳ)課税される分配として取り扱われる償還，(ⅴ)株主の持分に類似の効果を及ぼす取引などがある。

## (5) 優先株式（preferred stock）に係る配当

優先株式につき行われた株式または新株引受権のすべての分配は，課税される配当である（IRC305(b)(4),規則1.305-5）。法人が一定期間後強制的な償還規定や保有者のプット・オプションで発行価格より高い価格で償還される優先株式を発行する場合，この差額は，OIDの経済的発生を要する原則により考慮に入れられる優先株式に係る追加株式の分配とみなされる（IRC305(c)(1)および(3)）。株式が強制的な償還規定や保有者のプット・オプションの対象とならず，単に発行者のコール・オプションの対象となる場合，優先株式に係る償還プレミアムは，必ずしも分配としての取扱いを免除されない。

## (6) 非課税株式配当

非課税株式配当の分配について，配当の基因である株式のベーシスは，旧株式と配当として受け取る株式（新株式）との間で配分される（IRC307,規則1.307-1）。

分配された株式が分配法人の株式であり，かつ，分配が行われる株式と実質的に同じ種類のものである場合，各株式の新しいベーシスは，旧株式の取得価額または他のベーシスを新旧株式の総数で除算して決定される。分配された株式が分配が行われる株式と実質的に異なる種類のものである場合，分配時の各種類の新旧株式の公正な市場価値に従って，旧株式の取得価額または他のベーシスは旧株式と新株式との間で配分される。各種類の株式のベーシスは，この株式が属する種類の株式のベーシスを同種の株式数で除算して決定される。

## (7) 非課税新株引受権

非課税新株引受権が行使されまたは売却される場合，この権利が分配される基因となる株式のベーシスは，分配の日における公正な市場価値に比例して旧株式と新株引受権に配分される（規則1.307-1）。株式が新株引受権の行使によって取得される場合，納税者の新株のベーシスは，その権利のベーシスと新株の購入価格との合計額に等しい。

## 5 清算 (liquidation)

　法人の完全な清算によって，税務上，法人は分離した存在ではなくなる。清算には清算計画 (a plan of liquidation) の存在が必要であるが，法人やその取締役会の形式的な行為は不要である。法人の清算の理由は多いが，清算計画を採用し，株主に600ドル以上の分配を行うとき，情報申告 (information returns) を提出しなければならない。法人は，清算分配 (a liquidating distribution) の日に受領者に資産を売却したものとして，当該資産の分配の損益を認識しなければならない (IRC331および336)。**清算分配**は，株式と引換えの支払である。清算する法人の株式償還によって，その株式は資本資産であるので，株主はキャピタル・ゲインまたはキャピタル・ロスを生じる。完全な清算における分配は，株式と引換えに受け取るものとして取り扱われ，通常の所得に算入されるべき配当とされることはない。ただし，子会社に係る清算や組織再編成の一部としての清算については，清算法人とその子会社の双方における損益の認識に関する例外的な取扱いがある。

### (1) 清算法人の損益の認識

　完全な清算では，清算法人は，資産の清算分配について，当該資産を公正な市場価値で売却したものとして，損益を認識しなければならないが，清算において80％所有者に資産を分配する場合には，損益を認識しない。分配される資産が法人の負債を負担する場合または譲受人がこの分配譲渡に関して法人の負債を引き受ける場合，分配された資産の公正な市場価値は，負債の金額以上であるものとして取り扱われる。組織再編成に関する内国歳入法典の規定が損益の不認識 (non-recognition) を規定する場合，交換または分配についていかなる損益も認識されない。また，関連者に対する資産の分配については，次の場合を除き，損失は認識されない。

　(a)　分配が比例按分されること
　(b)　資産が不適格資産でないこと

ここで，不適格資産は，清算法人が被支配法人への免税譲渡としてまたは分配の日に終了する5年間における資本拠出として取得されたすべての資産である (IRC351)。これらの不適格資産のベーシスは，分配時の損失の決定のため，減算される。

### (2) 子会社の清算

ＩＲＣ332に基づき完全な清算で80％所有親会社に対する資産の分配について清算子会社はいかなる損益も認識しない (IRC337)。しかし，清算において少数株主が資産を受け取る場合，分配法人は収益を認識するが，損失を認識しない。また，清算において米国持株会社の外国法人に対する分配は，この米国持株会社が5年以上存在している場合には，課税配当として取り扱われる (IRC 332, 2004年米国雇用創出法により改正された)。

清算子会社の負債を返済するために80％所有親会社に分配した資産は，清算分配として取り扱われ，分配法人はいかなる損益も認識しない。

#### ① 親会社の損益

完全な清算において子会社が親会社に対する清算分配を行う場合，親会社は資産の受取につきいかなる損益も認識しない (規則1.332-1～1.332-7, Rev. Rul. 69-379, 1969-2 CB48) が，このルールの適用上，外国親会社は法人と考えられないので，損益の不認識ルールは内国子会社から資産を受け取る外国親会社には必ずしも適用されない。外国親会社は，清算子会社によって分配される資産の受取の時に常に損益を認識しなければならない。次の要件が満たされる場合のみ，清算分配があると考えられる。

(a) 資産を受け取る法人は，清算計画の採用の日に，存在し，資産の受取まで引き続き存在し，清算法人の株式の議決権および価値の80％を所有していたこと

(b) 分配がそのすべての株式の完全な消却 (cancellation) または償還 (redemption) であること

(c) 分配が清算計画に基づく一連の分配を最初に行った課税年度の末日から

3年以内に完了されるべき清算計画に従ってすべての株式の完全な消却または償還における一連の分配の一部であること

負債が資産の公正な市場価値を超えるとき，子会社が親会社に負う負債の消却のために全部所有子会社の全部の資産を親会社に分配することは，清算分配ではない。それは全部が負債の返済であって，株式と交換に行われるものではないので，この分配は清算分配ではない（IRC337(b)(1)，規則1.332-2および1.332-7,Rev.Rul.59-296,1959-2CB87,Rev.Rul.70-489,1970-2CB53,Rev.Rul.68-602,1968-2CB135）。

② 株式損失の否認

子会社株式否認ルールによって，法人は連結納税申告投資調整ルールの使用を通じてゼネラル・ユーティリティ・ルール廃止の回避を妨げられる（規則1.337(d)-1,1.337(d)-2および1.1502-20）。このルールは，子会社株式の売却その他の処分からの損失を否認する。

③ ベーシス

子会社の完全な清算の後，親会社は分配された資産を保有することになるが，そのベーシスは子会社の手元で従前有していたベーシスと同じとされる。しかし，次の場合，親会社の手元における資産ベーシスは，処分時における公正な市場価値とされる（IRC334(b),2004年米国雇用創出法により改正された）。

(a) 子会社が，清算で損益を認識すること
(b) 親会社の当該資産の調整ベーシスが清算直後の公正な市場価値を超えること

### (3) 株主の損益

清算取引（liquidation transactions）によって，清算法人とその株主は双方とも，損益の実現と認識をしなければならない（規則1.331-1）。清算法人は，清算計画に従い，株主への資産の分配または資産の売却からの損益を認識する。株主については，清算分配は，株式と引換えの支払とされ，清算法人による株式の償還は，株式が通常，資本資産とされるので，株主のキャピタル・ゲインまた

## 第2章 法人から株主への分配

はキャピタル・ロスとされる。しかし，清算法人が**解散予定法人**（collapsible corporation）である場合，償還交換から実現する収益は，キャピタル・ゲインでなく，通常の所得とされる。

部分清算（partial liquidation）で法人の事業改革の一部として行われる分配は，清算法人の法人株主に行われる場合，必ずしも株式と引換えの清算分配として取り扱われない。しかし，分配が法人株主の株式の償還であり，かつ，株主の法人における持分の減少を検討する基準が満たされる場合，償還は株式と引換えの支払を分配に該当するものとする。事業改革に関して非法人株主の有する株式の償還として行われる部分清算分配は，自動的に交換取引に該当する償還として分類される。

① 株主の損益計算

株主の損益は，株式の取得価額その他のベーシスとこの株式の清算により受け取った資産またはその資産の持分の公正な市場価値との間の差額である（規則1.331－1）。

② 清算配当

株主が法人の解散を決議するとき法人が利益の配当を宣言することが清算で行われる（規則1.331　1）。清算における配当は，清算分配として課税される。その結果，株主は，通常の所得の代わりに，キャピタル・ゲインを認識する。しかし，清算法人の資産の全部または一部を他の法人に譲渡した後で清算を行う場合，清算の時に通常の配当の分配があることになる。IRSは，法人の清算によって法人から剰余金を有利なキャピタル・ゲイン税率で抜き取り，同じ事業を行うために設けた新法人に必要な資金と資産を移し変える租税回避スキームを防止するため，このような清算分配を通常の配当として課税する（W.M.Liddon,CA－6,56－1USTC9268,cert.den.,352U.S.824, W.L.Morgan,CA－3,61－1USTC9317,cert.den.,368U.S.836）。

### (4) 解散予定法人（collapsible corporations）

解散予定法人は，一般に法人の棚卸資産となる資産を主として生産しまたは

購入するために組成されまたは使用される法人で，法人の株式を売却または交換することによって株主が潜在的な所得を実現できるようにすることを目的とするものである（IRC341(b)(1)）。このルールの目的は，株主が通常の所得として課税されるものをキャピタル・ゲインとして課税されるものに転換する手段として事業を行う法人形態を利用することを防止することである。例えば，単一のビル建設のために法人を設立し，ビルの完成と同時に売却前に法人の株主はその株式を第三者に売却する。この法人は所得を実現していないので，課税されないが，元の株主はキャピタル・ゲインを得る。

元の株主は，ビルの公正な市場価値が法人株式のベーシスを超える範囲で，収益を計上する。法人はビルを売却して通常の所得を認識し，株主は税引き後利益の分配から通常の所得である配当を受け取る。そこで，解散予定法人の株式の売却または交換から実現する収益は，次の場合，通常の所得として取り扱われる。

(a) 株主が法人の株式の5％超を所有すること
(b) 年度中の売却または交換から実現した収益の70％超が法人により生産された資産に帰すべきこと
(c) 収益が資産の製造，建設または生産の完了後3年以内に実現すること

---

【注】

29) 現物出資は，資産の譲渡である。しかし，米国税法は，現物出資を行う資産譲渡者が譲受法人を支配する場合には，資産譲渡による損益を「認識」（recognition）しない。現物出資の見返りとして「譲受法人の株式以外の資産」または「金銭」を受領する場合には，「譲受法人の株式以外の資産」の公正な市場価値と「金銭」の額の範囲内で，「収益」を「認識」しなければならないが，「損失」を「認識」することは認めないとする。法人が出資者の負債を引き受ける場合，負債引受は原則として「金銭の受領」として取り扱わないが，租税回避の目的がある場合には，出資者が「金銭」を受領したものとみなすこととしている。

# 第6編

# 特殊関連企業間取引

第6編　特殊関連企業間取引

# 第1章
# 移転価格税制（transfer pricing rules）

　米国は，**特殊関連企業間取引**については，多くのルールを定めている。ここでは，その代表的なルールを取り出して説明することにする。

　財務長官は，同一の持分権者が直接または間接に支配しまたは所有する2以上の組織（organizations），営業または事業（法人格の有無，設立地が米国内か否か，関連企業であるか否かを問わない）の脱税を防止しまたは所得を明瞭に反映するために必要であると判断する場合には，これらの組織，営業または事業の間に総所得，損金，税額控除または租税の減免を分配し，割り当て，配分することができる（IRC482，規則1.482－1Aおよび1.482－2A，1.482－1～1.482－6および1.482－8）。一般に，IRC482は，移転価格課税の根拠規定とされているが，税法の委任に基づき，財務長官は財務省規則[30]において移転価格課税ルールを規定している。

　日本の移転価格税制は，法人の国際取引に限定した制度にすぎないが，米国の移転価格税制は，（ⅰ）法人格の有無にかかわらず，（ⅱ）設立地のいかんにかかわらず，（ⅲ）関連企業か否かにかかわらず，広範に適用される制度である。ここで「支配」（control）には，法的に執行力があるか否か，直接・間接を問わず，すべての種類の支配が含まれる。同一の持分権者によって支配される納税者には，（ⅰ）同一の持分権者によって究極的に支配される親会社とその子会社，（ⅱ）その親会社によって直接支配される兄弟姉妹会社，が含まれるだけでなく，他の組織（信託，遺産財団，パートナーシップまたは他の事業体）も含まれる。

① **関連法人（affiliated corporations）間の配分**
　IRC482の配分ルールは，共通の支配下にあるすべての納税者（commonly

controlled taxpayers)に適用され,分離申告を行っているか,連結申告を行っているかを問わない。

この配分ルールは,連結申告をしない関連法人(unconsolidated affiliated corporations)に連結申告グループの構成員のように申告することを要求する制度ではない。

② 財務長官の再配分

財務長官の真正な課税所得を決定する権限は,支配される納税者の課税所得が**独立企業原則**に該当しないすべての場合に及ぶ(規則1.482－1A(b),1A(c),1(a),および1(f))。IRSは,納税者の脱税の意図を立証する必要はなく,取引から見込まれる所得が実現するか否かを問わず,再配分することができる。納税者の帳簿記録が**独立企業間価格**(arm's-length prices)によって決定される真正な課税所得を反映しない場合,納税者がこのような帳簿記録に従って取引の結果を申告すると,真正な課税所得の申告の懈怠について,IRC6662(e)による正確性関連の制裁を課される。しかし,納税者が単一の独立企業間価格算定方法により複数の**独立価格比準取引**(uncontrolled comparable transactions)によって確認される**独立企業間価格幅**(arm's-length range)の中に取引の結果が入ることを示す場合には,IRSの再配分は認められない。

③ IRC482と他の規定との関係

所得の明瞭な反映または租税回避の防止のために,IRSは共通の支配下にある納税者間における再配分を行う権限を有するが,この権限は税法上の不認識規定(法人設立に係る収益または損失の不認識,資産の交換による収益または損失の不認識などのルール)に優先する。IRSは,他の規定により,所得を創造し,みなす権限を与えられている。例えば,IRC467(資産または人的役務の対価),IRC483(一定の延払の利子),IRC1274(資産と引換えに発行された一定の債務証書の発行価格の決定),IRC7872(低金利ローンの取扱い)などの規定により,IRSはみなし利子を決定する。これらのみなし利子ルール(interest imputation rule)とIRC482は,次の点で整合性を有する。

(a) すべての事実と状況を総合勘案し,ステップ取引原則や所得割当原則な

どの適用によって取引の実質 (substance of a transaction) を決定すること
(b) ローンまたは前払金について明示の利子以外の金額を利子とみなすことができるか否かを決定すること
(c) ローンまたは前払金の利子が独立企業間利率より大きいか小さいかを決定すること
(d) 独立企業間価格を反映するために適当な配分を行うこと
④ IRSの再配分を回避する方法

　納税者は，その取引が独立企業原則に合致するようにしなければならない。取引の結果が独立企業間価格幅の中に入る場合，IRSは再配分の回避を認める（規則1.482－1(e)）。

　また，**事前価格決定の合意**（advance pricing agreements：APA）を用いてIRSの再配分を回避することができる。APAは，所得，損金，税額控除または租税の減免の当事者間の割当を生ずる取引に適用される移転価格決定に関する方法についてIRSと納税者との間で結ばれる合意である（Rev. Proc. 2004－40, I R B. 2004－29, 50）。


## 1　IRSの再配分基準

　納税者の真正な課税所得の決定のための基準は，非関連者との独立企業間取引の価格である。関連者間取引の結果が非関連者が同一状況で同一取引を行った場合に実現したであろう結果と一致するならば，独立企業原則に合致する。これは，独立価格比準法といわれる**独立企業間価格の算定方法**である。しかし，自然科学のように正確な独立企業間価格を求めることは無理である。そこで，納税者が価格または取引の結果が独立企業間価格幅に入ることを立証する場合にはIRSは再配分を行わないことを明らかにした。IRSは，関連者の真正な課税所得を反映するために，次のように考える。

(a) 別個の複数取引の結果を組み合わせていること
(b) 納税者の選択した取引形式を尊重するが，関連者の行為が契約上のアレ

ンジメントと一致しない場合には当該アレンジメントを無視できること
(c) 複数年度の非関連者である比較対象または関連者の情報を検討すること
(d) 関連者取引の種類によって独立企業間価格算定方法を決めること

代表的な取引の種類は，（ⅰ）ローンおよび前払金，（ⅱ）人的役務の提供，（ⅲ）有形資産の使用，（ⅳ）有形資産の譲渡，（ⅴ）無形資産の使用および（ⅵ）無形資産の譲渡である。

IRSは，混合取引（例えば資産譲渡に関する人的役務の提供）について別々の基準で最も合理的な方法を適用するため異なる方法を用いることができる（規則1.482-1(c)(1)）。

## 2 最適方法ルール（the best method rule）

関連者取引の独立企業間価格は，事実および状況に基づき，最も信頼できる方法で決定されなければならない。逆にいえば，独立企業間価格算定方法の優先適用順位は定められていない。いかなる方法も他の方法と比較して常に信頼度が高いとか低いということは考えられない。したがって，他の方法が適用できないことを立証せずに特定の方法を選択できるが，後に他の方法が最も信頼できる方法であることが立証される場合，当該他の方法を用いなければならない。

最適方法の決定には，（ⅰ）使用される資料の完全性および正確性，（ⅱ）関連者取引と非関連者取引との比較可能性の程度，（ⅲ）仮定の信頼性，（ⅳ）使用データや仮定の欠陥に対する感応度，ならびに（ⅴ）必要な調整の数，程度および正確性などの要素を考慮に入れなければならない（規則1.482-1(d)(3)）。

## 3 比較可能性

選択された方法の信頼度は関連者取引と非関連者取引の比較可能性の程度によって決まる（規則1.482-1(c)(2)(ⅰ)）。比較可能性は，常に次の要素を検討し

て評価されなければならない（規則1.482－1(d)）。
- (a) 関連者および非関連者の機能
- (b) 価格または利益に影響する契約条件
- (c) 関連者が引き受けるリスクが稼得する所得とつりあうか，非関連者の負担するリスクと比較できるか
- (d) 価格または利益に影響する経済条件
- (e) 譲渡資産または提供人的役務の類似性

### (1) 差異の調整

比較対象となる非関連者取引は関連者取引と同一のものである必要はなく，必要ならば，重要な差異を考慮に入れて合理的な調整をすることができる（規則1.482－1(d)(2)）。

### (2) 特別な事情

比較可能性の決定は，特別な事情の下では別の基準で行われる。考慮すべき特別な事情には，（ⅰ）市場シェア戦略（規則1.482－1(d)(4)（ⅰ）），（ⅱ）市場の地理的相違（規則1.482－1(d)(4)（ⅱ））がある。

## 4 独立企業レンジ (arm's-length range)

複数の非関連者取引の比較による結果が異なる場合があるが，納税者の取引の移転価格がこの複数の非関連者取引の全部または一部によって確認される独立企業幅の中に入る場合，IRSは移転価格課税の価格調整 (price adjustments) を行わない。

次の場合，同程度の信頼度と比較可能性のある非関連者取引を用いる有効な方法のすべてから得られる結果によって独立企業幅を立証することができる。
- (a) 確認できるすべての重要な差異が価格または利益に一定の合理的に確定可能な影響をもつこと

(b) この差異について適当な調整を行うこと
(c) 未確認の重要な差異はないといえる程度に十分な資料があること

## 5 有形資産の譲渡に係る独立企業間価格算定方法

有形資産の譲渡について，財務省規則は，（ⅰ）独立価格比準法（comparable uncontrolled price method：CUP），（ⅱ）再販売価格法（resale price method：RP），（ⅲ）原価加算法（cost plus method：CP），（ⅳ）利益比準法（comparable profits method：CPM），（ⅴ）利益分割法（profit split method：PS）の5つの個別方法を規定している（規則1.482-3(a)）。これらの方法には優先適用順位はない。納税者は，最適方法ルールにより，このなかから最適方法を選択しなければならない。

### (1) 独立価格比準法

有形資産の関連者販売の独立企業間価格は，比較対象の非関連者取引で支払われた価格に等しい。比較可能性，差異の影響およびその調整は，特定の資産および状況による。他のすべてが等しければ，独立価格比準法が最も適当な結果を生じるとIRSは考えている。

### (2) 再販売価格法

比較対象の非関連者取引で実現する総利益マージンを参照して関連者取引の独立企業間価格を算定する。この方法は，流通業者が再販売前に物理的に商品を変更または無形資産を使用して有形資産に実質的な価値を付加しない場合，有形資産の購入および再販売に係る場合に用いられる。この方法は，資産の適当な再販売価格から適当な総利益を差し引いて独立企業間価格を算定する。適当な総利益は，適当な再販売価格に比較対象取引の適当な総利益マージンを乗じて計算される。適当な再販売価格は，資産の再販売価格または同時期の当該資産の再販売の価格のいずれかである。

### (3) 原価加算法

比較対象の非関連取引で実現する総利益マークアップを参照して関連者取引の独立企業間価格を算定する。この方法は，関連者に販売される商品の製造，組立その他の生産に係る場合に用いられる。この方法は，資産の生産コストおよびこのコストに適当な総利益マークアップを乗じて得た金額を合計して独立企業間価格を算定する。適当な総利益マークアップは，比較対象の非関連取引でコストの一定割合とされる総利益に等しい。

### (4) 利益比準法

無形資産の譲渡に係る方法が，有形資産の譲渡についても使用される。

### (5) 利益分割法

関連者間のベンチャーからの利益を各当事者の経済的貢献度の価値に基づいて分割して独立企業間価格を算定する。この方法は，無形資産の譲渡だけでなく，有形資産の譲渡にも用いられる。この方法は，関連者間アレンジメントに類似する機能をもつ非関連者間アレンジメントから生じる利益または損失の分割に対応する。利益または損失の配分に関する方法は，（ⅰ）比較可能利益分割法（comparable profit split allocation method）または（ⅱ）残余利益分割法（residual profit split method）に従うものでなければならない。比較可能利益分割は，取引および活動が関連者の取引および活動と類似している非関連者の営業利益から生じる。残余利益分割法では，関係事業活動の利益または損失は，関係事業活動へのルーチン貢献度につき関連者取引の各当事者への市場リターンを割り当て，次に，ルーチン貢献度として考慮されなかった無形資産の貢献度の価値に基づいて残余利益を関連者間で分割する。

### (6) 他の方法

上記(1)〜(5)のいずれの方法も合理的に適用できない場合，関連者取引における独立企業間価格の算定のため，他の方法を用いることができる。

## 6　無形資産の譲渡に係る独立企業間価格算定方法

　米国は，1986年税制改革法（Tax Reform Act of 1986（P.L.99-51））により，IRC482の重要な改正を行い，「無形資産の譲渡（またはライセンス）について，当該譲渡またはライセンスに係る所得は，無形資産に帰すべき所得につりあうものとする」という文言を追加した。無形資産（無形資産の使用の権利を含む）の譲渡は，他の資産の譲渡と異なり，無形資産の譲渡の独立企業間価格は無形資産に帰すべき所得とつりあうものでなければならない。ここで，**無形資産**とは，例えば（ⅰ）特許権，発明，方式，工程，意匠，模型またはノウハウ，（ⅱ）著作権，文学上，音楽上または芸術上の作品，（ⅲ）商標権，商号またはブランド名，（ⅳ）フランチャイズ，ライセンスまたは契約，（ⅴ）方法，プログラム，システム，手続，キャンペーン，調査，研究，予測，推定，顧客名簿または技術データ，（ⅵ）その他の項目におけるすべての権利（interest）をいう（規則1.482-4(b)）。無形資産の譲渡について，財務省規則は，（ⅰ）独立取引比準法（comparable uncontrolled transaction method：CUT），（ⅱ）利益比準法（comparable profits method：CPM），（ⅲ）利益分割法（profit-split method：PS）の３つの個別方法を規定している（規則1.482-4(a)）。これらのいずれの方法も合理的に適用できない場合には，別の合理的な方法が用いられる。

### (1)　無形資産の特性

　無形資産の譲渡には別のルールが適用される。関連者取引の対価は，比較可能な状況で非関連者取引で採用される方法に一致する方法で支払われなければならない。譲受人が名目的な対価を支払いまたは全然対価を支払わず，譲渡者が無形資産の実質的な権利を留保した場合，使用料がその対価として用いられる。関連者間の無形資産の譲渡の独立企業間対価は，非関連者取引で支払われた対価であっても独立取引比準法の要件を満たさないものであれば，これに制限されない。また，無形資産の独立企業間対価は，同一産業内における無形資産の使用または譲渡の一般的な対価にも制限されない。

### (2) 無形資産の開発に係るコスト・シェアリング・アレンジメント

関連グループの構成員が無形資産の開発の真正なコスト・シェアリング・アレンジメントに参加する当事者として無形資産の権利 (interest) を取得する場合, IRSは, 各参加者のこの開発のコストおよびリスクにおける独立企業シェアを適切に反映する場合を除き, 当該取得には配分をしない (規則1.482－7)。真正なコスト・シェアリング・アレンジメントとは, 無形資産の個別の権利と引換えに無形資産開発のコストおよびリスクのシェアリングを定める複数の構成員間の合意である。

### (3) 各年度の調整

1年超の期間を対象とするアレンジメントにより無形資産が譲渡される場合, 各年度の対価は当該無形資産に帰すべき所得とつりあうよう調整される。無形資産の独立企業間価格の決定は, 後年度におけるその調整を妨げない (規則1.482－4(f)(2))。財務省規則は, 各年度の調整について5つの例外を規定している (規則1.482－4(f)(2)(ⅱ))。

#### ① 例 外 1

独立取引比準法が用いられる場合, 次の一定の条件を満たすとき, 対価の配分は行われない。

(a) 納税者が実質的な定期的対価を支払う必要がある最初の課税年度の独立企業間価格を含む対価でなければならないという合意で, 各課税年度の対価の金額を定める合意 (関連者合意) を締結すること

(b) 独立企業間対価を立証するために依存される比較対象の非関連者取引の条件を定める別の合意 (非関連者合意) があること

(c) 関連者合意が非関連者合意に実質的に類似していること

(d) 関連者合意が産業慣行や非関連者合意における制限と一致する方法で無形資産の使用を特定の分野または目的に制限していること

(e) 関連者合意の実施以来, 譲受人の機能に実質的な変化がないこと

(f) すべてのオープン年度における無形資産の利用から関連者が現実に稼得

した利益の合計または現実に実現したコスト節約の合計が非関連者合意の比較可能性が立証された時に予想された見込み利益またはコスト節約の80％以上または120％超であること

② 例 外 2

別の方法が用いられる場合，次の事実が立証されるとき，対価の配分は行われない。
  (a) 納税者が各課税年度の対価の金額を定める関連者合意を締結すること
  (b) 関連者合意で要求される対価が実質的な定期的対価を支払う必要がある最初の課税年度の独立企業間価格であり，関連者合意の実施と同時期に関連文書が作成されたこと
  (c) 関連者合意の実施以来，譲受人の機能に実質的な変化がないこと
  (d) すべてのオープン年度における無形資産の利用から関連者が現実に稼得した利益の合計または現実に実現したコスト節約の合計が非関連者合意の締結時に予想された見込み利益またはコスト節約の80％以上または120％超であること

③ 例 外 3

上記の例外の1つが適用される場合，納税者の不可抗力の異常な出来事で関連者合意の締結時に合理的に予想できなかったことを理由に，納税者が実現した現実の利益またはコスト節約が80％未満または120％未満である場合を除き，配分は行われない。

④ 例 外 4

実質的な定期的対価を支払う必要がある年度に開始する，連続5年間最初の2つの例外のいずれかが適用される場合，配分は行われない。

⑤ 例 外 5

同一の無形資産が関連者取引と実質的に同一の状況で非関連者に譲渡され，当該取引が実質的な定期的対価の独立企業間金額を支払う必要がある最初の課税年度に独立取引比準法の適用の基準として役立つ場合，その後の年度において配分の必要はない。

### (4) 独立取引比準法

無形資産の関連者譲渡の独立企業間対価は、比較対象の非関連者取引の対価を参照して決定される。この方法は、入手できる情報に基づいて適用される時、最も正確な算定方法となる。考慮すべき要素には、（ⅰ）関係価格その他の金融情報アクセス、（ⅱ）積極的な市場の存在が含まれる。比較可能な非関連者取引は、同一または比較可能な無形資産に関し、比較可能な状況で行われるものである。比較可能な無形資産は、類似の生産物または同一産業内もしくは市場内の工程で使用され、類似の利益可能性を有するものである（規則1.482－4(c)(2)(ⅲ)）。利益可能性は、（ⅰ）資本投資、（ⅱ）設立費、（ⅲ）引き受けるリスク、（ⅳ）その他を考慮に入れて、今後の無形資産の譲渡を通じて実現できる利益の純現在価値によって算定される（規則1.482－4(c)(2)(ⅲ)(B)(1)）。比較可能な状況の評価には、（ⅰ）譲渡の条件、（ⅱ）無形資産の開発段階、（ⅲ）無形資産の定期的改良を受ける権利、（ⅳ）資産の個性とその個性を保有する期間、（ⅴ）ライセンス期間、（ⅵ）譲受人の経済的リスク、（ⅶ）譲受人の製造責任、（ⅷ）付随取引の存在、（ⅸ）当事者の機能、などの要素を考慮に入れる（規則1.482－4(c)(2)(ⅲ)(B)(2)）。

### (5) 利益比準法

利益比準法は、類似の状況にある納税者は、合理的な期間に類似の利益を稼得するという原則に基づいている。この仮説に基づいて、この方法は、非関連者が類似の状況にある他の非関連者との類似の活動を行うことから生じる営業利益の客観的な尺度（利益水準インディケーター）を参照して、関連者取引の独立企業間対価を算定する（規則1.482－5）。ルーチン以外の価値ある無形資産の使用については、比較対象の無形資産を有する非関連者がいないという理由で、利益比準法では独立企業間価格が算定できない。しかし、財務省規則は、類似の価値ある無形資産を所有する比較対象の非関連者が存在する場合には、利益比準法によって適切な独立企業間価値が算定できると規定している。この方法が適用される当事者は、関連者間取引の参加者であり、当該関連者間取引に帰

すべき営業利益が最も信頼できるデータおよび調整を用いて立証され，かつ，比較対象の非関連者取引に関する信頼できるデータを入手することができるものである（規則1.482－5(b)(2)( i )）。この当事者の営業利益は，利益比準法に基づく調整以外の必要なすべての再配分を反映するように調整しなければならない（規則1.482－5(b)(2)(ii)）。

### (6) 他の方法

最適方法ルールにより最も信頼できる結果を生じる場合，関連者取引の独立企業間価格の算定のために，他の方法（独立取引比準法，利益比準法および利益分割法を除く）を用いることができる（規則1.482－4(d)(1)）。

## 7 ローン，人的役務および賃貸（有形資産の使用）の独立企業間価格の算定方法

特定の取引による課税所得または経費の算定は，個別の配分方法により行われる。適用方法は，( i )ローンまたは前払金，(ii)人的役務の提供，(iii)有形資産の賃貸，によって以下のように異なる。

### (1) ローンまたは前払金

(a) 関連グループの構成員が他の構成員に対しローンを行いまたは前払金を支払う場合，負債発生日から負債返済まで利子が発生する。関連者間売掛債権（a trade receivable）については，発生月後第3月目の初日前には利子は課されない（規則1.482－2(a)(1)(iii)(B)）。

(b) 債権者が通常ローンまたは前払金を行う事業を行う場合独立企業間利子を課すべきものとされる。

(c) 債権者がローンまたは前払金の事業を行わない場合

事実と状況に基づく独立企業間利率またはセーフヘイブン利率が受け入れられるが，元利金額が外貨表示である場合にはセーフヘイブン・ルールは適用されない。1986年5月9日以後に行われたローンまたは前払金の利子については，

セーフヘイブンの利率は，IRC1274(d)に規定するとおり，適用連邦利率（applicable federal rate：AFR）の100％～130％である。過少利率の調整は，AFRの100％とされ，過大利率の調整は，AFRの130％とされる。なお，売却リースバック取引の最低限度利率は，AFRの110％とされる。

## (2) 人的役務の提供

関連グループの構成員が他の構成員に独立企業間報酬未満で人的役務を提供する場合，IRSは当該人的役務について独立企業間報酬を反映するよう適当な配分を行うことができる。独立企業間報酬は，当該人的役務が構成員の事業活動の不可分の一部である場合を除き，人的役務を提供する構成員が生じる直接もしくは間接の費用または損金控除に等しいとされる（規則1.482－2(b)）。

## (3) 有形資産の使用

関連グループの構成員が他の構成員に有形資産を使用させる場合，独立企業間賃貸料を請求すべきである。1986年5月9日前に行ったリースについては，いずれの当事者も賃貸業を行っていない場合，セーフハーバー賃貸料が適用される。このセーフハーバー賃貸料は，資産の減価償却費および減価償却基礎金額の3％ならびに当該資産に係る直接または間接経費（利子を除く）の合計に等しい金額である（規則1.482－(c)）。

# 第2章

## 被支配法人 (controlled corporations)

　被支配法人の一法人または一グループには35％未満の税率ブラケットの一のみが適用される（IRC1561）。35％未満の税率ブラケットは，最初の5万ドルは15％，次の25,000ドルは25％，次の9,925,000ドルは34％となっている。これらの金額の各々はグループの構成員が不均等配分を行う配分プランに同意する場合を除き，構成員間で均等に分割される。このようなプランを選択する場合，グループはその選択する方法でブラケットの各々を構成員間で分割することができる。この制限制度の趣旨は，米国企業が低税率ブラケットの適用を受けるために多数の法人に分割することを防止することである。これ以外に，被支配グループ（a controlled group）には，（ⅰ）25万ドルの留保収益税額控除，（ⅱ）代替的ミニマム・タックスの計算上認められる4万ドルの基礎控除，（ⅲ）環境税の計算上200万ドルの控除が，認められる。

① 配分プランの採用

　不均等配分を含む配分プランにおいて，被支配グループの構成員の数の変更により修正または終了するまで，この配分が引き続き適用される。この配分は，不均等配分を行うために用いられるルールに従うことにより修正される。被支配グループの存否は，毎年12月31日に決定される。被支配グループは関連グループ（an affiliated group）としての資格を有する場合には，連結申告（a consolidated return）を提出することができる。

② 租税回避の防止

　被支配グループ・ルールは，税法上の脱税・租税回避防止規定に加えて，多数のタックス・ベネフィットを制限する。脱税・租税回避を主たる目的として

他の法人の資産を取得する法人の控除を否認することに加えて，譲渡者である法人またはその株主により支配される譲受者である法人には，累進税率または留保収益税額控除のベネフィットが否認される（IRC1551, 規則1.155－1）。この否認規定が適用される場合は，次のいずれかの場合である。

(a) 譲受者である法人が譲渡された資産を取得するために設立された場合
(b) 譲受者である法人が譲渡時に積極的に事業に従事していない場合

③ 支配の意義

ここで「支配」とは，各譲受者である法人の議決権または株式の価値の80％以上の所有をいう。

(1) **単一の留保収益税額控除**（accumulated earnings credit）

法人の被支配グループは，単一の25万ドル留保収益税額控除に限定される（IRC1561(a)(2)）。この金額を超える留保収益で，事業の合理的な必要性を超えるものは，留保収益税（an accumulated earnings tax）を課される。この単一の税額控除は，被支配グループの構成員間で均等に分割しなければならない（規則1.156－2(c)）。

(2) **代替的ミニマム・タックス税額控除**（alternative minimum tax credit）

法人の代替的ミニマム・タックスの免税点は，4万ドルであるが，法人の代替的ミニマム・タックス課税所得（alternative minimum taxable income：AMTI）が15万ドルを超える金額の1ドルにつき25セントずつの割合でフェーズアウトし，31万ドル以上のAMTIをもつ法人については完全にフェーズアウトする（IRC55(d)および1561(a)）。この免税点およびフェーズアウトによる減少額は，構成員間で均等に配分されなければならない。

(3) **損　　失**

連結申告を行わない被支配グループの2構成員間の資産の売却または交換に

係る損失は，当該資産が被支配グループの外部者に譲渡されるまで，繰り延べされる。

売却する構成員が損失を繰り延べて被支配グループを離脱する時，損失は元に戻らないが，買主の資産のベースは元に戻らない繰延損失の金額だけ加算される（規則1.267(f)-1）。被支配グループの構成員間の損失について，必要な議決権の合計は他の場合における80％以上の所有要件の代わりに，50％超とされる。

連結申告をする関連グループは，損失の認識を選択することができるが，被支配グループは，連結申告のいかんを問わず，損失の認識を選択することはできない（規則1.267(a)(1)）。

### (4) 被支配グループ

被支配グループは，（ⅰ）親子会社グループ（parent-subsidiary controlled group）と（ⅱ）兄弟姉妹会社グループ（brother-sister controlled group）の2種類に分れる（IRC1563，規則1.1563-1～1.1563-4）。

#### ① 親子会社グループ

1以上の法人連鎖が株式所有を通じて親会社と関係し，グループ内の親会社以外の各法人の議決権または株式価値の80％以上がグループ内の1以上の法人によって所有され，共通の親会社がグループ内の他の法人の1以上の議決権または株式価値の80％以上を所有する場合，親子会社グループが存在する。法人が直接所有する株式に加えて，みなし所有ルール（rules of constructive ownership）により，法人はオプションを保有する株式の所有者であると考えられる。みなし所有ルールには，パートナーシップ，遺産財団および信託を通じて所有される株式が含まれる（IRC1563(d)(1)(B)）。

#### ② 兄弟姉妹会社グループ

(a) 2004年10月22日以前に開始する課税年度には，5人以下の者（個人，遺産財団または信託）が（ⅰ）複数の法人の議決権または株式価値の80％以上および（ⅱ）各法人の議決権または株式価値の50％超を所有する場合（各法

人につき所有される範囲に限り,特定の者の株式を考慮に入れて),兄弟姉妹会社グループが存在する。

(b)　2004年10月22日後に開始する課税年度には,5人以下の者は,各者が各法人の株式を所有する範囲に限り,各者の株式所有を考慮して,(a)すべての種類の議決権株式の議決権合計の50％超またはすべての株式価値の合計の50％超を占める株式を所有する場合,兄弟姉妹会社グループが存在する（IRC1563）。

# 第3章

## 過少資本税制

## 1　過少資本法人（Thin Corporation）

　過少資本法人とは，最大の負債と最低の資本を有する法人である（IRC385）。過少資本法人の利点は，株式に係る分配は「配当」としてこれを控除することはできないが，債務証書に係る分配を「支払利子」として損金算入することができる点である。分配を利子として控除することができる範囲で，法人所得の二重課税は回避される。この二重課税とは，法人所得に対し当該法人段階で法人税を課され，税引き後利益を株主に配当として分配する時に株主段階で課されることをいう。支払利子の損金算入は，実際には利益の分配であることが明らかである場合には，否認される。証券が外形上小切手，債券または社債と名づけている事実は，エクイティかデットかの判定に当たって，必ずしも決定的な要素とならない。この証券の性格の決定に当たっては，当事者の意図と法人の帳簿処理が重視される。法人所得の二重課税を回避するために，過少資本とする方法はあるが，一定の要素が存在する場合，IRSは法人の負債をエクイティとみなし，支払利子を配当とみなすことができる。

## 2　過少資本法人の選択肢

　株主が法人の株式よりも当該法人の債務証書を多く保有する過少資本法人は，合意した金額の株式を株主に発行し，株主が保証する銀行ローンを通じて資金調達を行うことができる。この選択肢により，法人は支払利子を損金算入する

ことができるが，株主がこの銀行ローンの保証義務を履行しなければならない場合には，資本ロスを生じる。

## 3 デット・エクイティ割合 (ratio of debt to equity)

　エクイティ投資に対するデットの割合は，株式所有が名ばかりで明らかに過大な負債構造が，支払利子のアレンジメントが租税回避以外の目的のない単なる仮装行為であると判定される可能性があるとしても，その負債構造が認識されるべきか，税務上の効果を認められるべきかをそれだけで決定することはできない。租税裁判所が，デット・エクイティ割合が9対1の場合に支払利子の損金算入を許した事例がある（Clyde Bacon, Inc., 4 TC1107, CCH Dec.14,479, Idaho Lumber & Hardware Co., 4TCM290, CCH Dec.14,443）。

## 4 デット・エクイティ・ガイドライン

　法人の発行する証券および法人に対する前払金が法人の真正な負債であるか法人のエクイティ（株式または持分）であるかということは，税務上問題となる。これらが法人の負債とされる場合，法人はその支払利子を事業経費として損金算入し，株式はその元本を非課税の資本償還として受け取ることができる。これらが株式とされる場合，法人はその株式に係る利益の分配を控除することはできず，株主は法人の収益・利潤（E&P）の範囲でその分配を配当として取り扱わなければならない（規則1.166－9(c),1.482－2(a),1.992－1(d)(2)および1.1371－1(g)）。内国歳入法典は，財務長官に法人持分（corporate interest）がデットまたはエクイティのいずれとして取り扱われるかの判定に必要な規則の制定権を付与した。当初，1981年1月1日に発効する予定で制定された規則は，1983年8月5日に取り消されるまで，2回実施を延期された。次に，法人持分の一部をデットとし，一部をエクイティとして取り扱う規則の制定権が財務長官に付与された（IRC385(a)）。1992年10月24日後に発行された証券については，法

人の証券の性格を発行法人の株式または負債として決定することは，IRSでなく，発行法人とすべての保有者を拘束する（IRC385(c)(1)）。その例外として，この性格に一致しない方法で証券を取り扱う保有者がその取扱いを申告する場合がある（IRC385(c)(2)）。

デットかエクイティかの決定要素は，次のものである（IRC385(b)）。

(a) 要求に応じまたは特定日に金銭または金銭価値の十分な対価の代わりに一定の金額および固定レートの利子を支払う文書による無条件の約束があるか否か
(b) 法人の負債への従属関係または優先関係があるか否か
(c) 法人のエクイティに対するデットの割合
(d) 法人の株式への転換性があるか否か
(e) 法人株式の保有と問題の持分との関係

## 5 アーニング・ストリッピング・ルール

内国歳入法典は，一定の負債の利子の損金算入を制限する（IRC163(j)）。次の場合，法人が支払いまたは発生する不適格利子は，損金に算入することができない。

### (1) 制限される場合

（ⅰ）法人が当期に超過支払利子を有し，かつ，（ⅱ）当期末の法人のエクイティに対するデットの割合が1.5対1を超える場合に，不適格利子の控除は認められない。

### (2) 超過支払利子（excess interest expense）

「超過支払利子」とは，（ⅰ）法人の純支払利子（net interest expense）が（ⅱ）法人の調整課税所得の50％と限度額超過分の繰越額との合計額を超える金額をいう。

## (3) 限度額超過分の繰越額 (excess limitation carryfoward)

法人が当期に限度額超過分を有する場合，限度額超過分は翌第 1，第 2 および第 3 課税年度に繰り越される。

## (4) 限度額超過分 (excess limitation)

「限度額超過分」とは，（ⅰ）法人の調整課税所得の50％が（ⅱ）法人の純支払利子を超える金額をいう。

## (5) エクイティに対するデットの割合 (ratio of debt to equity)

「エクイティに対するデットの割合」とは，法人の負債合計が金銭および他のすべての資産から当該負債を差し引いた残額に占める割合をいう。

## (6) 不適格利子

不適格利子とは，次に該当する利子である。

(a) 納税者が直接または間接に関連者に支払いまたは発生する利子で，課税されないもの
(b) 納税者が非関連者に対する負債につき支払いまたは発生する利子で，次の要件に該当するもの
 （ⅰ） 当該負債につき不適格保証がある場合
 （ⅱ） 当該利子につきグロスベーシスの課税がない場合
(c) REIT子会社が信託に直接または間接に支払いまたは発生する利子である場合

## (7) 純支払利子

「純支払利子」とは，（ⅰ）納税者が当期に支払いまたは発生する利子が（ⅱ）当期に益金に算入すべき受取利子を超える金額をいう。

(8) **不適格保証**

不適格保証とは，別段の定めを除き，（ⅰ）非課税団体または（ⅱ）外国の者（a foreign person）である関連者によるすべての保証をいう。

(9) **グロスベーシスの課税**（gross basis tax）

「グロスベーシスの課税」とは，所得控除をしない所得項目の総額に課される税をいう。

第6編 特殊関連企業間取引

# 第4章
# タックス・ヘイブンの被支配外国法人（CFC）

　一般に，タックス・ヘイブンは，一定の所得に対し全く課税しないかまたはきわめて低税率で課税する外国をいうが，IRSは米国納税者が米国所得税を回避するために利用する一定の国をタックス・ヘイブンと呼ぶ。米国税法には「タックス・ヘイブン」の定義はないが，IRSは外国との同時調査（Simultaneous Examination）手続に関し，次の国・地域をタックス・ヘイブンと呼んでいる（Internal revenue Manual4.60-1）。
　(a)　ゼロ税率または低税率の国・地域
　(b)　米国と取引関係国で通常課される経済的利益に対する租税の逃避を許す国・地域
　米国ではタックス・ヘイブンの利用には国境がなく，すべての種類の納税者（個人，パートナーシップ，信託，小規模法人，法人および多国籍企業を含む）が利用している。

## 1　タックス・ヘイブンの合法的な利用

　米国では多様な合法的な事業上の理由のためにタックス・ヘイブンを利用することは認められる。米国納税者がIRSがタックス・ヘイブンと認定する国で事業を行うことにつき合理的な理由があるとされる場合がある。
　① 租税以外の理由
　米国納税者のタックス・ヘイブン利用の主たる動機が課税上有利な取扱いであるとしても，その利用の動機として租税以外の理由（例えば，（ⅰ）事業取引の

## 第4章 タックス・ヘイブンの被支配外国法人（CFC）

秘密，（ⅱ）外国の通貨管理からの自由，（ⅲ）銀行管理（準備金要件等）からの自由，（ⅳ）銀行預金の高い金利，（ⅴ）借入金の低い金利，（ⅵ）政治的安定）があること

② タックス・プランニングの理由

　米国納税者は，タックス・プランニングの理由からタックス・ヘイブンを利用することができる。米国納税者は，タックス・ヘイブンを通じる取引により，有利な課税上の取扱い（米国税法の規定に完全に該当する範囲で）を認められる。このように是認されるタックス・プランニングの事例としては，（ⅰ）海運業を行うためにタックス・ヘイブンに子会社を設立すること，（ⅱ）銀行業を行うためにタックス・ヘイブンに子会社を設立すること，がある。このような事例が是認されるには，タックス・ヘイブンに設立した事業体がタックス・ヘイブンでそのすべての機能を遂行する場合に限られる。全世界所得課税の原則を採用している現行税法の下では，米国税の課税上有利な取扱いを受けるには，外国子会社等の設立，外国子会社等の利益に対する米国税の繰延，外国税額控除制度および租税条約の適用の組合せのタックス・プランニングが必要である。タックス・プランニングでは，タックス・ヘイブンの利用のため，米国税法のループホールと税務行政のループホールを利用し，事業体については投資会社やファクタリング会社，取引についてはタックス・ヘイブン事業体を通じてサービス業や建設業を組合せたり，多国籍企業の移転価格によりタックス・ヘイブンの関連会社に所得移転を行っている。このような**アグレッシブなタックス・プランニング**については，IRSは重点的な税務調査を実施するが，このようなアグレッシブなタックス・プランニングではIRSの外国情報収集の困難性と取引の不必要な複雑化に対する追跡の困難性を見越して米国税の回避または支払の繰延を狙うものが少なくない。これに対するため，米国税法は，CFCを通じるタックス・ヘイブンの濫用を防止する規定を定めている（IRC482）。この規定に基づき，IRSは適正に所得を反映するよう関連者間で所得を再配分する権限を付与されている。

## 2 タックス・ヘイブンの違法な利用

米国納税者が次のような多様な詐欺的手法で米国税を免れるためにタックス・ヘイブンを利用する傾向がある。

(a) 実際には関連者との取引であるが，非関連者のみとの取引であるかのようにみせかけるために設立された販売会社を利用すること。

(b) 実際には通常の商業を行っているが，銀行であるかのようにみせかける外国法人を利用すること。

(c) タックス・ヘイブンで活動する法人の真実の受益者 (true beneficial owner ship) を秘匿すること。

(d) 法人の収入および法人の買収資金を隠すためにタックス・ヘイブンを利用すること。

(e) 資金洗浄（マネーロンダリング）のためにタックス・ヘイブンを利用すること。

(f) 米国証券取引法および米国税法に違反する濫用的タックス・シェルターのためにタックス・ヘイブンを利用すること。

IRSは，タックス・ヘイブン調査ガイドラインを発表したが，現在，改正作業を行っている（Internal Revenue Manual 4.60.4.2）。

## 3 米国のタックス・ヘイブン・リスト

改正前の内国歳入庁マニュアルではIRSが認定したタックス・ヘイブンのリストが含まれていたが，このマニュアルは改訂中であるため，現在はこのようなリストは存在しない。2000年OECD報告書が一応の参考とされる。

【注】
30) 内国歳入法典により財務長官は移転価格税制に関する規則制定権を付与され，次のとおり詳細な規則を制定している。

## 第4章　タックス・ヘイブンの被支配外国法人（CFC）

規則1.482－0　IRC482に基づく規則の概要
規則1.482－1　納税者間の所得および控除の配分
規則1.482－2　特定の場合における課税所得の算定
規則1.482－3　有形資産の譲渡に係る課税所得の算定方法
規則1.482－4　無形資産の譲渡に係る課税所得の算定方法
規則1.482－5　利益比準法
規則1.482－6　利益分割法
規則1.482－7　コスト・シェアリング
規則1.482－8　最適方法ルールの事例

# 第7編 組織再編成

第7編　組織再編成

# 第1章
## 組織再編成の定義（reorganizations）

　法人が組織再編成計画に従い，その資産を，他の法人の株式または証券のみと交換するとき，この交換による損益は認識されない31)（IRC351および368）。この双方の当事者は，**適格組織再編成による損益の不認識**（non-recognition）を享受することができる。この法人組織再編成の定義は，7種類の組織再編成の類型を掲げている。税務上有利な不認識の適格性が認められるには，（ⅰ）事業目的，（ⅱ）事業の継続性，が必要である。

　一または複数の者（個人，法人，遺産財団または信託を含む）が資産を法人（投資会社を除く）にその株式と引換えに譲渡し，その直後に当該法人を支配する場合には，損失は認識されない（IRC351および362，規則1.351-1～1.351-3，1.362-1および1.362-2）。被支配法人（a controlled corporation）への譲渡がIRC351条の非課税交換に該当するためには，事業目的の存在と支配の継続がなければならない。

　ここで「**支配**」（control）とは，発行済議決権株式の議決権の80％以上と他の発行済株式総数の80％以上を所有することをいう。

　法人株主が資産譲渡と引換えに受け取る株式を分配する場合，この株式の分配は法人株主が行った交換取引の非課税扱いの是非について影響しない。例えば，この分配が通常の所得とされるか，キャピタル・ゲインとされるか，非課税所得とされるか，などという問題は，法人株主の交換取引が非課税取引とされるか否かに影響しないのである。また，株式と引換えに譲渡された資産がその後さらに譲渡される場合，（ⅰ）内国法人がその100％所有内国子会社へ譲渡し，（ⅱ）その子会社がその100％所有内国子会社または新設パートナーシップ

へ譲渡するとしても，各譲渡が組織再編計画の一部としてそれぞれの株式と引換えに行われたものであれば，収益不認識要件（non-recognition-of-gain requirements）を満たすことができる（Rev. Rul. 77－449, 1977－2 CB110, Rev. Rul. 83－156, 1983－2 CB66）。法人株主が資産譲渡と引換えに受け取る株式を分配する場合，この分配を受けた株主は，当該株式の発行法人のすべての種類の株式の議決権の50％超と価値の50％超を所有するならば，当該発行法人を支配するものとして取り扱われる（IRC351(c)）。

株主が資産譲渡と引換えに株式以外の資産または金銭を受け取る場合，受け取った金銭または資産の公正な市場価値を超えない金額を限度として，収益が認識される。

この場合，株主が資産譲渡とともに株主の負債を引き受けてもらうことがあるが，このような負債の引受は，金銭または他の資産を受領したものとみなされず，損益の不認識には影響しない。引き受けられた負債または譲渡された負債付資産が譲渡者の譲渡資産のベーシスを超える場合，その超過金額の範囲で，このような負債引受は，譲渡資産の種類が資本資産であることを条件として，資本資産の売却または交換からの収益とされる。

① 営業上の秘訣（trade secrets）と特許権

営業上の秘訣，技術的ノウハウは，損益の不認識により，株式と引換えに譲渡される資産とされることがある（Rev. Rul. 64－56, 1964－1 CB133, Rev. Rul. 71－564, 1971－2 CB179）。しかし，資産譲渡者が資産の譲渡に関してサービス提供に合意する場合，このサービスが資産譲渡に付随する場合に限り，この譲渡は非課税とされる。このノウハウがサービスのみから成る場合，このノウハウは資産とされず，引換えに受け取った株式の公正な市場価値の範囲で課税される。株式と引換えに非排他的な特許権のライセンスを付与することは，資産の譲渡である（Rev. Rul. 69－156, 1969－1 CB101）。

② 含み益のある資産

被支配法人に対する含み益のある譲渡は，売却を構成するが，非課税譲渡にならない。その理由は，売価はその後の資本増加を含むほど騰貴しないが，公

正な市場価値に等しいからである。

### ③ 投資会社への譲渡

被支配投資会社への資産譲渡は，損益の不認識に該当しない（規則1.351-1(c)）。次の場合，譲渡は投資会社への譲渡とみなされる。

(a) 譲渡が直接または間接に譲渡者の持分の多様化を生じる場合
(b) 譲受人が(a)規制投資会社（RIC），(b)不動産投資信託（REIT），(c)資産の80％超が投資，市場性のある株式もしくは証券，またはRICもしくはREITの持分である法人である場合

### ④ 交換差金（boot）として取り扱われる証券

IRC351取引で受け取る証券は，交換差金として取り扱われる。当該法人の株式および債務証書と引換えに含み益のある資産を当該法人に譲渡する譲渡者は，収益を認識しなければならない（IRC351）。不適格優先株式（non-qualified preferred stock）は，交換差金として取り扱われる（IRC351(g),2004年米国雇用創出法により改正された）。優先株式は，配当について優先権を有するが，法人経営に参加しない株式である。次の性質のいずれかを有する優先株式は，不適格優先株式とされる。

(a) 保有者が発行者または関連者に株式の償還または購入を要求する権利を有すること
(b) 発行者または関連者が株式の償還または購入をしなければならないこと
(c) 発行者または関連者が株式を償還しまたは購入する権利を有すること
(d) 株式の配当率が金利，商品価格その他類似の指標を参照して変化すること

### ⑤ 法人インバージョン取引（a corporate inversion transaction）

ブッシュ政権は，法人インバージョン取引に関する特別なルールを制定した（IRC7874,2004年米国雇用創出法により改正された）。このルールは，2003年3月4日後に終了する課税年度に適用される。米国法人の元の株主がインバージョン取引後の外国法人の株式の議決権または価値の80％以上を保有するインバージョン取引では，当該外国法人は，米国の課税上，内国法人として取り扱われ

る。元の株主がインバージョン取引後の外国法人の株式の60％以上80％未満を保有する場合，一定の期間，外国法人に転化した内国法人（expatriated entity）の課税所得は，インバージョン収益以上とされる。

## 1 法人の損益の不認識

　組織再編成計画に基づいて組織再編成の当事者である他の法人の「株式および証券」と引換えに資産を譲渡する法人は，この交換取引について損益を認識しない（IRC361, 規則1.361－1）。譲渡法人がこのような「株式または証券」以外の資産（boot）を受け取り，組織再編成計画に基づいて当該資産（boot）を分配しない範囲で，収益を認識しなければならない。認識される収益の金額は，受け取った金銭の額と当該資産（boot）で分配されないものの公正な市場価値との合計額である。ただし，組織再編成の交換取引による損失は，認識されない。譲渡法人が「株式または証券」以外の資産（boot）を受け取り，その後株主に当該資産（boot）を分配する場合，この譲渡法人であると同時に分配法人である。

　法人は，その株主に対する課税配当につき取得後の収益を認識することができる。ここで，認識される収益は，分配の時における当該資産（boot）の公正な市場価値のうち分配法人の調整ベーシスを超える部分である。分配された資産（boot）に帰すべき負債が当該資産のベーシスを超える場合，公正な市場価値は，当該負債以上とされる。組織再編成に関して譲渡法人の負債を返済するために，譲渡法人がその債権者に当該資産（boot）を譲渡することは，収益の不認識ルールの適用上，組織再編成計画に基づく分配として取り扱われる（IRC361(b)）。

## 2 組織再編成の類型

　損益の不認識ルールは，組織再編成に関する交換取引に限られる（IRC368, 規

第7編　組織再編成

則1.368−1および1.368−2）。**組織再編成**は，次の7類型に分類される。
- (a)　A種：法定合併（statutory merger）または法定統合（statutory consolidation）
- (b)　B種：株式と株式との交換
- (c)　C種：株式と資産との交換
- (d)　D種：資産と株式との交換
- (e)　E種：資本の再構成
- (f)　F種：単なる法的形式の変更
- (g)　G種：破産処理における資産移転

### (1)　A種組織再編成（type A reorganization）

合併または統合は，吸収合併または新設合併ともいわれるが，州法に従って行われ，連邦税法上，非課税組織再編成である。**非課税組織再編成**の適格要件は，（ⅰ）事業目的，（ⅱ）事業の継続性，（ⅲ）所有持分の継続性である（規則1.368−1(b)）。A種組織再編成において用いるスキームに制限はない。譲渡法人が受け取る金銭または資産が**交換差金**（boot）として課税される場合も，A種組織再編成であることには変わりがない。A種組織再編成には，次のような取引が含まれる。

①　下方合併（downstairs merger or downstream merger）

80％所有子会社がその親会社の株式と引換えに他の法人の実質的にすべての資産を取得する場合で，（ⅰ）取得される法人が取得する法人に吸収合併されること，（ⅱ）取得される法人が子会社の代わりに親会社に吸収合併されたならば吸収合併はA種組織再編成に該当したであろうこと，（ⅲ）子会社の株式がこの取引で用いられないことという要件を満たす取引

②　逆合併（reverse merger）

非関連法人が他の法人の被支配子会社と合併し，非関連法人が存続法人となり，自己の実質的にすべての資産と当該子会社の実質的にすべての資産を保有する取引（存続法人の元の株主が存続法人の議決権株式の80％以上とその他のすべての

種類の株式の80％以上と引換えに親会社の議決権株式を受け取ることが必要である)。

③　逆三角合併 (reverse triangular merger)

銀行持株会社の100％所有銀行子会社と既存の銀行が米国銀行法に基づいて統合 (新設合併) する取引

### (2)　Ｂ種組織再編成

Ｂ種組織再編成は，一方の法人 (買収法人という) がその議決権株式の全部もしくは一部のみまたは買収法人の親会社の議決権株式の全部もしくは一部と他方の法人 (譲渡法人または被買収法人という) の株式とを交換して，取得直後に買収法人が譲渡法人を支配する取引である。Ｂ種の実務的な効果は，買収法人が，譲渡法人の株主からその株式を取得することによって譲渡法人を買収することである。買収後，買収法人は譲渡法人を子会社として存続させるか，またはこれを清算する。子会社の清算に次ぐ組織再編成は，Ａ種と同じ結果となる。Ｂ種がＡ種と異なる点は，Ｂ種では買収に用いる対価が，買収法人の議決権株式またはその親会社の議決権株式だけであるということである。この取引には，持分の継続性は必要であるが，組織再編成計画の一部として譲渡法人の支配の取得は必要でない。株式の取得後，買収法人が必要な80％支配要件を満たすならば，非課税組織再編成とされる。Ｂ種は，一般に「忍び寄る組織再編成」(a creeping reorganization) といわれる。組織再編成計画の一部として株式の現金購入がある場合，たとえ現金購入が株式の一部について行われ，80％超が議決権株式の交換で取得した場合であっても，Ｂ種組織再編成には該当しない (E. Chapman, CA－1, 80－1 USTC9330, A. Hevely, CA－3, 80－1 USTC9322)。この取引で取得された株式の全部または一部が買収法人によって支配される法人に譲渡されたという理由だけでＢ種に該当する取引がその適格性を失うことはない。

### (3)　Ｃ種組織再編成

Ｃ種組織再編成は，一方の法人 (買収法人という) がその議決権株式の全部も

しくは一部または親会社の議決権株式の全部もしくは一部のみと交換に他の法人（譲渡法人または被買収法人という）の実質的にすべての資産を取得する取引である（IRC368,規則1.368－2）。株式のみとの交換であるか否かを判断するとき，買収法人が譲渡法人の負債を引き受けることや取得した資産が負担付であるという事実は，無視される。譲渡法人が組織再編成計画に従って受け取る株式，証券その他の資産のすべてを分配する場合だけ，この取引はC種組織再編成とされる。買収法人が譲渡法人の実質的にすべての資産を取得することという要件について，IRSの見解によれば，譲渡法人の純資産の公正な市場価値の90％以上および総資産の公正な市場価値の70％以上の譲渡は，実質的にすべての資産の譲渡に該当するとされる（Rev.Proc.77－37,1977－2CB568,Rev.Rul.57－518,1957－2CB253）。しかし，譲渡法人の資産の68％の譲渡は，実質的にすべての資産の譲渡には該当しない（Pillar Rock Packing Co.,CA－9,37－2USTC9386）。資産の取得は，買収法人またはその親会社の議決権株式のみとの交換で行われることが必要であるが，譲渡法人のすべての資産の価値の80％以上を議決権株式のみとの交換で取得する場合，その残りの資産の全部または一部を金銭その他の資産と引換えで取得することは，C種の組織再編成に該当しなくなるものではない。この80％要件の適用上，買収法人が引き受ける負債または取得した資産が負担する負債は，当該資産に対して支払われた金銭とみなされる。買収法人がこの取引で取得した資産の全部または一部を支配する法人に譲渡することを理由に，C種組織再編成がその適格性を失うことはない（Rev.Rul.64－73,1964－1CB142）。

### (4) D種組織再編成

　D種組織再編成は，一方の法人（譲渡法人という）がその資産の全部または一部を他方の法人（譲受法人という）に譲渡し，その譲渡直後に，譲渡法人またはその株主が譲受法人を支配する取引であるが，組織再編成計画に基づき，譲渡法人が受け取った譲受法人の株式または証券がIRC354（一定の組織再編成における株式および証券の交換），355（被支配法人の株式および証券の分配），または356

第1章　組織再編成の定義

（追加的対価の受領）に従って分配される場合に限る。

譲受法人への資産の譲渡が法的要件を満たさない場合，譲受法人の株主はその資産の売却に対して課税され，譲受法人への純営業損失や減価償却資産のベーシスの引継は否認される。

ここで**支配**（control）とは，議決権株式のすべての種類の議決権の50％以上およびすべての他の株式の価値の50％以上を所有することをいう（IRC368(a)(2)(H)）。

D種組織再編成に該当するために，譲渡法人は次の資産を譲渡しなければならない。

(a) 譲受法人の株式または証券(譲渡法人の清算で譲渡法人の他の資産とともに譲渡法人の株主に分配される）と交換に譲受法人に譲渡法人の実質的にすべての資産を譲渡すること

(b) 譲渡法人の資産の一部を譲受法人の株式（譲渡法人が譲渡法人の株主に分配する）と交換に譲受法人に譲渡すること

### (5) E種組織再編成

E種組織再編成は，**資本の再構成**である。これは，既存の法人の枠内の資本構成の再編成であり，その典型は，次のようなものがある。

(a) 額面価額20万ドルの債券の優先株式への転換
(b) 優先株式の25％の無額面株式への転換
(c) 優先株式と普通株式との交換
(d) 議決権のある普通株式の2分の1と議決権のない優先株式の2分の1を有する2人の個人が，そのすべての株式を新種の議決権のある普通株式とを株式交換し，ブローカーを通じて新普通株式の80％を一般大衆に売却すること
(e) 3人の株主が普通株式を有する割合と同じ割合で優先株式を有していたが，留保収益が普通株式の価値を増加したので，一株当たりの償還価格および優先株式の清算価値を法人の定款は合計すれば法人の純資産に等しい

金額まで増加するように改正された。

(f) 組織再編成計画に従って同一法人の債券と債券を均等元本ベースで交換すること

法人の保証および転換社債と親会社である持株会社の債権との交換は，これらの債権の保有者の権利義務に重大な変更を生じるので，この交換の結果として債権がキャピタル・ゲインとして取り扱われる。

### (6) F種組織再編成

F種組織再編成は，単一法人の名称，形態または設立地の変更である。設立地を外国に変更する米国法人に関する組織再編成は，一定の条件を満たす場合，F種組織再編成とされる（規則1.367(a)-3, Rev. Rul. 87-27, 1987-1 CB134）。この場合，外国法人から米国法人への転換は，設立地の単なる変更であり，F種組織再編成となる（Rev. Rul. 88-25, 1988-1 CB116）。外国法人から米国子会社への資産および負債の譲渡があり，かつ，外国法人がその株主に米国子会社の株式を分配する。IRC269Bのステープルド事業体ルールに基づく内国法人へのみなし転換は，F組織再編成になる（Rev. Rul. 89-103, 1989-2 CB65）。

### (7) G種組織再編成

G種組織再編成は，破産した法人がその資産の全部または一部を他の法人に移転するが，組織再編成計画に従って，この資産の譲受法人がその株式または証券を株主に全部または一部非課税で分配するものである。破産手続における法人への譲渡も，当該法人からの譲渡も，G種組織再編成になる（IRC368(a)(3)(B)）。これには，事業継続性要件を満たすことが必要である。

### (8) 株式発行の必要性

A種，B種およびC種において，次の要件に該当する場合には，買収法人が譲渡法人の株式または資産を受け取る直後にその株式を発行することは必ずしも必要ではない。

第1章　組織再編成の定義

(a) A種およびC種で資産を譲り受けた日から5年以内に株式の全部が発行されること
(b) B種で最初の分配の日から5年以内に株式の全部が発行されること
(c) ただちに株式を発行しないことに有効な事業目的が存在すること
(d) 交換に発行される株式数の限度が明示されていること
(e) 発行されるべき各種株式の最高数の50％以上が当初の分配において発行されること
(f) 株式を受け取る合意が譲渡できないこと，または譲渡可能な様式でないこと
(g) 合意が買収法人またはその親会社の追加的株式のみを受け取る権利を証明するものであること

もっとも，使用料その他の対価として発行された株式は，組織再編成の交換として受け取ったものとみなされない（Rev. Rul. 77−37, 1977−2 CB 568）。

### (9) 80％支配要件

譲渡法人もしくはその株主またはその双方が取引が組織再編成または非課税交換または分配として取り扱われる特定の時に法人を支配している場合，その支配とは当該法人の議決権のあるすべての種類の株式の議決権の80％以上と当該法人のその他のすべての種類の株式の総数の80％以上を占める株式の所有をいう（規則1.368−1(b)）。この支配要件は，逆および下方A種組織再編成ならびにB種，C種およびD種組織再編成において満たすことが必要である。

### (10) 持分の継続性要件

持分の継続性要件の目的は，譲渡法人またはその株主の組織再編成された事業に対する参加の継続性を精査することによって，営業譲渡を非課税の組織再編成として分類する租税回避の防止である（規則1.368−1(b)）。この要件は，（ⅰ）修正された法人形態に基づく事業の継続性と（ⅱ）組織再編成前に事業の所有者であった者の持分の継続性の双方について必要である（規則1.368−1

(d))。

### ① 事業の継続性

この要件を満たすためには，買収法人は，被買収法人の本来の事業を継続するか，または被買収法人の本来の事業資産の重要部分を他の事業に使用することが必要である。

買収法人が被買収法人と同様の事業を行っているという事実は，前提となる事業の継続性を示す傾向はあるが，不十分である。被買収法人が複数の事業を行っている場合，買収法人は重要な事業を継続することが必要である。事業資産には株式，証券および無形資産が含まれるが，法人資産の重要とされる部分の決定は，資産の事業運営にとっての重要性による。

### ② 株主持分の継続性

株主持分の継続性は，特にＢ種，Ｃ種およびＤ種の組織再編成について必要とされる。

Ｂ種組織再編成のために，買収法人の議決権株式が譲渡法人の株式または資産と引換えに認められた唯一の対価であるので，譲渡法人の株主は，組織再編成前に譲渡法人が占有していた資産における持分を留保する。

Ｃ種組織再編成のために，譲渡法人の株主に与えられる対価の80％以上が，買収法人の議決権株式でなければならない。

Ｄ種組織再編成のために，譲渡法人の株主は資産譲渡の直後に買収法人を支配することを要する。

Ａ種組織再編成については，法定合併または統合が株主持分の継続性の要件に合致しないことがある。

## 3 株式および証券の交換

### (1) 組織再編成の交換

組織再編成の当事者である法人の株式または証券が，組織再編成計画に従って，組織再編成の当事者である他の法人の株式または証券のみと交換される場

合，いかなる損益も認識されない（IRC354, 規則1.354－1）。組織再編成の当事者は，株式または証券を発行しなければならないが，交換がその組織再編成の当事者間の交換に限るという要件はない。また，株式または証券以外のものを交換で受け取るとしても，必ずしも全部の収益を認識する必要を生じない。ここで，「証券」とは，法人の一定金額を無条件で支払う債務（オープン勘定の負債を除く）を示す証書である。この「証券」（securities）という用語は，分配法人の負債を示すものであって，「資産」（property）という用語と区別される。この「資産」は，他法人の債券，社債および類似の証書を意味する。

### (2) その他の交換

IRC354, 355または361に該当しない交換であるが，全部または一部非課税であるものには，次のようなものがある。

(a) 生産用または投資用として保有される一定の資産を同様に生産用または投資用として保有される同種の資産と交換すること
(b) 同じ法人のある種類の株式と同等の種類の株式を交換すること
(c) 交換直後に譲渡者が法人を支配する場合，当該法人にその株式または証券と引換えに資産を譲渡すること
(d) 株主による清算法人の株式の引渡しと引換えに行う清算の分配
(e) 発行法人に関して非課税である資産で，当該法人に譲渡する納税者による課税売却・交換を構成するものと引換えに株式を発行すること

# 第2章 被支配法人の株式および証券の分配

## 1 スピンオフ，スプリットオフまたはスプリットアップ

　分配法人の株主は，損益の不認識により，被支配法人の株式または証券の分配を受けることができる。また，分配法人は，法人段階で課税されずに，被支配法人の株式または証券を分配することができる（規則1.355-1，1.355-4，1.358-1および1.358-2）。

　次の法人分割（corporate separations）にこのような取扱いが適用される。
（ⅰ）　親会社が子会社の株式または証券を分配する場合
　親子会社関係が解消され，元は親会社の株式のみを保有していた株主は，元の親会社と子会社を直接所有することになる。
（ⅱ）　元は親会社が直接運営してきた事業の資産と引換えに親会社が株式または証券を受け取る新子会社の株式または証券の分配

　これは，一法人を複数法人に分割する場合である。この分割は，IRC355の条件を満たす場合，D種組織再編成として認められる。これは，次のように，(a)スピンオフ（spin-off），(b)スプリットオフ（split-off），(c)スプリットアップ（split-up）の3つの方法に分けられる。

　(a)　スピンオフ
　法人資産の一部が譲渡法人の支配する新法人に譲渡され，かつ，新法人の株式または証券が譲渡法人の株主により分配法人の株式または証券を引き渡さず，当該株主に分配される場合，スピンオフが生ずる。

(b) スプリットオフ

株主が被支配法人の株式と引換えに分配法人株式の一部を引き渡す場合，スプリットオフが生ずる。

(c) スプリットアップ

分配法人がその資産を複数の新設法人にその株式と引換えに譲渡し，分配法人の株主がその株式と引換えに新設法人の株式を受け取る場合，スプリットアップが生ずる。

> **設 例（スピンオフ）**
> 　Ｘ銀行は，30階建てビルを所有し，銀行業務に1階から5階までを使用し，残る25階を賃貸し，Ｘの不動産部門が賃貸業務を所掌している。Ｘは，不動産会社Ｙを新設し，このビルをＹに譲渡し，Ｙの全株式をＸの株主に分配する。
>
> **設 例（スプリットオフ）**
> 　上の設例において，Ｘの株主はそのＸ株式の40％を引き渡し，Ｙの全株式を比例的に受け取る。
>
> **設 例（スプリットアップ）**
> 　上の設例において，Ｘは新設法人Ｙにその銀行業を譲渡し，新設法人Ｚにビルを譲渡し，引換えにＹおよびＺの全株式を受け取る。次いで，ＸはＸ全株式と引換えにＸの株主にＹおよびＺの株式を譲渡して，Ｘは清算する。

分配法人は，（ⅰ）被支配法人のすべての株式および証券または（ⅱ）議決権株式の80％以上およびすべての他の種類の株式の80％以上を分配しなければならない。分配法人は租税回避のために被支配法人の株式または証券の一部を留保することはできない。

分配を受領した時における損益の不認識のルールは，その分配が分配法人の株主全員に按分されたか，株主が分配法人の株式を引き渡したか，を問わず，

適用される。

収益不認識とされるには，損益が認識される取引で分配前5年以内に分配法人は被支配法人の株式を取得してはならない（IRC355(a)(3)(B)）。株式を取得した場合，その株式は他の資産として取り扱われる。損益不認識ルールは，受け取った被支配法人の証券の元本が引き渡した証券の元本を超える範囲で適用されない。

① 事業目的（business purpose）

このような取引の全部または一部が一または複数の事業目的によって動機づけられる場合に，当該取引は事業目的をもつものと認められる。ここで事業目的とは，分配法人，被支配法人または分配法人が属する関連法人グループに関する真実かつ実質的な租税以外の目的（non-tax purpose）をいう。分配について事業目的がなければならない。分配法人が被支配法人の株式に関係のない非課税取引や非実用的でなくまた不当に高額でない非課税取引を通じて事業目的を達成する場合，この分配は事業目的のために行われたものではない（規則1.355-2）。独立の貸主が2つの法人を利用できるクレジット金額が親会社株主に対する子会社株式の比例的な分配によって増加した場合，この分配に事業目的があると認められた（Rev. Rul. 77-22, 1977-1 CB91）。証券引受人の支配法人の株式を販売できるようにするための分配に事業目的があると認められた（Rev. Rul. 82-130, 1982-2 CB83）。また，外国子会社の資産を国有化から守るため別の外国子会社を設立することは，租税回避のためでなく，有効な事業目的をもつ取引であると認められた（Rev. Rul. 78-383, 1978-2 CB142）。

② 普通株式と優先株式

分配される株式は，普通株式でも優先株式でも差し支えない。優先株式は，その後売却または処分すると通常の所得を生じるIRC306条株式に該当する。ここで新株引受権や株式保証は株式または証券に含まれないものとされる。

③ E＆Pの分配のための方策

交換が分配法人のE＆Pの分配を行うための方策として利用された場合，収益不認識ルールは適用されない。しかし，次の場合には，認められた。

(a) 親会社が政府の命令に従うため100％所有子会社をスピンオフし，このスピンオフされた法人の株主が非関連法人と法定合併を行う場合，このようなスピンオフは，E＆Pを分配するための方策でなく，収益は認識されない（Rev.Rul.75-406,1975-2CB125,Rev.Rul.96-30,1996-1CB36）。
(b) 親会社株主に子会社株式を比例的に分配する直前に子会社の親会社に対する負債を取り消す場合
　この取消は，E＆P分配の方策でなく，たとえこの負債取消の結果として子会社の純資産が100％を超えて増加する場合でさえ，この分配に損益不認識が認められる（Rev.Rul.83-114,1983-2CB66）。
(c) 法人がその新設の持株会社の株式を分配する場合
　この分配は，法人のE＆Pを抜き取るものではないので，株主はこの分配について課税されない。
次の場合には，不認識ルールの適用は認められない。
(a) 親会社の株主が受け取った子会社株式の価値が引き渡した株式の価値を超える場合，この超過分が親会社の株主に支払うべき賃借料に該当するとき，この部分について収益を認識すべきと判断された（Rev.Rul.77-20,1977-1CB91）。
(b) 医療法人がその株主に被支配法人の株式を譲渡し，株主が第三者にこの被支配法人株式をただちに売却する場合，この取引はE＆Pの分配の方策とみなされ，非課税組織再編成には該当しないと判断された（South Tulsa Pathology Laboratory,Inc.,118TC84,CCH Dec.54,633）。

## 2　1990年10月9日後のスピンオフまたはスプリットオフ

　分配法人は，スピンオフまたはスプリットオフが子会社の売却に類似する場合，その収益に課税される。分配法人は，次の一定の株主に対する被支配子会社の含み益のある株式または証券の分配につき収益を認識しなければならない（IRC355(d)）。

(a) 株主が1990年10月9日後に購入によって取得し，分配の日に終了する5年間に購入によって取得した分配法人またはその被支配法人の50％以上の持分を有すること
(b) 株主が上記(a)の期間に購入によって取得した分配法人の株式または証券に関する被支配法人の株式の分配で受け取った分配法人またはその被支配法人の50％以上の持分を有すること

認識される収益の金額を決定する場合，分配法人は，分配した株式または証券を公正な市場価値で売却したものとして，取り扱われる。ここで「50％以上の持分」とは，すべての種類の議決権株式の議決権の50％以上またはすべての種類の株式の価値の50％以上を占める株式をいう。

## 3 モリス・トラスト・スピンオフ

分配法人がその事業の一部を新設法人に分割し，分配法人の株主が非関連法人の株式と引換えに分配法人の株式を譲渡する場合，いわゆるモリス・トラスト取引の適用を制限する規定が1997年4月16日後の分配に適用される。この規定によれば，元の株主が分配法人および取得法人の50％超の所有権を留保する場合のみ不認識ルールの適用が認められる（IRC355(e)）。IRC355(d)と類似のルール（取得は購入による取得に制限されない点は異なる）による。

一人または複数の者が分配法人または被支配法人の株式の議決権または価値の50％以上を直接または間接に取得する場合に法人の取得が認められる（IRC355(e)(2)(A)）。

分配の日の2年前に開始する4年間における取得は，計画に従って行われたものとみなされる。納税者は，この4年間における取得が分配と無関係であることを示すことができれば，収益の認識を回避することができる（IRC355(e)(B)）。

法人が被支配法人に資産を拠出し，その後被支配法人の株式を分配する取引については見解が分かれるが，分配法人の株主が分配された株式の全部または一部を処分するという事実は，支配要件の判定では考慮されない。このルール

は，分配法人による被支配法人への資産の譲渡に関する取扱いの決定のみのために適用される（IRC351）。

## 4 営業または事業の積極的な遂行

　被支配法人の株式または証券の分配を通じる法人分割の収益不認識を受ける要件は，分配法人と被支配法人が双方とも営業または事業の積極的な遂行に従事していることである（IRC355(a)(1)(C),規則1.355－3）。スピンオフまたはスプリットオフについて，分配法人と被支配法人は，分配直後営業または事業の積極的な遂行に従事していることが必要である。スプリットアップについて，分配法人は分配直前被支配法人の株式または証券以外の資産を有してはならず，被支配法人は分配直後営業または事業の積極的な遂行に従事していることが必要である。法人は，次の基準に該当する場合，営業または事業に積極的に従事しているものとみなされる（IRC355(b)）。

(a)　法人が営業もしくは事業の積極的な遂行に従事し，またはその資産の実質的に全部が営業もしくは事業に従事する被支配法人の株式および証券から成ること

　　法人が利益を得るために積極的に活動し，この活動が所得を稼得する過程のステップである場合には，分配直後に積極的な営業または事業に従事するものとされる（規則1.355－3）。営業または事業の積極的な遂行という概念からは，特に次のパッシブ投資活動が除外される（規則1.355－3）。

　（ⅰ）　投資目的のために株式，証券，土地その他の資産を保有すること
　（ⅱ）　営業または事業に用いられる不動産または動産を所有しまたは運用すること

(b)　分配の日に終了する5年間に営業または事業が積極的に行われたこと

(c)　分配の日に終了する5年間に課税取引において営業または資産が取得されなかったこと

(d)　分配法人も分配を受ける法人も，分配前5年内に課税取引において営業

429

または事業を行う分配法人または被支配法人に対する直接または間接の支配を取得しないこと（IRC355(b)(2)(D)）。

## 5　負　　債

次の交換において与えられる対価の一部として納税者の負債を引き受けることは，金銭その他の資産として取り扱われない（IRC357，規則1.357－1，1.357－2）。

(a)　譲渡法人が支配する法人に対しIRC351に基づいて行う譲渡
(b)　組織再編成の当事者である他の法人の株式または証券のみと引換えにＩＲＣ361に基づく組織再編成で法人がその資産を交換すること
(c)　譲渡法人の元の株主がその株式の対価を受け取らない場合，IRC368(a)(1)(G)に基づく破産手続における組織再編成

負債の引受に租税回避目的があること，または真正な事業目的がないことが明らかな場合には，負債引受は金銭または他の資産の受取として取り扱われる（IRC357(b)）。

租税回避目的がないということの立証責任は，納税者側にある。

引き受けた負債または譲渡された資産の負担する負債が譲渡法人の資産ベーシスを超える場合，その超過分について，譲渡された資産の種類に応じて，資本資産または非資本資産の売却または交換からの収益がある。資産の譲受法人が引き受ける負債は，譲渡された資産の全部のベーシスによって算定される譲渡法人の収益を生じ，その性質は譲渡された資産の包括的な性質によって決定される。

# 第3章

# 交換差金 (additional consideration:boot)

　組織再編成の交換で他の資産または金銭（boot）を受け取る場合，組織再編成は非課税組織再編成とならない（IRC356，規則1.356－1〜1.356－5）。

## 1　組織再編成の交換 (reorganization exchange)

　株式および証券の交換において他の資産または金銭（boot）を受け取る場合，収益は取引全体として計算されるが，金銭および他の資産の公正な市場価値の合計を超えない金額で認識される。交換が配当の分配の効果をもつ場合を除き，認識された収益は資産の交換からの収益として取り扱われる。

　交換差金（boot）の受取はB種組織再編成を妨げ，交換が他の種類の組織再編成に該当する場合を除き，交換で実現した収益全部が認識されなければならない。

　交換差金の受取は，たとえその交換差金が80％要件を超える資産に限られるとしても，C種組織再編成を妨げる。

　D種組織再編成で交換差金を受け取る場合，税額計算には不明確な点がある。この点については，次の2種類の判決があるからである。

(a)　D種組織再編成で交換差金を受け取る場合，2法人の株式持分が識別できるときは，交換差金の金額は両法人のE＆Pに制限される（J.Davant,CA－5,66－2 USTC9618,Cert.den.,386U.S.1022）。

(b)　交換差金の金額は，清算法人のみのE＆Pによって制限される（Atlas Tool Co.,Inc.,CA－3,80－1 USTC9177,cert.denied,449U.S.839）。

## 2 他の資産（other property）

　他の資産には，組織再編成の交換における当事者である法人またはスプリットアップもしくはスピンオフの分配における被支配法人の証券以外の証券が含まれる。**不適格優先株式**は，他の資産として取り扱われる（IRC356(e)(1)）。

　設　例1

　　X法人は1万株を有している。Y法人はその議決権株式1万株と引換えにXの実質的に全部の資産を取得する。YはこのこⅠ株式をXの株主に直接発行する。この取引は，C種組織再編成である。Xの株主は，Y株式のほか，Yに譲渡されなかった金銭と他の資産の比例的なシェアを受け取る。そこで，納税者は，所有していたX株式1,000株（ベーシスは5,000ドル）と引換えにY株式1,000株（1株6ドル）と500ドルの金銭および他の資産を受け取った。納税者が受け取った対価は，6,500ドルであり，交換による収益は1,500ドル（6,500−5,000）であるが，収益の認識は金銭および他の資産500ドルの範囲に限られる。納税者がX株式に7,000ドル支払っていた場合には，交換により500ドルの損失をこうむるが，損失は認識されない。

　　受け取った証券または債券の元本が引き渡した証券または債券の元本を超える場合，超過分の公正な市場価値の範囲で，超過分は他の資産となる。引き渡した証券または債券がない場合には，超過分の全部が受け取った証券または債券の元本であり，他の資産となる。債券または他の証券を受け取り，株式のみを引き渡す場合，実現する収益は，受け取った債券または他の証券の公正な市場価値の範囲で，課税される。

　設　例2

　　保有者の段階で1,000ドルのベーシスをもつ元本1,000ドルの証券が，スプリットアップで，額面価額1,200ドル，公正な市場価値1,100ドルの別の証券と交換された。

> 200ドルの超過元本の公正な市場価値は，182ドル，200ドルの91%（1,100/1,200）である。したがって，受け取った他の資産は，182ドルであるが，受け取った証券の価値(1,100ドル)のうち引き渡した証券の取得価額（1,000ドル）を超える額100ドルを現実に実現した収益の額とし，認識される収益は100ドルに制限される。

### (1) 証券に係る発生利子

発生利子のある証券が株式，証券，その他の資産と交換される場合，利子と引換えに受け取った資産の一部は，所得として認識される (Rev. Rul. 93-16, 1993-2 CB118)。

証券と株式および証券のみとの交換によって引き渡された証券が利子を発生するときに収益の認識を生ずることがある。IRC356は，利子を制限するために適用されないので，損益が認識される。

### (2) 配当としての追加的対価

組織再編成の交換において非課税で受け取ることが認められる株式または証券のほか，金銭または他の資産を受け取る株主または証券保有者は，収益を実現する（規則1.356-1, 1.356-2）。この収益の認識は，金銭または他の資産の公正な市場価値の範囲に限られる。組織再編成の分配の一部は，課税配当の分配という効果を有する場合には，キャピタル・ゲインでなく，通常の配当として課税される。ただし，その部分は，株主の法人の留保E&Pの比例的シェアを超えない範囲で，配当として課税される。収益が課税配当であるか否かを決めるに当たり，株式償還が株式交換として取り扱われるか否かの判定基準と同様の基準が用いられる (IRC302(b)(1))。

合併において一定の少数派株主が優先株式と交換に受け取る実質的に不均衡な現金分配は配当ではないとされた (Rev. Rul. 74-515, 1974-2 CB118)。このルーリングは，組織再編成中に行われた金銭の支払はIRC356に基づいて自動

第7編　組織再編成

的に配当と考えられるべきであるという仮定をIRSが放棄したことを示す。この点について，IRSの主張は，株式償還に関するIRC302(b)の配当相当性基準 (dividend equivalency rules) は，組織再編成には適用されるべきでないという (D.E.Clark, SCt, 89－1 USTC9230)。IRC302とIRC356との相違点は法人分配の性質でなく，配当として取り扱われる収益の金額に関係する。IRC302は，交換差金が配当に該当するか否かの決定に用いられ，IRC356は，支払の特定部分が通常の所得として課税されるべきか否かの評価に用いられる。

組織再編成では，株主が現実に受け取った買収法人の持分と株式のみを受け取ったのであれば，株主が受け取ったであろう法人の持分とを比較しなければならない (Rev.Rul.93－61, 1993－2CB118)。IRC302が両法人の組織再編成でなく，単一法人による株式償還に関係し，株主の持分が減少することを示すものでないので，配当かキャピタル・ゲインかを決める複雑な要素が問題になる。交換差金は，組織再編成の前後の株式償還として分類されてきた。しかし，IRSは，交換差金の配当としての取扱いは，株主が被支配法人株式と現実に交換した分配法人株式を留保し，交換差金と価値の等しい分配法人株式と引換えに交換差金を受け取ったものとして，受領株主を取り扱うことによって交換前に決定されるというルールを定めている (Rev.Rul.93－62, 1993－2CB118)。

# 第4章

# 受け取った資産のベーシス

　非課税交換で取得する資産については，取得した資産の未調整ベーシスは交換時における譲渡した資産の調整ベーシスと同一である（IRC358,規則1.358-1～1.358-4）。このベーシスは，一般に**代替取得価額**（a substituted basis）といい，次の交換に適用される。
　(a)　資産と被支配法人の株式または証券のみとの交換
　(b)　株式または証券と組織再編成における株式または証券のみとの交換
　(c)　資産と組織再編成における株式または証券のみとの交換
　(d)　株式または証券とIRC355交換における株式または証券との交換

## 1　譲渡法人の受け取る資産のベーシス

　株式または証券と組織再編成における株式または証券との非課税交換において，受け取った新発行の株式または証券が異なる種類のものである場合，引換えに引き渡された旧株式または証券から引き継いだ代替取得価額は，受取時におけるそれぞれの価値に応じて新証券に配分しなければならない。異なる時期に異なる量の旧株式を取得した場合，先入先出法により各ロットごとに別々にベーシスの配分を行う。
　IRC355組織再編成の分配または交換（スピンオフ，スプリットオフおよびスプリットアップ）において，引き渡された株式または証券がない場合，配分のために，留保された株式および証券は，交換においていったん引き渡された上，戻されたものとして取り扱われる。すなわち，旧株式のベーシスは，新旧株式に

435

配分される。旧株式の一部がIRC355分配に留保される場合、引き渡されたものと留保されたもの、すべての旧株式の全体のベーシスが留保された株式と新株式に配分される。

> **設 例1**
>
> Aの有する普通株式100株のベーシスは、1株100ドル、合計1万ドルである。組織再編成の交換においてAは新普通株式70株と新優先株式50株を受け取る。新普通株式の価値は、1株90ドル、合計6,300ドル、新優先株式の価値は1株70ドル、合計3,500ドルである。新普通株式のベーシスは、6,428ドル {6,300/(6,300+3,500)×10,000} であり、新優先株式のベーシスは、3,571ドル {3,500/(6,300+3,500)×10,000} である。
>
> **設 例2**
>
> Aは法人Xの株式10株(ベーシス:1株100ドル、合計1,000ドル)を所有している。
>
> Aはスピンオフの結果としてX株式を引き渡さずに法人Yの株式10株を受け取る。
>
> スピンオフの後、X株式の価値は800ドル、Y株式の価値は400ドルであると、スピンオフ後のX株式のベーシスは、666ドルまたは {800/(800+400)×1,000} であり、Y株式のベーシスは、333ドルまたは {400/(800+400)×1,000} である。
>
> 次の場合、資本再構成において引き渡されない証券の一部については配分は必要がない。留保された証券の元のベーシスが引き継がれ、受け取った株式または証券のベーシスを決めるとき、考慮されない。
>
> (ⅰ) 資本再構成計画が株主または証券保有者が旧株式または証券を引き渡さないオプションを定めている場合
>
> (ⅱ) 放棄された証券が特定できる場合
>
> 納税者が被支配法人の株式または証券との非課税交換により資産を当該法人に譲渡する場合、交換される資産を指定することによって当該株

第4章　受け取った資産のベーシス

> 式および証券のベーシスと保有期間を決めることはできない（Rev. Rul.
> 85-164）。譲渡された資産のベーシスの合計は，各種類の公正な市場価
> 値に比例して，受け取った株式および証券に配分される。

## 2　組織再編成において株式または証券と引換えに受け取った資産

　IRC361交換において分配を受ける者の受け取った資産のベーシスを決めるとき，損益不認識の資産には，組織再編成の当事者である他の法人の株式または証券のみが含まれる（IRC358(f)）。この交換において受け取った他の資産のベーシスは，この取引の時における資産の公正な市場価値である。組織再編成計画に基づき他の資産（other property）を受け取る分配受領者は，その後における当該資産の処分に係る収益を認識しなければならない。また，分配法人は，組織再編成計画に基づき他の資産（other property）を分配する場合，損益認識に関する通常の課税原則に基づき当該資産の譲渡損益を認識しなければならない。

　損益不認識ルールが適用される交換により受け取ることが認められる証券または資産とともに，損益の認識を要する金銭または「他の資産」がある場合，この不認識資産のベーシスは，交換された資産の代替取得価額から受け取った金銭と他の資産の公正な市場価値と認識される損失の金額の合計を差し引き，配当として取り扱われる金額と交換の結果として認識される収益の金額を加算した金額である。受け取った他の資産で損益が認識されるもののベーシスは，当該資産の公正な市場価値である。

　納税者の対価の一部として，交換の他の当事者が納税者の負債を引き受ける場合，負債の引受または取得は，納税者の受け取った資産のベーシスの決定に当たり当該交換において受け取った金銭として取り扱われる。受け取った資産の代替取得価額を要する交換では，納税者の負債の引受により，納税者のベー

シスは引き受けられた負債の金額だけ減少する。譲渡された資産における納税者の調整ベーシスが引き受けられた負債を超えるため，納税者が収益を認識する場合，当該収益により納税者の受け取った資産のベーシスが増加する。

## 3　買収法人が受け取る資産のベーシス

法人が組織再編成において自己株式と引換えにまたは払込剰余金もしくは出資金として当該法人の株主から資産を取得する場合，当該資産のベーシスは，譲渡法人の手元の代替取得価額に譲渡年度の法令に基づいて譲渡法人の認識される収益の金額を加算したものである（IRC362, 規則1.362-1, 1.362-2）。

非株主が法人に拠出する資産のベーシスはゼロであり，非株主が拠出した金銭は，これの受取後12ヶ月以内にこの金銭で取得した法人資産のベーシスを減少する。このルールは，この期間内にこの金銭が資産の取得に用いられない範囲で，当該法人の保有する他の資産のベーシスの減少に適用される。

## 4　外国法人への譲渡

米国外の資産の譲渡に関するルールによって，米国人（U.S. persons）が海外の含み益のある資産を外国子会社にシフトするため非課税譲渡を利用して課税繰延をすることを防止する（IRC367, 暫定規則1.367(a)-1～1.367(a)-6 T）。米国人が外国法人に資産を譲渡する場合，当該譲渡の収益が認識されるべき範囲を決めるとき，当該外国法人は，「法人」として取り扱われない。このルールは，次の交換に適用される。

　(a)　IRC332に基づく子会社の完全な清算
　(b)　IRC351に基づく譲渡法人による被支配法人への譲渡
　(c)　IRC354に基づく組織再編成における株式および証券の交換
　(d)　IRC356に基づく交換における追加的対価の受取
　(e)　IRC361に基づく組織再編成における損益の不認識

外国法人への資産の譲渡に対する課税関係には，次の例外がある。

(a) 交換当事者または組織再編成当事者である外国法人の株式または証券の譲渡
(b) 財務省規則により免除される資産の譲渡
(c) 米国外の営業または事業の積極的な遂行に用いられる資産の譲渡

株式，証券またはパートナーシップ持分は，米国外の事業で用いられる場合には，これらの譲渡は，同様に，除外される。

「営業または事業の積極的な遂行」の除外ルールは，パッシブ投資資産（passive investment assets）の海外譲渡など，次のような資産には適用されない。
(a) 棚卸資産および著作権のある資産
(b) 割賦債権，受取債権または類似の資産
(c) 外貨または外貨資産
(d) 無形資産
(e) 譲渡者が賃貸者である資産（譲受人が賃借人である場合を除く）

米国法人が外国法人にIRC361に規定する資産を譲渡すること，組織再編成の当事者である外国法人の株式の譲渡および営業または事業の積極的な遂行に用いられる資産の譲渡に関してIRC367に基づく収益の認識の例外が認められる。

譲渡法人が5以下の内国法人または同じ関連グループのメンバーが80％支配する法人である場合には，このルールは適用されない（IRC367(a)(5)）。

米国人の外国法人に対する資産の譲渡は，法人設立，組織再編成および清算に関する規定の適用上，課税交換とされる。米国株主が外国法人の株式の譲渡と引換えに被支配外国法人の株式を受け取る場合を除き，例外規定は適用されない。米国譲渡者が交換直後譲受外国法人の50％超を所有する場合，内国法人の株式または証券の外国法人への譲渡には例外規定は適用されない（規則1.367(a)-3）。例外は，米国譲渡者が譲渡直後に所有する譲受外国法人の株式の割合に基づく。

(a) 株式または証券の各米国譲渡者で譲受外国法人の株式の価値および議決権の双方の5％未満を所有するものは，一般原則から除外され，収益認識

合意をする必要はない。

(b) 米国譲渡者が譲渡直後譲受外国法人の50％未満を有する場合，株式または証券の米国譲渡者で譲渡直後に譲受外国法人の5％以上を有するものは，5年収益認識合意が実行されることを条件として，一般原則を除外される。

(c) 米国譲渡者が譲渡直後譲受外国法人の50％以上を有する場合，株式または証券の各米国譲渡者で譲渡直後譲受外国法人の5％以上を有するものは，10年収益認識合意が実行されることを条件として，一般原則を除外される。

収益認識ルールは，外国の分配受領者に対する分配に関して定められる。このルールは，被支配法人の株式または証券の分配に関するIRC355，80％外国の分配受領者に対する子会社の完全な清算に関するIRC332およびIRC337に規定する不認識ルールをオーバーライドする（IRC367(e)）。

### (1) 国際的なF組織再編成

IRC361に基づく譲渡法人およびIRC354に基づく譲渡法人の株主に係る不認識ルールが，一定の国際的なF組織再編成においてIRC367によってオーバーライドされるか否かを決めるに当たり，次のルールが適用される。

(a) 譲渡法人がIRC361(a)に基づき買収法人の株式と引換えに買収法人に資産を譲渡するとき，買収法人が譲渡法人の負債を引き受ける場合，譲渡法人が譲渡法人の株主に買収法人の株式を分配することおよび譲渡法人の株主がIRC354(a)に基づき買収法人株式と引換えに譲渡法人の株式を交換することがあったとみなされる。

(b) 内国法人から外国法人へのF組織再編成（暫定規則1.367(a)-1 T(e)），および外国法人から内国法人へのF組織再編成（暫定規則1.367(b)-1(e)）において，譲渡法人の課税年度は，譲渡日に終了し，買収法人の課税年度は，譲渡法人の課税年度が譲渡がなかったとすれば終了することになっていた日に終了する。これは，外国法人から外国法人へのF組織再編成にも適用される。

## (2) 無形資産の譲渡

　譲渡法人による被支配法人への譲渡またはIRC361非課税組織再編成取引において米国人の外国法人に対する無形資産の譲渡は，次のように取り扱われる。

　米国譲渡法人は，無形資産の生産性，使用または処分に付随する支払と引換えに当該無形資産を売却したものとして取り扱われる。

　米国譲渡法人は，無形資産に帰すべき所得に相当する金額で，当該資産の耐用年数にわたって毎年この形態の支払を受け取った金額を合理的に反映するものを受け取ったものとして取り扱われる。譲受法人が当該資産を直接または間接に処分する場合，当初の譲渡法人は第2の譲渡の時における当該資産の価値を反映する金額の収益を認識する。譲渡法人が譲受法人における持分を処分する場合，収益が認識される。当該資産の譲渡先である外国法人のE＆Pは，譲渡法人が総所得に算入すべき所得金額だけ減額される。


【注】
31)　資産の譲渡について，日本の税法では譲渡所得について租税優遇措置で「譲渡がなかったものとする」という規定を用いることがあるが，米国では税法上譲渡による損益，収益または損失がたとえ「実現」している場合であっても，これらを「認識」とするか，「不認識」とする規定を置くことによって課税するか非課税とするかを規定している。

# 第8編

# 税額の計算

第8編　税額の計算

# 第1章

# 法人税額

　法人は，その株主とは分離された納税主体（a separate taxable entity）である（IRC11,規則1.11-1）。通常の法人（C法人）は，その所得および損金を計算し，申告納税しなければならない。連邦税の適用上の法人（corporation），社団（association），または信託の性質は，州法上の性質と異なることがあるので，混乱してはならない。株主に分配された法人の所得は，株主の総所得に算入される。したがって，法人の所得は，法人段階で課税され，さらに配当として分配された時に株主段階で課税される。これを二段階課税という。ただし，米国では，S法人は，法人格を有するが，分離された納税主体として取り扱わない（その意味で，S法人はパススルー事業体である）。

## 1　法人の課税所得（taxable income）

　法人の課税所得は，総所得（gross income）から損金（deductions）を差し引いた金額に等しい（規則1.11-1）。損金は，（ⅰ）営業または事業の費用，（ⅱ）損失および（ⅲ）特別控除から成る。特別控除は，（ⅰ）受取配当控除（a dividends-received deduction），（ⅱ）公益事業における支払配当控除（a dividends-paid deduction），（ⅲ）純営業損失（net operating loss deduction），（ⅳ）設立費用などである。

第1章　法人税額

## 2　法人税額の計算

課税所得×法人税率＝法人税額
総所得－損金－特別控除＝課税所得

## 3　特別な法人

次の法人については，特別な取扱いが定められている。
(a) 銀行および貯蓄貸付団体（savings and loan associations）
(b) 保険会社（insurance company）
(c) 非課税法人
(d) S法人（S corporations）
(e) 同族持株法人（personal holding corporations）
(f) 米国国際販売法人（domestic international sales corporations：DISC）
(g) 外国販売法人（foreign sales corporations：FSC）
(h) 規制投資会社（regulated investment companies：RIC）
(i) 不動産投資信託（real estate investment trusts：REIT）
(j) 外国法人

## 4　法人税率

法人税率は，次のとおり，15％から39％の**累進税率**（graduated rates）である[32]。
申告書様式1120および1120Aの税額表（corporate tax rate schedule）は，次のとおりである。

| 課税所得 | | 金額（ドル） | ＋ドル超 | ％ |
|---|---|---|---|---|
| ドル超 | ドル以下 | | | |
| | 50,000 | | | 15 |
| 50,000～75,000 | | 7,500 | 50,000 | 25 |

445

第8編　税額の計算

|  |  |  |  |
|---|---|---|---|
| 75,000〜100,000 | 13,750 | 75,000 | 34 |
| 100,000〜335,000 | 22,250 | 100,000 | 39 |
| 335,000〜10,000,000 | 113,900 | 335,000 | 34 |
| 10,000,000〜15,000,000 | 3,400,000 | 10,000,000 | 35 |
| 15,000,000〜18,333,333 | 5,150,000 | 15,000,000 | 38 |
| 18,333,333 | 課税所得の35% | | |

## 5　税率構造の基本的な考え方

### (1)　基本税率（IRC 11(b)(1)）

| 課税所得の金額（単位：ドル） | 法人税率（%） |
|---|---|
| 50,000以下 | 15 |
| 50,000超75,000以下 | 25 |
| 75,000超10,000,000以下 | 34 |
| 10,000,000超 | 35 |

### (2)　追加税（IRC 11(b)(2)）

課税所得が100,000ドル超の法人については，次のいずれか少ない方の金額を加算される。

(a)　超過額の5％

(b)　11,750ドル

この追加税により，課税所得が100,000ドル超335,000ドルまでは39％，335,000ドル超10,000,000ドルまでは34％の税率が適用されることになる。

課税所得が15,000,000ドルを超える法人については，次のいずれか少ない方の金額を加算される。

(a)　超過額の3％

(b)　100,000ドル

この追加税により，課税所得が15,000,000ドル超18,333,333ドルまでは38％，

18,333,000ドル超35％の税率が適用されることになる。

---

**設 例 1**

課税所得が200,000ドルである法人の場合

| | |
|---|---|
| 50,000×15％ | 7,500 |
| 25,000×25％ | 6,250 |
| 25,000×34％ | 8,500 |
| 100,000×39％(34％＋5％) | 39,000 |
| 合　　計 | 61,250 |

**設 例 2**

課税所得が20,000,000ドルである法人の場合

| | |
|---|---|
| 50,000×15％ | 7,500 |
| 25,000×25％ | 6,250 |
| 25,000×34％ | 8,500 |
| 235,000×39％(34％＋5％) | 91,650 |
| 9,665,000×34％ | 3,286,100 |
| 5,000,000×35％ | 1,750,000 |
| 3,333,333×38％(35％＋3％) | 1,266,667 |
| 1,666,667×35％ | 583,333 |
| 合　　計 | 7,000,000 |

---

## 6　税率の変更

　課税年度の途中に税率の変更がある場合，当該課税年度の法人税額は，新旧税率が適用される期間に応じて，課税所得に対する税額を按分する方法で計算される（IRC 1, 15, 規則1.1-5, 1.21-1）。

# 第2章 代替的ミニマム・タックス（corporate alternative minimum tax：AMT）[33]

　法人は，個人と同様に，代替的ミニマム・タックス（以下AMTという）を課される（IRC55および56）。

　法人に対するAMTは，課税年度におけるAMTのうち当該課税年度の通常の税（regular tax）を超える金額に等しい（IRC55～59）。

　税法は，一定の種類の所得および経費について優遇措置を定めているが，すべての納税義務者が最低限の税額を支払わなければならないという趣旨で，AMTを定めている（IRC55(b)(2)）。

(1) 小法人（small corporations）の特例

　1998年以後に開始する課税年度において，一定の総収入基準に該当する法人は，小法人とされ，AMTを課されないこととされる（IRC55(e)）。これを非課税小法人という。非課税小法人は，直前3課税年度の平均総収入が7,500,000ドル以下である小法人である。

　法人の存在期間が3年未満である場合，この総収入基準は，現実に存在した期間に基づいて適用される。

　新設法人は，ゼロの仮のミニマム・タックス（a tentative minimum tax）を有するものとし，設立年度である最初の課税年度にはAMTを課されない。

　小法人の前年度のAMTについて認められる通常の税に対する税額控除は，通常の税額が25,000ドルを超える部分の25%を超える金額に限定される。

第2章　代替的ミニマム・タックス

> **設　例**
> 　A社は2005年度に小規模事業法人であり，AMTを課されない。Aの通常の税額から税額控除を差し引いた金額は，60,000ドルである。この場合，Aの認容されるAMT税額控除は，51,250ドル｛60,000－25％(60,000－25,000)｝に制限される。

### (2) その他の法人

課税年度仮のミニマム・タックスは，AMT課税所得のうちAMTI免除額を超える部分の20％である。

## 1　仮のミニマム・タックス

AMTは，通常の法人所得税制とは別の独立の税制である（1986年税制改革米国議会課税合同委員会一般説明書）。

税法は，課税物件や不認識ルールについては，通常の税と共通のルールを適用するが，租税優遇措置などの項目については，異なるルールを定めている。二元的な制度の代表例としては，損失の否認規定（IRC58）をあげることができる。

### (1) 仮のミニマム・タックスの計算

仮のミニマム・タックスの計算は，まずAMTIを計算し，次にAMTI免除額を減算し，その残額にAMT税率（20％）を乗じ，最後にAMT外国税額控除を差し引いて，仮のミニマム・タックスを算定する（IRC55(b)(1)(A)）。

### (2) AMTI (alternative minimum taxable income) の計算

仮のミニマム・タックスの算定上，AMTIは，通常の課税所得に一定の租税優遇措置を加算した金額に等しい。税法が規定する租税優遇措置は，基本的に

第8編　税額の計算

次の2種類に分けられる。
(a)　租税優遇調整（tax preferences adjustments）
(b)　租税優遇項目

租税優遇調整の金額は，各項目に係る通常の税額からAMT再計算額（AMT-recalculated amount）を差し引いて決定される。一般に，プラスの優遇金額を生じるが，AMT再計算額が通常の税額より大きい場合には，マイナスの優遇金額を生じる。このプラスの優遇金額を通常の課税所得に加算してAMTIを計算する。

租税優遇項目は，通常の税額がAMT再計算額を超える部分をいう。この場合，プラスの優遇金額のみを考慮に入れる。

### (3) AMT免除額

法人は，AMTIのうち40,000ドルを免除される。高いAMTIを有する法人については，免除額はフェーズアウトされ，AMTIが150,000ドルを超える1ドルにつき25セントずつ減算される（IRC55(d)）。被支配法人は，40,000ドル全額の免除を受けることはできない。この免除額およびそのフェーズアウトは，関連グループ・ベースで決定される。

## 2　通常の税 (regular tax)

AMTは，仮のミニマム・タックスのうち通常の税を超える部分である。ここで通常の税は，法人所得税から（i）通常の外国税額控除，（ii）米国属領税額控除および（iii）プエルト・リコ経済活動税額控除を減算した残額である（IRC55(c)）。通常の税には，（i）AMT，（ii）留保収益税（accumulated earnings tax），（iii）同族持株会社税（personal holding company tax），（iv）支店利益税，（v）外国収用損失の回復に対する税，（vi）S法人ビルトイン・ゲイン税，（vii）S法人超過パッシブ投資所得に対する税，（viii）非居住外国人および外国法人の所得に対する税，（ix）非適格ノン・リコース・ファイナンスの増加

に対する税，（x）投資税額控除の取戻に対する税，などは含まれない。

## 3　法人所得の調整

　法人は，AMTIの計算のために，一定の課税所得項目を優遇措置の適用のない状態で再計算する必要がある（IRC56）。これらの項目の再計算後，租税優遇調整金額を算定するため，これらの項目について通常の課税ルールで計算した金額から上記の再計算した金額を差し引く。その結果，プラスの租税優遇調整金額を生じた場合には，これを通常の課税所得に加算し，マイナスの租税優遇調整金額を生じた場合には，これを減算する。

　優遇調整は，（ⅰ）加速度減価償却，（ⅱ）鉱業探査開発費，（ⅲ）公害防止施設の償却，（ⅳ）処分損益，（ⅴ）純営業損失，（ⅵ）完成基準会計方法，（ⅶ）割賦会計方法などに関係する。

　特に法人については，優遇調整は，（ⅰ）調整当期収益，（ⅱ）海運会社の資本構成基金，（ⅲ）保険会社の特別控除，などに関係する。

### (1)　調整当期収益（adjusted current earnings：ACE）に基づく調整

　法人のAMTIは，ACEを超える金額の75％を加算される。ACE優遇ルールは，1989年後に開始する法人パートナーの課税年度以内に終了するパートナーシップの課税年度にパートナーシップからの所得および経費の法人パートナーの分配シェアに適用される（規則1.56(g)－1(p)）。この優遇ルールは，連結納税グループにも同様の方法で適用される。通常の課税ルールでは課税投資所得のみに課税されることを選択する損害保険会社は，AMTに基づきそのACEを計算する（IRC56(g)(4)(B)(ⅰ)）。法人のAMTIがACEを超える場合，その差額の75％の減算を認められているが，この減算は，AMTIが過年度にACE優遇の結果として加算された金額から過年度に優遇の結果として認められた減額を差し引いた金額を超えることはできない。

451

第8編　税額の計算

① ACEの計算

ACE計算の起点は，ACE優遇またはAMT・NOLに係る調整前のAMTIである。

ACEを計算するため，調整前AMTIに調整を加えなければならない。この調整は，（ⅰ）減価償却費，（ⅱ）総所得から除外されたがE＆Pに算入された項目，（ⅲ）E＆Pの計算において認容されない控除項目，および（ⅳ）その他の特別な項目について行われる。

② 減価償却費の調整

1989年後1994年前に用に供された資産の減価償却は，ACEの計算上，代替的MACRSに基づいて認められる控除に制限される（IRC56(g)(4)(A)）。

年数以外の方法で減価償却される資産については，認容される通常の控除が代替的MACRSと考えられる。

1993年12月31日後に用に供した資産については，ACE減価償却費の調整は不要である。

③ 総所得からの除外項目の調整

AMTIから除外されるがE＆Pに算入されるべき項目は，ACEの計算上，調整前AMTIに加算される（IRC56(g)(4)(B),規則1.56(g)−1(c)）。除外項目に関する控除は，当該除外項目が総所得に算入されていたならばAMTIの計算上控除が認容されていたであろう範囲で，ACEの計算上控除することができる。これに属する項目としては，次のようなものがあげられる。

(a) 生命保険契約の所得に内臓されるものおよび当該契約のACEベーシスを超える契約収入（IRC101）

(b) 州債および地方債の利子（IRC103）

(c) 借主がリースに基づき貸主に返済する義務を負うとき総所得から除外される賃貸料（IRC110）

(d) 回収されるタックス・ベネフィット項目（IRC111）

(e) IRC126に基づき除外されるコスト・シェアリングの支払

(f) IRC597に基づき除外される金融支援

(g) IRC831に基づき除外される金額
④ 控除否認項目
サブチャプターC（法人の分配と調整）に基づくE&Pの計算上認容されない控除は，ACEの計算上も認容されず，調整前AMTIに加算される（IRC56⒢⑷(C)）。

E&Pの計算上控除できない項目が調整前AMTIに加算されるので，当期以外の課税年度において控除できる帰属年度に問題のある項目は，調整前AMTIに加算されず，技術的に控除できないが，いずれかの年度に回収できる項目は，加算されない。

一般的に，調整前AMTIの計算上控除できない項目は，ACEの計算上も控除できない（規則1.56⒢-1(e)）。ACEの計算上，当期のキャピタル・ゲインを超えてキャピタル・ロスを控除することはできない。次の項目は，E&Pの計算上控除できず，ACEの計算上控除できない。

(a) IRC186（反トラスト違反に係る損害の回収）に基づき控除できる損害に帰すべき未回収損失
(b) IRC806（小規模生命保険会社控除）に基づいて認容される小規模生命保険会社の控除
(c) 一定の配当控除

⑤ その他の調整
損益を反映するためIRC312(n)に基づくE&P調整は，一般に認められる（IRC 56⒢⑷(D)）。

⑥ 所有権の変更
未実現ビルトイン・ロスをもつ法人が所有権を変更する場合，ACEの計算において使用する資産のベーシスは，所有権変更の直前の法人資産の公正な市場価値に占める当該資産の比例的シェアに制限される（IRC56⒢⑷(G)）。

⑦ 調整ベーシス
ACE調整の対象となる資産の調整ベーシスは，これらのACE減価償却費ルールの適用によって決められる。

## (2) 優遇措置の加算

AMTIの計算のために，法人はその課税所得を再計算する。すなわち，法人は，通常の課税所得に一定の優遇措置による除外項目と控除項目を加算する必要がある（IRC57)。ここで，優遇措置項目には，(ⅰ) パーセント減耗控除，(ⅱ) ドリル・コスト控除，(ⅲ) 貸倒損失引当金，(ⅳ) 含み益のある資産の慈善寄付，(ⅴ) 一定資産の加速度減価償却，(ⅵ) 適格小規模事業株式から除外される収益，(ⅶ) 公害防止施設に関する償却などが含まれる（IRC57(a)）。

# 4 外国税額控除

仮のミニマム・タックスの計算上，外国税額控除が認められる。外国税額控除は，外国源泉AMTIに対する外国税の範囲内でのみ認められる。外国源泉AMTIは，外国源泉からの総所得から外国源泉所得のAMTIの計算上用いられる控除項目を差し引いた金額である。ここで，外国税は，外国源泉AMTIが全世界AMTIに占める割合を仮のミニマム・タックスに乗じて得られる金額に制限される。外国税額控除を請求する1997年後に開始する最初の課税年度に，この制限を計算するとき，外国源泉AMTIの代わりに，通常の税における外国源泉所得を代用することを選択できる（IRC59(a)(3)）。ここで，外国税は，通常の外国税に次の少ない方の金額を加算したものである。

(a) 通常の税の計算上認められる外国税額控除

(b) AMT

AMT外国税額控除は，1997年8月5日後に開始する課税年度において，すべての法人の90％超が生じる仮のミニマム・タックス税額の減額に用いることはできないが，2004年後は，この制限は廃止された（IRC59(a)(2)(A)，2004年米国雇用創出法により改正された）。

# 第3章

## 留保収益税
### (accumulated earnings tax：AET)

## 1 制度の趣旨

　法人（同族持株会社，非課税法人およびパッシブ外国投資会社を除く）は，通常の法人所得税のほか，留保収益税（以下AETという）を課される。このAETは，一種のペナルティであり，法人がそのE＆Pを分配せずに社内留保することによって，その株主に対する所得税の課税を回避する目的で組成されかつ利用される場合に適用される（IRC531～537）。AETの課税は，株主数や株主が法人の活動に積極的に関与しているか否かにかかわらず，課される。この制度の前提条件である租税回避動機（tax-avoidance motive）という主観的要素を立証することは，非常に困難である。個人または小グループの個人が法人の法的支配（legal control）または実質支配（effective control）を有しない場合や当期のE＆Pがない場合には，AETの課税の正当性が疑問視される。もちろん，租税回避の目的から収益を留保する器として法人を利用するスキームに対しては，AETは有効な対抗措置であるが，この主観的要素を的確に確認できる場合に限り適用されるように運用されなければならない。

　2003年に開始する課税年度に，法人の留保課税所得（accumulated taxable income：ATI）に対して15％の税率で課される（IRC531，2003年雇用成長租税救済調整法により改正された）。ブッシュ政権は，2003年雇用成長租税救済調整法（Jobs and Growth Tax Relief Reconciliation Act of 2003：JGTRRA）によりAETを改正し，留保収益税の税率は，個人最高税率に等しい税率で，2002年38.6％であったが，

2003年に開始する課税年度には個人の一般税率に引き下げ，サンセット条項により2008年12月31日前に終了する課税年度においては15％とし，2009年以後は元の個人最高税率に戻ることとした。

## (1) 立証責任 （burden of proof）

IRSは，不足税額通知の前に，留保収益税に基づく不足税額の賦課の意図を通知書で納税者に通知しなければならない（IRC534,規則1.534－1～1.534－3）。納税者は，この通知から30日以内に理由書をもって収益留保の合理性を立証する場合，IRSは法人がその事業上の合理的な必要の限度を超えて収益を留保しているか否かという争点について，租税裁判所で立証責任を負う（IRC534(c)）。IRSは，納税者の理由書に記載された留保の理由でその根拠を示す十分な事実によって裏付けられるものについてのみ立証責任を負う（Vuono-Lione, Inc., 24 TCM506, CCH Dec.27, 339 (M)）が，納税者が主張するそれ以外の理由についての立証責任は，納税者が負担する（J. H. Rutter, 81TC937, CCH Dec., 40, 658）。

## (2) 留保課税所得 （ATI）

AETは，当期の留保課税所得（以下ATIという）に対して課税される（IRC535,規則1.535－1および1.535－2）。ATIとは，課税所得に次の調整を加えて，**支払配当控除**（dividends-paid deduction）と**留保収益控除**（accumulated earnings credit）の合計額を差し引いた金額をいう。

(a) 課税年度に生じた連邦所得税，外国および米国属領の所得税に関して認められる控除（会計方法を問わない）
(b) 慈善寄附金の控除（制限なし）
(c) ATIの計算上控除できる純キャピタル・ゲイン（ただし，純キャピタル・ゲインの計算上，直前課税年度の純キャピタル・ロスはATIの計算を行う課税年度の短期キャピタル・ロスとする）

ATIの計算上，次の控除は，認められる。
(a) 一定の優先株式に関し，公益事業の受取配当控除および支払配当控除

(b) 純営業損失
(c) キャピタル・ロスの繰戻控除および繰越控除

### (3) 持株会社および投資会社の特例
持株会社および投資会社には，3つの特別なルールが適用される。
(a) 純キャピタル・ロスの控除が認められないことおよび純キャピタル・ロスの繰越ができないこと
(b) 課税年度における純短期キャピタル・ゲインの控除ができること（この純短期キャピタル・ゲインが当期に繰り越されたキャピタル・ロスを超えない範囲に限る）
(c) サブチャプターCの適用上，法人の留保E＆Pが他の2つのルールがE＆Pの計算に用いられたならば得られたであろう金額以上であること（IRC535(b)(8)）。

### (4) 米国所有外国法人の所得源泉ルール
外国法人のE＆Pの10％以上が米国内の源泉から生じ，または米国の営業または事業と実質的に関連する場合，このE＆Pからの分配は，米国所有外国法人が受け取る時，米国源泉所得として取り扱われる（IRC535(d)）。ここで，**米国所有外国法人**とは，米国人が直接または間接に次のものの50％以上を保有する外国法人をいう（IRC318(a)(4), 958(a)(2), 958(a)(3)）。
(a) 外国法人のすべての種類の議決権のある株式の議決権の合計
(b) 外国法人のすべての種類の株式の価値の合計

## 2　留保収益控除 (accumulated earnings credit)

法人（持株会社および投資会社を除く）にとってATIの計算において認められる留保収益控除は，事業上の合理的な必要性から留保された当期のE＆Pから純長期キャピタル・ゲインが純短期キャピタル・ロスを超える金額を差し引いた

第8編　税額の計算

残額に等しい（IRC535(c),規則1.535-3）。大部分の法人について，認められる留保収益控除は，25,000ドルが直前課税年度末における法人の留保E＆Pを超える金額以上である。ただし，保健，法律，会計，コンサルティング，保険数理，建築，技術，芸能などの専門分野の人的役務法人については，最低留保金額は，150,000ドルである（IRC535(c)(2)(B)）。

　A社の2004年12月31日の留保E＆Pは，70,000ドルである。2005年3月15日，A社は配当20,000ドルを支払った。2005年中のA社の当期E＆Pは，350,000ドルである。同社の事業上の合理的な必要性によって正当化される留保は，100,000ドルである。

　A社は2005年に10,000ドルの純キャピタル・ゲインの控除を受けることができる。この場合，A社の留保収益控除は，次のように計算することになる。

| | |
|---|---:|
| 法人の事業上の合理性から留保されるE＆P | 100,000ドル |
| 　マイナス： | |
| 純キャピタル・ゲインの控除 | 10,000ドル |
| 留保収益控除 | 90,000ドル |

最低控除は，次のように計算される。

| | | |
|---|---:|---:|
| 法定最低控除 | | 250,000ドル |
| 2004年末の留保E＆P | 70,000ドル | |
| 　マイナス： | | |
| 2005年3月15日の支払配当 | 20,000ドル | 50,000ドル |
| 2005年に認められる最低留保収益控除 | | 200,000ドル |

当期の控除は，250,000ドルが直前課税年度末の留保E＆Pを超える金額以上とされるので，たとえ事業上の合理的な必要性によって正当化される控除は90,000ドルであるが，2005年の控除は200,000ドル認められる。

## 3 支払配当控除 (dividends-paid deduction)

ATIの計算上，支払配当控除には（ⅰ）当期中に支払った配当，（ⅱ）当期末後第3ヶ月目の15日目以前に支払われた配当および（ⅲ）同族持株会社については直前2課税年度から繰り越された配当が含まれる（IRC561, 563(a)および563(c)）。配当としての分配に当てられる収益は，非課税株式を減算されない（Rev. Rul. 65-68, 1965-1 CB246)。

## 4 関連グループ

関連グループのメンバーは，グループとして，250,000ドルのみの留保収益控除を認められ，これが均等にメンバー間に分割される。

### (1) 親子会社

親会社の事業には子会社の事業が含まれるということから，親会社は子会社の事業上の必要性から所得を留保することができる。このルールは，子会社が同族持株会社，投資会社または積極的な事業に従事していない法人である場合には，適用されない（規則1.537-3(b)）。逆に，子会社が親会社の事業上の必要性から所得を留保することができるか否かという問題がある。IRSはこれを否定するが，裁判所は全部所有子会社についてこれを認める（Inland Terminals Inc., CA-4, 731USTC9387, rev'g and rem'g DC MD., 72-1 USTC9457)。

### (2) 兄弟姉妹会社

財務省規則では，不合理な留保として姉妹会社へのローンを掲げるが，IRSは兄弟姉妹会社の1つが他方の事業上の必要性のために所得を留保することに反対する。裁判所は必ずしも自動的に不合理な留保と結論できない（Bremerton Sun Publishing Co., 44TC566, CCH Dec. 27, 482)としながらも，これを否定している（Latchis Theatres of Keene, Inc., CA-1, 542USTC9544, Factories Investment Corp.,

CA－2,64－1 USTC9306)。

## 5 租税回避の意図 (tax-avoidance intent)

　法人がAETを課税される条件の1つとして，株主に対する**所得税の回避の意図**が要求される (IRC533)。このような主観的要素の立証はきわめて困難であるため，米国は次のような客観的要素の存在によって租税回避の意図を推定することとしている。
　(a) 法人がその事業上の必要性を超えて所得を留保すること
　(b) 法人が単なる持株会社または投資会社であること
　この**租税回避の意図の推定** (a presumption of tax-avoidance intent) は，納税者が租税回避が所得留保の目的の1つでないことを立証するならば，これを覆すことができる (Technalysis Corp., 101TC397, CCH Dec. 49, 378)。この場合，租税回避の意図は所得留保の主たる動機，支配的な動機であることは必ずしも必要ではない。租税回避の目的の証拠として解される状況として，次のような事実と状況をあげることができる。
　(a) 法人と株主との取引
　(b) 法人の事業と合理的な関係のない資産に未分配収益を投資すること
　(c) E&Pの分配が小さいこと

## 6 事業上の合理的な必要性 (a reasonable business need)

　所得留保を正当化するためには，事業上の合理的な必要性とその明確な使用計画が存在することが必要である (IRC537, 規則1.537－1)。
　法人がその事業上の合理的な必要性を超えて所得留保をしているか否かを判定する場合，株主の必要性でなく，当該法人の必要性によった判断による。したがって，次のような理由は，法人の所得留保を正当化できない。

(a) 株式の魅力を増すために所得留保を行う株主の必要性
(b) 株主が他の法人の株主でもある場合に他の法人の必要性

一般に，受け入れられる理由としては，（ⅰ）製造物賠償責任損失引当金，（ⅱ）株式償還の分配，（ⅲ）事業拡大および設備更新，（ⅳ）事業買収，（ⅴ）負債の返済，（ⅵ）稼動資本，（ⅶ）仕入先または販売先に対する投資または貸付などがあり，受け入れられない理由としては，（ⅰ）株主へのローンや個人的経済的利益の支出，（ⅱ）株主の親族もしくは友人または事業と合理的な関係のない者へのローン，（ⅲ）兄弟姉妹会社へのローン，（ⅳ）事業と関係のない投資，（ⅴ）非現実的な危険のための引当金などがある。

第8編　税額の計算

# 第4章 同族持株会社税（personal holding company tax：PHCT）

## 1　制度の趣旨

　同族持株会社（personal holding company：PHC）として分類される法人は，その未分配同族持株会社所得（undistributed personal holding company income）に対し，通常の法人所得税のほかに，同族持株会社税（以下PHCTという）を課税される（IRC541，規則1.541－1）。PHCTは，最高法人税率が最高個人税率を下回る場合に課される。この制度の趣旨は，個人がその所得に低税率が適用される**閉鎖的保有法人**（closely held corporations）に投資する形態で投資からの所得に対する租税回避を防止することである。しかし，このようなPHCを租税回避以外の目的で設立する場合，法人が不注意にもPHCの定義に該当することになり，PHCTを課されることがある。法人の設立の意図がE＆Pを留保することか否かは，PHCTの課税の可否と無関係であり，単に税法上のPHCの形式要件に該当すれば，PHCTを課税することとして，この制度は主観的要素の立証という困難な問題の発生を回避している。したがって，法人がPHCとして分類される場合には，この法人は留保収益税（AET）を免除される。ブッシュ政権が2003年雇用成長租税救済調整法（JGTRRA）を制定する前は，PHCTの税率は，個人の最高税率に等しいものとされていた（2002年38.6％）が，同法により配当に適用される税率に等しくなるように引き下げられた。

## 2　同族持株会社 (PHC) の定義

　同族持株会社の定義については，本書第1編第1章5「同族持株会社」を参照されたい。法人は，設立時だけでなく，清算時においても不注意でPHCの定義に該当しないように留意しなければならない。裁判所は，清算法人もPHCTを免れないと判示している (O'Sullivan Rubber Co., CA－2, 41－2 USTC9521, 120 F2d845)。また，法人が持株会社や投資会社でないことを立証する責任は，納税者側にあるとされる (Rhombar Co., Inc., CA－2, 67－2 USTC9743)。閉鎖的保有法人の株式の価値の評価は，公開市場で取引されることが稀であるため，多くの問題を引き起こす。米国では，この株式は，すべての状況に照らして (in light of all the circumstances) 評価されるべきであるとされている (規則1.542－3(c))。通常，「すべての状況」には，(ⅰ) 法人の純資産，(ⅱ) 法人の収益，(ⅲ) 配当支払能力，(ⅳ) 法人価値の各種類の株式への配分，(ⅴ) 配当優先権などが含まれる。

## 3　株式所有権

　法人がPHCに該当するか否かを判定するために，次の株式所有権ルールが適用される。

(a)　法人，パートナーシップ，遺産財団または信託によりまたはこれらの事業体のために直接または間接に所有される株式は，その株主，パートナーまたは受益者によって比例的に所有されるものとみなされる。

(b)　個人は，その家族またはそのパートナーによりまたはこれらのために直接または間接に所有される株式を所有するものとみなされる。

(c)　いかなる者 (any person) であろうと，株式を取得するオプションを有する場合，株式は，当該者によって所有されるものとみなされる。ここで，オプションを取得するオプションなど一連のオプションの各々が「株式を取得するオプション」とみなされる。

(d) みなし所有権（constructive ownership）は，現実の所有権（actual ownership）として取り扱われるが，上記（ii）の家族およびパートナーシップ・ルールの適用の場合には，他の者をこの株式のみなし所有者（constructive owner）とするかどうかを決めるとき，現実の所有権とはみなされない。

(e) 転換社債は株式とみなされる。

## 4　同族持株会社所得（personal holding company income：PHCI）

法人は，課税年度の調整通常所得（adjusted ordinary income）の60％以上が同族持株会社所得（以下PHCIという）である場合，同族持株会社税（PHCT）を課税される。法人が受け取る次の8種類の通常所得がPHCIを構成する。

(a) 配当，利子および使用料
(b) 賃貸料
(c) 鉱業・石油・ガス使用料
(d) 著作権使用料（コンピュータ・ソフトウエア使用料を除く）
(e) フィルム賃貸料
(f) 法人資産の使用の対価
(g) 人的役務提供の対価
(h) 遺産財団または信託の受益者として受け取る所得

### (1) PHCIの計算

PHCIは，次の手順で計算される。

(a) 法人の通常の総所得（ordinary gross income）を計算する。
(b) 特定の調整を行い，法人の調整通常総所得（adjusted ordinary gross income）を計算する。
(c) 上記の8種類の所得金額を計算する。
(d) 上記の8種類の所得金額を合計する（PHCI）。

(e) (d)のPHCIが(b)の調整通常総所得に占める割合を計算する。

ここで,「通常の総所得」は,総所得から次のものを減算した金額である（IRC543(b)(1)）。

(a) 資本資産の処分からのすべての収益
(b) IRC1231資産の処分からのすべての収益
(c) 非居住外国人が直接または間接に課税年度の後半に所有する外国法人については,すべての種類のPHCI（法人が人的役務提供契約から受け取る金額を除く）

ここで,「調整通常総所得」は,総所得から次の調整項目を減算した金額である（IRC543(b)(2)）。

（ⅰ） 賃貸所得の調整

賃貸所得からこれに配分すべき減価償却費,償却費,資産税,支払利子および賃借料を減算する。

（ⅱ） 鉱業使用料等の調整

鉱業・石油・ガス使用料および油井・ガス井の持分からの所得からこれに配分すべき減価償却費,償却費,減耗控除,資産税,支払利子および賃借料を減算する。

（ⅲ） 一定の利子の除外

ディーラーが販売のために保有する米国債について,その利子を除外する。

### (2) 未分配同族持株会社所得 (undistributed personal holding company income:UPHCI)

PHCTは,未分配同族持株会社所得（以下UPHCI）のみに課税される（IRC545,規則1.545-2,1.545-3）。UPHCIは,PHCIに慈善寄附金,過大経費,減価償却費などを加算した上で,その合計額から,（ⅰ）連邦および外国の所得税,戦時利潤税および超過利潤税,（ⅱ）慈善寄附金,（ⅲ）純営業損失,（ⅳ）純キャピタル・ゲイン,（ⅴ）支払配当控除,（ⅵ）一定の外国法人のUPHCIなどの控除を行い,計算される。

## 5 外国同族持株会社 (foreign personal holding company:FPHC)[34]

　外国同族持株会社（以下FPHCをいう）は，米国PHCと異なり，その留保所得に対して課税されないが，その代わりに，米国市民，米国居住者，内国法人，内国パートナーシップ，ならびに内国遺産財団および内国信託が，留保された外国同族持株会社所得（foreign personal holding company income:FPHCI）に対して，あたかも配当されたものとして課税される（IRC551〜554）。

　FPHCの定義については，本書第1編第1章6「外国同族持株会社」を参照されたい。

　外国同族持株会社所得（以下FPHCIという）は，一般に，（ⅰ）配当，利子，使用料，（ⅱ）保険年金，（ⅲ）株式または証券の売却または交換からの収益，（ⅳ）商品先物取引からの収益，（ⅴ）遺産財団または信託の持分の売却または交換からの収益，（ⅵ）人的役務提供契約からの所得，（ⅶ）株主による法人資産の使用の対価，（ⅷ）賃貸料などから構成される。

　FPHCの総所得は，FPHCがあたかも内国法人であるかのように計算され，米国内源泉所得に限定されない。

# 第 5 章

# 税 額 控 除 (tax credits)

　税額控除 (a credit against tax) は，当期における納税者の所得税額から直接差し引かれる金額である。税額控除は，所得税額そのものから差し引かれるが，所得控除または損金 (deductions) は，総所得または調整総所得から差し引かれる点で，両者は異なる。連邦税法は，多種多様な税額控除を認めている (IRC 21〜53)。税額控除の合計額が当期の税額より少ない場合，税額控除は単純に税額から差し引かれるが，逆に税額控除が税額を超える場合，（ⅰ）還付可能な税額控除 (refundable credits) と（ⅱ）還付不能な税額控除 (non-refundable credits) では異なる取扱いがなされる。

　還付不能な税額控除は，還付可能な税額控除の前に税額から差し引かれる。還付可能な税額控除は，その次に，税額から差し引かれ，税額を超える部分は当期に納税者に還付される。

### (1) 還付不能な税額控除

　税額控除が当期の税額を超える部分について還付されない場合，この税額控除を還付不能な税額控除という。一部の税額控除は，過年度に繰り戻され，またはその後の課税年度に繰り越される。還付不能な税額控除の請求の順番は，重要である。

　還付不能な税額控除の請求の順序は，次のように定められている。
① 人的な還付不能な税額控除 (personal non-refundable credits)
② 外国税額控除および米国属領税額控除 (credit for taxes of foreign countries and U. S. Possessions)

③ 代替燃料税額控除（alternative fuels credit）
④ 適格電気自動車税額控除（qualified electric vehicles credit）
⑤ 一般事業税額控除（general business credit）
  (a) 投資税額控除（investment credit）
  (b) 雇用機会税額控除（work opportunity credit）
  (c) 福祉雇用税額控除（welfare-to-work credit）
  (d) アルコール燃料税額控除（alcohol fuels credit）
  (e) 研究税額控除（research credit）
  (f) 低所得層住宅税額控除（low-income housing credit）
  (g) 石油回収促進税額控除（enhanced oil recovery credit）
  (h) 障害者アクセス税額控除（disabled access credit）
  (i) 再生可能な資源電力生産税額控除（renewable-resource electricity production credit）
  (j) インディアン雇用税額控除（Indian employment credit）
  (k) 雇用主FICA税額控除（employer FICA credit）
  (l) 新規市場税額控除（new markets credit）
  (m) 小規模事業主年金計画税額控除（small employer pension plan start-up costs credit）
  (n) 雇用主提供児童手当税額控除（employer-provided child care credit）
  (o) 地域開発法人税額控除（community development corporation credit）
  (p) トランス・アラスカ・パイプライン賠償責任基金税額控除（trans-Alaska pipeline liability fund credit）
  (q) 委任ゾーン雇用税額控除（empowerment zone employment credit）

## (2) 還付可能な税額控除

次の税額控除は，税額を超える部分を還付することができる。
(a) 賃金に対する源泉徴収税
(b) 稼得した所得に対する税

第5章　税額控除

(c) 健康保険コスト税額控除
(d) 非居住外国人および外国法人に対する源泉徴収税
(e) 揮発油および特別燃料利用税
(f) 規制投資会社の未分配キャピタル・ゲインに対する税

## 1　税額に基づく制限

　還付不能な税額控除は，当期の税額（tax liability）と相殺することを認められる（IRC26）。（ⅰ）人的な還付不能な税額控除，（ⅱ）外国税額控除および（ⅲ）代替燃料税額控除の合計額は，通常の税額（regular tax liability）のうち代替ミニマム外国税額控除を無視して計算される仮のミニマム・タックスを超える部分を超えることができない。

　ブッシュ政権の2001年経済成長租税救済調整法（Economic Growth and Tax Relief Reconciliation Act of 2001：EGTRRA）は，IRC26を改正し，単年度に請求できる還付不能な税額控除の合計額の定義を改正した。ブッシュ政権は，2002年雇用創出勤労者支援法（Job Creation and Worker Assistance Act of 2002：JCWAA）によりこの新しい定義の適用日を延長した。2001年および2002年に適用される特別なルールは，2003年まで延長された。2004年勤労家族租税救済法（Working Families Tax Relief Act of 2004：WFTRA）は2005年後に開始する課税年度まで適用日を延長した。このため，納税者は，引き続きその通常の税額から外国税額控除およびAMT税額を差し引いた残額の合計と還付不能な税額を相殺することができた。しかし，EGTRRAによる税額制限は，2006年1月1日以後に開始する課税年度に適用される。

　ここで「通常の税額」とは，チャプター1（IRC1～1399）により課される租税をいい，主として次の租税を含まない。
(a) 1986年後に開始する課税年度に課される代替的ミニマム・タックス（AMT）
(b) 留保収益税（AET）

(c) 同族持株会社税（PHCT）

(d) 外国収用損失の回収に対する税

(e) Ｓ法人ビルトイン・ゲインに対する税

(f) Ｓ法人パッシブ投資所得に対する税

(g) 非居住外国人および外国法人の一定の所得に対する税

(h) 残余持分に対する税

(i) 支店利益税

(j) 抵当債券および抵当信用証書の使用からの連邦補助金の一部の取戻に対する税

(k) 割賦方法による所得申告の遅滞に課される利子税

(l) 金融資産証券化投資信託（FASIT）の高利回り債務証書を不適格保有者に譲渡する譲渡者に課される税

(m) 資本構成基金の不適格な取崩しに対する税


## 2 アットリスク・ルール

### (1) ノンリコース・ファイナンス

ノンリコース負債（適格商業ファイナンスを除く）で投資税額控除資産（investment credit property）に融資する納税者は，アットリスク・ルールにより，当該投資資産の税額控除ベースからノンリコース負債の金額を減算することができる（IRC49(a)(1)(A)）。このルールは，アットリスク・ロス・リミテーション・ルールが適用される納税者と活動に適用される。

① 適格商業ファイナンス

適格商業ファイナンスは，納税者に関連のない者から資産を取得し，ノンリコース・ファイナンスが当該資産に基づく税額控除の80％であり，このファイナンスが次のいずれかに該当する場合における投資税額資産のすべてのファイナンスをいう（IRC49(a)(1)(D)(v)）。ただし，転換負債は，適格商業ファイナンスとみなされない。

(ⅰ)　適　格　者

　貸主は，能動的に通常貸金業に従事している者であり，関連者，資産の売主または当該投資により報酬を受け取る者でないこと

　(ⅱ)　政　府　金　融

　資産が連邦政府，州政府または地方政府からのローンでファイナンスされていること

　(ⅲ)　政府により保証されたローン

　資産が連邦政府，州政府または地方政府により保証されるローンでファイナンスされていること

② 不適格ノンリコース・ファイナンスに関する税額控除の減算

　次の場合，投資税額控除資産がノンリコース負債によってファイナンスされるとき，投資税額控除を減算する必要がある。

　(a)　関連者から資産を取得すること
　(b)　ノンリコース・ファイナンスの金額が資産の税額控除ベースの80％を超えること
　(c)　ファイナンスが適格商業ファイナンスでないこと

　ここで，「ノンリコース・ファイナンス」には，次のものが含まれる。

　(a)　納税者が保証，ストップ・ロスの合意または類似の合意により損失から保護されている金額
　(b)　資産が使用される活動に権利を有する者（債権者を除く）から借り入れた金額

③ 資産の税額控除ベース

　不適格ノンリコース・ファイナンスの場合，投資税額控除を計算するため，資産の税額控除ベースから不適格ノンリコース・ファイナンスの金額を減算する必要があるが，ここで，「資産の投資税額控除ベース」とは，次のものをいう。

　(a)　適格修復ビルのベーシスの適格修復支出に帰すべき部分
　(b)　エネルギー資産のベーシス
　(c)　適格林業資産の償却可能なベーシス

## (2) ノンリコース・ファイナンスの金額の変更

投資税額控除資産に係るノンリコース・ファイナンスの金額が変更する場合，納税者の税額控除の金額も変更される。税額控除を請求する元の課税年度後，（ⅰ）ノンリコース・ファイナンスの金額が減少する場合，追加的税額控除を請求することができ，（ⅱ）ノンリコース・ファイナンスが増加する場合，過大な税額控除の取戻しが要求される（IRC49(a)(2)および49(b)）。

## 3　未使用の事業税額控除（business credits）に関する控除

納税者は，1年の繰戻と20年の繰越期間後未使用である適格事業税額控除に関する控除を認められる（IRC196）。1998年前のルールでは，3年の繰戻と15年の繰越が認められていた。「適格事業税額控除」は，次のものがある。

- (a) IRC46により決定される投資税額控除
- (b) IRC51(a)により決定される雇用機会税額控除
- (c) IRC40(a)により決定されるアルコール燃料税額控除
- (d) IRC41(a)により決定される研究税額控除
- (e) IRC43(a)により決定される石油回収促進税額控除
- (f) IRC1396(a)により決定される委任ゾーン雇用税額控除
- (g) IRC45A(a)により決定されるインディアン雇用税額控除
- (h) IRC45B(a)により決定される雇用主社会保障税額控除
- (i) IRC45D(a)により決定される新規市場税額控除
- (j) IRC45E(a)により決定される小規模事業主年金計画税額控除

ここでの控除の適用上，未使用の適格事業税額控除には，次のものが含まれる。税額控除繰越期間の満了後最初の課税年度にこの控除が認められる（IRC196(d)）。

- (a) 1986年前に開始する課税年度に請求された投資税額控除の50%
- (b) 1990年前に開始する課税年度の研究税額控除の50%

(c)　未使用の雇用機会税額控除の100%

(d)　未使用のアルコール燃料税額控除の100%

(e)　未使用の石油回収促進税額控除の100%

(f)　委任ゾーン雇用税額控除の100%

(g)　インディアン雇用税額控除の100%

## 4　税額控除の種類

　米国議会は，一定の経済政策または社会政策を推進するために，その目標を達成する方法として税額控除を活用する。現在，米国が活用している多様な税額控除のうち，企業税制の一部を構成するものを選んで，以下に説明することとする。

### (1)　増加研究活動 (increasing research activities)

　営業または事業において支払いまたは発生した**増加研究費** (incremental research expenses) に関する税額控除が認められる (IRC41)。この税額控除は，1996年7月1日と2005年12月31日との間に支払いまたは発生した研究費に適用される (IRC41(h)(1)(B), 2004年勤労家族法により改正された)。納税者が選択的増加税額控除を選択する場合を除き，この税額控除は，次の合計額とされる。

(a)　課税年度の適格研究費のうち基準金額を超える部分の20%

(b)　基礎研究支出の20%

　1996年6月30日後に開始する課税年度において，納税者は選択的増加税額控除を用いることを選択できる。この選択は，1996年6月30日後に開始する最初の課税年度に様式6765により行わなければならない (IRC41(c)(3))。また，研究実験費を当期の損金として控除することを選択するかどうかにかかわらず，進行中の事業につき，この税額控除を適用することができる。この税額控除は，一般的事業税額控除 (general business credit) の一部として取り扱われ，その使用制限 (税額の25,000ドルについては100%，税額のうち25,000ドルを超える部分につ

いては75%）を課される。歴史的にこの税額控除は，米国内で行われた適格研究のみに限定されてきたが，1999年租税救済拡大法（Tax Relief Extension Act of 1999）により，適格研究の範囲を拡大し，プエルト・リコおよび米国属領で行われる研究についても適用されることとした。

この増加研究活動税額控除を請求する納税者は，そのIRC174の研究費の損金算入額をこの税額控除の金額だけ減算しなければならないが，逆に，損金算入額の減算の代わりに，税額控除の減算を選択することもできる。

① **適格研究費**（qualified research expenditures）

増加研究活動税額控除は，納税主体がすでに従事している営業または事業を営むときに発生する研究費のみに適用される（IRC41(b), 41(d)および41(e)）。製品，方式，工程，模型，発明などの改良・開発に係る支出は，適格研究費に該当するが，潜在的な営業または事業に関する支出や新規事業の将来の生産・販売に係る支出は，該当しないとされる。

例えば，次の種類の研究費は，適格性を認められる。

(a) 研究に係る賃金，研究に用いられる供給品，実験設備，コンピュータその他の資産に関するインハウス支出
(b) 適格契約研究費として社外の者に支払いまたは発生した支出金額の65％
(c) 1996年7月1日以後における適格研究費として適格研究コンソシアムに支払いまたは発生した支出金額の75％

ただし，次のものについては，適格性を認められない。

(a) 米国外で行った研究
(b) 社会科学または人文科学の研究
(c) 他の者または政府機関による助成金，契約その他によって資金提供される研究
(d) 市場研究および消費者研究
(e) 広告宣伝費
(f) 鉱物資源の探査および評価の研究

一般に，コンピュータ・ソフトウエアに関する研究は，適格性を認められな

いが，新規のコンピュータ・ソフトウエアまたは重要な改良のための開発費は，適格性を認められる（IRS Letter Ruling 8614004, 11-25-85）。IRSは，コンピュータの一定の開発費は製品開発費に相当するものと考えている（Rev. Proc. 69-21, 1969-2 CB303）。

② **基準金額** (base amounts)

増加研究税額控除は，研究費の増加に基づいて認められる。この税額控除は，当期の適格研究費のうち基準金額（特定期間の平均値）を超える部分の20％である（IRC41(c)）。当期の適格研究費の合計額は，直前4年度の適格研究費の平均値（基準金額という）と比較しなければならない。ここで，基準金額は，次の合計額である。

(a) 固定ベース・パーセント
(b) 当期の直前4課税年度における平均年間総収入

ここで「固定ベース・パーセント」は，1983年後1989年前に開始する課税年度の適格研究費の合計が同期間における総収入合計に占める割合である。いかなる場合も，固定ベース・パーセントは16％を超えないものとされる。新規法人の固定ベース・パーセントは，1993年12月31日後に開始する最初の5課税年度の各年度については3％，6年度から10年度についてはパーセントは適格研究費が一定の過年度の総収入に占めるパーセントの一部とされる。この一部は，次のとおりとされている。

(a) 第6年目：4年目および5年目のパーセントの1/6
(b) 第7年目：5年目および6年目のパーセントの1/3
(c) 第8年目：5年目から7年目までのパーセントの1/2
(d) 第9年目：5年目から8年目までのパーセントの2/3
(e) 第10年目：5年目から9年目までのパーセントの5/6

その後，固定ベース・パーセントは，納税者が選択する5課税年度のパーセントに等しい。

③ **選択的増加税額控除** (alternative incremental credit)

納税者は，1996年6月30日後に開始する最初の課税年度に，3段階の引き下

げられた固定ベース・パーセントと税額控除レートを利用する研究税額控除を計算する選択的方法を選択することができる（IRC41(c)(4)）。

固定ベース・パーセントは，1984年から1988年までの適格研究費の合計が同期間における総収入の合計に占める割合である。選択的増加税額によれば，研究税額控除は，次の3段階の税額控除の合計である。

(a) 第1段階：直前4課税年度の平均年間総収入の1％を超え，1.5％を超えない当期の適格研究費の2.65％

(b) 第2段階：直前4課税年度の平均年間総収入の1.5％を超え，2％を超えない当期の適格研究費の3.2％

(c) 第3段階：直前4課税年度の平均年間総収入の2％を超える当期の適格研究費の3.75％

④ **基礎研究費**（expenditures for basic research）

研究税額控除計算の第2要素は，基礎研究費の20％である（IRC41(e)）。これは，俗に**大学研究税額控除**といわれる。これは，法人が総合大学，単科大学その他の適格団体（学術研究機関，学術研究振興団体および基礎研究助成団体）が行う基礎研究に関して支出する場合に適用される。考慮されるべき基礎研究費は，このような基礎研究費が適格団体の基準期間の金額を超える部分である。基準期間の金額を超えない支出は，契約研究費として取り扱われ，75％ルールを適用される。ここで，「基準期間の金額」とは，ミニマム基礎研究金額と努力維持金額の合計である。

**ミニマム基礎研究金額**は，次のいずれか大きい方の金額に等しい。

(a) インハウス研究費と契約研究費として基準期間に支払いまたは発生した金額の平均値の1％

(b) 基準期間中の契約研究費として取り扱われる金額

**努力維持金額**は，基準期間中に支払った大学寄附金の平均値に暦年の生計費調整を乗じたもののうち，当期中に支払った大学寄附金の金額を超える部分である。

ここで，「基礎研究」とは，特定の商業目的を有しない科学知識の進歩のた

めのオリジナルな調査をいうが，外国で行った研究のために支払った金額は基礎研究費には含まれない。

⑤ 関連グループの合算

関連グループの場合，税額控除の適用上，同一関連グループのすべてのメンバーは，単一の事業体として取り扱われる（IRC41(f)）。

⑥ パススルー事業体

個人がパススルー事業体を通じて得た所得に関し，このような事業体の税額控除をパススルーされるが，次の個人には特別なルールを適用される（IRC41(f)および(g)）。

(a) 非法人の営業または事業の事業主
(b) パートナーシップのパートナー
(c) 遺産財団および信託の受益者
(d) Ｓ法人の株主

これらの個人の税額控除は，パススルー事業体の課税所得のうち，営業もしくは事業またはパススルー事業体における個人の持分に配分される部分に帰すべき税額を超えないものとされる。

## (2) 新規市場税額控除 (new markets tax credit)

新規市場税額控除は，一般事業税額控除の一部であり，オリジナル発行日に適格地域開発事業体（a qualified community development entity：CDE）に対する適格エクイティ投資（a qualified equity investment）の5％に等しい（IRC45D(a)）。この税額控除は，2000年12月31日後の課税年度に行われた投資について適用される。

① 適格エクイティ投資

適格エクイティ投資とは，次の要件を満たす場合，適格地域開発事業体（以下CDEという）である法人の株式の取得価額または適格CDEであるパートナーシップの資本持分をいう（IRC45D(b)）。

(a) 投資は，オリジナル発行日に現金のみと引換えに取得されること

(b) 実質的にすべての現金は，適格低所得層地域投資を行うために使用されること
(c) 投資は，適格CDEによって新規市場税額控除の目的に向けられること

② **適格地域開発事業体**（CDE）

適格CDEは，次の要件を満たす内国法人または内国パートナーシップである。

(a) 主たる使命は，低所得地域または低所得者のために投資資本を提供することであること
(b) 低所得地域の住民に対し説明責任を果たすこと
(c) 財務長官によって適格CDEとして公認されること

一般に，次のものは，これらの条件を満たすものとされる（IRC45D(c)）。

(a) IRC1044(c)(3)に定義する小規模事業投資会社
(b) 1994年地域開発銀行・金融機関法103条に定義する地域開発金融機関

### (3) 一般事業税額控除（general business credit）

税額と相殺することができる金額について統一的な限度額を定め，繰戻および繰越についての統一ルールを定めるため，多種類の税額控除をまとめて「一般事業税額控除」という単一の税額控除が定められている（IRC38(d)）。したがって，この税額控除は，その一部を構成する各税額控除を別々に計算して，これを合計して，税額制限ルールや繰戻および繰越ルールを適用される。単一年度に生じる一般事業税額控除の要素である各税額控除が使用されたとみなされる順序は，繰戻および繰越，取戻し，ならびに未使用税額控除の損金算入に影響する。この順序は，(1)還付不能な税額控除で述べたとおりである（IRC38(b)）。一般事業税額控除の金額は，(ⅰ)事業税額控除の繰越金額，(ⅱ)当期の事業税額控除の金額，および(ⅲ)事業税額控除の繰戻金額の合計額に等しい（IRC38(c)）。

① 税額制限

一般事業税額控除の金額は，純所得税額（net income tax）から次のいずれか大きい方の金額を差し引いた残額を超えることはできない。

(a) 仮のミニマム・タックス

(b) 25,000ドルを超える純通常税額（net regular tax liability）の25％

ここで，「純所得税額」とは，「通常税（regular tax）＋代替的ミニマム・タックス（AMT）－すべての還付不能な税額控除」をいう。「純通常税額」とは，通常税額からこれらの税額控除を差し引いた残額をいう。

② 一般事業税額控除の繰戻および繰越

事業税額控除の当期への繰越金額と当期の税額控除の合計額が当期の25,000ドルと75％制限を超える場合，その超過額は未使用事業税額控除である（IRC39）。1997年12月31日後に開始する課税年度に生じる未使用事業税額は，未使用税額控除年度の1直前年度に繰り戻され，未使用税額控除年度後20年に繰り越される。

税額制限（25,000ドル＋75％制限）は，先入先出法（FIFO）ベースで消化される。

### (4) 投資税額控除（investment credit）

一般事業税額控除の一種である投資税額控除は，次の3種類の税額控除から成る（IRC46）。

（ⅰ）修復税額控除（rehabilitation credit）

これは，1936年前に用に供されたビルの修復に対する支出の10％および公認された歴史的構造物の修復に対する支出の20％の税額控除である。

（ⅱ）エネルギー税額控除

これは，一定の太陽熱および地熱を活用する資産のベーシスの10％の税額控除である。

（ⅲ）植林税額控除

これは，適格林業資産の償却可能なベーシスの10％の税額控除である。

① 通常のパーセント税額控除の廃止

営業もしくは事業で使用されまたは所得の稼得のために使用される有形減価償却資産に対する適格投資については，1986年前には10％税額控除が認められ

ていた（IRC49）。その後，多年にわたり，経過措置により建設中の一定の資産について，このルールの適用が延長された。耐用年数が20年以上の資産は，1991年前に用に供されること，その他の資産は，1989年前に用に供されること，を要求された。

② 取　戻　し

投資税額控除資産が，用に供される時以後5年以内に処分され，または用途廃止される場合，すでに請求した税額控除の一部が取り戻される（IRC50,規則1.47－1,1.47－2および1.47－4(b)(2)）。これは，資産を用に供した課税年度の修正申告でなく，処分年度の税額の増額によって，行うことができる。

次の場合，資産は投資税額控除資産ではなくなる。

(a)　法人またはパートナーシップへの拠出
(b)　主として米国外にある資産の使用または政府機関による使用
(c)　パートナーによるパートナーシップ持分の売却
(d)　S法人の株主による株式の売却
(e)　資産の個人使用への転換

納税者が営業または事業を行う形態を変更するだけである場合，資産が営業または事業において投資税額控除資産として留保され，かつ，納税者が当該営業または事業の実質的な持分を留保しているとき，当該資産は投資税額控除資産でなくなったものとして取り扱われない。

③ 米国外で使用される資産

米国外で使用される資産については，一般に，投資税額控除を適用することはできない（IRC50(b)(1)）。ただし，次の種類の資産は，このルールの例外とされる（IRC168(g)(4)）。

(a)　米国との往来に運航される航空機または米国との契約に基づいて運航される航空機
(b)　24ヶ月の期間の半分超外国人にリースされる鉄道車両
(c)　米国通商に運航される米国船舶
(d)　米国との往来に運転される自動車

(e) 米国との往来で資産の運搬に用いられる米国人のコンテナ
(f) 米国大陸棚から天然資源を探査し，開発し，採取し，運搬するために使用される資産
(g) 内国法人または市民が所有する資産で主として米国属領において使用されるもの
(h) 米国人の通信衛星
(i) 内国法人の海底電話ケーブルで米国内通信に使用されるもの
(j) 海中資源または海底資源を探査し，開発し，採取し，運搬するために，西半球北部の海で使用される資産
(k) 米国で使用するエネルギー発生のため海で使用される一定のエネルギー資産
(l) 米国から発射された米国人の衛星

④ ベーシスの調整

投資税額控除が適用される資産のベーシスは，税額控除の金額だけ減算される（IRC50(c)）。減算されたベーシスは，減価償却や処分の損益の計算のために使用される。

⑤ リース資産 (leased property)

投資税額控除資産の貸主は，当事者によりリースと呼ばれる取引の実体が現実には条件付販売でない場合または貸主が借主による購入に単にファイナンスしている場合，税額控除の適用を受けることができる（IRC46, IRC48, 規則1.46-4(d), 1.48-4）。

個人および非法人（パートナーシップおよびS法人を含む）である貸主は，次の場合に限り，税額控除を受けることができる。

(a) 税額控除を請求するリース資産が貸主によって製造されていること
(b) リース期間がリース資産の耐用年数の50％未満であり，かつ，当該資産に関連する貸主の事業経費の控除が最初の12ヶ月間における当該資産からの賃貸料の15％を超えること

契約の形態でなく，取引の実体が当該取引の種類を決定するので，当事者が

第8編　税額の計算

ある取引をリース以外の取引と分類するという事実は，決定的なことではない。投資税額控除資産の貸主は，次の場合，借主が資産を購入したものとみなすことを選択できる。

(a)　資産が貸主の段階で税額控除を受けることができること
(b)　借主が資産を現実に購入していたならば，資産が借主の段階で税額控除を受けることができたであろうということ
(c)　貸主による選択の文書がこの選択に同意する借主に提出されたこと
(d)　貸主が（ⅰ）相互貯蓄銀行，（ⅱ）協同組合銀行，（ⅲ）内国建築貸付団体，（ⅳ）規制投資会社（IRC），（ⅴ）不動産投資信託（REIT）または（ⅵ）協同組合でないこと

## 5　外国税額控除（foreign tax credit）[35]

　米国は，市民，居住者，内国法人に対し，**米国源泉所得**（income derived from within the United States）のみならず**国外源泉所得**（income derived from foreign sources）に課税する。同一所得に対する米国と外国との二重課税の負担を最小化するため，米国の課税上，外国税額控除が認められる。市民，居住者および内国法人は，米国税を課される国外源泉所得に対して課された外国所得税について外国税額控除を請求できる。非居住外国人および外国法人は，米国の営業または事業と実質的に関連する所得で外国税を課されるものに対して課される米国所得税から外国税額控除を行うことができる。外国税額控除制度において，一定の所得または取引には優遇措置があり，また，一定の取引には抑制措置がある。

　米国の租税政策により，優遇措置は（ⅰ）輸出所得，（ⅱ）米国属領の居住者の稼得する所得に与えられ，抑制措置は米国株主が外国法人を通じて外国事業を行い米国への配当の支払を引き延ばすことによる米国課税の回避に対抗するために取られている。

## (1) 二重課税の救済

外国所得について外国に所得税，戦時利潤税および超過利潤税またはこれらに類する租税を納付しまたは納付すべきこととなる納税者は，国外源泉所得が米国税を課される場合，外国税の損金算入または外国税額控除を行うことができる（IRC164, 901, 906および6511(d)(3)(A), 規則1.901-1, 1.903-1, 301.6511(d)-3）。税額控除か損金算入かの選択は，還付請求または税額控除請求の法定期間内に行うことができる。この期間は，申告の時から3年，納付の時から2年とされる。税額控除できる税額は，外国に納付した金額または納付すべきこととなった金額である。ただし，外国税が還付され，税額控除され，払い戻され，減額されまたは免除されることが合理的に確実である場合には，その外国税は納付されたことにならない（規則1.901-2(e)および1.901-2(g)(1)）。

## (2) 外国税（foreign tax）の範囲

外国税額控除の適格性が認められるため，特定の外国の租税は，所得税に実質的に類似する租税または所得税の代りに課される租税でなければならない。一般に，外国税が次の要件を満たす場合のみ，所得税に代わる租税として適格性を認められる。

(a) 外国の課税権に従い強制的納付（a compulsory payment）を要求すること
(b) 一般に課される所得税または一連の所得税の代わりに課される租税として機能すること

外国の課税権に基づく納付の強制的か否かの判定は，当該外国法令でなく，米国法の原則に基づいて行われる。外国税は，その主たる性質が米国所得税と同じ性質の所得税である場合に限り，税額控除できる所得税として取り扱われる。外国税の主たる性質は，次の場合，米国法における所得税の性質をもつと考えられる。

(a) 外国税額が他の国に納付すべき税額からの税額控除の可能性に依存しないこと
(b) 外国税が適用される通常の状態で純所得に対して課されるものであるこ

と

(c) 純所得に対して課されるとは，米国の（ⅰ）所得実現原則，（ⅱ）総所得要件および（ⅲ）純所得要件を満たす場合に限ること

① 経済的利益の対価

外国から特定の経済的利益を受け取らない納税者に対する外国税は，そのような経済的利益の対価でなく，税額控除できる所得税と考えられる。特定の経済的利益の対価は租税とみなされない。

② 税額控除できない租税

次のような外国税は，税額控除の対象とされない。

(a) 納税義務が他の国の税額から税額控除できることに明瞭に関連する租税
(b) 利子またはペナルティ（規則1.903−1）
(c) ガスまたは石油の売買に関連する外国税（IRC901(f)）
(d) 留保収益税（IRC901(a)）
(e) 外国販売法人（FSC）の外国営業所得に対する税（IRC901(h)）
(f) 次の外国に帰すべき所得に対する税
  （ⅰ） 米国が承認していない外国政府
  （ⅱ） 米国が外交関係を断絶している外国
  （ⅲ） 国際テロリズム支援国

### (3) 外国税額控除の控除権者

① 米国市民および内国法人

米国市民および内国法人は，外国または米国属領に納付しまたは発生した租税について外国税額控除を認められる（IRC901(b)および(c), 960）。

② 米国居住外国人およびプエルト・リコ居住外国人

米国居住外国人またはプエルト・リコ居住外国人は，外国に納付しまたは発生した外国税の税額控除を認められる。ただし，米国大統領が次のように決定する場合はこの限りでない。

(a) 居住外国人が市民権を有する外国が米国市民に相互主義による税額控除

を与えないこと
(b) 当該国が外国税額控除を与えなかったこと
(c) 居住外国人に対して外国税額控除を否認することが公益に合致すること
③ 非居住外国人および外国法人

非居住外国人および外国法人は,米国内の営業または事業の遂行と実質的に関連する外国源泉所得に対し納付した外国税の税額控除を認められる。この場合,外国の課税国が源泉地国であるか否かを問わない。ただし,支店利益税に対する税額控除は認められない。

④ パートナーシップ,信託および遺産財団ならびにS法人

パートナーシップの構成員,信託および遺産財団の受益者である個人は,パートナーシップ,信託または遺産財団が外国または米国属領に納付しまたは発生した税額の比例的シェアの税額控除を認められる。外国税額控除の適用上,S法人はパートナーシップとみなされ,S法人株主はパートナーとして取り扱われる (IRC901(b)(5)および1373)。

⑤ 株　　　主

内国法人が外国法人から配当を受け取る場合,当該外国法人の議決権株式10％以上を有する内国法人は,外国子会社が納付しまたは納付したとみなされる外国税の税額控除（間接外国税額控除という）を認められる。被関連外国法人の10％株主は,一定の金額が当該株主の所得に算入される場合,税額控除を請求することができる。

規制投資会社または外国投資会社の株主は,これらの法人が税額控除を株主にパスすることを選択する場合,外国税額控除を請求することができる。

## (4) 控除の時期

外国税額控除は,通常,外国税が発生した課税年度または外国税を納付した課税年度の申告において行われる (IRC905,規則1.905－1,暫定規則1.905－3T～5T)。発生主義による場合,外国に納付した租税の税額控除もまた発生主義による。現金主義による場合,納税者は自己の会計方法にかかわらず発生主義に

よる外国税額控除を行うことを選択することができる。発生主義納税者の外国税額控除の適用上，たとえ納税者が税額を争い，後年度まで未納であるとしても，外国税は課税された課税年度に発生したものとされるべきであるが，争いのある税額が最終的に確定するまで，発生したことにならず，確定により発生したことになる税額が争いを始めた課税年度に戻って税額控除されることになる（Rev. Rul. 84-125, 1984-2 CB125）。外国政府に還付請求することができる外国税について税額控除は認められない（Rev. Rul. 70-290, 1970-1 CB160, Rev. Rul. 84-125, 1984-2 CB125）。延払外国税は，当期に外国税額控除の対象とすることができる（Rev. Rul. 70-303, 1970-1 CB161）。

### (5) 間接外国税額控除

配当を支払う外国法人の議決権の10％以上を所有する内国法人は，当該外国法人（外国子会社という）が支払いまたは支払うものとみなされる外国所得税の税額控除を認められる（IRC902(a)および(b)）。内国法人グループの1社以上が単独で10％所有要件を満たす場合を除き，内国法人グループが有する外国法人の持分合計が10％を超えるとしても，この所有要件を満たすことにはならない（Rev. Rul. 85-3, 1985-1 CB222）。2004年10月22日後の外国法人の課税年度については，外国法人の米国法人株主は，パートナーシップ（内国パートナーシップか外国パートナーシップかを問わない）によりまたはこのパートナーシップのために直接または間接に所有される外国法人の株式につきみなし税額控除を請求することができる（IRC902(c), 2004年米国雇用創出法により改正された）。各パートナーは，パートナーシップの持分に比例して株式を所有するものと考えられる。

> **設 例**
> 
> パートナーシップにサービスの対価を支払い，配当を支払う外国法人の持分の40％を取得する当該パートナーシップを組成した2法人は，この対価に対する源泉徴収された外国税と配当に対して支払ったとみなされる外国税を税額控除することができる。

> 各パートナーは，外国に納付しまたは発生したパートナーシップの税額の分配シェアを別々に考慮に入れる。各パートナーの持分は，外国法人株式の20％であり，各法人は，間接外国税額控除の10％所有要件を満している（Rev. Rul. 71-141, 1971-1 CB211）。

外国税額控除を選択する内国法人は，受取配当につき支払ったものとみなされる外国税と受取配当を総所得に算入しなければならない（IRC78, 規則1.78-1）。

適格10％所有要件を満たす外国法人（米国属領法人を含む）から配当を受け取る内国法人は，受取配当控除を受けることができる（IRC245）。この受取配当控除の金額は，配当の米国源泉部分の70％に等しい。内国法人が分配法人の20％以上を所有する場合には受取配当控除の金額は配当の米国源泉部分の80％に等しい。内国法人が分配法人の100％を所有する場合，100％受取配当控除を受け取ることができる。適格10％所有外国法人から法人が受け取る配当の米国源泉部分について支払いまたは発生した租税についてIRC901の外国税額控除は，認められない。

① 複層外国子会社

米国法人が10％以上を所有する外国法人（第1段階外国子会社）が別の外国法人（第2段階外国子会社）の10％以上を有する場合，米国法人が受け取る配当が第2段階外国子会社の支払った配当に帰属する範囲を限度として，米国法人は第2段階外国子会社の納付した外国税の税額控除を認められる。第2段階外国子会社が10％以上を所有する第3段階外国子会社が支払う配当についても外国税額控除が認められる。間接外国税額控除を受けるための条件として，米国法人は，第2段階および第3段階外国子会社の双方の5％以上の持分を直接または間接に有することが必要とされる（IRC902(b), 規則1.902-1(c)および(d)）。

第8編　税額の計算

> **設　例**
>
> 　　内国法人が第1段階外国法人Aの30%を所有し，Aが第2段階外国子会社Bの40%を所有し，Bが第3段階外国子会社Cの35%を所有する場合，内国法人は第2段階外国子会社Bの12%（30%×40%）を有するが，第3段階外国子会社Cの4.2%（12%×35%）しか有していないので，内国法人はBの納付した外国税については税額控除を認められるが，Cの納付した外国税については認められない。

② 　間接外国税額控除の計算

　外国子会社が納付した外国所得税のうち米国親会社に支払われる配当に帰すべき部分につき米国親会社に認められる間接外国税額控除（deemed-paid credit）は，次の算式のように，外国子会社の1986年後に納付外国所得税の合計額に当該外国子会社の1986年後の未分配収益に占める支払配当（米国親会社が受取配当につき納付したものとみなされる外国税を含めないで決定される）の割合を乗じて計算される。

・1986年後の納付外国税 $\times \dfrac{配　当}{1986年後の未分配収益}$ ＝間接外国税額控除

　「外国子会社の1986年後納付外国所得税」には，当該外国子会社の配当年度における外国所得税納付額と1987課税年度の期首から配当年度の期首までの間における外国所得税納付額が含まれる。過年度に間接外国税額控除済の外国税は，1986年後納付外国税から除外される。外国子会社の1986年後未分配収益は，1987課税年度の期首から配当年度の期末までのすべての留保収益である。その合計額には，間接外国税額控除を適用する課税年度の支払配当も含まれる。

第 5 章　税額控除

> 設　例
>
> 　米国親会社Aは2005課税年度に10％所有外国子会社Bから10,000ドルの配当を受け取る。2003または2004課税年度には配当はなかったが，Bの留保収益は，2005課税年度末で50,000ドル（10,000ドルの配当を含む）。この3課税年度にBは5,000ドルずつ外国税を納付している。この場合，2005年配当に対応する間接外国税額控除の計算において，AはBの2003年度，2004年度および2005年度の外国税15,000ドル（5,000×3）に，配当10,000ドルが留保収益50,000ドルに占める割合を乗じなければならない。Aがこの受取配当に対応して納付したものとみなされる外国税額は，3,000ドル（15,000×10,000/50,000）と算定される。

　1986課税年度後に支払われる配当は，1986課税年度後の留保収益のプールから支払われたものとみなされる（IRC902(c)(6)(B)）。もし，超過配当（excess dividends）が行われた場合には，この超過配当は1987課税年度前の留保収益から支払われたものとみなされ，1986年レーガン税制改革前の間接外国税額控除制度が適用されることになる。ただし，米国親会社が外国子会社の10％所有権を1986課税年度後に取得した場合には，配当原資となる収益のプールの遡及は10％所有権を取得した課税年度までに限られる。すなわち，外国子会社の1986課税年度後の支払配当がその1986課税年度後の未分配収益を超える場合，この超過配当に係る外国税額控除は，次の算式により計算される。

$$\frac{\text{米国親会社の超過受取配当}}{\text{支払配当年度における外国子会社}} \times \text{外国子会社の納付した外国税額の税引き後収益}$$

## (6)　外国税額控除限度額（limits on foreign tax credit）

　外国税額控除によって米国源泉所得に対する米国税額が減少しないように，控除限度額が定められている（IRC904(a), Rev. Rul. 80-201, 1980-2 CB221）。包括限度額方式といわれる限度額の計算は，次の算式で行われる。

第8編　税額の計算

・米国税額×$\dfrac{課税対象外国源泉所得}{全世界課税所得}$

① 外国源泉所得の範囲の制限

　外国税額控除の包括限度額は，一般に分離限度額の範疇（俗称バスケット）として知られる各種所得ごとに適用される（IRC904(d)，2004年米国雇用創出法により改正された。規則1.904－4）。このように，バスケット方式といわれる分離限度額を定める趣旨は，一般に能動的事業所得に課される外国税とパッシブ所得に対する米国税の相殺を防止することである。2007年前の課税年度については，9種類の所得バスケットが定められていた。

(a)　パッシブ所得（passive income）

(b)　高率の源泉徴収税を課される利子（high withholding tax interest）

(c)　金融サービス所得（financial services income）

(d)　国際運輸所得（shipping income）

(e)　非関連法人から受け取る配当（dividends from non-controlled corporations）

(f)　米国国際販売法人（a domestic international sales corporation：DISC）からの受取配当

(g)　外国貿易所得

(h)　外国販売法人（a foreign sales corporation：FSC）または元FSCからの分配

(i)　上記(a)〜(h)に含まれないすべての所得（一般限度額所得という）

② 2004年米国雇用創出法の改正

　2006年12月31日後に開始する課税年度に，バスケット数は，(a)パッシブ所得と(b)一般所得に二分される。これまでの9種類の所得は，この2種類に区分し直される。

　米国法では所得に該当しない金額に対して課される外国税は，一般所得に課されるものとして取り扱われる。2004年後2007年前の課税年度において，このような税を金融サービス所得または一般限度額所得のいずれかのバスケットに配分することを選択することができる。

### ③ 所得の範疇

(a) パッシブ所得

パッシブ所得は，サブパートF外国同族持株会社所得およびパッシブ外国投資会社所得として定義されている。これには，他の範疇の分離限度額所得，高率課税所得（high taxed income）または輸出金融利子は含まれない（IRC904(d)(2)(A)(iii)）。

（i） 高率課税所得

ある所得に対し納付したまたは納付したとみなされる外国税が米国の最高税率を超える場合，当該所得は高率課税所得とされる。

（ii） 輸出金融利子

外国で使用される資産の売却または処分に対するファイナンスから生じた利子は，輸出金融利子とされる。この資産は，米国で製造，生産，栽培または採取されたものであり，米国に輸入された部品に帰すべき部分が当該資産の公正な市場価値の50％未満であるものに限られる（IRC904(d)(2)(G)，規則1.904 − 4 (h)）。

(b) 高率の源泉徴収税を課される利子

外国または米国属領が5％以上の源泉徴収税を課される利子（輸出金融利子を除く）は，高率の源泉徴収税を課される利子とされる。

(c) 金融サービス所得

主として銀行業，保険業，金融業または類似の事業の積極的な遂行に従事する者が受け取りまたは発生する一定の種類の所得が，金融サービス所得に含まれる（IRC904(d)(2)(C)）。総所得の80％以上が規則1.904 − 4 (e)(2)(i)および(3)に規定する所得である場合，主として積極的な金融業に従事する事業体とされる。

(d) 国際運輸所得

IRC954(f)による外国基地会社国際運輸所得は，ここで国際運輸所得とされる。外国基地会社所得は，（i）外国通商に運航される航空機または船舶の使用または売却から生じる所得，（ii）当該航空機または船舶に直接関連するサービス提供からの所得である。これには，金融サービス所得または2003年前の課税年度の非関連者からの受取配当は含まれない（IRC904(d)(1)(D)および(d)(2)(D)，2004

年米国雇用創出法により改正された)。2004年米国雇用創出法は，2004年12月31日後に開始する外国法人の課税年度にIRC954(f)を廃止した。

(e) **非関連法人からの受取配当**

2003年前の課税年度について，IRC902非関連法人からの受取配当には分離限度額が適用された。IRC902非関連法人は，ある内国法人が外国法人の議決権株式の10%以上を所有し，かつ，当該外国法人の米国所有割合が10%ないし50%である場合，当該外国法人をいう（IRC904(d)(2)(E), 2004米国雇用創出法により改正された)。このバスケットは，2002年12月31日後に開始する課税年度については，廃止された。

(f) **ルックスルー・ルール**

米国株主が被支配外国法人から受け取る利子，賃貸料，使用料またはサブパートF所得は，これらの項目が米国株主にパスされる前に法人の分離限度額所得であったならば，分離限度額所得として取り扱われるものとされる。被支配外国法人の支払配当は，法人の特定の範疇の分離限度額所得に直接当てはまらないとしても，分離限度額の対象とされる。この分離限度額所得に算入すべき配当の金額は，当該配当に（ⅰ）法人のE＆Pのうち当該範疇に対応すべき部分が（ⅱ）法人のE＆P合計額に占める割合を乗じて算定される。

株主に対する支払利子は，他の種類の分離限度額所得に配分する前に，被支配外国法人の外国同族持株会社所得に配分されるものとされる。

(g) **米国所有外国法人に関する源泉規定**

外国税額控除の控除限度額の計算上，米国所有外国法人から取得する一定の金額は，米国源泉所得として取り扱われる（IRC904(g))。このように米国源泉所得とみなされる金額とは，（ⅰ）利子，（ⅱ）配当，（ⅲ）サブパートF所得，（ⅳ）外国同族持株会社所得，（ⅴ）パッシブ外国投資会社からの所得をいう。ここで，「米国所有外国法人」とは，米国人がすべての種類の議決権株式の議決権合計または株式価値の50%以上を保有する外国法人をいう。その所得の80%超を外国源泉から稼得する米国法人（80-20法人という）は，米国所有外国法人として取り扱われ，米国所有外国法人の米国源泉所得とみなすルールを適

用される (IRC904 (g)(9))。

④ DISC株主の控除限度額

外国税額控除を選択するDISC株主または元DISCの株主は，DISC配当につき納付したものとみなされる外国税につき外国税額控除の分離限度額を計算しなければならない (IRC904 (d)(1)(F), 規則1.904 − 1 〜 1.904 − 5)。したがって，この株主は，DISC以外の外国税の税額控除限度超過額をDISC配当に対する米国税額と相殺するために用いることはできない。

(7) 包括的外国損失 (overall foreign losses)

外国所得より大きい包括的外国損失のある納税者は，この損失を米国源泉所得と相殺し，米国税額を減少することができる (IRC904 (f))。この超過損失 (包括的外国損失−外国所得) の米国源泉所得からの控除によって得られるタックス・ベネフィットは，取戻しの対象となる。これを取戻ルール (recapture rules) という。納税者が損失年度に外国控除を請求しない場合であっても，この取戻ルールは税額控除を生じる外国損失に適用される。ここで，「包括的外国損失」は，外国源泉所得に適正に配分される費用，損失その他の控除項目の合計額が当該外国源泉総所得を超える金額である。

一定の項目または一定の種類の総所得に明確に配分できない費用，損失その他の控除項目は，外国損失の決定に当たり，その比例部分を考慮に入れるものとする (IRC862 (b))。

(1) 取 戻 し

取戻ルールにより，損失年度後稼得した外国所得の一部は，米国源泉所得として取り扱われる。米国源泉所得とみなされる外国所得の金額は，（ⅰ）損失金額または（ⅱ）その後の年度における外国課税所得の50％のいずれか少ない方に制限される。ただし，納税者は大きいほうの金額を米国源泉所得とみなされることを選択することができる (規則1.904 (f) − 2 (c))。

第 8 編　税額の計算

> **設　例**
>
> 　Ａは 2 ヶ国で海外活動を行っている。2004年のＡの包括的外国損失は，30,000ドルである。2005年にＡの外国所得は20,000ドルである。取戻ルールによれば，米国源泉所得とみなされる金額は，原則として，10,000ドル以下であるが，Ａは大きい金額を米国源泉所得とされることを選択することができる。

　主として外国の営業または事業で使用される資産が，損失取戻前に処分される場合には，特別取戻ルールが適用される。この資産を処分する納税者は，その処分収益を外国源泉所得として認識しなければならないが，過去に米国源泉収益として取り戻されたことのない包括的外国損失の範囲に限られる。この外国源泉所得は，50％の制限にかかわらず，100％米国源泉所得とみなされる。この特別取戻ルールは，50％超を所有する被支配外国法人（CFC）の株式の処分についても適用される（IRC904(f),2004年米国雇用創出法により改正された）。

②　所得との相殺

　包括的限度額損失か分離限度額損失かを問わず，すべての種類の外国損失は，包括的限度額所得か分離限度額所得かを問わず，すべての種類の外国所得と相殺することができる（IRC904(f)(5)）。いいかえれば，包括的限度額損失は，すべての範疇の分離限度額所得および包括的限度額所得と相殺することができ，すべての範疇の分離限度額損失は，すべての範疇の分離限度額所得のほか，包括的限度額所得と相殺することができる。このルールの趣旨は，外国損失は，すべての外国所得との相殺を尽くすまでは米国所得と相殺することはできないことを意味する。

③　関連グループの源泉置換え

　関連グループのメンバーの所得源泉は，外国税額控除限度額ルールの回避を防止する規定に基づいて源泉置換えが行われる（IRC904（ｉ））。

## 第5章　税額控除

【注】

32) ブッシュ政権は，共和党の減税政策を推進しているが，2005年11月1日の大統領諮問パネルの税制改革勧告は，次のように，税率引下げを提案している。
   ① 簡易所得税（SIT）案
      個人：4段階の累進税率；15%，25%，30%，33%
      小規模事業：個人税率と同じ
      大規模事業：31.5%
   ② 成長・投資税（GIT）案
      個人：3段階の累進税率；15%，25%，30%
      小規模事業：単独営業主；個人税率
      大規模事業：30%

33) 2005年11月1日の大統領諮問パネルの税制改革勧告は，米国税制の簡素化のため，代替的ミニマム・タックス（AMT）の廃止を提案している。

34) ブッシュ政権は，2004年米国雇用創出法（AJCA）により，2004年12月31日後に開始する外国法人の課税年度および投資会社の課税年度内に終了する米国株主の課税年度から外国同族持株会社に関するルールを廃止した。この廃止の結果，外国同族持株会社のすべての所得は，一定のデ・ミニミス例外に該当する場合を除き，CFCルールに基づきサブパートFとして課税される。

35) 2005年11月1日の大統領諮問パネルの税制改革勧告は，国際租税制度の更新が必要であるとして，事業所得については，現行の全世界所得課税（worldwide taxation）から領土主義課税（territorial taxation）への転換を行い，外国税額控除制度でなく，国外所得免除制度に切り替えることを提案している。しかし，パッシブ所得については，現行制度を維持する。このような勧告に従う場合，能動的事業所得とパッシブ所得との区別基準が重要になる。

# 第9編

# 申告・納付

第9編 申告・納付

# 第1章

## 申　　告（returns）

　米国は，自主申告・納税制度を採用している。納税者は，正確な帳簿記録を維持し，連邦課税上の資料としてIRSの税務調査に備えて保存しなければならない（規則1.6001−1(a), 1.6001−1(e)）。この記帳義務および帳簿・記録保存義務を怠る場合，（ⅰ）義務の懈怠，（ⅱ）詐欺，（ⅲ）意図的な法令無視，（ⅳ）申告義務違反などに対する制裁を科される。IRSとの紛争を生じる場合，不十分な記帳によって立証責任を負う納税者は立証困難に陥る。法人は，明示的に免除されない限り，課税所得金額および税額のいかんにかかわらず，様式1120シリーズによって申告書を提出しなければならない。

## 1　基本的申告要件

　租税を課される者または租税の徴収義務者は，**税務申告書**（a tax return）をIRSに提出しなければならない（IRC6011(a)）。税務申告書には，税額の計算および自己賦課（self-assessment）の基礎となる情報が一定の様式，スケジュール，リストその他の文書として含まれる。申告書は，注意深く作成されなければならない。そうでなければ，IRSはこれを受け付けないことができる（規則1.6011−1(b), 31.6011(a)−7(a)）。IRSは，磁気媒体による申告を認め，または要求することができる（IRC6011(e), 規則301.6011−2, 31.6011(a)−7(b)(2)）。納税者は，申告期限に所定の様式で申告書を提出する必要がある（規則31.6011(a)−7(a)）。申告書は，申告書作成者（a return preparer）が申告義務者の代理人としてこれを作成することができる。

第1章 申　　告

## 2　申　　告

　特に免除されない限り，法人は課税所得および税額のいかんにかかわらず，申告しなければならない（IRC6012(a)(2), 規則1.6012-2(a)(1)）。事業を廃止しその資産を処分した休眠会社は，清算に関して州法上依然として法人である場合であっても，申告する必要はない（規則1.6012-2(a)(2)）。破産した法人の受託者，管財人等は，法人の解散後当該法人のために申告義務を免除される。

### (1)　申告様式

　法人の申告様式は，次の特別な様式（規則1.6011-2(b), 1.6012-2(b), (c), (g), (h), 1.6012-6(b)）を除き，Form1120により，紙または電子申告による（規則1.6012-2(a)(3)）。

　(a)　米国同族持株会社　Schedule PH（Form1120）
　(b)　米国簡易申告　U.S. Short-form corporation income tax return（1120A）
　(c)　米国国際販売法人　1120-IC-DISC
　(d)　外国法人　1120F
　(e)　外国販売法人　1120-FSC
　(f)　生命保険会社　1120L
　(g)　相互保険会社（生命保険および海上保険を除く）1120M
　(h)　政治団体　1120-POL
　(i)　S法人　1120-S

　法人は，修正申告には，様式1120X，資産の売却または交換の損益については，別のSchedule Dを用いるべきである。

### (2)　合併，組織再編成

　旧法人の事業を行うために新法人を設立した場合，新旧法人は存続した期間

499

の申告をしなければならない（規則1.6012－2）。これは，（ⅰ）適格組織再編成で非課税とされる場合でも，（ⅱ）事業内容や所有権に重要な変更がない場合でも，同様である。

### (3) 申告手続
#### ① 法人申告書の署名
社長，副社長，財務担当者（treasurer），会計責任者（chief accounting officer），その他権限を有する役職員のいずれかが法人申告書に署名しなければならない（IRC6062,規則1.6062－1）。法人を管理する財産管理人，受託者または譲受人が，必要な署名をしなければならない。外国法人のために申告書を提出する代理人は，様式2848による委任状を添えて署名しなければならない（規則1.6062－1(a)(3)）。

#### ② パートナーシップ申告書の署名
パートナーシップのために申告書に署名する権限を有するパートナーがパートナーシップに署名しなければならない（IRC6063,規則1.6063－1）。

### (4) 申告期限
#### ① 法人申告
様式1120による法人申告書は，暦年末後の3月15日以前に提出しなければならない（IRC6072(b),規則1.6072－2）。会計年度ベースで申告する場合，会計年度末後第3暦月の15日以前に提出しなければならない。当該日が土曜日，日曜日または法定休日に該当する場合，翌事業日（business day）に申告書を提出しなければならない（IRC7503）。

#### ② 外国法人
米国に事務所または事業所を有する外国法人は，課税年度末後の第3月の15日目以前に申告書を提出しなければならない（IRC6072(c),規則1.6072－2）。米国に事務所または事業所を有しない外国法人は，課税年度末後の第6月の15日目以前に提出しなければならない。

### ③ 非課税団体

IRC501(a)による非課税団体は、課税年度末後の第5月の15日目以前に様式990により申告書を提出しなければならない（IRC6072(e)、規則1.6072－2(c)）。

### ④ パートナーシップ

米国で営業もしくは事業を行い、または米国源泉から所得を有するすべてのパートナーシップは、様式1065により、申告しなければならない。米国に主たる事業所を有するパートナーシップは、その課税年度の末後第4月目の15日に申告書を提出しなければならない（IRC6031,6072(a)、規則1.6031－1(a)）。外国に主たる事業所を有するパートナーシップまたはすべてのパートナーが非居住外国人であるパートナーシップは、その課税年度末後第6月目の15日に申告書を提出しなければならない。

### (5) 申告場所

パートナーシップ、法人または民間財団（a private foundation）は、その主たる事務所、主たる事業所または代理人の所在する地域のIRSサービス・センターに申告書を提出しなければならない。法人またはパートナーシップが米国に主たる事業所を有しない場合または法人が海外で生活する米国市民または居住者に係る外国所得除外のベネフィット（グアム、アメリカン・サモア、北部マリアナ諸島源泉所得の事業所得からの除外またはプエルト・リコ居住者に関するプエルト・リコ源泉所得の米国税の免除）を主張する場合、フィラデルフィアIRSサービス・センターに申告書を提出しなければならない（IRC6091(b)）。

## 3　連結申告（consolidated returns）

連結申告制度は、関連グループ法人が単体ごとに別々の申告をする代りに共通の親会社が関連グループに属する全部の法人の単一の申告をすることに同意する場合、これを認める制度である。法人の関連グループ（an affiliated group of corporations）は、一定の株式所有要件を満たす場合、株式所有を通じて共通

の親会社と関係を有する1以上の加入法人（includible corporations）の連鎖をいう。連結申告制度の基本原則は，課税上，法人の関連グループの構成員が所有する多様な事業を単一の事業単位として課税することである。連結申告の選択は，通常の法人所得税のみならず，代替的ミニマム・タックスにも適用される。一般に，納税者の立場から，次の連結申告の利点と欠点が指摘されている。

① 連結申告の利点（規則1.1502-13, 1.1502-14, 1.1502-21, 1.1502-22）
　(a) 一単体法人の営業損失と他の単体法人の利益との相殺
　(b) 一単体法人のキャピタル・ロスと他の単体法人のキャピタル・ゲインとの相殺
　(c) 法人間分配に対する租税の回避
　(d) 法人間取引の所得の繰延
　(e) 一単体法人の土壌および水の保護に係る経費のうちその農業総所得の25％を超える部分をグループ全体で利用できること
　(f) 一単体法人の一般的事業税額控除のうちその一般的事業税額控除限度額を超える部分をグループ全体で利用できること
　(g) 他の構成員に早期処分する場合，早期投資税額控除の取戻しが行われないこと
　(h) 課税上，親会社をグループの代理人として指定すること

② 連結申告の欠点
　(a) 法人間取引の損失の認識の繰延
　(b) 親会社の課税年度に変更するとき子会社は短期課税年度をもつことになるので，認容される損失の繰越が減少すること
　(c) 繰り延べられる法人間取引の追跡のための会計処理が増加すること
　(d) 年間棚卸資産の調整において法人間利益をグループ内棚卸資産に反映することが必要になること
　(e) 外国所得のない単体法人が構成員になっている場合，控除限度額が減少するため，外国税額控除が減少または排除されること
　(f) 関連グループの連結留保収益および利潤が15万ドルを超える場合，留

保収益税を課されること
　(g)　連結グループの構成員の1％以上の株主に対する連結申告情報の開示
　(h)　一単体法人の計算誤謬のため連結申告に不足税額を生じた場合，この不足税額の問題が処理されるまで連結申告のすべての問題について期間制限の進行が停止されること（IRC6503(a)(2)）

### (1)　連結申告の同意

　前課税年度に連結申告書を提出しなかった関連グループは，課税年度の一部でも当該グループの構成員であった各法人が連結申告に参加する場合，当期に連結申告書を提出することができる（規則1.1502-75）。一般に，各子会社は，様式1122（連結申告に加入する子会社の授権と同意）を作成し連結申告に添付することによって，連結申告の作成に参加する。グループが連結申告を提出する場合，共通の親会社の申告期限までに連結申告書（様式1120）を提出しなければならない。

### (2)　関連グループ（affiliated groups）

　関連グループとは，次の2つの要件を満たすことを条件として，加入法人である共通の親会社と株式所有を通じて関係のある1以上の連鎖的加入法人をいう（IRC1504(a)）。
　(a)　共通の親会社は，他の加入法人の1以上の議決権合計の80％以上を所有しかつ当該法人の株式価値合計の80％以上に相当する価値を有する株式を直接所有しなければならないこと
　(b)　共通の親会社以外の各加入法人における80％の価値および80％の議決権基準を満たす株式が，1以上の他の加入法人によって直接所有されていなければならないこと

　ここで，「株式」には，（ⅰ）議決権のない株式，（ⅱ）配当に関し制限される株式および優先権のある株式，（ⅲ）発行価格を超えない償還権および清算権のある株式，（ⅳ）他の種類の株式へ転換できない株式は含まれない。関連

グループの一部として連結申告に加入していた法人がグループの構成員から脱退する場合，当該法人および／またはその承継法人は，脱退課税年度後に開始する61ヶ月前に当該グループが提出する連結申告に加入することはできない。

### (3) 加入法人 (includible corporations)

加入法人とは，次のものを除くすべての法人をいう。
(a) IRC501に基づく非課税法人
(b) 外国法人
(c) 課税年度にIRC936（米国属領税額控除）に基づく選択が行われる法人
(d) 規制投資会社（RIC）および不動産投資信託（REIT）
(e) 米国国際販売法人（DISC）
(f) IRC801に基づいて課税される生命保険会社
(g) S法人

### (4) 連結課税所得 (consolidated taxable income)

連結課税所得の計算の第一段階は，単体法人の課税所得の計算である（規則1.1502-11～1.1502-26）。単体法人の課税所得を合算し，次の加算および減算をして，連結課税所得を算定する。
(a) 収益および利潤からの法人間配当を排除すること（規則1.1502-14(a)）
(b) 財務省規則により否認されたビルトイン控除を排除すること
　　ビルトイン控除は，分離申告制限年度（a separate return limitation year：SRLY）に経済的に発生し，連結申告年度に認識される損金控除または損失である（規則1.1502-15）。グループの構成員のビルトイン控除は，SRLYからのキャピタル・ロスの繰越，純営業損失の繰越および繰戻に係る制限を課される（規則1.1502-21(c)および1.1502-22(c)）。
(c) 営業もしくは事業で用いられる資産または強制的な転換からの分離純収益およびキャピタル・ゲインは，差し引かれ，連結純キャピタル・ゲインが加算される（規則1.1502-12(j),(k),1.1502-22(a)(1)）。次の損金控除および

損失は加算され，連結申告で損金として控除される(規則1.1502-12, 1.1502-21～1.1502-26)。
　(ⅰ)　純営業損失
　(ⅱ)　営業もしくは事業に用いられる資産からの純損失または強制的転換からの純損失およびキャピタル・ロス
　(ⅲ)　慈善寄附金の控除
　(ⅳ)　受取配当控除
　(ⅴ)　公益事業の支払配当控除
(d)　次のものにつき調整を行う。
　(ⅰ)　繰延法人間収益および損失
　(ⅱ)　グループ外で商品を処分する場合における棚卸資産の連結前の利益
　(ⅲ)　配当以外の法人間分配および法人間保有債券・債務証書に係る収益，損失および損金の控除
　(ⅳ)　構成員株式の処分時に，投資調整ルールにより過去に連結課税所得に反映された収益または損失に等しい金額の収益または損失の排除，および構成員株式の売却による構成員の超過損失に等しい収益の認識

## (5)　投資調整ルール（investment adjustment rules）

　連結申告を行うグループを単一納税主体とする租税理論により，連結グループの構成員の所得または損失は，連結申告で2回（発生の時と構成員の株式の処分の時）考慮されることを防止しなければならない。すなわち，連結申告に計上された構成員の所得または損失が後で構成員株式がグループ外に売却される時に認識されることを防止するため，投資調整ルールが適用される。投資調整ルールは，子会社が連結グループの構成員である期間に考慮に入れた子会社の分配，所得，収益，損金の控除および損失を反映するために，親会社の子会社株式のベーシスを修正する。このルールにより，親会社の子会社株式のベーシスは，プラスの調整を加算され，マイナスの調整を減算される。調整の金額は，
　(ⅰ)　連結課税所得または損失の計算上考慮される子会社の課税所得または損

失，(ii)考慮に入れられるが恒久的にその総所得から除外され，その資産のベースを減算する子会社の免税所得，(iii)その資産のベースを減少し，考慮に入れられるが課税所得または損失の計算上恒久的に否認されまたは排除される控除できない経費，(iv)IRC301が適用される子会社株式に係る分配および他の配当とみなされる分配，の純額である。

### (6) 法人間取引 (intercompany transactions)

法人間取引で，すべての収益または損失は，現実にこれを稼得しまたは発生する関連グループの構成員に帰属する（規則1.1502-13および1.1502-18)。グループの一構成員が他の構成員に資産を売却する時，売却する構成員は帳簿上の収益または損失を繰り延べ，購入する構成員の資産ベースはその取得価額である。購入する構成員が後でその資産を外部者に売却する時，当該構成員はその収益または損失を申告する。売却された資産が購入する構成員の段階で減価償却される場合，売却した構成員は購入した構成員が減価償却する償却率と同じ率で繰り延べた収益または損失を考慮に入れなければならない。この繰延ルールは，棚卸資産の法人間売買にも適用される。

### (7) 税額の計算

連結申告における税額の計算には多くの問題があるが，特に次の問題点がある。

#### ① 会計方法

連結グループの各構成員の会計方法は，分離申告と同様に決定される（規則1.1502-17および1.1502-76)。例えば，現金主義の構成員と発生主義の構成員が混在する場合，各構成員は連結申告においても引き続き同じ方法を使用する。

#### ② 共通の会計期間

連結申告は，共通の親会社の課税年度に基づいて行われる。各子会社は，その所得を連結申告に含める最初の連結申告年度として共通の親会社の会計期間を採用しなければならない。

③ 納税義務

関連グループの共通の親会社と各構成員は，連結申告で個別に課税される。法人間の合意でこのルールを変更することはできない。

④ 収益および利潤

関連グループの納税義務は，各構成員の収益および利潤の減算を決めるために，構成員間で配分される（IRC1552,規則1.1552－1）。次の配分方法が認められる。

(a) グループの納税義務は，連結課税所得のうち課税所得を有する各構成員に帰すべき部分が連結課税所得に占める割合に従って構成員間に割り当てられる。

(b) グループの納税義務は，分離申告で計算したならば，各構成員の税額が全部の構成員の税額の合計額に占める割合に基づいて，構成員に配分される。

(c) グループの納税義務は，連結課税所得に対する各構成員の貢献度に基づいて配分される。

(d) グループの納税義務は，IRSの承認の下にグループが選択した他の方法に従って配分される。

⑤ 連結純営業損失

連結純営業損失の控除は，連結純営業損失の繰越および繰戻の合計額である（規則1.1502－21および1.1502－79）。SRLYに構成員がこうむった損失の繰越または繰戻によって連結純営業損失に算入される金額は制限される。SRLYとは，子会社がグループと関連を有しなかった年度である。SRLYに損失をこうむり，割当ルールが適用されない場合，純営業損失の繰越または繰戻は，連結課税所得のうち損失構成員の所得および損金の控除を除外して再計算した連結課税所得を超える部分に制限される。無申告保険会社の損失が連結申告を提出する連結グループの関連生命保険会社の課税所得と相殺できる金額の制限は，個々の法人ごとに決定される。連結申告年度に構成員が生じた分離できる損失が構成員のSRLYに繰り戻されるかまたは繰り越される場合には，当該分離できる損

失について割当ルールが適用される。分離された損失は，連結申告年度に繰り越されまたは繰り戻される連結純営業損失から除外され，分離申告年度に繰り越されまたは繰り戻される純営業損失とされる。

# 第2章

# 情報申告 (information returns)

　個人，法人，パートナーシップ，遺産財団または信託は，250以上の種類の情報申告を磁気的または電子的に提出しなければならない。

## 1　主要な情報申告

　特に，次の事業体は，それ自体納税義務を負わないが，情報申告義務を負う。
　①　パートナーシップ（パートナー・シェア）
　営業もしくは事業を行い，または米国源泉所得を取得するすべてのパートナーシップは，様式1065により，パートナーシップの所得，損金，収益および損失ならびにこれらの租税項目の各パートナーのシェアを報告しなければならない。
　②　非課税団体
　IRC501(a)の非課税団体は，様式990により，IRC501(c)(3)の非課税団体は，様式990－Fにより，総所得，費用，留保所得，受取寄附金，実質的な寄付者の住所，貸借対照表，資金管理者の報酬，高級従業員等を申告しなければならない。
　③　S　法　人
　S法人は，法人段階で課税されないが，S法人の株主はS法人の所得および損失の株主のシェアに対し直接課税される（IRC6037，規則1.6037－1）。S法人は，様式1120Sにより申告しなければならない。様式1120Sは，厳密には情報申告とはいえない。S法人は同様式のSchedule Dにより計算されたキャピタ

ル・ゲインに租税を課される。

④　営業または事業の過程で600ドル以上の支払をする者

暦年において営業または事業の過程で非法人に600ドル以上支払う者は，様式1099により情報申告をしなければならない。この支払には，配当，利子，OID，使用料，ブローカーによる売却代金等が含まれる。

⑤　雇　用　主

賃金に対し租税を源泉徴収し納付する雇用主は，前年中に支払った賃金ならびに当該賃金に対し源泉徴収した所得税および社会保障税を様式W－2により各従業員に通知しなければならない。

⑥　パートナーシップ（所得申告）

内国パートナーシップか外国パートナーシップかを問わず，米国で営業もしくは事業を行い，または米国源泉から所得を取得するすべてのパートナーシップは，様式1065により米国パートナーシップの所得申告を提出しなければならない（IRC6031, 規則1.6031－1）。様式1065は，パートナーシップの活動からの所得，損金，収益および損失ならびに各パートナーのこれらの租税項目のシェアの情報申告である。大規模パートナーシップは，Schedule K－1情報申告をそのパートナーに引き渡さなければならない。ここで，大規模パートナーシップとは，IRC771～777により簡易申告および調査ルールの適用対象となる100人以上のパートナーを有するパートナーシップである。

⑦　銀　　行

IRC581に規定する銀行は，コモン・トラスト・ファンドを有する場合，その課税所得にかかわらず，コモン・トラスト・ファンドの所得申告をしなければならない（IRC6032, 規則1.6032－1）。

⑧　株式の譲受人に対する文書の提出

次の法人は，翌年1月31日までに譲受人に文書を提出しなければならない（IRC6039, 規則1.6039－1）。

(a) 暦年にインセンティブ・ストック・オプションの被付与者の権利行使によって株式を譲渡する法人

(b) 暦年に株式購入プランにより譲渡者のオプションの行使に従い，譲渡者が取得した株式の法的権原の譲渡を記録する法人（株式の価格が公正な市場価値の85％と100％との間である場合）

⑨ フリンジ・ベネフィット・プラン

カフェテリア・プラン，適格グループ法律サービス・プラン，適格生命保険プラン，災害・保健プラン，扶養援助計画，教育援助計画等を維持する雇用主は，様式5500により従業員に対する経済的利益の付与に関する情報申告をしなければならない（IRC6039D）。

⑩ 慈善寄附金控除に係る信託

IRC4947に規定する信託またはIRC642(c)の慈善寄附金控除を請求する信託は，支払金額および控除金額に関する情報申告をしなければならない（IRC6034, 規則1.6034－1）。

⑪ 外国同族持株会社

外国同族持株会社の役職員または10％株主である米国市民または居住者は，様式5471により情報申告をしなければならない（IRC6035）。しかし，2004年米国雇用創出法により外国同族持株会社制度が廃止されたので，2005年1月1日以後に開始する課税年度から不要となった。

⑫ 米国所有外国事業体

外国法人を支配する内国法人，パートナーシップ，遺産財団または信託および米国市民または居住者は，様式5471により，外国法人，その外国子会社または被支配法人に関する情報申告をしなければならない（IRC6038, 規則1.6038－1～1.6038－3）。ここで，「支配」とは，議決権株式の50％またはすべての種類の株式の50％を所有することをいう（IRC6038(e)）。外国法人が特定の目的のため被支配外国法人として取り扱われる場合，IRSは当該外国法人の株主として取り扱われる米国人に情報申告の提出を要求することができる（IRC6038(a)(4)）。このルールは，米国所有パートナーシップにも適用される。すなわち，外国パートナーシップを支配する米国パートナーは，様式8865により，情報申告をしなければならない（IRC6038）。

⑬　外国所有法人

外国人（a foreign person）によって支配される内国法人は，様式5472により，情報申告をしなければならない（IRC6038A，規則1.6038A－1）。ここで，外国人とは，米国人（a U.S. person）以外のすべての者をいい，外国人によって支配される内国法人とは，株式の価値または議決権の25％以上が外国人によって所有される内国法人をいう。

⑭　米国事業に従事する外国法人

外国所有割合25％以上の法人は，IRC882に規定する米国営業または事業の遂行に実質的に関連する所得の稼得に関してIRC6038Aの記帳，報告，代理人等の要件を満たさなければならない（IRC6038C）。

⑮　外国人に対する資産の譲渡

米国人は，様式926により，次の情報申告をしなければならない（IRC6038B，規則1.6038B－1）。

(a)　子会社の清算，パートナーシップから法人への転換，法人の組織再編成などによる外国法人への資産の譲渡

(b)　米国人以外の者に対する資産の清算分配

米国人は，次の場合，様式8865により，外国パートナーシップへの資産の譲渡に関する情報申告をしなければならない（IRC6038B，規則1.6038B－2）。

(a)　資産を譲渡する米国パートナーがパートナーシップの10％以上の持分を直接または間接に保有する場合

(b)　資産譲渡日に終了する12ヶ月中に米国パートナーまたはその関連者が譲渡した他の資産の公正な市場価値を加算して拠出した資産の公正な市場価値が100,000ドルを超える場合

⑯　外国人からの贈与

課税年度に外国人から贈与を受け取る米国人（非課税団体を除く）は，例えば2005年合計12,375ドルを超える贈与を受け取る場合，各贈与ごとに情報申告をしなければならない（IRC6039F）。

第2章　情報申告

⑰　外国人が保有する米国不動産

米国不動産持分に直接投資する外国人は，次の場合，氏名，住所および不動産持分について情報申告をしなければならない（IRC6039C(b)）。

(a)　外国人が米国で営業または事業を行っていない場合
(b)　外国人が暦年中に直接保有する米国不動産の公正な市場価値が50,000ドル以上である場合

## 2　所得源泉の情報

### (1)　営業または事業の支払

営業または事業に従事する者がその過程において非法人に対し暦年に合計600ドル以上支払う場合，IRSおよび受領者に支払を報告しなければならない（IRC6041(a)，規則1.6041－1）。

### (2)　従業員に対する支払および年金

賃金および退職プラン等の定期的支払については，Wシリーズ様式で報告しなければならない（規則31.3401(a)(2)－1，1.6041－1，1.6041－2）。年金，保険年金，退職プランまたは利益分与プラン，保険契約等からの分配については，様式1099－Rにより報告しなければならない（IRC408(l)およびIRC6047(d)）。

### (3)　営業または事業の過程における他の支払

営業または事業に従事する者がすべての者に対し合計600ドル以上の賃金その他の報酬を支払う場合，様式1099で報告しなければならない（IRC6041，規則1.6041－1，1.6041－3）。この1099シリーズ情報申告としては，（ⅰ）1099－A（担保資産の取得または放棄），（ⅱ）1099－B（ブローカーおよびバーター交換取引からの収入），（ⅲ）1099－DIV（配当および分配（キャピタル・ゲイン，非課税分配および清算分配を含む）），（ⅳ）1099－G（政府支払），（ⅴ）1099－INT（利子），（ⅵ）1099－LTC（長期保護給付・加速度死亡給付），（ⅶ）1099－MISC（雑所得

(医療保健給付)),（ⅷ）1099－MSA（医療貯蓄勘定からの分配),（ⅸ）1099－OID（オリジナル発行割引),（ⅹ）1099－PATR（協同組合からの受取分配),（ⅺ）1099－S（不動産取引からの収入）などがある。

### (4) 外国項目

事業に関しまたは利得として外国項目を受け取る者（銀行を含む）は，米国の市民もしくは居住者またはこれらを構成員とするパートナーシップに暦年中に合計600ドル以上の支払について報告しなければならない（IRC6041(b)，規則1.6041－4，301.7001－1）。

### (5) 銀行秘密法 (bank Secrecy Act)

銀行秘密法により，財務長官は犯罪の摘発，課税または規制のための捜査等の手続に役立つ記録および報告を金融機関（銀行，カジノおよびブローカーを含む）に要求することができる（12U.S.C.1829bおよび1951－1959,31U.S.C.5311－5330)。「**報告すべき取引**」には，（ⅰ）FinCen 様式104（10,000ドルを超える国内通貨取引),（ⅱ）様式4790（10,000ドルを超える通貨または金銭証券の輸出，カジノまたは通貨交換取引),（ⅲ）様式1040（外国銀行勘定に係る取引）が含まれる。銀行，送金業者，預金機関，非金融業者，証券ディーラーおよびブローカーは，通貨取引報告または「**疑わしい取引**」報告をしなければならない（31C.F.R.103.1)。テロリスト・ファイナンスの資金フローを阻止するために，財務省は特定国または特定機関を主要なマネーロンダリング対策のターゲットとして指定し，その取引に関する記録および報告を課することができる（31U.S.C.5318A)。

# 第3章

## 納　付

　所得税額から税額控除（一般事業税額控除，源泉徴収税額，予定納税額または過誤納付税額等）を控除した残額の納付期限は，原則として，申告期限と同じである（IRC6151，規則1.6151－1，31.6151－1）。また，納付場所は，申告書の提出場所と同じである。郵送については，期限内郵送（timely mailing）は，**期限内申告**（timely filing）または**期限内納付**（timely paying）として取り扱われる。すなわち，申告書，財務諸表その他の文書，または支払が封筒その他の適当な包装で，期限内に米国郵便に預託された場合，米国郵便スタンプの日付が申告または納付の日とみなされる（規則301.7502－1）。ただし，この推定は，宛先および郵便料金が適正であり，現実に所定の提出先に配達される場合のみ適用される。

第9編　申告・納付

# 第4章
## 賦課（assessment）および納付（payment）

　IRSは，IRCによって課されるすべての租税を決定し，賦課する。IRSは，賦課された範囲で租税を徴収することができる。賦課日（date of assess-ment）は，賦課官（assessment officer）が賦課リストに署名する日である。2004年10月22日以後，IRSは賦課された連邦税額を回収するために民間債権徴収機関（private debt collection agencies：PDC）を活用する権限を付与された。不足税額（a deficiency in tax）が決定される場合，**不足税額通知書**（a notice of defi-ciency）が納税者に通知される。ここで，「不足税額」とは，正確な税額から申告税額および過去に賦課なしで徴収された税額または過去に賦課された税額を差し引いた残額をいう。一般に，不足税額通知書の送達後90日が経過するまで，不足税額の賦課は行われたものとされず，この期間に，納税者は**租税裁判所**（tax court）に不足税額の再計算を求めて**審査請求**（a petition for redetermination of deficiency）することができる。租税裁判所の決定により，不足税額の賦課が行われたことになる。租税裁判所は，審査請求に係る租税の賦課・徴収を差し止めることができる。不足税額の賦課後，IRSは納税者に賦課通知書および納付の督促状を送達する。督促された金額が21暦日以内に納付される場合には通知書・督促状の日後の経過期間の利子税を課されないが，さもなければ，通知日から納付日までの利子税を課される。パートナーシップの不足税額の賦課・徴収またはパートナーの分配シェアから生ずる過誤納付の還付に係る手続は，パートナーシップ段階で行われる。

　賦課された税額は，納付されるまで，納税者の動産および不動産の全部に対し，米国のリーエンとされる。IRSは，通知および督促後10日以内に納付され

516

ない場合，納税者の財産に対し，差押することができる。

## 1　賦　　課

IRSは，IRCによって課されるすべての租税の決定・賦課を行う権限を有する（IRC6201,規則301.6201-1）。ここで，「租税」には，利子税，増差税額，加算税およびペナルティが含まれる。

## 2　帳簿および証人の調査，召喚状（summons）の執行

納税者が任意に税法を遵守しているか否かを決定するために，IRSは税務調査のために記録を提出し証言をすることを納税者に要求する召喚状を発行する広範な権限を有する（IRC7602～7609）。

### (1)　召喚状の発行

IRSが申告書を受理した後，（ⅰ）申告書の形式，効果および計算誤謬をチェックし，（ⅱ）より詳細な検査を行う。次に（ⅲ）問題点を抽出しこれを実証するための質問状を納税者に手紙で聴取し，（ⅳ）必要があればIRS事務所に記録を持参するように出頭を依頼する。（ⅴ）過少申告の場合には申告書の更正または無申告の場合には申告書の作成のために，IRSは帳簿・記録の提出または証言を行うように必要とする者を召喚する権限を有する。（ⅵ）納税者は召喚された書類の検査に立会人（observers）に立ち会わせることができる。（ⅶ）IRSは署内調査（an office exam）に代えて納税者の事業所等で実地調査（a field exam）を行うことができる。税務調査を署内調査とするか実地調査とするかは，申告書の複雑性と税務調査の効果性・効率性によって決定される（暫定規則301.7605-1T）。納税者は，召喚状に応じない場合には，刑務所に収監されるおそれがある。

## (2) 司法省（Justice Department：JD）への連絡

記録の調査の結果，刑事訴追を勧告することがある。IRSは，刑事訴追の着手の勧告前に真正に召喚状を発行する場合に限り，連邦税の調査のために召喚状を発行することを認められる。この勧告により，IRSは司法省に事案を告発する。税額の調査対象である者について司法省に告発されると，行政上の召喚状を発行することはできず，召喚状の執行を開始することはできない（IRC7602 (d)(1)）。IRCに関する違反について政府が**大陪審調査**（a grand jury investigation）または刑事訴追を勧告する時に，**司法省への告発**が行われる。司法省が納税者の申告書または申告情報を開示するよう要求する場合，司法省への告発が行われるので，行政上の召喚状を執行することはできない（IRC6103(h)(3)(B)）。司法省が当該事案を起訴しないことまたは大陪審に授権されないことがIRSに通知される場合，司法省への告発事案は終了する。

## (3) 召喚状の執行

米国地裁が召喚状の執行を命ずる前に，IRSは次の要件を満たさなければならない。

(a) IRSが司法省に合理的に対象事案に関連する刑事訴追を行うことを告発する前に，召喚状を発行すること
(b) 要求される資料はIRSの占有していないこと
(c) 要求される資料は税額の決定に関するものであること
(d) 適正な行政手続に従うものであること

## (4) 税務調査件数の制限

納税者は，帳簿・記録の不必要な調査または捜査から保護される（IRC7605(b)）。IRSは，納税者の要求がある場合または追加的な検査が必要である場合を除き，各課税年度に一度の検査のみを許されている。**任意調査**（a civil investigation）から**脱税捜査**（a criminal investigation）への切替えは，検査制限の適用上，2件の関連のない調査として分割されないので，**税務調査官**から**特別捜査官**（a special agent)に事案が引き継がれたとしても,第2の検査通知をする必要はない（O.E. Morgan, CA-4, 85-1 USTC9397, 761F 2 d 568）。納税者の人権は，召喚状による家宅捜索,事務所捜索,帳簿,記録その他の資料の差押など,不合理な捜索に対して憲法上保護されているが，裁判所は,納税者が召喚状が憲法違反であることを立証できない場合,IRSの召喚状の発行を支持している。

### (5) 召喚状の執行を防御する理由

記録の提出または証言の拒否は,憲法上の理由または秘匿特権によって正当化されてきた。

(a) IRSが税額の追求を放棄して刑事訴追を行うこと
(b) IRSが二次的な紛争の解決のために納税者に圧力をかけて困らせること
(c) IRSが他の政府部門（司法省を含む）のために情報収集機関として行為すること
(d) 召喚される資料がすでにIRSの占有しているものであること
(e) 要求された資料が召喚状の目的と無関係であること
(f) 特権（自己負罪免除,弁護士依頼人間通信秘匿特権等）または類似の原則が強制的な開示を禁止すること
(g) IRSが召喚状の発行に必要な行政手続を遵守していないこと
(h) 要求する情報を納税者が占有していないこと
(i) 召喚状の遵守が納税者の金融取引の文書を提出するため収集する必要がある銀行員の刑事責任を問うおそれがあること
(j) IRSが外見的に納税者の通常の検査を行っているが,第三者の税額について情報を取得することによって納税者のプライバシーに違反すること

### (6) 第三者との接触の事前通知

IRSは,納税者に対する調査または徴収について第三者に接触する前に納税者に事前に合理的な通知をしなければならない（IRC7602(c),規則301.7602-2）。

### (7) 第三者召喚状

IRSは，召喚状の宛名人以外の者の税額を調査する場合，第三者に召喚状を発行することができる（IRC7609）。第三者に発行された召喚状が潜在的な税額を決定するために特定の納税者の記録を検査するためのものである場合，当該者は召喚状について通知を与えられることを要する。この通知は，発行後3日以内に行われなければならない（IRC7609(a)(1), 7609(a)(2)）。

### (8) ジョン・ドウ召喚状（John Doe Summons）

IRSは，未納税の責任を負う可能性を示唆する取引を行った者を特定するため第三者に召喚状を発行する権限を有する（IRC7609）。この種の召喚状は，ジョン・ドウ召喚状と呼ばれる。これについては，納税者に通知する必要がない。この召喚状は，裁判手続を行い，IRSが次のことを立証した場合に限り，発行することができる。

(a) 召喚状が，特定の者または特定可能な種類の者の調査に関係すること
(b) 当該者が税法を遵守していないと信じる合理的な根拠があること
(c) 要求される資料および適切な特定が，召喚された記録以外の源泉から入手することができないこと

### (9) 召喚される文書の特定

召喚状は，検査のために提出すべき文書を特定しなければならない。記録は，納税者と税務当局との争点に直接関係するものでなければならない（IRC7605）。すなわち，召喚された当事者が，（ⅰ）要求される記録，（ⅱ）文書に関連する納税者，（ⅲ）文書の名称，（ⅳ）文書の対象期間を合理的に特定できるものでなければならない。

### (10) ソフトウエア取引の秘密

申告書を作成するために用いられるコンピュータ・プログラムの開発者および所有者の知的財産権を保護するため，IRSは税務調査の過程で入手できる税

務関連コンピュータ・ソフトウエアおよびソース・コードを提出しまたは分析するよう召喚状を発行しまたは執行することを禁止される (IRC7521(a))。税務調査の結果としてIRSの占有するコンピュータ・プログラムおよびソース・コードに関連する営業上の秘訣その他の秘密情報の開示および不適正な利用について個別の保護規定がある。次の場合，税務関連コンピュータ・ソフトウエアに関して，召喚状を発行することができる。

(a) さもなければ，IRSは，申告書を作成するためアウトプットを生ずる納税者の記録，またはコンピュータ・ソフトウエア・プログラムおよび関連データから申告書の記載事項の正確性を合理的に確認することができない場合

(b) IRSは，申告書の記載事項の正確性を確認するために必要なソース・コードの一部，項目または要素を合理的に特定する場合

(c) IRSがソース・コードの必要性が営業上の秘訣の権限のない開示リスクに勝ると決定する場合

## (11) 納税者との面接に関する手続

租税の決定または徴収に関する納税者との面接に関して，IRSの調査官または徴収官は，事前の要求に基づき，納税者が面接を録音することを認めなければならない (IRC7521(a))。この要求は，納税者またはその代理人が面接を担当するIRS調査官または徴収官に予定日前10日以内に行わなければならない。面接を担当するIRS調査官または徴収官は，次の条件の下で要求を承諾する。

(a) 納税者が録音装置を用意すること
(b) IRSが録音することも認められること
(c) 録音は適切な場所で行われること
(d) 手続のすべての参加者が記録すること，相互を確認することおよび手続における役割を確認することに同意すること

ＩＲＳの調査官または徴収官は，租税の決定または徴収に関する決定に関する面接の前に，面接の対象である税務調査手続または徴収手続と納税者の権利

について説明しなければならない。納税者が弁護士，公認会計士，税理士 (enrolled agent)，保険計理士 (enrolled actuary)，その他の代理人に相談したい旨を面接中に明瞭に申し出る場合 (IRC7521(c))，IRSは面接を中断しなければならない (IRC7521(b)(2))。ただし，面接に関する手続は，脱税事件の捜査には適用されない (IRC7521(d))。

### (12) 納税者のIRS情報の発見

納税者が不当な目的のために召喚状が発行されたという証明をする場合，IRSの調査に従い文書を召喚された納税者はIRS情報を発見することを認められる。少なくとも納税者は次の情報を発見することができる。

(a) 特別捜査官の確認
(b) 調査開始日
(c) 特別捜査官が告発する報告書を提出した日
(d) 刑事部長 (district chief of the criminal division) が告発報告を審査した日
(e) 地方顧問官事務所 (office of regional counsel) が刑事訴追事案を審査した日
(f) 特別捜査官と司法省との接触の性質

### (13) 特権 (privileges)

納税者の記録その他の資料は，弁護士依頼人間通信秘匿特権や自己負罪免除特権によってIRSの発見から保護される。どのような資料がこのような特権によって秘匿されるかを決めるために機能的アプローチを取らなければならない。コモンローの弁護士依頼人間通信秘匿特権は，脱税事件以外の税務手続においてIRSの面前における実務を公認された弁護士以外の者である連邦公認租税専門家 (federally authorized tax practitioner) によって与えられた税務助言に適用拡大された。IRSの発見に対する特権を認める成文法またはコモンローに明瞭な例外がある場合を除き，連邦召喚権は州プライバシー法に優先する (S. Wett stein, DCⅢ, 90－2 USTC 50,500)。

① 弁護士依頼人間通信秘匿特権

　裁判所は，弁護士依頼人間通信秘匿特権の不可侵性の維持に関心をもっている。ある控訴裁判所は，召喚状に答えて作成した資料に関し証言を拒否した弁護士に対する法定侮辱罪の有罪を覆した (A.B.Hankins, CA－5, 82－2 USTC 9637, Miller, CA－5, 81－2 USTC9749, 660F 2 d 563)。この控訴裁判所は，秘密情報を開示しないという弁護士の約束を依頼人が信頼できなくなれば，弁護士依頼人間通信秘匿特権は損なわれると述べた。大陪審に対する開示から納税者の記録は保護される (In re Grand Jury, CA－484－2 USTC9438, aff'g CA－7, 82－1 USTC9376)。

　裁判所は，弁護士が依頼人のために提供するサービスによって，依頼人が合理的に秘密が守られることを期待できるか否かを判定する。弁護士のサービスが通常合理的に通信の開示を含む場合には，特権の適用はない。一般に，依頼人の確認は，特権の範囲に含まれない。ただし，異常な状況によってその情報が保護される場合はこの限りではない。例えば，依頼人が弁護士の不動産パートナーシップの調査と評価のために支払った報酬を法律費用として控除できると助言されている場合，弁護士は依頼人の氏名を明らかにすることを要求する召喚状に従う必要はない (E.Liebman, CA－3, 842 USTC9790, 742F 2 d807, Gannet v. Fiest National Bank of New Jersey, CA－3, 77－1 USTC9126, 546FFF 2 d1072)。ただし，**タックス・シェルター捜査**における依頼人の確認については，この限りではない。弁護士依頼人間通信秘匿特権は，詐欺または犯罪の遂行に関する助言を得るために行われた通信には適用されない。

② 弁護士活動成果秘匿の法理

　弁護士活動成果は弁護士活動成果秘匿の法理によって保護される (Grand Jury Investigation, ＃78－184, CA－9, 81－1 USTC9373, 642F 2 d1164)。この法理により，法律顧問が依頼人のために作成した覚書や訴訟準備における弁護士の思考過程を含む資料は保護される (Upjohn Co., SCt, 81－1 USTC9138, 101SCt 677)。しかし，IRSがこの覚書等の資料の必要性を十分に示す場合，弁護士活動成果は開示さ

れる (E.Brown,CA－7,73－1 USTC 9427,478F 2 d1038)。

③　自己負罪免除

　一定の状況の下で，納税者は憲法修正第5条の自己負罪免除により召喚状の遵守の免除を求めることができる。裁判所は，この特権の利用を限定してきた。例えば，納税者は税務書類や税務記録の所在や性質に関する審理において質問に答えることを拒否する特権を求めることができるが，記録提出義務を免れない。また，納税者は，銀行が納税者の口座に関する情報を明らかにするための同意書に署名することを拒否することはできない (J.Doe,SCt,88－2 USTC9545)。納税者は，召喚状に答えてその個人記録および事業記録の全部の開示を免れるために自己負罪免除特権を主張することはできない。この特権が許されるのは，刑事手続のみである (J.R.Runte,CA－5,74－1 USTC 9198)。召喚された記録の提出が自己負罪の証言となる場合には，事業記録の提出を要求する召喚状の遵守を拒否するために憲法修正第5条の保護を求めることができる(S.Fisher,SCt,76－1 USTC9353,425 U.S.391)。自己負罪免除特権は，法人またはパートナーシップの帳簿・記録の提出を拒否する理由とならない (Mahaday&Mahaday,CA－3,75－1 USTC9305,512F 2 d521)。自己負罪免除特権は，個人に制限される。したがって，S法人のようなフロースルー事業体でさえ，憲法修正第5条を主張することはできない (S.D.Milligan,DC Ariz,2004－2 USTC 50,313)。

④　弁護士以外の租税専門家の特権

　IRSの面前における税務手続において，納税者は「連邦公認の租税専門家」の助言についてコモンローの秘密保護を受けることができる (IRC7525)。この特権は，米国が原告となる連邦裁判所の税務手続において適用される。この特権は，法人が直接または間接に参加するタックス・シェルターのプロモーションに関して，連邦公認の租税専門家と法人の役員，株主，従業員，代理人等との間の通信文書には適用されない。ブッシュ政権は，2004年米国雇用創出法により，2004年10月22日以後のタックス・シェルターに関する通信について，連邦公認の租税専門家とすべての者との間の通信文書について，特権の適用を認めないこととした。

## 第4章 賦課および納付

### ⑤ タックス・シェルターの特定

納税者が濫用的タックス・シェルターに対する関与について自己の特定の開示を防止するためIRC7525の租税専門家の特権を主張する可能性は，裁判所によって大幅に剥奪されてきた。IRSが単なる納税者の確認が実質的に通信を開示することとなる秘密の通信を暴露した稀な場合の本人確認の開示に特権の適用を認めた裁判所があるが，控訴裁判所や地裁の中にはIRSが要求するタックス・シェルター参加者の本人確認の開示の阻止を拒否している（BDO Seidman, CA－7, 2003－2 USTC50, 582, SCt, cert. denied, 2－24－04, Arther Andersen, LLP., DCIll, 2003－2 USTC50, 624, Jenkins&Gilchrist, P.C., DCIll, 2004－1 USTC50, 244, KPMG, LLP., DC Texas, 2004－1 USTC50, 223)。

### ⑥ 会計士依頼人間通信秘匿特権

1998年7月22日に適用された弁護士以外の租税専門家の特権は，弁護士依頼人間通信特権を会計士に拡大適用したが，会計士の準備する活動成果にどの程度適用されるかという点が不明瞭である。米国最高裁は，会計士が準備する活動成果をIRSに開示することを防止するためにこの特権を利用することを拒否した（Arthur Young&Co., SCt, 84－1 USTC9305)。

## 3 報償金および捜査費の払戻

### (1) 報償金

税法違反に関する情報を政府に提供する個人は，IRSから報償金を得ることができる（IRC7623, 暫定規則301, 7623－1 T）。報償金の交付とその金額の決定は，IRSの裁量に委ねられている。情報の通報者は，報償金の請求によって自動的に報償金を受け取ることができるとは限らず，例えば，特定の違法なタックス・シェルターの多数の投資家をIRSに報告する通報者は，その各投資家ごとの報償金を受け取ることはできず，投資家は関連納税者とみなされ，IRSに通報された情報は単一の納税者に関する情報として報償金を計算される（R. Merrick, ClsCt, 89－2 USTC9645)。報償金は，通常，情報提供によってIRSが回収した本

税，加算税および罰金の合計額の15％以下とされるが，限度額100,000ドルの範囲内で情報の性質に応じて定められた算式により決定される（IRS Publication 733, Rev. 11－90）。財務省職員は，報償金を受け取ることはできず，また，財務省以外の連邦公務員はその勤務により入手した情報については報償金を受け取ることができない。

### (2) 麻薬捜査における捜査費の払戻

州・地方の法執行機関は，IRSに提供した情報により違法な麻薬取引およびこれに関連するマネーロンダリングに関する連邦税の回収に実質的に貢献した場合，捜査により発生した費用の払戻を受けることができる（IRC7624，暫定規則301.7624－1）。

この払戻金額は，IRSが回収した連邦税の10％を限度とする。

## 4 賦課の制限

不足税額の賦課または徴収は，次の時まで行うことができない（IRC6213(a)，規則301.6213－1，301.6303－1，301.6601－1）。

(a) 不足税額通知書が納税者に送達された後，納税者が租税裁判所に不足税額の再決定を求めて審査請求をすることができる90日の期間が満了するまで

(b) すでに審査請求が行われている場合には租税裁判所の決定が最終的となるまで

租税裁判所は，差押または訴訟手続を通じる徴収を禁じられる期間内に徴収された金額の還付を命ずることができる。

## 5 徴　　収

IRSは，税法によって課される租税を徴収する義務を負う。未納税について

賦課後通知および督促をする必要がある。租税の徴収が危い場合，IRSは緊急賦課または終了賦課を行う（IRC6301, 規則301.6301－1）。個人所得税はIRSに直接納付することができるが，法人所得税や非居住者および外国法人に対する支払に係る源泉徴収税などについては，**連邦税預託制度**（federal tax deposit system）を通じて納付される。

### (1) 法人所得税等の預託

法人所得税，IRC6302に規定する事業体（民間財団，非課税団体，信託および遺産財団）に適用される租税について，租税預託制度（tax deposit system）が適用される（IRC6302, 規則1.6302－1, 1.6302－3）。居住外国法人は，内国法人と同様に預託ルールを適用される。租税は，商業銀行，信託会社，建築貸付団体または信用組合などの預託機関に納付期限以前に預託されなければならない。一定規模の法人所得税の預託をする法人や上記の事業体は，連邦税預託のために電子的資金移転（electronic funds transfer：EFT）制度の利用を要求される。

### (2) 外国受領者に対する租税預託制度

非居住外国人，外国パートナーシップおよび外国法人に対する支払に係る源泉徴収税にも租税預託制度が適用される（IRC6302, 規則1.6302－2）。

### (3) 通知および督促

IRSは，未納税の各債務者に対し，賦課後60日以内に通知および督促をしなければならない（IRC6303, 規則301.6303－1）。通知および督促は，金額を明記し，各債務者の居所，通常の事業所に差置送達するかまたは最後に確認された宛先に郵送されるものとする。

### (4) 民間債権徴収機関（private debt collection agencies：PDC）

2004年10月22日から，IRSは連邦租税債権の回収のために民間債権徴収機関（以下PDCという）を利用することを認められた。PDCは，すべての種類の租税

債務を負う納税者の所在を確認し，接触し，納付方法を取り決めるために利用される。PDCは，租税を一括納付できない納税者に5年間にわたる分割納付の合意を申し出る権限を与えられる。納税者の権利とプライバシーを保護するため，PDCについて次の規制が行われる。

(a) 公正な債権徴収法（fair debt collection practices act）をPDCに適用する。

(b) IRSおよび税務職員に適用される納税者保護の規定がPDCに適用される。

(c) PDCは納税者との接触，質の高いサービスの提供，債権徴収通知の作成などに下請業者を使用することはできず，下請業者の提供するそれら以外のサービスについてはIRSの承諾を得なければならない。

(d) PDCは接触したすべての納税者に納税者の弁護士の援助の可能性について通知する必要がある。

### (5) 納付方法

租税は，米国財務省に支払われる小切手または為替によって支払われる。外国郵便為替は，外国に居住する米国市民の納付方法として受け入れられる。IRSは，妥当とみなす商業的に受け入れられる方法（例えば，クレジットカードまたはチャージカードやオンライン・オプション）による租税の納付を受け入れることを認められる。具体的にはヴィザ，マスターカード，アメリカン・エクスプレス，ディスカバー・カードやEFTPS-OnLineなどがある。

## 6 賦課・徴収の期間制限

すべての租税（印紙税を除く）は，申告期限または申告のいずれか遅い方の後3年以内に賦課されなければならない（規則301.6501(a)－1，301.6501(b)－1，301.6501(c)－1，301.6501(m)－1）。賦課の期間制限については，法定期限前に提出した申告は，期限日に提出されたものとされる。「申告」または「申告書の提出」は，一般に，申告書をIRSに引き渡しIRSがこれを受け取ることをいう。期限以前に申告書を郵送したが，IRSがこれを期限後に受け取る場合，申

第4章　賦課および納付

告書が提出されたとみなされる日は，IRSが申告書を受け取る日でなく，米国郵便のスタンプの日とされる。期限後郵送の申告書については，IRSが受け取る日に申告書が提出されたものとされる。納税者は，書留または内容証明郵便で郵送しない限り，申告書が米国郵便サービスにより紛失される場合，IRSへの不到達のリスクを負担する（P.S. Walden, 90TC947, CCH Dec. 44, 768）。当初申告書の提出により賦課期間を起算し，申告書の提出後，IRSは添付書類の不備等により申告を否定する場合も，これをもって期間制限の延長をすることはできない（S.E. Blount, Jr., 86TC383, CCH Dec. 42, 920）。

## (1) 納税者の同意による期間制限の延長

3年の賦課期間の経過前に，納税者とIRSはすべての租税（遺産税を除く）の賦課期間を延長することを合意することができる。日米間の移転価格課税についても困難な問題を提起する制度である。様式872による単一の同意は，一定の条件を満たす場合，親会社とその子会社を対象とする同意として，受け入れられる（Rev. Proc. 72-38, 1972-2 CB813, Rev. Proc. 82-6, 1982-1 CB406）。賦課期間の延長のため，IRSは，（ⅰ）制限期間の延長を拒否することができること，および（ⅱ）期間延長を特定の問題または特定期間に限定することができること，を納税者に通知しなければならない（IRC6501(c)(4)(B)）。納税者が期間制限の延長の同意を終了する旨をIRSに通知する場合，期間制限の経過後に送達された不足税額通知書は，最終的に受け取ったものとされる。米国から外国法人（外国パートナーシップ，外国信託または外国遺産財団を含む）に譲渡された資産の譲渡に対する租税の賦課期間は，IRSがこの譲渡の事実を知った日から3年を経過する前に満了しないものとされる。S法人株主の申告に記載されたS法人に係る期間制限は，S法人の情報申告でなく，S法人株主の申告により起算することとされる（IRC6501(a)）。しかし，信託について裁判所の判断は分かれている。委託者課税信託（a grantor trust）の受益者の申告に係る期間制限は，信託の申告でなく，受益者の申告の提出により起算されると租税裁判所は判断した（J.A. Lardas, 99TC490, CCH Dec. 48, 592）が，信託の申告の調整に基づく不足税額

の賦課の期間制限は，信託の申告書の提出日によって決定されると控訴裁判所は判断した（R.H.Fendell, CA－8, 90－2 USTC 50, 345）。

## (2) 繰戻または繰越に係る不足税額の期間制限

純営業損失，キャピタル・ロスまたは未使用事業税額控除の繰戻に係る不足税額は，その繰戻を行う申告書の提出後3年以内に賦課しなければならない（IRC6501(h), 6501(j), 規則301.6501(h)－1, 301.6501(j)－1）。純営業損失，キャピタル・ロスまたは他の未使用税額控除の繰戻の結果としての事業税額控除の繰戻に係る不足税額は，当該純営業損失，キャピタル・ロスまたは他の事業税額控除を適用する申告書の提出後3年以内に賦課しなければならない。キャピタル・ロスおよび税額控除の繰越を否認することによる不足税額の賦課・徴収は，そのキャピタル・ロスまたは税額控除が不当に請求された年度の賦課が期間制限によって阻止されるとしても，認められる（Rev. Rul. 69－543, 1969－2 CB 1）。

## (3) 過少申告等の期間制限

申告書における総所得の25％超の省略もしくは贈与価値の25％超の過少申告，または同族持株会社の様式1120スケジュールＰＨの無申告については，賦課の期間制限は6年とする（IRC6501(e)～(f), 規則301.6501(e)－1, 301.6501(f)－1）。ここでは，総所得は，総収入を意味する。

## (4) 無申告，虚偽申告または詐欺的申告の期間制限

無申告，虚偽申告（a false return）または詐欺的申告（a fraudulent return）については，期間制限はなく，ＩＲＳは無期限に賦課することができる（IRC6501(b)(3), 規則301.6501(b)－1, IRC6501(c)－1, 6501(c)－2, 規則301.6501(c)－1）。

## (5) 信託，パートナーシップ，非課税法人の申告

信託またはパートナーシップの申告書は，たとえそれらの事業体が真正な信託またはパートナーシップであると決定されるとしても，後で法人であると決

定される場合には，法人の申告書として取り扱われる（IRC6501(g),規則301.6501(g)-1）。この場合，信託またはパートナーシップの申告書の提出の時からその期間制限が起算される。非課税団体であると信じて非課税法人申告書を提出した時，たとえ後で法人または信託として課税されるとしても，その時から期間損益は起算される。

### (6) 修正申告（amended returns）

期間制限の期間が経過する日に終了する60日以内にIRSが修正申告を受け取る場合，増差税額の賦課の期間制限は受領日後60日延長される（IRC6501(c)(7)）。

### (7) 指定取引（listed transactions）

申告書にIRC6011に規定する情報の記載および指定取引に関する書類の提出を怠る場合，指定取引に係る期間制限は，次のいずれか早い方の日後1年前は，満了しない（IRC6501(c)(10), 2004年米国雇用創出法により創設された）。
(a) 情報をIRSに提出すべき日
(b) 実質的な助言者が納税者の取引に関するIRSの要求に係るIRC6112の投資家リスト保存要件を満たす日

### (8) 賦課後の徴収

1990年11月5日後に賦課された租税および同日に旧6年の期間が起算されない場合には同日前に賦課された租税について，徴収期間は6年から10年に延長される（IRC6502, 規則301.6502-1）。

第9編　申告・納付

# 第5章

# 租税リーエン (lien for taxes)

　租税の賦課後納付されるまで，租税債務者に属するすべての不動産および動産に対し，賦課された金額は米国のためのリーエンとされる（IRC6321～6323）。租税リーエン通知書が提出されるまで，買主，リーエン権利者，リーエン債権者に対抗できない。租税リーエン通知書の提出後に生じるとしても，租税債務者の財産に対する第三者の持分に優先権が与えられることがあり，これをスーパープライオリティという。これは，証券や自動車の買主，小売の買主，臨時売却（2005年の場合2,000ドル未満とされる），動産の修理代，不動産税等の特別な賦課のための占有リーエン，不動産の修繕・改良のための非占有リーエン，弁護士リーエン，保険契約および預金担保付貸付金，一定の商業取引に係る融資契約などにも認められる。リーエンは，租税の賦課の時に発生し，賦課された金額が納付されるか，時効（lapse of time）により執行不能になる時まで存続する。時効は，1990年11月6日前は賦課日から6年とされていたが，同日以後10年とされる（IRC6323(g)および6502(a)）。

## 1　リーエンの通知

　IRSは，リーエンの対象者にリーエンのファイル後5日以内にリーエンの存在を通知しなければならない（IRC6320,規則301.6320-1）。リーエン通知書は，納税者に手渡されるか，その自宅もしくは事業所に差置送達されるか，または最後に確認された宛先に郵送されるものとする。動産または不動産に対する租税リーエン通知書は，不動産所在の州の指定する官公署に提出される。

## 2　リーエンの解除

　すべての財産に対する租税リーエンは，解除証書（a certificate of release）によりその効力を生じる。リーエンが完全に満足される日または賦課された金額および利子の納付の担保が受け入れられた日後30日以内にリーエンは解除される（IRC6325(a)）。

　解除の要求は，リーエン通知書が提出された税務署（IRS district office）に提出しなければならない。解除の要求には，（ⅰ）文書で行うこと，（ⅱ）納税者の氏名および住所を明記すること，（ⅲ）リーエン通知書（写し）を添付すること，（ⅳ）解除要求の根拠を示すこと，（ⅴ）リーエンの満足を示すこと（支払済小切手その他の納付の証拠を添付すること）が必要とされる（IRS Publication No. 1450）。

## 3　財産の免除

　租税リーエンの対象財産の一部の免除は，免除証書（a certificate of discharge）によって効力を生じる。（ⅰ）リーエンの対象財産の価値が租税リーエンの金額の2倍以上である場合，（ⅱ）当該財産に対する政府の持分の価値がIRSに支払われた場合もしくは当該持分が無価値となった場合，当該財産に対するリーエンは免除される（IRC6325(b)(1)）。IRSが免除証書を発行し，これを租税リーエンの提出先に提出する場合，リーエンの消滅，当該財産の免除，他の担保に対するリーエンの劣後，などが証明されることになる。

　租税リーエンの対象財産の所有者である第三者は，次の場合に，当該財産に係る免除証書を取得することができる（IRC6325(b)(4)）。

(a)　所有者である第三者がIRSの決定した当該財産の米国政府の持分の価値に等しい金額をIRSに預託する場合

(b)　所有者である第三者が当該財産の米国政府の持分を償うに足る担保をIRSの受け入れる形で提供する場合

## 4 租税回収のための財産の差押と売却

納税義務者が通知および督促後10日以内に租税を納付しない場合，IRSは未納税額の徴収のために納税者の財産または財産の権利を差し押さえることができる（IRC6331）。差押はその時点で納税者が保有する財産のみに対して行われる。

### (1) 通　　知

未納税額について給料，賃金その他の財産に対する差押は，差押通知が送達された後で行われる。差押通知は，納税者に手渡されるか，納税者の住居もしくは通常の事業所に差置送達されるか，または納税者の最後に知った宛先に郵送されなければならない（IRC6331）。

### (2) 差押除外財産

一定の財産は，IRSの差押を免除される（IRC6334, 規則301.6334−1〜301.6334−7）。

租税の徴収が危機に陥る場合を除き，営業または事業に用いられる有形動産または不動産は，税務署長の承諾なしに差し押さえることはできない。

### (3) 売却証書

不動産が売却される場合，IRSは代金の全額が支払われたことを証明する売却証書を買主に交付する（IRC6338, 規則301.6338−1）。

動産の売却証書は，滞納者の財産に対する権利，所有権および持分の全部を買主に移転する（IRC6339, 規則301.6339−1）。

### (4) 売却収入の充当

差押，引渡し，差押財産の売却，または政府から償還された財産の売却によって実現された金額は，まず差押および売却の費用，次に差押財産に対して

個別に課された未納税額，さらに差押が行われた本税に充当される（IRC6342，規則301.6342－1）。

# 第6章 充当および還付

　還付請求が有効にかつ適宜に行われる場合，過誤納付税額の還付または充当が行われる（IRC6402）。納付済税額について還付金利子が請求できる。この還付または充当の請求は，様式1120Xにより，期限内申告の場合には期限の3年内に，期限後申告の場合には現実に申告した時から3年以内に行われなければならない。無申告の場合には，納付日から2年以内に請求しなければならない。

## 1　還付または充当の請求権

### (1)　過誤納付税額の還付または充当の請求の要件

　還付または充当の請求が所定の期間内に行われない限り，還付または充当は認められない（規則301.6402－2(a)(1)）。請求には，適当な証拠と請求理由の詳細を記載しなければならない（規則301.6402－2(a)(2), 301.6402－3, 301.6402－2(b)(1)）。還付または充当の金額が200万ドルを超える場合，米国議会課税合同委員会に対する報告書提出後30日が経過するまでIRSはこれを支払うことができない（IRC6405）。

　還付または充当の請求は，納税者またはその適正な代理人によって行われなければならない。還付請求を行う非居住外国人または外国法人は，すべての課税所得を示さなければならない。源泉徴収税の過誤納付については，請求者が所得の受益者であることを示す書類を還付請求に添付しなければならない（規則301.6402－3(e)）。

　連結納税グループの子会社であって，法人の損失または税額控除に帰すべき

還付を受けるべき破産法人については，法定受益者または判決による受益者は還付請求を行うことができる（規則301.6402-7）。

### (2) 還付金の支払

還付金を支払う特定の時は定めていない。利子の支払を避けるために還付小切手は急送される。還付小切手は，8週間以内に発行される。電子申告については，3週間以内とされ，電子的に直接預金される場合には10日以内とされる。

### (3) 過誤納付の充当

ある課税年度にIRSが過誤納付税額と決定し，同一納税者に対し別の課税年度に賦課した増差税額がある場合，双方の課税年度が期間制限の範囲内である限り，過誤納付税額を増差税額に充当する（IRC6401，規則301.6402-1，301.6402-2，301.6513-1）。

### (4) 申告書全体の考慮

IRSは，還付請求書に記載された還付を生ずる条件に拘束されないが，誤って認められた損金の控除を否認する範囲で，追加的賦課に係る期間制限の経過にかかわらず，申告書全体を再度考慮に入れることができる。

## 2 還付または充当の期間制限

申告により納付した租税の還付を受けることができる納税者は，期限内申告について申告期限から3年以内に還付請求しなければならない（規則301.6402-2，301.6511(a)-1，301.7502-1，301.7503-1）。期限後申告については，現実に申告した時から3年以内に，または租税を納付した日から2年以内に，そのいずれか遅い方までに還付請求しなければならない。無申告の場合，租税の納付の時から2年以内に還付請求しなければならない。賦課の期間制限の期間経過後に賦課され納付した租税の還付請求は，納付日後2年以内に行わなければ

ならない。

### (1) 賦課期間の延長の合意

納税者とIRSが賦課期間の延長について合意した場合，通常の期間の経過後に還付請求を行うことができる。この合意は，還付請求の所定の期間内に行わなければならない（規則301.6511(c)－1，301.7503－1）。還付請求は，延長された期間内またはその後6ヶ月内に行うことができる。

### (2) 繰戻の期間制限

純営業損失またはキャピタル・ロスの繰戻に過誤納付の一部については，通常の3年の期間制限の代わりに，還付または充当の請求の適正な制限期間は，次のいずれかの期間が満了する時とされる（IRC6511(d)(2)(A)）。
(a) 純営業損失または純キャピタル・ロスの繰戻を生じる課税年度の申告期限後3年が終了する期間
(b) 純営業損失または純キャピタル・ロスの繰戻を生じる課税年度につき棄権合意が行われる場合，損失年度につき還付または充当の請求を行うことができる期間

すべての事業繰戻は，繰戻の期間制限を適用される（IRC6511(d)(4)(C)）。

### (3) 貸倒または無価値な証券の期間制限

還付または充当の請求が貸倒損失または無価値な証券の損失の控除に係る過誤納付に関する場合，またはこの請求がこのような貸倒または損失の控除繰越の適用を受ける効果に関する場合，申告期限の延長にかかわらず，請求を行う年度の申告期限後7年以内に請求することができる（規則301.6511(d)－1）。

## 3 還付加算金

過誤納付の日から還付小切手の日付前30日までの還付加算金が認められる

(IRC6611(b), 規則301.6611-1)。ただし，申告期限または実際に申告が行われた日のいずれか遅い方の日から45日以内の還付については，還付加算金は支払われない（IRC6611(e)(2)）。過誤納付に対する還付加算金の利率は，非法人については連邦短期レート＋3％であり，法人については連邦短期レート＋2％である（IRC6621(a), 6621(b), 規則301.6621-3）。

# 第10編

# 附帯税

第10編　附　帯　税

　納付につき定められた日までに全額納付されない租税について日ごとに利子税が課される。納付の通知および督促がなされた金額が21暦日以内に納付された場合には利子税は課されない（IRC6601，規則301.6601－1(a)）。過少納付に対する利子税は，連邦短期レート＋3％とされる（ただし，大法人の過少納付については，C法人の課税年度の過少納付税額が10万ドルを超える場合，利子税は連邦短期レート＋5％とされる）。期限後申告については，期限後1ヶ月以内申告する場合，加算税（an addition to tax）は，申告税額の5％とされる。無申告状態が継続する期間につき1ヶ月またはその端数ごとに5％ずつ加算されるが，その合計は最高25％とされる。申告の懈怠が詐欺的なものである場合には，申告懈怠の制裁（failure-to-file penalty）は，無申告状態が継続する期間につき1ヶ月ごとに税額の15％とされ，その合計は最高75％とされる。納付懈怠の制裁は，1ヶ月につき0.5％，差押通知後10日目から1ヶ月につき1％，緊急賦課（a jeopardy assessment）の場合には納付通知および督促の日から1ヶ月につき1％とされる。これらの制裁は，予定税（estimated tax）の納付懈怠，情報申告の懈怠，不渡小切手による納付などにも課される。提出された申告書に関して，正確性関連の制裁（accuracy-related penalty）および詐欺の制裁（fraud penalty）が課される。誤解を避けるために，申告懈怠の制裁とこれらの正確性関連の制裁や詐欺の制裁は，全く別々に課されることを強調しなければならない。正確性関連の制裁は，税法の課税ルールや財務省規則の遵守を怠りまたは無視による過少納付，実質的な過少申告，実質的な評価誤謬，負債の過大申告の20％とされる。詐欺の制裁は，詐欺による過少納付の75％とされる。20％の正確性関連の制裁は，75％の詐欺の制裁が課される過少納付には適用されない。

# 第1章
## 法人予定税（estimated tax）の納付懈怠の制裁

## 1　法人予定税の納付

　法人（S法人を含む）が四半期ベースでその本税の一定割合，**予定税**（estimated tax）の納付を懈怠する場合，制裁を課される。予定税の納付は，500ドルを超える租税を納付すべき法人に義務づけられ，合理的な理由の有無にかかわらず，その過少納付について制裁が課される（IRC6655, 規則1.6655-1）。各四半期の期限に納付すべき金額は，所定の年間納付金額の25％である。所定の年間納付金額は，当期の税額の100％または前年度の税額の100％のいずれか少ない方の金額である（IRC6655(d)(1)）。

　直前3課税年度のいずれの課税年度においても課税所得が100万ドルを超える大法人は，前年度のセーフハーバーに依存することはできず，合計が当期の税額の100％となる四半期ごとの納付をしなければならないが，第1四半期分の予定税の納付は前年度の税額に基づいて計算することができる（IRC6655(d)(2)）。

## 2　予定税の計算

　予定税の計算は，第一に，四半期ごとの納付税額の算定に当たり，当期の所得を推計し，第二に，当期の税率を乗じて対応する税額を計算することになる。予定税の「税」は，IRC11またはIRC1201(a)により課される税と代替的ミニマ

ム・タックスの合計から税額控除（賃金に対する源泉徴収税に係る税額控除を除く）を差し引いた残額である。

### (1) 四半期ごとの納付金額（100％セーフハーバー）

法人が四半期ごとの期限に納付すべき割賦金額は，所定の年間納付金額の25％に等しい。所定の年間納付金額は，当期の申告書に記載される税額の100％または前年の申告書に記載された税額の100％のいずれか少ない方の金額に等しい（IRC6655(d)(1)）。

### (2) 前年セーフハーバー

前年のセーフハーバーの適用上，前年の税額は，前年の期限内申告に記載される税に基づくものでなければならない。たとえこの税額が実際の税額を超えることが後に立証される場合も同様である。

### (3) 推計の修正

予定税の分割払の後で，法人が実際に義務を負うべき予定税と異なる納付を招くことに気づく場合，その予定税の再計算を行い，将来の分割納付金額を調整すべきである。

### (4) 年額計算法

法人は，当期の年額計算による所得に基づいて納付すべき税額の100％を納付する場合，予定税の制裁を避けることができる（IRC6655(e)(1)）。この年額計算法により，年換算所得分割を決定するため，2つの月ごと選択期間の1つを用いる場合を除き，法人は標準的な月ごとの期間を用いなければならない。標準的な月ごとの期間は，前四半期を通じる所得に基づいている。

(a) 第1四半期の分割金額－当期の最初の3ヶ月
(b) 第2四半期の分割金額－当期の最初の3ヶ月
(c) 第3四半期の分割納付－当期の最初の6ヶ月

(d) 第4四半期の分割納付－当期の最初の9ヶ月

選択的に，法人は，次の月ごとの期間のいずれかによる所得に基づき，年換算所得および四半期の分割金額を決定することができる。

（第一セット）
(a) 第1四半期の分割納付－当期の最初の3ヶ月
(b) 第2四半期の分割納付－当期の最初の5ヶ月
(c) 第3四半期の分割納付－当期の最初の8ヶ月
(d) 第4四半期の分割納付－当期の最初の11ヶ月

（第二セット）
(a) 第1四半期の分割納付－当期の最初の2ヶ月
(b) 第2四半期の分割納付－当期の最初の4ヶ月
(c) 第3四半期の分割納付－当期の最初の7ヶ月
(d) 第4四半期の分割納付－当期の最初の10ヶ月

### (5) 法人予定税の納付期限と納付方法

法人が予定税の納付要件に該当する時に，予定税を納付すべきものとされ，課税年度の4番目，6番目，9番目および12番目の月の15日に納付すべきである（IRC6655(c)）。各四半期の予定税の税額計算には，様式1120－Wが用いられる。

## 3 予定税の過少納付の制裁

予定税の過少納付については，過少納付の期間における過少納付金額につき，年利で計算される加算税（an addition to tax）が課される。ただし，当期の本税が500ドル未満である場合には，過少納付の制裁は課されない（IRC6655(a)，規則1.6655－1）。

過少納付の金額は，所定の分割金額のうち分割納付期限以前に納付した分割金額を超える部分をいう。所定の分割金額は，一般に，当期および前年のセー

第10編　附　帯　税

フハーバーまたは代替的方法によって算定される金額である。法人が第2四半期または第3四半期まで予定税の義務を負わない場合，所定の分割金額は，当期の税額の100%または前年の税額の100%のいずれか少ない方の50%または75%である。

# 第2章

## 正確性関連の制裁（accuracy-related penalty）と詐欺の制裁（fraud penalty）

正確性関連の制裁および詐欺の制裁の適用上，過少納付金額は，適正な税額のうち申告税額を超える部分である（IRC6664(b)）。この超過額の決定に当たり，申告税額に（ⅰ）過去に賦課されたが，申告書に記載されていない税額を加算し，（ⅱ）払戻を受けた税額を減算する。払戻（リベート）は，減免，税額控除，還付その他の支払である。

## 1　正確性関連の制裁

正確性関連の制裁は，過少納付金額のうち次のことによる20％に相当する（IRC6664）。

(a)　税法ルールおよび財務省規則の懈怠または無視
(b)　所得税の実質的な過少申告
(c)　実質的な評価誤謬
(d)　年金債務の実質的な過大申告

### (1)　合理的な理由

過少納付が合理的な理由によることおよび納税者が誠実に行為していることが立証される場合には，正確性関連の制裁は課されない（IRC6664(c),規則1.6664−4）。

納税者は，この制裁を回避するため，合理的な理由および納税者の誠実さの

証拠として他人の助言への信頼を訴えることができるが，この助言はすべての関連事実と状況およびこれらに関連する法令に基づくものでなければならない（規則1.6664－4(c)）。

### (2) 十分な開示

納税者の開示事項の取扱いの合理的な根拠がある場合を除き，制裁を回避するには十分な開示だけでは十分ではない。過少申告の金額は，そのうち，(ⅰ)申告書で十分に開示された事項，(ⅱ)申告書の添付書類で十分に開示された事項，(ⅲ)納税者が開示事項の課税上の取扱いの合理的な根拠を有する事項に帰すべき部分だけ減額される。

### (3) 懈　　怠

20％の正確性関連の制裁は，過少納付金額のうち懈怠に帰すべき部分に対して課される（IRC6662(c)）。「懈怠」には，納税者の税法遵守の合理的な努力の欠如だけでなく，不注意，無思慮，意図的な税法の無視も含まれる。合理的な理由なしに期限内申告を懈怠することは，ここでの「懈怠」に該当し，この制裁を課することを正当化するに十分なものとされる。

### (4) 所得税の実質的な過少申告

20％の正確性関連の制裁は，過少納付金額のうち実質的な過少申告から生じる部分に対して課される（IRC6662(d)，2004年米国雇用創出法により改正された）。課税年度の過少申告の金額が(ⅰ)当期の申告すべき税額の10％または(ⅱ)5,000ドル（Ｓ法人または同族持株会社以外の法人については10,000ドル）のいずれか大きい方の金額を超える場合，当期の所得税の実質的な過少申告があるとされる。2004年10月22日後に開始する課税年度においては，法人（Ｓ法人および同族持株会社を除く）は，過少申告の金額が(ⅰ)適正な税額または(ⅱ)1,000万ドルのいずれか少ない方の金額を超える場合，実質的な過少申告があるとされる。過少申告とは，申告すべき金額のうち現実の申告金額を超える部分をいう（IRC

6662 (d)(2))。

### (5) 指定取引および報告すべき取引に関する正確性関連の制裁

2004年10月22日後に開始する課税年度に，実質的な租税回避目的を有する（ⅰ）指定取引および（ⅱ）報告すべき取引に帰すべき過少申告について，新しい正確性関連の制裁が規定される（IRC6662A, 2004年米国雇用創出法により追加された）。ここで，「指定取引」と「報告すべき取引」は，新しいIRC6707A(c)を参照して定義される。この制裁は，納税者が取引を開示した場合には過少申告金額の20％，取引を開示しない場合には過少申告の30％である（IRC6662A, 2004年米国雇用創出法により追加された）。

この制裁は，申告書に記載された他の事項を問わず，指定取引および／または報告すべき取引に帰すべき過少申告金額のみに適用される（IRC6662A(b), 2004年米国雇用創出法により追加された）。

## 2　詐欺の制裁

詐欺の制裁は，過少納付金額のうち詐欺に帰すべき部分に対し，その75％で課される（IRC6663）。20％の正確性関連の制裁は，不納付金額のうち詐欺の制裁が課される部分には適用されないが，過少納付金額のうち詐欺に帰すべき部分には適用される。2004年10月22日後に終了する課税年度には，詐欺の制裁の適用上，過少納付金額には指定取引および報告すべき取引に帰すべき過少申告が含まれるが，指定取引および報告すべき取引の制裁は，過少納付のうち詐欺の制裁が課される部分には課されない。IRSが明瞭かつ証拠によって詐欺に帰すべき部分であると立証する場合，過少納付は詐欺に帰すべきものと考えられる。問題の事項が詐欺に帰すべきでないことを立証する責任は，納税者の負担とされる。

第10編 附帯税

# 第3章

## その他の加算税（miscellaneous additions to tax）

### 1 無申告加算税（addition to tax for failure to file tax return）

期限内申告を懈怠することに対して無申告加算税が課される。この制裁は，（i）懈怠が1ヶ月以下である場合には申告すべき税額の5％であるが，懈怠が続く場合，各1ヶ月およびその端数ごとに5％が追加され，合計25％までとされる（IRC6013およびIRC6651，規則301.6651－1）。所得税の申告の懈怠が60日を超える場合，最低の制裁は100ドルまたは納付すべき税額の100％のいずれか少ない方の金額である。

#### (1) 詐欺的な懈怠

詐欺および懈怠の制裁は，詐欺または懈怠の無申告には適用されないが，申告懈怠の制裁は，1ヶ月ごとに納付すべき税額の15％，合計75％に増加される（IRC6651(f)）。

#### (2) 合理的な理由

納税者が期限までに申告懈怠につき合理的な理由を示すことができる場合には，この制裁は課されない。納税者は，申告懈怠につき合理的な理由として申し立てたすべての事実を示し，**偽証罪のリスク**を賭けて陳述しなければならない（規則301.6651－1(c)）。公認会計士に対する信頼は，必ずしも合理的な理由

第3章　その他の加算税

とならず，また，弁護士に対する信頼も必ずしも合理的な理由とならない。

## 2　不納付加算税 (addition to tax for failure to pay tax)

不納付につき合理的な理由が示される場合を除き，納付期限内に租税の納付を懈怠するとき，不納付加算税を課される。不納付の制裁 (failure-to-pay penalty) は，課税通知の送達後10日目または緊急賦課の場合には通知もしくは督促の日から起算して，1ヶ月につき0.5％から，1ヶ月ごとに1％ずつ増加する (IRC6651)。詐欺の制裁が課される場合には，不納付加算税は課されない。

### (1)　期限延長
法人が合理的な理由を示すことができる場合を除き，様式7004による期限延長を認められる法人は，自動的に不納付加算税を課される。

### (2)　合理的な理由
納付懈怠の制裁を避けたいと考える納税者は，合理的な理由となるすべての事実を示さなければならない。

## 3　情報申告の懈怠の制裁

多様な情報申告の懈怠については，期限内の提出を怠る1件につき1ドルの制裁を課される。この制裁は，事業経費として控除することはできない（規則301.6652-1～301.6652-3,暫定規則6 a.6652(g)-1）。

第10編 附 帯 税

# 第4章

# 民 事 罰（assessable civil penalties）

連邦税を徴収および国庫への納付を故意に怠り，または故意に租税のほ脱を試みるすべての責任者（any responsible person）に対し，100％の制裁が課される。「責任者」とは，租税を源泉徴収しかつ納付する義務を負う事業体または個人である。

ここで，「**故意**」（willfulness）とは，詐欺的目的（a fraudulent purpose）または悪意（evil purpose）を要しないが，源泉徴収の法定要件を単に知りながら無視することまたは意図的に無視することをいう。

## 1 源泉徴収税の制裁

納税者から連邦税を徴収しまたは源泉徴収しかつこの連邦税を政府に納付する義務を負うすべての者は，これを納付するまで政府のために徴収しまたは源泉徴収した連邦税を特別ファンドにおいて保有すべきである。この徴収義務を怠りまたは徴収したが納付しない場合，100％の制裁が課される（IRC6672, 7202および7501，規則301.6671－1および301.6672－1）。

### (1) **詐欺的文書**（fraudulent statement）**または従業員に対する文書提出の懈怠**

源泉徴収税に関する文書の提出義務を有し，故意に**虚偽文書**（a false statement）もしくは**詐欺的文書**（a fraudulent statement）を提出し，または故意に文書の提出を怠る従業員は，各懈怠ごとに，50ドルの罰金を課される（IRC6667,

規則31.6674－1)。

この民事罰は，1,000ドル以下の罰金もしくは1年以下の禁固またはその併科という刑事罰に加えて課される。

### (2) 虚偽の源泉徴収関係文書

源泉徴収関係文書が合理的な根拠を欠く場合，源泉徴収税額を減少させる文書(例えば様式W－4)を提出する者に対し，刑事罰に加えて，500ドルの民事罰が課される(IRC6682)。虚偽の賃金源泉徴収情報を提出することに対する刑事罰は，1,000ドルである(IRC7205)。

## 2 情報申告の制裁(information-reporting penalties)

### (1) 正確な情報申告の懈怠

一定の正確な情報申告の懈怠に対し，制裁を課される(IRC6721および6724，規則301.6721－1および301.6724－1)。この制裁は懈怠1件ごとに課され，その金額は，次のとおりである。
  (a) 期限後30日以内に正確な申告が行われた場合，15ドル。暦年中のすべての懈怠に対する制裁の合計額は，75,000ドル以下とする。
  (b) 期限後31日から暦年の8月1日までに正確な申告が行われた場合，30ドル。暦年中のすべての懈怠に対する制裁の合計額は，150,000ドル以下とする。
  (c) 暦年の8月1日までに正確な申告が行われない場合，50ドル。暦年中のすべての懈怠に対する制裁の合計額は，250,000ドル以下とする。

情報申告の提出の懈怠が意図的な無視による場合，正確な申告が提出される時期にかかわらず，懈怠1件につき100ドルの制裁を課される(IRC6721および6724，規則301.6721－1および301.6724－1)。この制裁は，次の3つの場合，その大きい方とする。

この制裁には暦年ベースの最高限度額はない。

(a) ブローカーの提出すべき申告，パートナーシップ持分の売却もしくは交換に係る申告または寄付された財産の処分に係る申告懈怠の制裁は，100ドルまたは正確に申告すべき事項の金額の5％の大きい方

(b) 営業または事業の過程で1万ドル以上の現金の受領に係る申告懈怠の制裁は，25,000ドルまたは当該取引で受領した現金の金額（限度額10万ドル）の大きい方

(c) 直接販売申告以外の申告，抵当利子，抵当流れおよび担保の放棄に係る申告または上記(a)もしくは(b)の申告懈怠の制裁は，100ドルまたは正確に申告すべき事項の金額の10％の大きい方

## (2) 正確な受領者に係る情報申告の懈怠

正確な受領者に係る情報申告の懈怠について，1件につき50ドルの制裁が課される（IRC6722および6724，規則301.6722−1および301.6724−1）。この制裁の最高限度額は，暦年につき100,000ドルとされる。正確な受領者に係る情報申告の懈怠がその要件の意図的な無視による場合，懈怠1件につき100ドルの制裁を課される（IRC6722(c),規則301.6722−1(c)）。次の2つの場合，制裁はその大きい方とする。この制裁には暦年ベースの最高限度額はない。

(a) ブローカー取引，パートナーシップ持分の売却もしくは交換または寄付された財産の処分に係る受領者に係る情報申告懈怠の制裁は，100ドルまたは正確に申告すべき事項の金額の5％

(b) 直接販売以外の受領者の情報，抵当利子，抵当流れおよび担保の放棄に係る情報懈怠の制裁は，100ドルまたは正確に申告すべき事項の金額の10％の大きい方

## (3) 他の情報申告の懈怠

一定の情報申告の期限内提出の懈怠に対しては，1件につき50ドルの制裁が課される。この制裁の最高限度額は，1暦年につき100,000ドルとする（IRC6723および6724,規則301.6723−1および301.6724−1）。制裁を課される特定の情報

申告要件は，次のものである。
- (a) パートナーシップ持分の譲渡者が当該譲渡のパートナーシップに迅速に与える要件
- (b) ある者がすべての申告書，計算書その他の文書に自己の納税者番号 (taxpayer identification number：TIN) を記載し，他者に自己のTINを与え，または他者のTINを記載する要件

## 3　外国企業または国際企業の制裁

### (1)　一定の外国信託に係る情報申告の懈怠

外国信託に対する金銭または資産の譲渡者は，次のことに関する情報申告を提出しなければならない (IRC6048および6677)。
- (a) 米国人による外国信託の創設
- (b) 米国人による外国信託への金銭または資産の譲渡
- (c) 死亡者が委託者信託ルールに基づき外国信託の一部の所有者として扱われ，または外国信託の一部が死亡者の総遺産に含まれる場合，米国市民または居住者の死亡

この情報申告の懈怠については，刑事罰に加えて，信託に譲渡される金額の5％（1,000ドル以下）の民事罰が課される。

### (2)　外国法人または外国パートナーシップに係る情報申告の懈怠

この外国法人の10％株主および役職員が提出すべき外国所得に係る情報申告の懈怠については，刑事罰に加えて，10,000ドルの制裁が課される（IRC6046および6679)。

外国パートナーシップ持分を取得しもしくは処分する10％パートナーである米国人または外国パートナーシップ持分を実質的に（10％以上の持分を）変更する米国人に対しこの制裁が課される（IRC6046A)。

### (3) DISC申告またはFSC申告の懈怠

米国国際販売法人 (domestic international sales corporation：DISC) または外国人的役務法人 (foreign service corporation：FSC) は，年間申告書を提出し，IRSが要求する情報を株主に提供しなければならない。年間申告書の懈怠には1,000ドルの制裁，IRSの要求する情報の懈怠1件につき100ドルの制裁（暦年ベースの最高限度額は，25,000ドルとする）を課される（IRC6686）。

### (4) 外国税の再決定通知の懈怠

外国税額控除または外国繰延報酬プランに係る控除を行い，外国政府が後に外国税を再決定する場合，IRSに対する当該再決定についての通知を怠るとき，IRSがその結果である不足税額を発見したとき，制裁を課される（IRC6689）。この制裁は，最初の月には5％，この懈怠が続く期間の月またはその端数ごとに5％ずつとされ，最高限度額は不足税額の25％とされる。

## 4　濫用的タックス・シェルターの制裁

### (1) 濫用的タックス・シェルターのプロモーター

パートナーシップその他の事業体の持分，投資プランもしくは投資アレンジメントまたは連邦税に影響をもつ他のプランもしくはアレンジメントを組成し，組成を幇助しまたはその販売に参加するすべての者に対し，次の文書を作成しもしくは提出し，または他者に作成させもしくは提出させる場合，制裁が課される（IRC6700, 2004年米国雇用創出法により改正された）。

(a) この者が虚偽または詐欺的であることを知りまたは知り得る理由があるタックス・シェルターに参加することによって得たタックス・ベネフィットの認容に関する書類

(b) タックス・シェルターに影響をもつすべての事項に関する過大な評価

ここで「過大な評価」とは，損金の控除または税額控除の金額に直接関連する資産またはサービスの評価で，明示の価値が正確な価値の200％を超えるも

のをいう。

この制裁は，1,000ドルまたはこの者が上記(b)の過大な評価を行うかまたは他者に行わせる場合，タックス・シェルターに関連する活動から生じる総所得の100％とされる。

タックス・シェルターの組成またはその持分の売却に対する参加が(a)の虚偽文書または詐欺的文書に関係する場合，この制裁はこの活動から生じる総所得の50％とされる（IRC6700(a)）。

### (2) 税額の過少申告の幇助および教唆

虚偽文書の作成または提出における幇助および教唆に対する刑事罰に加えて，税額の過少申告の幇助および教唆について民事罰が課される。この制裁は，税額の過少申告に係る各申告書または文書ごとに1,000ドル（法人税務申告書および文書については10,000ドル）とされる（IRC6701）。虚偽文書または詐欺的文書の作成または提出に直接関連するすべての者がこの制裁を課される。

### (3) 軽率な申告 (frivolous tax return)

軽率な申告を行う者は，反税戦術防止策としての制裁を課される。反税戦術としての文書を提出するすべての個人に対して，即時賦課 (an immediately assessable) の制裁が課される。税務行政の執行を遅らせまたは妨害する明白な意図をもち，または軽率な立場から，税額を正確に決定する情報を含まない申告書を提出するすべての納税者に対し，500ドルの制裁が課される（IRC6702）。

### (4) IRC6700～6702の制裁に適用される手続

手続法は，制裁規定と結合している（IRC6703(c)）。タックス・シェルター・プロモーターの制裁は，IRSの通知および督促の時に即時賦課される。この制裁について争うプロモーターは，IRSの通知および督促の後30日以内に督促金額の15％を納付してから制裁金の還付を請求しなければならない。30日の通知および督促の期間中は，差押または徴収手続は開始しない。濫用的タックス・

シェルターの制裁に係る手続においては，立証責任は政府側にある。

(5) タックス・シェルターに関する情報申告の懈怠

2004年10月22日以前に期限がくる申告について，タックス・シェルターの登録を懈怠し，またはこの登録に関し虚偽の情報もしくは不完全な情報を提供するすべてのタックス・シェルター・オーガナイザーは，500ドルまたはタックス・シェルターに対する投資金額の合計額の1％のいずれか大きい方に相当する制裁を課される（IRC6111および6707）。タックス・シェルター持分を販売する者が各投資家にタックス・シェルターの納税者番号を提供することを懈怠すると，各懈怠ごとに100ドルの制裁を課される。投資家は，タックス・シェルターに帰すべき所得，損金の控除，損失，税額控除その他のタックス・ベネフィットを報告する申告書に添付しなければならない様式8271においてこの番号を報告しなければならない。財務省規則により申告書にタックス・シェルターTINを記載しないすべての**投資家**は，各懈怠ごとに250ドルの制裁を課される。秘密の法人タックス・シェルターの登録の懈怠に対する制裁は，10,000ドルまたは登録日前のオファーによりすべてのプロモーターに支払われる報酬の50％のいずれか大きい方である。この制裁は，法人タックス・シェルターのプロモーターのみならず，現実の参加者にも適用される。参加者については，50％の制裁は，参加者の支払う報酬のみに基づく。このプロモーターまたは参加者が登録要件を意図的に無視する場合，50％の制裁は75％に増加される。

(6) 2004年米国雇用創出法による制裁の強化

2004年10月22日後に期限がくる申告について，IRC6111により「報告すべき取引」（a reportable transaction）に係る情報申告を懈怠する個人は，新しい制裁を課される（IRC6707）。この制裁は，期限までに様式8264の情報申告の提出を懈怠した場合および虚偽情報または不完全な情報を含む虚偽申告書を提出した場合に適用される。報告すべき取引に係る情報申告の懈怠には，一般に50,000ドルの制裁が課される。「指定取引」（listed transaction）に係る情報申告の懈怠

には，（ⅰ）200,000ドルまたは（ⅱ）指定取引について提供される幇助または助言につき情報申告を提出すべき者が取得する総所得の50％のいずれか大きい方とされる。意図的な懈怠については，上記（ⅱ）の50％の限度額は75％に増加される。

### (7) タックス・シェルター開示の懈怠

2004年10月22日後に期限がくる申告書および文書について，報告すべき取引の開示を懈怠する納税者は，新しい制裁を課される（IRC6707A，2004年米国雇用創出法により追加された）。この制裁は，（ⅰ）自然人については，報告すべき取引につき10,000ドル，指定取引につき100,000ドル，（ⅱ）その他すべての納税者については，報告すべき取引につき50,000ドル，指定取引につき100,000ドルとされる。この制裁は，他の正確性関連の制裁に加えて課される。

### (8) 潜在的な濫用的タックス・シェルター（potentially abusive tax shelter）の投資家リストの保存義務の懈怠

潜在的な濫用的タックス・シェルターのオーガナイザーおよび販売者が投資家リスト保存義務を懈怠する場合，各懈怠ごとに50ドルの制裁（暦年ベースで最高限度額100,000ドル）が課される（IRC6112および6708）。IRC6112により報告すべき取引に係る投資家リスト保存義務を負うすべての者が，IRSの要求を受け取り，20事業日以内にリストを入手可能な状態にすることを懈怠する場合，20日目後の懈怠の日ごとに10,000ドルの制裁を課される（IRC6708）。

## 5　その他の民事罰

### (1) RICの欠損金配当手続の利用

適格性を維持するために欠損金配当手続を利用するRICは，制裁を課される。この制裁の金額は，RICが欠損金配当につき支払う利子に相当する（IRC6697）が，この制裁は欠損金配当控除の50％以下とする。

## (2) パートナーシップ申告の懈怠

パートナーシップは期限内に完全な様式1065の提出を懈怠する場合，制裁を課される。この制裁は，懈怠が続く期間，各月またはその端数ごとに課される。各月ごとの制裁は，パートナーシップのパートナー数の合計に50ドルを乗じた金額に相当する（IRC6698）。この制裁は，パートナーでなく，パートナーシップに課される。しかし，パートナーは，一般にパートナーシップの負債につき責任を負う範囲でこの制裁に個人的に責任を負う。10人以下のパートナー（非居住外国人を除く非法人パートナー）から成る内国パートナーシップで，各パートナーシップ項目に占める各パートナー・シェアが他のすべての項目に占めるシェアと同様であるものは，すべてのパートナーがそれぞれの期限内申告にパートナーシップの所得，損金の控除および税額控除のシェアを完全に申告したことをパートナーシップおよびすべてのパートナーが立証する場合には，この制裁を課されない（Rev. Proc. 84-35, 1984-1 CB 509）。

## (3) オリジナル発行割引（OID）情報の懈怠

発行者が所定の情報（OID金額および発行日を含む）の提出を懈怠する各債務証書ごとに50ドルの制裁が課される（IRC1275および6706）。債務証書を公開発行する発行者が財務省規則によりIRSが要求する割引額，発行日，その他の情報の提供を懈怠する場合，発行価格の合計額の１％（暦年ベースの最高限度額を50,000ドルとする）に相当する。

## (4) モーゲージ・クレジット証書に係る重要な虚偽の申立

モーゲージ・クレジット証書の保有者は一定の優遇措置を適用されるが，この証書につき偽証罪の適用がある証明書において過失により重要な虚偽の申立をする者は，１件につき1,000ドルの制裁を課される。この虚偽の申立が詐欺による場合には，この制裁は10,000ドルに増加される（IRC6709）。

## (5) 租税条約の適用開示の懈怠

米国の租税条約が内国歳入法典に優先適用されるという立場をとる納税者は，その旨を申告書において開示しなければならない（IRC6114および6712，規則301.6114－1）。

この開示要件の懈怠については，各懈怠ごとに1,000ドル（C法人については10,000ドル）とされる。

## (6) 申告書作成業者の不当な開示，過少申告

申告書作成業者は，有償で申告書の作成に関するサービスを提供し，または申告書を作成し，申告書作成のために提供した情報を開示する場合，不当な開示ごとに250ドルの制裁を課される（IRC6713）。一暦年ベースの最高限度額は，10,000ドルとする。

第10編　附　帯　税

# 第 5 章
# 刑　事　罰（assessable criminal penalties）

　多様な税法違反に対して，民事罰に加えて，刑事罰が課される。刑事罰は，民事罰と異なり，賦課によって徴収されるのでなく，刑事手続で有罪判決により課される。

　故意による（ⅰ）租税の納付懈怠，（ⅱ）申告の懈怠，（ⅲ）記録保存義務の懈怠，または（ⅳ）法定情報の提供の懈怠は，軽罪（a misdemeanor）とされ，25,000ドル（法人については100,000ドル）以下の罰金刑および／または1年以下の禁固刑に処せられる（IRC7203）。故意による（ⅰ）租税のほ脱または（ⅱ）租税の源泉徴収の懈怠は，重罪（felonies）とされ，100,000ドル（法人については500,000ドル）以下の罰金刑および／または5年以下の禁固刑に処せられる（IRC7201）。租税のほ脱の意図で故意に虚偽申告の提出は，軽罪とされ，10,000ドル（法人については50,000ドル）以下の罰金刑および／または1年以下の禁固刑に処せられる。（ⅰ）他者に詐欺的申告を提出させ，（ⅱ）予定税の納付を懈怠し，（ⅲ）詐欺的文書を提出し，（ⅳ）詐欺的な源泉徴収票を提出し，（ⅴ）偽証罪の下における申告に違反し，（ⅵ）召喚状の遵守を懈怠し，（ⅶ）税務行政の執行を妨害し，（ⅷ）情報を不当に開示し，（ⅸ）源泉徴収税の預託を懈怠する場合，刑事罰が課される。故意に他者に詐欺的申告を提出させること（18 U.S.C. 2および287）としては，次のことが含まれる。

(a)　他者に申告書を売却する者は，当該申告書が提出されることを知っていたものとして刑に処せられる。

(b)　タックス・シェルターの重要な要素を誤り伝えるプロモーターは，虚偽申告の幇助につき有罪とされる。

562

# 第11編

# 特別な事業形態に対する課税

第11編　特別な事業形態に対する課税

# 第1章

# S　法　人

　米国は，法人税の課税根拠について独立納税主体説を採っている。日本では法人税を所得税の前どりとする見解が有力であり，法人の利益に対する二重課税を排除するため所得税・法人税の統合を図る必要があるという結論が導き出されるが，米国は法人と個人（株主）に対し独立に課税する正統方式を採用しているので，法人の利益について二段階課税が行われる。米国は，米国企業の国際競争力の観点から，問題視してきた。米国財務省は，所得税・法人税の統合について，1992年12月11日に（ⅰ）受取配当免除方式，（ⅱ）株主配分方式，（ⅲ）包括的事業所得税方式および（ⅳ）法人税株主帰属方式の採用を勧告した。しかし，この勧告において，「所得税・法人税の統合によるメリットは，原則として外国投資家に与えるべきでなく，与えるとすれば，租税条約によって相互主義に基づいて与えるべきである。」といい，米国企業（米国投資家）にその選択により一段階課税への転換の可能性を追求していることを明らかにしている。すなわち，米国は，所得税・法人税の統合の制度を有する代わりに，一段階課税を可能にする各種の事業体を選択させる方法を設けている。連邦税法は，法人格の有無により事業体を（ⅰ）法人と（ⅱ）非法人（選択適格事業体）に区分し，次に持分所有者の選択により（ⅰ）団体課税される事業体，（ⅱ）構成員課税される事業体および（ⅲ）課税上無視される事業体に区分する。通常の法人（C法人）は，団体課税される事業体であるが，私法上，州法上の法人でさえ，連邦課税上，一定の要件を満たす小規模法人は，株主の選択により，S法人となり，パススルー事業体として構成員課税される事業体となる。
　非法人（選択適格事業体）は，その構成員の数により，（ⅰ）複数の構成員が

いる場合には，**社団**として分類され，団体課税を選択するか，**パートナーシップ**として分類され，構成員課税を選択することができるが，(ⅱ) 単独所有者の場合には，社団として分類され，団体課税を選択するか，所有者と分離した法的主体としては無視されることを選択することができる。また，選択適格事業体は，積極的に選択しない場合，( i ) 複数の構成員がいるときは**パートナーシップとして分類**され，(ⅱ) 単独所有者しかいないときは**課税上無視される事業体**とされる。米国で法的に二段階課税される場合は，C法人（S法人を除く）および社団として取り扱われる事業体のみである。また，法的に納税主体としつつ，一定の要件を満たすときは，支払配当の損金算入を認め，事実上の非課税団体となり得るペイスルー事業体を税法で認めている。しかし，米国は，外国法人が米国子会社でなく，支店形態で米国事業を行い，米国の二段階課税を避けて，米国源泉所得に対して一段階課税を享受することを認めない。これを認めた場合，米国法人は米国内の競争上不利になると考え，これを是正するため，米国は**支店利益税**（Branch Profit Tax：BPT）およびその補完税としての**支店利子税**（Branch-level Interest Tax：BIT）を導入した。その結果として，一定の場合を除き，外国法人も米国で二段階課税を受けることになった。なお，ブッシュ政権は，1992年財務省勧告「受取配当免除方式」に沿って2003年1月7日に「雇用と成長のパッケージ」の重要項目として「受取配当の個人課税所得からの除外」を掲げたが，富裕層優遇減税批判に晒され，「配当課税の撤廃」原案は，「配当課税の軽減」という修正案で妥協することになった。

## 1　S法人要件

**小規模事業法人**（a small business corporation）のみが，S法人の地位を選択することができる。S法人の地位を有する法人は，小規模事業法人の適格性を欠くとき，この地位を失う（IRC1371）。小規模事業法人は，次の要件を満たす内国法人である。

(a)　1種類を超える株式を有しないこと

(b) 100人を超える株主を有しないこと
(c) 個人または一定の適格遺産および信託以外の株主を有しないこと
(d) 非居住外国人である株主を有しないこと

小規模事業法人については，所得金額，投資資本金額または従業員数による制限はない。S法人は，課税上の分類を決定するため，チェック・ザ・ボックスの選択をすることはできない。S法人は，適格100％所有子会社（IRC1361(b)(3)）やC法人株式の80％以上を所有することができる。C法人子会社は，関連C法人との連結納税を選択することができるが，S法人はできない。S法人が株式の80％以上を所有する子会社C法人からの受取配当は，株式所有からのパッシブ投資所得としては取り扱われない。所得の分類は，子会社C法人が営業または事業の能動的な遂行を通じて所得を生じたか否かによって決定される（IRC1362(d)(3)(E)）。

### (1) 適格サブチャプターS子会社

S法人は，適格サブチャプターS子会社（QSSS，またはQSub）を所有することができる。これには，S法人の適格を有しかつS法人親会社によって100％所有される内国法人が含まれる。QSSSは，別個の法人として扱われず，その資産，負債，所得，損金の控除および税額控除は，親会社のものとして取り扱われる（IRC1361(b)(3)(B)）。

### (2) 不適格法人

次の法人は，S法人になることはできない（IRC1361(b)(2)）。
(a) 貸倒に係るリバース会計方法を用いる金融機関
(b) 特別な保険会社ルールに基づき課税される保険会社
(c) IRC936に基づき属領税額控除を選択する法人
(d) DISCおよび元のDISC
(e) 課税されるモーゲージ・プール

### (3) 単一の種類の株式

S法人は1種類の株式しか有することはできないが，議決権のみが異なる株式は，別の種類の株式とならない（IRC1361(c)(4)）。S法人は，議決権のある株式と議決権のない株式を発行することができる（IRC Letter Ruling 8407018, 11-10-83）。法人は，発行済株式が分配および清算分配に関しすべての他の株式保有者に与えられる権利と同一の権利を保有者に与える場合にのみ，この要件を満たすものとされる。

### (4) S法人の株主

夫婦は単一の株主として取り扱われる。2つ以上のS法人がパートナーシップを組成して事業を行うことができる。この所有形態の利用が株主人数制限（100人以下）を回避するためであったとしても，これは，認められる。一定の種類の信託（適格サブチャプターS信託）のみが株主になることができる。株式を共同で所有する各人は，株主人数制限の計算において別個の株主として取り扱われる。別個に組成されたS法人の株主は，株主人数制限の裏をかく方法として単一の事業を行うために法人を設立したとしても，それらの株主が株式を保有していない当該法人の株主として計算に入れない（Rev. Rul. 94-43, 1994-2CB198）。株主になる者の種類に関して制限される。すべての個人（非居住外国人を除く），すべての遺産および一定の信託が，株主になれる（IRC1361(b)(1)(B)および(C)，規則1.1361-1(f)）。その他のすべての事業体（パートナーシップおよび法人）は，株主になることができない。他の法人によって株式を保有される法人は，S法人の地位を選択することができない。ただし，パートナーシップは，S法人ルールに違反せずに，適格個人株主の名義人としてS法人の株式を保有することができる（規則1.136-1(e)(1)）。

### (5) 信　　託

遺言信託，委託者信託，議決権信託および適格サブチャプターS信託は，すべて適格S法人株主となるが，外国信託は株主になれない（IRC1361(c)(2)，規則

1.1361−1(h))。

　適格サブチャプターS信託（QSST）は，S法人株主になれるが，信託の個人受益者またはその法的代理人が信託の所有者として取り扱われることを選択する場合に限る（IRC1361(d),規則1.1361−1(j)(3)）。

### (6) パートナーシップ

　S法人は，能動的なパートナーシップを株主とすることはできないが，法人がS法人の地位を選択する前に解散したパートナーシップによって株式が所有されていた場合，パートナーシップ名の古い証書が取り消されず，新しい証書が元のパートナーの名で発行されていないとしても，株式所有権が元の個人パートナーに移転されたときに限る。パートナーシップでなく，元のパートナーが法人の株主であったので，法人は小規模事業法人として適格であり，S法人の地位を選択することができた。

## 2　S法人となる方法

　C法人およびS法人の双方に適用されるIRC351に基づき，もっぱらS法人の株式と引換えにS法人に対して金銭または資産を拠出することについては，投資家は非課税とされる。資産と株式の交換が非課税であるには，資産の譲渡者が当該交換の後，議決権株式および他の種類のすべての株式の80％以上を支配していることが必要である。株主が法人に金銭または資産を拠出する代わりに株式以外の資産を受け取る場合，この資産は課税されるべき「ブーツ」となる。法人がS法人の地位を選択する時，法人段階でビルトイン・ゲインに課税される。S法人の選択にはすべての株主の同意が必要であるが，S法人の選択を終了させるには，発行済株式の50％を超えるものが必要である。

### (1) 選択方法

　小規模事業法人は，自動的にS法人の地位を選択するのでなく，すべての株

主はこの選択に同意しなければならない。この選択は，様式2553によって行われる（IRC1362(a), 規則1.1362－1および1.1362－2）。

### (2) 選択の時期

当期にＳ法人になる選択は，当期の第3ヶ月目の15日以前に行わなければならない。

新設法人は，設立州法により法人として認識されるまで，Ｓ法人の地位を選択することはできない。

### (3) 株主の同意

Ｓ法人の選択の日に法人の株主であるすべての者は，この選択に同意しなければならない（IRC1362(a), 規則1.1362－6(b)）。

## 3　Ｓ法人の課税年度

Ｓ法人の課税年度の選択に関する新しいルールが2002年5月17日以後に開始する課税年度に適用された。Ｓ法人の課税年度は，「認められる年度」(permitted year)でなければならない。認められる年度は，「所定の課税年度」(required tax year : calendar year)，IRC444により選択された課税年度，これらを参照して終了する52－53週課税年度，または法人が事業目的を立証する他の課税年度である（IRC1378）。Ｓ法人は，採用する他の課税年度についてIRSの承諾を得なければならない。

### (1) 事業目的課税年度

Ｓ法人は，事業目的を立証することができる場合，会計年度を用いることができる。自然事業課税年度を立証するため総収入基準が用いられる。自然事業課税年度は，法人が25％総収入基準を満たすことを示す場合に，立証される（Rev. Proc. 2002－38, Sec. 2.06(2)）。

### (2) 所有課税年度

所有課税年度は，協同組合の発行済株式の50％超を所有する1人以上の株主によって用いられるものである。

## 4 租税項目の株主へのパススルー

S法人株主のS法人株式におけるベーシスは，当該法人に拠出した金銭の金額および株主の拠出した資産におけるベーシスに等しい。IRC351および358の一般法人ルールに基づき，この取引で資産または金銭（S法人株式を除く）を受け取る場合，これらは課税すべきブーツであり，株主のベーシスはブーツの受取の時に認識される収益金額だけ増加し，ブーツの価値だけ減少する。S法人株式の購入のための借入金は，投資目的でなく，事業目的に配分される場合，借入金の支払利子を損金として控除できるメリットをもつ。

パッシブ所得の課税について濫用防止規定がある。既存法人がS法人の地位を選択する時，法人段階でビルトイン・ゲインに課税される。

### (1) 株主の株式におけるベーシス

株主は，S法人株式のベーシスを示さなければならない。このベーシスは，（ⅰ）株式の売却その他の処分による損益の算定，（ⅱ）株主がその申告書において控除できるS法人の損失金額の算定，（ⅲ）S法人から株主に対する分配の明確化のために，用いられる。購入した株式のベーシスは，その取得価額である（IRC1012, 規則1.1012－1）。

#### ① 現金購入

現金で取得した株式のベーシスは，支払った現金の金額に等しい。

#### ② 資産と引換えに取得した株式

資産と引換えに取得した株式における株主のベーシスは，株式と引換えに譲渡した資産における株主の調整ベーシスと同じである（IRC1371, 351(b), 規則1.1371－1, 1.351－2）。

この取引の損益を認識しないというルールは，資産の拠出者が議決権のある株式の議決権の80％以上および各種類の議決権のない株式の80％以上を所有する場合のみ適用される（IRC368(c),規則1.368-1）。S法人への拠出資産が負債を負う場合，株主の株式におけるベーシスは，負債金額だけ減少する（IRC358(d)(1)）。

③ 人的役務と引換えに取得した株式

株主は，受け取った株式の価値を通常の所得として申告しなければならない（IRC83(a),規則1.83-1）。

## (2) ベーシスの調整

株主のS法人株式におけるベーシスは，S法人への資本として拠出した金銭の金額および資産の価値だけ増加する。さらに，株主のS法人株式におけるベーシスは，次の金額のうち，株主の部分の合計額だけ増加する（IRC1367,規則1.1367-1）。

(a) 分離して明示され株主にパススルーされるS法人のすべての所得項目
(b) 分離して計算されないS法人の所得
(c) S法人の減耗控除のうち減耗控除の対象資産のベーシスを超える部分（IRC1367(a)(1)）

株主のS法人株式におけるベーシスは，次の金額のうち，株主の部分の合計額だけ減算する。

(a) 法人による非課税の資本の返還
(b) 分離して明示され株主にパススルーされるS法人のすべての損失および損金の控除項目
(c) 分離して計算されないS法人の損失
(d) 課税所得計算において控除できず，適正に資本勘定にチャージできないS法人のすべての支出
(e) 油井およびガス井につきIRC611に基づく株主の減耗控除の金額
(f) 控除できない交際費（規則1.1367-1(c)）

S法人が株主に負う負債における株主のベーシスは，株式におけるベーシスと分離して計算される。負債におけるベーシスを計算するため，株主は株主の側で真正な経済的支出を示す取引で法人に金銭をローンしなければならない。法人負債の保証人として行為するような間接金融は，株主が保証の結果として支払わなければならなくなるまで，ベーシスとなる負債を生じない。S法人の株主は，S法人が第三者に負う負債のベーシスを受け取らない。負債のベーシスは，損失および損金の控除のパススルー項目を吸収するために用いられる。S法人の損失が株主のS法人株式のベーシスを超える場合，この超過額は，S法人の課税年度末に株主が保有するS法人の負債のベーシスを減少するために用いられる。

## 5　S法人の申告と課税

S法人は，稼得する所得に対し，法人として課税されないが，一定のS法人はキャピタル・ゲインに対して課税される。S法人のパッシブ投資所得がS法人の総収入の25％を超え，かつ，S法人がC法人としての課税年度から収益および利潤を留保している場合，このパッシブ投資所得に対して法人税率による課税が行われる（IRC1362(d)(3)，規則1.1362−2(c)）。また，S法人については，棚卸資産に係るLIFO取戻しが行われる。S法人は，C法人として一般事業税額控除を請求した資産の早期処分に課される税を課される。

S法人が稼得した所得は，法人段階でなく，株主段階で課税される。S法人に帰すべき所得および損失は，パートナーシップに帰すべき項目がパートナーに移転される方法と同様の方法で，株主にパススルーされる。S法人の課税所得の計算は，パートナーシップの課税所得の計算とほぼ同じである。

### (1)　S法人の申告

S法人は，通常の法人所得税を課されないので，様式1120を提出する必要はないが，様式1120Sによる申告をしなければならない（IRC6037，規則1.6037−1）。

第1章　S　法　人

S法人について，所得を生ずる債務免除（discharge of indebtedness）は，法人段階で適用される。

　損失または損金の控除が株主の株式におけるベーシスおよび法人の負債を超えるので，否認されるものは，債務免除ルールの適用上，純営業損失として取り扱われる（IRC108(d)(7)(A)および(B)）。S法人が株主に負う負債金額が株主の当該負債におけるベーシスを超える範囲で，株主がS法人に当該負債を拠出する時，S法人は一般に所得を実現する。

### (2)　LIFO棚卸資産の取戻し

　棚卸資産の評価方法としてLIFOを用いるC法人がS法人に転換し，または非課税組織再編成においてその資産をS法人に移転する場合，FIFOにより評価された棚卸資産がC法人としての最後の課税年度または組織再編成の年度の末日のLIFOに基づき評価された棚卸資産を超える金額を所得に算入しなければならない（IRC1363(d), 規則1.1363－2）。棚卸資産のベーシスは，所得に算入された取戻金額を反映するため，増加する。

## 6　株主の課税

　S法人は，**パススルー事業体またはフロースルー事業体**である。S法人は，その所得に対する税を納付しないが，S法人の所得，損金の控除，損失および税額控除の一部を自己の申告書において申告する株主にS法人の租税項目をパススルーする。株主が考慮に入れるべきS法人の租税項目は，株主の課税年度以内に終了するS法人の課税年度におけるS法人の租税項目である。

　S法人は本質的にパススルー事業体であるパートナーシップと同じ方法で取り扱われるので，株主が考慮に入れるべき租税項目は，パートナーがパートナーシップについて考慮に入れるべき租税項目と同じである。

### (1) 所得の性質

S法人株主が受け取る所得の性質は，法人段階で有する性質と同じである。

### (2) パッシブ活動ルール

パートナーシップと同様に，債務免除は投資家がS法人を通じる活動に実質的に参加していない者に損失を移転することを認めない。株主がS法人株式を売却し，自己のベーシス金額を超える金額を受け取る場合，株主のS法人における持分が分配年度におけるパッシブ活動の持分または非パッシブ活動の持分のいずれを示すかによって，その収益の性質は，パッシブ所得または非パッシブ所得とされる。S法人が双方の事業に従事している場合，株主は収益を各活動に配分しなければならない（IRC469,暫定規則1.469－2(e), Rev. Rul. 95－5, 1995－1 CB100）。

### (3) S法人の一定のビルトイン・ゲイン

S法人の一定のビルトイン・ゲインに租税を課される。この税は，株主にパススルーされるビルトイン・ゲインの認識金額を減算する。課税年度におけるS法人の総収入の25％を超えるパッシブ投資所得に対して租税が課される。この税も，株主にパススルーされるパッシブ投資所得金額を減算する。

## 7　分配 (distributions)

S法人が留保収益および利潤を有しない場合，株主の株式ベーシスまで分配は課税されず，ベーシスを超える分配はキャピタル・ゲインとして取り扱われる。資産（金銭を除く）が分配される場合，その価値は法人のその資産のベーシスでなく，分配日の公正な市場価値である。法人の収益および利潤から支払われたとみなされる分配は，S法人ルールに基づき当該所得がすでに課税されている場合を除き，配当として課税される（IRC1368, 規則1.1368－1(c)および1.1369－1(d)）。存続中にC法人として活動し，収益および利潤を有する事業を買収し

または合併したS法人，あるいは1983年前にS法人として活動しているS法人は，収益および利潤を有することがある。

## (1) 収益および利潤 (earnings and profits：E＆P)

　S法人が収益および利潤を有し，まずこれらを分配することを特に選択しない場合，S法人が行う分配は，まずS法人の過去に課税された収益の分配とみなされる。S法人の過去に課税された収益は，**留保調整勘定** (accumulated adjustments account：AAA) を通じて特定される。S法人の過去に課税された収益を超える分配は，S法人の収益および利潤の範囲で配当として課税される。過去に課税された収益と収益および利潤の双方を超える金額は，収益および利潤を有しない法人のルールに基づき，資本の返還とみなされる。収益および利潤を有しないS法人の分配は，第一に，株主の株式ベーシスの範囲で非課税の資本の返還とされ，第二にキャピタル・ゲインとされる（規則1.1368－1(c)）。

　分配の原資，適用順序とその税効果は，次のとおりである（IRC1368(c)，規則1.1368－1(d)）。

(a)　S法人のAAAの金額まで非課税の資本の返還
(b)　S法人株主が過去に課税されたが1983年前に留保された未分配所得を有する場合，過去に課税された所得は，株主の過去に課税された所得勘定の金額まで分配の原資とされる。過去に課税された所得の分配は，非課税である。
(c)　株主のS法人の収益および利潤に占めるシェアの金額まで，配当として課税される収益および利潤の分配
(d)　株主のS法人株式の残存ベーシスの金額まで，非課税の資本の返還
(e)　分配が上記(a)～(d)の合計を超える場合，この超過額は資産の売却または交換からの収益であり，キャピタル・ゲインとされる。

## (2) 留保調整勘定 (AAA)

　AAAは，留保収益および利潤を有するS法人の分配の税効果を計算すると

きに用いられる勘定である。AAAは，S法人の1982年後に開始する最初の課税年度初日にはゼロであるが，次の金額だけ増加する（IRC1368b(e)(1)(A), 規則1.1368－2）。

(a) 分離して明示され株主にパススルーされたS法人のすべての所得項目
(b) 分離せずに計算されるS法人の所得

次の金額だけ減算する。

(ⅰ) S法人による非課税の資本の返還
(ⅱ) S法人株式の償還
(ⅲ) 分離して明示され株主にパススルーされたS法人のすべての損失および損金控除
(ⅳ) 分離せずに計算されるS法人の損失
(ⅴ) 非課税所得の稼得に関連しない控除できない金額

### (3) 過去に課税された所得 (previously taxed income)

1982年サブチャプターS改正法前のルールに基づいて設定されたS法人株主の過去に課税された所得勘定は，法人でなく，株主が個人的に所有するものであり，他の株主に譲渡することができない。S法人株主が前課税年度中にS法人の未分配課税所得に課税された後に1983年前の金銭分配を受け取る場合，当該分配の一部または全部は過去に課税された所得の分配に該当する。この株主がS法人の未分配所得に対する税をすでに納付した場合，この株主は課税すべき配当にならない金銭をS法人から引き出すことができる。各株主はその個人的な過去に課税された所得勘定が分配に適用される範囲を決定することができるので，S法人の特定の分配によって異なる株主は異なる税効果をもつことになる（IRC1379(c)）。

### (4) 配当の取扱いの選択

S法人の分配は，一般にAAAからの非課税分配として取り扱われる（IRC1368(c)(1), 暫定規則18.1371－1）。S法人株主は，一定の場合，課税配当の受取を選好

第1章 S 法 人

することがある。

　例えば，S法人は超過パッシブ投資所得の終了とこの所得に対する税を回避するためにその収益および利潤を排除することを望むことがある。S法人は，すべての株主の同意により，法人分配の通常の配当以外の取扱いを回避することができる（IRC1368(e)(3)）。

## (5) 資産の分配

　資産の分配は，S法人ルールが適用されない場合に適用されるC法人ルールによって取り扱われる（IRC1371(a)(1)）。S法人が含み益のある資産を分配する場合，（ⅰ）IRC354に基づき組織再編成における資産の非課税分配または（ⅱ）IRC355に基づき被支配法人の株式もしくは証券の分配がある場合を除き，収益を認識しなければならない。分配が，（ⅰ）非課税分配と（ⅱ）非課税で分配できない他の資産を含む場合には，IRC356により上記（ⅱ）の「他の資産」のみが分配として課税される。S法人が含み益のある資産を分配する場合，分配がAAAまたは留保収益および利潤から行われるかどうかにかかわらず，収益を認識しなければならない。AAAは，法人の収益だけ増加し，分配日の資産の公正な市場価値だけ減少する。含み益のある資産の分配は，あたかも販売があったかのごとく取り扱われる。したがって，分配された資産に係る加速度減価償却と投資税額控除は，取り戻さなければならない。S法人が認識する収益は，分配が通常の所得の資産（例えば含み益のある棚卸資産または受取勘定）の分配である場合を除き，キャピタル・ゲインである。減価償却資産がS法人株式の50％以上を所有する株主に分配される場合には，収益は通常の所得である（IRC1239,規則1.1239-1）。S法人が分配日の公正な市場価値を超える資産を分配する場合，S法人の損失は認識されない。

## (6) プロラタ・シェア

　S法人株主は，その申告書においてS法人の所得，損失，損金の控除および税額控除のプロラタ・シェアを申告しなければならない。

## 8 超過パッシブ投資所得に対する税 (tax on excessive passive investment income)

サブチャプターCの収益および利潤と総収入の25％を超えるパッシブ投資所得を有するＳ法人は，最高法人税率で課税される（IRC1375, 規則1.1375－1Ａ）。この税は，Ｓ法人の超過純パッシブ所得またはその課税所得のいずれか少ない方に対して課税される。

### (1) パッシブ投資所得 (passive investment income)

パッシブ投資所得は，使用料，賃貸料，配当，利子，保険年金，株式または証券の売却または交換から生じる総収入をいう（IRC1375(b)(3)）。パッシブ投資所得の決定に当たり，Ｓ法人の認識したビルトイン・ゲインまたはビルトイン・ロスは考慮に入れない（IRC1375(b)(4)）。

### (2) 純パッシブ所得 (net passive income)

純パッシブ所得は，パッシブ投資所得から（ⅰ）この所得の稼得に直接関連する控除と（ⅱ）ＩＲＣ241～250により認められる特別控除を差し引いた残額をいう（IRC1375(b)(2)）。

### (3) 超過純パッシブ所得 (excess net passive income)

超過純パッシブ所得は，Ｓ法人の純パッシブ所得のうち課税年度の純パッシブ所得に超過総パッシブ所得（課税年度の総収入の25％を超える総パッシブ投資所得）が課税年度の総パッシブ投資所得の合計に占める割合を乗じて算定される（IRC1375(b)(1)）。

$$超過総パッシブ所得 = 当期の純パッシブ所得 \times \frac{超過純パッシブ所得}{当期の総パッシブ投資所得の合計}$$

## 9　S法人の特則

　S法人から株主への分配は，S法人が留保収益および利潤を有するか否かによって異なる取扱いを受ける。S法人の地位を選択する前にC法人として事業を行っていた法人のみが留保収益および利潤を有することができる。

(a)　S法人が留保収益および利潤を有しない場合

　　　その分配は株主の株式ベースの範囲で課税されないが，これを超える分配はキャピタル・ゲインとされる。この分配は，株主の株式ベースに影響する。

(b)　S法人が収益および利潤を有する場合

　　　留保収益および利潤は配当として課税される。S法人の地位を選択した時には留保収益には課税されないが，この留保収益が株主に分配される時に当該収益は課税される。一般に，この分配がS法人の留保調整勘定（ＡＡＡ）から行われる場合，ＡＡＡが株主の株式ベースを超える時，キャピタル・ゲインとして課税される。

### (1)　ビルトイン・ゲインに対する税

　法人は，S法人の地位を選択した日に法人が保有していたビルトイン・ゲイン（含み益）のある資産の処分に対して課税される（IRC1374, 規則1.1374-1）。この税は，S法人の地位を選択した日から10年以内に処分される資産のみに適用される。ビルトイン・ゲインは，S法人の地位を選択した日の資産価値がS法人の当該資産ベースを超える全額とされる。この計算には，個別法（asset-by-asset approach）でなく，合算法（aggregate approach）が用いられる。最高法人税率が適用される。S法人が非課税取引で通常の法人から取得する資産についても，同様に，ビルトイン・ゲインに対する税が課税される。

①　認識された純ビルトイン・ゲイン

　認識された純ビルトイン・ゲインとは，10年の認識期間の各課税年度における次のいずれか少ない方の金額をいう。

(a) 認識されたビルトイン・ゲイン，認識されたビルトイン・ロスおよび一定の純営業損失の繰越のみを考慮に入れていたならば，当期のＳ法人の課税所得になるであろう金額
  (b) 超過パッシブ投資所得に対する税の適用上算定されるＳ法人の課税所得

② 認識された純ビルトイン・ゲイン

認識された純ビルトイン・ゲインとは，認識期間中にＳ法人が資産の処分の時に認識したすべての収益をいう。ただし，次のことを示すことができるものを除く（IRC1374(d)(3), 規則1.1374－4）。
  (a) Ｓ法人の地位の選択が有効な初年度の期首にＳ法人が保有していなかった資産であること
  (b) 当該資産の認識された収益が選択初年度の期首における当該資産の公正な市場価値が当時の当該資産の調整ベーシスを超える金額より大きいこと

③ 認識されたビルトイン・ロス

認識されたビルトイン・ロスとは，認識期間中にＳ法人が次のことを立証する範囲で認識したすべての損失をいう（IRC1374(d)(4), 規則1.1374－4）。
  (a) 選択初年度の期首にＳ法人が保有していた資産であること
  (b) 損失が，選択初年度の期首における当該資産の調整ベーシスが当時の資産の公正な市場価値を超える金額以下であること

④ 純営業損失の繰越

Ｓ法人は，原則として，Ｓ法人の地位の選択前の年度からの純営業損失の繰越控除を認められないが，課税年度のＳ法人の認識された純ビルトイン・ゲインに対してその繰越控除が認められる。後年度に繰り越される純営業損失の金額の計算に当たり，認識された純ビルトイン・ゲインは課税所得として取り扱われる。

### (2) サブチャプターＣルールとの調整

Ｓ法人が稼得する所得の課税やＳ法人が生ずる損失の配分は，パートナーシップの所得および損失に関するパートナーの課税と類似する（IRC1371(a)）。

次の2点の例外を別にすれば，S法人は通常のC法人として取り扱われる。

(a) サブチャプターCルールが適用されず，S法人は通常の法人の株主である個人と同様に，取り扱われる。

(b) サブチャプターC法人取引は，S法人のパススルー事業体としての取扱いと矛盾する場合には，適用されない。

### (3) 繰越および繰戻

S法人の租税項目は，株主にパススルーされる。しかし，このことが，S法人は，純営業損失を繰越または繰戻ができないということを必ずしも意味しない。もっとも，C法人課税年度からS法人課税年度に租税項目を繰り越すことはできない（IRC1371(b)）。

### (4) 投資税額控除の取戻し

S法人の地位の選択は，単なる法形態の変更であって，投資税額控除の取戻しの原因となる資産の処分とはみなされない（IRC1371(d)，規則1.47-3(f)）。法人形態の変更にもかかわらず，S法人は潜在的に取戻しの義務を有し，S法人の選択の日前に法人が税額控除を行ったすべての資産の早期処分をしたならば，これに対し課税を免れず，S法人段階で課税され，分離して明示される租税項目として株主にパススルーされない（IRC1371(d)(2)）。

株主がS法人株式を処分する時に投資税額控除の取戻しを要するというルールが，適用される（規則1.47-4(a)）。投資税額控除取戻資産を保有するS法人株式の実質的な部分を処分する株主は，投資税額控除取戻に対する税の比例的シェアにつき義務を負う。

### (5) 外国所得

S法人が直接納付する外国税は株主にパススルーされ，各株主は自己の申告書においてS法人の外国税の損金控除または税額控除を行うことができる（IRC901，規則1.901-1）。

しかし，S法人はS法人が株主となる外国法人の納付した租税について間接税額控除を受けることができないので，S法人の外国子会社の納付した外国税は，S法人株主にパススルーされない（規則1.1362－2(b)）。過去に株主に外国損失をパススルーし，その後S法人の地位を終了させるS法人に対し，外国損失取戻ルールが適用される。このルールにより取り戻さなければならない外国損失の金額を計算するため，S法人の選択または終了は，事業譲渡として取り扱われる。S法人の地位を選択すると，C法人はその外国資産を処分したものとみなされ，過去に取り戻されない外国損失の金額を所得に算入しなければならない。S法人の選択が終了すると，株主はあたかもS法人が外国資産を処分したものとみなされ，株主は過去にパススルーされたが過去に取り戻されない外国損失の金額を所得に算入しなければならない。

## 10　S法人の終了

（ⅰ）小規模事業法人でなくなる場合，または（ⅱ）超過パッシブ投資所得を有する場合，S法人の地位を終了する法人について，その税効果を要約する。

### (1)　小規模事業法人に該当しないこと

S法人の地位の選択は，法人が小規模事業法人に該当しなくなる場合に終了する（IRC1362(d)(2),規則1.1362－2）。

### (2)　超過パッシブ投資所得を有すること

過去にC法人であったS法人は，連続3年間超過パッシブ投資所得を有しながらS法人の地位を維持することはできない。この終了の理由としては，（ⅰ）法人が連続3年間の末にC法人収益および利潤を有すること，および（ⅱ）3年度の各年度の総収入の25％を超えるパッシブ投資所得を有することがあげられる（IRC1362(d)(3)(D)）。

## ⑶ 終了の課税年度

終了日が法人の課税年度の初日以外である場合，法人は当該課税年度の一部だけS法人として取り扱われ，他の部分においてはC法人として取り扱われる（IRC1362(e), 規則1.1362－3）。

第11編　特別な事業形態に対する課税

# 第2章

# パートナーシップ

　パートナーシップは，事業体それ自体は連邦所得税を課されない。パートナーシップのすべての租税項目（所得，損金控除，損失，税額控除等）はパートナーにパススルーされ，パートナーは自己の申告書にパートナーシップの租税項目のシェアを反映しなければならない。パートナーシップは，その租税項目を直接パートナーにパススルーする故に，連邦税法が認める**パススルー事業体**である。投資家は，パートナーシップに金銭または資産を拠出し，代わりに非課税取引として，**パートナーシップ持分**（partnership interest）を受けることができる。序論第1章2(3)で述べるように，パートナーシップには多様な種類がある。

## 1　事業体の選択

　事業体は，（ⅰ）法人（corporation）として課税されるか，（ⅱ）パートナーシップとして課税されるかを選択することができる（規則1.761-1，301.6109-1，301.7701-1～301.7701-4，301.7701-6）。連邦税法では事業体を法人またはパートナーシップのいずれに分類するかを決めるルールとして**キントナー原則**（Kintner test）を採用してきたが，1997年からこの原則に代えて**チェック・ザ・ボックス規則**（Check-the-Box Regulations）を採用した。キントナー原則およびチェック・ザ・ボックス規則については，序論第3章2(5)を参照されたい。

　パートナーシップとして分類される事業体は，連邦税法上のパートナーシップ・ルールの全部または一部の適用除外となることを選択できる（IRC761(a)，規

則1.761－2）。パートナーシップ・ルールを回避するためには，事業体を（ⅰ）投資目的のためにのみ用いるか，または（ⅱ）営業契約に基づき資産の共同生産，採取もしくは使用のために用いることが必要である。

## 2　パートナーシップの組成

　パートナーシップ持分と引換えにパートナーシップに対し拠出することは，課税されない。その理論は，パートナーシップ持分に対する現金の支払は，単なる資産の購入であって，課税されないとするが，パートナーシップ持分と引換えにパートナーシップに対し資産を拠出することは，租税理論ではパートナーシップ持分と引換えにパートナーシップへの資産の売却であるという説があるとしても，原則として課税されない。これを**不認識ルール**(non-recognition rule) という。この不認識ルールは，（ⅰ）新しいパートナーシップの組成，（ⅱ）新規パートナーの加入，（ⅲ）パートナーのパートナーシップ持分の追加取得，（ⅳ）複数のパートナーシップの合併に適用される。

### (1)　金銭または資産の拠出

　パートナーシップへの金銭の拠出は，その本質が金銭によるパートナーシップ持分の購入であり，課税されない。また，パートナーシップ持分と引換えにパートナーシップに資産を拠出することに対して，パートナーシップもパートナーも，いかなる収益または損失も認識されない。パートナーシップ持分と引換えに人的役務をパートナーシップに拠出する場合（IRC721, 規則1.721－1）または資産の偽装売却や偽装交換の場合，さらに外国パートナーシップには，この不認識ルールは適用されない（IRC1491）。

#### ①　資産の拠出

　パートナーシップ持分と引換えにパートナーシップに資産を拠出することは，通常，資産の課税処分として取り扱われない。当該資産に係る負債がパートナーの拠出した金銭および資産の価値より大きい場合には，当該資産の拠出に

ついて所得が認識される。

　法人は、パートナーシップ持分と引換えに自己株式をパートナーシップに拠出することができるが、この交換の後でパートナーシップが当該株式を売却する場合、パートナーシップはこの取引に係る収益を認識したかもしれない（Rev. Rul. 99-57, 1999-2 CB678）。

　しかし、この場合、法人パートナーは、自己株式の売却または交換について配分される収益を認識しない。その代わりに、当該法人パートナーは、パートナーシップの自己株式の売却または交換による収益に占めるシェアに相当する金額だけパートナーシップ持分のベースを増加する。

（ⅰ）　**信用の拠出**（contributions of credit）

　パートナーシップ持分と引換えに信用の拠出をする次のような場合が、問題になっている。

(a)　不動産開発業者がビルを建築するため保険会社からモーゲージ・ローンのコミットメントを取得し、このモーゲージ・ローン以上の現金を集めるため投資家を募集する目的で、投資家がこのビルを保有するリミテッド・パートナーシップを組成する。投資家はリミテッド・パートナーシップに現金を拠出し、不動産開発業者はモーゲージ・ローン・コミットメントを拠出して、パートナーシップ持分を受け取る。

　　　連邦税法では、不動産開発業者は自己の資産としてモーゲージ・ローン・コミットメントをパートナーシップに拠出してIRC721交換により非課税でパートナーシップ持分を取得することができる（D. N. Stafford, CA-11, 84-1 USTC9316, 727F 2 d1043）。

(b)　不動産開発業者がビルを建築するため他人とパートナーシップ契約を締結し、契約上の義務としてパートナーシップにモーゲージ・ローン・コミットメントを提供してパートナーシップ持分を受け取った。この場合、パートナーシップ持分の価値は、課税される。その理由は、(a)モーゲージ・ローン・コミットメントは、パートナーシップ契約に基づいて取得されたものであり、自分のために行為するものでなく、パートナーシップのため

に提供した人的役務と引換えにパートナーシップ持分を取得したことになること，および(b)このコミットメントはパートナーシップに対するものであって，不動産開発業者に与えられたものでなく，その拠出された資産であったとはいえないこと，であった。

(ⅱ) 無形資産の拠出

多様な種類の無形資産が非課税取引でパートナーシップに拠出することができる。

「資産」に該当するか否かを決めるに当たり，資産の権利は必ずしも非課税交換で譲渡された資産とみなされる法的執行力のあるものとは限らない。

(ⅲ) スワップ・ファンド

パートナーが（ⅰ）投資会社もしくはスワップ・ファンドとして分類されるパートナーシップまたは（ⅱ）外国パートナーシップに資産を譲渡する場合には，収益または損失に不認識ルールは適用されない（IRC351，規則1.351−1）。

② 偽装売却または偽装交換

パートナーがパートナーシップに金銭またはその他の資産を譲渡し，パートナーに金銭または他の資産の関連譲渡がある場合，これらを合わせてみれば，その取引が資産の売却または交換として適正に分類されるとき，このパートナーは一般に当該資産をパートナーシップに売却したものとみなされる。2年以内に行われた拠出および支出は売却であるという推定がある。このような譲渡は，（ⅰ）パートナーシップとパートナー以外の者との間の取引または（ⅱ）外部者として行為する複数のパートナー間の取引のいずれかとして取り扱われる。譲渡者であるパートナーは，この売却または交換に係る収益または損失を認識しなければならない。この規定の趣旨は，偽装売却または偽装交換に係る租税の繰延または回避のために，パートナーがパートナーシップへの拠出とその後におけるパートナーシップの金銭またはその他の資産の分配として，資産の売却または交換を分類することを防止することである（IRC707(a)(2)(B)）。パートナーの拠出とパートナーシップの分配という取引がパートナー以外の資格で行為するパートナーによる資産の売却または交換として適正に分類される場合，

第11編　特別な事業形態に対する課税

資産の拠出に関する不認識ルールは，**偽装売却ルール**によって否定される。偽装売却を立証するための10要素は，次のとおりである。

(a) パートナーシップのその後の譲渡の時期および金額は，パートナーのその前の譲渡の時期に合理的な正確さで決定されること

(b) パートナーがパートナーシップのその後の譲渡に法的に執行力のある権利を有すること

(c) パートナーがパートナーシップの譲渡を受ける権利が保証されること

(d) ある者が，パートナーシップが譲渡することを可能にするため，パートナーシップへの拠出を行いまたは行う義務を有すること

(e) ある者が，貸付義務がパートナーシップ活動の業績の対象となるか否かを考慮に入れて，パートナーシップが譲渡を行うことを可能にするため必要な金額をパートナーシップに貸し付け，または貸付に合意したこと

(f) パートナーシップが，負債を生じることができることを考慮に入れて，譲渡を行うことを可能にするため必要な金額を取得するために負債を生じ，または生じる義務を負うこと

(g) パートナーシップが，事業の合理的な必要性を超えて，譲渡を行うために利用できると期待される金銭または流動資産を保有すること

(h) パートナーシップの分配，配分またはパートナーシップ活動の管理が，資産所有の負担とベネフィットの交換を有効に行う意図でなされること

(i) パートナーシップの譲渡が，パートナーのパートナーシップ利益における一般的および継続的な持分に関して不相応に大きいこと

(j) パートナーが，パートナーシップから譲渡された金銭または対価を返還または払い戻す義務を有しないこと

ここで重要なルールは，2年以内の拠出と分配は売却と推定されるが，2年超の期間内の取引は売却でないと推定されることである（規則1.707－3(c)）。この推定は反証によって覆される。

## (2) 人的役務の拠出

パートナーシップへの人的役務の対価としてパートナーシップ持分を受け取るパートナーは，一般に，その受取年度にパートナーシップ持分の価値を通常の所得として申告しなければならない（IRC721,規則1.721－1(b)(2), IRC707(c)）。不認識ルールは，人的役務の拠出には適用されないが，パートナーの人的役務が有形資産におけるパートナーシップ持分の交換前に当該有形資産を提供することである場合には，認識は必要ではない。

### ① 資本持分（capital interest）

パートナーが資本持分を受け取る場合，持分の価値はパートナーがこの持分に対する無制限の権利を受け取る時の公正な市場価値である。これは，譲渡時のパートナーシップ資産の価値に基づく。

### ② 利益持分（profits interest）

利益持分は，パートナーシップ持分（資本持分を除く）である。これは，利益持分が所有者にパートナーシップの将来の利益のシェアを享受することを可能にすることを意味する。

## (3) パートナーシップの選択

パートナーシップ所得の計算に関して選択ができる場合，個人パートナーでなく，パートナーシップがこの選択をしなければならない。この選択は，パートナーを拘束する。

この選択の主なものとしては，（ⅰ）会計方法，（ⅱ）課税年度，（ⅲ）減価償却の計算方法，（ⅳ）パートナーシップの組成費，開業費，（ⅴ）減価償却資産の当期損金控除，（ⅵ）割賦販売の申告方法，などがある。しかし，パートナーに選択権が留保されているものとしては，（ⅰ）外国税の損金控除か税額控除か，（ⅱ）探査費用，（ⅲ）破産または適格事業取引の結果として債務免除益が除外される場合の減価償却資産ベースの減算，（ⅳ）一定の優遇措置の償却などがある。

### (4) パートナーシップの会計年度

パートナーシップは，そのパートナーの大部分が用いる課税年度を用いなければならない。多数派持分を有するパートナーが異なる課税年度を有する場合，パートナーシップはその主たるパートナー（利益および資本の5％持分以上を有する者）の全部が用いる課税年度と同一の課税年度を用いなければならない。パートナーの多数派が同一の課税年度を用いていない場合には，パートナーシップはパートナーの所得の繰延が全体として最小となる課税年度を用いなければならない（暫定規則1.706－1 T）。パートナーシップは，自然の事業年度基準（25％基準）（Rev. Proc. 87－32, 1987－2 CB396）またはすべての事実と状況により（Rev. Rul. 87－57, 1987－2 CB117）特定の会計年度に変更するには事業目的を立証しなければならない。

### (5) 異なる課税年度の効果

パートナーは，パートナーの課税年度以内に終了するパートナーシップ年度におけるパートナーシップ項目の**分配シェア**（distributive share）およびパートナーシップから受け取りまたは発生した保証された支払金（例えば給与，利子）を所得に算入しなければならない（IRC706(a), 規則1.706－1(a)）。パートナーシップ所得をパートナーが受け取ったものとするパススルーの取扱いは，(i) 分離して明示されたパートナーシップ項目および (ii) 分離して明示されないパートナーシップ項目からの所得または損失の合計額のパートナーの分配シェアの双方に適用される。パートナーシップが発生主義を採用し，パートナーが現金主義を採用する場合，パートナーが受け取る分配は，たとえパートナーがまだ受け取っていないとしても，パートナーシップに発生する年度に所得算入されるものとするが，パートナーがパートナー以外の資格で行為する取引における支払は，あたかもパートナーが独立の第三者であるかのように取り扱われる（Rev. Rul. 87－111, 1987－2 CB160）。この場合には，たとえパートナーシップが発生主義を採用しているとしても，現金主義のパートナーは受取年度に申告することになる。

## 3 パートナーのパートナーシップ持分のベーシス

　パートナーは，パートナーのパートナーシップ持分における調整ベーシスを超えるパートナーシップ項目からの損金控除を行うことはできない。パートナーの調整ベーシス（partner's adjusted basis）は，パートナーシップ持分の売却その他の処分の時に実現した収益または損失の金額を算定するために用いられる。パートナーの当初ベーシス（partner's original basis）は，通常，パートナーシップ持分に対して支払われた金額である。このパートナーの当初ベーシスには，パートナーシップに拠出されたすべての資産の調整ベーシスが含まれる。拠出された資産が負債を負担する場合，パートナーのパートナーシップ持分のベーシスは，他のパートナーがモーゲージの一部につき義務を負う金額だけ減算され，パートナーがパートナーシップの負債につき義務を負う金額だけ加算される。次に，パートナーのベーシスは，パートナーシップの収益やパートナーシップのパートナーに対する支出などの要素により調整される。

### (1) パートナー持分の当初ベーシス

　パートナーのパートナーシップ持分は，資本資産（a capital asset）であり，売却，清算その他，持分の課税処分の時に実現した収益または損失の金額を決定できるように，課税上のベーシス（a tax basis）を有する。パートナーシップが課税年度に損失を生じる場合，当該損失におけるパートナーのシェアは，損失発生年度の末にパートナーシップ持分の調整ベーシスに制限される。パートナーのパートナーシップ持分のベーシスの決定方法は，次のように，その持分の取得方法によって異なる。

① 購　　入

　パートナーの当初ベーシスは，持分のために支払われた金額である。

② 資産の拠出

　パートナーの当初ベーシスは，譲渡時におけるパートナーの拠出資産の調整ベーシスと取引時に認識された収益の合計額である。

③ 人的役務の拠出

パートナーの当初ベーシスは，人的役務の価値である。

④ 贈　　与

パートナーの当初ベーシスは，贈与者のベーシスと贈与税の合計額である。

## (2) ベーシスの調整

ある者がパートナーシップ持分を取得する場合，その持分ベーシスは追加拠出，引き出されない所得の分配シェア，パートナーシップの負債の増加その他の要素を反映するように調整される（IRC705,規則1.705－1，1.752－1）。

(a)　パートナーの持分ベーシスは，次のものの分配シェアだけ加算される。

　(ⅰ)　パートナーシップ留保課税所得

　(ⅱ)　パートナーシップ留保非課税所得

　(ⅲ)　パートナーシップ負債の増加

　(ⅳ)　パートナーシップ減耗控除のうちパートナーシップの減耗控除資産ベーシスを超える部分

　(ⅴ)　パートナーシップへ拠出された金銭の額または資産の調整ベーシス

　(ⅵ)　購入し，相続しまたはその他の方法で取得したパートナーシップ持分の調整ベーシス

(b)　パートナーの持分ベーシスは，次のものだけ減算される。

　(ⅰ)　パートナーシップ損失（キャピタル・ロスを含む）の分配シェア

　(ⅱ)　損金控除も資本にもチャージできないパートナーシップ支出の分配シェア

　(ⅲ)　パートナーシップの所有する油井・ガス井のパーセント減耗控除の金額

　(ⅳ)　パートナーシップにより分配された金銭の額または他の資産の調整ベーシス

　(ⅴ)　パートナーシップ負債の減少の分配シェア

　(ⅵ)　パートナーシップ持分のうち他者に譲渡された部分に帰すべきベー

シスの金額
(vii) パートナーシップ負債の免除につきパートナーシップ総所得から除外される金額に対応するパートナーシップ減価償却資産のパートナー分配シェア
(viii) パートナーシップがIRC179の適用を選択した金額のパートナー分配シェア

### (3) 負債のパートナー・ベーシスに与える効果

パートナーシップ負債のパートナー・シェアの増加は，パートナーのパートナーシップへの金銭の拠出とみなされる。また，パートナーによるパートナーシップ負債の引受を理由とするパートナーの個人負債の増加も，同様に取り扱われる（IRC752, 規則1.752-1）。逆に，パートナーシップ負債のパートナー・シェアの減少は，パートナーシップのパートナーへの金銭の分配とみなされる。また，パートナーの個人負債がパートナーシップにより引き受けられたという理由で減少することは，パートナーシップによるパートナーへの金銭の分配として取り扱われる。

拠出された資産に係る負債がパートナーの当該資産の調整ベーシスを超える場合，そのパートナーのパートナーシップのベーシスはゼロであり，他のパートナーが引き受けた負債のうちパートナーの当該資産のベーシスを超える部分について，拠出者に課税される。この収益の認識は，パートナーシップ持分におけるパートナーのベーシスまたは拠出された資産におけるパートナーシップのベーシスのいずれの増加も生じない。

### (4) 負債の割当 (apportionment of liabilities)

パートナーのパートナーシップ・リコース負債のシェアは，負債のうちパートナーが損失の経済的リスクを負担する部分である。また，パートナーのパートナーシップ・ノンリコース負債のシェアは，（ⅰ）パートナーのパートナーシップ・ミニマム収益のシェアと（ⅱ）パートナーのIRC704(c)ミニマム収益

のシェアおよび（ⅲ）パートナーの超過ノンリコース負債のシェアの合計額に等しい（IRC752, 規則1.752－1～1.752－5）。パートナーシップ・リコース負債とは，1人以上のパートナーが損失の経済的リスクを負担する負債である（規則1.752－1 (a)(2)）。パートナーシップ・ノンリコース負債とは，いかなるパートナーも損失の経済的リスクを負担しない負債である。

### (5) パートナーシップ負債の譲渡

パートナーがパートナーシップに，またはパートナーシップがパートナーに，負債を負担する資産を譲渡する場合，譲受人は当該負債を引き受けたものと考えられるが，その負債は譲渡された資産の公正な市場価値を超えない範囲に限られる。パートナーに対する譲渡の効果は，負債がリコース負債であるかまたはノンリコース負債であるかによって異なる（IRC752, 規則1.752－1）。パートナーシップ負債の譲渡は，①（ⅰ）パートナーからパートナーシップへ，（ⅱ）パートナーシップからパートナーへ，負債を負担する資産の譲渡，または②パートナーシップ持分の譲渡によって行われる。

### (6) パートナーシップ持分の譲渡

パートナーシップ持分と引換えにパートナーシップに資産を拠出する新規パートナーの加入は，（ⅰ）他のパートナーのパートナーシップ負債におけるシェアが減少するとの理由で他のパートナーに対するみなし分配を生じ，（ⅱ）新規パートナーがそのパートナーシップ負債におけるシェアを引き受けるとの理由で新規パートナーによるみなし分配を生じる。他のパートナーは，みなし分配の金額がそのパートナーシップ持分ベーシスを超える場合を除き，課税されないが，パートナーシップが未実現の受取債権を有する場合，みなし分配の一部または全部は通常の所得として課税される（Rev. Rul. 84－102, 1984－2 CB 119）。パートナーシップの未実現の受取債権における現在のパートナーの持分の全部または一部と引換えに受け取るみなし分配は，売却または交換で受け取ったものとして取り扱われる。現在のパートナーは，みなし分配の金額が新

規パートナーの引き受けた未実現の受取債権の一部における現在のパートナーのベーシスを超える範囲で通常の所得を実現する。パートナーシップ持分の売却または交換は，譲渡者であるパートナーのパートナーシップ負債のシェアの譲渡を含んでいる。

## 4　パートナーシップの資産の所有

　パートナーシップの拠出された資産のベーシスは，拠出するパートナーのベーシスおよび拠出時にIRC721によりパートナーが認識する収益である。拠出された資産がリーエンの対象となるという事実によって，パートナーシップのベーシスは影響を受けない。

　負債を負担する資産の拠出は拠出するパートナーのベーシスと他のパートナーのベーシスに影響するが，パートナーは負債を負担する資産の拠出による収益を認識する。

　パートナーシップがパートナー以外の者から資産を購入する場合，パートナーシップのこの資産のベーシスは，通常のベーシス・ルールによって決められ，パートナーシップの当初ベーシスは，資産の購入価格である。これは，パートナーシップがパートナー以外の資格で行為するパートナーから資産を購入する場合についても，同様に適用される。

### (1)　パートナーシップの資産における当初ベーシス

　パートナーがパートナーシップに拠出した資産のパートナーシップの当初ベーシスは，拠出時における拠出するパートナーが認識した収益を加算した当該資産の調整ベーシスである。通常，パートナーシップが投資会社として行為する場合を除き，このような収益が認識されることはない（IRC723,規則1.723－1）が，パートナーがパートナーシップ持分と引換えに負債付資産を拠出し，負債の返済義務の全部または一部を救済されるので，この取引による収益を認識する場合には，拠出された資産のパートナーシップのベーシスは，認識され

た収益の金額だけ増加することはない。この収益は，拠出時に発生したものでなく，拠出直後に発生したものとみなされる（Rev. Rul. 84－15, 1984－1 CB158）。

パートナーシップの資産保有期間には拠出者であるパートナーの保有期間が含まれる（IRC1223(2)）。通常，パートナーが拠出した資産のパートナーシップのベーシスは，パートナーの有していたベーシスと同じであるが，パートナーシップがパートナーに分配される資産の価値の増減により残存資産のベーシスを調整する場合や新規パートナーが持分を取得するために支払う購入価格を反映するために資産のベーシスを調整する場合，そのベーシスの調整はパートナーシップ資産の間で配分されることとされている（IRC755, 規則1.755－1）。

### (2) 持分譲渡に係るベーシスの調整

売却もしくは交換またはパートナーの死亡によるパートナーシップ持分の譲渡がある場合，パートナーシップは次のように資産のベーシスを調整することができる。

(a) 譲受人のパートナーシップ持分のベーシスのうちすべてのパートナーシップ資産のパートナーシップの調整ベーシスの譲受人シェアを超える部分だけパートナーシップ資産の調整ベーシスを加算すること

(b) すべてのパートナーシップ資産の調整ベーシスの譲受人シェアのうち譲受人のパートナーシップ持分のベーシスを超える部分だけパートナーシップ資産の調整ベーシスを減算すること

この調整は，加入パートナーにとってのパートナーシップ資産のベーシスのみについて適用される（IRC743, 754, 規則1.743－1, 1.754－1）。

通常，パートナーシップ持分の売却その他の処分は，パートナーシップ資産のベーシスには影響しない。その譲受人であるパートナー段階の持分のベーシスは，当該持分のために支払った金額である。これは，譲受人であるパートナーの持分のベーシスが，当該パートナーのパートナーシップ資産のシェアにおけるパートナーシップのベーシスと関係がないことを意味する。

## 第2章　パートナーシップ

### (3) 資産の分配に係るベーシスの調整

パートナーシップは，パートナーに対する金銭その他のパートナーシップ資産の分配後その残存パートナーシップ資産のベーシスを調整することを選択できる（IRC734,規則1.734－1）。通常，パートナーに対するパートナーシップ資産の分配は，ベーシスに影響しないが，場合によっては，パートナーのパートナーシップ持分の調整ベーシスとパートナーシップのパートナーシップ資産の調整ベーシスとの間の不一致が生じる。このような不一致は，パートナーの分配された資産の調整ベーシスが分配直前のパートナーシップの当該資産の調整ベーシスより大きくなるか，小さくなるか，によって生ずる。パートナーは，持分の完全な清算による分配の場合のみ，パートナーシップ資産の分配に係る損失を認識する。パートナーの分配された資産のベーシスは，当該パートナーのパートナーシップ持分のベーシスがパートナーシップの分配された資産のベーシスより小さい場合，パートナーシップのベーシスより小さくなる。分配されたパートナーシップ資産のベーシス合計は，パートナーのパートナーシップ持分のベーシスを超えないものとする（IRC732）。パートナーシップは，次の場合にIRC734による調整を行う。

(a) 分配を受けるパートナーの分配された資産のベーシスがパートナーシップのベーシスより大きいかまたは小さい場合
(b) 分配を受けるパートナーが分配に係る収益または損失を認識する場合
　　パートナーシップがパートナーに対する金銭その他の資産の分配の結果として残存資産のベーシスを調整する場合，次の調整を行わなければならない。

（ⅰ）パートナーシップの残存資産のベーシスに(a)パートナーが現金の分配から実現した収益の額および(b)分配された資産の未使用のベーシスを加算すること（ⅱ）パートナーシップの残存資産の調整ベーシスを(a)パートナーが清算分配から実現した損失の金額および(b)清算分配の結果として分配された資産のベーシスの増加額，だけ減算すること

## (4) ベーシス調整の配分

パートナーシップ資産の分配またはパートナーシップ持分の売却から生じるベーシス調整の金額が決定された時，このベーシス調整の金額は資産の分割と異なるグループの資産や分割された資産の間に調整金額を配分することを要するルールに従ってパートナーシップ資産の間に配分されなければならない。このルールの趣旨は，配分によって調整される各資産の公正な市場価値とベーシスとの相違を減少することである。

# 5　活動するパートナーシップ

パートナーシップは，納税主体（a taxable entity）ではないが，**報告主体**（a reporting entity）とされる。すなわち，パートナーシップはその所得を申告し，各パートナーは納税主体として当該パートナーシップの所得の各自のシェアを申告しなければならない（IRC701, 規則1.701-1）。パートナーシップは，報告主体として，その所得，損金控除，税額控除などの租税項目（tax items）を申告しなければならない。通常，パートナーシップ契約（partnership agreement）は，租税項目のパートナー間における分割について定めるが，多くの場合，パートナーシップ契約はパートナーの所有持分に従ってすべてのパートナーシップ項目のシェアリングについて定めている。しかし，（ⅰ）パートナーシップ契約が租税項目の分割について特に定めていない場合や（ⅱ）契約で定めた配分が「実質的経済実体」のないものである場合には，パートナーとパートナーシップとの間の取引につき，パートナーとパートナーシップとの関係の濫用を防止する特別なルールが適用される。パートナーシップの租税項目におけるパートナーの分配シェア（partner's distributive share）まで，パートナーの所得または損失がパートナーシップから生ずる。

パートナーシップの租税項目は，パートナーシップ段階で計算され，そのパートナーにパススルーされる。パートナーは，租税項目の現実の分配（an actual distribution）の有無にかかわらず，パートナーは自己の租税項目として申告し

なければならない。ただし、パートナーの損失控除は、（ⅰ）自己のパートナーシップ持分のベーシス、（ⅱ）自己が企業のリスクを負担する金額（アットリスク・ルール）、および（ⅲ）パッシブ活動ルールの制限の範囲に制限される。パートナーシップの利得または損失にかかわらずパートナーに支払われた金銭は、パートナーの通常の所得として課税され、パートナーシップの課税所得の計算上控除される。

### (1) パートナーシップ所得の申告

パートナーシップは、パートナーがその申告書にパートナーシップの課税所得の分配シェアを申告することができるように、計算しなければならない。パートナーシップの課税所得の計算は、個人と同様に行われる。このルールは、パートナーがパートナーシップ所得項目の存在を知らない場合でも、適用される。パートナーシップは、その所得の有無にかかわらず、各課税年度に申告しなければならない。ただし、パートナーシップは、（ⅰ）人的控除（personal exemptions）、（ⅱ）外国税額控除を請求できる外国税および米国属領税、（ⅲ）慈善寄附金、（ⅳ）純営業損失、（ⅴ）個人の追加的個別項目、（ⅵ）キャピタル・ロスの繰越控除、（ⅶ）石油・ガス生産の減耗控除などの控除は認められない。一定の項目については、区別して別々に計算しなければならない（IRC 702(a)(4)～(6), 703(a)）。

### (2) パートナーの分配シェア (distributive share)

各パートナーは、パートナー課税年度以内に終了するパートナーシップ課税年度にパートナーシップが認識したパートナーシップ租税項目（所得、収益、損金控除、損失または税額控除）のパートナー分配シェアを申告しなければならない。分配の有無にかかわらず、すべてのパートナーシップ所得を申告しなければならない。パートナーの分配シェアは、一般に、**パートナーシップ契約**で決定されるが、パートナーシップ契約はパートナーシップ租税項目の配分（allocation）に関する税法上の制限に従うものでなければならない（IRC704(a), 規則

第11編　特別な事業形態に対する課税

1.704－1(b))。1984年3月31日後にパートナーシップに拠出された資産に関しては，パートナーシップの当該資産の調整ベーシスと拠出時の公正な市場価値との差を考慮に入れるため，パートナーシップの租税項目をパートナーの間でシェアしなければならない。（ⅰ）パートナーシップ契約が認識されない場合または（ⅱ）パートナーシップ契約に租税項目の配分が規定されていない場合，パートナー間の経済的アレンジメントなどのすべての事実と状況を考慮して配分が行われる。原則としては，すべてのパートナーのパートナーシップ持分は均等であると推定されるが，これと別のことを示す事実と状況を立証すれば，この推定を覆すことができる。パートナーのパートナーシップ持分を決定する場合に考慮する要素としては，次のようなものがある（規則1.704－1(b)(1)(ⅰ)，1.704(b)(3)）。

(a)　パートナー関連者のパートナーシップへの拠出
(b)　課税上の所得または損失におけるパートナーの持分と異なる経済的な利得および損失におけるパートナーの持分
(c)　キャッシュ・フローおよび他の非清算分配におけるパートナーの持分
(d)　清算時における資本の分配に対するパートナーの権利

① 分離して明示された項目

パートナーは，パートナーシップの純所得または損失に対する自己のシェアを申告することはできないが，自己の税額の計算に影響するパートナーシップの各租税項目に対する自己のシェアを分離して考慮に入れなければならない（IRC702(a)，規則1.702－1）。特に，パートナーは，（ⅰ）短期キャピタル・ゲインおよび短期キャピタル・ロス，（ⅱ）長期キャピタル・ゲインおよび長期キャピタル・ロス，（ⅲ) (a)営業または事業で用いられる一定の資産の売却または交換ならびに(b)災害または盗難による強制転換からの収益および損失，（ⅳ）慈善寄附金，（ⅴ）受取配当控除の対象となる配当，（ⅵ）外国税および米国属領税，（ⅶ）その他の所得，収益，損金控除，損失または税額控除などの項目，に対する自己のシェアを分離して計算しなければならない。

② 特別な配分

パートナーシップの特性の1つは，その租税項目を特定のパートナーに特別配分することができることである。しかし，この権利は無制限に認められるわけではない。税法上認容される配分は，**実質的な経済効果**(substantial economic effect)を有するものでなければない。IRSは，事業体が所得および損金控除を歪曲するために用いられていると判断する場合，事業体としてのパートナーシップを無視することができるので，配分はIRSの濫用防止ルールに違反するものであってはならない。法令に反しない特別配分の事例としては，パートナーがパートナーシップ持分と引換えにパートナーシップに資産を拠出する場合，当該資産のパートナーのベーシスが拠出時の公正な市場価値と異なり，ビルトイン・ゲインまたはビルトイン・ロスがあるとき，拠出された資産に対するパートナーのベーシスはパートナーシップのベーシスに引き継がれ，いずれの当事者もこの取引ではいかなる収益または損失も認識されない。ただし，当該資産が5年（1997年6月8日後にパートナーシップに拠出された資産については7年）以内に売却される場合には，この限りではない。

③ 配分の方法

パートナーがパートナーシップに拠出した資産に係る所得，収益，損金控除，損失は，当該資産のベーシスと拠出時の公正な市場価値との差を計算するためにパートナー間にシェアされる。財務省規則では，拠出するパートナーが税負担とタックス・ベネフィットを受けるように配分を行う次の3つの合理的な方法を，パートナーとパートナーシップが一貫して用いるべきであるとするアプローチを採用している（IRC704(c), 規則1.704－1(b)および(c)）。

（ⅰ）伝統的な方法

パートナーシップが拠出から5年以内に課税取引で拠出された資産を処分する場合，パートナーシップの当該資産のベーシスと拠出時のその公正な市場価値との差は，拠出するパートナーに配分される。当該資産が減価償却，償却等の対象となる場合，パートナーシップはIRC704(c)の差を減少するために減価償却費等の控除を配分しなければならない。ビルトイン・ゲインのある資産に

ついては，パートナーが当該資産の公正な市場価値に基づきパートナーシップ契約により経済的に権利のある控除を決定し，当該資産に帰すべき控除を拠出したパートナー以外のパートナーに，当該資産に帰すべき経済的控除のシェアを限度として，配分することによってなされる（シーリング・ルール）。

(ⅱ) 修正配分方法

拠出された資産の減価償却費が拠出したパートナー以外のパートナーに配分するには不足する場合，パートナーシップはこの不足を埋めるために他の項目をパートナー間で配分することができる。減価償却費の配分がシーリング・ルールによって制限されるパートナーにキャピタル・ゲインを配分することは合理的とされないが，パートナーシップ契約に定めのある場合には，資産の売却時のキャピタル・ゲインの修正配分は妥当とされる。

(ⅲ) 第3の方法

パートナーシップは，シーリング・ルールの影響を排除するために，所得，収益，損金控除，損失の合理的な配分を行うことができる。

④ リバースIRC704(c)配分

新規加入のパートナーが現金をパートナーシップに拠出する場合，パートナーシップは，IRC704(b)および(c)により再評価する償却可能な無形資産からのビルトイン・ゲインまたはビルトイン・ロスを配分することができる（Rev. Rul. 2004-49, IRB. 2004-21, 939）。パートナーシップは，この再評価を反映するため，すべてのパートナーの資本勘定を増減することができる。これは，リバースIRC704(c)配分という。ビルトイン・ゲインまたはビルトイン・ロスは，伝統的な方法，修正方法または第3の方法を用いて配分される。このいずれかの方法による配分は，実質的な経済効果をもつものとして取り扱われる（IRC 704(b)）。償却可能な無形資産は，1993年8月10日後に譲渡された無形資産であり，15年にわたり比例的に償却される（IRC197）。

(3) 当期の分配

当期の分配は，パートナーのパートナーシップ持分の清算においてなされな

いものである。パートナーのパートナーシップ持分を超えて金銭の当期分配を受け取るパートナーは，その超過分を所得として認識しなければならない。当期の資産の分配は，収益の認識を生じない。収益の認識は，パートナーがその資産を売却するまで延期される。資産の当期の分配を受け取るパートナーのベーシスは，通常，パートナーシップの当該資産の調整ベーシスまたはパートナーのパートナーシップ持分の調整ベーシスのいずれか小さい方の金額である。パートナーシップ資産の当期の分配を受け取る時に，パートナーはいかなる損失も認識しないものとする。ここで，「分配」とは，パートナーシップによるパートナーへの支払である。分配は，（ⅰ）パートナーシップの当期の収益および利潤からなされるか，（ⅱ）将来の収益および利潤を予想する前払金としてなされる。また，分配は，（ⅰ）パートナーがパートナーシップに投資した資本の一部の取崩しまたは（ⅱ）パートナーのパートナーシップ持分もしくはパートナーシップそれ自体の完全な清算である（IRC731,規則1.731－1）。

① パートナーによる収益の認識

パートナーは，当期のパートナーシップの収益からの分配またはその範囲内の分配については，いかなる収益も認識しない。パートナーシップはパススルー事業体であるので，パートナーはパートナーシップ課税年度の末日におけるパートナーシップ所得の分配シェアを考慮に入れなければならない。パートナーのベーシスは，パートナーのパートナーシップ所得の分配シェアだけ加算され，パートナーに対する分配金額だけ減算される。したがって，いかなる収益も認識されない。パートナーのパートナーシップの将来の所得の分配シェアに対し金銭または資産の前払金または引出しは，これらのなされたパートナーシップ課税年度におけるパートナーのパートナーシップ所得の分配シェアの金額を超えない場合，収益の認識を生じない。

② パートナーシップによる収益の認識

パートナーシップは，パートナーに対する金銭その他の資産の分配についていかなる収益または損失も認識しない。

### ③ ベーシス

パートナーシップからの非清算分配で受け取った資産（金銭を除く）のパートナーのベーシスは，分配直前における当該資産のパートナーシップの調整ベーシスに等しい。

### ④ 分配に係る負債の影響

負債付の資産がパートナーに分配される場合，パートナーシップは当該負債を免除され，残存パートナーはあたかもこの負債金額の金銭を受け取ったものとして取り扱われる。通常，これは，残存パートナーのパートナーシップ持分のベーシスの調整を生じる（IRC752(b),規則1.751-1)。パートナーのパートナーシップ負債のシェアの減少から生じる金銭のみなし分配は，パートナーシップ課税年度におけるパートナーの所得の分配シェアの範囲で資金の前払金または引出しとして取り扱われる。この金額は，分配時でなく，パートナーシップ課税年度末に考慮される（規則1.731-1 (a) ( i ) (ii), Rev. Rul. 94-4, 1994-1 CB 195)。パートナーが負債を負担するパートナーシップを受け取る場合，パートナーは，( i ) パートナーの負債の引受を理由としてパートナーシップに金銭を拠出したとみなされ，(ii) パートナーシップがもはや当該資産に係る負債に責任がなくなる時に生ずるパートナーのパートナーシップ負債のシェアの減少を理由として金銭を受け取ったものとみなされる。パートナーは，同時に金銭を受け取り，かつ，拠出したものとみなされる。したがって，認識しなければならない収益の現実の金額の減少が生じるが，パートナーシップ負債の減少を理由として収益として取り扱われる金額は，パートナーシップ負債の増加がその減少と異なる年度に生じる場合，パートナーシップ負債の増加金額だけ減少しない。

### ⑤ 債務者であるパートナーへの負債の分配

パートナーシップがパートナーの負債を所有し，その後その負債をパートナーに分配する場合，パートナーシップは負債の分配による収益または損失を生じない。パートナーは，将来認識の機会はないので，課税される交換においてパートナーシップ持分と負債との交換として取り扱われる。負債の公正な市

場価値とそのベーシスが異なる範囲で，パートナーとしてはキャピタル・ゲインまたはキャピタル・ロスが生じる。パートナーが負債を受け取ることは，パートナーが債務免除益を総所得に算入することを要する。パートナーは公正な市場価値の負債を返済したものとして取り扱われ，債務免除益の金額は負債の発行価額が負債の公正な市場価値を超える金額に等しい。

⑥ 減価償却の取戻し

パートナーシップがパートナーの減価償却を請求した減価償却資産を分配する場合，パートナーは，パートナーシップが請求した減価償却費を限度として，当該資産の受取の時に通常の収益を認識する必要がある。パートナーシップが資産を拠出したパートナーに当該資産を分配する場合，当該資産の処分までパートナーはいかなる収益も認識されない。この場合，パートナーは，その後当該資産の売却によって実現する収益の一部を通常の所得として取り扱わなければならない（IRC1245(b)(6), 1250(d)(6)）。

収益のうち通常の所得として取り扱わなければならない金額は，次の(a)～(c)から(d)を差し引いた金額に等しい。

(a) 動産については，パートナーシップが過去に控除した減価償却費の金額
(b) 短期資本資産である不動産については，パートナーシップが控除した減価償却費の金額
(c) 長期資本資産である不動産については，パートナーシップが過去に控除した減価償却費の金額
(d) 当該資産の受取時にパートナーが収益として認識された金額

### (4) 保証された支払

パートナーシップの所得にかかわらず，人的役務または資本の利用の対価として，パートナーシップがパートナーに支払う一定の金額または保証された金額は，2つの目的のために外部の者に支払われたものとして取り扱われる。この保証された金額は，（ⅰ）パートナーの給料または利子として課税され，（ⅱ）パートナーシップの事業経費として控除される。パートナーは，この給料また

は利子をあたかもパートナーシップ課税年度以内の自己の課税年度における自己のパートナーシップ所得の分配シェアの一部であるかのように申告しなければならない（IRC707(c), 規則1.707－1(c)）。別の目的のためには，保証された金額は，パートナーの通常の所得の分配シェアとみなされる。このような支払金を受けるパートナーは，源泉徴収税またはパートナーシップの繰延報酬プランの目的上，パートナーシップの従業員でなく，また，事業主税の目的上，事業主所得とされる。

### (5) パートナーの損失に係る制限

パートナーが請求できるパートナーシップ損失の金額は，次の３つの制限を受ける（IRC704(d), 規則1.704－1(d)）。

(a) パートナーの控除できる損失は，当該損失が発生したパートナーシップ課税年度末におけるパートナーのパートナーシップ持分の調整ベーシスの金額を超えないこと

(b) パートナーの控除できる損失は，パートナーがリスクを負担する金額に制限され，また，パッシブ活動損失の否認によって制限されること

(c) ある者がパートナーになる前にパートナーシップが生じた損失が当該者に配分されないこと

#### ① 調整ベーシス

損失が自己のパートナーシップ持分のベーシスを超えるパートナーがその超過額をパートナーシップに返済する場合，この超過額は返済されるパートナーシップ課税年度末に控除項目として認められる。パートナーの持分の調整ベーシスの増減は，当該損失に対する自己の分配シェアの控除金額や控除時期を決定する。控除できる損失の限度額を決定するためパートナーの持分の調整ベーシスを計算するに当たり，パートナーの調整ベーシスは，パートナーシップ所得の自己の分配シェアだけ加算されるが，パートナーシップ損失または過去に否認されたパートナーシップ損失の自己の分配シェアだけ減算されることはない。調整ベーシス制限およびアットリスク金額の制限のほか，パートナーの調

整ベーシスは，当期に発生したパートナーシップ負債の自己のシェアだけ加算されるが，当期にパートナーシップがパートナーに行った分配だけ減算される。

② **制限の配分**（allocation of limitation）

（ⅰ）パートナーシップの短期および長期のキャピタル・ロス，（ⅱ）事業用資産の売却または強制転換による損失，（ⅲ）分離して明示されない損失の合計額がパートナーのパートナーシップ持分の調整ベーシスを超える場合，各損失がこれらの損失の合計額に占める割合に基づいて，損失の限度額は各種の損失に配分されなければならない（規則1.704－1(d)(2)）。

## (6) 実質的経済効果（substantial economic effect）

パートナーシップの租税項目の配分は，連邦税法上認識される実質的経済効果を有するものでなければならない。実質的経済効果を有する配分とされる要件は，次の2つである（IRC704(b),規則1.704－1(b)）。

(a) 配分がパートナーシップ所得または損失のパートナー・シェアの金額に実質的に影響する合理的な可能性があること
(b) 配分されるパートナーが当該配分に関して現実に経済的利益を有するかまたは経済的負担をすること

実質的経済的効果基準は，（ⅰ）経済効果の有無，（ⅱ）経済効果の実質性の有無，を問題とする基準である。

① **経済効果**（economic effect）

配分を受けるパートナーが当該配分に対応する経済的利益を有しまたは経済的負担を負う場合に経済効果があるとされる。一般に，パートナーシップ契約が次のことを定めない場合には，経済効果のある配分とは認められない（規則1.704－1(b)(2)(ⅱ)(b)）。

(a) パートナーの資本勘定がルールに従って維持されること
(b) 清算収益がパートナーの資本勘定の貸借対照表に従って分配されること
(c) 収益の分配後，パートナーがその資本勘定における欠損を回復すること

欠損のある資本勘定を有するパートナーに対するパートナーシップ資産の割

第11編　特別な事業形態に対する課税

賦販売の課税年度における課税収益の特別配分は，売却年度に実現した収益を帳簿に反映しない契約は，清算分配がパートナーのプラスの資本勘定残高に従うことおよび欠損のある資本勘定を回復することを必要としないので，実質的経済効果を有しないと判断された (S. J. Vecchio, 103TC170, CCH Dec. 50,027)。したがって，パートナーのパートナーシップ持分に従って収益が認識された。

② **実質的な効果** (substantial effect)

配分がパートナーシップ課税年度内の税効果を単に移転するかまたは後年度における別の配分と相殺する場合，この配分は実質的な効果を有しない（規則1.704－1(b)(2)(ⅲ)(b)）。IRC752(b)に基づきパートナーの相殺された負債の妥当なシェアと異なるパートナーシップの債務免除益のシェアをパートナーに配分することは，次の条件を満たす場合には，IRC704(b)に基づき実質的な経済効果を有するものとされ，再配分の必要がないものとされる (Rev. Rul. 92－97, 1992－2CB124)。

(a) 債務免除益の配分から生じる負の資本勘定を埋める欠損回復義務が他のパートナーのプラスの資本勘定に依存できること
(b) 別段の定めにより経済効果要件が満たされること
(c) 実質的に個別に立証されること

③ **パートナーの持分** (partner's interest)

パートナーのパートナーシップ持分は，特定の配分に関するパートナーの経済アレンジメントに基づいてすべての事実と状況を用いて決定されるが，経済アレンジメントを決定できない場合には，各パートナーのパートナーシップ持分は均等であると推定される（規則1.704－1(b)(2)(ⅰ)）。パートナーのパートナーシップ持分を決定するに当たり，次の要素を考慮に入れるべきである。

(a) パートナーの関連者のパートナーシップへの拠出
(b) 課税上の所得または損失と異なる経済的利得または損失におけるパートナーの持分
(c) キャッシュ・フローおよび他の清算以外の分配におけるパートナーの持分

(d) 清算時に資本の分配に対するパートナーの権利

過去の年度における営業損失および減価償却費控除の不均等配分の結果として欠損の資本勘定を有していたパートナーに対するパートナーシップ資産の割賦販売からの課税収益の特別配分は，たとえこの配分が実質的な経済効果を有していなかったとしても，パートナーシップ持分に従って行ったものと判断された（S. J. Vecchio, 103TC170, CCH Dec. 47, 938）。

次のような一定の配分は，パートナーのパートナーシップ持分に従って行われなければならないとされる（規則1.704－2(b)）。

(a) 課税上の資本勘定と企業会計上の資本勘定との差異を排除するための配分
(b) 税額控除の配分
(c) 減耗控除資産の調整ベーシスを超えるパーセント減耗控除の配分
(d) パートナーシップ資産によって担保されるノンリコース負債に帰属すべき損失または損金控除の配分

④ ノンリコース負債（non-recourse debts）

ノンリコース負債に帰属すべき損失および損金の控除のパートナーシップ配分は，パートナーが当該損失または損金の控除に対応する経済損失のリスクを負担していないので，実質的な経済効果を有しない。それ故，ノンリコース負債に帰属すべき損失または損金の控除は，パートナーのパートナーシップにおける包括的な経済持分に従ってまたはパートナーの持分に基づいて，配分されなければならない（規則1.704－2(b)(1)）。セーフハーバー・ルールに基づき，ノンリコース負債に帰属すべき損失および損金の控除の配分は，次の4要件を満たす場合に限り，パートナーのパートナーシップ持分に従って行われたものとみなされる（IRC1.704－2(e)）。

(a) 資本勘定が維持されること
(b) パートナーシップ契約は，損失および損金の控除の配分が，パートナーシップのノンリコース負債を担保する資産に帰属すべき他の重要なパートナーシップ項目の実質的な経済効果を有する配分に合理的に一致する方法

第11編　特別な事業形態に対する課税

　　　で行われることを規定していること
　(c)　パートナーシップ契約は，パートナーシップがノンリコース控除項目を有しまたはミニマム収益の増加に配分すべきノンリコース負債の収益の分配を行う最初の課税年度に開始するパートナーシップの存続期間を通じて，ミニマム収益・チャージバック条項を定めること
　(d)　他のすべての重要な配分およびパートナーシップ契約に基づく資本勘定の調整がパートナーの分配シェアの決定に関する財務省規則に基づいて認識されること

　このセーフハーバー・ルールに基づき適格性のない配分は，パートナーのパートナーシップにおける包括的な経済的持分に従って行われなければならない。

　⑤　ミニマム収益 (minimum gain) とミニマム収益チャージバック (minimum gain chargeback)

　パートナーシップのミニマム収益は，パートナーシップの各ノンリコース負債ごとに，これを返済するために負債を負うパートナーシップ資産を処分する場合パートナーシップが実現する収益の金額を計算することによって決定される。各資産ごとに計算された収益の金額を合計して，パートナーシップのミニマム収益を算定する（規則1.704－2(d)(1)）。ノンリコース負債がこれを負担するパートナーシップ資産の調整ベーシスを超える範囲で，当該資産の処分はその超過額（パートナーシップのミニマム収益）以上の収益を生じる。パートナーシップのミニマム収益の増加は，負債金額を下まわるようにこの負債を負担する資産の調整ベーシスを減少させること，および借入金によって負債を負担する資産の調整ベーシスを超えるパートナーシップのノンリコース借入金によって，生じる。パートナーシップのミニマム収益は，ノンリコース負債がこの負債を負担する資産の調整ベーシスを超える金額の減額により，減少する。パートナーシップのミニマム収益の減少に帰属すべき収益の配分（ミニマム収益チャージバック）は，収益が過去にパートナーシップの請求したノンリコース控除項目を単に相殺するだけであって，経済効果を有するとはいえない。他の配分の経

第2章　パートナーシップ

済効果を損なうことがないようにするには，ミニマム収益チャージバックによる配分は，ノンリコース控除項目を配分されたか，またはノンリコース借入金に帰属すべき収益の分配を受けたパートナーに対してなされなければならない。

⑥　**資本勘定**（capital accounts）

財務省規則では，租税項目（所得，収益，損失または損金控除）の配分は，経済効果を有するものでなく，パートナーのパートナーシップ持分に従っているとはみなされない。ただし，パートナーの資本勘定が決定され，パートナーシップの存続期間中を通じて資本勘定ルールに従って維持される場合はこの限りではない。**パートナーの資本勘定**は，（ⅰ）パートナーの拠出した金銭の金額および（ⅱ）所得および収益のパートナーへの配分だけ加算され，（ⅰ）パートナーシップがパートナーに分配した金銭の金額および（ⅱ）パートナー持分のベーシスの計算に用いた損失，損金の控除および一定の支出のパートナーへの配分だけ減算される（IRC705(a)(2)(B)，規則1.704－1(b)(2)(ⅳ)(ⅰ)）。したがって，パートナーの資本勘定は，パートナーの拠出する資産の公正な市場価値（調整ベーシスではない）だけ加算され，パートナーシップがパートナーに分配した資産の公正な市場価値だけ減算される（規則1.704－1(b)(2)(ⅳ)(d)および(h)）。分配された資産の価値における未実現の含み益や減価償却費を反映するため，資本勘定の清算前調整が必要である。

⑦　**みなし配分**（deemed allocation）

配分がパートナーのパートナーシップ持分に従っているとみなされる根拠となる特別なルールがあり，パートナーシップ契約で明記されていない項目についても，次の特別なルールに従う場合には，パートナーシップ持分に従う配分とみなされる。

(a)　パートナーシップの資産が調整ベーシスと異なる帳簿価額（a book value）でパートナーの資本勘定に適正に反映される場合，帳簿上の減価償却費，減耗控除費，償却費，収益または損失の金額が税務計算上のこれらの租税項目の金額と差異があるとき，パートナーの資本勘定は，もっぱら帳簿上の項目の配分について調整されなければならず，対応する租税項目の

パートナー・シェアはパートナーの資本勘定の調整によって個別に反映されない。したがって，これらの租税項目の個別の配分は経済効果を有しないので，これらの項目のパートナーの分配シェアはパートナーのパートナーシップ持分に従ってなされなければならない。

(b) 税額控除の配分と税額控除の取戻しは，パートナーの資本勘定への調整によって反映されない（規則1.704－1(b)(4)(ⅱ)）ので，これらの配分は経済効果を有しないため，税額控除またはその取戻しが生じた時のパートナーのパートナーシップ持分に従って配分されなければならない。

(c) パートナーシップの減耗控除資産の項目に係るパーセント減耗控除が当該資産の調整ベーシスを超える範囲で，超過パーセント減耗控除の配分はパートナーの資本勘定の調整によって反映されないので，この配分は経済効果を有するとはみなされない。したがって，このような配分はパートナーのパートナーシップ持分に従ってなされなければならない。

(d) 石油・ガス資産の調整ベーシスの配分は，特別ルールによって行われる（IRC613A(c)(7)(D)，規則1.704－1(b)(2)(ⅳ)(k)）。

⑧ 新規パートナーの拠出

パートナーが提供する人的役務と引換えにパートナーシップ持分を与えられる場合，パートナーシップは市場価値を反映するためパートナーの資本勘定をブックアップすることを認められる（IRC704(c)）。人的役務は，(ⅰ)パートナーシップの資格で行為する現在のパートナー，(ⅱ)パートナーシップの資格で行為する新規パートナー，または(ⅲ)パートナーになると見込まれる者によって，提供される。新規パートナーがパートナーシップに現金を拠出する場合，パートナーシップはIRC704(b)および(c)に基づき再評価する償却可能な無形資産のビルトイン・ゲインまたはビルトイン・ロスを配分することができる（Rev. Rul. 2004－49, IRB. 2004－21, 939）。パートナーシップは，この再評価（リバースIRC704(c)配分）を反映するためにすべてのパートナーの資本勘定を増減することができる。ビルトイン・ゲインまたはビルトイン・ロスは，伝統的な方法，修正配分方法または第3の方法を用いて配分される。このいずれの方法

による配当も，実質的な経済効果を有するものとして取り扱われる（RIC704(b)）。償却可能な無形資産は，1993年8月10日後に譲渡された無形資産であり，15年にわたり比例的に償却される。

⑨ 利子の転換

IRC163(j)により控除できない支払利子を控除できる支払金に転換するためにパートナーシップを利用する一定の法人間金融アレンジメントは，濫用的な**指定取引**として烙印を押されている（財務省ニュース・リリースJS-1283, 4-1-04, Notice2004-31, IRB. 2004-17, 830）。非課税の関連者（例えば外国法人）に発行する債務証書に係る支払利子の控除を制限するアーニング・ストリッピング・ルールを回避するための仕組み取引がある。その代表事例として，外国法人がパートナーシップを通じて内国子会社の優先株式に投資する場合をみると，第1米国法人と第2米国法人が属する関連グループの共通の親会社またはその親会社の関連会社である外国法人が登場する。外国法人の申告はパートナーシップによる保証された支払として仕組まれているので，第2米国法人は当該外国法人の投資に係るリターンを損金として控除できると主張するが，IRSはこのような法人間金融取引スキームに対抗する理由として次の3点を掲げている。

（ⅰ）租税回避以外の目的がないこと

有効なパートナーシップを組成する租税回避以外の目的が必要であるが，これを欠如しているので，外国法人が米国法人の株式を直接取得したものとして取り扱う。

（ⅱ）濫用防止規定

IRSはこのような法人間金融取引を財務省規則1.701-2のパートナーシップ濫用防止規定に基づき否認することができる。

（ⅲ）経済効果の欠如

パートナーシップ契約に基づく配分が実質的な経済効果を欠如しており，かつ，IRC704(b)に規定するとおり，パートナーのパートナーシップ持分に従っていないという理由により，この取引のみせかけの税効果を否認することがで

きる。

### (7) パートナーと被支配パートナーシップ

パートナーが資本または利得の50％超の持分を有するパートナーシップ（被支配パートナーシップ）に資産を売却しまたは交換する場合，いかなる損失の控除も認められない。また，同一の者が資本または利得の50％超の持分を有する２つのパートナーシップ間で資産の売却または交換が行われる場合も，いかなる損失の控除も認められない。パートナーと被支配パートナーシップとの間の一定の取引について，いかなるキャピタル・ゲインも認められない。このルールにより関連当事者に対するパートナーシップ資産の売却に係る損失が認められない場合，各パートナーのパートナーシップ持分のベーシスは当該損失のパートナー・シェアだけ減少するが，ゼロ以下にはならない（Rev. Rul. 9610, 19996－1 CB138）。

### (8) 未実現の受取債権および棚卸資産

パートナーシップからパートナーシップの分配として棚卸資産を受け取るパートナーが実現する収益または損失は，当該資産が分配された日から５年以内に処分され，売却するパートナーが棚卸資産のディーラーでない場合，通常の所得または通常の損失として認識されなければならない。パートナーシップ分配で未実現の受取債権を受け取るパートナーが実現する収益または損失は，その処分の時期にかかわらず，通常の所得として認識されなければならない（IRC735, 751 (d)(2), 規則1.735－1，1.751－1 (d)(2)）。未実現の受取債権または棚卸資産に帰属すべきパートナーの持分と引換えに受け取る金額は，通常の所得として課税される。

### (9) 持分の変更

パートナーがその持分の全部または一部を他のパートナーまたは外部者に売却することがある。このような場合に売却するパートナーと残存パートナーと

第2章　パートナーシップ

の間で配分されるパートナーシップの租税項目（所得，収益，損失，損金控除および税額控除）の金額を決定する基本的な方法は，次のとおりである。

(a)　新規パートナーがパートナーシップに加入する時期にかかわらず，帳簿を途中で閉め，加入したパートナーシップ課税年度の特定部分の租税項目とする方法

(b)　課税年度全体のパートナーシップの租税項目を比例按分する方法

　パートナーのパートナーシップ持分の変更がある課税年度では，課税年度を通じてパートナーの持分の変化を反映するために，各パートナーが申告するパートナーシップの租税項目における分配シェアの調整を行わなければならない。

### (10)　拠出するパートナーに対する分配

1997年6月9日後にパートナーシップに拠出された資産に関しては，パートナーがパートナーシップ持分と引換えにパートナーシップに資産を拠出し，7年以内に他のパートナーシップ資産を受け取る場合，収益が認識されるが，損失は認識されない。1997年6月8日前に拠出された資産に関しては，5年の期間が適用される（IRC737）。このルールの趣旨は，拠出するパートナーが含み益のある資産の非課税の売却または交換を行うパートナーシップを利用することを防止することである（IRC721,731,規則1.721-1，1.731-1）。

パートナーシップ資産の認識すべき分配を受けるパートナーは，次のいずれか小さい方の金額の収益を認識しなければならない。

(a)　受け取った分配資産の公正な市場価値のうち分配直前のパートナーのパートナーシップ持分の調整ベーシスを超える金額から分配により受け取った金銭の金額を差し引いた残額

(b)　パートナーが分配前5年内に過去にパートナーシップに拠出した資産の全部がパートナーシップにより他のパートナーに分配されたならば，分配を受けたパートナーがIRC704(c)(1)(B)に基づき認識されたであろう純収益

(11) 拠出された資産の分配

ビルトイン・ゲインまたはビルトイン・ロスのある資産をパートナーシップに拠出するパートナーは，当該資産がパートナーシップによりその拠出の5年以内に分配される場合，収益または損失を認識しなければならない（5年ルール）。ビルトイン・ゲインまたはビルトイン・ロスは，その資産の拠出時の価値とベーシスとの差額である。パートナーのベーシスは，パートナーシップに引き継がれる。ここで認識される収益または損失の金額は，パートナーシップが拠出された資産を分配の日に公正な市場価値で売却したならば，拠出したパートナーが認識したであろう金額に等しい。拠出するパートナーのパートナーシップ持分のベーシスは，当該パートナーの収益の認識を反映するように，調整されなければならない。これは，分配時認識ルールという。これは，1989年10月3日後にパートナーシップに拠出された資産のみに適用される（規則1.737-1）。1997年6月8日後にパートナーシップに拠出された資産については，当該資産が拠出後7年以内に分配された場合に収益が認識されるべきこととされる（7年ルール）。

(12) パートナーの分配された資産のベーシス

パートナーシップから受け取った資産（金銭を除く）のパートナーのベーシスは，当該資産がパートナーのパートナーシップ持分の清算で受け取ったものかどうかで異なる。

① 分配が清算以外の分配である場合

パートナーシップの当該資産のベーシス（引き継がれるベーシス）を参照して決定される。1997年8月5日後の清算以外の分配に関して，分配された資産の公正な市場価値に基づいて分配された資産の間でベーシスを配分することになる。1997年8月6日前の分配については，分配された資産におけるパートナーシップの比例的ベーシスに基づく配分方法が用いられる。

② 分配が清算分配である場合

パートナーのベーシスは，パートナーシップ持分のベースを参照して決定さ

れる。これを**取替ベーシス**（a substitute basis）という。

パートナーシップ持分を取得後2年以内に分配を受けるパートナーは，受け取った資産のパートナーのベーシスを調整することを選択することができる。これを**選択的ベーシス調整**（elective basis adjustment）という。

分配された資産の公正な市場価値がパートナーシップの当該資産のベーシスの110％を超える場合，強制的なベーシス調整を行わなければならない（IRC732(d)，規則1.732－1(d)(4)）。これを**強制的ベーシス調整**（mandatory basis adjustment）という。

### (13) 拠出された資産の売却

パートナーシップは，パートナーが拠出した未実現の受取債権，棚卸資産およびキャピタル・ロス資産の売却による収益または損失を認識する。拠出するパートナーの段階では，すべての収益または損失は，当該資産の性格に応じて通常の収益もしくは通常の損失またはキャピタル・ゲインもしくはキャピタル・ロスとして課税される。このルールの趣旨は，パートナーシップを通じて資産を処分する方法で（ⅰ）キャピタル・ロスの通常の損失への転換，または（ⅱ）通常の所得のキャピタル・ゲインへの転換を図ることを防止することである（IRC724）。

① 未実現の受取債権および棚卸資産

パートナーシップに拠出された資産が拠出直前のパートナーの段階で棚卸資産であった場合，パートナーシップが5年以内に当該資産を処分する時に認識される収益または損失は，通常の所得または通常の損失として取り扱われる。未実現の受取債権については，処分の日にかかわらず，このルールが適用される。

② キャピタル・ロス資産

パートナーシップに拠出された資産が拠出直前のパートナーの段階で資本資産であり，拠出するパートナーがキャピタル・ロスを認識していなかった場合，当該資産が拠出の日から5年以内に処分されるとき，その処分の日にパート

ナーシップが認識した損失は，パートナーの認識していない損失の範囲で，資本資産の売却からの損失として取り扱われる（IRC724(c)）。

### ③ 不認識取引

資産の交換を通じてこれらのルールの回避を防止するため，パートナーシップが不認識取引で拠出された資産のパートナーシップへの引継を要するルールを適用される当該資産を交換する場合，これらのルールが当該取引から生ずる取替ベーシス資産に適用される。

### ⑭ 外部者としてパートナーシップと取引するパートナー

パートナーがパートナー以外の資格でパートナーシップと取引する場合，この取引は，パートナーシップと外部者との間の取引であるものとして取り扱われる（IRC707,規則1.707-1(a)および1.707-1(b)）。この取引によって，一方の当事者は支払金を損金として控除し，または資本化することができるが，他方の当事者は所得を認識しなければならない。取引の性格をパートナーシップと外部者との取引とみなすことによって，ベーシスの変更が生じる。パートナーとパートナーシップは，パートナーからパートナーシップへの資産の売却もしくは人的役務の提供を行い，その対価を受け取る場合に，パートナーの通常の所得を生じる売却等やパートナーシップの資本化を要する支出とせず，パートナーシップへの拠出や非課税の分配となるように法形態を偽装することがある。このような偽装売却や偽装支出を防止するために，パートナーとパートナーシップとの取引をパートナーシップと外部者との取引とみなすことが行われる。パートナーシップが一定の支出を資本化する要件を免れることによって損金控除しようとする取引に対して，次の制限が定められている（IRC707(a)(2)(A)）。次の場合，配分と分配はパートナーシップと部外者との取引として取り扱われる。

(a) パートナーがパートナーシップに人的役務を提供しまたは資産を譲渡する場合

(b) パートナーがパートナーシップから直接的または間接的に配分および分配を受け取る場合

第2章 パートナーシップ

(c) 人的役務の提供または資産の譲渡ならびに配分および分配が，合わせてみれば，パートナーシップの構成員としての資格以外の立場で行為するパートナーに対する支払と適正にみなされる場合

パートナーシップは，その金額を資本化しなければならず，そうでなければ，再分類に従った方法でその金額を取り扱わなければならない。

### (15) 持分と資産の保有期間

パートナーシップ持分の売却または交換からの収益または損失が長期キャピタル・ゲインに該当するか否かを決めるに当たり，パートナー持分の保有期間はIRC1223の一般的保有期間ルールによって決定される。保有期間は，パートナーがパートナーシップ持分を取得する日後の日に起算される。パートナーがパートナーシップ持分と資産を交換する場合，パートナーシップが保有する資産の保有期間には拠出するパートナーが保有していた期間が含まれる（IRC 1221(1)）。パートナーが保有する資産が長期キャピタル・ゲインまたは長期キャピタル・ロスの取扱いを受けることができるか否かを決めるに当たり，パートナーがパートナーシップからの分配として受け取った資産の保有期間には，パートナーシップが保有していた期間が含まれる。

さらに，当該資産がパートナーによってパートナーシップに拠出されたものである場合，パートナーが保有していた期間も，含まれる。パートナーが他のすべてのパートナーの持分を買い占める場合，購入したパートナーは自己のパートナーシップ持分に帰属すべきパートナーシップ資産のパートナーシップ保有期間に他のすべてのパートナーの保有期間を加算することができる。

## 6 パートナーシップ持分の処分

パートナーシップ持分は，資本投資を意味し，パートナーシップ持分の売却その他の処分による収益または損失は，キャピタル・ゲインまたはキャピタル・ロスを生じる。

第11編　特別な事業形態に対する課税

パートナーシップ持分の売却の収益は，パートナーシップがその基因となる資産を保有していた期間でなく，パートナーがパートナーシップ持分を保有していた期間に応じて長期か短期かに分類される。しかし，売却がパートナーシップ資産の売却である場合には，パートナーシップによる資産の保有期間によって長期か短期かが決められる。パートナーがパートナーシップ持分を売却しまたはその他の処分を行う場合，この資本資産の売却による収益または損失を計算するが，当該収益または損失はパートナーのパートナーシップ持分のベーシスと処分により実現した金額との差額である。

パートナーがパートナーシップ持分の代わりに資産（金銭を除く）を受け取る場合，パートナーが後の処分の収益または損失を計算することができるように，当該資産のベーシスが決められなければならない。パートナーがパートナーシップ持分を売却してパートナーシップ負債を免れる場合，パートナーはその債務免除益の範囲で，収益を得たことになる。パートナーシップの資本および利得の50％超が12ヶ月以内に売却される場合，当該パートナーシップが終了したものとみなされる。また，パートナーシップが事業を廃止し，その資産をパートナーに分配する場合，当該パートナーシップは終了したものとされる。パートナーは，パートナーシップ持分を（ⅰ）パートナーシップに売り戻すか，（ⅱ）他のパートナーまたは新規パートナーに売却することができる。

### (1) パートナーシップ持分の売却

パートナーシップ持分は資本資産である。パートナーシップ持分の売却はキャピタル・ゲインまたはキャピタル・ロスを生じる（IRC741, 規則1.741-1）。収益または損失の金額は，パートナーシップ持分の代わりに受け取った金銭および他の資産の価値により計算される。パートナーシップ持分の売却は，売価がパートナーの受取債権または棚卸資産のシェアを反映する範囲で，通常の収益または通常の損失を生ずる。パートナーシップがパートナーの持分の完全な清算で金銭以外の資産，未実現の受取債権および棚卸資産をパートナーに分配する場合，分配時にいかなる収益または損失も認識されない。パートナーが外

部者または他のパートナーに自己の持分の全部または一部を譲渡する時，この譲渡はパートナーシップ持分の売却とされる（IRC741,規則1.741－1）。

① 負債の効果

売却するパートナーがパートナーシップ負債（パートナーシップが保有する資産に係るノンリコース負債のシェアを含む）を免除される場合，パートナーはその持分につき実現した金額を決定するに当たり負債金額を算入しなければならない。

② 持分の売却と資産の売却

すべてのパートナーが外部者にその持分を譲渡する場合，この取引がパートナーのパートナーシップ持分の売却とパートナーシップ資産の売却との区別をすることは困難である。しかし，例えば，パートナーがパートナーシップ資産ベーシスの自己のシェアと異なるパートナーシップ持分のベーシスを有する場合，認識される収益または損失の金額に差が生じる。

③ 非課税譲渡

パートナーシップ持分の譲渡は収益または損失の認識を生じない。パートナーシップ持分をパートナーの支配する法人に譲渡することは，必ずしも収益または損失を生じない（Rev.Rul.81－38, 1981－1CB386）が，譲渡者であるパートナーのパートナーシップ負債のシェアが自己のパートナーシップのベーシスを超える範囲で，収益が認識される（Rev.Rul.80－323, 1980－2CB124）。関連者間でパートナーシップ持分の売却が行われる場合，損失の控除は否定される。

④ パートナーの損失の認識

パートナーがそのパートナーシップ持分全部の売却に係る損失の認識は，パートナーのパートナーシップ持分の調整ベーシスのうち次の合計額を超える部分に制限される。

(a) 分配された金銭の金額

(b) パートナーの未実現の受取債権および棚卸資産のベーシス

### (2) 持分全部の処分

パートナーの持分全部が清算され，売却または交換され，かつ，その売却または交換が50％終了ルールの適用を生じない場合，当該パートナーについては，パートナーシップ課税年度は終了する。

### (3) 持分の一部の処分

パートナーのパートナーシップ持分の一部の売却や全部の売却にはパートナーシップ持分の売却時の収益または損失の認識ルールが適用されるが，持分の一部の売却については，売却するパートナーについて必ずしもパートナーシップ課税年度は売却日に終了しないので，パートナーシップ課税年度末までパートナーはパートナーシップ項目の分配シェアを考慮に入れる必要はない。パートナーの租税項目の分配シェアは，パートナーシップ持分の減少を反映するために調整されなければならない。当該持分は，売却された持分と残余持分との間で割り当てられる必要がある。

### (4) 持分のパートナーシップへの売戻

脱退するパートナーのパートナーシップ持分の清算におけるパートナーシップ支払金の取扱いは，パートナーシップ持分と引換えに外部者または他のパートナーから受け取った支払金と著しく異なる。IRC736によるパートナーシップ持分の清算とIRC741による売却との区別は，清算がパートナーシップと脱退するパートナーとの取引であるが，売却は第三者または存続するパートナーと脱退するパートナーとの取引である点である。パートナーシップ分配時に収益または損失を認識するルールは，存続するパートナーシップが脱退するパートナーに支払う清算には適用されない。償還取引でパートナーがそのパートナーシップ持分をパートナーシップに売却する場合，その対価はパートナーシップ所得または保証された支払の分配シェアでなく，パートナーシップ清算分配として取り扱われる（IRC736(b)）。このルールは，パートナーのパートナーシップ未実現受取債権またはパートナーシップ営業権のシェアには適用さ

れない（IRC751,規則1.751-1）。パートナーは，受け取った金額がパートナーのパートナーシップ持分のベーシスを超える範囲でのみ，パートナーシップへの持分の売却に対して課税される。

① 清算分配

パートナーが自己のパートナーシップ持分全部と引換えにパートナーシップから現金の清算分配を受け取る場合，あたかも他のパートナーまたは新規パートナーに売却した場合と同じ効果を有する。パートナーが（ⅰ）清算分配の全部もしくは一部としてパートナーシップから資産を受け取る場合または（ⅱ）持分を割賦販売取引で売却する場合，その税効果は異なる。

② IRC736(a)支払

パートナーシップ資産の持分との交換でない支払を脱退するパートナーに行うことは，パートナーシップ所得の分配シェアまたは保証された支払として取り扱われる。

パートナーシップはこれらの支払を損金として控除し，受領者は所得として認識しなければならない。

③ IRC736(b)支払

パートナーシップ資産の持分全部の清算で脱退するパートナーに対する支払について，パートナーは収益または損失を認識するが，パートナーシップ持分のベーシスを回収するまでいかなる収益も認識しない。分配が持分の完全な清算で行われ，金銭，未実現受取債権および棚卸資産以外に何も受け取らない場合を除き，パートナーは，いかなる損失も認識しない。パートナーシップは，支払の一部を控除することができない。

④ 分配された資産のベーシス

パートナーの持分の清算で分配された資産のベーシスは，分配の受領者のパートナーシップ持分のベーシスから受領した金銭を差し引いた残額である（IRC732,規則1.732-1(b)）。

### (5) 他のパートナーまたは外部者への売却

IRC741により，パートナーシップ持分の他のパートナーまたは外部者への売却は，売却時にキャピタル・ゲインまたはキャピタル・ロスを生じる (Rev. Rul.59-109, 1959-1 CB168)。棚卸資産または受取債権に帰属すべき収益または損失の一部については，通常の所得として取り扱われる。パートナーがその持分を他のパートナーに売却するかまたは外部者に売却するかによって差異はない。実質的な含み益のある棚卸資産のみでなく，棚卸資産に帰属すべきすべての収益は，通常の所得を生ずる。

### (6) パートナーシップ持分の割賦販売

当事者が割賦方法を用いてパートナーシップ持分の売却を申告することを選択する場合，収益は各課税年度に受け取った支払合計に「総利益率」(gross profits ratio) を乗じた金額のパーセントに比例して所得に算入される (IRC453, 暫定規則15A.453-1)。

### (7) パートナーシップの継続と終了

パートナーシップは，連邦税法上，次のことが発生した時のみ終了する。
(a) パートナーシップのパートナーによるその活動が中断し，パートナーシップの事業，金融活動またはベンチャーの一部が中断すること
(b) 12ヶ月以内にパートナーシップの資本および利得の持分の50％以上の売却または交換が行われること

## 7　大規模パートナーシップ (large partnerships) の選択

新規のパートナーシップ調査手続が一定の大規模パートナーシップに適用される。この新規手続は，**簡易フロースルー申告制度** (a simplified flow-through reporting system) である (IRC771～777)。パートナーシップは，前課税年度に100人以上のパートナーを有する場合，簡易申告を選択することができる。ただし，

第 2 章　パートナーシップ

（ⅰ）パートナーシップの主たる事業が商品（オプション，先物商品および先渡商品を含む）の売買である場合，または（ⅱ）実質的にすべてのパートナーがパートナーシップのために実質的な人的役務を提供する場合には，簡易申告を選択することはできない。

## (1)　パートナーシップのパススルー

大規模パートナーシップのパートナーシップ項目の調整は，パートナーにパススルーされ，あたかも当期に生じたものとして取り扱われる。パートナーの分配シェアの変化は，パートナーの前年度の申告に反映されなければならない。大規模パートナーシップは，パートナーシップ調整の全部または一部をパススルーしないことを選択することができる。パートナーにフロースルーできない純調整は，「みなし過少納付」（imputed underpayment）として取り扱われる。パートナーシップは，みなし過少納付に対して，利子税および制裁のほか，最高税率で課税される。

### ①　当期の取扱い

大規模パートナーシップのパートナーにパススルーされた調整は，現実に当期中に生じた項目として取り扱われる（IRC6242(a)(1)）。当期のパートナーの当期のパートナーシップ租税項目（所得，損金の控除，損失および税額控除）のシェアは，前年からのパートナーシップ調整を反映するために調整される。

### ②　分配シェアの変化に係る調整

パートナーの分配シェアの変化に係る調整は，租税項目を当初考慮に入れる必要があったパートナーの課税年度に関係パートナーによって考慮されなければならない（IRC6241(c)(2)(A)）。パートナーの分配シェアの変化に帰すべき過少納付に賦課する期間制限は，パートナーシップ申告日または申告期限のいずれか遅い方から 3 年とされる（IRC6248）。複層化したパートナーシップに関して，パートナーの分配シェアの変化に帰すべき調整は，中間層もまた大規模パートナーシップであるか否かによって，中間層の持分の保有者に追加レベルをパススルーすることができる。パートナーがパートナーシップ（大規模パートナー

シップを除く）のＳ法人である場合，調整が株主にパススルーし，パートナーシップ項目を考慮に入れる必要がある課税年度に考慮に入れられる（IRC6255(b)(1)）。

## (2) みなし過少納付

　パートナーシップ租税項目の調整をパートナーにパススルー代わりに，大規模パートナーシップは，パススルーされるパートナーシップ租税項目の金額を決定する時，その調整を考慮に入れないことを選択することができる。この場合，または（ⅰ）パートナーシップ課税年度の申告において，パートナーシップがパートナーシップ調整を十分に考慮に入れない場合，または（ⅱ）パートナーシップ調整がこの調整を行うパートナーシップ課税年度に決定される税額控除の金額を超える税額控除の減少に関する場合，パートナーシップはみなし過少納付を支払わなければならない（IRC6242(a)(2)）。このみなし過少納付は，大規模パートナーシップのすべての調整を所得および損失の項目と相殺して計算される。所得の純増差に調整年度に最高個人税率または最高法人税率を乗じる。みなし過少納付に対する利子税および制裁は，パートナーでなく，パートナーシップに対して課される（IRC6242(b)(1)）。

# 第3章

# 有限責任会社（limited liability companies：LLC）

　連邦税法上のLLCの定義は簡単である。すべてのLLCは州法に基づいて組成された組織で，当該組織の負債その他の義務についてすべての構成員の責任は有限であり，かつ，連邦税の適用上パートナーシップとして分類される。LLCとリミテッド・パートナーシップは，類似しているが，LLCの投資家はその経営に積極的に参加できるが，リミテッド・パートナーはリミテッド・パートナーシップの経営に積極的に参加することができない点で異なる。LLCの所有者にはすべての種類の信託，法人およびパートナーシップが含まれる。

## 1　LLCの特性

### (1) LLCの利点

　リミテッド・パートナーシップもLLCの利点を有するが，LLCはリミテッド・パートナーシップ・ルールによって拘束されない。LLCがリミテッド・パートナーシップより有利な点は，リミテッド・パートナーシップでは1人以上のパートナーがリミテッド・パートナーシップの負債につき**無限責任**を負うが，LLCでは法人と同様にすべての構成員は**有限責任**とされる。複数の構成員をもつLLCは，課税上，法人でなく，パートナーシップとして分類されることを選択できる（規則301.7701-3）。この場合，LLCは，分離した事業体として団体課税されず，構成員課税(いわゆるパススルー課税)が行われる。しかし，LLCは，パートナーシップと同様に，パートナーシップ申告書（様式1065）により情

報申告をしなければならない。パートナーシップは，2人以上のパートナーを有するものとされるが，州によっては，1人のパートナーがLLCを組成しかつ所有することが認められる。しかし，1人が所有するLLCは，連邦税法上，その事業体の存在を無視され，所有者は自営業者 (a sole proprietor) として課税される。1法人がLLCを所有する場合，当該LLCは当該法人の1部門とみなされる。LLCは，S法人やパートナーシップと同様に，その所得および損失をその所有者にパススルーすることができる。S法人と比較すると，LLCはより広い範囲の利用が認められている。例えば，S法人株主は個人に限定され，他の種類の投資家（法人やパートナーシップ）はS法人の株主になることはできず，発行できる株式は単一の種類の株式に限定されている。LLCにはこのような制限はない。さらに，C法人やS法人ではすべての配分が厳密に各株主の株式所有比率に基づくこととされるが，LLCは，パートナーシップと同様に，構成員のLLCの持分比率による配分以外の基準により所得または損失を構成員に配分することができる（配分のフレキシビリティ）。

### (2) LLCの欠点

法人，パートナーシップおよびリミテッド・パートナーシップは，全米に普及している事業体であり，大部分の州が統一法に従っているが，統一LLC法 (A Uniform Limited Liability Company Act) は完成したばかりで，これを採用する州がまだ僅かであるため，州レベルではLLC法が州ごとに異なる状態である。したがって，LLCの過去の判決例はきわめて乏しく，法的安定性に欠けている。必ずしもすべての州が単一構成員のLLCを認めているわけではない。設立地の州法が1人LLCを容認するが，実際に事業活動を行う他の州が1人LLCを認めない場合には，その州において構成員は無限責任を負う。

### (3) 複数構成員を有するLLC

複数構成員を有するLLCの構成，州法によりLLCの負債に責任を負わない場合，LLCの連邦雇用税 (federal employment taxes) について義務を負わない (Rev.

Rul. 2004-41, IRB. 2004-18, 845)。複数構成員を有するLLCが連邦税の適用上パートナーシップとして分類されるとしても，この分類を理由に構成員から雇用税を徴収することはできない。このようなLLCは，法人としての課税を選択する場合を除き，チェック・ザ・ボックス規則の選択を怠る場合には，パートナーシップとして分類される。州法であるパートナーシップ法では，各パートナーがパートナーシップの負債につき責任を有するものとするが，大部分の州法であるLLC法では各構成員がLLCの負債につき責任を負わないものとする。連邦税の適用上，LLCをパートナーシップに分類することを理由に，構成員がパートナーシップのゼネラル・パートナーであるとみなしてLLCの連邦雇用税を構成員から徴収することは認められない。この点について，本来のパートナーシップとパートナーシップとして分類されたLLCは異なる。**単一構成員のLLCにおいて，その構成員は雇用税の納税義務を免れることはできない**。その理由は，単一構成員のLLCは，連邦税の適用上，法人として取り扱われることはなく，無視される事業体（disregarded entity）とされるからである。

## 2 チェック・ザ・ボックス規則

　複数の構成員を有し，法人としての分類を強制されないLLCは，（ⅰ）パートナーシップまたは（ⅱ）法人として課税される社団（an association）のいずれかになることを選択することができる。事業体がパートナーシップとしての課税を選択する場合には，この事業体は連邦税法上のLLCとなり，事業体が法人としての課税を選択する場合には，この事業体は連邦税法上の法人となる。単一構成員のLLCは，法人として課税される社団として取り扱われるかまたは所有者と分離した事業体としては無視され，その所有者が個人であれば自営業者，法人であれば当該法人の支店などその一部門として取り扱われる。

### (1) 選択をしない場合の分類

　事業体は，連邦税の適用上，（ⅰ）パートナーシップまたは（ⅱ）無視され

る事業体であることを選好するとみなされる（規則301.7701－3(b)）ので，内国LLC（a domestic LLC）は，複数の構成員を有する場合，パートナーシップ，単一所有者の場合，無視される事業体として分類される。外国LLC（a foreign LLC）は，その構成員全部が有限責任とされる場合には社団として分類されるが，複数の構成員のうち1人以上の構成員が無限責任を負う場合にはパートナーシップとして分類される。外国LLCが単一構成員のLLCである場合，当該構成員が無限責任を負うとき，無視される事業体とされる。

### (2) 分類の変更

事業体の分類の変更は，チェック・ザ・ボックス規則に基づき，（ⅰ）パートナーシップから社団（an association）への変更，（ⅱ）社団からパートナーシップへの変更，（ⅲ）社団から無視される事業体（a disregarded entity）への変更，および（ⅳ）無視される事業体から社団への変更，に分かれる（規則301.7701－3(b)）。パートナーシップから無視される事業体への変更または無視される事業体からパートナーシップへの変更は，選択の結果でなく，構成員の数の変更の結果として生じる。各変更の特徴は，次のとおり要約される（規則301.7701－3(g)(1)）。

① パートナーシップから社団への変更

パートナーシップは社団の株式と引換えにそのすべての資産および負債を社団に拠出したものとみなされる。

② 社団からパートナーシップへの変更

社団はその資産および負債を株主に分配することにより清算したものとみなされ，同時に株主が分配された資産および負債のすべてをパートナーシップに拠出したものとみなされる。

③ 社団から無視される事業体への変更

社団はその資産および負債をその単独の所有者に分配することにより清算したものとみなされる。

④ 無視される事業体から社団への変更

事業体の所有者は，社団の株式と引換えにそのすべての資産および負債を社団に拠出したものとみなされる。

### (3) 事業体（business entity）

組織 (an organization) の分類にチェック・ザ・ボックス規則を適用する場合，この組織が（ⅰ）事業体であるかまたは（ⅱ）信託であるかを問題とする。規則の定義によれば，**事業体**とは連邦税法上の主体（an entity）（信託を除く）として認識されるすべての組織をいうとされている（規則301.7701－2）。州法によって適正に設立されたLLC，パートナーシップまたは法人は，信託として取り扱われないが，営業または事業を行う特定の信託は，チェック・ザ・ボックス規則により社団として取り扱われる。

① 主体（an entity）の定義

ジョイント・ベンチャーや契約上のアレンジメントを通じて参加者が営業，事業，金融またはベンチャーを行い，かつ，利益を分割する場合，連邦税法上，主体の存在が認識される（規則301.7701－1(a)(2)）。この主体が存在するといえるためには，そのベンチャーに複数の参加者がいることは，必ずしも必要ではない。これは，単一所有者のLLCや単一所有者の法人が認められる所以である。連邦税法上，主体の存在は，州法に基づいて組織された公式の主体（a formal entity）である必要はない。

事業体（a business entity）は，（ⅰ）連邦税法で認識されるすべての主体（信託を除く）（規則301.7701－4）または（ⅱ）内国歳入法典に基づき特別な取扱いの対象となる主体である。信託（a trust）は，（ⅰ）営利事業を行うための共同企業（a joint enterprise）でなく，（ⅱ）受益者の利益のため資産管理の権限を受託者に譲渡するアレンジメントである（規則301.7701－4）。信託が法人やパートナーシップとして分類される組織が行う営利事業を行うために利用される場合には，私法上の法形式としては信託として組成された組織であっても，連邦税法上，事業体として取り扱われる。

② 州法の効果

LLCは，州法であるLLC法に基づいて組成される。LLCはその定款においてLLCの運用に関するすべての合意を含めることができる。運用の合意（an operating agreement）がない場合，大部分の州のLLC法は，LLCの諸問題を処理するためのデフォルト・ルールを定める一方，LLCの運用に関するルールや手続を定める運用の合意という文書について規定している。運用の合意は，LLCの諸問題およびその事業の遂行に関する構成員の合意と定義されている。

## 3 資本の拠出（capital contributions）

LLCの持分と引換えにLLCに拠出することは，パートナーシップへの拠出と同様に取り扱われる。LLCの運用の合意は，構成員がLLCの持分と引換えに享受することができることを内容とすべきである。法人と異なり，資本を拠出する構成員が拠出時にLLCにおける支配権（持分）を有することは，課税上，必ずしも必要ではない（IRC721）。

大部分の州は，人的役務を資本拠出として取り扱うが，提供した人的役務と引換えに受け取るLLC持分は課税対象とされる。

## 4 構成員の持分のベーシス

課税上，LLCの構成員の持分のベーシスは，構成員持分と引換えに拠出された金銭の金額および拠出された資産の構成員の調整ベーシスである（IRC722）。このベーシスの決定は，拠出時に行われる。拠出された資産が負債を負う場合または構成員の負債がLLCに引き受けられる場合，LLCの**負債の引受**は構成員に対する金銭の分配として取り扱われるので，拠出する構成員の持分のベーシスは，他の構成員の引き受けた負債の部分だけ減算される（規則1.722-1）。負債付資産を譲渡する構成員は，引き受けてもらった負債の金額に相当する金銭の分配をLLCから受け取ったものとみなされる。構成員のLLCのベーシスは，

構成員のLLCの配分シェアだけ加算される。負債がリコースかまたはノンリコースかによって，負債の構成員ベーシスへの配分方法が異なる（規則1.752－2，1.172－3）。

（ⅰ）　リコース負債

リコース負債は，これに係る損失の経済的リスクを個人的に負担する構成員のベーシスに配分される。構成員がLLC負債について個人的に義務を負わない場合には，LLC負債はリコース負債と考えられない。

（ⅱ）　ノンリコース負債

ノンリコース負債は，すべての構成員のベーシスに配分される。LLCの組成時に，各構成員のLLC資産のベーシスは，構成員のLLCの利益のシェアに従って，LLCのノンリコース負債の金額だけ加算される。

構成員のベーシスは，（ⅰ）構成員の課税所得のシェア，（ⅱ）免税所得，（ⅲ）減耗控除のうち減耗控除資産のベーシスを加算され，（ⅰ）構成員の分配のシェア，（ⅱ）構成員の損失の分配シェア，（ⅲ）課税所得の計算上損金として控除できず，資本勘定に適正にチャージできない支出を減算される。

## 5　利得および損失の配分（allocations）

大部分の州のLLC法は，LLCの利得および損失が運用の合意（operating agreement）の規定どおり構成員間で配分されることを規定している。しかし，運用の合意がない場合または運用の合意が配分について規定していない場合，利得および損失が各構成員の資本の拠出に基づいて配分され，租税項目（利得，損失，損金の控除）の配分が同一の基準（プロラタまたはパーキャピタのいずれであるかを問わない）に従って行われる。

各構成員のベーシスは，年に1度以上調整される。利得または損失が各構成員に配分される場合，**構成員の資本勘定**はこの配分を反映するために調整される。構成員は，自己の資本勘定に対する配分について必ずしも自動的に分配（a distribution）を受けることができない。すべての分配は，運用の合意または

LLC法に基づき制定された分配ルールに従うことを要する。課税上，LLCの租税項目（所得，損金の控除，税額控除）は，構成員に配分される。LLC契約の構成員間の利得の配分に基づきLLCの構成員間の超過ノンリコース負債の配分方法または第三段階の配分は，当該配分がLLC所得金額の合計に占める割合に基づく場合には，妥当でないとされる。パートナーが資産を譲渡し，パートナーシップが負債を負う場合，この負債の全部または一部は，負債の発生から90日以内に金銭その他の対価の譲渡に配分される。金銭の金額または対価の公正な市場価値がパートナーのパートナーシップ負債の配分シェアを超える範囲に限り，譲渡を考慮に入れることになる。

## 6　LLCの分配（distributions）

　LLCの構成員は，分配されたか否かにかかわらず，**構成員のLLC所得のシェアに対して課税される**（規則1.702-1(a)）。LLC所得の分配は，通常，LLC運用の合意によって定められるが，運用の合意が分配について定めていない場合には，設立地の州のLLC法の規定による。LLCの分配には，次のものが含まれる。
(a)　当期の収益を見越した構成員の引出し
(b)　運転資本として必要のない当期または過去の年度の収益の分配
(c)　構成員持分の完全な清算または一部清算
(d)　LLCの完全な清算におけるすべての構成員に対する分配
　構成員のLLC所得または損失の分配シェアを決定するに当たり，分配は考慮に入れられない。構成員が分配による収益または損失を認識する場合，分配を受ける課税年度にこれを申告しなければならない。
　LLCが次のものを分配する場合，この分配は資産の売却または交換として取り扱われる（IRC751）。
(a)　他のLLC資産（金銭を含む）における構成員持分の一部と引換えに分配する未実現受取債権または実質的な含み益のある資産
(b)　未実現受取債権または実質的な含み益のある資産における構成員持分と

引換えに分配する別の資産（金銭を含む）

## 7　構成員の収益または損失

　パートナーのLLC租税項目（所得，収益，損失，損金の控除または税額控除）の分配シェアは，パートナーシップ契約によって決定される。連邦課税上，複数の構成員を有するLLCはパートナーシップとして分類されるので，LLCが別段の選択をしない限り，パートナーシップ・ルールが適用される（IRC704）。LLCの運用の合意は，構成員の分配シェアの決定方法を定めなければならない。各構成員ごとに認められる損失は制限される。構成員のLLC損失の分配シェアは，損失が発生したLLC課税年度末における構成員の持分の調整ベーシスの範囲で認められる（IRC704(d)）。損失のうち当該ベーシスを超える部分は，超過分がLLCに払い戻されるLLC課税年度末に控除することが認められる。LLCが構成員に分配する場合，構成員は，分配された現金が分配直前の構成員の持分の調整ベーシスを超える範囲で，収益を認識する（IRC731(a)(1)）。LLC持分の清算として分配が行われ，棚卸資産および未実現受取債権を除き，いかなる資産も構成員に分配されない場合，構成員はLLCからの分配時に損失を認識する（IRC731(a)(2)）。

　構成員の持分の清算以外にLLCが構成員に分配する資産（金銭を除く）のベーシスは，分配直前のLLCの資産の調整ベーシスである（IRC732(a)(1)）。

## 8　LLCの清算

　すべてのLLC法は，LLCを解散させる出来事を規定している。この出来事には，（ⅰ）特定期間の満了，（ⅱ）運用の合意または定款に規定する出来事の発生，（ⅲ）構成員の同意，（ⅳ）訴訟行為，（ⅴ）構成員の脱退，が含まれる。解散が行われると，LLCは清算手続を開始する。この手続は，（ⅰ）州当局への書類の提出，（ⅱ）LLCの負債の返済，（ⅲ）構成員に対する資産の分配，が

含まれる。大部分の州は，構成員またはマネージャーに事業を清算する権限を付与している。大部分のLLC法は，資産の分配に関する改正統一リミテッド・パートナーシップ法に従っている。

# 第4章

# 特別な法人

　法人の中でも，金融事業体や投資事業体（銀行，保険会社，ミューチュアル・ファンド，投資信託，協同組合）は，税法上特別な取扱いをされる。内国歳入法典は，銀行および保険会社の準備金勘定の重要性を認識し，その所得の課税方法について指針を定めている。また，規制投資会社（ミューチュアル・ファンド），不動産投資信託，不動産モーゲージ投資導管については，原則として納税主体としつつ，これらの投資媒体が一定の投資および分配に関するガイドラインに従う場合には事業体段階の課税をしない（いわゆるペイスルー事業体）こととしている。これによって，米国はこれらの米国の投資媒体が米国の二段階課税を現実には回避しつつ，租税条約の適用を可能にすることによって海外で稼得する利益に対する外国の源泉地国課税を減免させることができる。

## 1　銀行 (banks)

　課税上，「**銀行**」は，銀行，信託会社（trust company）または建築貸付団体（building and loan association）であって，預金を受け入れ，貸付および割引を行い，受託者の権限を行使する事業を行うものをいう（IRC581,7507,規則1.581-1, 301.7507-1～301.7507-11）。銀行は，通常の法人に適用される税率で課税され，その所得および損金の控除は他の法人と同様に計算されるが，銀行関連会社が譲渡性のある資産（銀行株式を除く）の取得にあてられた収益および利潤を控除することを認める特別規定など，若干の相違がある。銀行が連邦預金保険公社から金融援助を受ける場合，金融援助は銀行の総所得に算入されるが，

純営業損失やビルトイン・ロスを，その金融援助によって税額が生じないように，金融援助と相殺することができる。

### (1) 支払利子

銀行および信託会社は，その課税利子の計算上，**預金者への支払利子および債務証書に係る支払利子**を控除することができる。ただし，この利子は，預金者の口座に貸方記入されるまで現金主義で控除することはできない。銀行，貯蓄機関その他の金融機関は，所得税およびミニマム・タックスの課税上，支払利子のうち免税利子に配分されるべき部分（預金，投資証書等に係る支払を含む）を控除することはできない（IRC265(b), 291(e)）。

### (2) 証券の売却または交換からの収益および損失

金融機関については，**債券，社債，約束手形，証書，REMICの通常持分または残余持分，その他の債務証書の売却または交換**は，資本資産の売却または交換とされない（IRC582）。これらの金融機関は，この取引による純収益をキャピタル・ゲインでなく，通常の所得とし，売却または交換による純損失をキャピタル・ロスでなく，通常の損失として取り扱わなければならない。

### (3) 無価値な証券と債券

銀行は**無価値な証券**からの損失を貸倒損失として取り扱うことができるが，**無価値な株式や新株引受権**についてはキャピタル・ロス・リミテーションが適用される（IRC582, 規則1.166-1, 1.166-2(d), 1.166-7, 1.582-1）。無価値な証券の回収については，回収された金額は，貸倒損失の控除によって生じたタックス・ベネフィットの範囲で，回収年度の所得に算入される。

### (4) 割引料および貸付コミッション

銀行および貯蓄機関は，利子でなく，コミッションまたは割引料を請求するローンを行い，さらに，サービス料を請求している。通常利子として請求され

る金額に相当する金額は，ローンの額面金額から控除できる。

## (5) 預金者の保証基金

銀行は，破産した場合に預金者に対する払戻を準備するため州法に基づき銀行に賦課された金額を控除することができる（IRC162,規則1.162-13）。ただし，この控除できる金額について，銀行は不確定債務準備金と区別して，銀行資産から除外しなければならない。

## (6) 抵当流れ資産および見返り担保の売却

銀行，抵当会社（mortgage company），建築貸付団体または保険会社（生命保険会社を除く）は，抵当権の行使を余儀なくされた不動産や債務弁済のために取り上げた動産を売却する場合，主として営業または事業の通常の過程で顧客に販売するために保有される資産を処分せず，IRC1221に基づき，営業または事業に用いられる資産を処分する。このような資産の売却は，IRC1231の取扱いを受ける不動産または減価償却資産から成る場合を除き，一般に，キャピタル・ゲインまたはキャピタル・ロスを生じる。

## (7) コモン・トラスト・ファンド

銀行が維持するコモン・トラスト・ファンドが社団（an association）として課税されないように，パートナーシップに適用される取扱いに匹敵する特別な取扱いが法定されている（IRC584,規則1.584-1～1.584-6）。**コモン・トラスト・ファンド**は，もっぱら信託の受託者，遺言執行者，財産管理人または後見人の資格で銀行がもっぱら拠出した金銭の集合投資および集合再投資のために銀行が維持するファンドである。口座の管理人（カストディアン）としての銀行に拠出された金銭も，コモン・トラスト・ファンドとして取り扱われる。課税上，コモン・トラスト・ファンドの維持は，単一の銀行に制限される（Rev.Rul. 74-213, 1974-1 CB146）が，銀行持株会社は共同受託者として他のメンバー銀行からそのトラスト・ファンドに拠出を受け入れることができる（Rev.Rul.76

−55, 1976−1 CB174)。同一の関連グループのメンバーである銀行は，単一の銀行として取り扱われるからである。各参加者は，分配されたか分配されるべきかにかかわらず，個人と同一の方法で計算されたファンドの課税所得のシェアを申告しなければならない。ただし，キャピタル・ゲインおよびキャピタル・ロス，配当および一部免税利子は区分される。参加者の加入または脱退は，コモン・トラスト・ファンドの収益または損失を生じないが，キャピタル・ゲインまたはキャピタル・ロスを有する参加者の売却または交換として取り扱われる。参加者によるコモン・トラスト・ファンドへの資産の譲渡は，当該資産の売却または交換として取り扱われる。2つのコモン・トラスト・ファンドの参加者は，現金または証券の分配がない限り，これらのファンドの合併による収益または損失を認識しない。コモン・トラスト・ファンドの分割についても，ファンドとその参加者は収益または損失を生じないものとされる（Rev. Rul. 68−77, 1968−1 CB289)。

### (8) 貸倒引当金 (bad debt reserves)

銀行は，当期および前5年間の損失によって示される経験に基づいて必要とされる金額に限り，貸倒引当金に繰り入れ，繰入額を控除することができる（IRC585, 規則1.585−1〜1.585−3, 1.585−5〜1.585−8）。大銀行は，貸倒損失の控除を計算する引当金を用いることはできないので，個別控除法を用いなければならない。1986年に開始する課税年度またはその前課税年度に，そのすべての資産の平均調整ベーシスの合計が5億ドルを超える場合または銀行が関連グループのメンバーである場合，このグループのすべての資産の調整ベーシスの合計が5億ドルを超えるとき，銀行は大銀行とされる。

## 2 銀行以外の貯蓄機関 (savings institutions)

貯蓄相互銀行，建築貸付団体および銀行協同組合は，他の法人と同様に，課税される（IRC581, 規則1.581−2）。

(1) **建築貸付団体（building and loan association）等の支払配当または支払利子**

配当または利子として預金者の口座に支払われまたは貸方記入された金額は、要求払いである場合、貯蓄相互銀行、銀行協同組合、建築貸付団体および貯蓄機関の課税所得の計算上、損金として控除することができる（規則1.461-1(e)、1.591-1)。

(2) **貯蓄貸付団体（savings and loan association）等の貸倒引当金**

貯蓄相互銀行、建築貸付団体または銀行協同組合は、貸倒引当金への繰入額を控除することができる（IRC593および596、規則1.596-1)。1995年12月31日後に開始する課税年度に、貸倒引当金は廃止されたが、小銀行に該当する貯蓄機関は、経験法による貸倒引当金を利用することができる。

## 3 保険会社（insurance company）

課税上、保険会社は、（ⅰ）生命保険会社と（ⅱ）その他の保険会社に分かれる。

### (1) 生命保険会社

生命保険会社の課税所得および純キャピタル・ゲインは、所得税を課される。生命保険会社の純キャピタル・ゲインは35％以上の税率で課税される場合を除き、通常の所得と純キャピタル・ゲインを合算してIRC11の法人所得税率で課税される。生命保険会社については、準備金、多様な契約および証券保有者への配当に関するルール、生命保険会社とその証券保有者との間における投資所得の配分方法に関するルールが定められる。

① 課税所得の計算

課税所得は、生命保険総所得と生命保険控除との差額である（IRC805)。小規模生命保険会社は、小会社控除を請求することができる。

② 小会社控除

小規模生命保険会社は，総資産が5億ドル未満である生命保険会社である。資産の決定に当たり，不動産および株式は公正な市場価値で評価され，その他の資産は売却その他の処分の時に収益を決定するベーシスで評価される。小規模生命保険会社の控除を享受するために生命保険会社がその資産を法人格のない事業体に置くことを防止することを目的として，持分を有するパートナーシップまたは信託の資産の比例的シェアは生命保険会社が所有するものとみなすルールがある。この小会社控除は，課税所得が300万ドルに達する時からフェーズアウトし，課税所得が1億5,000万ドルに達した時に完全にフェーズアウトする。

(2) **生命保険会社以外の保険会社**

生命保険会社以外の保険会社の課税所得は，他の法人の課税所得と同様に，課税される。最高税率が35％を超える場合を除き，IRC11の通常の法人所得税率が適用される。

課税所得は，総所得から損金を控除した残額である（IRC832）。総所得には，（ⅰ）投資所得，（ⅱ）保険引受所得，（ⅲ）資産の売却その他の処分からの収益などから成る。

保険会社または保険団体は，（ⅰ）課税年度の総収入が60万ドル以下であり，かつ，（ⅱ）受け取る保険料が総収入の50％を超える場合には，非課税とされる（IRC501(c)(15)）。

相互保険会社は，（ⅰ）課税年度の総収入が15万ドル以下であり，かつ，（ⅱ）受け取る保険料が総収入の35％を超える場合には，非課税とされる。保険会社の純保険料が120万ドル以下である場合，その課税投資所得のみに課税されることを選択することができる（IRC831(b)）。課税投資所得とは，総投資所得から免税利子，投資経費，不動産経費，減価償却費，負債に係る支払利子，キャピタル・ロス，事業経費，受取配当控除を差し引いた残額をいう（IRC834）。総投資所得には，利子，配当，賃貸料，リース料，モーゲージ，キャピタル・ゲイ

ン，保険以外の事業所得が含まれる。

### (3) 再保険契約 (reinsurance agreement) の配分

関連者に係る再保険契約について，IRSは課税所得の源泉と性格を適正に反映するために関連者間に租税項目（所得，損金の控除，税額控除，準備金その他の項目）を配分する権限を有する（IRC845）。再保険契約が重要な租税回避効果をもつ場合，IRSはその租税回避効果を排除するため，必要な調整を行うことができる。

## 4 規制投資会社 (Regulated Investment Company：RIC)

RICの適格要件を満たすため，法人は各課税年度に通常の所得および免税利子所得の90％以上を株主に分配しなければならない（IRC852(a)）。この要件を満たす法人は，その所得の未分配部分のみに課税される。仮に，所得の100％を株主に分配する法人は，事実上，非課税法人となるので，このような法人は俗に**ペイスルー事業体**といわれる。

RICの定義および適格要件については，第1編第1章8を参照されたい。

法人がこの要件を満たさない場合，RICの地位を否定され，そのすべての所得に対して課税される。

### (1) RICの課税

#### ① 通常の所得

RICの通常の所得の分配要件は，投資会社課税所得からの分配によって満たされる。

投資会社課税所得のうち課税年度末に未分配である部分は，通常の法人所得税率で課税される。**投資会社課税所得**とは，通常の法人の課税所得と同様の方法で計算され，次のように修正されるRICの課税所得である（IRC852(a)）。

(a) 支払配当控除が通常の所得の分配について請求されること
(b) 純キャピタル・ゲインが含まれないこと
(c) 純営業損失控除が請求できないこと
(d) 他の法人からの受取配当について控除を請求できないこと
(e) 課税年度を変更したRICは短期会計ルールを用いる必要がないこと
(f) RICが短期政府債（割引債）にかかわらず所得計算を行う選択をすること
(g) RICは配当宣言日または株式取得日のいずれか遅い方に配当を所得に算入すること（IRC852(b)(9)）

**支払配当控除**の適用上，分配はRICの収益および利潤から支払わなければならないが，RICは特別な配当の取扱いのため1種類の株主または1種類の株主の1以上のメンバーを特定する場合，支払配当控除を請求することはできない（IRC562(c)）。RICは，当初1,000万ドル以上を投資した株主に法人の管理費の減少を理由に割増配当を支払う場合には，RICは支払配当控除を請求することができる（IRC562(c)）。また，ユニット投資信託が1940年投資会社法に基づき登録され，定期的支払証書を発行し，かつ，管理会社の発行した証券を保有する限り，株主の当該信託の持分の全部または一部を償還するために当該信託のキャピタル・ゲインからの分配については，支払配当控除を請求することができる（IRC852(d)）。

② 純キャピタル・ゲイン

RICの純キャピタル・ゲイン（純長期キャピタル・ゲインのうち純短期キャピタル・ロスを超える部分）には分配要件はないが，課税年度のキャピタル・ゲインの分配は，同課税年度の純キャピタル・ゲインから支払われなければならない。純キャピタル・ゲインが未分配であれば，RICは純キャピタル・ゲインの全部と支払配当控除との差額に対し，キャピタル・ゲイン税率で課税される（IRC852(b)(3)(A)）。このため，RICは純キャピタル・ゲインの分配をキャピタル・ゲイン配当として特定しなければならない（IRC852(b)(3)(C)）。RICは，その未分配の純キャピタル・ゲインをその株主に割り当てることができるが，未分配の金

額に対するキャピタル・ゲイン税を課される。各株主も割り当てられた金額のシェアに対して課税される（IRC852(b)(3)(D)）。

### ③ 同族持株会社（personal holding company）

RICが同族持株会社として分類されることがある（Rev.Rul.88-41, 1988-1 CB253）。この場合，法人は未分配同族持株会社所得に対し同族持株会社税を課される。その上，（ⅰ）未分配の通常の所得を有し，または（ⅱ）RICが同族持株会社と分類されるか否かを決定する記録を保存していない場合，RICは通常の最高法人所得税率で課税される。

## (2) 株主の課税

課税年度末後60日以内にRICは課税年度に受け取った分配のうちどの部分がキャピタル・ゲイン配当であり，どの部分が通常の配当として取り扱われるかを株主に文書で通知する必要がある（IRC854(b)(2)）。この通知がない場合，株主はすべての法人の分配を通常の配当として申告しなければならない。

### ① 通常の配当

RIC株主が受け取る配当は，法人株主が受け取る配当に適用されるルールに従って取り扱われたが，現在，このルールは明文化されている（IRC854(b)(1)(B)）。株主がRICから受け取る配当がRICの総所得の95％未満である場合，株主はRICが特定した配当を適格配当所得の一部に算入することができる。税法は，適格配当として特定される金額を制限している。すなわち，適格配当として特定される金額の合計額は，課税年度中に受け取る配当の合計額以下とし，また，課税年度のRICの適格配当所得と分配された収益および利潤でRICルールが適用されない年度に留保されたものの金額との合計額以下とする（IRC854(b)(1)(C)(ⅱ)）。

### ② 受取配当控除

法人株主がRICから受け取る配当（キャピタル・ゲイン配当を除く）は，RICが分配された金額を通常の配当として特定する範囲で受取配当控除を受けることができる（IRC854(a)および(b)(1)(A)）。ただし，課税年度に通常の配当として取り

扱われる分配の金額の合計は，当該課税年度にRICが受け取る配当の金額の合計以下とする。RICの総所得の100％が受取配当である場合を除き，通常の配当のうち法人株主に支払われる部分は受取配当控除を受けられない（IRC854(b)(2)）。

③ キャピタル・ゲイン配当

キャピタル・ゲイン配当として特定される分配は，受取配当控除を受けることができない。株主は，RIC株式を現実に所有していた期間にかかわらず，また，所得が現実に分配されるか否かにかかわらず，キャピタル・ゲイン配当を長期キャピタル・ゲインとして申告することができる。RICは，その未分配のキャピタル・ゲインを株主の勘定に割り当てることができる。法人は，未分配の金額に対し，キャピタル・ゲイン税を課される。各株主は，RICの税額の比例的シェアを税額控除されるが，未分配の金額を申告しなければならない。

④ 免税利子配当

利子に対する連邦税を免除される債券に投資するRICは，株主に債券利子免税をパススルーすることができる（IRC852(b)(5)）。課税年度の各四半期末に適格免税債券に総資産の50％以上を投資する場合，RICは免税利子配当を支払うことができる。RICは，毎年，その純免税利子の90％以上を株主に支払わなければならないが，株主は株主の課税年度に免税利子配当を支払った法人またはファンドの株式を購入するための負債利子を控除することはできない（IRC 265(a)(4)）。

⑤ 資本の償還分配

収益から支払われない分配は，通常の配当として課税されず，資本の償還分配といわれる。このような分配の全部または一部はキャピタル・ゲインとして課税されるか，または非課税とされる。資本の償還分配を受ける株主は，分配の金額だけ株式のベーシスを減算しなければならない。株主のベーシスが当該分配だけゼロになるまで減算された後に，この分配はキャピタル・ゲインとして課税される。

## 5　不動産投資信託（Real Estate Investment Trusts：REIT）

　REITの要件を満たすため，組織は各課税年度にその課税所得の90％以上を株主に分配しなければならない（IRC857(a)）。この要件を満たす場合，組織はその課税所得の未分配部分のみに通常の法人所得税率で課税される。仮に，所得の100％を株主に分配する組織は，事実上，非課税法人となるので，このような法人は俗にペイスルー事業体といわれる。REITの定義，投資および所得要件については，第1編第1章9を参照されたい。

### (1)　REITの課税

　REITの課税所得は，通常の法人と同様の方法で計算されるが，次のように修正される（IRC857(b)）。
- (a)　法人の特別控除は，設立費を除き，否認されること
- (b)　支払配当控除は，通常の配当について請求することができること
- (c)　課税年度を変更したREITは，短期会計ルールを用いる必要がないこと
- (d)　抵当流れ資産からの純所得は無視されること
- (e)　REITが95％所得基準と75％所得基準を満たさないことを理由に課される租税が無視されること
- (f)　禁じられた取引からの純所得は無視されること

　課税年度中のキャピタル・ゲインの株主への分配は，当該課税年度における純キャピタル・ゲインから支払わなければならない。純キャピタル・ゲインが未分配であれば，REITは，（ⅰ）REIT投資信託課税所得と（ⅱ）純キャピタル・ゲインのうち支払配当控除を超える部分との合計額に対しキャピタル・ゲイン税率で課税される（IRC857(b)(3)(A)）。

#### ①　欠損配当（a deficiency dividend）

　決定がミニマム分配要件を満たすために必要な金額を増加しまたは過去に分配した適格配当の金額を減少した場合，課税年度後の年度に適格分配を行うこ

とができる。適正な金額が欠損配当として分配される場合，REITは不適格とならず，租税を課されない。しかし，調整の一部が脱税の意図または故意の無申告による詐欺による場合には，欠損配当を行うことはできない（IRC860, 規則1.860－1〜1.860－5）。

② 販売のために保有する資産からの収益

REITが事業の通常の過程で販売するために保有する資産から生じる収益は，このような販売は禁じられた取引であるので，100％税を課される（IRC857(b)(6)）。このような収益は，REITの課税所得から除外されるが，損失は除外されない（IRC857(b)(2)(F)）。

ただし，次の要件を満たす場合には，100％税を回避することができる。

(a)　REITが当該資産を4年以上保有していたこと

REITが含み益を所得と認識したことを理由に担保資産を売却したものとみなされる場合，当該資産は4年以上保有していたものとみなされる。

(b)　土地の売却前4年間のREITの支出合計額が当該資産の純販売価額の30％以下であること

(c)　REITが7以下の資産しか売却していないかまたは課税年度に多数の売却をしているが，その資産の調整ベーシス合計額が期首のREIT資産合計の調整ベーシスの10％以下であること

(d)　抵当流れまたはリースの終了によって取得したもの以外の資産は4年以上の期間賃貸のために保有されること

REITは，抵当流れ資産からの所得に対し法人として課税されるが，抵当流れ資産を清算しまたは適格資産に転換するため3年の猶予期間を認められる。

## (2)　株主の課税

課税年度末後30日以内にREITは課税年度中に受け取った分配のどの部分がキャピタル・ゲイン配当であり，どの部分が通常の配当であるかを株主に文書で通知しなければならない（IRC857(b)(3)(C)）。この通知がない場合，株主はすべ

ての法人の分配を通常の配当として申告しなければならない。
  ① 通常の配当
  キャピタル・ゲイン配当以外の配当は，2003年雇用成長租税救済調整法（Jobs and Growth Tax Relief Reconciliation Act of 2003：JGTRRA）による配当軽減税率の適用を受けるので，分配をキャピタル・ゲイン配当として割り当てることは重要な意味をもつことになる。REITから配当を受け取る株主は，適格配当所得の計算上，REITが適格配当所得として割り当てた部分を考慮に入れることができる（IRC857(c)(2)(A)）。

  軽減税率の適用を受ける配当の金額は，REITが受け取った適格配当の合計額以下とし，その金額はREITの総所得の95％未満とする（IRC857(c)(2)(B)）。配当の軽減税率の適用上，REITは次の合計額に等しい金額の適格配当を受け取ったものとして取り扱われる。
  (a) 前課税年度のREITの課税所得のうち前課税年度にREITが納付すべき税額を超える部分
  (b) REITへの資産譲渡に係る損失の制限ルールにより課税される前課税年度の所得のうちREITが当該所得につき納付すべき税額を超える部分
  ② キャピタル・ゲイン配当
  キャピタル・ゲイン配当として割り当てられた分配は，受取配当控除を受けられない。

  株主は，REIT株式または持分を現実に所有している期間にかかわらず，キャピタル・ゲイン配当を長期キャピタル・ゲインとして申告することができる（IRC857(b)(3)(B)）。

  株主のREIT株式または持分の売却または交換による損失は，受け取ったキャピタル・ゲイン配当の範囲で，長期キャピタル・ロスとされる。REITは，現実に所得を分配するか否かにかかわらず，株主の勘定にその未分配キャピタル・ゲインを割り当てることができる。法人は，未分配の金額に対しキャピタル・ゲイン税を課される。各株主はREITの税額の比例的シェアを税額控除されるが，未分配の金額を申告しなければならない。

第11編　特別な事業形態に対する課税

### ③ 資本の償還

収益から支払われない分配は，通常の配当として課税されず，資本の償還分配といわれる。このような分配の全部または一部はキャピタル・ゲインとして課税されるか，または非課税とされる。資本の償還分配を受ける株主は，分配の金額だけ株式のベーシスを減算しなければならない。株主のベーシスが当該分配だけゼロになるまで減算された後に，この分配はキャピタル・ゲインとして課税される。

## 6　不動産モーゲージ投資導管（Real Estate Investment Conduits：REMIC）

REMICは，一定のモーゲージ・プールを保有し，持分証券を投資家に発行する法的主体であるが，それ自体は課税されず，REMICの所得について持分証券の保有者である投資家が直接課税される。上記のRICやREITは，税法上納税主体（taxable entity）とされた上，課税所得から支払分配を除外され，未分配所得のみに課税されることとされるので，ペイスルー事業体といわれるが，REMICは，税法上納税主体とされないので，パートナーシップと同様に，パススルー事業体といわれる。REMICの定義，持分証券の種類等については，第1編第1章10を参照されたい。REMICは，通常持分の保有者に対する支払を様式1099－INTおよび1099－OIDにより申告しなければならない（IRC6049(d)(7)(A)）。REMICが通常持分の保有者に対する支払は，支払利子として取り扱われる。

### (1) 通常持分（regular interests）の課税

REMICの通常持分の保有者は，通常持分が債務証書（debt obligations）に関する一般原則が適用される債務証書であるかのように課税される（IRC860B）。

#### ① 発行価格

通常持分は，当初の発行価格に等しい発行価格を有するものとして取り扱わ

れる（IRC860G(a)および1273(b)）。資産と引換えに発行される通常持分の発行価格は，当該資産の公正な市場価値に等しい。

② 保有者のベーシス

保有者の通常持分のベーシスは，保有者の取得価額に等しい。資産と引換えに持分を受け取る保有者について，保有者のベーシスはREMIC持分と交換された資産のベーシスおよび連邦税の課税上認識された収益に等しい。資産が複数の通常持分または残余持分と交換に譲渡される場合，この譲渡された資産のベーシスは，受け取った持分の市場価値に従って配分される。

③ 通常持分の処分

通常持分の処分に係る収益は，利子発生時の適用連邦率の110％で計算される未発生のOIDの範囲で，通常の所得として取り扱われる。

## (2) 残余持分（residual interests）の課税

REMICの残余持分の保有者は，その課税所得の計算上，残余持分を保有する日ごとのREMICの課税所得および純損失のデーリーポーションを考慮に入れなければならない（IRC860C(a)）。REMICの課税所得および純損失のデーリーポーションは，四半期ごとの計算に基づいて決定される。その金額は，四半期中の日の保有に比例してすべての残余持分の保有者間に配分される。残余持分の保有者は，この金額を通常の所得または通常の損失として考慮に入れる（IRC860C(e)(1)）。残余持分の保有者は，パススルーされる四半期の損失が保有者の調整ベーシスを超える範囲で，これを考慮に入れないことができる。否認された損失は，翌四半期に繰り越される（IRC860C(e)(2)）。

① 分　　配

残余持分の保有者への分配は，分配の金額が保有者の持分の調整ベーシス以下である範囲で，非課税とされる。保有者の調整ベーシスを超える分配金額は，残余持分の売却または交換による収益として取り扱われる（IRC860C(c)）。保有者のベーシスは，保有者が考慮に入れるREMIC課税所得の金額だけ加算され，受け取った分配の金額と考慮に入れるREMIC純損失の金額だけ減算される

(IRC860C(d))。

②　日利を超える所得

残余持分の保有者は，課税年度の課税所得を当該課税年度の保有者の超過算入額（excess inclusion）を下回って減算することはできない（IRC860E(a)(1)）。超過算入額とは，保有者にパススルーされた純所得のうち日利（daily accrual）というみなし利子を超える部分に等しい（IRC860E(c)）。日利は，発生期間の期首の残余持分の調整発行価格に長期適用連邦率の120％を乗じた金額の比例部分を四半期の各日に配分して決定される。超過算入額は，免税保有者については，非関連事業所得として取り扱われる（IRC860E(b)）。例えば，REITが残余持分の保有者である場合，REITが支払う配当は，REIT株主の超過算入額として取り扱われる（IRC860E(d)）。

(3)　REMICへの資産譲渡

通常持分または残余持分と引換えにREMICに資産を譲渡する譲渡者は，いかなる収益または損失も認識しない（IRC860F(b)）。資産と引換えに受け取る持分の調整ベーシスの合計額は，REMICに譲渡された資産の調整ベーシスの合計額に設立費を加算した金額に等しい（規則1.860F－2(b)(3)）。REMICの複数の持分を受け取る譲渡者は，公正な市場価値に従って，ベーシスをそれらの持分に配分しなければならない。

(4)　課税対象のモーゲージ・プール

1991年12月31日後に設定されたモーゲージ・プールがREMICの資格がない場合，課税されるモーゲージ・プールとなり，必要条件を満たす場合には法人として課税される（IRC7701(i)）。

(5)　禁じられた取引

REMICは，禁じられた取引からの純所得に対し，100％税を課される（IRC860F(a)）。

第4章 特別な法人

　禁じられた取引からの純所得は，損失を生じる項目を考慮に入れずに計算される。

　**禁じられた取引**には，次による処分を除き，すべての適格モーゲージの処分が含まれる。

(a) 適格取替モーゲージと適格モーゲージとの取替えまたは欠陥のあるモーゲージの買戻

(b) 抵当流れ，不履行または急迫な不履行に付随したモーゲージの処分

(c) REMICの破産または支払不能

(d) 適格清算

　また，禁じられた取引には，（ⅰ）キャッシュ・フロー投資（適格清算によるものを除く）の処分，（ⅱ）資産（REMICによる保有を認められる資産を除く）からの所得の受取，（ⅲ）人的役務報酬の受取が含まれる。通常持分の不履行を防止するために処分が必要であるが，その不履行が1以上の適格モーゲージの不履行によって生じる場合には，禁じられた取引は生じなかった。

## 7　金融資産証券化投資信託(Financial Asset Securitization Investment Trust：FASIT)

　FASITは，**パススルー事業体**である。FASITが発行する資産担保付証券は連邦税の適用上負債として取り扱われるが，エンロンのプロジェクト・アパッチという自己金融取引スキームにおいてFASIT取引を通じた受取債権ファクタリング経費と支払利子の控除を行い，プロジェクト・レネゲードというアコモデーション・フィーのスキームにおけるFASITの発行する証券が負債とされる特性を利用されている事実を重視し，2003年2月に公表された米国議会課税合同委員会（Joint Committee on Taxation：JCT）のエンロン報告書（Report of Investigation of Enron Corporation and Related Entities regarding Federal Tax and Compensation Issues and Policy Recommendation）は，FASITの廃止を特別勧告した。これを受けて，2004年米国雇用創出法（American Jobs Creation Act of 2004）

653

は，2005年1月1日にFASITの規定を廃止したが，この廃止は，FASITが発行した通常持分が当初発行条件に従って未済である範囲で既存のFASITについては適用されないとされた。

### (1) FASITの課税

FASITは，事業体段階では課税されない（IRC860H(a)）。FASITが事業体として納付する租税は，抵当流れ資産から生じる所得に対する法人税および貸付など禁じられた行為を防止するために課される一定の消費税に限定されている。FASITの資産のすべては，FASITの所有者の資産および負債として取り扱われ，FASITの所得，収益，損金の控除または損失は，その所有者に直接配分される。FASITが保有するすべての証券は，その所有者の投資のために保有されるものとして取り扱われる。FASIT持分を保有する法人の所得の性格は，FASITの所得の性格と同じとされる。FASIT持分の保有者は，FASIT持分からの所得を別の損失と相殺することはできない。

#### ① FASITへの資産譲渡

FASITへの資産譲渡の時にFASIT所有者は収益を認識する（IRC860Ⅰ）。FASITがその所有者以外の者から取得する資産は，所有者が取得してただちにFASITに拠出したものとみなされる。FASITおよび関連者の資産でその通常持分保有者に対するFASITの負債を担保するために用いられるものは，FASITに拠出したものとみなされる。FASIT所有者が拠出された資産に係る収益を認識した後，拠出された資産のFASITのベースは，認識された収益の金額だけ加算される。FASITに拠出された資産に係る収益の計算上，拠出された資産の価値は，拠出されたローンの加重平均された期間にわたり割引された負債から見込まれるキャッシュ・フローの現在価値の合計として計算される（IRC860Ⅰ(d)）。

#### ② 禁じられた取引

FASITが禁じられた取引をしないように，（ⅰ）認められない資産，（ⅱ）認められる処分以外の資産の処分，（ⅲ）FASITが発行するローンに帰すべき所

得および（iv）人的役務報酬から生ずるすべての純所得に対し，100％の消費税が課される（IRC860L(e)）。また，FASITが禁じられた方法で資産を処分する場合，その資産の処分からの所得に対し，消費税が課される。

### (2) 持分保有者の課税

FASITの通常持分の保有者は，その会計方法にかかわらず，その証券に係る所得については発生主義会計方法を用いなければならない。高利回り証券の保有者は，純営業損失と高利回り証券からの所得を相殺することはできない。内国法人は，RIC，REIT，REMICまたは協同組合あるいは非課税法人である場合，FASITが発行する高利回り証券を保有することはできない。

## 8 協同組合（Cooperatives）

協同組合は，法人としての納税主体（taxable entity）であるが，一定の金額をパトロン配当（patronage dividends）として課税所得から除外することができる（IRC1382(b)(1)）。この意味では，協同組合は一種の**ペイスルー事業体**といえる。

### (1) パトロン配当

パトロン配当とは，（ⅰ）協同組合としてもしくは協同組合がパトロンのために行う事業の分量または価値に基づいてパトロンに支払われる金額，（ⅱ）組織が金額を受け取る前に存在していた支払義務に基づいて支払われる金額，および（ⅲ）組織がパトロンとともにまたはパトロンのために行う事業の純収益を参照して決定される金額である（IRC1388(a)）。パトロン配当は，（ⅰ）金銭，（ⅱ）適格配分通知書，または（ⅲ）その他の資産で支払われなければ，控除できない。ここで，適格配分通知書は，配分の金額とパトロン配当となる部分をパトロンに通知するものである（IRC1388(c)(1)）。

### (2) パトロン配分以外の分配

免税農業協同組合は、課税年度中に支払った金額をその資本株式に係る配当として控除することができる。協同組合は、パトロン以外の源泉からの金銭、適格配分通知書またはその他の資産で支払った金額を控除することができる。これには、（ⅰ）施設のリースからの所得、（ⅱ）証券投資または（ⅲ）資本資産の売却もしくは交換からの所得が含まれる（規則1.1382-3(c)(2)）。協同組合は、非適格配分通知書が金銭または商品で償還される時に控除することができ、この償還の時にパトロンはこの金額に課税される（IRC1382(c)）。

### (3) パトロンの所得としてのパトロン配当

非適格配分通知書を除き、各パトロンは、金銭、適格配分通知書またはその他の資産で支払われる範囲で協同組合によって支払われるすべてのパトロン配当を所得として申告しなければならない（IRC1385, 規則1.1385-1および1.1388-1）。

## 9 外国販売法人 (Foreign Sales Corporations：FSC)

米国は、輸出振興税制としてFSC制度を堅持してきた。一定の要件を満たす法人がFSCの地位を選択すると、その外国貿易所得（foreign trade income：FTI）は、法人段階で非課税とされる。そのため、世界貿易機関（World Trade Organization：WTO）は、FSC制度が違法な輸出補助金に該当すると判断した。これを受けて、2000年9月30日、米国はFSC制度を廃止し、一定の域外所得除外（exclusion for extraterritorial income）制度に取り替えた。その結果、2000年9月30日に拘束力のある契約から生ずる取引についてのみFSCルールが適用されることになっている。

### (1) 域外所得の除外

米国の納税者は、外国貿易所得に該当する範囲で、域外所得（extraterritorial

income:ETI) を総所得から除外することができる（IRC114）。ETIは，納税者の総所得のうち納税者の外国貿易総収入に帰すべき部分である（IRC941〜943）。ETIの除外は，2000年9月30日後に生じる取引から適用されたが，なおWTOの批判に晒されたので，米国は2007年に域外所得除外制度を廃止し，適格生産活動所得控除制度に取り替えることにした。ETIのフェーズアウトと製造業の控除制度のフェーズインは，2007年前に生じ，2005〜2006年の取引については，納税者はこれまで認められたETIのタックス・ベネフィットの80％および60％を認められることとし，2006年後に生じる取引についてETI制度は完全に廃止されることとした。

### (2) 適格外国貿易所得

外国貿易所得とは，除外すれば，次のいずれかの最大の金額を納税者の所得から減算することになる取引による総所得の金額をいう（IRC941）。

(a) 納税者が取引から生じる外国貿易総収入に帰すべき外国販売およびリース所得の30％

(b) 納税者が取引から生じる外国貿易総収入の1.2％

(c) 納税者が取引から生じる外国貿易所得の15％

外国貿易総収入法を用いて決定される適格外国貿易所得の金額は，外国貿易所得法を用いて決定される適格外国貿易所得の200％以下とする。

第11編　特別な事業形態に対する課税

# 第5章

# 非課税団体（tax-exempt organization）

　多様な組織が所得課税を免除される。IRC501(c)に基づき掲げられた慈善および相互利益目的のために組織された非営利団体が非課税団体とされる。非課税の根拠は，宗教，慈善，学術，文学および教育などの広範な目的にある。しかし，**非課税目的に関連のない**事業所得およびデット・ファイナンス資産から**生じる所得**については，非課税団体であっても課税される。また，一部の非課税団体，特に民間財団は，一定の禁じられた活動に対して消費税を課される。どのような事業体も，IRSに非課税団体の承認申請を行わない限り，連邦所得税の免除を受けることができない（IRC501(a), Rev. Proc. 90-27, 1990-1 CB514）。IRC501に基づいて非課税となるすべての組織は，情報申告をしなければならない。非課税団体の他者への譲渡によるタックス・ベネフィットの享受を防止するため，サービス契約に見せかけるアレンジメントをリース契約として適正に分類するなど，サービス契約を税法上もそのようなものとして取り扱われないことがある（IRC7701(e)）。このようなアレンジメントの税法上の分類のため，（ⅰ）物理的な占有，（ⅱ）資産の管理，（ⅲ）経済的利益，（ⅳ）ノンパーフォーマンスの実質的リスク，（ⅴ）資産の同時使用，（ⅵ）資産の賃貸価値などの各要素を考慮に入れて，決定される。

## 1　IRC501(c)に基づく非課税団体

　次の組織は，一般に非課税団体とされる（IRC501(c)）。
(a)　米国議会法に基づき米国機関として設立された法人で，内国歳入法典ま

たは1984年7月18日前に施行された組織法により免税とされたもの
(b) もっぱら資産の権限を保有し，当該資産からの所得を徴収しその全額を非課税団体に引き渡すことを目的として組織された法人
(c) もっぱら（ⅰ）宗教，慈善，学術，公共の安全の試験，文学，教育，国家的もしくは国際的アマチュア・スポーツの振興，または（ⅱ）児童もしくは動物虐待防止のために組織されかつ運営される法人および共同募金，基金または財団で，その純収益のいかなる部分も株主や個人の私的利益にならず，その活動の実質的な部分が立法に影響を与えるプロガンダを行いまたは試みるものでなく，政治的キャンペーンに参加しまたは干渉することを試みるものでないもの
(d) 市民連盟，営利目的で組織されずもっぱら社会福祉の促進のために運営される組織，または地方の従業員組合でその構成員が特定の地方の特定雇用主の従業員に限定され，かつ，その純収益がもっぱら慈善，教育もしくはレクリエーション目的にあてられ，そのいかなる部分も株主または個人の私的利益にならないもの
(e) 労働，農業または園芸の組織で，その純収益が構成員の利益にならず，その目的が条件の改善（製品の品質改良および能率向上を含む）であるもの
(f) 事業連盟，商業会議所，不動産委員会，通商委員会またはプロフットボール連盟で，営利のために組織されず，その純収益のいかなる部分も株主または個人の私的利益にならないもの
(g) 趣味，娯楽その他の非営利目的のために組織されたクラブで，実質的にすべての活動がその目的の活動であり，純収益のいかなる部分も株主の私的利益にならないもの
(h) 友愛受益団体で，（ⅰ）ロッジシステムまたはもっぱらロッジシステムで活動する友愛団体の構成員のために活動し，かつ，（ⅱ）構成員またはその家族に生命，疾病，災害その他の給付を提供するもの
(i) 自主的な従業員の受益者団体で，構成員，その家族または受益者に生命，疾病，災害その他の給付を提供するものであって，その純収益のいかなる

第11編　特別な事業形態に対する課税

部分も株主または個人の私的利益にならないもの

(j)　内国友愛団体で，(ⅰ)ロッジシステムで活動し，その純収益がもっぱら宗教，慈善，学術，文学，教育または友愛の目的にあてられ，かつ，(ⅱ)生命，疾病，災害その他の給付を提供しないもの

(k)　純粋に地方の性質をもつ教師退職基金団体で，(ⅰ)その純収益のいかなる部分も株主または個人の私的利益にならず，(ⅱ)所得がもっぱら課徴金，構成員の給料に対する賦課金または投資からの金額であるもの

(l)　純粋に地方の性質をもつ慈善的生命保険団体，相互的灌漑会社，相互的電話会社その他類似の組織で，所得の85％以上がもっぱら会費として構成員から徴収された金額であるもの

(m)　営利のためでなく，もっぱら構成員のために所有され運営される墓地会社およびもっぱら埋葬または火葬により死体を処理する目的で許可を得た法人でこの目的に付随しない事業に従事することを認められないものであって，その純収益のいかなる部分も株主または個人の私的利益にならないもの

(n)　資本株式を有しない信用組合で非営利の相互目的のために組織され運営されるもの

(o)　保険会社または保険団体（生命保険会社を除く）で，課税年度の総収入が60万ドル以下であり，かつ，保険料がその収入の50％超であるもの，また，相互保険会社で総収入が15万ドル以下であり，かつ，保険料がその収入の35％超であるもの

(p)　農業協同組合またはその構成員が構成員その他の生産者の通常の活動資金の調達のために設立した法人

(q)　補助的な失業補償給付を提供する無差別プランの一部を形成する信託で，IRC414に類似する一定の要件を満たすもの

(r)　1959年6月25日前に組成された無差別の従業員年金信託で，従業員の拠出のみの年金プランによる給付を行うもの

(s)　IRC120に基づいて適格団体法律サービス・プランの一部を提供する組

織または信託
(t) 法人がその年金，利益分与または株式ボーナス・プランの終了に伴って組成した信託

## 2 非関連事業課税所得 (unrelated business taxable income)

非関連事業所得税の趣旨は，非課税団体の非関連事業活動をこれと競争する課税団体の事業と同様の課税ベースにすることによって不公正な競争の原因を排除することである。非課税団体は，その非関連事業所得のみに課税される（規則1.511－1～1.511－3）。

### (1) 税　　率

非課税法人は，信託または住宅所有者団体として課税される場合を除き，その非関連事業所得に対し通常の法人所得税率で課税される（IRC511(a)(1)および512(b)(12)，規則1.511－1）。

### (2) 1,000ドルの基礎控除

非関連事業所得の最初の1,000ドルは，課税されない。非課税団体が多数の非関連事業を行っていたとしても，基礎控除は1,000ドルに限定される。

### (3) 外国税額控除

外国で事業を行う非課税団体は，外国税額控除に関するIRC901の範囲で，外国税および米国属領税について外国税額控除を認められる（IRC515）。

### (4) 非関連事業課税所得の定義

非関連事業課税所得とは，非課税団体が通常営む非関連事業から取得した総所得から損金の控除を差し引いた残額をいう（IRC512(a)(1)）。次の3つの要素

がある場合に非関連事業所得税が課される。
- (a) 営業または事業に従事すること
- (b) 営業または事業が通常行われること
- (c) 営業または事業の遂行が実質的に免税目的または免税機能に関連していないこと

### (5) 免税の非関連所得 (exempt unrelated income)

大部分の非課税団体は，多様な所得を非関連所得の分類から除外することができる（IRC512(a)(4)）。免税非関連所得には，次のものが含まれる。
- (a) 配当，利子および保険年金
- (b) 使用料
- (c) 証券ローンに係る支払
- (d) 不動産の賃貸料（賃貸料の50％超が不動産とともにリースされた動産に帰すべき場合またはデット・ファイナンス所得である場合を除く）
- (e) 不動産とともにリースされた動産の賃貸料
- (f) 資産の売却または交換による収益または損失
- (g) 問題のある金融機関から取得した不動産の持分
- (h) 単科大学，総合大学または病院の研究からの所得
- (i) 米国，その機関または州もしくはその政治的区画のための研究からの所得
- (j) 主としてその成果を一般大衆が自由に利用できる基礎研究を行うために運営される組織が行った研究からのすべての所得
- (k) 労働組合，農業団体または園芸団体の非関連事業課税所得からの一定の所得
- (l) 免税退役軍人団体の構成員またはその家族の生命保険，疾病，災害または健康保険からの所得

## 3 非関連デット・ファイナンス（unrelated debt financing）

　非課税団体が受け取るデット・ファイナンス所得（debt-financed income）に対する非関連事業所得税によってブーツストラップ販売（bootstrap sale）およびリースバックの利用が抑制される（ＩＲＣ514）。ブーツストラップ取引は，通常の所得をキャピタル・ゲインに転換することによって事業の所有者の税負担を減少し，非課税団体はもっぱら事業収益によりファイナンスされる取引で事業を取得する。

### (1) デット・ファイナンス資産（debt-financed property）

　デット・ファイナンス資産には，課税年度中に取得のための負債（acquisition indebtedness）が未済となっている所得稼得資産（income-producing property）が含まれる（IRC514, 規則1.514(a)−1）。**取得のための負債**とは，資産を取得しまたは改良するために生じた負債の未済金額をいう。非課税団体が受益者として返済義務を負わない保険証券の金銭価値の取崩しによって取得した金銭は取得のための負債となり，このような金銭の投資によって稼得した所得は，非関連事業所得として課税される。

　適格年金，利益分与および株式ボーナス信託および教育機関は，デット・ファイナンス不動産投資に関しブーツストラップ条項の免除を与えられる。この免除は，不動産を取得し，または改良するために生じる負債に適用される。

### (2) 権限保有法人（title-holding corporations）

　法人または信託は，もっぱら資産の権限を保有し，この資産からの所得を徴収し，この所得の全額を非課税団体に引き渡すために組織された場合，IRC501(c)(2)により免税される。このような法人または信託は，資産の権限保有以外の事業に従事する場合には免税されないので，いかなる非関連事業課税所得を有することはできない。不適格保有者は，その非関連事業課税所得の計算上，権

限保有法人が所有するデット・ファイナンス不動産からの所得を算入しなければならない（IRC514, 規則1.514(a)－1）。ここで，不適格保有者とは，（ⅰ）教育機関，（ⅱ）教育機関の関連支援機関，および（ⅲ）適格年金信託を除く株主である。

### (3) モーゲージまたはリーエンの対象となる資産の取得

モーゲージの対象となる資産を取得する場合，モーゲージの金額は，たとえ非課税団体が負債を引き受けずまた返済に合意していないとしても，当該資産を取得するために生じた負債と考えられる（IRC514(c), 規則1.514(c)－1）。租税リーエンまたは州もしくは地方政府の特別賦課のリーエンがある場合の負債は，（ⅰ）リーエンによって担保される金額の期限が到来する時，および（ⅱ）非課税団体が租税または特別賦課を納付する機会を有する時まで，取得するための負債と考えられない。

### (4) ローンの対象となる証券

非課税団体が証券ローン取引に従って証券を貸し付ける場合，ローンに係る所得はデット・ファイナンス所得と考えられない（IRC514(c)(8)）。

### (5) 税額の計算

非関連事業課税所得には，各デット・ファイナンス資産につき，課税年度中に当該資産から生じる総所得合計の一定割合が含まれる（IRC514(a), 規則1.514(a)－1）。

この一定割合は，課税年度の平均取得負債を課税年度中の保有期間における調整ベーシスの平均金額で除算して計算される。この一定割合は，100％以下とする。デット・ファイナンス資産の平均調整ベーシスは，課税年度における保有期間の当該資産の調整ベーシスの平均金額である。

# 第6章

# 外国法人 (foreign corporations)

　外国法人は，米国源泉所得（米国から生じる所得）に対して米国税を課される。内国法人はその全世界所得（total world-wide income）に対して米国税を課される無制限納税義務者であるが，外国法人は制限納税義務者である。米国税法では，日本のような「恒久的施設」(permanent establishment：PE) 概念は租税条約を除き，一般的には用いられていない。外国法人は，次の米国源泉所得に対し，米国税を課される。

(a) 米国の営業または事業に実質的に関連を有する所得 (income that is effectively connected with a United States trade or business)

(b) 米国からの固定的または確定可能な年間または定期的な所得 (income that is fixed or determinable, annual or periodical income)

　実質的関連所得 (effectively connected income) は，その純額に対し内国法人に適用される累進税率で課税されるが，固定的または確定可能な米国源泉所得は，その総額に対し30％の比例税率で源泉徴収税を課される。米国は，他の種類の事業体と区別して法人には二段階課税を行うこととしているので，外国法人が米国子会社を通じて米国活動を行い，その米国子会社がその収益を外国親会社に配当として送金する場合に課される米国税を免れることを防止するため，外国法人が米国支店を通じて米国活動を行う場合には，その配当相当額 (dividend equivalent amount) に追加税（支店利益税という）を課される。

第11編　特別な事業形態に対する課税

# 1　外国法人の定義

米国では，内国法人（domestic corporation）は米国において設立されもしくは組織されまたは米国法もしくは州法に基づいて設立されもしくは組織される法人（社団，株式会社および保険会社を含む）をいい，外国法人は内国法人以外の法人をいう（IRC7701(a)(5)）。米国属領（グアム，アメリカン・サモア，北マリアナ諸島またはヴァージン諸島）で設立されまたは組織された法人（米国属領法人という）は，外国法人と考えられない（IRC881(b)）。

# 2　米国の営業または事業に従事しない外国法人

米国の営業または事業に従事しない外国法人は，非居住外国人と同様に，30％の源泉徴収税を課されるが，米国に所在する不動産から生じる所得については，実質的関連所得として取り扱うことを選択することができる。

# 3　法人インバージョン取引（inversion transactions）

米国法人（U.S.corporation）は，外国に外国法人を設立し，多国籍法人グループの米国親会社を当該外国法人と取り替え，当該外国法人を当該多国籍法人グループの外国親会社とすることができる。この取引を通常法人インバージョン取引という。法人インバージョン取引は，一プランまたは一連の関連取引による次の取引である（IRC7874(a)(2), 2004年米国雇用創出法により追加された）。
(a)　2003年3月4日後，米国法人または米国パートナーシップが，外国で設立された事業体の子会社となるかまたはその実質的にすべての資産を当該事業体に譲渡すること
(b)　米国法人の元の株主が当該米国法人株式保有を理由としてこの取引後当該外国で設立された事業体の株式の議決権または価値の60％以上を保有すること

(c) 外国で設立された事業体で,50％以上の所有連鎖によってこれに関連するすべての法人(これを拡大関連グループ(an expanded affiliated group)という)と合わせて,当該拡大関連グループの全世界規模の事業活動に比較して,当該事業体の設立地国では実質的な事業活動を行わないこと

米国法人の元の株主が当該米国法人株式保有を理由としてこの取引後当該外国で設立された事業体の株式の議決権または価値の80％以上を保有するインバージョン取引では,当該外国で設立された事業体は,米国課税上,その存在を認められず,内国法人として取り扱われる(IRC7874(a)(3)および7874(b),2004年米国雇用創出法により追加された)。ブッシュ政権の法人インバージョン防止策により,これまでタックス・ヘイブン対策税制の適用回避など米国税回避方法として利用された法人インバージョンのもつ利点は,排除されることになった。

## 4　米国源泉所得

外国法人は,(ⅰ)米国の営業または事業の遂行に実質的に関連する米国源泉所得は,内国法人と同じ税率で課税され,(ⅱ)米国源泉から稼得した投資所得その他の固定的または確定可能な定期的所得(利子,配当,賃貸料等)は,受領者が米国の営業または事業に従事しているか否かを問わず,当該所得が米国の営業または事業の遂行に実質的に関連しない限り,30％の比例税率で課税される。

### (1)　所得の種類別の源泉ルール

米国税法は,明示的に所得の種類ごとに米国源泉所得または外国源泉所得を決定する源泉ルールを定めている(IRC861(a),(c),862,863(b),895)。それ以外の所得は,特別なルールにより,一部米国源泉所得・一部外国源泉所得として配分される。

第11編　特別な事業形態に対する課税

① 利　　子

　米国は債務者主義または支払者主義を採用し，米国居住者，米国または州から受け取る利子は，米国源泉所得とされる。これ以外の利子は外国源泉所得となる。支払方法や支払場所は，源泉地の決定に影響しない。

(a) 米国居住者の定義

　　利子の源泉ルール上，米国居住者には次の者が含まれる。

（ⅰ）利子支払時に米国居住者である個人

（ⅱ）利子支払の課税年度に米国の営業または事業に従事していた内国パートナーシップ

（ⅲ）内国法人

（ⅳ）利子支払の課税年度に米国の営業または事業に従事していた外国法人または外国パートナーシップ

(b) 実質的な外国源泉所得をもつ米国居住者または内国法人からの受取利子

（ⅰ）非関連者が内国法人または居住外国人から受け取るすべての利子

　　支払者の利子支払前3課税年度におけるすべての源泉からの総所得の80％以上が能動的外国事業所得である場合（80％外国事業要件），受取利子は外国源泉所得とされる。能動的外国事業所得は，直接か子会社を通じて，外国または米国属領における営業または事業の積極的な遂行により外国から生じる所得である。低層法人の能動的外国事業所得を上層米国法人に帰属させるための要件として，上層米国法人が低層法人の株式の議決権および価値の50％以上を直接または間接に所有しなければならない（IRC861(c)(1)(B)）。

（ⅱ）関連者が内国法人または居住外国人から受け取る利子

　　80％外国事業要件を満たす場合，ルックスルー原則により，利子のうち外国源泉所得に帰すべき部分のみについて外国源泉所得とされる。外国源泉所得に帰すべき部分は，支払者の利子支払前3年間の外国源泉総所得がその総所得合計額に占める割合を利子に乗じて算定される。

(c) 米国銀行の外国支店

商業銀行業務に従事する内国法人または内国パートナーシップの外国支店の預金利子は，外国源泉所得である。

(d) 主として外国で営業または事業に従事する外国パートナーシップ

外国パートナーシップの支配利子のうち，（ⅰ）米国の営業または事業が支払う利子および（ⅱ）米国の営業または事業の遂行に実質的に関連する所得に配分される利子は，米国源泉所得とみなされる（IRC861(a)(1)(C), 2004年米国雇用創出法により追加された）。

② 配　　当

配当については，原則として，支払者の居住地国により源泉地を決定する。

(a) 外国法人からの配当は，一般に，外国源泉所得とされる。

(b) 内国法人からの配当は，米国源泉所得とされる。

例外として，次の場合には，米国源泉所得とされる。

(a) 支払前3年間の外国法人の総所得の25％以上が米国の営業または事業の遂行と実質的に関連があり，あるいは実質的に関連を有するとみなされる場合，外国法人の支払う配当が米国源泉所得とされる（ＩＲＣ861(a)(2),規則1.861-3(a)(3)）。この25％要件が満たされる場合，配当のうち，外国法人の実質的関連所得がすべての源泉からの総所得に占める割合に相当する部分が，米国源泉所得とされる。

(b) 内国法人の留保収益および利潤を引き継ぐ外国法人からの配当は，当該内国法人の収益および利潤から支払われる範囲で，米国源泉所得とされる。

(c) 米国国債販売法人(DISC)または元DISCから受け取る配当は，DISCの適格輸出収入に帰すべき範囲で，米国源泉所得とされる（IRC861(2)(D)）。

③ 賃貸料および使用料

（ⅰ）米国に所在する資産（不動産および天然資源を含む）から生じる賃貸料および使用料ならびに（ⅱ）米国内の無形資産の使用から生じる使用料は，米国源泉所得とされる。

### (2) 米国源泉と外国源泉との配分ルール

源泉ルールにより源泉地を特定される所得を除き，総所得は米国源泉と外国源泉に配分される（IRC863, 規則1.863－1～1.863－3）。所得の源泉地を決定する主たる要素は，（ⅰ）支払に関係する資産の所在地と（ⅱ）所得を生じた活動が行われた場所である（Rev. Rul. 73－252, 1973－1 CB337）。

#### ① 一部米国源泉所得一部外国源泉所得の総所得

次の項目は，一部米国源泉所得一部外国源泉所得とされる（IRC863(b)）。

(a) 米国属領で仕入れた棚卸資産の米国内の販売による収益
(b) 外国で製造または生産された棚卸資産の米国内の販売による収益
(c) 米国で製造または生産された棚卸資産の外国販売による収益
(d) 米国内外で提供される人的役務（運輸サービスを除く）から生ずる所得
(e) 米国を起点または終点とする運輸からの所得

#### ② 製品の販売

製品の販売からの所得は，工場が法人販売部門に通常独立の流通業者に販売する価格（独立工場価格）で販売したものとして取り扱うことにより，源泉地を決定される。

独立工場価格が決定されないとすれば，販売からの総所得の2分の1は，米国内の資産の価値が全世界規模の資産の価値に占める割合に応じて米国源泉所得とし，外国の資産の価値が全世界規模の資産の価値に占める割合に応じて外国源泉所得として配分される。総所得の2分の1は，米国内の総売上高と外国の総売上高との比率に応じて米国源泉所得に配分される。このように配分された総所得に係る損金の控除は，プロラタ方式で各源泉地に配分される。

#### ③ 運輸所得

米国内に起点および終点がある運輸に帰すべき運輸所得のすべてが米国源泉所得とされる（IRC863(c)）。米国内に起点があり外国に終点がある運輸所得の50％または外国に起点があり米国に終点がある運輸所得の50％が，米国源泉所得とされる。

④　国際通信所得

　外国人が受け取る国際通信所得は，一般に，外国源泉所得であるが，この外国人が米国内に事務所その他の事業を行う一定の場所を有する場合には，米国源泉所得とされる。

## (3)　損金控除および経費の配分ルール

　総所得が米国源泉所得と外国源泉所得に配分されると，すべての経費，損失および控除項目が適正に配分されなければならない。納税者は，15種類の総所得の1つに控除項目を配分しなければならない。15種類の所得とは，（ⅰ）報酬，（ⅱ）事業所得，（ⅲ）資産収益，（ⅳ）利子，（ⅴ）賃貸料，（ⅵ）使用料，（ⅶ）配当，（ⅷ）別居手当，（ⅸ）保険年金，（ⅹ）生命保険からの所得，（ⅺ）年金，（ⅻ）債務免除益，（xiii）パートナーシップの分配シェア，（xiv）遺産財団または信託の持分からの所得，（xv）死者に係る所得，である。

　支払利子は，他の経費と異なる方法で，米国源泉と外国源泉に配分される（暫定規則1.861-9T）。一般に，支払利子は，課税年度に各法定グループ内の平均資産価値に応じて各法定グループに配分される。外国税額控除の控除限度額の計算に適用される支払利子配分ルールは，2008年後に開始する課税年度について，関連グループ（an affiliated group）の米国構成員の外国源泉からの課税所得が世界規模の関連グループの米国構成員の支払利子を世界規模のグループベースで配分することにより決定されるという選択ができるよう改正された（IRC864(f)，2004年米国雇用創出法により追加された）。

　この選択により，世界的関連グループの米国構成員の外国源泉からの課税所得は，当該米国構成員の第三者への支払利子を次の金額の外国源泉所得に配分することによって決定される。この金額は，世界的関連グループの世界的な第三者への支払利子に世界的関連グループの外国資産が合計資産に占める割合を乗じた金額のうち，当該世界的関連グループの外国構成員が生じた第三者への支払利子を超える部分に等しい金額である。世界的関連グループから一定の金融機関は除外され，別のグループとして取り扱われる。

## 5 実質的関連所得

外国法人は，(ⅰ)米国内で営業または事業を行い，かつ，(ⅱ)所得が当該営業または事業の遂行と実質的に関連する場合，その米国源泉所得に対し，通常の累進税率で課税される (IRC864(c))。一般に，外国法人が米国内で営業または事業に従事する場合，すべての米国源泉所得は，米国事業と実質的に関連するものとして取り扱われ，内国法人と同じ税率で課税される。外国法人は，米国内の営業または事業の遂行に実質的に関連しない米国源泉所得には30％の税率で課税される。

外国法人が米国をタックス・ヘイブンとして利用しようと試みる場合，一定の米国との経済関係の存在が明らかなとき，すなわち，外国法人が米国内に事務所その他の事業を行う一定の場所（租税条約では恒久的施設という）を有し，かつ，特定の所得がこの事業を行う場所に帰属する場合 (IRC864(c)(4))，特定の外国源泉所得に対しても実質的関連所得の原則を適用する。

### (1) 実質的関連原則 (effectively connected rule) を適用される外国源泉所得

次の外国源泉所得は，実質関連原則を適用される。

(a) 外国に所在する無形資産のリースもしくはライセンスの積極的な遂行または当該無形資産の持分から受け取る賃貸料および使用料

　これには，外国に所在する無形資産の使用，もしくは使用の権利に係る賃貸料および使用料，ならびに当該資産の売却からの収益または損失が含まれる。

(b) 米国内の銀行業，金融業または類似の事業の積極的な遂行から生じる配当，利子または株式，債券もしくは債務証書の売却または交換からの収益または損失

(c) 米国で事業を行う外国生命保険会社および損害保険会社の米国事業に帰属すべき所得

(d) 上記(a)～(c)の所得または収益に相当する所得

外国所得が納税者が議決権の50％超を所有する外国法人が支払う配当，利子もしくは使用料である場合またはそれがサブパートF所得である場合，当該外国所得は，米国内の営業または事業の積極的な遂行と実質的に関連するものとみなされない。

## (2) 米国内の事務所または事業を行う一定の場所（恒久的施設）

外国源泉所得を米事業と実質的関連を有するものとして取り扱うためには，外国法人が米国内に当該所得の帰属すべき事務所または事業を行う一定の場所（恒久的施設）を有することが必要である（IRC861(a)(3)(C), 864(b), 規則1.861－4, 1.864－2）。

代理人の事務所その他の事業を行う一定の場所は，（ⅰ）当該代理人が外国法人の名で交渉し，契約を締結する権限を有し，これを常習的に行使する場合，（ⅱ）当該代理人が外国法人のために常習的に注文に応ずる商品の在庫を有する場合または（ⅲ）当該代理人が営業もしくは事業の通常の過程で活動する独立代理人（an independent agent）である場合を除き，米国事務所（U.S. office）とみなされない。外国法人が米国事務所を有する場合であっても，次の場合には，外国源泉所得は，米国事務所に帰属するものではない。

(a) 米国事務所が外国所得の稼得のために重要な要素でなかったこと
(b) 当該所得が米国事業の通常の活動から生じなかったこと
(c) 当該所得が米国事業の活動に適正に配分されなかったこと

外国パートナーシップが米国における事業を行う一定の場所を通じて営業もしくは事業を行い，または米国内に恒久的施設を有するパートナーシップの持分の処分から生じた収益または損失は，当該営業もしくは事業と実質的に関連を有する収益または恒久的施設に帰すべき収益である（Rev. Rul. 91－32, 1991－1 CB107）。

### (3) 米国不動産持分の処分

外国法人は，収益が米国の営業または事業と実質的に関連を有するか否かにかかわらず，また，売主が米国内にいるか否かにかかわらず，米国不動産持分の処分からの純収益に対して課税される（IRC897(a)）。しかし，外国法人の資産の一定の処分については，収益を認識されない（IRC897(d)(1)）。収益または損失の不認識ルールは，資産の処分について一定の外国法人に関して規定される範囲を除き，売却に課税される持分と米国不動産持分の交換についてのみ，米国不動産取引に適用される（IRC897(e), Rev. Rul. 84-160, 1984-2 CB125）。外国法人は，米国不動産（米国不動産保有団体の持分を含む）の処分を米国の営業または事業と実質的に関連する収益または損失として取り扱わなければならない。外国法人は，内国法人と同様に，その課税処分に対して課税される。

① **米国不動産保有法人**（U.S. real property holding corporation）

法人は，米国資産持分の公正な市場価値が，米国不動産持分，外国に所在する不動産の持分，および営業または事業で使用されまたは使用のために保有された他の資産の公正な市場価値の合計額の50％以上である場合，米国不動産保有法人と考えられる（IRC897(c)(2)）。法人のすべての種類の株式が通常公認の証券取引所で取引される場合，当該種類の株式は，当該種類の株式の5％以下を有する者については，米国不動産持分として取り扱われない。

② **外　国　法　人**

外国法人は，その株主に対する含み益のある米国不動産持分の分配に課税される。このルールの例外としては，次の場合がある。

(a) 分配された資産の受領時に，譲受人はその後の当該資産の処分により実現する収益に課される。

(b) 譲受人の段階の当該資産のベースは，分配する法人（譲渡者）が認識した収益の金額だけ加算される分配前の当該資産の調整ベース以下である（IRC897(d)）。

外国法人が米国に恒久的施設を有し，租税条約により，その恒久的施設が内国法人より不利に扱われない場合，外国法人は米国不動産持分の処分に対する

課税につき，米国法人として取り扱われることを選択することができる。

　③　パートナーシップ，信託，遺産財団および投資媒体

　外国法人がパートナーシップ，信託または遺産財団の持分と交換に受け取る金銭の金額および資産の公正な市場価値は，米国不動産持分に帰属する範囲で，米国内の当該不動産の売却または交換から受け取る金額と考えられる（IRC897(g)）。

　適格投資媒体である事業体が外国法人に対して行う分配は，適格投資事業体による米国不動産持分の売却または交換からの収益に帰すべき範囲で，外国法人により米国不動産持分の売却または交換から認識した収益として取り扱われる。米国の公認された証券取引所で通常取引されるすべての種類の株式に係るREITの分配は，株主が課税年度に当該種類の株式の5％超を所有していない場合，米国不動産持分の売却または交換からの認識された収益として取り扱われない（IRC897(h)(1)，2004年米国雇用創出法による改正）。

# 6　法人のキャピタル・ゲインおよびキャピタル・ロス

　固定的または確定的な定期的所得として含まれるものを除き，外国法人は，すべてのキャピタル・ゲイン（米国の営業または事業と実質的に関連する範囲で）に対して課税される（IRC882，規則1.882-1）。その場合，外国法人は，内国法人のキャピタル・ゲインと同様に，課税される。外国法人は，所得の稼得のために保有される不動産からの一定の所得を米国内の営業または事業の遂行と実質的に関連するものとして取り扱うことを選択することができる（IRC882(d)，Rev. Rul. 92-74, 1992-2 CB 156）。米国の営業または事業と実質的に関連を有しないキャピタル・ゲインで，固定的または確定的な定期的所得の分類に該当しないものは，米国税を免除される。

## 7　インバージョン収益 (inversion gain)

　法人インバージョン取引から起算する10年間における課税年度の**米国離脱事業体** (an domestic expatriated entity) の課税所得は，2003年3月4日後に終了する課税年度には，当該事業体のインバージョン収益以上とする。このインバージョン収益に対する税は，外国税額控除その他の適用を受けることはできない (IRC7874(a), (d)および(e))。インバージョン取引は，株式インバージョン，資産インバージョンおよびこれらの組合せなどいろいろな形で行われる。インバージョン取引は，その種類により株主段階と法人段階で異なる税効果を生じる (IRC367(a), 1001, 311(b), 304, 367, 368および1248)。

### (1)　株式インバージョン (stock inversion)

　米国法人が外国法人を設立し，次に，この外国法人が米国合併子会社を設立する。この合併子会社は当該米国法人と合併し，当該米国法人が存続会社となり，当該外国法人の子会社となる。米国法人の株主は外国法人の株式を受け取り，当該外国法人と当該米国法人を交換したものとして取り扱われる。米国株主は，受け取った外国法人の公正な市場価値と交換した米国法人の調整ベーシスとの差額に基づいて収益を認識する。法人の株式価値の減少と外国株主および非課税株主の数により，トールチャージの影響が減少する。外国子会社その他の外国親会社への譲渡は，法人段階の税効果を生じるが，組織再編成の結果認識される所得に対する税は，純営業損失の控除，外国税額控除などにより減少されまたは排除される。

### (2)　資産インバージョン (asset inversion)

　上層の米国法人の新外国法人への直接的な合併を行う。米国法人は，すべての資産を売却したものとして収益を認識するが，この取引が組織再編成の適格要件を満たすと仮定すれば，株主は収益または損失を認識しない。

(3) インバージョン取引のベネフィットの制限

第11編第6章3を参照されたい。

(4) 米国離脱事業体

米国離脱事業体とは，次のものをいう（IRC7874(a)(2)(A)）。
(a) 外国法人を代用外国法人（a surrogate foreign corporation）とする内国法人または内国パートナーシップ
(b) このような内国法人または内国パートナーシップに関連する米国人

(5) 代用外国法人

外国法人は，プランまたは一連の関連取引により，次の要件を満たすものであれば，代用外国法人として取り扱われる（IRC7874(a)(2)(B)）。
(a) 事業体が内国法人によって直接もしくは間接に保有される実質的にすべての資産または内国パートナーシップの営業もしくは事業を構成する実質的にすべての資産を直接または間接に取得すること
(b) 取得後，事業体の株式の議決権または価値の60％以上が内国法人の株式保有または内国パートナーシップの資本もしくは利益の持分の保有を理由に，取得法人または取得パートナーシップの元の株主または元のパートナーによって保有されること
(c) 取得後，当該事業体を含む拡大関連グループが拡大関連グループの事業活動の合計に比較して，当該事業体が設立されまたは組織された外国において，実質的な事業活動を有しないこと

## 著者紹介

**本庄　資**（ほんじょう・たすく）

昭和39年京都大学法学部卒業
以後、大蔵省主税局国際租税課外国人係長、日本貿易振興会カナダ・バンクーバー駐在、大蔵省大臣官房調査企画課（外国調査室）課長補佐、国税庁調査査察部調査課長補佐、広島国税局調査査察部長、東京国税局調査第1部次長、大蔵省証券局検査課長、国税庁直税部審理室長、国税庁調査査察部調査課長、税務大学校副校長、金沢国税局長、国税不服審判所次長
現在、国士舘大学政経学部教授、慶應義塾大学大学院商学研究科特別研究教授、税務大学校客員教授、経済学博士
著書　租税回避防止策−世界各国の挑戦（大蔵財務協会）
　　　アメリカの租税条約（大蔵省印刷局）
　　　アメリカ法人所得税（財経詳報社）
　　　アメリカの州税（財経詳報社）
　　　アメリカ税制ハンドブック（東洋経済新報社）
　　　租税条約（税務経理協会）
　　　国際租税計画（税務経理協会）
　　　国際的租税回避−基礎研究−（税務経理協会）
　　　タックス・シェルター事例研究（税務経理協会）
　　　アメリカン・タックス・シェルター基礎研究（税務経理協会）
　　　国境に消える税金（税務経理協会）
　　　国際租税法（四訂版）（大蔵財務協会）
　　　新日米租税条約解釈研究−基礎研究−（税務経理協会）

著者との契約により検印省略

| 平成18年4月1日　初版第1刷発行 | **アメリカ法人税法講義** |
|---|---|

|  |  |
|---|---|
| 著　者 | 本　庄　　　資 |
| 発 行 者 | 大　坪　嘉　春 |
| 印 刷 所 | 税経印刷株式会社 |
| 製 本 所 | 株式会社 三森製本所 |

発 行 所　東京都新宿区　　株式会社　税務経理協会
　　　　　下落合2丁目5番13号
郵便番号 161-0033　振替 00190-2-187408　電話(03)3953-3301(編集部)
　　　　　FAX(03)3565-3391　　　　　　　　　(03)3953-3325(営業部)
URL http://www.zeikei.co.jp/
乱丁・落丁の場合はお取替えいたします。

Ⓒ本庄　資　2006　　　　　　　　　Printed in Japan

本書の内容の一部又は全部を無断で複写複製（コピー）することは、法律で認められた場合を除き、著者及び出版社の権利侵害となりますので、コピーの必要がある場合は、予め当社あて許諾を求めて下さい。

ISBN4-419-04669-4　C2032